物与识——当代中国博物馆理论与实践辨析

宋向光　著

科学出版社
北京

内 容 简 介

博物馆在历史发展过程中形成了鲜明的组织特性和业务特点，分析和解读这些特点，有助于博物馆工作者适应纷繁变化的工作环境，满足社会和公众的多元需求。本书从博物馆是社会组织系统的认识出发，对当代公共博物馆及其主要活动的概念、特性、任务和方法进行系统解读，对当代博物馆学理论体系的结构体系、研究方法和主要课题进行讨论。

本书适用于广大博物馆从业人员、博物馆学研究人员、学习博物馆学课程的在校学生和对博物馆学感兴趣的读者。

图书在版编目（CIP）数据

物与识：当代中国博物馆理论与实践辨析/宋向光著. 北京：—科学出版社，2009
ISBN 978-7-03-024282-2

Ⅰ. 物… Ⅱ. 宋… Ⅲ. 博物馆学—中国—文集 Ⅳ. G269. 2-53

中国版本图书馆 CIP 数据核字（2009）第 040510 号

责任编辑：李 茜 / 责任校对：陈丽珠
责任印制：张 伟 / 封面设计：北京美光制版有限公司

科学出版社 出版
北京东黄城根北街 16 号
邮政编码：100717
http://www.sciencep.com
北京厚诚则铭印刷科技有限公司 印刷
科学出版社发行 各地新华书店经销
*
2009 年 3 月第 一 版 开本：787 × 1092 1/16
2023 年 4 月第三次印刷 印张：30
字数：711 000

定价：168.00 元

（如有印装质量问题，我社负责调换）

从事博物馆学研究的点滴体会（代序）

可以说，我是在无意中进入博物馆学研究领域的。由于一个偶然的机会，我在20世纪80年代中期到美国史密森学会沙可乐美术馆研修博物馆管理，比较系统地接触到了博物馆工作实践。回国后，在北京大学考古系（现在是北京大学考古文博学院）新开设的博物馆学专业工作，讲授“博物馆学概论”，从而一步步接触到博物馆学理论体系，并开始思考如何为中国博物馆学的发展做一些事情。

当时，中国博物馆进入新的发展时期，中国博物馆界正在寻求中国博物馆在世界博物馆中的位置，积极探求如何更有效发挥博物馆在改革开放的中国社会中的作用，我就是在这样的背景中进入博物馆学研究领域的。中国博物馆与发达国家博物馆之间的落差，使我在比较研究中注意到各国博物馆的特点；改革开放的中国博物馆工作实践，让我不拘泥于既有的博物馆学理论，敢于探讨一些新问题。

在最初进入博物馆学研究领域时，我更多地运用考古学的方法，这可能与我此前长期从事考古学研究的经历有关。现在回过头来看，考古学研究方法对我从事博物馆学研究的积极之处在于，以客观事实为研究的出发点和基础，在研究之初尽可能排除已有的理论、假说、构想的影响，尽可能全面系统地收集客观事物和现象的资料，依据客观标准对已有资料进行整理，力求发现其历史变化的线索，之后，运用理论对这种变化和各种现象进行解释；其次，考古学研究的基本前提是事物是变化的，这种变化以时间为轴，受特定主客观条件的制约；再次，考古学研究重视研究者对考古现象的解释能力，重视多学科的综合研究方法，重视自然科学技术在考古研究中的应用。我的知识结构和研究经验使我自觉或不自觉地将考古学研究方法应用于博物馆学研究中，这对我认识博物馆现象有很大的帮助，并使我在从事博物馆学研究时从博物馆现状入手。

但是，随着研究的深入，我也感到，尽管考古学的研究方法有助于我对博物馆现象的认识，但对把握博物馆发展趋势，特别是处于变革环境中的博物馆发展趋势却收效甚微。此外博物馆实践中存在的一些问题也引起我对博物馆学研究目的的反思。我注意到，在过去很长一段时间中，我国博物馆学研究具有浓厚的政策研究、政策解释和工作规范制定的色彩，具有探讨如何达到既定目标的工具和手段的特点。其时的博物馆学认为文物标本是博物馆的核心，文物的特质决定并影响着博物馆工作的目的、任务、方法和标准，文物标本的“保藏与利用”成为博物馆学研究的核心课题。我认为，这些认识使博物馆学更多关注于博物馆内部营运体制和工作规范的研究，忽略了对博物馆的组织特点和组织目标的持续关注和反思。

为此，我将博物馆学研究的重点转移到博物馆的组织特点，转移到博物馆社会职能实现的条件和手段上。我认为，不能简单地将博物馆视为实现文物标本效用的手段和场所，博物馆是一个有机的社会系统，是在特定社会环境、社会关联中运作和发展的社会机构。博物馆是具有独立性、具有自身特质的社会组织，它的存在是为了满足特定的社会需求，为此而有特定的组织目标、结构和运作机制。博物馆是一个复杂的社会组织系统，博物馆藏品是其内部重要的子系统。作为子系统的博物馆藏品受到博物馆组织目的、结构和运作机制的制约，是实现博物馆目标的重要力量。博物馆组织目标的实现，需要内外多种因素的协同作用和多项条件的共同支持，除内部的藏品、人员、组织结构等因素外，也需要资源、需求、知识、技术、制度、社会认同等外部条件。这些外部条件都是博物馆无法控制的，博物馆为维持组织的运作和生存，为实现组织的目标，必须与这些外部因素保持接触，维持互动。

我认为，博物馆还是一种社会现象，换句话说，博物馆的存在反映了特定的社会情态和社会需求，是多种社会因素和社会关系共同作用而发生的特殊社会现象。博物馆的存在受到一定社会条件的制约，其社会职能、组织目标更直接地反映了社会条件的影响。博物馆与社会发展阶段和社会发展需求有着密不可分的联系。基于这一认识，我认为博物馆不是超时空的、不食人间烟火的象牙塔。博物馆学研究必须关注博物馆这一特殊社会现象的构成因素、相互关系、现实状态及特点、历史发展及演变、发展趋势和路径，以及它与其他社会因素、社会关系的互动。例如，传统的博物馆学在谈到社会民众时，通常是将它们作为博物馆的工作对象，作为博物馆工作成果的表达工具，而忽略了民众在博物馆发展中的重要作用。如果基于博物馆是特定社会现象和社会需求的反映这一认识，我们就可以注意到，民众是博物馆实现其社会目标的重要力量，是博物馆工作的积极参与者。

关于博物馆学的构成，我认为其中包括着经验和理性两个重要的部分。博物馆工作者用实践丰富和拓展了博物馆工作的疆域，他们对博物馆学的发展功不可没。在这个变革的伟大时代，博物馆将根据内外因素的变化，根据社会条件和社会需求的变化，在继承的基础上对资源进行重新整合，设定新的发展目标。博物馆学研究人员应该运用社会科学、人文科学和自然科学的理论及方法，总结博物馆实践的成功经验，研讨博物馆实践中的热点、难点问题，为博物馆事业发展夯实理论基础。在大家的共同努力下，博物馆学将是盛开着千姿百态的经验与理性之花的大花园，我愿成为其中的一片绿叶。

目　　录

一编：博物馆学

博物馆学与博物馆发展概述

一、博物馆学

博物馆学是关于博物馆的学问，是关于博物馆发展的理论与实践经验的综合。

博物馆学是伴随着近现代公共博物馆的发展而逐渐形成和完善的，也可以说，公共博物馆的发展实践构成了博物馆学的实践基础，成为博物馆学研究的主要对象。

博物馆学对近现代公共博物馆的专业化建设起到了积极的作用，在对博物馆的性质、目的、特点、任务和最优化工作方法的讨论中，博物馆从业人员和广大民众加深了对博物馆性质和特点的认识，加强了对博物馆存在意义的理解，从而奠定了博物馆持续发展的认识基础。博物馆学自身的重要性也在理解和指导博物馆实践发展的历程中为更多的人所认识。

当代博物馆学是一门综合性学科，涵括了涉及社会、人文、自然、工程、艺术等各主要人类知识领域的研究课题，采取了各个学科的研究方法。但是，从博物馆学的任务，即促进公共博物馆发展和充分实现公共博物馆的社会发展综合效益来看，它更倾向于社会科学。

博物馆学是开放性的学科，对那些有助于人们理解博物馆和博物馆收藏以及使之持续存在发展的理论和方法，都秉持欢迎的态度。博物馆在构建独立学术体系的同时，也吸引和欢迎所有对这一领域有兴趣的研究者入驻，在施展各自特长的同时，也丰富了博物馆学的内容。博物馆学不是寻求一种答案，而是在构建一个平台，一个开放的、包容的、互动的学术研究平台。驻足这个平台，人们可以搜索信息、展示成果，更重要的是进行讨论、获得灵感，在提升个人研究能力的同时也丰富博物馆学的知识宝库。

博物馆学研究与博物馆事业发展实践有着非常紧密的联系。它要对博物馆要素、业务活动进行解释，确定这些存在的情境条件、现状及特点，帮助博物馆工作者、管理者和利用者认识当代博物馆的社会地位、作用和任务，还要对博物馆发展中出现的创意、项目、工具和方法进行讨论评估，确定其合理性和可行性，探讨其存在的不足及改进措施，将其以最低的社会成本纳入博物馆工作体系中，发挥对博物馆发展的支持保障作用。博物馆学还起到评估与指导作用，研究人员根据已明确的博物馆工作目标，总结博物馆工作经验，制定博物馆工作效率和效益的评价标准，推进博物馆工作的规范和发展。博物馆学学者运用现代社会、人文、自然、工程、艺术等学科的理论和方法，揭示博物馆与社会环境的联系，明确博物馆的社会位置、作用和任务，并据此提出发展的目的、方向和措施，制定博物馆发展规划，提出有利于博物馆发展的政治、经济、技术、人员、组织变革的措施，保障博物馆紧跟社会发展的方向和步伐，充分实现为社会发展服务的职责和能力。

当代博物馆学包括理论博物馆学、应用博物馆学和专门博物馆学三个分支。理论博物馆学主要从思辨角度，研究博物馆学学科基本内容和学科体系结构，其主要任务是构建博物馆学体系，明确博物馆学的性质和基本概念，从哲学上和认识论上讨论博物馆存在的意义，从博物馆事业发展史角度认识博物馆的组织特点，结合当代社会发展确定当代博物馆的社会地位、作用和任务，根据当代博物馆发展实践提出博物馆学研究论题；应用博物馆学侧重于博物馆管理和博物馆业务规范、方法、技术的研究，以期提高博物馆工作的效率和效益。如对博物馆管理的研究，就涉及博物馆政策、发展规划、资源保障、组织建设、人员素质、业务规程、绩效评价等方面。又如对具体业务工作的研究，要明确在特定博物馆工作环境中，该项工作的目的，全面了解影响从业人员实现工作目的的各项因素，在科学调查评估的基础上，确定该工作的工作规程，以及从业人员的从业条件，此外还要协调该工作与其他业务的关系，使该项工作的改进成为有利于全局工作的促进剂；专门博物馆学重点研究不同类型博物馆的特殊问题。在博物馆发展的历程中，形成了工作环境条件迥异的不同类型的博物馆，这些博物馆在基本业务的对象、内容、工作规范等方面存在着差异，工作目的也各具特色，民众对不同类型博物馆的认知和需求也有不同。这些差异的存在是客观现象，博物馆工作者必须因馆而异，彰显特色，在实现本馆工作目标的同时，也使博物馆事业异彩纷呈。例如，在藏品管理上，保存活体标本的动植物园与自然史博物馆就有着不同的管理标准，自然类博物馆与历史类博物馆的差异更为明显。又如陈列与观众的互动，历史类陈列多侧重于情感与心灵的互动，科技类陈列则侧重观众的动手操作。专门博物馆学通过对不同类型博物馆差异的揭示和研究，深化人们对博物馆的理解，同时加深人们对博物馆共性本质的认识，在分析差异的同时加深了对一般规律的认知。

二、博　物　馆

近现代公共博物馆肇始于12世纪意大利文艺复兴时期，其时，科学研究从自然哲学向实验、实证科学转变，科学家通过观察、实验方法认识自然世界发展规律。英国近代史上著名科学家和启蒙思想家培根就曾讲到，一个从事自然科学研究的学者，除了要有实验室、图书室外，还要有一间存放实物标本的标本室。大英博物馆成立时的主要捐赠人汉斯· 斯隆也声明他的收藏要用于增进人民的福祉。

近现代公共博物馆出现于17世纪后期，从1683年在英国牛津大学建成开放的阿什莫林博物馆，其间经历了于1753年在英国伦敦建成的大英博物馆，到1793年法国巴黎卢浮宫博物馆的开放，公共博物馆确立了其作为公共性社会文化机构的基本特性，明确了公共博物馆在各国社会生活和社会发展中的位置和作用。18世纪中期，西方社会普遍进入工业化发展时期，博物馆也进入快速发展期，各种类型的博物馆在世界各地纷纷出现，博物馆在传播新知识、新规范和拓展人们对世界的认识上发挥了积极的作用。博物馆从个别现象逐渐成为社会发展和体现公民权利不可或缺的文化机构。19 世纪后期，博物馆进入专业化建设阶段，从自在自为的状态进入自主发展时期。

1946 年，国际博物馆协会（ICOM）成立，作为推动世界各国博物馆交流和发展的国际组织，将明确博物馆自身特性和博物馆在现实社会中的位置与任务作为工作重点。从 1946 年起，国际博物馆协会多次对博物馆定义进行修订。1974 年国际博物馆协会第 11 次全体大会在丹麦哥本哈根召开，大会通过的国际博物馆协会章程中对“博物馆”做了定义，该定义从组织建设与管理的角度出发，对博物馆的组织性质、社会身份、组织目的、服务对象、业务范畴、工作对象等原则问题做了明确表述，该定义的原则表述至今仍为广大博物馆工作人员所认同。需要说明的是，国际博物馆关于博物馆的定义，不仅具有博物馆学的理论意义，也具有行业管理的作用。注意到国际博物馆事业快速发展的状况，注意到各种新类型、新样态博物馆不断出现的现实，国际博物馆关于博物馆的定义是开放性的，既有对博物馆共同性质、特点和任务的原则表述，也有对被国际博物馆界认同和接纳的博物馆新样态的列举说明，如近年来对生态博物馆和对网络博物馆管理组织的接纳。

公共博物馆是社会文化机构，这已成为广大博物馆工作者的共识。这一认识不仅体现在博物馆定义中关于博物馆性质和社会责任的表述中，也体现在对博物馆具体业务活动的要求上。为社会及社会发展服务，这是博物馆作为社会文化机构存在的意义和价值，也是博物馆的组织目标和社会责任。作为博物馆服务对象的社会不是一个抽象的概念，而是包括地理、环境、生态、居民和社会形态、社会发展状况等具体因素，也包括传统、文化、价值观、社会关系、信仰、人地关系等非物质因素。博物馆承担着使现实社会更为和谐的责任，增加社会成员的福利，促进社会科学、全面的发展，使公众明确发展方向和增强发展能力，帮助民众客观认识影响和阻碍社会发展的问题。

“非营利性组织”是博物馆在市场经济环境中的社会身份，也是以市场经济为主导经济形态的社会保障博物馆生存和发展的重要措施，更是社会对博物馆的社会公益性组织特性的承认。非营利组织身份要求博物馆将主要业务定位在提供社会公益、社会福利和满足广大民众需求的公共品上，特别要为那些因社会、经济等原因处于弱势状态的社会群体提供学习及增强发展能力的机会，管理好博物馆中的珍贵收藏和自有资产，充分实现工作资源的社会效益。争取更多的社会支持，鼓励社会组织和公众支持博物馆的社会公益事业，将广大社会民众的良好意愿及小额资源整合起来，集中力量办大事，这也是博物馆工作者的责任。博物馆通过组织社会募捐和社会公益活动，提升了民众的社会公德意识，增强了全社会的凝聚力。

作为社会文化机构，开放性是博物馆的重要特征。这一特性体现在博物馆积极创造条件，向最广大的公众开放其公共资源和设施。博物馆不仅要向那些愿意来博物馆参观的人们开放，更要积极主动地与那些不愿来博物馆参观的人们接触，转变这些人对博物馆的态度和看法，让他们主动来利用博物馆的各项公共设施和公共服务。博物馆不能坐等人们上门，要把博物馆服务送到社会中去，送到那些需要这些服务的人们身边。许多博物馆主动与学校、社会团体和社会组织联系，把博物馆的藏品、陈列和教育活动送到学校、农村和社会公共场所，让更多的人了解博物馆的社会价值，增加博物馆的社会效益。博物馆的开放性还体现在将博物馆公共资源向需要它们的民众和组织开放，博物馆公共资源包括了博物馆收藏、与收藏有关的信息和研究成果、博物馆公共设施和博物馆公共服务项目，这些公共性资源是社会的公共财富，博物馆不能把这些社会公共财富据为本组织的私产，也不能只是作为这些资源的看护人，博物馆要发挥创造性，依托这些资源，开发和提供为人们喜闻乐见的活动项目，使这些资源产生最适宜的社会效益。观念开放是公共资源开放的保证，观念开放要求博物馆在坚持维护社会利益和促进社会发展的前提下，对与博物馆业务有关的各领域的新现象、新事物保持敏锐的感知和兴趣，对相关学术领域中的各家观点、研究手段持客观公允的态度，鼓励遵循研究伦理和学术规范的不同观点的讨论，给博物馆业务活动中的创新和实验以足够的空间和宽容，对可能出现的失误或失败不是一棍子打死，而是认真总结经验，使之成为成功的一个阶梯。

博物馆的重要特点之一是其业务活动目的的多元性和系统性。博物馆各项业务活动都要贯彻教育、研究和欣赏的要求，在具体业务的实践中可能会有所侧重，但不能偏废。否则，不仅会影响博物馆社会服务的质量，也会造成博物馆内部业务的割裂。有了共同的目标，各个业务部门才能心往一处想，劲往一处使。教育要求博物馆工作者将博物馆藏品、博物馆藏品信息、博物馆社会教育活动和博物馆公共设施作为帮助公众学习知识的工具和条件，研究人员要考虑如何将专业学术语言转换为观众能够理解和接受的语言，社教工作人员要考虑如何根据学习者的条件组织学习活动；研究要求博物馆工作者深入开掘博物馆藏品的历史、文化、艺术、科技的内涵，确保博物馆藏品的真实性，确保人们对藏品有关信息认识的科学性和准确性，此外还要注意发现藏品及其信息与现实社会需求的最佳契合点，探讨藏品发挥社会教育效用的最佳方式；欣赏要求博物馆营造使观众感受积极生活态度和获得愉悦体验的环境，关注观众来博物馆参观的精神需求和审美体验。博物馆不仅要让观众接触客观、科学的事实和知识，更要让观众对这些事实和知识有积极的认识。博物馆工作不能仅停留在感官层面，而是要触及观众的心灵。

博物馆收藏和管理着数量庞大的实物形态的社会文化财富，这是博物馆作为社会文化机构的重要职责。博物馆藏品主要由历史遗物、自然标本和人类艺术创造力成品等构成，它们是人类生存和发展的见证，是人类及其生存环境发展演变的证物。博物馆收藏与其他性质收藏的显著区别在于博物馆收藏是以人类知识为基础的，即博物馆藏品是以实物形态来反映人类的知识，以及构建这些知识的人们的信念和情感。此外，博物馆收藏还反映了社会对未来发展的构想与期望，博物馆收藏是当代社会为子孙后代构建的历史情境和发展图景，历史情境构成了影响人们生活体验的时间和文化背景，这将影响到人们明确回答“我在哪里?”的问题；发展图景则是由历史和现实联结而显示的发展方向，前人的梦想也成为当代人确定发展规划的参照系和发动机。博物馆藏品蕴涵了非常丰富的内容，从具象的事实到抽象的知识和信念，从现实的需求到未来发展的蓝图，这些内涵都需要通过博物馆的专业工作来解释，来体现。

近年来，随着人们对博物馆藏品内涵认识的深入，以及博物馆工作技术手段的发展，博物馆藏品的范畴也在拓展，从历史遗物，到文化成分和人类行为，都成为博物馆收藏的对象。当代博物馆收藏已涉及了历史遗物、艺术作品、自然标本、藏品档案、声响、音像、信息载体等多个领域，不仅注意实物形态的文化物品，也注意到非实物形态的文化现象（也被称为非物质文化遗产）。博物馆丰富的藏品，在实践中，使博物馆陈列等社会教育项目更为真实地再现和反映历史或自然的景象，使静止的展示充满了生活气息，给观众更为真切的体验；在学术上，深化了人们对藏品的认知，博物馆藏品不再只是实物本身，不再只是视觉感知的对象，不再只是一个结果。人们要探究形成这一结果的过程，探究构成和影响这一过程的多种因素，探究促使这一过程发生的动因，即从描述性的“是什么”转换为探究性的“为什么”，去探究影响藏品最终形态的社会、文化、传统、信念、技术等方面的原因。博物馆藏品不是金钱的符号和膜拜的偶像，它是了解历史的钥匙，是我们与先民沟通的纽带，是启动人们智能创造的发动机。

三、中国博物馆发展概述

近代意义的公共博物馆随着西方列强的坚船利炮来到中国。中国人在变革图强的奋斗历程中，注意到近现代公共博物馆的社会教化作用，视其为启迪民智的社会文化机构，是促进社会改良的发酵剂。

19 世纪 40 年代，清政府陆续派遣官员、学者到西方各国办理国务，了解西方国家迅速崛起的状况和原因。这些人士参观考察了许多博物馆，其中诸多新奇的机械装备和丰富的自然标本给他们留下了深刻印象，他们认为博物馆是推进科技发展和民众教育的重要机构，是西方资本主义社会文明的重要标志。中国国内有识之士注意到科学知识和工业技术的落后是造成中国落后挨打的原因之一，为加快近代科学技术在中国的发展，迅速提高国民素质，举办博物馆不失为很好的办法。清政府则视博物馆为鼓吹资本主义社会制度和生活方式的号角，是维新改革人士试图改变封建社会制度和社会观念的先锋官，因此对民间有关举办博物馆的倡议并不热心。

中国近代最早出现的公共博物馆是西方人士举办的。1868 年，法国传教士韩德（Heude）在上海开办了“徐家汇博物馆”，其英文名称是“自然史博物馆”。1874 年，英国亚洲文会北中国分会在上海开设“上海博物院”，这两所博物馆并不是为在中国民众中传播近代科学知识，更多的是为西方国家的殖民政策服务，或广泛搜求中国的自然物产标本，或宣扬资本主义文明，联络地方亲西方人士。

19 世纪末，中国社会面临严重的生存危机，清廷软弱，列强压迫，“中国向何处去”成为众多爱国志士思考的问题。一些进步人士在鼓吹社会变革的同时，提出未来中国的发展蓝图，博物馆成为社会变革的工具和未来大同世界的重要标志。举办博物馆不再仅仅是向西方学习的标志，更成为变革图强、构建新型社会的重要举措。

1905 年，中国近代著名实业家张謇在家乡南通兴办南通博物苑。在博物馆南馆的门口，悬挂着张謇集句并手书的楹联，“设为庠序学校以教，多识鸟兽草木之名”，这是张謇举办博物馆的心声。南通博物苑收藏了大量的古代文物和自然标本，以帮助新式学校的学生们更好地理解知识。博物苑庭院中广植药物和经济作物，以帮助当地居民提高生产水平。苑中还设立了气象观测台，定时向南通市民发布气象信息。南通博物苑在辅助学生学习、开展民众教育和创造新的生活方式等方面发挥了积极作用，融入了当地社会改革和人民生活之中。张謇对博物苑的建设投入了极大心血，从藏品收藏、管理、陈列，到园区管理、开放、参观，他都亲自过问，手定制度。南通博物苑摆脱了中国传统收藏的束缚，不再如西人所办博物馆那样主要为传播西方文明，而成为中国近代史上中国人自办公共博物馆的楷模。

1911 年，“中华民国”成立，博物馆成为国家举办的事务。1912 年在北京筹办国立历史博物馆，其建馆宗旨是“搜集历代文物，增进社会教育”。在众多社会有识之士建设教育博物馆的呼吁下，各地陆续建成了一批此类博物馆，如保定博物馆、江西教育博物馆、江西教育图书博物馆等。

1925 年，故宫博物院在万众欢腾中宣告成立。故宫博物院将过去深藏皇宫的民族优秀文化遗产向社会开放，宣告封建王朝彻底退出历史舞台。1933 年，中央博物馆筹备处在南京成立，该院拟办自然、人文、工艺三馆，以求全面系统地反映自然知识、民族文化和当代工业技术的发展。1935 年 4 月，中国博物馆协会在北平成立，有团体会员 30 余个，个人会员 120 多名。20 世纪 30 年代中期，中国博物馆事业进入了第一个发展时期，在政府的支持下，博物馆已具备一定规模，形成了专业工作队伍，出版了多部博物馆学著作。由于发展条件的限制，其时的博物馆工作以西方资本主义国家博物馆为楷模，博物馆工作目的多为展示当代知识和科学，注重对历代文物的收藏，注重辅助学校教育。

1949 年，中华人民共和国成立。如何建设和发展社会主义的博物馆，成为广大博物馆工作者关心和探索的问题，旧中国博物馆被认为是“古董摊”，新中国博物馆则要发挥社会宣传教育的作用，要为提高广大民众的革命觉悟和生产热情服务，要让历史文物为社会主义革命和建设服务。1956 年 5 月，在北京召开的全国博物馆工作会议明确了社会主义博物馆的基本性质和任务，即博物馆是科学研究机关、文化教育机关、物质文化与精神文化遗存或自然标本的主要收藏所，博物馆要为科学服务，为广大人民服务。在随后召开的全国地志博物馆工作交流会上，确定了“地志博物馆”作为省级博物馆的基本模式。由此确定了中国社会主义博物馆的发展模式和发展道路。

1958 年 9 月，毛泽东视察了安徽省博物馆，在兴致勃勃地观看了博物馆展出的历代文物和社会主义建设成果后，毛泽东指出“一个省的主要城市，都应该有这样的博物馆。人民认识自己的历史和创造的力量是一件很要紧的事”。毛泽东的讲话为中国博物馆指明了工作目标，奠定了博物馆工作的政治基础。为庆祝建国十周年，中共中央政治局决定在北京建设中国革命博物馆、中国历史博物馆、中国人民革命军事博物馆等社会文化设施。在中国革命博物馆和中国历史博物馆的建设过程中，逐步形成了以分工为基础的博物馆业务工作体制，即“三部一室”制，该体制成为中国各级博物馆组织机构设置的基本模式。

1976年10月，对中国博物馆造成极大损害的“文化大革命”随着“四人帮”的倒台而结束。中国博物馆开始拨乱反正，针对“文革”期间发生的问题，博物馆管理部门加强了博物馆的制度建设，强化博物馆藏品的管理。

20世纪80年代，中国博物馆进入快速发展和改革开放的时期。80年代初，在小型专题博物馆建设的引领下，中国博物馆的数量快速增长，一些文保单位改制为博物馆，由此引发了对博物馆规范化建设的关注。此时，社会沉浸在改革开放的热情中，博物馆事业也面临诸多新的挑战，博物馆藏品安全、文化旅游、博物馆管理、博物馆经营、博物馆经济效益与社会效益、西方博物馆学和管理实践等新的观念和现象，都呈现在中国博物馆界的面前。在商品大潮和社会使命之间，中国博物馆界最终选择了将社会效益放在优先位置的发展道路。80年代中期以后，各地博物馆将展现地域文化特征作为改革的突破口，博物馆成为地域文化的窗口和载体，陈列内容突出地方历史和乡土文化，改变了此前“千馆一面”的状态。与此同时，一些博物馆的陈列中出现了“去政治化”倾向。由于当时“阶级斗争”已逐渐淡出社会生活，科学与知识成为推动中国社会发展的动力，博物馆陈列加强了专业学术色彩，考古学、文物学逐渐取代历史学成为陈列的知识基础。

20世纪90年代，在建设社会主义市场经济的背景下，中国博物馆进入了新一轮的发展热潮。政府对博物馆建设的投入显著增加，一些具有现代形象和设施的大型博物馆陆续建成，如陕西历史博物馆、上海博物馆等。社会办博物馆如雨后春笋，企业办馆、行业办馆、私人办馆纷纷出现。在管理体制上，行政管理部门将过去直接掌控的人事权、决策权等事权授予博物馆管理者，博物馆对馆内事务有了更多的自主权。博物馆办馆主体多元化和资源多元化的特性越来越明显，通过法律、法规等宏观调控手段管理博物馆成为博物馆宏观管理体制变革的主要趋势。此外，博物馆经营管理也成为这一时期的严肃问题，博物馆能不能从事创收活动？如何协调创收与社会服务的关系？这些都成为当时博物馆界的热点话题。博物馆行政管理部门启动的全国博物馆十大陈列评选活动，有效提升了各地博物馆陈列和相关服务工作的水平，陈列中广泛采用信息传播手段，这在改变博物馆陈列视觉形象的同时，也让广大博物馆工作者深入思考博物馆陈列的本质。

进入21世纪后，社会经济的发展为博物馆创造了更好的环境，“三贴近”成为当代博物馆工作的指导原则，社会主义文化建设为博物馆提供了更广阔的舞台。随着中国国际地位的提升，了解世界、走向世界成为广大民众的迫切要求，各地博物馆组织了许多引起社会极大反响的外国历史文化展或艺术展。博物馆基础设施得到显著改善，博物馆传统工作领域更广泛地使用现代信息技术，从传统的手工作业开始了向信息时代的演进过程。

现在，我国博物馆面临着良好的发展机遇，社会对高水平博物馆的呼声日渐高涨。博物馆工作者应该清楚认识当代社会对博物馆的需求，认识全球化、工业化、信息化对我国博物馆发展的影响，认识到融入所在地社会发展、强化博物馆组织特色、提高社会服务水平是博物馆生存和发展的基本前提。社会发展为博物馆工作者提供了更多为社会服务、更多实现个人人生价值的机会，博物馆工作者要抓住机遇，优化个人知识结构，提高专业工作技能，为社会奉献高质量的服务。

中国博物馆学百年研究的启示与思考

南通博物苑是中国人自办博物馆的开端，也是中国博物馆学理论构建的肇始。中国博物馆学研究由此开始了其百年的历程。

一、中国博物馆学百年历程

中国博物馆学的发展是与中国社会的发展、世界博物馆事业及中国博物馆事业的发展紧密相关的，是对其时博物馆发展实践和发展方向的理性思考。

19 世纪后期，民族资产阶级的先进人士积极倡导举办博物馆，将博物馆视为"启民智"、强国势的重要措施，认为举办博物馆是推行资本主义文化的重要举措。张謇在兴办南通博物苑的实践中，努力实践民族资产阶级改革人士的政治理想和文化主张，制定了博物馆管理的具体措施，初步形成了博物馆的管理理论。但是，受时代的局限，他对博物馆作用的认识侧重于其对新式教育的辅助作用，以及通过博物馆向南通市民传播近代科学知识和提高其适应新的生活方式的能力。

20 世纪初，清王朝封建统治被推翻，中国进入资本主义发展的时代，博物馆事业得到当时政府的重视，从民间走向政府，博物馆管理从民办改为公办，博物馆的社会地位从局部、行业向全国性事务演变，博物馆的社会作用得到加强。由于受当时政府对博物馆的社会定位，以及世界博物馆主流强调辅助学校教育的影响，中国博物馆学的理论和实践将博物馆的社会作用定位于教育。也要看到，当时的一些社会贤达人士将博物馆作为在民众中推行资本主义文化观和生活观的工具。

20 世纪 30 年代中期，中国博物馆事业进入发展高潮，博物馆学研究也取得显著成绩，其间出版了数部博物馆学专著，成立了博物馆专业学术团体。当时的博物馆学理论体系基本借鉴了西方资本主义国家的博物馆学体系，强调博物馆的组织特点、职能和业务规范。这一博物馆学理论体系尽管有助于博物馆的专业化，但使博物馆远离了社会现实和社会发展，将博物馆关在学者的书斋中。从博物馆自身发展的历程来看，这样做似乎是合理的，但如将博物馆事业发展置于当时中国社会变革的大背景中，这一理论的思想基础就不尽合理了。

1949 年，中华人民共和国成立。基于当时的社会条件，新中国的博物馆事业理所当然地摒弃了"旧"的博物馆学理论体系，特别批判了"旧"博物馆只重文物、不问世事的做法。中国共产党在长期革命斗争中举办"革命博物馆"的构想和实践，使新中国博物馆的工作具有宣传鼓动的色彩；百年来民族文物大量流失的状况，使新中国博物馆成为保护和保存文物的重要机构；在50年代中期党和政府发动的“向科学进军”的社会运动中，新中国博物馆责无旁贷地承担起为科学研究服务的责任。于是，我们注意到，尽管新中国博物馆也具有收藏、研究、宣教的职能，似乎与国外博物馆别无二致，但其社会背景和工作目的却是截然不同的。

20世纪50年代，在探索社会主义新型博物馆的实践中，中国博物馆曾向前苏联寻求经验，并选择了“地方史志型博物馆”的模式，但这种学习，并不是照搬前苏联的博物馆管理模式，而是基于中国社会主义革命和建设的需要。由于局势的变化，“地方史志型博物馆”模式很快就被在中国革命博物馆、中国历史博物馆筹建中形成的“历博模式”所取代。历博模式的主要特点是“集中领导”、“红线通史”、“三部一室”和“会战机制”。实事求是地讲，新中国博物馆事业是在对旧中国博物馆工作观念和业务重点的批判和向以前苏联博物馆为代表的社会主义博物馆理论和实践学习的综合影响下，在中国革命的特定历史条件下，在中国高度集中的社会主义经济体制和管理体制的形成完善过程中发展起来的。由于近代中国社会发展过程的跨越式发展，广大民众的文化素质低下，也没有形成有力的具有现代科学和民主思想的民族知识分子阶层，西方近代博物馆的社会、思想基础在中国并没有形成。这使得近代中国博物馆强调社会教化的作用，强调博物馆的社会任务和社会职能。

在建设社会主义博物馆的实践中，逐步形成了新中国博物馆学体系，从20世纪50年代后期对中国革命博物馆、中国历史博物馆建设中问题的讨论和经验总结、60年代初对全国博物馆按照“历博模式”进行“调整、巩固、充实、提高”、70年代后期规范博物馆业务和加强博物馆藏品管理，到80年代为博物馆工作人员培训而编写的“教材”，系统总结了中国博物馆工作的指导思想、工作原则、专业分工和业务规范，参照国际博物馆学理论体系，构建了包括基础理论、博物馆发展史、基本业务和管理办法的博物馆学体系。这一理论体系基于经验、基于规范，将博物馆工作规范和工作守则提升到博物馆学的高度。其社会背景是社会主义计划经济，其经验背景是大馆的工作实践，其技术背景是手工操作，其管理背景是自上而下的集中管理体制，其目的是业务管理的需要。由于其实践基础是大馆的工作流程和分工，因此分工很细，将工作程序分割成为很小的片断，强调岗位责任和业务标准。有鉴于此，这一理论体系有强烈的“分工”、“专业”色彩，在一定程度上强调制度的作用，突出服从和遵守规则的要求，形成了刚性的结构和外壳。

20世纪80年代是改革、实验和充满机遇的时代，在改革开放的社会背景中，西方博物馆学理论和方法被广泛介绍进来。在对文革的反思中，在国际博物馆学界构建“理论博物馆学”的背景中，中国博物馆学从经验总结转向理性思考，构建“理性博物馆学”成为热点。此外，当时博物馆实践中弱化政治和社会现实色彩，淡化博物馆

“社会教化”作用，突出专业学术、艺术和形式的做法，在一定程度上支持了博物馆学的“理性化”、“学术化”和“普世化”。此时的博物馆学思考博物馆存在的合理性和价值，从历史发展、社会需求、组织意义和知识体系等角度论证博物馆的合理性、必要性和重要性。这些讨论为博物馆的长期存在和发展奠定了知识基础，深化了人们对博物馆及其业务活动的意义和价值的认识。

贯穿20世纪90年代的博物馆学热点问题是博物馆与社会主义商品经济（社会主义市场经济）的关系，其时博物馆管理和业务领域中的变革和工作重点，都是在这一大背景中发生的。对博物馆在社会主义市场经济中的运营模式、获取资源的方式、产出内容和质量等问题的讨论，不仅为社会主义市场经济条件下博物馆的发展拓展了思路，更重要的是推动博物馆更主动、自觉地将自身发展与社会条件联系起来，主动地与外部环境交流，在营造有利于自身发展的外部环境时，也改善了社区的发展环境。在这些改革实践中，博物馆工作者更加注意博物馆学理论对实践活动的支持、支撑和引导作用，对经验博物馆学的一些基本概念和观念进行反思。

世纪之交，更多的新观念、新概念、新技术进入了博物馆工作和博物馆学研究的领域，全球化、学习型社会、信息社会、可持续发展、社区、“人文关怀”、市场营销和“文本”、话语权等概念广泛地出现在博物馆学研究论文中；博物馆的工作范围更为宽广了，拓展到了整个地球；层次多了，从草根、乡土、区域、民族、国家到全球；主体多元化了，各级政府、集体、企业、社会组织到公民个人；任务加重了，不仅业务要精湛，陈列要成为精品，连馆舍也要成为城市的标志性建筑；博物馆的工作手段从手工操作向信息化转换，电子计算机和网络不仅进入了办公室，也开始影响博物馆的管理体制和运营机制。

中国博物馆学热情迎接新时代的到来，积极总结新的社会条件中创造的新鲜经验，运用多学科理论探讨博物馆发展面临的新挑战和新机遇。从博物馆事业发展的角度，客观分析博物馆行政管理机构、博物馆、公众利益的关系，探讨三方的利益、需求、行为对博物馆事业发展的影响。这应是中国博物馆学从经验科学、政策科学向理性科学演进的标志。

二、中国博物馆学研究的特点

中国博物馆工作者和博物馆学研究者基于本国博物馆实践和特殊发展问题，学习和借鉴国际博物馆工作的理论和实践经验，逐步形成了具有一般博物馆学的基本框架，又体现侧重中国博物馆实践和发展特色的博物馆学理论。中国博物馆学理论既有对根据中国博物馆事件而对一般博物馆学概念的解释，又体现了中国文化传统和现实社会观念的影响。

此外，我们还应注意，中国博物馆事业是在世界近现代公共博物馆发展到成熟阶段时发生的，中国博物馆学理论不可避免地受到其时世界博物馆工作重点和理论关注重点的影响。当时西方博物馆的工作环境、工作观念、工作重点和博物馆学研究领域、课题、目的都与其发展初期发生了明显的变化。概括而言，此时西方博物馆的观念从革新、创新和前瞻逐步转向保守和怀旧，其原因是资本主义已在世界范围内稳固了其政治统治，工业革命在大部分西方资本主义国家已经完成，现代知识体系、社会体制和观念体系已告完成。西方博物馆的工作领域从初期的致力于构建近现代科学知识体系转变为维护和传播资本主义的观念和生活方式。随着现代科学的专门化和专业化，原来曾包容在博物馆学中的科学研究逐渐脱离了博物馆学的范畴，博物馆学逐渐转向对博物馆职能和博物馆业务规范的研究，此时的博物馆学将为博物馆工作专业化奠定理论基础和为博物馆工作者建立交流的理论平台作为主要目的。中国博物馆恰恰是在这样一个背景下进入世界博物馆事业的，中国博物馆工作者对博物馆学的了解更主要的是当时西方博物馆学研究的重点及其成果，这深刻影响了中国博物馆学研究和对博物馆学的属性、内容、理论构架、目的和任务的认识。

此外，我们还要注意到中国博物馆工作者对西方博物馆学更多表现出“实用性”和“工具性”的态度，早期的中国博物馆工作者将博物馆作为新文化的代表，作为改造中国社会和提升中国国力的工具，更为关注博物馆在对中国社会发展和解决中国社会问题上发挥的作用，而对西方博物馆得以产生和发挥作用的历史、社会、思想和技术等因素则关注不多。这种“知其然，不知其所以然”的状况对以后博物馆学的研究工作影响颇大。

由于对西方博物馆学采取“实用”的态度，这也使中国博物馆学在方法论上具有浓厚的实证和经验的色彩，这表现在对西方博物馆学常常关注其观点和结论，忽略对方法和过程的关注；常常关注与中国博物馆发展问题有关的论述，忽略对博物馆学完整体系的介绍；常常简单地介绍国外博物馆的具体工作方式，忽略对相关背景条件和相关工作的考察；在博物馆学研究中常常关注对具体业务和具体问题的讨论，忽略对博物馆现象的哲理性和批判性的反思。

百年中国博物馆事业的发展历程，可以说是世界上独特的区域性博物馆发展现象，中国博物馆经历了从封建社会到社会主义市场经济等多个不同的社会经济制度，经历了多次由民族、国家、阶级等外部或内部力量引发的重大社会动荡，这塑造了独具特色的中国博物馆事业，也促成了中国博物馆学的特点：

其一，中国博物馆学反映了不同社会时期中国社会的发展要求，如清末维新人士倡导举办博物馆是要“启民智”，新中国博物馆的主要目的是要“让人民认识自己的历史和创造的力量”；

其二，中国博物馆学受到中国传统文化和传统思维的影响，具有强烈的东方“和”

文化的色彩。博物馆学理论有着明显的综合性、应用性和唯一性的特点，博物馆学的理论构建希望能包容所有有关的内容和观点，不过多讨论和渲染不同学术流派和学术观点的差异；

其三，强调博物馆及博物馆学的社会责任，自觉纳入党和政府的发展战略部署，将党和政府的工作重点和任务作为博物馆学的研究课题，在社会主义高度集约型计划经济时期，甚至出现将政策作为理论的现象；

其四，突出藏品（文物、标本）在博物馆工作和博物馆学中的基础地位和决定作用。藏品的特点和藏品社会作用的实现过程决定、制约着博物馆的特点和博物馆工作流程，决定了博物馆工作人员的工作内容和素质要求；

其五，赋予博物馆“文化精英”的身份和地位。博物馆是积累和传播知识的机构，是民众的“良导师”，是信息的发送者，博物馆的话语是权威的；

其六，坚持对中国博物馆实践中出现的问题进行研究，并提出解决问题的方案，广征博采，为我所用。对国际博物馆学的理论、实践经验以及其他相关领域的理论和方法，不迷信，不排斥，以开放、包容的心态介绍、讨论和借鉴。

造成中国博物馆学这些特点的原因是多方面的，其中既有外部的条件，如中国的文化和思想背景，中国社会的历史发展阶段，以及中国博物馆发展过程中特殊的国际环境；也有一些是内部的原因，如博物馆管理体制和博物馆工作目标，以及博物馆工作队伍的构成和知识基础；还有博物馆学研究的学术环境，如多年来博物馆学研究的主体力量是博物馆从业人员，他们具有丰富的实践经验，面临具体的工作任务。需要强调指出的是，中国博物馆学的这些特点并不意味着存在博物馆学的“中国学派”，或学术流派意义上的“中国博物馆学”。中国博物馆学的特点更多地是要说明中国博物馆学研究的重点和主要方法，以及中国博物馆学研究的思想传统和文化背景。中国博物馆学理论体系的基本架构和主要概念仍然处于一般博物馆学的框架之中，博物馆学研究方法和对主要概念的理解也没有明显的特别之处。从博物馆学理论体系来说，仍属于“经验博物馆学”的范畴。

中国博物馆学研究及其赖以发展的中国博物馆实践，极大地丰富了博物馆学的理论体系，在丰富博物馆表现形式和活动模式的同时，深化了人们对博物馆一般规律的认识，促使人们深入思考博物馆的共性是什么，形成博物馆共性的条件是什么，这些条件是怎样影响博物馆的存在和发展的？博物馆的个性是如何形成的，个性表现对博物馆事业发展的影响？这些思考将有助于我们更深刻、更准确地理解博物馆存在的意义和价值，理解博物馆与社会发展的关系，理解博物馆与其生存和发展条件的关系，理解博物馆创新的必然性和迫切性。

三、当前中国博物馆学研究热点

进入新世纪，面临信息社会、全球化进程、学习型社会、知识经济、小康社会建设、和谐社会等新的社会发展背景，博物馆工作面临新的挑战和机遇，博物馆学研究也面临诸多新的课题，撮其要者，大略可区别为四个方面：

其一，博物馆与社区发展（注意，不是博物馆与社区，而是博物馆与社区发展）。这是一个广泛的领域，研究课题涉及博物馆在社区中的地位和作用、博物馆与社区文化特性的关系、博物馆如何成为社区发展的社会资源和支撑因素等。对这些问题的关注、讨论和实践，有助于对当代博物馆的性质、特点、宗旨和任务有更准确深入的理解，有助于我们在坚持博物馆组织特色的同时拓展博物馆社会服务的领域；

其二，博物馆与公众。这里所说的公众，包括博物馆观众、社会公众和博物馆受益群体。在博物馆与公众关系的问题上，我们要确立新的观念，这就是博物馆要动员更广泛的民众参与到实现博物馆社会目标的事业中来。博物馆现实社会效益的实现，是在公众的配合、参与下完成的。博物馆不再是游离于公众之外的机构，而要成为公众中的“发酵剂”。为此，博物馆学研究不仅要客观准确地描述公众的构成和特点，解读公众与博物馆组织和活动的关系，更要研究影响公众行为及观念的方法；

其三，博物馆与技术。要在组织、管理、技术层面研究现代信息技术、传播技术对博物馆发展的影响，以及现代信息技术在博物馆各项业务中的应用。在信息时代，人们的生活方式、行为方式、思维方式、观念和价值观都因信息技术发生了变化。博物馆的观念、任务、工作方式、工作体制、员工结构、管理模式是否也会因信息技术而发生变化？答案是肯定的，且影响是深刻而且深远的。“知识改变命运”，技术改变生活。器利而工善，必须重视生产技术对生产组织和机制的决定性影响；

其四，博物馆管理。重点是建立适合社会主义市场经济的博物馆管理体制和运营机制。当务之急是开展系统的比较研究，了解其他国家博物馆的管理体制及文化事业管理体制，更要分析形成这一体制的历史、社会、政治、经济、文化和公众行为的背景。要科学总结我国博物馆的改革和创新经验。探讨新条件下博物馆的人员、财务、事务和资产的管理模式和工作规范，探讨博物馆自我发展能力的建设，探讨鼓励社会力量参与博物馆发展的机制。要建立博物馆管理评估标准，建立博物馆管理数据库。

在从事博物馆学研究时，要处理好“继承”与“创新”、“实践”与“发展”的关系。鼓励理论和方法的创新，鼓励运用相关学科的理论和方法研究博物馆学的问题，对博物馆发展进行跨学科和多学科的研究，不仅要对博物馆系统进行整体和综合的研究，也要对博物馆具体业务的目的、内容、方法和技术进行研究，如运用人文科学对馆藏品的研究，运用信息科学对藏品管理的研究，运用符号、传播理论对陈列的研究、运用现代教育的“建构理论”对博物馆学习的研究，运用博物馆营销理论对博物馆服务的研发、提供和效益的研究等等。在实证研究的基础上，鼓励对博物馆工作观念、态度、价值观、组织愿景的反思，从哲学、认识论、知识论层面对博物馆现象、博物馆行为、博物馆文化和博物馆效益进行解析和阐释。

博物馆学研究要倡导“追求真理”的精神，提倡“兼容并包”的态度，鼓励“合作”和“讨论”的方法。追求真理要求研究人员要坚持科学态度，尊重实践，坚持理论与实践的结合，坚持博物馆事业的发展方向和社会大众的根本利益，不要急功近利和浅尝辄止。兼容并包要求研究人员广泛学习和吸收相关学科的理论和方法，特别要关注各学科和学术流派的理论依据和逻辑推理，关注其分析问题的视角，此外还要求研究人员以客观、平和的态度看待其他人的研究成果，任何研究成果都会不同程度地从正反两方面丰富我们对博物馆和博物馆学的认识。合作和讨论是相辅相成的两个方面，合作是讨论的平台，讨论是合作的纽带，目的是增进我们对博物馆现象和博物馆行为的理解，构建更准确地解释、理解博物馆存在和预测博物馆发展方向及道路的博物馆学。在学术研究中，我们要鼓励构建学术流派，要允许学术流派的存在和发展，其实当代博物馆学中理论体系中已存在经验博物馆学、生态博物馆学、新博物馆学、社区博物馆学、科技博物馆学等学术流派，只是这些学术流派更多地还是基于博物馆业务和博物馆藏品的知识背景，我们要鼓励研究人员在研究方法、视角、对象、内容、目的上有自己独立的思考和创见。

博物馆学研究要注意区别基础研究和政策研究。基础研究是对博物馆存在和博物馆学理论体系的描述、解释和理解，更多地反映为人们对这些客观现象的认识。政策研究则要现实一些，主要是对博物馆运营和发展的一些操作性手段提供理论解释和决策参考，比较多地侧重于如何为博物馆发展构建适宜的法律、政策、政府管理和财政环境，如何协调博物馆与相关社会组织、利益集团的关系，如何使博物馆在社会发展中发挥积极作用，如何监督和评估博物馆的综合社会效益，政策研究要综合评估博物馆资源、环境、需求和效益，明确社会对博物馆现状和发展的态度及措施。基础研究可以是价值中立的，政策研究却一定要遵循特定的价值观。

附录　就博物馆学研究致梁吉生先生的信

梁老师：

您好。

因北京大学赛克勒考古与艺术博物馆近期正在装修，再加上开学有一些教学的事情，更主要的是要想一想您提出的问题，梳理一下自己的思路，于是延误了很长的时间才回复，非常抱歉，万望海涵。

因为在博物馆学的道路上已经走了相当长的一段路，看到了同行者跋涉的艰辛和无奈，也体察到自己心有余而力不足的境遇。但是，作为教员，可能已习惯了为后来者铺路，所以不揣浅薄，将自己从事博物馆学研究的一些体会写出来，希望对大家有一些帮助。

首先，我以为我国现在的博物馆学研究要回归理性，要秉持科学研究的基本观念、方法和伦理。在多年的研究中，曾将探讨中国博物馆发展规律作为学科研究的目的和主题，这虽然不错，但在一定程度上限制了博物馆学研究的范围和深度，从而在一定程度上影响了博物馆学理论体系的构建和学科的影响力。博物馆学侧重于理性思辨还是实践应用，这应该是学术界讨论的学术性课题，而不应成为规定学术研究范畴的界标。当前，应加强对博物馆学哲学基础相关问题的研究，如博物馆学涉及的认识论问题、知识论问题和伦理观问题。我们也需要对博物馆功能实现所涉及的主要学科的哲学基础和观念基础有深入的理解，如历史观、自然观、发展观等。这些看似纯粹理性的问题，其实正是明确博物馆发展愿景、价值观和工作伦理的理性基础，是指导博物馆事业发展的认识基础。

其次，博物馆学研究要以中国博物馆发展为主课题。在博物馆实践层面上，我们要将主要注意力放在对中国博物馆事业发展面临的挑战和机遇的研究上。作为博物馆学的专业研究人员，我们要关注和跟踪世界博物馆学界的普世性课题和热点问题的研究状况，但是，一定不能脱离中国博物馆实践，换句话说，我们要在全球化背景中考虑和讨论中国博物馆事业的发展，以及中国博物馆事业发展经验对世界博物馆发展的积极作用。例如，中国博物馆发展不均衡的现实，如何根据各地区博物馆发展条件，制定适宜的发展路线和工作任务，而不是将发达地区的博物馆发展状况作为评价标准，评价和指导欠发达地区博物馆的工作。在此基础上，我们可以深入讨论博物馆与社会发展的关系问题，讨论影响博物馆发展的各种因素，讨论推进博物馆发展和激发博物馆工作者积极性的措施，从而构建中国博物馆在当代社会条件下发展的基本模式。

再次，博物馆学研究要营造“百家争鸣”的学术氛围。在管理实践和政策研究的范畴里，其结果是唯一性的；但是，在博物馆学研究中，一定要鼓励“百家争鸣”。科学研究的生命力就在于试误，在对未知领域的探究时，一定会有很多的尝试和错误，这是人类认识客观世界的基本路线。有尝试，就会有不同的方法，就会形成不同的认知和理解，也可能会出现不同的结论。就如“盲人摸象”那样，在认识手段受到局限的情况下，每个人都会在一定程度上触及一定程度的真相，但又是存在局限的。如果我们承认博物馆学研究是一个不断深化和不断推进的进程，承认博物馆学研究者个人条件的差异，承认博物馆学研究是研究者个人研究成果的汇聚，就应该容许不同认识和讨论的存在。

再有，博物馆学研究要加强关于方法论的讨论，鼓励方法论基础上的学术流派的构建。博物馆学是海纳百川的学科，在不拒绝其他学科理论的同时，也鼓励研究方法的多样化。例如，在博物馆教育领域，当代心理学和教育学新的理论模型为我们理解博物馆教育的性质和特点提供了积极帮助；又如在博物馆数字化领域，与计算机技术有关的信息处理、界面设计、用户互动、信息心理的理论和方法使我们对博物馆教育、陈列设计和公共服务有了新的认识。此外，由于博物馆学研究者个人知识结构和研究重点的差异，也会使其倚重的理论体系有所差别，如博物馆陈列，有些研究者侧重陈列的主体性，从艺术表现方法的角度研究；有些研究者侧重陈列的教育作用，从信息和传播的角度研究；有些研究者侧重陈列的效率，则会运用社会调查、教育学和心理学的理论和方法对观众体验进行研究。由于依据理论和方法的差异，也会对研究对象的内涵、性质、特点和与相关因素的关系产生不同的认知和理解，从而得到对研究对象不同的解释模型。过去，我们多根据价值标准或研究对象来区分理论分支，我认为还可以根据依据理论及采用方法的不同来划分理论分支，或可称为博物馆学学派。

世界博物馆学研究历程经历了“博物学”、经验博物馆学、模式博物馆学、社会博物馆学、理性博物馆学、综合博物馆学等数个阶段，20 世纪更是博物馆学蓬勃发展的大好时期，奠定了博物馆学的理论框架。但是，我们也注意到博物馆学研究与博物馆实践的脱离，削弱了理论对实践的支持、支撑和引导作用，这是从事博物馆学研究的理论工作者必须时刻警惕的问题。博物馆学研究者必须深入博物馆工作实践，要与博物馆工作者保持密切的联系，系统深入全面地揭示博物馆组织、博物馆业务和博物馆工作对象——藏品——的特性；同时，博物馆学研究者又要耐得住寂寞，要给自己一些思考的时间，运用个人的智慧，解读博物馆业务表象下的观念、价值和联系。这也是我从事博物馆学研究的一些心得。

中国有句老话，“聚沙成塔”，这用来形容博物馆是最恰当的了。正是一件件的物件，构成了博物馆的收藏，也正是博物馆“收藏”改变了这些物件的性质，使它们成为人类创造力和人类发展的表征。我希望这也适用于博物馆学的研究和发展，每个人尽自己的力，构建推进人类认识能力的理论体系。您现在做的，正是建塔的宏大工作。多谢啦。

祝您身体健康，诸事遂意。

后学　宋向光

2007 年 9 月 26 日

博物馆定义要促进当代博物馆的发展

一、博物馆定义的作用及演变

博物馆定义是对博物馆性质、特点、职能、目的和任务的科学表述，定义对象的博物馆是特定的社会组织，是有具体的组织结构、目标和功能的社会组织。博物馆定义是人们对博物馆普遍性特点的认识，它一方面反映了博物馆这一客观现实的存在状态，另一方面又反映了人们对博物馆的主观认识状况。为此，博物馆定义会随着博物馆的发展、博物馆外部环境和内部条件的变化，以及人们对博物馆特性及发展规律的认识而发生变化。

博物馆定义在博物馆的不同发展阶段发挥不同的作用。在博物馆发展初期，博物馆定义侧重于说明博物馆的业务特点，如博物馆工作对象和具体业务活动，将博物馆与其他类似的社会组织区别开，从而确立博物馆的社会位置和工作范畴。当博物馆数量增加、门类增加、业务内容丰富繁杂时，博物馆定义侧重于对博物馆本质特征的把握，以使存在形态各异的个体博物馆能够聚合成为一个社会部门，并使博物馆能够认识和坚持普遍性的组织特性和组织任务，保障博物馆获得必要的社会认同和工作资源。

博物馆定义反映了博物馆与社会的关系，反映了社会对博物馆职能、任务的要求和规定。在近现代公共博物馆发展初期，它更多地被作为科学家观察和认识自然的窗口，是积累和整理自然标本和科研资料的主要机构，此时的博物馆是科学家的助手和标本库。随着博物馆藏品的丰富，博物馆工作重点转向基础性学术研究。科学技术博物馆的出现，又使博物馆成为展现技术发展和社会发展成就的地方。博物馆从辅助科研的位置上升到从事科研的地位，被作为知识的代表，发挥传播知识和开展教育的作用。20 世纪 70 年代以后，信息科学和教育科学的发展，特别是一些发达国家从工业经济向知识经济的转变，博物馆成为社会的知识资源库，其工作重点从少数科研人员的科研转向提供广大公众的学习服务。广大民众（或说纳税人）要求由公共资金支持的博物馆使其设施、收藏和知识成为公共资源，此时的博物馆定义强调了“为人民服务”的原则。

博物馆定义不仅是对博物馆客观存在的科学表达，还要指示博物馆事业的发展方向。从博物馆事业发展历程中，可以看到博物馆定义对博物馆事业发展的导向作用。初期的博物馆定义凸显博物馆的特性，将博物馆与其他收藏、科研、教育组织区别开，奠定了博物馆生存和发展的客观基础。在博物馆进入成熟期后，博物馆定义发挥了凝聚和规范的作用，防止博物馆自身的泛化和异化，防止其他社会组织借博物馆之名而为己谋利，维护博物馆事业的社会形象，保证博物馆沿正确方向发展。国际博物馆协会从20世纪50年代到70年代，数次修订博物馆定义，从关注完善自身业务到强调“为社会和社会发展服务”，反映了博物馆界对发展方向和发展目标的思考。1974年国际博协的博物馆定义至今仍有鲜活的生命力，也说明世界各国博物馆工作者认同这一指导思想对当代博物馆发展的积极指导作用。

博物馆定义也反映出社会对博物馆发展方向、存在意义、现实任务的构想和要求，对博物馆发展起着重要的导向、制约和评价的作用，对博物馆发展有强烈的或促进或阻碍的作用。这从以下几方面反映出来。

首先，博物馆定义影响博物馆工作人员的观念，博物馆定义在某种程度上是构成博物馆学、博物馆职业伦理和博物馆业务规章的“公理”，而这些理论、伦理和规范构成了博物馆工作者的观念环境。其次，博物馆定义通常还规定了博物馆实现其任务的工作方法和手段，这影响到博物馆的业务内容、流程和评价标准。例如，博物馆定义强调为社会和社会发展服务，博物馆组织中就可能包括了解社会需求和调整博物馆与社会关系的业务部门，对博物馆各项业务也将以其对博物馆社会贡献率的作用进行评价。再次，博物馆定义还会影响政府博物馆政策的制定。如博物馆定义申明博物馆“非营利机构”的组织属性，这会在一定程度上影响政府对博物馆的组织体制、管理机制、资源保障、人员管理、监督评价等方面的政策和措施。近年来，一些地方政府视博物馆为事业单位，从而依据有关政事分开的精神，让博物馆成为独立经营、独立核算的机构，并因此而减少甚至终止公共资金对博物馆的支持，这就是因对博物馆组织属性、法律身份认识不明确造成的。另外，博物馆定义还会影响社会公众对博物馆的态度。如有些大众传媒常将博物馆作为文物收藏和传播知识的场所，批评博物馆学术气息太浓和缺乏亲和力，这与我国现行博物馆定义强调文物标本的收藏和研究不无关系。此外，博物馆定义还会影响博物馆从业人员的从业意愿，当博物馆定义与博物馆从业人员感受的博物馆工作状况发生冲突，且不能明确指示博物馆发展方向，这会使博物馆从业人员对工作意义产生疑问，丧失对工作前景和自我前途的方向感，这势必影响从业人员的自我激励，从而影响工作热情。

我国现在普遍采用的博物馆定义是1961年《博物馆工作概论》中的表述：博物馆是“文物和标本的主要收藏机构，宣传教育机构和科学研究机构，是我国社会主义科学文化事业的重要组成部分。”这一表述基于1956年全国博物馆工作会议对新中国博物馆工作性质和任务的规定，并对表述语序进行调整，强调了对文物和标本的收藏。这一定义具有浓厚的时代色彩。从当时世界博物馆发展情况看，许多国家的博物馆处于战后重建时期，强调对藏品的保护和管理，强调博物馆工作的专业化和规范化。从当时我国博物馆发展阶段看，新中国初期博物馆数量不多，尚未形成规模，其特性尚无法充分体现。20世纪50年代后期大规模基本建设使出土文物激增，博物馆遂成为接收存放出土文物的机构。其时也正是社会主义高度集约计划经济体制形成时期，博物馆作为国家职能机构，被归属于文物工作领域。实事求是地讲，这一博物馆定义体现了当时我国博物馆的发展状况和工作环境，反映了计划经济对博物馆社会任务和运行方向的规定，反映了我国博物馆工作者对博物馆业务特点的认识。定义所反映的博物馆性质是博物馆在计划体制中的位置，博物馆任务则是根据博物馆发展状态和工作任务而制定的。

近30年来，我国经济体制已发生了重大变革，社会主义市场经济体制在逐步完善，政府对公共事业的管理从举办企事业向履行公共管理职责转变。我国博物馆事业也发生显著变化，不仅反映在规模、藏品、展览、观众等传统量化评估方面，也在博物馆事业结构、举办主体、工作资源等方面有所反映。这些新情况让人们感到50年前的博物馆定义已不能准确表述当代博物馆的状态和工作任务，与现实社会需求和当代博物馆工作观念之间有一些差异。

概而言之，20世纪60年代的博物馆定义无法包容当代不同举办主体的博物馆，无法帮助非公有制博物馆平等获取博物馆工作资源；无法涵括建立在文化遗产基础上的博物馆，如生态博物馆，也无法涵括非文物藏品的博物馆，如科技馆和儿童博物馆；这一定义没有明确反映当代博物馆的服务特点，即博物馆应主动提供满足观众多种需求的服务；没有反映近年来博物馆工作的新经验，如博物馆与观众的关系趋向平等互惠；没有反映信息科技对博物馆工作的影响和提供的发展机遇。此外，这一定义以文物为中心，忽略博物馆机构的作用，忽略博物馆从业人员、观众和一切关心博物馆发展的人们的积极性和创造性。

二、博物馆定义视点浅析

博物馆在不同社会背景中与不同的社会群体发生联系，这些社会群体出于本群体或相关利益群体的利益对博物馆性质和博物馆任务有明确具体的规定。博物馆定义是一种有具体目的的行为，而为实现这一目的，就需要有确定的因果关系，需要有起点，这构成了博物馆定义的视点。博物馆定义视点包括定义主体与博物馆的联系、定义主体的态度和价值取向、决定性因素的认定和定义所用的方法。

博物馆定义视点不仅是认识博物馆特性的切入点，是实现博物馆目的的起点，还是规定博物馆工作内容的基本条件，同时对准确认识博物馆的工作目的、主要职能、运作过程都有重要意义。博物馆定义视点还反映定义主体的理论素养、思维模式和行为目的，综合体现了定义主体的社会关联和自身素质。此外，博物馆定义视点反映着博物馆学的发展，对博物馆复杂性的认识，对博物馆特性和发展方向、途径的把握。

博物馆定义包括对博物馆存在的客观表述和对博物馆社会作用、社会意义的规定，它影响人们对博物馆的认识，特别影响对社会与博物馆关系的认识。对社会与博物馆关系和对博物馆发展动力的认识，构成了不同博物馆定义视点体系的基础。据此，博物馆定义视点可区分为两大体系，其一是博物馆本体说，其一是博物馆关联说。这两大体系又可根据关注的具体对象和方法论再分为若干子系。

本体说视点或指向直接构成博物馆的具体因素，或指向由博物馆要素规定的基本功能。这一体系大致又可分为文物、结构、功能和目的等几个子系。文物视点认为文物是博物馆的核心要素，是博物馆存在的物质基础，是决定博物馆特性的基本条件，博物馆的功能、作用、价值等都围绕文物而顺序展开；结构视点关注博物馆构成要素及要素之间的固定关系，它注意到文物不是唯一存在于博物馆中，也存在于其他科研、教育、商业组织中，文物是组织存在和发展的条件之一。博物馆是一个组织，为实现其组织目标和价值，既要有物质条件，也要有保障组织运作的资源（人、财、物）和组织管理体制，还要有体现组织社会价值的产出，如陈列和研究成果等；功能视点关注博物馆的行为模式和特点，认为博物馆是社会组织，组织的存在不仅要有刚性的结构，更要通过功能体现组织的特点和价值。博物馆藏品如同原料，需要通过一系列的功能实现它的社会价值。功能是保证博物馆特定产出的制度基础，也是博物馆组织得以存续的条件。这一子系还可因对功能缘起的认识不同再分为若干支系。如功能或是由实现藏品社会效益的条件决定的，或是由获得博物馆组织产出的需求决定的；结构—功能视点则突出体现博物馆社会组织这一特性对博物馆构成要素和博物馆行为的规定和制约，组织作为客观的、现在的规定性条件，有其独立存在的要件、结构和存在条件，并与其他组织相区别。为此，博物馆的特性是其组织结构的特性，并决定其行为的特点；这一体系的另一种重要子系是价值视点，即博物馆的作用和意义，这一视点关注博物馆存在和作为的意义，博物馆之所以存在，是因为其所作所为是有意义的，为此，博物馆要做有意义的事。博物馆意义又可从文物（文化遗产）保护、文化传承、科研教育、社会发展等几个方面去判断，因为有诸多作用，遂产生孰轻孰重的比较，并由此产生了该视点的几个支系。上述本体说视点试图将博物馆的某个元素（或几个相关因素）作为认识博物馆的切入点和博物馆的基本特性，应该说这些视点论证了该元素的重要性及其对其他元素的影响，有助于人们或从局部、或从整体认识博物馆的特点。

本体视点指向博物馆自身特性和情态，认为博物馆特性决定了其与环境交流的途径和形式，并认为博物馆是社会公益机构，它更多的是对社会的奉献，其产出是由博物馆和博物馆资助者决定的，为此社会需求对博物馆的内部运作和自身特性影响不大。关联视点在这一点上与本体视点不同，认为博物馆特性是其与环境因素发生联系和进行交流时产生和决定的。博物馆只有在环境中才能确定自己的周界和特点，才能以自身的努力获得生存资源和社会承认，如作为封闭系统，博物馆将毫无特性而言，也将丧失存在的意义。关联视点从“语境”、关联因素与关系、外部环境的总体发展取向对博物馆的影响和制约等角度去认识博物馆的特性和发展方向。

关联视点体系又可分出共时、历时、方向等几个子系。共时视点关注博物馆在特定时间域（一般而言是现在时）中与特定空间环境因素的关系及这些关系对博物馆特点的规定。空间环境又可分为在地、国家和世界等几个范畴。在地是博物馆所在的地域，通常关注该地域的自然条件和社会人文条件，在地的气候、地理、物产、交通、人口、经济部门、经济形态和文化传统等因素常制约和规定博物馆的工作目标和业务重点，并因此形成博物馆的自身特点；国家则主要关注公共管理体制、资源保障条件和法律环境条件对博物馆的影响，国家通常决定博物馆的管理体制、政治取向和组织机构，国家的社会发展规划和各项政策，特别是博物馆政策会对博物馆工作目标和业务内容以重大影响；置身于世界范畴内的博物馆面临经济活动全球化给博物馆带来的机遇和挑战，其中最突出的是不同文化的交流和维护本文化的特性及文化表达和发展的权利。在地、国家和国际等几个范畴通常又是交织重叠在一起，并共同影响博物馆。在如此错综复杂的环境中，博物馆无法孤傲自赏，必须不断调整与环境中不断变化的各种因素的关系，在联系和比较中建树自身特点，在沟通和交流中确定博物馆的任务和发展方向。

关联视点的另一个子系是历时视点，即从发展的角度认识博物馆存在的必要性和特点，这一视点从博物馆不同发展阶段的主要业务、成就和失误中总结博物馆发展规律，归纳博物馆的基本要素和特性，确定博物馆的历史任务，并据此提出博物馆的发展方向和目标。历时视点的另一个支系是从过去、现在和未来的角度审视博物馆，据此确定博物馆的特性和核心功能。如从过去的角度，或说强调过去对现在和未来的基础和规定作用，即强调博物馆的收藏功能和对藏品的保护，博物馆研究和教育工作也将侧重客观准确地表现历史；如从现在的角度，或说关注与解决现实问题，这样将强调博物馆的教育功能，强调博物馆要满足现实需求，并以用户的满意度和对博物馆的支持率来评价博物馆的效率；如从未来的角度来规定博物馆的任务和功能，这也会关注博物馆的收藏和保护功能，但工作范畴将从收藏历史扩展到收藏现实，而为了收藏现实，博物馆需要关注当代社会的存在状态和发展。但在这一过程中，博物馆更多的作为一个旁观者，客观冷静中立地记录现实中发生的一切。

与关联视点有关的一个问题是博物馆与环境条件联系的方向，或者说博物馆在互动的过程中，是处于主动位置，还是处于被动位置。博物馆是主动地影响和调整外部环境，还是被动地调整内部条件及其与外部环境的关系。

影响定义主体视点的一个重要因素是定义主体的取向，即定义的应用范畴和定义的表述形式。定义主体取向通常受到其社会身份、地位和将博物馆置于何种关联的制约，如定义主体是政治集团，他们可能会关注博物馆在国家政治生活中的作用，将博物馆纳入现行的行政管理体制中，将博物馆纳入社会发展战略规划，在对博物馆定义时可能会更明确表述博物馆的社会属性、身份、识别特征和社会任务；如定义主体是博物馆学研究团体，他们可能会关注博物馆定义在博物馆学理论体系中的位置和作用，关注博物馆定义对博物馆学理论体系严密科学的影响，关注博物馆共性的表达，使博物馆定义具有中性和抽象的特点。总之，具有政治、行政管理、经济、文化、社会工作、教育、旅游、博物馆学等背景的定义主体在对博物馆定义时都会有意无意地受到本领域发展需求的影响。

诸多的博物馆定义视点似乎会使对博物馆定义演化为一场无结果的论争，但是，不同视点恰恰表明博物馆的复杂，这些不同视点恰恰有助于更充分地了解博物馆的表现样态及反映的本质特性，有助于了解相关利益群体与博物馆的关系和对博物馆的需求，有助于明确博物馆的基本运作范畴及可能的发展前景。“众人拾柴火焰高”，在讨论中更全面认识博物馆，在沟通中把握博物馆的发展机遇，这就是我们讨论博物馆定义视点的初衷。

三、博物馆定义的内容与表述

博物馆定义要回答博物馆是什么、为什么和做什么的问题，表述博物馆的性质、特点、目的、方法和意义。但是，当博物馆存在样态丰富多彩，当博物馆在社会发展中承担更为重要的责任，当社会公众对博物馆的态度和要求发生变化时，对博物馆定义就是一项难度颇大的挑战了。

国际博物馆协会1946年成立伊始就对博物馆进行定义，此后在1951年、1969年和1974年对该定义进行重大修订。1974年定义沿用至今，其间也进行了多次微小调整。世界各国博物馆专业团体曾普遍接受国际博物馆协会的定义，但近年来一些国家的博物馆专业团体对博物馆定义进行了修改。这些修改除涉及指导思想和具体内容外，在文字表述上也有一些变化。这提示我们，博物馆定义不仅要关注其表述什么，也要关注如何表述。

综合一些国家的博物馆定义，可以注意到博物馆定义的主体部分通常包括两部分内容，一部分是对博物馆定义基本要素的抽象表述，另一部分说明哪些机构可被视为博物馆。

抽象表述部分一般包括机构、目的、功能（方法）、工作对象（范畴）和意义等几项内容。需要注意，许多国家将博物馆定义为机构，即为实现特定目标而建立的组织，这一规定强调组织和人在实现博物馆目的上的作用。由于机构是一个广泛的概念，为此还要对博物馆机构的特质有明确地说明。这通常从两方面入手：一是其社会身份，即公益性组织；一是其法律身份，即非营利性组织。对法律身份的说明和规定有助于博物馆以法人身份参与社会活动、依法活动和获得法律保护。

博物馆定义中的"目的"内容可从几个层面来说明，一是从博物馆组织层面，指出在特定社会条件下的博物馆承担的主要社会职责和要实现的基本目的，如国际博物馆协会定义中规定的"为社会和社会发展服务"。第二层面是博物馆具体业务活动的指导观念和基本目的，如国际博协定义中的"为研究、教育、欣赏的目的"，该定义似乎偏重于博物馆内部业务，忽视了博物馆观众自主学习、能动参与的特点，故近年来一些国家博物馆界将具体业务活动的目的规定为"使公众为激发灵感、学习和欣赏而探究藏品"（英国博物馆协会，2002 年），"博物馆帮助人们通过利用物品和观念来理解世界，以解释过去和现实，并探索未来"（澳大利亚博物馆协会，2002 年）。

博物馆定义中的"功能"主要是对博物馆实现组织目的基本方法的表述。由于人们对博物馆功能的理解不同，对功能的表述也有差别。这些不同的看法可大致归并为三类：功能说、职能说和方法说。功能说认为功能是博物馆为实现文物社会价值而必须做的事情，如征集、保护、研究、陈列和教育。功能是博物馆与生俱来的，是由博物馆收藏的文物和博物馆自身的特性决定的，很少受外部条件的影响和制约，就如同人的呼吸、摄食、消化功能一样；职能说认为博物馆的主要业务活动是由博物馆与外界的交流决定的，即博物馆要满足社会的需求，要完成社会赋予的任务，完成这些任务和需求的活动就是职能。博物馆的主要职能通常由社会多种需求综合规定，如保存文化遗产的需求，要求博物馆收藏、记录、研究、交流和宣传。又如开展社会教育的需求，要求博物馆传播、交流和服务。由于这些需求多围绕着藏品和相关知识，所以一些活动是重叠的；方法说则更多关注实现目的的手段和措施，关注具体条件下完成具体任务的方法。认为方法不影响博物馆的本质特性，因此可根据现实条件来选择采用何种方法，如近年来一些学者提出博物馆娱乐功能，意在活跃博物馆严肃的学术气氛，与娱乐行业争夺观众和资源。

博物馆定义中的另一个基本内容是"工作对象"。一般来说，博物馆工作对象是历史流传至今的实物和自然标本。由于各国对古代遗物的内容、性质、作用的理解不同，以及各国博物馆工作的传统和习惯的差异，博物馆定义对工作对象的表述也不尽一样，大致有文物、文化遗产、人工制品、物品和物证等几种说法。文物强调该物的价值，即价值内容和价值程度，如我国文物界认为文物是具有重要科学、历史、艺术价值的古代遗物。文物通常还要满足特定的时间标准，或特定年代之前，或距今特定年限之前；文化遗产关注历史遗存与当代的联系，强调历史遗存对当代社会发展所起的积极作用，除可移动和不可移动的文物外，还包括与当代人们的信仰、观念、传统有关的传统习俗和自然景观等；人工制品强调人对自然物的有意识有目的的改变，将人工制品与自然物区别开，以此反映人的认识能力和创造力，以及人工制品蕴含和反映的人类知识体系；物品则关注人与物质世界的联系和人的行为的结果，除人工制品外，还可包括行为结果的物质遗留，如废弃物、行为遗迹、古人脚印和用火遗痕等。物品还可包括体现人类认识能力和知识的自然物；物证是"人类及人类环境的物证"（国际博协博物馆定义，1974 年），虽仍强调博物馆工作对象的实物特征，但其内涵却大大扩展，不再局限于人的行为的直接结果，而是人的行为和认知能力在物质世界的反映和折射。这些物品一方面证实了曾经发生的事情，另一方面也反映了当代人的认知水平。

近年来，博物馆工作对象也增加了一些新的内容，如电子信息技术生成的虚拟态信息、非物质文化遗产，以及生态博物馆关注的文化特性和文化过程等。这些新的工作对象有些可被纳入原来的概念中，有些则需要对原来的概念进行修改。此外，当代博物馆在全球化背景下呈现文化保护和文化传承的工作取向，使得博物馆收藏不仅要被置于科学关联中，更要被置于文化关联中进行保护和利用。为此，一些国家博物馆将"物品和观念"（澳大利亚博物馆协会，2002 年）作为工作对象。

在表述博物馆定义时，常常要用到一些专业术语，或借用其他一些词语并赋予其博物馆专业意义，如博物馆、机构、收藏、保存、文物等。因这些术语的抽象和概念化，以及一些从其他领域借用的术语，很容易发生误读和歧义，为此，一些国家的博物馆定义常常要对关键术语进行解释。解释是对特定术语的使用条件加以限定和对其特殊含义予以说明，如处于何种目的，用于何种范围，在此处的具体含义等。解释要说明一些术语的数量状态，如博物馆，是单数，还是复数。从博物馆学角度，博物馆是一个综合体，博物馆定义常指向共性，故博物馆常是复数。从博物馆管理角度，博物馆是具体的机构，每个博物馆既有行业共有的特性，更有本馆的个性，故通常是单数；解释要说明一些术语的具体内容，如博物馆机构，一些国家的博物馆定义对博物馆的基本构成要素进行说明并提出具体规定，以保障实现博物馆工作目的和开展正常业务活动的物质条件；解释还要对一些博物馆业务活动提出具体要求，如博物馆开放时间、社会服务项目等。

博物馆定义不仅要注意说什么，也要注意怎么说，这就是博物馆定义的表述。博物馆定义表述的要点、顺序和方式深刻反映出定义主体对博物馆发展方向和社会责任的认识，也影响人们对博物馆的态度和认识。在定义表述方面要注意如下几个问题：

首先是要点顺序，即定义主要内容的先后顺序和次要内容的相互关系。主要内容如机构、目的、方法和工作对象等，20 世纪 70 年代，受国际博协定义的影响，许多国家博物馆定义的要点顺序是机构、目的、方法和工作对象，近年一些国家修订后的博物馆定义要点顺序是目的、方法、机构。这一变化反映了对博物馆社会责任和工作效率的关注。次要内容是对要点的具体说明，如职能通常包括收藏、保护、研究、陈列、传播等，如博物馆机构性质通常涉及公益性、非营利性、公共利益、向公众开放等；

其次是词性，即主要术语是动词还是名词，是单数还是复数。在一些语言体系中，词性可通过语法修饰成分表达出来，如国际博协定义中“研究”一词分别出现在博物馆工作目的和方法中，在前者是名词，在后者是动词。汉语的单一词语很难判定其词性，需要借助语境来限定。这一现象也提示我们不能照抄照搬他国的博物馆定义，常常会因语言和翻译造成一些误读，如“非营利”，我国一些博物馆工作者认为该词是动词，是不能从事营利性活动，从而认为该规定是对博物馆经营活动的约束和限制，提出要删除这一规定，殊不知这一规定是对博物馆公益性的重要保障，也是使一些国家的公共博物馆得以享受税收优惠和争取社会捐赠的重要法律保障。

其三是动词的情态，即特定行为是主动、被动，还是使动，这反映出行为主体的行为动力、意愿和目的。近年来一些国家博物馆定义在说明博物馆工作任务时常使用使动语态，如“博物馆使公众为激发灵感、学习和欣赏而探究藏品”（英国博物馆协会，2002 年），“博物馆保护和研究收藏，并使物品和信息在现实和虚拟条件下被利用”（澳大利亚博物馆协会，2002 年），使动语态不仅说明了博物馆承担的社会责任，也要求博物馆突破传统工作程序和习惯，创造性地运用新的观念、技术和方法；

其四是语气，是客观表述，是约束限制，还是鼓舞促进？以前的博物馆定义多采取客观、中立的语气，似乎是在科学地描述一个事物。近年来一些国家博物馆定义倾向采用激励的语气，使博物馆从业人员感受到个人承担的责任和做出的奉献。最后，还要注意行文，要全面，不遗漏主要内容；要明确，各项要点要区别明白，不要混为一谈。做到要点明确，概念明晰，关系明了，篇幅精炼。

四、关注我国博物馆发展热点问题

博物馆定义的重要作用之一是要指示今后一段时间博物馆的发展方向和目标，为此需要关注博物馆发展中的新问题，回答人们关心的热点问题。我国博物馆定义要在全球化的背景下，以开放和发展的态度，提出新的发展思路，推进博物馆事业的创新和发展。

近年来，我国博物馆的环境条件、管理体制、办馆主体、资金保障、社会需求、观众结构、工作队伍、技术条件等诸多因素都发生了明显的变化，博物馆工作内容、程序、方法、评估等方面也相应改变。为此，在讨论博物馆定义时不能忽视当前博物馆面对的新情况和新问题。

第一，我国博物馆定义要明确博物馆的公益性和工艺组织的社会身份、法律身份。在高度集约型计划体制时期，一切社会事务都由政府主办和提供。在社会主义市场经济条件下，政府职能转向公共事务管理。从世界各国近30年来博物馆管理改革情况看，基本思路是政府给予博物馆更多的日常事务和经费的管理自主权，从对博物馆日常事务的管理转向对博物馆产出的管理，即对博物馆特定公共品数量和质量的管理。这一转变意味着博物馆不再是衣食无忧的社会宠儿，而要与其他社会组织一样，要靠自身的努力和提供满足社会需求的产出来获得社会的支持，这使博物馆的行为带有经营性组织的色彩，也使许多人认为博物馆也符合经营性组织以产品换资源的特征，于是议论盘活存量资产，将博物馆资产视为特定社会集团、组织或个人的自有资产，以经济效益作为评估博物馆是否需要存在和绩效的主要标准。还有一些人将博物馆归入文化产业（或说是文物产业），认为博物馆可通过出售门票、参与旅游、生产衍生品等获利手段赚钱，或可至少收回投入。这些认识混淆了公益性文化行业与营利性文化行业的界限，不利于博物馆事业的发展。文化产业投资主体的目的是经济收益，通过满足人们对文化产品的需求来得到直接的经济回报，满足的是资产拥有人的赢利目的。博物馆投入主体不要求直接的经济回报，不要求投入—收益的平衡，其主要目的是使社会稳定，让广大民众享有基本的社会福利，提高人口素质，这是一种基本的社会发展投入。博物馆的首要职责是以对先人、世人和后人负责的态度保护好反映民族文化特性的实物证据，并通过这些证据提高民族的生存能力和创造能力。从根本上讲，博物馆是为国家长治久安、民族兴旺发达和本国及世界民众福祉服务的。在市场经济条件下，博物馆作为自治的社会组织存在，但它不是商品市场的主体，而是社会公共领域的主体，它提供的是公共品。博物馆投入主体和管理主体要以对社会负责的态度支持博物馆事业，保障博物馆工作资源，敦促博物馆提高公共资金的使用效率，保障和提高公共品质量。有鉴于此，博物馆定义要明确规定博物馆的公益性，这是非常必要的。博物馆公益性社会组织身份的规定，还应与本国相关法律规范和管理规范相一致。例如，美国法律规定博物馆可作为非营利性组织存在和运营，博物馆由此可享受税收、公共资金资助和募捐等优惠。我国法律目前尚无非营利性组织的规定，但却有关于社会公益组织的规定。尽管社会公益性组织的规定反映出我国社会主义市场经济的法制和管理体制尚处于发展完善过程中，但这一规定可有效防止某些社会集团和个人将博物馆“化公为私”的做法。。

第二，要明确博物馆与最终用户的关系，特别要明确博物馆与观众（广大民众）的关系。市场经济条件下，博物馆用户是多元的，在博物馆运作过程的不同阶段要与不同的用户打交道，如为公众购买公共品的政府、利用博物馆阶段性工作成果的科研人员、利用博物馆社会活动的学生和公众、利用博物馆旅游资源的社会组织和旅游者、利用博物馆设施从事服务活动的组织和个人等。在这些关系中，博物馆与观众的关系是最主要的，这是因为博物馆的现实作用要通过观众的数量、体验和评价体现出来，博物馆“为社会和社会发展服务”的宗旨要与观众结合起来才能实现，博物馆的社会任务也要因观众的参与和实践才能更好地实现，如文物保护、环境保护、科学普及、文化传承等。博物馆观众不只是博物馆产品的享用者和获益者，在某种程度上，他们更是博物馆产出的参与者和创造者。当代社会公众的文化意识越来越浓厚，保护文化遗产和传承优秀文化传统成为许多人的共识和自觉行动，在这种条件下，博物馆与广大公众的关系发生了微妙且重要的变化，博物馆观众从行为客体转变为行为主体，博物馆从教导者转变为服务员，从学术资源的使用者转变为公共资源的管理者。博物馆要积极主动地协助、鼓励和支持民众利用博物馆的公共资源。博物馆定义要明确博物馆观众的主体身份，明确博物馆公共资源管理者的责任和义务。

第三，当代博物馆要以开放和发展的态度看待全球化，要注意全球化对博物馆工作观念、内容、方法和标准的影响，也要把握全球化为博物馆发展带来的机遇。全球化进程在经济、金融、信息、技术、人员等方面将世界各国紧密地联系起来，也使资源和经济活动在全球范围内重组。不管是赞成还是反对，经济全球化、政治国际化、文化地方化的趋势已经形成。我国博物馆界应切实关注全球化进程对中国文化的影响。中国文化在世界有广泛的影响，丰富了世界文化。但长期以来，中国博物馆更多地将注意力集中在本国历史和文物上，对世界各国文化的介绍也只是通过受西方文化影响的事与物为媒介，这隐隐透出“中央之国”的传统思维取向。近年来，我国政治、经济、艺术等领域的全球意识逐渐增强，走出国门，积极参与构建公平合理的世界秩序。我国博物馆虽有走出国门的经历，也有引进国外文明展的盛事，但这些活动尚缺乏应对全球化对中国文化的冲击的意识。全球化将不可避免地冲击地方文化表达方式及其传统观念，影响当地居民的生活、行为、思维方式，并进而影响人们的价值观和道德观。还要看到，由于各国在全球化中的地位、动力、作用和需求不同，全球化对各国文化的影响也不相同。客观地讲，我国在全球化进程中处在比较被动的位置上，全球化对我国文化的政策、体制、产出和表现形态的冲击是很强烈的，西方现代文明对我国传统文化的冲击是不容置疑的。对此，我们不能采取拒强敌于国门之外的态度，也不能采取顺其自然的态度，重要的是转变观念，从全球化角度，从文化交流和文化创新的角度，一方面向世界人民介绍中国文化，使世界理解中国文化的精髓，尊重和支持中国文化的延续发展。另一方面向中国人民介绍世界文化，使广大民众在世界文化背景中了解民族文化的创造发展，自觉传承民族优秀文化，增强文化创新能力，自觉抵御文化同质化趋向。

第四个需要关注的问题是博物馆定义要涵括不同办馆主体和不同类型的博物馆，换句话说，博物馆定义要满足我国各类博物馆的发展需求，要适应博物馆全行业的发展需求。实事求是地说，我国现行博物馆定义明显倾向于文物、历史类博物馆，有强烈的计划经济事业机构管理色彩。今后，随着广大民众社会文化遗产保护意识的加强，对

"终身教育"的重视，各种举办主体举办和管理的各类博物馆会显著增加。如果因博物馆定义的原因而将这些新建博物馆排除在博物馆事业之外，将会极大挫伤社会参与文化遗产保护和参与社会公益活动的积极性，也将极大损害博物馆的社会形象。但是，这一问题除涉及博物馆学基本理论外，还涉及博物馆管理体制和相关法律法规规定等诸多具体问题，对此只能采取慎重稳妥的态度，广泛讨论，积极协商，以期达成各方满意的方案。

余论：博物馆不能娱乐取向

博物馆能否娱乐取向，能否通过提供娱乐活动解决博物馆的资金紧缺问题，这是近年来颇引人关注的话题。自20世纪80年代以来，博物馆界对"娱乐"的议论越来越多，一些博物馆工作人员还提出可否将娱乐作为博物馆职能的动议。究其原因是多方面的，主要是博物馆资金来源和教育领域的变化。20世纪70年代，世界范围内博物馆建设呈爆发之势，与此同时，一些国家也开始公共管理体制的改革，这使博物馆的资金来源和管理体制发生了变化，资金从政府单一来源变为政府、社会组织、民众和博物馆自营等多元来源，博物馆也被赋予更多的业务自主权，博物馆筹款压力和动力增加。此时一些西方国家产业结构向后工业化时期转变，服务业在国家经济结构中比重日渐增加，旅游业在全球范围的蓬勃开展，也带动了相关娱乐、服务、交通行业的发展，文化消费和休闲消费成为博物馆的潜在资金来源。出于筹措更多资金和使资源多元化以化解资源单一风险的考虑，一些博物馆意图开发新的工作领域，其最初的尝试就是组织满足文化消费和休闲消费市场的娱乐性活动。关注娱乐的另一个重要原因是博物馆教育观念的变化，学习主体、自主学习、终身学习、素质教育、个性化教育、寓教于乐等观念进入博物馆教育领域，好奇和兴趣成为激发自主学习行为的契机，新奇和好玩成为吸引观众注意力的焦点。传统博物馆说教、灌输的观念要改变，与之相适应的教育方式也要改变，取而代之的是鼓励观众参与的学习活动，游戏和游乐遂成为取代旧方法的最初尝试。由于娱乐常常与使人愉悦、身心放松、感官刺激、通俗轻松等联系在一起，与博物馆高雅文化、知识宝库的传统形象反差很大，于是在博物馆界引起了不小的争论。有些人将娱乐作为解决博物馆资金、管理、社会形象等问题的一剂猛药，是博物馆转变观念、增强自身造血功能、减少公共财政压力、关注公众需求的有效措施。有些人则认为娱乐将使博物馆混同于营利性机构，将使组织关注能够吸引消费者注意力和获取利润的活动，从而削弱甚至改变博物馆积累和传播知识的特性，这势将威胁博物馆的生存基础。

应该注意到娱乐已对博物馆工作造成了不可忽视的影响，如对博物馆资源多元化的重视，对博物馆观众“市场”的关心，增强博物馆的公众亲和力，提高博物馆服务质量，丰富博物馆社会活动项目等。但是，我们仍然要明确，博物馆不是一个纯粹理论的概念，它是具体的、生动地、承担着社会责任和任务的公益性机构。在讨论娱乐对博物馆的影响时，一定不能忽视其对博物馆组织本质特性和基本生存状态的影响。从这一点出发，笔者认为可从博物馆取向、功能、工作方法和业务项目等几个层面去讨论。

取向是博物馆管理者确定的工作指导思想、基本观念、价值取向和决策标准，是博物馆工作规划、具体业务项目和绩效评价的基础，影响到今后一段时间博物馆的活动重点和社会形象。功能是博物馆完成其社会责任和任务的基础性活动，通常由博物馆宗旨和目标决定，并对博物馆宗旨和目标产生反作用，适宜的功能体现和实现博物馆目标，不适宜的功能会阻碍和干扰工作目标的实现。从取向和功能对博物馆特性的影响来看，不宜将娱乐作为博物馆的工作取向和组织功能，原因如下：

首先，博物馆承担的基本社会责任和社会任务是保护文化特性的实物证据和传承优秀文化传统，为此，博物馆需坚持文化取向，坚持文化遗产保护取向；其次，基于其社会责任，博物馆的服务对象是广大民众，服务方式更多的是提供教育性活动。具体娱乐活动是与特定消费群体的偏好和支付能力相联系的，因此是针对特定消费者群体的，而不是广大民众，这与博物馆宗旨是不相容的；其三，由于博物馆提供的是公共品，其运作模式是从资源提供者那里得到资源，根据社会利益确定资源使用方向和方式，提供社会发展所需的公共品，是供给驱动和公共利益导向的运作模式。公共品使用者并不直接为其使用的公共品支付全额费用，而是通过纳税、捐赠等间接方式返还给社会，这与营利性娱乐活动需求驱动和利润导向的运作模式截然不同。也正因其提供公共品，博物馆才能得到公共资金和社会人士的大力支持；其四，博物馆与营利性娱乐活动的性质不同，分属于不同的社会领域，遵循不同的运作法则和规范，如博物馆可享受到土地、基础设施、资金筹措、税收等诸多优惠。如果博物馆挟这些优惠条件进入营利领域，将产生不公平竞争问题，影响按照市场法则运作的营利性组织的生存和发展，小则影响行业发展，大则影响社会经济秩序。当不公平竞争现象出现时，政府有责任消除这些妨碍，措施之一就是取消进入营利领域的公共组织可享受的优惠条件，这会严重影响这些公共组织的生存。有鉴于此，博物馆必须明确自身的社会身份和法律身份，在法律规定和市场规则允许的范围内开展活动，特别要注意不做有损博物馆长远利益和有损广大群众根本利益的事情。

博物馆可以在工作方法、业务项目层面借鉴娱乐业的经验和方法。工作方法是为实现具体工作目标而采取的行动、技术和策略。业务项目是实现具体目标和任务的完整运作过程，如博物馆展览、社会教育、社区、宣传公关活动项目。这些层面的娱乐具有应用、操作、辅助和局部的特点，可以而且应该可以与博物馆本质、特性和宗旨相分离。博物馆在坚持保护文化遗产的基本任务时，也应该为广大民众提供健康有益的休闲活动。在市场经济条件下，人们去博物馆多是在休闲时间，多是主动前往，多是在诸多选择中确定去博物馆，这在某种程度上使参观博物馆成为兼具机会成本和实际成本的活动，人们因此会对参观博物馆的收益与参观成本进行比较，以确定参观的合理性和收效。如果观众认为此次参观的收益大于支出，则此次参观就是有效益的。观众参观效益的评价标准是多重的，如新奇、珍稀、舒适、学习、社会地位象征等。不同休闲取向的观众会有不同的评价标准，但其中个人体验、精神愉悦和需求满足程度等标准发挥主要作用。注意到观众参观的特点，博物馆要注意根据不同观众的多种需求，提供内容、形式、风格、参与方式与程度不同的博物馆活动和服务项目，这其中就包括满足观众休闲需求的具有娱乐色彩的活动。此外，博物馆教育活动也要注意借鉴娱乐活动的积极经验，如激发观众的好奇、观众与客体互动等。由于博物馆观众是主动的学习主体，不同的学习主体有不同的最适学习方式，组织一些寓教于乐的教育活动可适合特定学习主体的学习要求，但这些活动的主旨是教育，而不是娱乐。博物馆要让观众感到愉悦，而不是简单地提供娱乐。一些外国博物馆的做法可供我们借鉴。20 世纪 90 年代后期，美国博物馆协会提醒博物馆要坚持和突出社会教育取向，不要渲染娱乐色彩，避免社会和政府对博物馆卷入娱乐业和零售业的指责。美国一些博物馆将开展商业经营活动的部门分离组建为单独核算的经营性组织，避免因个别部门的营利性活动而影响对博物馆非营利性组织的认定。

我国社会主义市场经济正处在建设和完善的过程中，我国博物馆界要认真考虑市场经济对博物馆运营活动的影响。要坚持博物馆的基本特性，严格自律，同时在法律规定的范围内创新开拓，为社会提供更丰富多彩、更充分发挥博物馆工作资源综合效益的服务。

附录　世界各国和国际组织“博物馆”定义辑要

澳大利亚

澳大利亚博物馆协会 2002 年通过的协会章程中关于博物馆的定义：

“澳大利亚博物馆协会定义‘博物馆’是具备下述特征的机构：

博物馆帮助人们通过利用物品和观念来理解世界，以解释过去和现实，并探索未来。博物馆保护和研究收藏，并使物品和信息在现实和虚拟条件下被利用。博物馆是为公共利益而建立的常设的非营利组织，它对社会做出具有长期价值的贡献。

澳大利亚博物馆协会承认那些有着其他名称的科学、历史和艺术博物馆（包括美术馆和保留地）。此外，下列机构也可根据本定义的目的而被视作博物馆：

(1) 具有博物馆性质的征集、保存和传播人类及其环境的物证的自然、考古和民族学历史古迹和遗址，以及历史性古迹和遗址；

(2) 收藏和陈列植物和动物标本的机构，如植物园、动物园、植物标本室、水族馆和人工生态园；

(3) 科学中心；

(4) 保护、延续和管理实物或非实物遗产资源（活遗产和数字模拟活动）的文化中心或相关机构；

(5) 那些由理事会认定的具有部分或全部博物馆特征的机构。”

加拿大

加拿大博物馆协会1995年通过的协会章程中关于博物馆的定义：

“博物馆：非营利性常设机构，免缴联邦和省所得税，定时向公众开放，为公共利益进行管理，征集、保护、研究、阐释、为教育和愉悦民众汇集和展出具有文化价值的包括艺术的、科学的（生物或非生物）、历史的和技术的物品和标本。”

丹麦

1989年8月31日丹麦文化部发布的《博物馆法》对博物馆的规定：

“通过征集、登记、保存、研究和传播，博物馆应：

保护丹麦的文化遗产；

展现文化、自然和艺术历史；

在其负责的领域内增加收藏；

使公众利用藏品；

使藏品用于研究并传播研究成果。”

法国

官方关于博物馆的定义：

“任何常设的向有历史、艺术或考古兴趣的公众开放的艺术收藏。”

关于“公共博物馆”的定义：

“由国家控制的博物馆，尽管其藏品为地方政府、协会、基金会或其他机构所拥有。”

韩国

1991年12月30日发布的《博物馆和艺术博物馆促进法》对博物馆的定义：

“博物馆是收藏、保护、陈列有关人类、历史、考古、民族习俗、艺术、动物、植物、矿物、科学、技术和工业的物品的机构，为文化、艺术和科研的发展以及为一般民众的社会教育的目的而探查和研究这些物品。”

葡萄牙

葡萄牙博物馆学会关于博物馆的定义：

“为社会服务的机构，为教育的目的而收集、编目、研究、保护和公布文化物品。”

葡萄牙博物馆协会根据国际博协关于博物馆定义制定的博物馆 14 项标准：

“藏品已登记编目，至少达到基本水平；

有安全防护系统（防盗和防火）；

有至少一间展厅；

有用于展览以外工作的房间；

至少有一处开展下列社会活动的场所：自助餐厅，商店，图书馆或资料中心；

有专职员工（其中至少一人具备大学学历）；

有自主管理的年度经费；

各项设施不能是临时性的；

定时开放（季度性或常年的）；

与其他机构合作（至少与下列一类机构合作：藏品出版，科研，发展规划，营销和广告）；

开展一些出版活动；

至少有一项观众服务项目（至少有一项下列活动：调整基本陈列，博物馆组织制作的一项临时展览，其他机构组织的临时展览，学术会议或学术研讨会，艺术表演，其他活动）；

为区域性文化旅游提供信息；

设立教育部。”

美国

美国联邦政府博物馆和图书馆服务法（该法是美国联邦政府博物馆和图书馆事务局组织法）：

“常设的公共或私立的代理组织或机构，主要为教育和艺术的目的，有专业工作人员，拥有或利用藏品，保护这些藏品，并定时向公众展出这些藏品。”

美国联邦政府博物馆和图书馆事务局基于上述定义确定了可享受联邦政府补助的博物馆的标准：

“常设的公共或私立的非营利机构，主要为教育或艺术的目的；

保护其拥有或使用的实物物品，无论是生物的或非生物的，在该机构拥有或使用的设施中定期展出这些物品；

至少有一名专业工作人员或至少一名专职工作人员，无论是付薪的或不付薪的，其主要职责是征集、保护或向公众展出博物馆拥有或使用的物品；

每年向一般公众开放和提供博物馆服务的时间至少为120天。”

美国博物馆协会于1962年通过的博物馆定义：

“（博物馆是）非营利的永久性机构，其存在的主要目的不是为组织临时性展览，该机构应享有免交联邦和州所得税的待遇，向社会开放，由代表社会利益的机构进行管理，为社会的利益而保存、保护、研究、阐释、收集和陈列具有教育和欣赏作用的物品及具有教育和文化价值的标本，包括艺术品、科学标本（有机物和无机物）、历史遗物和工业技术制成品。符合前述定义的机构还包括具备上述特点的植物园、动物园、水族馆、天象厅、历史文化学会、历史建筑和遗址。”

美国博物馆协会为博物馆资格认证而制定的标准：

“接受博物馆资格认证的博物馆必须符合下列规定：

必须是一个合法的非营利机构，或是一个非营利机构或政府部门的下属组织；

机构的基本性质是教育的；

有一名专职专业工作人员，他应具有博物馆知识和经验，获得有效管理博物馆的授权和必要的财政资源；

根据可接受的标准组织定期的为公众利用和解释藏品的活动和展览；

制定正规的和可行的记录、保护和利用收藏或实物物品的工作计划；

制定正规的和可行的组织和维护展览的工作计划。”

南非

南非博物馆协会宪章关于博物馆的定义：

“博物馆是动态的和负责任的公共机构，它通过收藏、记录、保护、研究和回应社会需要的教育活动，同时塑造和表述社会、个人与其自然、历史和文化环境关系的意识、特性和理解。”

日本

1951年发布的《博物馆法》对博物馆的定义：

“收集、保管（培育）陈列展出有关历史、艺术、民俗、产业、自然科学等资料，从教育角度出发供一般市民公众利用，为有助于提高其文化素养，供其调查研究、休息娱乐等等而举办必要的事业，并对此资料进行调查研究为目的的机构。”

英国

英国博物馆与美术馆委员会1984年关于博物馆的定义：

“博物馆是为公众的利益而收集、记录、保护、陈列、阐释物质证据及相关信息的机构。”

英国博物馆协会2002年发布的《博物馆职业道德准则》：

“博物馆使公众为激发灵感、学习和欣赏而探究藏品。博物馆搜集、保护和利用人工制品和自然标本。博物馆对藏品承担着社会信托责任。

社会要求博物馆：

受社会信托管理藏品；

注重公共服务；

鼓励民众为激发灵感、学习和欣赏的目的而探究藏品；

关注和参与社区；

诚实和负责任地征集藏品；

保护公众在收藏上的长期利益；

承认制作、使用、拥有、收集或捐赠藏品的人的利益；

支持保护自然和人造环境；

研究、分享和解释与藏品有关的信息，反映不同的观点；

为创新和完善而评估工作表现。”

意大利

1999年10月29日发布的《文化财产法》对博物馆的规定：

“为保护、宣扬和使利用文化财产收藏而组建的任何机构，无论其名称。”

1995年意大利国家统计局为统计目的制定的博物馆定义：

“向公众开放的文化机构，调查、征集、研究、展出和宣扬作为文化的物证的物品，其职能是为公共利益而保存、科学研究、教育和宣扬文化财产。”

中国

国家文物局1961年关于“博物馆”的定义：

“（博物馆是）文物和标本的主要收藏机构，宣传教育机构和科学研究机构，是我国社会主义科学文化事业的重要组成部分。”

文化部2005年12月22日发布的《博物馆管理办法》对博物馆的定义：

“本办法所称博物馆，是指收藏、保护、研究、展示人类活动和自然环境的见证物，经过文物行政部门审核、相关行政部门批准许可取得法人资格，向公众开放的非营利性社会服务机构。”

国务院法制办公室2008年2月29日发布的《博物馆条例（征求意见稿）》对博物馆的定义：

“本条例所称博物馆，是指为研究、教育和欣赏的目的，收藏、保护、展示人类活动和自然环境的见证物，向公众开放的非营利性社会服务机构，包括博物馆、纪念馆、美术馆、科技馆、陈列馆等。”

国际博物馆协会（ICOM）

国际博协2007年8月24日在奥地利维也纳通过的《国际博物馆协会章程》对博物馆的定义：

“博物馆是一个为社会及其发展服务的、向公众开放的非营利性常设机构，为教育、研究、欣赏的目的征集、保护、研究、传播并展出人类及人类环境的物质及非物质遗产。”

国际博协2001年通过的《国际博物馆协会章程》对博物馆的定义：

“博物馆是一个为社会及其发展服务的、向公众开放的非营利性常设机构，为研究、教育、欣赏的目的征集、保护、研究、传播并展出人类及人类环境的物证。

（1）博物馆的上述定义应不受任何主管机构、地方特征、职能机构或有关机构收藏取向等因素的限制而予以适用。

（2）除被指定为“博物馆”的机构外，为本定义之目的，以下具有博物馆资格：

① 具有博物馆性质的从事征集、保护并传播人类及人类环境物证的自然、考古及人种学的历史古迹与遗址；

② 收藏并陈列动物、植物活标本的机构，如植物园、动物园、水族馆和人工生态园；

③ 科学中心及天文馆；

④ 图书馆及档案中心常设的非营利性艺术展厅、保护机构和展览厅；

⑤ 自然保护区；

⑥ 符合前述定义的国际、国家、区域性或地方性博物馆组织，以及负责博物馆事务的政府部门或公共机构；

⑦ 从事与博物馆和博物馆学有关的研究、教育、培训、记录和其他事务的非营利性机构或组织；

⑧ 保护、延续和管理实物或非实物遗产资源（活遗产和数字模拟活动）的文化中心或相关机构；

⑨ 执行委员会经征求咨询委员会意见后认为其具有博物馆的部分或全部特征，或通过博物馆学研究、教育或培训，支持博物馆及博物馆专业工作人员的此类其他机构。

国际博协1969年通过的协会章程对博物馆的定义：

“第三款：

国际博协将承认任何为研究、教育和欣赏的目的而保护和陈列具有文化或科学意义的物品收藏的常设机构为博物馆。

第四款：

上述定义将适用于下列：

公共图书馆管理的展厅和档案馆的收藏；

正式向公众开放的历史古迹及历史古迹组成部分或共存物品，如教堂珍宝，历史、考古和自然遗址；

植物园，动物园，水族馆、人工生态园及其他展示活动物的机构；

自然保护区。”

国际博协 1951 年通过的协会章程第二条“定义”对博物馆的定义：

“第一款：

这里的博物馆一词是指任何为公共利益而管理的，为保护、研究和宣扬的目的，运用各种手段，特别是向公众展出其具有愉悦和教育作用的有艺术、历史、科学和技术的文化价值的物品和标本的机构、植物园、动物园和水族馆。

第二款：

设立常设展厅的公共图书馆和档案馆也可被视为博物馆。”

国际博协 1946 年 11 月《国际博协成立决议》对博物馆的定义：

“博物馆一词包括所有向公众开放的艺术、科技、科学、历史或考古的物品的收藏，包括动物园和植物园，但不包括图书馆，具有展厅的图书馆除外。”

（国际）**科技中心协会**

该协会关于科学中心的解释：

“科学中心和（科学）博物馆是非正规教育环境，是重在培育知识、技能和积极科学态度的过程。科学中心是发现、探求和检验关于自然界的认识的场所。它们是家庭、学生、教师和市民的独特资源。随着数量的增加，科学中心是不同年龄、文化背景和教育程度人们学习的场所，人们依照自己的程度、兴趣和各种感官提问和解答问题，探求和向他人解释自己所学到的。”

生态博物馆

乔治· 亨利· 里维埃“生态博物馆——一个进化的定义”（1985）：

“生态博物馆是由公众、地方当局和当地居民合作构想、构建和管理的工具。地方当局通过专家（博物馆员工）、设施和提供的资源进行参与，当地居民的参与主要通过意愿、知识和个人行为。

它是当地居民通过观看自我以发现自我形象的镜子，在生态博物馆中，它寻求对其依附的地域和先在人口的解释。……它是当地居民拿给访问者看的镜子，使访问者更好的理解当地居民，并使当地产业、习俗和特性受到尊重。

它是人类和自然的表达。它将人类置于其自然环境中。它同时描摹出自然的蛮荒本色和被传统及工业社会的改变。”

于格· 戴瓦兰关于“新博物馆学”的定义（1986）：

“几个简单原则：目的是为人类服务，而不是相反；时间和空间不将它们束缚在大门和墙壁之中，艺术也不是人类文化的唯一表达。

博物馆专业人员是社会人，是变革的行动者，是社区的服务员。观众不是驯服的消费者，也不是白痴，他们是能够并将参与建设未来——博物馆研究——的创造者。”

博物馆的意义：社会的自我认识、延续和发展

探讨博物馆的意义，实际上是探讨博物馆之所以发生、存在、变革和发展的深层次社会原因。换句话说，是为了回答“博物馆为什么存在”的问题。准确回答这个问题，有助于更深刻理解博物馆的本质，更有效发挥博物馆的社会职能，更准确地把握博物馆事业的发展趋势。

博物馆为什么能够存在？为什么能够不断地发展？一些博物馆学研究人员通过对博物馆的性质、价值、功能、社会作用和社会贡献的讨论，提出了种种解释。撮其要者，大致有“收藏本能”说，“怀旧”说和“民众需求”说。

“收藏本能”说认为博物馆的出现是为了满足人的收藏需要，博物馆是人的收藏行为发展到社会收藏阶段的必然产物；认为对物的收藏是人的天性，是人的生物本能，或者说是作为社会的人的特有属性，随着社会发展和人的智能及生活生产能力的提高，人的收藏本能和收藏行为会以不同的形式表现出来，博物馆即是收藏行为在社会进入现代科学、工业化生产和人们的社会联系更为广泛和紧密阶段时的表现形态。这种认识或可解释人的收藏行为对人的生活的影响，但似乎很难解释博物馆这一特定社会文化机构的特点，且似乎有将博物馆混同于其他形式的人类收藏现象的倾向，博物馆因此可以被同样属于人类收藏现象的科研收藏、宗教收藏、财富收藏、艺术品收藏和单纯为满足个人收藏癖好的个人收藏所替代。此外，这种认识将收藏作为目的，人为了收藏而收藏，没有认识到收藏只是一种手段，是人为了实现特定目的而采用的一种手段。另外，这一说法似乎过于强调博物馆的收藏特点，使博物馆无法摆脱古物仓库的灰尘。

“怀旧”说认为博物馆的存在意义主要是为了满足人们“怀旧”的心理和情感需求。在许多人的心目中，历史并不仅仅只是已逝去的时光和事物，历史是人们认识现实的可靠的参照系，是人们逃避喧闹的现实社会的避风港。人们在奋勇前进的路途上，时常要在遐想中回到过去，在温馨的历史氛围中，体味已获得的成功，平复躁动的心绪，规避现实激烈的变革。人们在历史中得到休息，积聚力量，获得勇气。博物馆为人们提供了了解过去，接触过去，在历史的氛围中回到过去的机会。由于博物馆的藏品都是人类历史的产物，这似乎成为博物馆是“怀旧”场所的最好理由。但是，我们不应忘记，博物馆藏品只是博物馆的工作资源和工作对象，博物馆藏品的特点并不能决定博物馆的基本特性。此外，从现代博物馆的发展历程看，博物馆被赋予“怀旧”情调，似乎是从 19 世纪末瑞典斯坎森露天博物馆才开始的。进入 20 世纪，世界人口迅速增加，技术发展，自然生物和自然环境的生存受到威胁，人类文明发展速度加快，为此，博物馆不

得不承担起保存、保护已逝去和即将逝去的自然环境和人类文化的任务。应该看到，并不只是博物馆独自承担着这一任务，博物馆也不是只承担着这一项任务，且这一任务的基本目的也不单纯只是为了保存和再现过去的好时光。

“民众需求”说认为博物馆是为了满足不同社会群体的不同需求。博物馆可以满足民众不同形式的需求，如观赏艺术品、鉴赏历史文物、学习知识、休闲娱乐等；博物馆可以满足不同层次人们的需求，如科研人员的专业研究需求，在校学生“实物教学”的需求，儿童接触世界、启迪智力的需求等；博物馆还可以满足不同社会群体的特殊需求，如18世纪后期中国新兴民族资产阶级将博物馆视为学习介绍西方资产阶级文明的工具，如20世纪60年代摆脱殖民统治的亚非国家将博物馆作为树立国家形象、维护国家统一的机构。这种认识注意到博物馆社会文化机构的特性，强调博物馆的存在是为了满足社会需求，这些社会需求是通过民众对博物馆的具体要求体现出来的。这一认识将博物馆置于社会环境之中，将博物馆的意义通过其与社会民众的联系表现出来，注重博物馆工作实效。但是，笔者认为，满足社会民众需求并不是博物馆的独有特性，许多经营性机构也注意满足民众的某种需求，如餐饮业、旅游业、银行等。近年来，更有许多企业将“满足顾客需求”作为企业成功的经营战略。为此，我们需要注意满足“民众需求”只能是博物馆的工作原则之一，博物馆需要考虑民众的具体需求，考虑民众愿意参与的各项活动的具体内容和形式，以争取更多的民众来博物馆，以更好地与观众交流，使观众得到最大限度的满足。但博物馆不能将满足民众需求作为博物馆存在的基本原因和推动博物馆发展的基本动力。

以上几种对博物馆意义的解释，都从某一个侧面反映了博物馆的特点，或者说，反映了在特定历史条件和博物馆特定发展阶段，人们对博物馆本质及其基本社会职能的认识。对这些看法，我们不仅要看到其对人们认识博物馆社会作用的积极推动，也要注意到特定时期研究者认识方法的局限。随着博物馆事业的发展，人们认识客观事物能力的提高，我们对博物馆的本质及意义的认识会有不同的看法。

笔者认为，博物馆之所以得以产生、长期存在和蓬勃发展，是由于它作为社会文化机构具有满足社会的自我认识，保障社会文化的延续和促进社会发展的作用。这是社会对博物馆的基本要求，也是博物馆“为社会和社会发展服务”基本职能的具体体现。

博物馆的意义是通过博物馆收藏、保护、管理社会文化财富的行为表现出来的。现代博物馆与历史上各种收藏机构的根本区别在于其是社会文化财富的托管机构，博物馆接受社会的委托，为社会和人民的利益，合理运用社会的资源，管理以历史文物、文化财富和自然标本为表现形态的社会财富，它不是为满足个人或特定社会团体的利益而存在的。博物馆的基本特点是其所有的收藏品都属于社会。

尽管现代公共博物馆在一些工作方式上与其他形式的收藏有相同之处，如收藏品的管理、展示、研究、交流、保护等，但在实质上，现代博物馆与其他收藏的区别是明显的。首先，关于藏品的所有权形式，现代公共博物馆的全部藏品都属于社会，属于国家，属于全体人民；在博物馆与藏品的关系上，博物馆并不占有藏品，它只有藏品的管理权、保护权，只有根据国家的有关法规规定的对藏品的使用权和收益权；在机构性质上，现代公共博物馆是社会指定、委托的社会文化财富的管理人和托管人。

现代公共博物馆的性质和特点决定了它必须时刻关注社会的发展，并合理保护和利用博物馆管理的社会文化财富，促进社会的积极发展。

在许多人的眼中，博物馆藏品只是形形色色的人工制品，是缤纷多姿的自然标本。这些物品似乎只反映了特定时期、特定地域的自然人文景观。事实上，博物馆藏品不仅科学系统地反映了自然界和人类社会的发展历程，它更全面深刻地揭示了现代社会的发展状况。博物馆藏品是人们根据自身对客观世界的认识，根据当前科学认识水平，根据人们对科学体系与客观事物的关系的认识，以及对科学发展趋势的构想而搜集的。人们希望通过这些物品，确凿地证实各种科学认识的客观性和科学性，全面系统地展示对人类、人类社会和自然世界的认识。

需要强调指出，上述特点是博物馆藏品所独具的，其他形式的私人、社会团体收藏并不具有这些特点，或不完全具有上述特点。其原因是这些私人、社会团体不具备博物馆的社会文化财富托管人的基本特质。现代公共博物馆的发展历史表明，它是在特定的社会历史条件下发生和发展起来的。正是这特定的社会历史条件，使得博物馆与其他形式的收藏具有质的区别。当人们认识到自己的命运不是由神主宰的时候，当着人的能力发展到可以与自然抗衡，甚至可以在一定范围内战胜自然的时候，当人们注意到“知识就是力量”的时候，当人们希望将自己获得的认识世界、改造世界的能力传递给子孙后代，让他们可以生活得更美好的时候，博物馆就应运而生了。博物馆的发生和发展并不是人的生理、心理需求的简单的扩张，不是为满足个人的欲望和要求，而是人类认识到自身的社会性，认识到自身的创造力，从而产生通过某种方式将这种创造力传达给后人，以利于后人继续发展的愿望。

让我们换一个角度，从博物馆观众，即博物馆利用者的角度来看这个问题。观众来到博物馆，似乎是来看博物馆的展品和展览，参加博物馆组织的各种活动，享受博物馆提供的各项服务。应该说，这些只是表面现象，并不是观众的基本需要。观众来博物馆的基本目的是希望通过参观活动，学习知识，坚定或改变观念，认识现实与历史的关系，认识人与自然的联系。人们之所以来博物馆，不是由于单纯的休闲娱乐要求，而是认识到参观博物馆是有利于个人发展的活动。观众希望通过参观博物馆和参加博物馆组织的社会教育活动，更全面地理解个人与周围世界的联系，了解人的创造能力，从而增强自身的生存能力和发展能力，提高自己的生存质量。

我们从博物馆发展的社会历史条件和博物馆观众需求两方面谈到博物馆的发生、发展是要满足社会自我认识、延续和发展的需求。另外，从博物馆是“开放的系统”观点出发，博物馆也应满足社会特定的需求。作为一个开放的系统，博物馆与其周围环境进行不停歇的交流，博物馆要从环境中获取生存和发展所需的资源，要时刻搜集和接受环境的反馈，分析环境对博物馆的需求，适时提供适宜的产出。作为社会系统，博物馆变革、发展的主要动力不是出于内部调控的需求，而是来自于能否满足环境的需求，能否提供适宜的产出以换取资源的需求。换句话说，博物馆的工作动力和工作目的是由其活动其间的社会历史条件决定的。

现代公共博物馆自产生以来，能够长盛不衰，且有着良好的发展前景，这种状况一方面说明博物馆可以基本满足社会的需求，另一方面也说明博物馆尚有广阔的发展空间。这种状况也表明博物馆与社会需求之间存在着差距，这个差距是什么呢？是博物馆的数量，是博物馆藏品的规模，还是博物馆提供的社会服务？这些都是表面现象，根本问题在于博物馆工作者对博物馆意义的认识，对深层次的社会需求的认识，从而满足社会对博物馆的基本需求。随着博物馆事业的发展，博物馆工作者对博物馆工作理解的深入，我们对博物馆意义的认识也会不断深入。从博物馆社会服务方式、博物馆基本工作手段等表层现象，逐渐深入到博物馆与社会的关系、博物馆存在的社会条件等深层次的抽象联系。

从博物馆与社会的关系层面讨论博物馆的意义，有助于我们更准确地了解博物馆在社会中的位置与作用，了解博物馆与其他社会团体，特别是那些在工作目的、职能、方法等方面有相似之处的社会团体的关系，明确博物馆的发展空间和竞争优势。

对博物馆意义认识的深化，使得博物馆意义更为抽象，加大了博物馆意义与博物馆工作实践之间的距离，从而在一些博物馆工作人员中产生或不愿承认博物馆意义对博物馆工作的指导作用，或无限扩张博物馆意义外延的错误倾向。有鉴于此，我们必须建立深层次博物馆意义与博物馆工作之间的合理联系。博物馆意义有不同层面的表现；在最一般的博物馆与社会的关系层面上，博物馆要满足社会通过博物馆藏品、博物馆业务达到自我认识、延续和发展的要求；对于处在特定社会历史发展阶段中的博物馆事业来说，博物馆要注意满足由传统、政治、经济、文化、价值观和发展构想等因素构成的现实的社会需求，要为维护社会安定，促进社会发展服务。如保护人类文化遗产，保护自然环境，开展社会教育等；对于特定的博物馆来讲，应结合其所在社区的社会发展状况和发展规划，结合其特定的服务群体，确定社会需求的特定内容，组织有针对性的社会服务业务。

将满足社会自我认识、延续和发展的需求作为博物馆的意义，将深刻影响博物馆的工作观念、工作任务和工作方法等方面。

对博物馆工作观念的影响，最主要地体现在对博物馆与社会的关系的重新认识上。传统的认识认为博物馆可以自主存在，可以依托于博物馆的藏品而开展工作，博物馆组织的陈列只是将博物馆藏品的研究成果昭示于社会，博物馆是将自己的工作成果、成就施与社会。这种认识的根源在于认为博物馆是自给自足的机构，是从事高等社会活动，即脑力活动的机构。这是博物馆“以脑立地”的时代。今天，这一关系应颠倒过来：博物馆与社会是交流的关系，博物馆的发展受到社会发展和社会需求的强烈制约。

公共博物馆如果不注意社会的需求，而只是“孤芳自赏”，将很快受到社会的冷落，并很可能被其他社会机构所替代。现代博物馆工作者要有强烈的“危机感”，要认识到博物馆传统工作理念、工作模式对博物馆发展的消极影响。我们应看到，现代博物馆产生于经验和实验科学的时代，注重通过对实物的观察、研究、验证来探讨自然科学规律。在数百年的发展历程中，博物馆收藏了数以亿计的实物标本，对这些标本的研究多采用传统的研究方法。这使得博物馆研究工作与当代科学理念、研究方法产生了距离，从而影响到博物馆工作人员对新观念、新方法产生疑虑和排斥心理。应该说，这是博物馆中传统的工作环境对博物馆工作人员的消极影响，其结果将导致博物馆与现实社会出现脱节。

对博物馆意义认识的深化，使博物馆工作的着眼点从历史移向未来，从物所表现的知识移向物所表达的社会生活，从对博物馆内部完善的追求移向对博物馆与其环境的协调的关注。博物馆不再是自鸣得意的象牙塔，而是肩负着推动社会发展重任的社会文化机构。

工作观念的改变，要求博物馆更多地关注社会的发展，关注社会发展的需求。博物馆工作者要以积极的态度看待未来，要认识到未来可极大增强人类改造自然、改造自身的能力，未来可极大鼓舞人类征服一切影响人类社会发展的障碍的决心。未来不是一个未知数，不是对人类社会的威胁。当前，一些人看到工业社会对自然环境、生态体系、社会文化、社会道德、人类健康等方面造成的危害，对社会发展可能对未来人类和生存环境造成的损害忧心忡忡，从而将博物馆视为未来社会的“诺亚方舟”，是保存、保留人类良知的一块净土。这种看法对未来发展的基本态度是悲观的，并将博物馆与社会发展对立起来。如果博物馆工作者接受这种认识，势必对博物馆事业造成消极的影响。博物馆工作人员应该以积极的态度来看待社会的发展，努力构建博物馆与社会环境之间的融洽关系。只有社会的不断发展，才能保证博物馆良好的生存环境。

博物馆工作者要以积极的态度看待社会发展，又要以务实的态度开展促进社会发展的活动。博物馆要不懈地开展实实在在的工作，全面准确地把握社会发展方向，系统翔实地向社会公众介绍社会发展的未来前景，展现社会发展的热点、焦点、生长点，既热情讴歌新生事物，又勇于直面消极因素。博物馆工作者要从文物的小圈子中跳出来，在社会发展的大环境、大背景中对文物进行研究、保护和利用。

对博物馆意义认识的深化，以及由此而带来的对博物馆工作目的、工作范畴、工作内容的重新确定，势必会影响到博物馆的组织机构，影响到博物馆的管理观念，会对博物馆工作人员的素质提出新的要求。笔者认为，对博物馆组织机构的影响，主要体现在加强博物馆发展部门、公关部门和教育部门。博物馆发展部门主要关注和监视博物馆的社会环境，关注社会公众的观念、素质、生活方式等因素的变化对博物馆工作的影响，关注社会科技、经济、政治、文化等因素的变化对博物馆工作资源、发展方向的影响，关注国家和地方政府政策变化对博物馆的影响，同时也要关注与博物馆发展密切相关的其他社会组织的变化，关注博物馆事业自身发展对博物馆的影响。发展部门的调研工作为博物馆了解社会、社会发展、社会现实需求提供了可靠的依据。博物馆公关部门则致力于加强博物馆与社会的联系，扩大博物馆的社会影响，加强博物馆的社会知名度，从而增强博物馆对社会民众的影响力。博物馆教育部门侧重于组织为观众所喜爱、所接受的博物馆教育活动，向各个层面的社会群体介绍社会发展所面临的机遇和挑战，提高博物馆观众的学习能力、社会生活能力和创造力，帮助观众掌握促进社会发展的知识、能力和观念。

为满足社会自我认识、延续和发展的需求，博物馆要开拓新的工作领域，重新确立博物馆工作重心。博物馆要切实开展外向性工作，根据社会需求和博物馆发展需求安排业务活动。例如，博物馆藏品研究工作就应在加强专业学术研究的基础上，拓展到如何使研究成果应用于博物馆教育工作，如何帮助公众理解博物馆藏品的历史、社会和文化意义等方面。又如，博物馆应创造条件，让藏品走出博物馆，如在公共场所组织展览，向民众出借藏品，利用藏品组织教育和社区文化活动等。总之，拓展博物馆藏品利用领域，增加民众与博物馆藏品接触的机会，运用藏品组织丰富多彩的社会教育活动。

当代公共博物馆工作观念

综观博物馆发展历史，可以看到，博物馆的社会化是其基本线索，博物馆从不自觉地履行其社会职能，到主动实现其承担的社会责任，再到预见并创造条件实现其预定的社会工作目标，反映了博物馆对自身性质、职能和任务的认识的深化以及工作观念的转变，这就是博物馆认识到自己是"为社会和社会发展服务的常设性机构"，是为最广泛社会民众服务的公益性社会文化机构。

一、从"对物的关照"到"对人的关怀"

近现代公共博物馆产生的社会条件是资本主义生产体制和现代科学体系的出现和发展。人依靠自身的才智和力量获取满足自我需求的一切，而不再乞求神祇或自然的恩赐。科学成为人类认识、掌握、征服和改造客观世界的利器。人们相信，在科学的帮助下，人将成为世界和自身的主宰。在这种氛围中，博物馆成了"科学的忠实仆人"。应该看到，近代博物馆诞生之际，正是以牛顿经典力学为代表的近代科学形成过程之中，博物馆在收藏和展示以这些科学理论为基础而收藏的物品的同时，不可避免地受到机械、线性和进化观念的影响，遗憾的是，博物馆也将这些观念浸透到各项业务和管理之中了。

在这一观念指导下，博物馆将准确全面反映客观事物的现象、运动和规律作为各项业务的基本指导原则，强调对实物、客观现象、事实和原理的准确表现，博物馆将反映特定知识体系的物品作为主要的收藏对象，藏品成为博物馆工作的基础，科学原理和科学规律成为博物馆研究的基本内容，展览则成为系统展示科学知识和科研成果的场所。博物馆各项工作以藏品为核心，以基于藏品的科学研究为重点。不可否认，博物馆藏品为奠定现代科学体系作出了贡献，博物馆的科研成果丰富了人类知识。但是，当博物馆将科学与人分割开，将科学视为完美无缺、至高无上时，一切都发生了变化，人成为物的奴隶。博物馆工作人员所做的一切都要服从于藏品，观众所能做的只是向博物馆收藏的物品顶礼膜拜，博物馆似乎也要感谢博物馆藏品的存在了。

时至今日，许多博物馆仍恪守传统观念，但博物馆工作环境的改变，也让这些博物馆深感困惑。当前，一些博物馆工作人员对民众不理解不喜爱博物馆的现象大惑不解。2000 年"五一"长假期间，许多旅游景点车水马龙，可很多博物馆依然门可罗雀。这一现象说明了什么呢？笔者认为，根本的原因是博物馆没有把工作的基点从"对物的关照"转变到"对人的关怀"上来。要体现博物馆工作对人的关怀，就要正确认识人与自然的关系，正确认识人的认识能力，正确处理人与人的关系，真正发挥博物馆“为社会和社会发展服务”的社会职能。

绝对与相对共存，真理与谬误相伴，这似乎是老生常谈，但博物馆工作却常常忽略了这一点。近百年来，随着科学的发展，人类对客观世界的认识更为深入，从而对认知手段和认知能力的局限有了更多的认识，在承认人具备认识客观世界规律的能力的前提下，也承认人的认识能力是有限的，要受到多种主客观因素的局限。人们认识到抽象认识能力是由独立的具体的人的认识能力综合而成的，而具体的个别人的认识能力是存在偏差和谬误的。联系到博物馆工作，则博物馆所展示的知识是具有相对性的，只反映博物馆在展示这些知识时所依据的科学知识的准确性，同时还要受到博物馆自身工作条件和当时社会环境的影响。

人类社会的发展现实中的一些问题，如贫富分化、数字鸿沟、环境污染、生物灭绝等，引发了人们对一些传统观念的反思，物质的极大丰富能否作为衡量人类社会发展的基本尺度？能否解决人类发展面临的社会、道德问题？于是，社会发展领域提出了人口、社会、经济、环境协调发展的可持续发展观念，教育领域提出了知识、道德、能力、技能综合发展的素质教育观念，管理界提出了“以人为本”的管理观念，诸如此类的变化随处可见，人的全面发展成为关注的焦点。将“人的发展”作为各项活动的目的，这看起来似乎是对文艺复兴时期人本思想的回归，其实更是人对自身认识深化基础上的回归。当人类认为自己可以在科学的帮助下成为世界和自我的主宰时，人把自己变成了科学的仆人；当人类认识到在科学的帮助下可以与自然和谐相处时，才真正找到了自己在世界中的位置，找回了人类的尊严。

博物馆工作应顺应社会发展趋势，将工作重点从对物的关照转换到对人的关怀上来，以人的发展需求为工作导向。这一新的工作观念涉及对博物馆藏品本质和作用的再认识，涉及对博物馆工作目标和工作职能的再思考，以及博物馆具体工作的创新。

博物馆藏品是博物馆根据自身特点和工作目标收集的反映人类发展的各种物品。应看到，博物馆藏品不单纯是客观实物，也不单纯是科学的实物映射，博物馆藏品是人类智慧和文化的结晶，是前人和今人创造力与需求的反映，是未来社会的文化资源和文明基础。博物馆藏品研究的视野要拓宽，要运用自然、社会和人文科学的方法进行综合研究，加强对藏品携带和凝聚的人文信息的研究，此外还要将专业学术的基础性研究和如何在博物馆教育、博物馆发展中发挥藏品作用的应用性研究结合起来；在藏品的修复保护工作中，要加强对藏品所体现的社会人文信息的保护；在藏品陈列和藏品信息利用方面，则要注意到藏品是有利于社会发展的信息资源和知识财富，是沟通科学与大众、历史与现实的桥梁。藏品应成为博物馆发挥其社会职能，实现其社会责任的工具和手段。

既然藏品不再是博物馆存在的目的，那么，博物馆又是为了什么而存在呢？国际博协于1974年指出：博物馆“是为社会和社会发展服务的，向公众开放的常设性机构。”博物馆是社会文化机构已成为广大博物馆工作者的共识。博物馆有自身独具的社会职能和业务活动，也有从事这些活动的场所、设施和工作人员，这些因素构成了博物馆的屏蔽，形成了博物馆的特色，使之与其他类似或相异的社会文化机构区别开，使其与社会环境分别开。长期以来，博物馆工作人员就在这道屏障后面研究文物和科学标本。近年来，博物馆的客观和心理屏障已受到社会发展的猛烈冲击，加高培厚围墙的结果只能是坐以待毙；主动拆掉围墙，则有利于与社会交流，有利于博物馆拓展活动空间，有利于更多的社会资源流入博物馆。

博物馆是公益性社会文化机构，这无可置疑。但是，一些博物馆工作人员据此就认为博物馆的一切工作费用都应由政府承担，由各级财政按预算全额拨付。不可否认，博物馆是社会公共事业，博物馆主要业务支出应被纳入政府的社会公共事务预算支出范围。同时，也不可回避博物馆中存在的工作效率低下、服务质量不高等问题。造成博物馆工作这些问题的原因很多，政府办博物馆，使博物馆成为垄断性行业，缺少竞争，缺少变革和提高效率的压力；另外，政府公共支出项目繁多，只能为博物馆提供基本业务经费，无法满足博物馆发展对资金的需求。长期以来，我国博物馆主要依靠政府投入，社会办馆的意识和机制尚不成熟，现行博物馆经费管理体制尚难有重大变化。但是，我们要特别注意，当前一些地方政府对博物馆的态度发生了微妙且重要的变化，一些地方加大了对博物馆事业的投入，将博物馆建设作为地方经济、文化和社会发展的标志，作为促进和拉动地方文化产业发展的重要措施。这一现象提示我们，博物馆要想得到政府的重视和支持，就应转变工作思路，将博物馆工作融入当地社会发展过程中，主动积极地参与地方社会发展事务，此举即可充分发挥博物馆的社会作用，也为博物馆争取到可靠的工作资源。

当代博物馆的一项重要任务是根据社会需求而征集、保护、研究和传播博物馆藏品及其信息。以前，博物馆认为这一社会任务的完成是单向线性的，由博物馆单向向外界发布信息。博物馆是介于社会精英（政界、思想界和科技界）和芸芸众生之间的单向中转环节，博物馆通过展览展示社会精英的成就，而社会公众只能被动地接受博物馆传授的知识。博物馆关心的只是如何做好中转业务，准确无误地吸纳精英的才智，毫发无损地发送科学知识和技能。现代信息理论指出，这种信息传播过程是不完整的，其传播效果也是不理想的。博物馆需要认真考虑改变这种沿袭已旧的传播方式，不仅要注意传播了什么，更要注意传播的效果，特别要关注信息传播受众。资助人要求博物馆发挥更积极的社会作用，博物馆工作人员也希望自己的努力有显著的成效，这都要求博物馆认真考虑受众的兴趣、素质、信息接受能力和反馈方式，将受众作为工作的起点，将观众作为服务的主要对象。

以物为关照对象时，博物馆因此而成为一个以藏品为中心的自我服务、自我满足的内向性组织。博物馆以藏品为中心划定了自己的活动空间，一切外在的动力、资源都只是为维持博物馆的运转和存在，我存在，我做了，我的价值也就实现了。藏品是立馆之本，有大量珍稀的藏品，社会就必须资助博物馆，博物馆就能生存下去。由此而形成了一个怪圈，博物馆征集藏品的目的是为了提高知名度，藏品成为博物馆向社会索取资助的筹码。保护藏品就是保护博物馆存在的根本，研究藏品则是为了提高藏品的身价。与藏品相比较，博物馆工作人员退居次席，观众则成了可有可无的符号。造成这个认识误区的原因是没有正确认识博物馆与其外部环境的关系。首先，博物馆与外界环境的关系是平等的，博物馆不是突出和凌驾于社会之上，而是置身于自然、社会、人文环境之中。只有平等才有交流；其次，博物馆与社会的关系是互动和双向的，而不是被动和单向的。由于社会需求的多样性，博物馆才形成了丰富多彩的种类样式。由于环境条件的变化，博物馆才有了变革完善的动力。由于工作资源的多样化，博物馆才关注效益和效率，不断拓展新的服务领域；再次，博物馆与社会的交流不仅限于获取资金和设备等硬件资源，还交流大量的信息和知识资源，从外界获得灵感、知识和管理信息，并通过信息交流宣传博物馆各项工作成就，培养和提高公众的博物馆意识，争取社会各界对博物馆的支持。总之，博物馆不是象牙塔，不是远离红尘的学术殿堂。面临激烈竞争的局面，博物馆不能为保持自己的地位而自我封闭，要发展，只有改变观念，从自我服务真正转变为为社会和社会发展服务，为社会民众服务。

当博物馆将工作重点转换到关注人的发展需求，这需要从两方面落实，对内发挥工作人员的积极性和创造性，对外则要关注观众需求，加强观众服务。

作为一个组织，博物馆工作人员是其中最活跃的因素，是实现藏品价值和博物馆社会价值的基本因素；作为社会公益机构，博物馆很难用丰厚的物质回报来吸引工作者。博物馆工作人员在个人兴趣、追求和社会责任的共同驱策下，自愿地主动从事博物馆各项业务。以前，博物馆以藏品为中心，工作人员处于附属位置，博物馆工作以业务为中心，忽略了人的发展需求，不能充分发挥博物馆工作人员的才干。博物馆发展是建立在博物馆工作人员发展的基础上的，博物馆要通过教育、培训、激励等措施鼓励工作人员在知识、技能、能力等方面的发展。要教育工作人员认识博物馆工作的重要意义，认识博物馆工作面临的挑战和机遇，认识博物馆事业发展趋势，理解并自觉遵守博物馆工作从业道德。要培训博物馆工作人员掌握工作所需的新知识和新技能，掌握新的工作程序，掌握合作的技能。要关心工作人员，提供培训和升迁机会，改善生活和工作条件，创造同心协力干事业的工作环境。

博物馆观众是博物馆的服务对象，更是博物馆实现其社会职能的重要因素。随着博物馆工作观念的转变，我们对博物馆观众的认识也应有本质的改变，博物馆观众构成、需求、与博物馆的关系等方面都应有新的认识。博物馆观众不仅包括社会主流群体，也应包括那些因种族、经济、文化、生理等原因造成的非主流社会群体。博物馆观众是由具有不同需求的个人构成的，除参观、学习、欣赏等具有普遍性的需求外，还具有各自的特殊需求。博物馆观众根据自己的需求和爱好自主选择活动方式和参观内容，他们希望博物馆在提供系统学习知识和技能的机会的同时，也提供休闲和社交的条件。应该说，我国博物馆已从卖方市场转向了买方市场，行政手段组织的团体观众已逐渐减少，旅游、休闲观众在观众中的比重快速增加。有鉴于此，博物馆必须认真调查观众需求，寻找博物馆特色收藏与观众需求的结合点，明确目标观众群，明确基本观众群的特点和需求，建立稳定的基本观众群，并通过宣传、营销和教育等手段，使非基本观众群体逐渐转变为基本观众群。还应注意，观众的参观需求不是单一的，而是复合的，如休闲、社交、欣赏、学习、避世等，博物馆需认真分析观众需求的具体内容，提供满足观众生理需求的基础条件，创造满足观众心理和社交需求的氛围，达到满足观众学习、欣赏需求的目的。博物馆在处理与观众有关的事务时，要站到观众的立场上，以观众的眼光来审视各项准备工作，消除使观众获得满意的参观体验的障碍。

二、从研究物质文化到保护文化多样性

21 世纪是文化的世纪，文化消费、文化产业、文化传统、文化特性、文化传承等问题将深刻影响人们的观念和行为。但是，随着优势经济、技术和智力因素在全球的扩张，强势文化对弱势文化形成合围之势。一些有识之士为此而呼吁应加强对文化多样性的关注和保护。

博物馆在保护文化多样性这一重大社会任务中能够发挥怎样的作用呢？多年来，博物馆一直处在科学的羽翼之下，为发展科学搜集自然界和人类社会的实物标本，研究工作也多以实物为对象，用实证方法研究物质文化。博物馆将研究领域局限于物质文化，同时也就将工作范畴局限在既往的历史中。即便与现实社会交往，博物馆也常常以历史代言人的形象出现在社会公众面前。

当代社会要求博物馆切实承担起保护文化多样性的任务，博物馆工作者应认识到世界是丰富多彩的，由于种族、地域、传统、社会经济等多方面的因素，人类社会中存在着多种多样的不同的文化形态，应承认、容忍、理解和尊重这些文化间存在的差异；强势文化与弱势文化是平等的，在共同推动人类文化发展的作用方面，弱势文化有其存在的合理性和必要性，强势文化不能挟经济、政治之势去挤压、排挤、甚至消灭弱势文化；多元文化状态有利于不同文化的碰撞、交流、借鉴和尊重，这既有利于各文化自身的发展，更有利于全人类的进步；各个文化形态均有其特有的文化特性、文化遗产、文化传统、构成成分、文化样态、价值观念、行为方式、文化认同、文化传承和发展方式。保护和维护特定文化的文化特性应遵循系统保护的原则，不仅要保护该文化的表现形态和该文化的观念、传统内核，更要保障该文化在现实社会中发挥其表征、凝聚、创造和激励功用的能力，使其成为活文化；保护文化多样性还应强化文化特性的传承性，使之能在特定的文化群体中世代相传。当前，因弱势文化受到强势文化的挤压，尊重和保护弱势文化是保护文化多样性的重要任务。此外，还应鼓励特定文化群体在继承的基础上，将优秀文化传统与现实发展有机地结合起来，积极创新，强化和丰富文化特性。文化特性不是僵化静止的，由于文化特性与种族及政治、经济、社会发展程度等因素密切相关，随着这些因素的变化，文化特性也很难保持恒久不变，为此，不应为强调保护特定形态的文化特性而阻止相关因素的变革和发展。

当代社会为了发展的要求而强调保护文化多样性，但社会的变革和发展不可避免地会影响文化特性的基本内涵和表现形态。这似乎是一个两难的问题，博物馆为解决这一

问题提供了办法：共时的文化多样性存在于现实社会中，而历时的文化多样性则可通过博物馆的工作得到保护和展现。

博物馆已具备了保护文化多样性的客观条件。博物馆中收藏着大量的实物资料，如果我们从藏品是人类文化遗存、是文化特性的表征这样一个角度看这些收藏，它们将成为一种能量巨大的工作资源，成为体现文化多样性的实物证据。其次，博物馆的研究工作已正在逐步接近对文化多样性的认识和保护，在博物馆发展历程中，藏品研究工作从专业学术研究，到揭示藏品的社会文化内涵，到探讨藏品凝聚的更广泛的社会文化背景信息，再到基于文化类型基础上的对文化传播交流的探讨。现在的博物馆藏品研究已注意对特定文化形态的研讨，只是多关注单体文化形态，且认为不同文化形态的重要性是不同的。因此，只要转变观念，博物馆就能胜任保护文化多样性的重任。博物馆义不容辞地承担起保护历时文化多样性和保障共时文化多样性的责任。

博物馆工作者应以平等、宽容的心态看待文化的差异，要以系统、发展的态度来研讨文化问题，要从关注客观事实转变到关注社会发展。为完成保护文化多样性的艰巨使命，博物馆工作者应切实关注社会发展过程中存在着的新生、变动和消亡的文化形态及文化现象，认真研究、辨识和确认特定文化的文化特性，并通过研究、收藏、展示和传播等手段准确记录、再现和阐释这些文化特征。博物馆工作者要走出博物馆，走向社会，与特定文化的传承、创造者密切接触，与文化社群代表保持联系，共同确认文化特性，探讨其发生和发展的过程，制定保护和传承文化特性的措施，使特定文化社群的成员都参与到保护文化多样性的工作中。

保护文化多样性将会给博物馆的收藏、研究、陈列和教育等业务带来新的变化。博物馆藏品的范畴将有所扩展，从有形实物扩大到包括图像、声响、文书档案等非实物资料。为形象展示文化特性，博物馆不仅要收藏特定文化社群生产、生活活动的实物结果，还应系统准确地记录生产、生活活动的全过程，记录影响活动结果的各种因素。博物馆应充分利用现代科技手段，多角度、多层面记录人类主客观世界。文化现象是复杂的，包含着许多思想、观念、习俗、传统仪式和行为方式等，缺少这些资料，将无法完整展现文化特性。博物馆必须加强对文化现象的记录，加强对藏品信息和文化现象记录体的管理和保护。

博物馆藏品研究工作应加强有关文化特性及文化发展对人工制品和自然环境影响的研究，从文化多样性和文化特性的视角研究藏品。同时也要研究如何准确表现文化特性的基本内涵和表现形态，研究文化之间的交流和影响，研究如何向不同文化社群成员展示和阐释特定文化。

保护文化多样性为博物馆陈列开辟了更广阔的活动空间。长期以来，博物馆工作者一直设法弥合物质文化展示和历史文化展示之间的差距，究其根源，就在于一些博物馆工作者仍恪守的实证观念。博物馆工作者希望观众在与个别实物的接触中，体味博物馆研究人员掌握的专业知识，让观众自己完成从个别事实到系统理论的转化提升过程。为此，陈列中的各项措施都是加强展品的自我表现，但这种做法却恰恰突出了展品的个性和客观实物性，一定程度上削弱了展品之间的联系，削弱了展品与展览主题、实物与观念之间的联系，观众获得的多是个别、片段和表象的印象。注意到保护文化多样性的系统性原则，博物馆陈列在展示特定文化的文化特性时，要选择表现这些特性的典型展品，表现展品之间的联系，突出表现由这些展品所反映的文化特性。另外，要注意展览环境在创造和表达文化特性上的作用，将展品、展辅设施和环境共同考虑，在特定文化环境和氛围中展示文化物品和文化现象。

博物馆教育在保护文化多样性中将发挥重要作用。博物馆教育工作者要协助特定文化社群成员了解本文化的传统和特点，使之自觉保护和传承文化特性；要激发社群成员的文化认同感、自豪感和创造力，从而丰富和发展文化特性。博物馆教育工作者要帮助其他文化社群成员在与特定文化接触的过程中理解和尊重该文化的特性，促进不同文化社群成员之间的交流，只有深入地相互理解，相互尊重，才能更积极有效地借鉴各自文化中的优秀因素。

保护文化多样性是人类社会在发展中面临的新问题，与保护自然生物多样性一样，这一工作同样面临着伦理、价值、道德、政治、经济诸多领域的问题。博物馆工作者应及时抓住社会为博物馆创造的机遇，切实转变观念，制定对策，学习和掌握相关知识和技能，成为合格的保护、传承和交流文化遗产和文化特性的使者。

三、从耳提面命到平等交流

人类用信息、计算机和网络叩开了新世纪的大门。信息传播技术的发展，改变了人们获取、处理和利用信息的方式，改变了信息发送者和信息受众的关系，更改变了人们的社会生活观念和行为方式。信息数量急剧增加，信息获取更为快捷，获取途径更为多样，从而使信息垄断或信息优势的现象逐渐淡出历史舞台；人们不再仅仅依赖权威信息发布源来决定自己的观点，还要通过各种信息渠道寻求旁证，在对各种信息进行处理之后，形成自己的认识；信息发布不再“一锤定音”，而是面临着其他信息、其他信息渠道的竞争；要让受众接受某个信息，不能再依赖信息发布者和信息发布形式的权威性，而是要了解受众的条件和需求，创造传播环境，建立沟通渠道，选择传播媒介，激发受众的多种信息接受感官，使之接受并利用该信息。当代博物馆是以信息传播为主要工作手段的社会文化机构，博物馆工作者必须注意到工作环境和工作对象的变化，认真考虑博物馆与社会、博物馆与公众的关系，认真考虑博物馆在信息社会中的位置和作用。

回顾博物馆发展史，博物馆曾为近代自然科学知识体系的建立作出了巨大贡献，但由于信息传播手段的落后，广大民众视博物馆为知识宝库，人们怀着进山寻宝的心情参观博物馆，“书山有路勤为径”，而博物馆那高耸的台阶和圣殿般的建筑更为博物馆平添一份威严。或许这种威严有助于提高博物馆发布信息的信度，但博物馆工作人员却因此而养成了知识贵族的心态。一些博物馆工作者认为自己是从事学术研究的专家学者，主要任务是增长知识、推进学术，观众只是来博物馆寻宝、学习的普通民众，对博物馆藏品涉及的学术知识知之甚少，为促使观众学习博物馆提供给他们的知识，博物馆工作人员必须对他们耳提面命，进行知识的灌输；或者将这些知识以展览的形式陈设在展厅中，让观众通过阅读说明和观察展品进行学习，放任自流。灌输也好，自学也罢，在特定的信息交流环境中，当人们熟悉和顺应这些学习方式时，它们也可发挥不错的效果。但是，在今天信息横流的时代，如果博物馆工作者仍沿袭使用已数百年的博物馆信息传播方式，他们将遭遇非常尴尬的局面。当人们通过其他更熟悉更喜爱的信息途径获取到所需信息时，他们势将冷落博物馆。面对观众分流、减少的严峻形势，一些博物馆工作者建议组织豪华展，以期利用民众的好奇和猎奇心理将他们吸引回博物馆。此举确能取得积极的成效，但笔者不得不遗憾地指出，此法只可收效一时，很难持久。因观众好奇心得到满足以后，他们就不再来博物馆了，除非有比前次更豪华的展览，才可能再次激发他们的参观欲望。博物馆能否不断展出更为珍稀的物品尚存疑问，仅水涨船高的布展费用已让博物馆管理人员头痛。

一些博物馆工作人员忽视信息传播效果是因传统博物馆学的影响，传统博物馆学形成于近代博物馆发展初期，当时博物馆学的主要课题是确定并阐释博物馆自身特点，通过制定工作规范强化博物馆的特点。此举的积极作用是建树博物馆社会形象，确立博物馆业务范畴，推动博物馆事业的发展，但其负面影响则使博物馆更多地注意于自身基本要素的建设，注重自身功能的健全，认为只要能存在，能实现自身功能，就可实现其社会责任，即更多地注意于“做了些什么”。由此，造成一些博物馆工作者自视清高，将“做了些什么”作为工作目的和工作成效评价标准，而没有真正关注“做什么”的效果。博物馆已经为自己的成长付出了代价。

现代传播理论认为人际交流是双向的；交流过程中存在着干扰和噪音，为使交流顺畅进行，交流双方必须注意对方发送的信息，并及时给予反馈；交流效果的评价标准是交流双方观念和行为的改变。现代终身教育理论认为，人在一生中都要为适应生存环境的变化而学习；学习的方式多种多样，可通过大众传媒、人际交流、社会环境等途径，阅读、交谈、观察、模仿和思考等方式进行学习；学习者因需而学，学其所需，自主学习，自我评估，在实际应用中评价学习效果；终身教育是综合全面的，是观念、道德、知识、技能、能力和行为方式的综合培养，是语言、计算、艺术、运动和自省等智能的全面发展。当代博物馆工作实践也告诉人们，博物馆已从由政府和少数社会贤达支持的社会福利型机构演变为广大民众参与并支持的社会公益性组织，在某种意义上说，民众已成为博物馆的衣食父母。

过去，为发展和宣传科学，人们给博物馆挂上了神圣的花环；今天，为保障和促进社会发展，人们要求博物馆走下神坛，与民众平等交流，真正成为民众喜爱的文化场所，成为民众终身教育的优秀课堂。这是社会对博物馆的要求，也是博物馆必须承担的社会责任。为实现这个转变，博物馆工作者需反思沿袭已久的工作观念和工作方法，改变不适应当代博物馆工作要求的旧观念。

应彻底清除博物馆工作中的知识贵族、知识垄断的观念。人们注意到，信息时代的信息具有公共性、时效性和竞争性的特点。在信息时代，信息封锁等于是自杀。博物馆需要保护自身的知识产权，保护由知识产权产生的合法利益，但是，保护的手段不能是信息封锁。此外，博物馆社会公益的性质也规定了博物馆工作具有社会公益的特点，博物馆管理的知识资源都应服务于社会发展，不能用来为个人或小团体谋私利。博物馆应创造条件，让社会各界认识博物馆信息资源的重要，积极参与对博物馆信息资源的保护和利用，发挥这些资源对社会发展的作用。

应改变不重视信息传播成效的工作观念。当代博物馆的主要工作之一是提供满足社会发展需求和公众学习、教育、休闲需求的信息和信息服务。衡量博物馆信息传播工作成效的标准是信息受众接受和利用信息的程度。博物馆工作者不仅要关心传播哪些信息，怎样传播信息，更要关心传播的成效。为此，要改变过去博物馆信息传播不平等的状况，实现信息的平等交流，平等交流才能建立信任，有效提高传播活动的成效；平等交流才能得到真实的反馈，使交流顺畅地继续，获得交流双方满意的效果。

平等交流的前提和基础条件是了解社会公众的基本状况和主要需求，了解博物馆观众的构成、需求、期望和行为方式，将博物馆工作目标与公众需求有机结合起来，并寻求体现这种结合的最佳方式。博物馆工作目标反映了社会发展对社会成员在知识、技能、能力、道德、行为方式和社会生活规范等方面的要求，公众需求则反映了特定社会环境中的个人通过学习适应变化的社会环境的要求。了解观众，才能有的放矢地组织需要发送和满足需求的信息，选择有效接触受众和为受众接受的传播手段和传播方式，避免凭想象单向发送信息的情况。

创造适宜的交流环境、采取平等的交流方式和完善服务是实现平等交流的重要措施。环境对置身其间的人们的心理和行为方式的影响不容忽视。传统博物馆宏大威严的建筑形式、规整有序的空间布局、静态严谨的陈列方式，都对观众形成压力，使观众油然而生敬畏之心，于不自觉中处在了被支配的位置。当代博物馆已注意到环境对观众心理和行为方式的影响，注意到传统的博物馆环境将观众置于不平等的地位，因此开始改变博物馆的建筑样式，去除造成观众生理疲劳和心理负担的建筑因素，消除博物馆建筑造成的博物馆与观众之间的隔阂，创造宾至如归的环境氛围。博物馆展览和教育活动与观众直接交流，更应注意改变过去以我为主、耳提面命的工作方法，采取平等的交流方式，博物馆展览要改变侧重表现专家学者研究成果的传统做法，在确定展览的主题、内容和形式时，考虑观众的素质和需求，选题要贴近观众，展览内容要满足观众需求，内容表现要适合观众的知识结构和学习能力，展览讲解说明要使用观众熟悉的语言，展览形式要激发观众的学习愿望，为观众运用多种感官进行学习提供帮助。良好的学习和休闲服务可有效消除影响平等交流的消极因素，让观众愉快自如地参与博物馆信息交流活动。

建立有效的信息反馈、评估机制和观众参与机制是实现平等交流的基本保证。准确的反馈使博物馆工作人员有效了解信息受众的反映，掌握信息交流进程，准确评估各种交流手段的效果，了解信息传播的成效。博物馆应积极创造条件，鼓励社会公众参与博物馆社会服务项目的计划和实施工作，如博物馆展览、社教等工作，让公众从被动的参与者变成主动的参与者。

有效改变博物馆信息交流方式，平等交流，就可吸引更广泛的公众参与博物馆活动，博物馆中蕴藏的丰富历史和现实信息资源就可转换为巨大的社会财富，博物馆工作者的辛勤工作就可获得更广泛的承认。博物馆的社会功能在平等交流中得以发挥，博物馆工作达到价值在平等交流中得以实现。

博物馆工作观念的转变不是空穴来风，而是博物馆工作环境、条件和手段变化的结果，是社会发展在博物馆工作中的体现，是博物馆工作者追求优异工作成果的反映。工作观念的转换不是割裂和抛弃博物馆传统，而是立足于博物馆丰富的工作经验和生动的工作实践之上的。要改变已熟悉的工作观念和工作方式是有一定困难的，但是，如果认识到博物馆的使命就是宣扬新观念和新知识，就是为推动社会进步，那么，为社会发展而不懈革新就是博物馆工作观念的精髓。

非物质文化遗产保护对中国博物馆工作的影响

可否将非物质文化遗产纳入博物馆工作范畴？如何在建立在以物质文化遗产为基础的博物馆传统工作框架中纳入非物质文化遗产保护业务？这样做是否会影响博物馆的传统职能？是否会模糊博物馆的组织特征，并因此而危及博物馆的存在？当代文化遗产保护范畴的扩展，将非物质文化遗产保护的问题展现在博物馆工作者的面前。人们注意到，博物馆介入非物质文化遗产保护并不完全受外力的强迫，也不是一些博物馆的“标新立异”，而是博物馆事业发展的必然现象，是当代博物馆与社会发展结合取向的必然结果，是当代博物馆义不容辞的社会责任，也是当代博物馆主动寻求发展方向的体现。但是，由于非物质文化遗产与物质文化遗产存在样态和保存重点的差异，使得非物质文化遗产的保护原则、对象和保护手段有别于传统的物质文化遗产保护，这些特点将影响到博物馆工作的传统观念、体制和方法，正确认识这些影响，有助于博物馆工作的调整，有利于非物质文化遗产的保护。

非物质文化遗产是客观的、历史的事实，对非物质文化遗产的保护，是现在的人们的主动行为，其目的是为了保护现实社会和未来社会的发展资源，促进社会的协调和可持续发展，传承人类社会的创造力。

联合国教科文组织 2003 年 10 月 17 日制定的《保护非物质文化遗产公约》指出：

“‘非物质文化遗产’，指被各社区、群体，有时是个人，视为其文化遗产组成部分的各种社会实践、观念表述、表现形式、知识、技能以及相关的工具、实物、手工艺品和文化场所。这种非物质文化遗产世代相传，在各社区和群体适应周围环境以及与自然和历史的互动中，被不断地再创造，为这些社区和群体提供认同感和持续感，从而增强对文化多样性和人类创造力的尊重。”①

---

① 《非物质文化遗产保护公约》第二条“定义”规定：

“在本公约中，

（一）‘非物质文化遗产’，指被各社区、群体，有时是个人，视为其文化遗产组成部分的各种社会实践、观念表述、表现形式、知识、技能以及相关的工具、实物、手工艺品和文化场所。这种非物质文化遗产世代相传，在各社区和群体适应周围环境以及与自然和历史的互动中，被不断地再创造，为这些社区和群体提供认同感和持续感，从而增强对文化多样性和人类创造力的尊重。在本公约中，只考虑符合现有的国际人权文件，各社区、群体和个人之间相互尊重的需要和顺应可持续发展的非物质文化遗产。

（二）按上述第（一）项的定义，‘非物质文化遗产’包括以下方面：

1. 口头传统和表现形式，包括作为非物质文化遗产媒介的语言；
2. 表演艺术；
3. 社会实践、仪式、节庆活动；
4. 有关自然界和宇宙的知识和实践；
5. 传统手工艺。

（三）‘保护’指确保非物质文化遗产生命力的各种措施，包括这种遗产各个方面的确认、立档、研究、保存、保护、宣传、弘扬、传承（特别是通过正规和非正规教育）和振兴。”

非物质文化遗产具有系统、过程、依托于人、习得和濒危的特点。系统性特点是指非物质文化遗产包含着知识、技艺、传统、经验和需求等因素。知识是非物质文化遗产在形成和存续过程中发生和积累起来的有关程式、程序、规范、标准等独具和相关的知识。技艺是非物质文化遗产的生成者为生成特定的非物质文化遗产产成品和表现形态而采用的特定技术和技巧，其中也包含着工具的使用方法。传统是指非物质文化遗产在存续过程中形成的可身口传授的知识、仪式、技艺、产成品以及代表人物和社会影响的全部总和。经验是当前从事非物质文化遗产实践的传承者在实践中积累的知识和技能，其中包括他（她）对该非物质文化遗产的理解、技艺的纯熟程度和在实践中形成的变化，以及个人的创新和个人风格。需求是现实社会对非物质文化遗产的关心、关注、喜好和利用的方式及程度，以及人们对非物质文化遗产的价值维度和程度的认识。需求是非物质文化遗产得以存在、延续和传承的现实社会基础，无此，非物质文化遗产则无法作为“活”文化而存在。

非物质文化遗产的另一个重要特点是过程，即以时间为维度的连续的变化着的行为过程。这一特点提示我们，非物质文化遗产不是孤立的片断，不是以固定形态亘古不变的存续过程，也不仅是最终产成品和表现形态。非物质文化遗产包含着多种过程，其中如特定产成品的产成过程，即制作该产成品的人、对象和技艺综合互动以形成特定产出的过程；如非物质文化遗产的传承过程，即其传授、习得、熟练、丰富、再传授的过程；又如非物质文化遗产的累积过程，即其作为集合产成品的生成、发展、规范、精练、充实、扬弃、增新的过程；再如非物质文化遗产实现其多元价值的过程，即与文化遗产的使用者、欣赏者、研究者的交流过程。非物质文化遗产在这些过程中充分展现其独有的文化内涵，展示其独具特色的产成技艺，发挥其不可替代的社会功能。

依托于人是非物质文化遗产的另一重要特点。这里的“人”是指产成和实现非物质文化遗产的人，可以是个人，也可以是群体。非物质文化遗产的产成过程是通过人的行为、作为实现的，其产成品或特定表现形态是通过人的行为、作为实现的。由此，人的文化背景和行为方式将对非物质文化遗产以很大影响，在继承的基础上变革，在传承的过程中规范。非物质文化遗产所依托的人是现实的人，是处于特定社会环境中的人，是各种社会关系的集中反映，他们受到社会的价值取向、审美情趣、技术水平、消费偏好等因素的直接或间接的影响、制约和改变，从而潜移默化地影响和改变着人的观念、追求和行为。这些影响会在产成和实现非物质文化遗产的过程中有意或无意地表现出来，从而使产成品或表现形态发生变化。

非物质文化遗产虽然与人的结合非常密切，但人们并不能先天获得，而是后天习得的。人必须在特定的文化背景和文化环境中去感受，去理解，并在与非物质文化遗产的交流互动中，将非物质文化遗产纳入自己的知识体系和行为规范中，同时在习得过程中丰富和传承非物质文化遗产。非物质文化遗产的习得需要两个基本条件，一是非物质文化遗产应形成程式或体系，并可通过行为、作为或符号进行表达，以便于学习和模仿；二是学习者的学习意愿，非物质文化遗产能否传承下去，重要的是学习者对传承非物质文化遗产的兴趣和意愿。如果学习者无兴趣，则非物质文化遗产就将失去依托，从而失去存续的基本条件。此外，非物质文化遗产是通过习得传承的，是通过具有不同素质的人来传承的，由于传承者个体的差异，不可避免地会出现不均衡状态，即代际和代间的差异。差异既是使非物质文化遗产发生变异扭曲的潜在威胁，同时也可发挥强化和变革的积极作用。人们将会通过制定规范、强化训练、对照检查等措施来防止扭曲变样，此举有利于突出非物质文化遗产的特点，有利于强化非物质文化遗产的制约力。传承过程中出现的差异使变革成为可能，变革使非物质文化遗产得以适应当前的社会条件和社会需求，使人们认识到非物质文化遗产的价值和生命力，从而更自觉、更主动、更积极地传承非物质文化遗产。

由于非物质文化遗产是包含着诸多因素的复杂系统，在时间维度上又贯穿了过去、现在和未来，这使得其中一些因素具有强烈的不确定性，从而使非物质文化遗产具有延续与消亡共存的特点。由于政治、经济、技术、生活方式、行为方式和价值取向等因素的改变，有些非物质文化遗产似乎是自然而然地消亡了，这似乎也是新陈代谢的体现。但是，人们不无忧虑地注意到，在当代经济全球化大潮的冲击下，非物质文化遗产消失的速度显著加快，这不仅是人类文明发展的悲哀，也成为诱发社会、政治、经济动荡的不安定因素。

与物质文化遗产相比较，非物质文化遗产具有一些明显的特点。尽管两者在“文化遗产”层面上有许多共同之处，如两者的意义、作用、文化内涵和价值，但在应用层面上的差异是明显的，如构成、存续、应用指向、功能实现和保护等方面。在构成方面，两者的成分、结构、成分间的关系等因素皆有不同，物质文化遗产的成分多为简单、明确、确定的物理性状的物质，非物质文化遗产则包含实物、运动、形态、情态、过程等多种因素。在结构和成分间关系上，物质文化遗产多为稳定、固定的联系，非物质文化遗产则因构成成分的变动而呈现复杂的关系，各成分间的关系也是互动调适的；在存续方面，物质文化遗产是特定的时空点，其存续形态是有形的实物，其形态在存续过程中基本是不变和静态的。非物质文化遗产则是特定的时空域，其存续形态是过程、行为和情态，其形态在存续过程中是动态变化的；在文化遗产的应用指向上，物质文化遗产似乎更侧重对历史的保留和再现，非物质文化遗产则似乎更倾向于服务现实及未来的发展；在作用实现方式方面，物质文化遗产多采用静态的展示方式，须通过某种形式的中介手段。非物质文化遗产则须与传承者直接的结合，并通过传承者的行为、作为进行表达；在保护方面，物质文化遗产保护的对象多是实物，更多的是在脱离原生地的异地由“外在”的机构进行保护，保护的手段多为技术性手段。非物质文化遗产保护的对象则是动态的过程和世代不同的传承者，更多的是在非物质文化遗产的传承者居住地进行保护，实施保护的主体是传承和表达非物质文化遗产的个人或群体，其手段主要是教育。

有鉴于此，在保护非物质文化遗产时，不能简单照搬保护物质文化遗产的原则和办法，必须根据非物质文化遗产的特点和保护工作的目的，制定适宜的保护原则和采取适宜的措施，要坚持系统保护、关注传承者、促进发展和不得损害他人利益的原则，对构成非物质文化遗产的因素及保障促进非物质文化遗产存续的因素进行系统全面的保护。要关注非物质文化遗产的传承者，保障传承者继承、运用和表达非物质文化遗产的权利，确保传承者的数量，提高传承者表现、表达和传承非物质文化遗产的能力，并通过教育和大众媒介等途径，提高公众对非物质文化遗产性质、特点、价值的认识，使之更自觉主动地传承非物质文化遗产。保护非物质文化遗产的目的是促进社会的发展，传承要与发展结合起来，要为发展服务。

中国博物馆在多年的发展中，既遵循着国际博物馆界公认的博物馆工作职能，同时又在中国的文化背景和现实社会环境中，逐渐形成了自身的工作特点。举其要者，其一是关注文物标本，强调文物标本的实物性、科学性和珍稀性，换句话说，关注形成文物标本的过程的结果，特别是以实物形态表达的结果；其二是将文物置于以历史唯物主义解释的中国历史发展的背景中解释和展示；其三是强调发挥文物的现实教育作用，使人民通过文物认识自己的力量。这些特点的形成有着复杂的历史和现实背景，中国的传统金石学研究有着不可忽视的影响。金石学研究的基本观念之一是将文物作为前代政治制度的表征，认为文物的形态反映着特定历史时期的政治观念、制度和社会等级状况，反映着特定的政治制度和国家管理体制，从而赋予文物以重要的政治意义，作为政权和社会等级的象征。另一个重要的背景条件是中国在20世纪50年代至80年代的中央集权的指令型社会主义计划经济体制，在这一体制下，中国博物馆被规定有确定的工作对象、业务范畴和工作目标，即“文物标本的收藏机构、科学研究机构和宣传教育机构”。这一规定使中国博物馆的主要业务侧重于实物形态的文物标本，并据此而建立了相适应的组织体制和工作机制。应该看到，中国政府对语言、音乐、戏曲、传统技艺等非物质文化遗产的保护是很重视的，通过建立专门研究和教学机构、专业表演团体、工艺品工厂和群众艺术组织，组织大规模的民间传说搜集记录活动，组织民间艺术庆典等措施进行保护，取得了积极的成果。但在计划体制下，博物馆与非物质文化遗产保护组织的职责分明，相互之间的沟通与合作并不太多。

近年来，中国博物馆的工作环境发生了很大的变化，博物馆学研究也随着博物馆实践的丰富逐渐深入，这使非物质文化遗产保护进入中国博物馆成为可能。当前，中国博物馆与在地社区的联系日渐紧密，博物馆更加关注在地的社会现状和发展需求，根据在地居民的素质和需求规划展览和教育活动，尽可能全面系统地反映在地社区的文化传统和文化特性。其次，中国博物馆的工作环境发生了重大变化，从指令型计划经济向社会主义市场经济转变，这使得博物馆从事业型执行机构逐渐转变为具有更多自主管理权的社会机构，博物馆在决定工作范畴、工作重点和工作规划上有了更大的自主权。其三，博物馆学理论研究的深入，使得博物馆工作人员对博物馆的性质、职能和任务等基本问题有了新的认识，对博物馆藏品等博物馆要素的性质、范畴、意义、作用等问题有了更广泛深刻的理解，博物馆藏品不再仅限于文物标本，已扩展到包括藏品信息的记录资料，以及一些社会和自然现象的记录体。从实物到现象和信息的记录体，再到过程，其间的距离将不会是很遥远的了。其四，近年来中国建立了几所生态博物馆，生态博物馆的实践和理论探讨使中国博物馆工作者的认识有更大提高，生态博物馆的主要工作是保护、展示和表达特定社区的文化传统、文化样态和文化特性，这其中已包含了非物质文化遗产保护的内容。最后，中国文化遗产保护的现实也要求博物馆将非物质文化遗产纳入工作范畴。尽管中国博物馆曾致力于物质文化遗产，且主要是可移动物质文化遗产的保护工作，但它在长期的保护工作中积累了丰富的实践经验，形成了系统规范的工作程序和工作标准，并建设了具有相当规模的保护设施。这对尚处于起步阶段且各种工作条件还不完备的非物质文化遗产保护工作来说，需要借助博物馆的经验和保护手段。博物馆也有必要借鉴非物质文化遗产保护的观念和方法，改变传统博物馆惯用的静止、孤立的工作观念和方式，更为全面和生动地解释和表现文化遗产的丰富内涵。

积极参加非物质文化遗产保护事业是当代博物馆义不容辞的历史责任。但我们需要注意非物质文化遗产的性质、特点及保护工作对博物馆工作的影响，正如物质文化遗产对博物馆工作的制约和规定作用一样。一般来说，博物馆收藏、管理和利用的藏品多为静态、个别、分离和可控的物品，而非物质文化遗产却多为动态、系统、开放和不可控的过程。非物质文化遗产的性质和特点将深刻影响博物馆的工作观念、工作体制和工作方法，并对工作人员的素质和技能提出新的要求。

非物质文化遗产保护将使博物馆的工作基础发生质的变化，即增加了非实物形态的非物质文化遗产。博物馆工作基础由单质的变为异质的，或说是非均质的。为此，博物馆需采取能够整合这两大部类文化遗产的工作观念和工作体制，换句话说，要采取能满足物质文化遗产和非物质文化遗产普适性及特殊性保护和利用要求的工作观念和工作体制。要防止将博物馆的传统工作观念移植到非物质文化遗产保护工作中，即简单地按照文物（物质文化遗产）的工作观念指导非物质文化遗产保护工作，将非物质文化遗产保护装进传统博物馆工作框架中，那样将会使非物质文化遗产丧失活力，失去在民众之中的传承过程。当然，我们也不可能以非物质文化遗产保护的工作观念来替换博物馆的工作观念，这样做也是不切实际的。笔者注意到，非物质文化遗产的特点常与物质文化遗产的特点相对而论，这似乎提示我们，这些特点既是两者的不同之处，也是两者的联系纽带。这给我们以启示，包容了非物质文化遗产保护的博物馆工作观念要满足具有普适性的文化遗产保护的需要，要能容纳物质文化遗产与非物质文化遗产的差异，并通过扩展、包容等方式容纳非物质文化遗产的特点。

可从宏观和微观两个层面对包容了非物质文化遗产保护的博物馆工作观念的变化进行讨论。宏观层面是关于文化遗产保护和利用的认识，或说是关于物质文化遗产与非物质文化遗产普适的性质和特点的认识。微观层面是关于物质文化遗产与非物质文化遗产之间的差异的认识。

从文化遗产层面上讲，博物馆工作观念应在坚持客观、理性的基础上，改变对“人”的认识，增加人文关怀的色彩。在传统博物馆工作观念中，人是抽象的、概念化的、符号化的，是作为生物属性和社会关系的高度抽象而存在的，是作为造成文物标本的特征的外力和自然力而存在的。这一认识的形成与文物的客观、历史的特点有直接关系。博物馆如果要将其工作范畴拓展到非物质文化遗产保护领域，必须关注文化遗产概念中人文关怀的内涵。文化遗产是与现实发展密切联系的，文化遗产保护侧重于历史和传统对现实社会发展的积极作用，其着眼点是社会的发展，是有用于当代人及其后代子孙的发展需求。在非物质文化遗产保护中，人是活生生的人，是有需求、追求和选择能力的人。非物质文化遗产传承者是非物质文化遗产得以存在、发挥作用和延续的重要因素。非物质文化遗产是通过具体的个人而实现和表达的，具体的个人在传承非物质文化遗产过程中的任何异变都会影响到作为整体的非物质文化遗产，传承者个人的天资、兴趣、知识、技能、追求等个体因素和外部条件都可能导致异变的发生。有鉴于此，当我们开始自觉地保护非物质文化遗产时，必须注意到人在非物质文化遗产保护中发挥的表达和传承的作用，对表达、保护、传承非物质文化遗产的人予以足够的关注。

在微观层面上，即如何对待物质文化遗产与非物质文化遗产的差异问题，也需要博物馆采取新的工作观念。正如前文所述，非物质文化遗产与物质文化遗产的差异是明显的，为将非物质文化遗产保护纳入博物馆工作范畴，需要在观念上尽可能消弭两者间的对立状态，从而为在文化遗产的基础上整合两者的保护工作奠定坚实的认识基础。两者的差异如表一所示：

表一　文物（可移动物质文化遗产）与非物质文化遗产的差异

	文物（可移动的物质文化遗产）	非物质文化遗产
工作对象	实物	过程
工作对象的性质	过程的结果	过程的经过
工作对象的结构	单一的个体	复杂的系统
工作对象的情态	静止	变化
工作指向	历史	现实、未来
工作开放程度	自控、内向	开放、联系

对于这些差异，我们应如何看待呢？是否在二者之中取其一呢？或者实行决然的转变，用后者取代前者呢？从上述两者的特点看，与非物质文化遗产保护相关的工作观念更具现代色彩，而与文物保护相关的工作观念更具传统色彩，这能否成为我们确定采用某种工作观念的评价标准吗？笔者认为，非此即彼的做法似不可取，这是简单化的做法，且将两者间的差异视为完全对立。这不利于对物质文化遗产和非物质文化遗产的共同保护，而且也会影响博物馆工作人员的工作情绪。我认为，应以发展的态度对待这些差异，在承认传统的前提下，根据现实工作条件和工作要求，发展和丰富博物馆工作观念，使基于物质文化遗产保护和非物质文化遗产保护的工作观念形成一个统一的、开放的连续域，并向非物质文化遗产保护的方向开放，以容纳新的工作观念。例如，博物馆的文化遗产保护工作的对象即是以“实物—过程”构成的不包括两个端点的连续域（图一）。这样，我们就可以将基于物质文化遗产及非物质文化遗产的不同的工作观念

整合为既具有普适性，又满足特殊性需求的观念。这样，既满足了博物馆工作的实际需要，丰富了博物馆工作的观念和认识，又赋予物质文化遗产与非物质文化遗产的共生共存关系。这样就为博物馆参与非物质文化遗产保护工作奠定了认识基础，即非物质文化遗产保护工作会产生数量不等的具有实物样态的记录体，如完成的作品、文字和音像记录等，这些记录体可被博物馆收藏并利用。同时，又可丰富我们对文物（可移动物质文化遗产）文化内涵的认识，有助于更充分揭示文物蕴含和表达的多层面、多方位的信息。

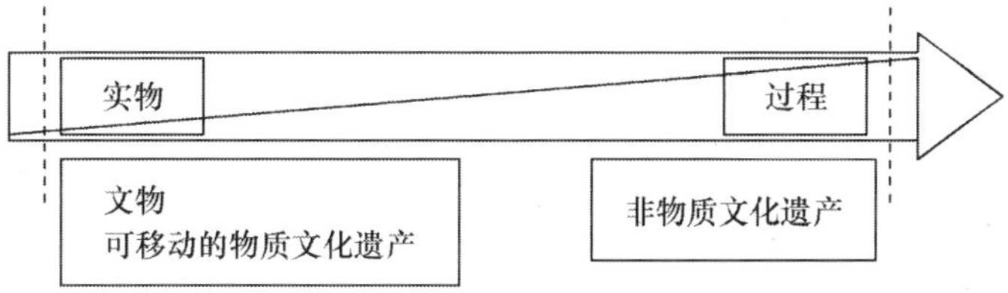

图一 博物馆工作对象“实物—过程”连续域示意图

当博物馆将非物质文化遗产纳入工作范畴后，需要注意其对博物馆现行工作体制的影响，即对博物馆部门分工、设置、职能、任务和部门关系的影响。这是由于现行博物馆工作体制多是为满足文物标本（物质文化遗产）的保护和利用工作要求，在多年工作实践中形成了相对稳定规范的工作链，并在分工的基础上形成了博物馆工作体制和组织体制。考虑到非物质文化遗产保护的工作性质、处所和方式的特点，以及从事非物质文化遗产保护人员的素质、技能、能力、工作方式和工作观念的特点，当他们进入传统的博物馆工作体制时，不可避免地将在原有的工作体制中引发震荡。作为新设立的业务单位，也将对原有的组织结构造成冲击。如何在博物馆组织结构中容纳非物质文化遗产保护工作，如何将其与已有的工作链相衔接，如何分配博物馆工作资源，如何协调与原有工作部门的关系，如何避免原有工作人员与新进入的工作人员之间的紧张和冲突，如何解决原有组织文化与非物质文化遗产保护工作的组织文化的差异，这都是不可回避的问题。

非物质文化遗产保护对博物馆现行工作体制的影响主要表现为设置新的业务部门、调整原有工作业务范围和建立新的工作关系。非物质文化遗产保护的工作对象、工作处所和工作开展多在博物馆外，多在遗产传承群体和遗产分布地域中进行，在非物质文化遗产的存续实地进行调查、记录和保护。鉴于其工作特点，需要吸收新的工作人员，设立新的工作部门。非物质文化遗产保护还要求博物馆对原有工作部门的业务范畴进行调整，以包括非物质文化遗产保护业务。尽管非物质文化遗产保护工作多在馆外进行，但有关的记录资料、研究资料却可以保存在博物馆中，博物馆也应该积极收藏非物质文化遗产的具有实物样态的最终产品和表达样态，并通过展览和教育活动参与非物质文化遗产的保护，这些工作都可以纳入博物馆原有工作部门的业务范围。但是，也要注意到，由于博物馆收藏的有关非物质文化遗产的资料并不是非物质文化遗产本体，只是次生的或间接的资料，这与具有文化遗产本体身份的馆藏文物比较起来，其重要性似要打些折扣，这可能会影响到博物馆工作人员对非物质文化遗产记录资料的重视程度，从而影响到对非物质文化遗产的保护。此外，由于一些工作人员对非物质文化遗产保护不熟悉，或不愿改变现有工作程序等原因，可能会产生轻视非物质文化遗产保护，甚至抵触的情绪，这也是不能忽视的。另外，非物质文化遗产保护还要求博物馆建立新的工作关系。传统博物馆的工作多为内向性、自给自足性的，博物馆业务链基本呈现馆内封闭的形态，各业务部门通常只为馆内其他工作部门提供业务支持或服务。而非物质文化遗产保护业务却是外向性、开放性的工作，博物馆只是众多参与非物质文化遗产保护的社会组织中的一员，是非物质文化遗产保护网络中的一个环节。在博物馆中从事的涉及非物质文化遗产保护的业务多属下游性的、辅助性的。博物馆只有置身于广泛的非物质文化遗产保护网中，向馆外的非物质文化遗产保护组织开放，提供资料和保护资源，才能充分发挥博物馆的智力和物质资源的作用。有鉴于此，博物馆业务部门必须改变传统的单向的内向性工作关系，与其他部门和社会非物质文化遗产保护组织建立多方位的、互动的、协作的工作关系，由单链条中的一环变为网络中的节点，除满足传统的工作需求外，还要满足不同部门和不同机构的业务需求。

非物质文化遗产保护还将给博物馆工作方法带来一些新气象。博物馆工作方法是实现工作目标、完成工作任务的手段，它受到博物馆性质、目的、对象、任务、技术、工具、控制方式等多种因素的影响。非物质文化遗产保护进入博物馆工作领域，无疑会使这些因素发生变化，博物馆工作的方法也会随之发生变化。非物质文化遗产将会在业务工作适用理论、基本职能、业务领域、操作和技术等层面影响博物馆工作。工作适用理论对博物馆工作起着指导、制约、规定和检验的作用。当博物馆工作基于可移动的文物时，指导其业务的理论多属于历史、艺术理论领域，而从事非物质文化遗产保护则需要运用社会学、人类学等学科的理论，这意味着开展非物质文化遗产保护的博物馆将更多地运用社会学、人类学的理论和方法认识、记录、分析和解释社会现象和社会过程。在基本职能层面，博物馆对“人类及其环境的物证”进行“搜集、保存、研究、传播和展示”，这些职能主要是根据文物或可移动物质文化遗产的特点及其保护和利用的要求而确定的。博物馆藏品是属于“过去时”的物品，是历史中的历史时空点的产物，且其信息基本是历史性信息，博物馆对其信息的采集，主要是运用不同的技术手段进行揭示，藏品信息多表现为量的积累。博物馆的藏品保存工作多是对藏品在特定历史时空点时的状态进行保护，并力求阻止或延缓其自然变化过程。博物馆藏品的展示多是在脱离其原生环境的条件下，独立地表现藏品的自有特征。但是，在参与非物质文化遗产保护时，博物馆将会更多地发挥记录、研究、表达和传承的作用。由于博物馆无法收藏过程性的非物质文化遗产，只能利用信息记录手段对其进行记录。注意到非物质文化遗产是贯通历史、现在和未来的发展过程，博物馆需要对其存续和发展过程进行密切关注，定期或经常对当时状况进行记录。博物馆虽然不是非物质文化遗产传承主体，但却是其传承的重要力量，博物馆需协助传承者（个人或群体）理解非物质文化遗产过程，教育公众理解非物质文化遗产的特性、意义和价值，增强公众对非物质文化遗产存续必要性和重要性的认识，使其自觉和积极地传承非物质文化遗产。在具体工作的操作上，即具体业务的程式、方法、技术、标准和评价，非物质文化遗产也具有一些不同于文物保护的特点。例如，在信息采集和记录方面，文物如同“一池春水”，因其实物主体具有较稳定的物理性状，作为信息源来讲，具有较强的稳定性和永续性，这使得其记录具有可重复性，且更多地发挥辅助作用。相比较而言，非物质文化遗产的记录具有唯一和不可重复的特点，这是因为非物质文化遗产是处于变化的过程中，恰如“浩荡长江”，且记录者记录的只是运动着的非物质文化遗产的一个侧面。因此，两方面对记录的方式、技术、工具、准确性等因素会有不同的要求表二。

表二　博物馆有关非物质文化遗产保护与文物保护工作的比较

非物质文化遗产		文物（可移动的物质文化遗产）	
工作内容	主要职能		工作内容
田野工作、信息记录	记录	搜集	将文物带回馆内
过程、特性、传承关系	保护	保存	保持文物特定的实物形态
社会学、人类学	研究	研究	历史学、艺术理论
教育公众自觉传承	传承	传播	文物研究信息的发布
在原生地的系统表现、表达	表达	展示	在博物馆馆内、文物的线性展览
否	是否在馆		是

此外，尽管博物馆可在保护非物质文化遗产中发挥积极作用，但我们也不能忽视博物馆对非物质文化遗产保护的负面影响。这主要是传统的博物馆工作观念和工作方式与非物质文化遗产保护不适应的方面，其主要表现是藏品与其产生时空的分离、与其原生“语境”的分离、文物的孤立性、线性的展示方式以及博物馆的历史感和消亡感在藏品上的映射。此外，社会公众对传统型博物馆性质和特点的认知也会投射到博物馆参与保护的非物质文化遗产上，公众常认为只有已经或即将退出历史舞台的东西才会被送进博物馆，且博物馆的收藏与现实生活关系不大，这种认识可能会使公众对非物质文化遗产现实价值的认识发生偏差，在心理上与非物质文化遗产产生间离，这对非物质文化遗产的传承是十分不利的。为解决这些问题，首先博物馆要对非物质文化遗产保护有正确的认识，不要将非物质文化遗产视为“文物”，不要习惯性地按照长期以来遵循的保护文物的思路、方法和要求来保护非物质文化遗产。博物馆要准确认识非物质文化遗产的特点，准确把握博物馆工作条件对非物质文化遗产保护的影响，按照非物质文化遗产的发展规律对其进行动态保护。

非物质文化遗产保护是社会广泛参与的工作，也是博物馆融入现实社会，为社会发展服务的新契机，是推进博物馆事业和博物馆学发展的新鲜动力。博物馆曾在保护物质文化遗产上做出了骄人的成绩，只要我们认清非物质文化遗产的特点，自觉调整博物馆工作观念和内部工作关系，积极协调与社会上的非物质文化遗产保护力量的关系，博物馆同样可以在这一领域做出积极的贡献。

生态博物馆理论与实践对博物馆学发展的贡献

从其出现之日起，生态博物馆就成为人们关注的对象、解释的现象和聚讼的焦点。尽管迄今为止世界各地的生态博物馆有300余所，中国仅区区几所，但它们对博物馆事业和博物馆学发展的影响却是深刻的。多年来，学者们对生态博物馆的性质、信念、价值观、目的、特点、工作方法、组织建置和管理体制等课题进行了多方面的阐释和讨论。但是，我们也注意到，或许是为了突出生态博物馆的特点，在生态博物馆发展初期，学者在阐述生态博物馆的特点时，常常采取对比和分离的做法，将其与“传统博物馆”进行比较，视其为传统博物馆的对立；更有学者认为生态博物馆是叛逆者、造反者。这种做法给人们造成一种印象，即生态博物馆是博物馆的“另类”，是“实验田”，是特定社会条件下出现的“怪胎”。还有一些人甚至等着看生态博物馆的笑话，预言了生态博物馆的消亡。在一般博物馆学中，也只在博物馆发展史中捎上一笔，将生态博物馆作为一种因个别人的冲动而出现的“实验”。

当“生态博物馆”已进入而立之年时，我们应冷静下来，认真审视生态博物馆的发展历程，认真审视与之有关的各种说法，认真思考生态博物馆出现以来博物馆事业发生的种种变革，认真思考生态博物馆在博物馆事业、博物馆学和博物馆发展史中的地位和作用。生态博物馆不能再置身于博物馆事业和一般博物馆学之外了，它的发展需要广大博物馆工作者的智慧支持，需要博物馆事业的道义支持。

生态博物馆并不是博物馆的“叛逆者”和“造反者”，并不是几个异想天开的法国博物馆人士的奇思妙想。它的出现和发展，有着深远的历史渊源和强烈的现实需求，可以说，生态博物馆是应运而生，是时代的召唤。

生态博物馆的出现有其形态上的先导，这就是产生于19世纪末的瑞典斯坎森露天博物馆。乔治·亨利·里维埃在回忆自己的博物馆生涯时讲到，1936年，法国Beaux-Arts博物馆馆长Georges Huisman访问斯坎森博物馆后邀请其在法国也办一所露天博物馆。作为这一构想的实现，法国民间艺术和民俗博物馆在1937年成立了。该博物馆将全面展示法国民族文化作为工作目标①。此外，20世纪中期，在美国出现了“邻里博物馆”，在墨西哥出现了“综合博物馆”，它们也为生态博物馆的产生提供了理论准备和实践经验。

---

① 乔治·亨利·里维埃：我在民族学博物馆的经历。Proceedings of the Royal Anthropological Institute of Great Britain and Ireland, No. 1968, 17-21页。

生态博物馆的思想也不是空穴来风，而是博物馆事业对社会发展的时代响应。里维埃在担任法国民间艺术和民俗博物馆馆长时，已提出该馆的性质是"实验室"和"博物馆"，作为实验室，其首要任务是"记录和阐释我国（法国，笔者注）的传统社会以及向工业社会的发展变化"。该馆的藏品征集政策强调要到该物品的原生地去征集，在征集物品的同时"要记录为全面理解该物品所需的技术、经济、社会和文化信息"。在支援地方博物馆方面，里维埃指出地方博物馆应"融考古、历史和人类学为一体"。该馆文化展厅的陈列遵循列维·施特劳斯的人类学理论，该陈列主要包括两个部分，即"宇宙和社会"。1968年，里维埃强调指出，民族学博物馆的目标是在世界历史的框架中建立人与自然的联系①。我们可以看到，里维埃关于民族学博物馆的目标、任务和陈列的思想中已蕴含了"生态博物馆"的基本思想，这就是博物馆不能脱离社会发展实践，要与社会发展同步，要为社会发展服务，要根据社会发展需求重新认识和定位博物馆藏品的作用，要发挥博物馆的特长，为广大民众服务，努力增加广大民众的福祉。可以说，生态博物馆的出现是那些具有强烈社会责任感的博物馆人士的一贯追求和实践的结果，是他们将博物馆作为社会发展工具的伟大实践，是后工业化时代博物馆工作者的勇敢尝试。

生态博物馆只是一个契机，一个突破口，一个"实验"活动的标志，一个对"经验博物馆学"反思的标签。让我们再次重温"生态博物馆"的诞生时刻，这有助于我们理解生态博物馆思想的历史背景和创意初衷。"生态博物馆"一词的创造者戴瓦兰追忆当时的情景时说：

1971年春天，乔治·亨利·里维埃（国际博协前任主席和现任终身顾问），Serge Antoine（环境部长顾问）和我（时任国际博协主席）在巴黎Segur街的La Llambee餐厅共进工作午餐。我们要讨论国际博协第九次全体大会的有关事宜，该大会将于同年8月在巴黎、第戎和Grenoble举行。

我们谈到第戎的会议日程，那一天，第戎市市长暨法国首任环境部长Robert Poujade将致欢迎辞。我们讨论的问题之一是部长（市长）致词的意旨，乔治和我希望在这个重要的国际会议上第一次由一位重要的政治家公开地将博物馆与环境联系起来，这将开启博物馆学研究的新领域，尽管该领域刚开始被重视，但却是来年在斯德哥尔摩举行的联合国组织会议的重要议题。

Serge Antoine对此持保留态度，他认为博物馆不能在这个领域作任何创造性的事情，考虑到博物馆与历史有着如此紧密的联系，谈到博物馆为环境服务的功能只会引起人们的哄笑。否则为了传递这样的信息，我们不得不完全抛弃'博物馆'这个词。Poujade肯定会关注博物馆的教育功能，并视之为实现其保护自然运动的辅助手段，但在正式演讲中使用"博物馆"一词将是错误的。乔治和我徒然地试图说服Antoine相信博物馆及其功能的生命力。最后，如同是开玩笑，我说：'抛弃这个词（博物馆。译者

① 乔治·亨利·里维埃：我在民族学博物馆的经历。Proceedings of the Royal Anthropological Institute of Great Britain and Ireland，No. 1968，17-21页。

注）是荒唐的，改变它的商业品牌形象可能是可取的，……我们可以试着根据博物馆一词来构造一个新词汇。’于是，我试着将‘生态’（ecology）与‘博物馆’（museum）缀合在一起，在第二次或第三次尝试时，我拼出了‘ecomuseum’。

环境部长 Poujade 在几个月之后使用了生态博物馆（ecomuseum）一词。1971 年 9 月 3 日，他在第戎对来自世界各地的500 多位博物馆学者和博物馆工作者的讲话中说，‘我们正在向一些人所说的生态博物馆方向发展，这是一个动态的路径，通过它，公众，首先是年轻人将能够重新认识人类、人的占有物及人的环境的基本原理的演变’。”①

这真是一次必然中的偶然。里维埃和戴瓦兰为法国环境部长的主旨发言而创造的“生态博物馆”一词，却成为一场博物馆革新运动的标志。

生态博物馆是一场解放运动，力图扭转“经验博物馆学”将博物馆限制在学术研究、历史导向和博物馆馆舍中的趋势。生态博物馆是一场复兴运动，努力高扬近现代公共博物馆“科学”、“民主”的旗帜。其观念是对近现代公共博物馆基本理念的回归。法国卢浮宫的理念是“艺术属于全体人民”；美国史密森尼学会的宗旨是“在民众中间积聚和传播知识”。只是到了 20 世纪初，由于工业社会对农村生活的侵蚀，由于战争对民族文化和文化设施的破坏，博物馆工作进入了专业化和职业化阶段，历史导向、学术研究和业务规范成为博物馆工作的主流。这样做有利于博物馆奠定工作的物质基础，有利于博物馆的规范管理，但也将博物馆从“创新”转向了“保守”，导致博物馆工作“学术导向”、“藏品导向”和“内部事务导向”。生态博物馆运动让博物馆工作者不得不再次审视博物馆的性质、任务和职能，不得不重新思考博物馆的社会责任，不得不思考博物馆生存的意义，不得不思考博物馆发展的社会条件。生态博物馆如同一条黑鱼，将渐渐变成一潭死水的博物馆重新搅动起来，重新焕发了生机。

20 世纪 30 年代形成的“经验博物馆学”强调规范，其视角是“精英”的，其核心是“理性”，其基础是“经验”，其导向是“历史”。经验博物馆学是以藏品的管理、研究和利用为核心而构建的，如此一来，博物馆将自己归属到社会精英和高雅文化的领域中，自己在博物馆与民众、社会之间划了一条鸿沟。博物馆工作需要规范，但不能借规范将自己封闭起来。生态博物馆要做的正是要让缪斯从神庙中回到民间，回到民众中，“艺术属于人民”。生态博物馆的工作视角是“大众”的，其核心是“实践”，其导向是“发展”。这在里维埃关于生态博物馆的一个进化的定义中明确地表现出来：

“生态博物馆是由公众、地方当局和当地居民合作构想、构建和管理的工具。地方当局通过专家（博物馆员工）、设施和提供的资源进行参与，当地居民的参与主要通过意愿、知识和个人行为。

它是当地居民通过观看自我以发现自我形象的镜子，在生态博物馆中，它寻求对其

① 雨果· 戴瓦兰：生态博物馆。载 Wasseman 主编 Vagues. 1992，448 页。

依附的地域和先在人口的解释。……它是当地居民拿给访问者看的镜子，使访问者更好的理解当地居民，并使当地产业、习俗和特性受到尊重。

它是人类和自然的表达。它将人类置于其自然环境中。它同时描摹出自然的蛮荒本色和被传统及工业社会的改变。”

戴瓦兰对社区博物馆的定义是“社区博物馆是产生于底层，而不是上层强加的，它的成立是要满足生活和劳作在其在地的民众的需要和愿望，它在规划、创办、开放和运作的各个阶段都要积极参与到民众之中。”①

生态博物馆的实践力求积极响应社会发展的需求，力求让博物馆成为其在地民众谋发展的手段和工具。由于各国的社会、经济、政治、文化、民族、环境、生态等条件的差异，各地区的发展面临不同的挑战和机遇，各地民众的需求也不一样，使得与当地社会发展紧密结合的生态博物馆，呈现出不同的组成形态和运作方式。如北欧突出农业和工业经济的产业型生态博物馆；北美地区强调民族文化特性的族群型生态博物馆；中国贵州关注民间文化整体保护的文化遗产型生态博物馆。由于实践的不同，使得在世界范围内形成统一的生态博物馆模式成为一件很困难的事，且即使同一所生态博物馆，在不同发展阶段也会面临不同的发展环境和任务，也会采取不同的运作模式。生态博物馆的实践造成其理论主要由观念、价值、概念、原则、愿景、任务等抽象内容组成。这似乎成为一些人批评生态博物馆是“理想”和“实验”的主要原因，也成为人们很难将其纳入已有博物馆学体系的主要障碍。

生态博物馆对现代博物馆事业发展起到了非常积极的作用，它不仅创造了许多新的工作样态和工作方法，更在对经验博物馆学的反思中丰富了博物馆学的内容，它对当代博物馆的观念、价值、目的和任务的影响是不容置疑的。其中最重要的是生态博物馆将社会发展和为社会发展服务视为最重要的职责和基本任务，博物馆工作有了明确的社会目标，将博物馆与社会条件和发展需求紧密结合起来，充分发挥博物馆各项资源对社会发展的作用，从社会发展层面评估博物馆社会效能和业绩，在实现社会价值的同时也增加了博物馆的自身价值。博物馆社会存在的意义更为明确，从而使博物馆的社会地位更加稳固。为社会发展服务，密切关注在地的特殊社会条件和发展需求，创造性地开展工作，这促进了生态博物馆的多样性，多样性进一步促使人们的比较和思考，从而加深了对博物馆普遍本质和价值的认识。

生态博物馆的重要贡献之一是明确了“以人为中心”（people-centered）的指导思想，强调社会的和谐发展，扭转了经验博物馆学的“非人性”倾向。在近现代公共博物馆发展的初期，博物馆以观察、试验、实证和理性为特征的近代科学作为知识基础，这使近代公共博物馆蒙上了不食人间烟火、自在自为的色彩，博物馆与广大的普通民众渐行渐远，这种局面并不符合广大博物馆工作者的初衷和意愿。怎么办？生态博物馆的实践为博物馆回归大众开辟了新的道路：关注民众关心的问

① 雨果·戴瓦兰：明天的社区博物馆。在 Utrecht 大学的演讲，1993。

题，激发民众的创造力，增强民众的发展能力，营造和谐的发展环境，这就是生态博物馆给我们的启迪。

生态博物馆倡导系统、综合、多样化的工作理念，不论是工作对象、工作方法、组织建置、管理体制，生态博物馆都强调要尊重实践的创造。经验博物馆学关注析解、环节、局部、单质和方法，生态博物馆则强调复合、联结、关系、环境和目的。例如，在工作对象上，经验博物馆学强调对象的单质性和属性的单一性，如藏品是客观存在的实物，归属于特定的学术领域。与之不同，生态博物馆认为工作对象是复杂的，是特定社区文化遗产与社群、社区发展的关系，其内容从横向看包含了实物、行为、环境、生态状况等有形存在，包含语言、规则、信念、价值、人际关系和人地关系等无形存在，还包含异文化社群对特定文化遗产的认知和评价等现象；从纵向看则包括了过去、现在和未来。生态博物馆的知识基础更倾向于研究复杂系统的人文科学和社会科学。

生态博物馆倡导创新和实践，为20世纪中期的博物馆事业带来了改革创新的新风气。由于受“科学主义”和大工业生产管理模式的影响，20世纪初期形成的经验博物馆学强调规则和规范的作用，强调遵循和执行的必要。“生态博物馆”承认博物馆存在的意义及其对社会的重要作用，但认为博物馆作用的实现必须满足社会发展需求，为此要发挥和尊重工作人员（公众和博物馆专家）的创造精神，创建因地制宜的组织建置和工作机制，采取在地民众认同和喜爱的工作方式。世界各地生态博物馆的不同建置模式和工作实践就是证明。

生态博物馆是博物馆事业中的一朵奇葩，如同出现于19世纪中期的工业技术博物馆，19世纪后期的露天博物馆，20世纪中期的科学博物馆（科学中心）一样，它也是博物馆的一个重要子类。生态博物馆的理论是为解释和指导其实践而逐渐形成的。从里维埃和戴瓦兰的有关论述中，我们注意到他们还是认为生态博物馆属于博物馆事业，他们有关生态博物馆特点、任务和管理模式的论述也是在一般博物馆学的理论框架中的。随着生态博物馆30余年的实践，生态博物馆的一些重要指导思想和工作方法已被一般博物馆学所吸纳，如参与在地社区的振兴和发展，如征询公众对博物馆社教和服务活动的评价，如博物馆藏品扩展到文化遗产。可以说，生态博物馆早期的许多被视为“反叛”的思想已成为当代博物馆工作者的共识。

生态博物馆的理论和实践丰富了一般博物馆学的理论和方法，同时也是现代博物馆学具有动态、发展、联系、系统、包容、创新特色的重要思想来源，特别是当代博物馆工作“以人为中心”的理念更要归功于生态博物馆的冲击和影响。

当然，作为博物馆的一个重要门类，生态博物馆不可能替代其他类型博物馆的存在，也不可能作为博物馆的唯一模式。生态博物馆只是社区发展的一支重要的社会力量和文化力量，它更多地是在与文化遗产和文化特性的具象表征有关的领域中发挥作用。博物馆工作者要认识到生态博物馆的特点、特长及其局限，不要苛求生态博物馆，要以创新和包容的态度平和地对待生态博物馆的“实验”和失误，平和地看待生态博物馆的转型和退出。另外，我们不要为生态博物馆附加过重的社会任务，生态博物馆是博物馆工作者或社区发展人士为社区发展而采用的一种手段，它不可能解决社区面临的所有重大问题。只有客观认识生态博物馆的生存和发展条件，尊重其运营和发展的特殊规律，生态博物馆才有可能在适合其生存的环境和条件下蓬勃发展。

参 考 文 献

Maurizio Maggi，Vittorio Falletti：欧洲生态博物馆。意大利经济—社会发展研究所研究报告137号，2000。

博物馆应自觉融入社区建设

2001年国际博物馆日的主题是“博物馆：建设社区”①，这是世界博物馆长期以来“为社会和社会发展服务”观念的具体体现。

“社区”是社会学、人类学、社会心理学、社会工作，甚至人文地理、建筑学的重要概念。由于研究对象、研究目的和研究理论构架的差别，各学科对“社区”概念的理解也不尽相同。20世纪50年代，一位外国学者曾汇集了关于“社区”的94种定义，经比较研究，他发现这些定义的共同之处就在于社区是与人相联系的。

考虑到我们对社区的认识主要是为密切博物馆与社区的联系，更好地为社区发展服务，为此，我们更倾向于社会学和社会工作对社区的认识。英国社会工作学会认为社区的定义是“人们通过亲属、共同兴趣、相邻的地理联系、友情、职业、提供或接受服务等关系，或综合上述各项关系而构成的网络。”② 我国一些社会学家认为社区“通常指以一定地理区域为基础的社会群体。”③ 我国民政部为推进全国城市社区的建设，将社区定义为“聚居在一定地域范围内的人们所组成的社会生活共同体。”

由社会学关于社区的理论，我们注意到，社区是与地理区域、社会关系、社会行为、社会观念等因素相关联的，社区注重社区成员的共同点，即将这些人联系在一起且与其他社区相区别的特点；社区强调与地理因素的关系，特定社区分布在特定周界的地域内；社区注重社区成员对社区特点的认同感，认同感成为维系社区成员的纽带和维护社区特色的屏障。

长期以来，人们非常关注社区的建设和发展问题，社区建设的工作重点也随社会发展而变化。最初，社区建设的重点是改善贫困社区的生存状态，帮助贫困社区成员摆脱贫穷落后。之后，社区建设的主要任务转向完善特定社区基础生活设施的建设，改善社区居民的生产生活条件。以后，社区建设的工作领域拓展到保护和改善社区的生态环境，提高社区成员的综合素质，加强社区自我发展的能力。近来，在经济、金融、技术、交通、信息传播全球化潮流的冲击下，社区建设又将传承、维护和保护社区文化特

---

① 英文原文为“museum：building community”。或译为“博物馆：营造社区”，或译为“博物馆与建设社区”。

② D. A. Hardcastle, S. Wenocur, P. R. Powers：Community Practice. Oxford University Press. 1997.

③ 丘士杰在《中国大百科全书·社会学》“社区”条目中指出“（社区）通常指以一定地理区域为基础的社会群体。它至少包括以下特征：有一定的地理区域，有一定的数量的人口，居民之间有共同的意识和利益，并有着较密切的社会交往。……社区就是地方社会或地域群体。”

性作为工作重点。社区建设致力于加强社区可持续发展的能力，使社区成为保障和推进社会发展的基本力量。

博物馆是特定社区的成员，对社区建设承担着不容推卸的责任。博物馆应自觉融入社区建设，博物馆致力于社区建设，不仅是社区发展的要求，也是博物馆加强自身发展基础的重要举措。博物馆置身于特定社区，其工作资源和工作对象都来自于社区。近年来，博物馆工作资源的多元化，社会公众成为博物馆经费的重要来源。另外，由于博物馆数量增加，博物馆必须细分市场，以维护基本观众群，保证本馆的市场份额；一些博物馆为扩大社会影响，加强特色建设，形成了固定的观众群体；此外，社会也要求博物馆教育的重点从传授知识向提高公众素质和满足公众自我学习需求转变，博物馆只有关注观众的素质和特点，才能有效地加强博物馆教育的针对性和效果。这些都促使博物馆关注所处社区的居民状况，加强与所在地居民的联系，并注意建设以博物馆为中心的观众社区。

博物馆要真正自觉地融入社区建设，首先必须明确博物馆在社区建设中的位置，博物馆是置身社区之外，还是置身社区之内？换句话说，博物馆是不是社区的成员之一？过去，我们在谈到博物馆参与社区建设时，总是将博物馆视为游离于特定社区之外的机构，博物馆是掌握帮助社区摆脱困境的灵丹妙药的施惠者。这一认识必须纠正，博物馆不能脱离或超越其所属社区的发展水平，与其所属社区处于同一状态，具有相同的特性。作为社区成员，博物馆才能准确把握社区成员的现状和发展需求，才能得到社区成员的认同，通过发挥博物馆的职能和提高自身水平促进社区的发展。

其次，博物馆必须摆正自己与社区的关系。当博物馆置身于社区之外时，它是凌驾于社区之上的，提供帮助，指导发展。这种认识也需改变。当博物馆将自己视为社区成员之一时，它与其他社区成员的关系是平等的，博物馆与社区成员共同协商探讨，确定影响社区发展的症结，明确社区发展的方向、目标、规划和措施，并积极发挥自身特长，有效运用博物馆资源，发挥博物馆社会职能，在社区发展的同时使自己得到发展。

再次，我们还需认识到社区不是单质的，而是异质的。这是由于确定社区的标准是多元的，判定一个社区，既可根据一个标准，也可综合运用多个标准；此外，社区成员也是复杂的。一个特定地域中的社会成员可划分为多个社区，一个特定社区的成员也可区分为多个亚群，或隶属于多个社区。博物馆具有与其社区成员相同的特性，但也具有自身独具的特点。博物馆在坚持社区特性的同时，可以保持和发展自身的特性，可以充分发挥自身的职能。博物馆还可根据社区异质的特点，在开展传承和强化社区特性活动的同时，发现和扶持有助于社区发展的新事物。博物馆还可有意识地加入和营造反映自身特色的社区，以加强本馆的社会基础，并以此作为坚持本馆特色的重要保障。博物馆还要注意融入不同的观众社区，建设具有博物馆特色的社区。如一些博物馆通过组织针对特定种族、经济—社会群体、文化、年龄社区的活动，吸引更多观众，扩展和巩固基本观众群。一些博物馆利用现代信息技术，在国际互联网上建立世界范围内的网上社区①。

博物馆在社区建设中，要紧紧把握社区发展方向，发挥博物馆自身特点，明确博物馆的主要任务：

(1) 传承、保持和丰富社区特性。社区特性是社区成员认同的维系成员的地域、种族、文化、观念、传统等特点；

(2) 保护社区的文化传统。社区文化传统是历史形成的反映社区特性的观念、信仰、行为规范和特定物质载体。社区特性和社区成员的认同感是社区文化传统的重要内容，是历史形成的，是后天习得的。社区文化传统是体现、规定和保持社区特性的基本前提；

(3) 保护、保障、开发社区的发展资源。社区发展资源包括环境、生物、矿产、社会、人力、知识、技术和传统等资源，博物馆要让社区其他成员了解制约社区发展的资源的现状，要让社区成员认识潜在资源的重要价值，认识到资源保护和可持续利用是社区发展的基本保障；

(4) 维护和加强社区成员的相互联系，保持社区的连续和基本稳定。博物馆可应根据社区发展目标和社区发展现状，发挥博物馆工作特长，表达和强化社区的基本特性，同时为社区特性注入适应社区发展的新鲜成分；

(5) 提高社区成员素质。社区成员素质是指维护社区稳定、促进社区发展所要求的观念、知识、技能和能力。其内容是非常丰富的，如评估社区现状和确定社区发展方向的能力，保护和传播社区传统的能力，判断和解决阻碍社区发展问题的能力，培育社区认同感和自尊自强信念的能力等。

博物馆具备完成上述任务的条件，博物馆要充分发挥自身具有丰富多样的收藏、社会公益机构和信息传播交流场所的特色，积极为社区发展作贡献。博物馆收藏是特定社区发展历程的真实物证，是该社区在物质精神领域发展的成果，是社区传统和特性的物化表现。博物馆作为社会公益机构，将为社会发展服务作为自己的最高目标，这极大增强博物馆为社区发展所做工作的信度，社区成员信任博物馆传播的关于社区发展的信息和构想，愿意在博物馆中表达自己的情感和对社区发展的建议，从而使社区特性在博物馆中得以交融、凝缩和鲜明体现。博物馆是社区信息传播交流的中心，社区内部信息的交流有助于加强社区成员的认同感和亲近感，社区外部信息的交流则有助于社区成员选择社区发展方向和确定社区发展目标，也有益于增进不同社区的相互理解和借鉴。博物馆收藏、研究和传播表达社区文化传统的物品，鼓励社区成员参与博物馆工作，使博物馆成为社区成员交流的渠道，组织提高社区成员素质的教育学习活动，组织不同社区之间的交流活动，真正使博物馆成为社区建设的生力军。

① 参看拙译：《博物馆：建设社区》，《中国博物馆通讯》2001年4期。

城市博物馆：市民的记忆与发展资源

近现代公共博物馆的发展与城市的发展紧密相关。城市作为一个地区的政治、经济、文化中心，为博物馆奠定了知识、经济和管理运营的基础，城市中大量的市民及其较规律的工作休闲时间，为博物馆提供了源源不断的观众。伴随着城市的扩张和发展，在城市中聚集了相当数量的不同类型和不同主题的博物馆。本文讨论的城市博物馆是那些以城市历程、城市特性以及反映城市发展和特性的物证为工作对象的博物馆。

一、中国城市博物馆的发展与现状

中国近代公共博物馆与近代城市的发展息息相关。

在近代中国，最早出现的公共博物馆不是在北京、西安、南京等传统大城市，而是在新兴起的上海、天津等城市，这些博物馆是由法国人、英国人举办的。

国人举办的第一所公共博物馆是南通博物苑，出现在号称中国近代第一城的南通。南通博物苑既为年轻学子提供观摩实物、学习科学的机会，也为当地纺织女工组织学习活动，也欢迎当地居民来博物苑观览休憩。博物苑中还设立了气象观测站，向市民发布天气预报。

“中华民国”时期，在南京、上海等新兴大城市的建设规划中，都安排了博物馆的建设。南京国立中央博物院建在南京城东部，位于城市交通干道一侧，是城市中重要的文化设施。

新中国成立后，50年代初，博物馆被定位为“文物标本的收藏机构、科学研究机构和宣传教育机构”。在探索社会主义博物馆发展道路时，学习苏联博物馆工作经验，确定“地志博物馆”为中国博物馆的主要模式。1956年，位于山东济南的山东省地志博物馆建成，地志博物馆展出当地的自然资源、历史发展和革命历程，激发广大民众参加社会主义革命和社会主义建设的热情，地志博物馆强调博物馆要立足所在地区的自然、历史、文化和现实发展条件，要为广大工农兵，即基层民众服务。

1958年，为迎接建国十周年，在北京天安门广场东侧兴建中国革命博物馆和中国历史博物馆，并在北京市区和边缘地区建中国人民革命军事博物馆、民族文化宫和中国农业展览馆，博物馆被建在城市政治文化中心，成为人民认识自己的力量的重要手段。同时，博物馆事业主管部门提出“县县办博物馆”的目标，尽管受到大跃进的影响，但也可以看到有关部门要求发挥博物馆社会宣传作用的意图。20世纪60年代，随着社会主义中央集权型计划经济体制的完善，各地博物馆呈现“千馆一面”的状态，尽管也展出当地的历史文物，但都要从全国的角度反映历史发展。由于经济条件的局限，这一时期的博物馆多建在大中城市中。

1979 年，中国进入改革开放的新时代。随着中央政府向地方政府放权，博物馆工作重点也悄然发生转变，地方博物馆开始从地域的角度来解读地方的历史文物，博物馆成为城市的窗口，成为浓缩的城市历史。此外，80 年代中期，博物馆建设侧重小型化和专题化，一些县的文物管理所转变为博物馆。

20 世纪 90 年代，中国城市化进程提速，博物馆成为现代化城市建设的标志。陕西历史博物馆为西安古城带来现代的气息，上海博物馆成为现代化大上海的城市名片，坐落在上海市政府的对面，其独特的造型和精致的展览给来上海的中外人士留下了深刻印象。一些城市也开始拆旧馆，建新馆。城市管理者要求新建馆要“国际先进，国内一流”，要成为“地标性”或“标志性”建筑，博物馆在浴火重生的痛苦中溶入了城市的发展。

进入新世纪，首都博物馆以“首都，我的博物馆”的宣言揭开了中国博物馆发展新的一页，博物馆以所在地定位自己的疆域，离开历史的幽室，来到阳光灿烂的现实中，来到普通市民中。城市博物馆成为城市管理者为广大市民提供优质公共文化服务的机构。

值得注意的是，国家文物局“十一五”发展规划中提出要提升 200 所基层博物馆的水平，发出了加强地方博物馆建设的信号，博物馆建设重点从大中城市向小城镇延伸。

中国城市博物馆伴随着中国近现代过程已走过了百年历程。在其发展的初期，由于举办者将博物馆作为社会变革的工具，博物馆能自觉地将博物馆业务与在地社会变革和发展结合起来。但是，当人们将博物馆作为社会发展标志而刻意去兴建博物馆时，博物馆却与在地社会发展实践渐行渐远。

对博物馆与城市关系的认识，很多博物馆如同患了自闭症，满腹经纶，却与世无争。曾经有很长一段时间，中国博物馆的首要任务是文物保护，主要关心的是文物藏品的安全。博物馆科研的重点多在于与藏品相关的历史、考古、艺术史和文物鉴定等领域。博物馆承担着沉重的社会教化责任，作为“社会的良导师”。此外，很多城市博物馆多设立在文物建筑和历史建筑中，使民众产生博物馆属于历史的感觉。近年来，博物馆又被赋予区域发展标志的重任，博物馆建筑的先锋设计、内部设施的技术水平，似乎成为在地城市现代化水平的象征。

近年来，情况发生了积极的变化，许多博物馆对在地城市发展状态更为关注，对城市的理解有了变化，对博物馆与城市关系的认识不再只是静态的空间关系，而是多层面、多方位的复杂互动关系，城市既是博物馆工作背景，也是博物馆工作的对象和确定工作目标的重要参数。究其变化的原因，主要是城市的内涵、职能发生了改变，当然，作为市民的博物馆管理者和从业人员对城市发展的认知，以及在这一基础上对博物馆作用的反思也起到了积极作用。

长远来看，城市博物馆的发展前景时乐观的。根据有关部门发展规划，到2020年，我国城市化水平将达到54%。如果按城市人口每20万人一所博物馆，我国城市中博物馆将达到3500所左右。现在，我国博物馆约有2300所，按此数目，将在今后15年左右增加50%，年均新增80所左右。

新增加的城市博物馆将会是哪种类型的呢？大量的是作为城市人文景观的旧居、遗址、纪念类博物馆，以及反映城市人文活动的民俗、特产、民间工艺类博物馆。由于大规模的城市建设，城市产业转型，居民生活方式改变，会对传统文化和地方特色产品造成强烈冲击，此类博物馆是保护和传承这些文化遗产和城市记忆的重要手段。

城市综合博物馆的工作思路也要进行调整，要适应全球化、信息化、知识经济等宏观条件对城市发展的影响，适应在地城市发展目标、发展机制和发展动力的调整，适应城市居民构成、素质、生活方式和需求的变化，据此制定博物馆的工作目标和工作任务。

以北京为例：

城市性质定位于国际性都市，国家的政治中心，文化中心和历史文化名城。城市发展方向是“宜居城市”。

城市格局发生变化，城区显著扩展，人口向城市边缘区迁移，城市中心区多为商业、金融、服务业。在城市中心区居民数量减少的同时，在边缘区出现了多个人口高度密集的组团，在不大的区域内居民人口达20～30万。居民出行方式也发生明显变化，小轿车成为重要的出行工具。

城市产业重点向第三产业转移，2003年时，北京地区第一产业为3%，第二产业36%，第三产业61%，已接近发达工业化国家的产业结构。近年来，北京市提出“制造业与服务业并举”的经济发展思路。产业结构变化的直接后果之一是从业人员的变化，城市居民结构发生改变，产业工人少了，服务行业从业人员多了。

居民生活需求侧重安全保障，基本生活需求比重下降，安全保障需求占据主导位置，文化消费略有增长。可以说，安全成为当前居民消费的重点，就业、社会保障、治安、医疗、教育、住房成为人们热议的话题。

面对快速消逝的历史和现实，面对并不遥远的未来，城市博物馆能无动于衷吗？

挑战也是机遇。当前，城市博物馆有意愿，有资源，需要的是切实可行的措施。

（1）转变观念，以实现博物馆社会职责为宗旨，将连接历史与未来发展作为责任。

（2）明确城市博物馆在城市特性和城市发展的位置，“以人为导向”，博物馆要成为城市的公共活动中心，成为公众感受和实现城市主人责任的场所。

（3）体现城市博物馆的特色，建构城市发展的集体记忆，展现城市特性，展现城市发展的创造性。

（4）准确了解城市居民的发展需求，寻求用博物馆收藏满足这些需求的途径。

（5）城市博物馆收藏要侧重于反映城市发展、城市特性的实物、图像。

（6）博物馆教育活动要关注城市居民的综合素质和能力的提高，帮助居民增强提高生活质量的能力。

（7）提供优质的社会服务，成为体现广大市民健康向上生活态度的场所。

二、城市博物馆与城市记忆

城市博物馆的发展受到其所在城市发展状况和城市社会观念变化的影响。在资本主义发展初期，城市博物馆见证了工业化城市的兴起、手工业与大规模机械制造业的竞争、大批农民涌进城市、现代城市管理体制建立的过程。此时的城市博物馆承担起展现城市实力和个性的责任，承担起传播城市生活方式的责任。在工业化时期，城市博物馆记录了数量日渐庞大的市民的生活，既有笙歌犬马，也有污浊拥堵。20 世纪中后期，城市博物馆见证了城市居民争取民主权利的斗争，经历了传统工业城市向新兴产业转型的痛苦历程。城市博物馆曾是社会精英展示和传播知识的殿堂，曾是历史学家记录和展示城市发展历程的场所，曾被视为是城市记忆的载体。今天，城市博物馆要成为市民的记忆与发展资源。

市民应成为当代城市博物馆的主人、主角和关注对象。在城市博物馆发展早期，城市博物馆的主人是社会精英，他们关注的是社会变革所需要的知识和社会资本，在博物馆中积聚科学研究所需要的原始资料，其主要任务是构建科学知识体系。此时，市民，特别是那些离开农村进入城市讨生活的农民，在博物馆看来是需要接受改造的人。当资本主义社会制度和生产体系建立之后，城市博物馆的主人是学者和城市管理者，他们运用科学理论对馆藏品进行研究。此时，市民们被视为“学生”，来城市博物馆学习学者们研究的城市发展史。今天，城市博物馆的主人应该是市民，换句话说，要强调城市博物馆主导者的市民身份和市民意志。作为个人的社会身份来讲，城市博物馆的主导者可能是学者、政府官员、企业家或社会贤达，但他们都是所在城市的市民。作为市民，他们与其他市民是平等的，是城市居民中的一员，其生活和行为都受到城市社会、自然、经济、政治、文化、传统的制约。

明确市民是城市博物馆的主人，反映出将人、特别是普通人作为城市博物馆关注和关怀对象的信念。过去，城市博物馆重点关注的是知识、理性、秩序和制度，是重要的历史遗存和遗物，却把人放到了服从和次要的位置。人们在城市博物馆中可以看到自然地理、重大历史事件和各界名人，胜利时的辉煌和衰亡时的落寞，城市博物馆如同一座上演历史史诗的大舞台，市民们却是看客。当代城市博物馆要让所有的市民都成为城市发展这一出大戏中的演员和观众，他们在表现自己的同时，也在观看他人的表演，并在与他人的互动中改善和提升自我的状态。城市博物馆不仅要关注人，更要关注普通市民，关注那些过着平凡生活和从事社会劳动的人们。平凡与伟大之间不存在鸿沟。

平民的记忆是城市记忆的主体。在一个城市的存在和发展历程中，发生过许多为世人瞩目的事件，驰骋过许多名垂青史的人物，但他们都只是历史的一个片断，只有市民永远的存在，只有市民的记忆才成为这些事件和人物永远的保存所。城市的记忆浸透在城市现存的历史遗迹和遗物中，记录在城市发展历程的文件、文书和档案文字中，显现在文学、图画和影像记录材料中，但是赋予这些无生命的物证以情感、价值、生机和震撼力的是市民的记忆。市民的记忆是城市的灵魂，使城市充满生机，彰显独特的个性和魅力。

市民的记忆是城市记忆的基石。城市记忆是综合的、既往的，是背景，是共识。城市记忆是当代人对前人生活体验的追寻和体味，是他们将历史上的存在与现实生活状态的比较，是他们对历史对现实生活影响方式和程度的认可，是他们努力探寻从哪里来、身在何处的回答。更重要的是，城市记忆是当代人的归属感和安定感的精神保障。可以说，城市记忆是千千万万个市民个人生活经历和自身体验的总和，是他们沟通交流的语言和话题，是维系他们社会关系的纽带和平台。正是经过市民的选择和评判，那些被市民关注的，并被赋予市民普遍认同、认可的价值判断的事件，才能成为城市记忆中的内容，也才能为后代的市民所接受。

市民的记忆是个性的、鲜活的和丰富的，同时又显露出时代的共性。由于不同的阶层、行业、喜好和经历，每一个市民都有自己的喜怒哀乐，有自己的人生轨迹和梦想追求，他们对城市的理解和情感也大相径庭。正由于这些个性差异的存在，使共性的城市记忆具有鲜活的生命力，具有真实性和可信度；正是这些个性差异，使那些让这个大千世界凝聚在一起、并向同一方向演进的力量凸现出来。市民的记忆就是要记忆市民，将一个个市民的记忆记录下来。

在记忆市民时，要将记忆对象，即个性化的市民置于社会与发展的背景中，将他们作为社会人和城市市民来看待，不应将其作为生物人、自然人看待，不能只记录其个人的好恶情仇。在记忆市民时，应该注意市民个人生活变化与社会变化的关联，注意个人对重大社会事件及人物的认知状况和评价，注意收藏可作为证明他们的生活变化、社会认知和交流的包括实物和信息记录载体的证据。

城市博物馆忠实记录市民记忆是要为市民的发展服务。当代城市博物馆的工作取向是为城市的和谐发展服务，是为广大市民有更切实的发展机会和发展能力服务。记录是为了加强发展的基础，是为发展提供机会和条件。人们参观博物馆，不是单纯为了满足猎奇、怀旧的心理，其深层需求是为今后的发展创造条件，正如人们都不是为了昨天而生活一样。

从城市博物馆工作角度来讲，市民的发展更多的是指其自身状态的改善和发展能力的提升，包括了积极进取的生活态度、良好的精神和身体状态、更积极和谐的社会关系、与改善生存状态和实现个人价值所需的知识和技能。在社会主义市场经济环境中，学习成为每一个市民生活中的重要内容，甚至可以说是其责任。市场经济更强调市场主体、市场参与者的素质，注重市场参与者的个性发展。在一项活动中，当着规则确定以后，活动者的个人能力就成为决定胜负的重要条件了。

城市博物馆要认清自我的特点和条件，认清市民对城市博物馆的要求，开展积极有效的服务活动。城市博物馆只是市民拥有的发展机会和资源中的一种，其主要特点是组织视觉化、社会化的陈列展览和相关社会教育活动，为市民提供学习、交流和休闲机会。有鉴于此，城市博物馆要对本馆在促进和协助市民发展中可以做到什么有清楚的定位，重要的是使城市博物馆的各项服务成为市民发展的机会。机会是双向的选择，是互动的过程。机会既要满足需求者的要求，也要满足提供者的需要。市民在城市博物馆中获得其他地方得不到的学习和发展机会及资源，城市博物馆则实现了其存在的社会价值。

城市博物馆创造的机会应以市民的发展需求为基本导向，要有切实的内容和明确的目的。活动可以围绕知识的充实、更新和完善，技能的掌握和社会化状态的改善和提高等主要内容来具体设计和组织。社会化状态是市民的社会意识、团体意识和个人与社会关系认知与调适能力的具体体现。在市场经济初期，人们常常不能合理调整个人与他人、个人与社会的关系，从而产生个人意志膨胀、自我封闭或对社会事务冷漠的现象。博物馆作为一个特殊的社会活动场所，可以为改善市民的社会化状态提供机会。来博物馆的人较多地置身于社会团体中，博物馆的社教活动也常常是以社会团体为对象来组织，人们在参观时要与其他观众打交道，在博物馆陈列中可以看到不同观点的表达，可以以平和、细致入微地观察了解其他社群（或个人）的生活。博物馆志愿者更是奉献社会的典范。博物馆可以通过陈列、书刊、音像、演出等手段向观众介绍个人与社会的关系，还可以通过学习班、培训活动、联谊活动、博物馆之友等方式让观众直接体验个人的社会化状态改善过程。

休整，或说积极的休息也是市民发展的主要内容之一。在现代社会，人们的生活节奏加快，个人决策的要求增强，要为此付出更多的脑力和体力，人们面临更大的生存和发展压力。排解和转化这些压力可以使人们保持良好状态，从而做出正确积极的决策。博物馆为人们提供了理想的积极休息的条件，舒适的环境可以让观众身心放松，精致的陈列和精美的展品可以让观众得到美的感受，热烈健康的社会活动可以让观众排解心理压力。在博物馆中，人们面对真实的历史遗物，在沉思中整理思绪、调适心情、重塑信念。

在信息时代和学习型社会中，城市博物馆应成为市民发展的资源。在博物馆发展史上，其曾作为科学家的标本室、学者的研究室、学校教育的第二课堂、社会教育的无墙大学，博物馆主要通过陈列、书刊提供经过博物馆工作者加工、转化的知识，观众通常只是被动地接受。当代城市博物馆的工作观念要跟上时代的变化，其中最重要的有两点：一是尊重观众自主学习的要求，二是博物馆应成为社会发展的公共性资源。当代博物馆的公共性资源主要包括收藏、信息、活动和设施。收藏主要是博物馆的实物性和非实物性藏品，实物性藏品如历史遗物、自然标本、地图、历史档案等，非实物性藏品如影像、口述历史记录等。信息主要包括藏品信息、研究信息和研究资料等，在信息化时代，只要不损害公共利益，不违反法律，博物馆就应该积极地开掘和整理上述信息，并以多种形式提供给不同层次的需求者。活动是具有博物馆特色的公共性活动，除传统的社教活动外，博物馆还可组织社交性活动，除本馆组织的活动外，还可与社会团体及市民合作，除构思和推出形式新颖和内容有吸引力的活动，还要将这些活动送到更多的社会场所。设施包括博物馆馆舍、周边环境和馆内的公共服务设施，博物馆要创造条件，将一些过去只对内部工作人员服务的公共性设施向市民开放，如博物馆的图书馆、实验室等，有条件的可以考虑为市民提供存放珍贵文物的设施。

加强博物馆的服务是使城市博物馆充分发挥市民的发展资源的作用，使市民主动地利用城市博物馆资源的重要措施。完善的服务，可以加强观众的自信心，促进观众的自主学习行为，提高观众的满意度，也可以有效改变观众的行为。人们来博物馆参观，常常是为学习的目的，是精神生活的需要，是一种较高层位的需求，兼具个人需求和社会化需求。对此，博物馆服务不仅为观众提供其需要的知识内容，更重要的是提供让观众意识到其学习需求和社会化需求的条件，使观众意识到其参与社会活动并得到社会的认同。博物馆服务是公益性服务，是博物馆与观众为实现观众的发展需求而共同参与和互动的活动。

尽管博物馆长期以来也重视服务，一直在努力提供高质量的服务，但是，由于历史的原因，博物馆的服务对象长期以来定位于政府、学者和观众。在这一服务框架中，观众是来博物馆参观的人，尽管博物馆认为观众是个性化的普通民众，但却缺乏对其市民特质的认识，特别是博物馆与观众的关系上也还存在一些偏差。如果我们明确城市博物馆的主人、主角和关注对象是市民的话，我们就需要重新考虑对观众特质的认识，重新确定博物馆与市民观众的关系。

在确定博物馆与市民观众的关系时，需要注意防止两个认识上的偏差，其一是“专家导向”，其二是“观众至上”。前者是“精英主义”的博物馆工作观念的反映，认为观众是“芸芸众生”，是“阿斗”，博物馆是传授科学、知识的课堂。实事求是地讲，这一认识并无大错，特别是在特定的社会历史条件下，但在今天看来，这一认识就有些不合时宜了，既有轻视民众之嫌，也存在将博物馆与衣食父母割裂开的危险；后一认识则受商品经济的影响，将商品交易行为的标准误植到博物馆这一公益性组织的行为中。尽管博物馆需要通过服务实现其组织目标，但博物馆工作人员与观众是伙伴关系。“观众至上”的认识会让博物馆工作蒙上商品交换的色彩，也会弱化博物馆社会教化的使命和责任。对如何确定城市博物馆与市民观众的关系，博物馆可从转化视角和换位思考方面着手，博物馆在组织社会性活动、坚持自身特色和工作传统的时候，可拓展一下思路，从市民的视角来组织这些活动。所谓市民的视角，笔者认为主要体现在市民感兴趣和关注的内容，从市民的角度和立场表达对特定内容的评论和认识，以及市民喜闻乐见的组织方式和表达形式。

城市博物馆为市民服务的途径是多样的，主要有陈列、活动和信息提供。陈列是博物馆的传统业务，但多年以来博物馆陈列多以历史学、考古学、文物学等专业学术为基础，且多从专家的视角和理论的框架去展示文物和历史。今后可考虑陈列内容表达的多元化，从普通市民个人及家庭的角度表现城市的历史变迁，反映城市中的重大事件对市民生活和城市发展的影响，反映市民在城市发展、城市生活和城市特性中的作为和作用。活动是博物馆组织或在博物馆举办的社教性及社交性活动项目，此前我国城市博物馆的活动有较浓厚的学术气息，日后可考虑活动的通俗性、多样性和自助性，可结合本地的风俗和节庆组织有广大市民参加的广场活动。信息提供是城市博物馆在信息时代中不容推卸的任务，信息提供涉及范围广泛，包括博物馆工作信息、博物馆藏品信息、研究信息和教学信息等。博物馆工作信息主要是博物馆举办的各项活动的信息，以方便市民参与；藏品信息主要是可以公开的馆藏品的基本信息，以及与城市的历史、特性和发展有关的藏品专题信息；研究信息是博物馆智力资源的展现，其中既有博物馆专家研究的成果，也可包括研究专题的资料索引和汇编等；教学信息是为帮助市民和中小学生了解和学习有关城市历史、社会生活、风俗传统等内容的信息，由博物馆和有关方面专家根据学习者的特点和需要，结合博物馆藏品、陈列和相关活动编写。

城市博物馆的社会服务一定要让市民用得上、用得起和用得好，其基本条件是价格和服务标准。博物馆的基础性服务，为广大观众提供的服务可考虑不收费或低收费，如门票、游览讲解、导览图等；对那些需求群体规模不大且服务成本较高的项目可考虑适度收费，此类项目如研究咨询、藏品鉴定、藏品专题咨询等。对一些需求大但博物馆设施条件有限的活动，也可考虑利用价格杠杆，适当收取如场地费之类的费用。制定服务标准和培训服务人员是保障观众用得好的基本条件，城市博物馆的服务项目涉及多个领域，需要对一些主要的常态化服务项目制定标准，如咨询、导览、剧场和展厅服务等工作。服务人员是提供服务，并体现服务质量的关键人物，他们的服务意识、专业素质和工作态度直接影响到服务质量，也影响观众的参观体验。

邀请市民代表参与城市博物馆工作，是体现市民的意志、需求的重要措施。此举有助于博物馆组织活动和提供服务的内容和形式更具针对性和更受市民欢迎，有利于博物馆提高为市民服务的水平。作为独立的、专业性很强的社会组织，城市博物馆有专门的工作内容、程序和方法，也会有自己的组织目标。但是，城市博物馆决不能因为专业性就排斥市民的参与，要采取多种措施，及时了解市民的意愿、需求和评价，适时适度调整本馆的工作安排。城市博物馆要建立有效的市民意见搜集、分析和反馈系统，采取调研、座谈、留言、信件、市民监督员、活动评估等方法收集各方意见和建议，定期对这些意见和建议进行整理和分析，并通过信件、媒体和互联网等途径与市民互动，让广大市民及时了解博物馆的反馈和采取的相应措施。

城市博物馆曾为所在城市的发展做出了积极的贡献，近年来，对“以人为导向”和“服务”的重视，极大拓展了城市博物馆的发展空间，也让城市博物馆获得了更大的发展动力。我们有理由相信，坚持特色，与时俱进，服务市民，致力城市和谐发展，将成为城市博物馆在二十一世纪的发展主流。

高校博物馆：在传统和现实间拓展发展空间

一、从大学文化视角解读高校博物馆的特点

高校博物馆是隶属于大学、建在大学校园中的向公众开放的博物馆，她们构成了近现代大学的文化景观，为大学浓厚的学术氛围添上了浓墨重彩的一笔。高校博物馆又是一面镜子，彰显出大学的办学理念和教学目标。近代大学从经院哲学向实证经验的变化，推动了大学博物馆的爆发性增长，世界知名大学都有博物馆，美国学者也指出，几乎每一所美国高等院校都有博物馆。高校博物馆在其所在大学文化的语境中获得意义，取得生存的权利，凸现其自身的特性。但随着大学知识获取重点的转换，办学理念的变革，外部社会经济文化环境的变化，知识经济时代的到来，使高校博物馆面临着发展方向的选择。理解大学文化，理解高校博物馆生存和发展的文化语境，是当前高校博物馆明确和实现其发展目标的重要前提。

高校博物馆建在大学校园之中，大学、校园、师生、教学科研活动成为博物馆文化背景的有形因素，而科研领域、办学理念、师生构成、教学方式等因素是其文化背景中的无形因素，这些因素影响和制约高校博物馆的行为取向和行为方式，影响其行为的结果。高校博物馆反过来也影响其所在大学的文化表达，高校博物馆直观地表达所在大学的类型和主导学术领域，传递着所在大学的办学理念和大学文化。近年来，一些新建的高校博物馆被安置在高楼的顶层，或与其他机构同处一幢建筑物中，博物馆置身深闺中，公众常常不能得其门而入。这些博物馆的生存状态，不是正传递了管理者对博物馆在大学文化中的地位和作用的信息，传递了管理者对大学文化的价值和表征的认识吗？

高校博物馆是大学文化系统的重要构成部分，她是大学文化特性的集中表现，是大学文化系统的实物表征，受到该文化系统规则的制约。大学文化的观念层面主要包括了信念、价值观、情感取向、发展目标和行为规则，这些因素构成大学文化行为的基础和指导原则。这些因素的具体内涵受到大学管理者和学校师生的现实认知和期许追求的影响，受到大学在其存续过程中形成的价值观和行为规则的影响，受到社会，即大学外部环境对大学行为的认同和期望的影响。

近现代大学的发生和发展受到近代化时期人文思想和理性主义的强烈影响，近代大学是这些新观念和新知识体系形成、成熟的直接表达，是人们对“理性”和“知识”膜拜的直接结果。在观念层面，大学崇尚理性和实证，在认真观察自然的基础上，通过

人的实践和理性思考，形成符号化、规则化和秩序化的知识，并将这些知识通过文化符号传递给后人；在方法层面，大学崇尚实验，通过人的实践，将人的认识与客观现象结合起来，让人的认识逐渐接近客观世界的运行规律，人们希望通过实验，把握客观规律，并运用这些认识按照人的意愿改变客观世界，对客观规律的追求成为大学的主要活动，运用人类知识改变客观世界则成为近代大学的主要任务；在对知识的表达方式上，为体现理性和知识的客观和超然，大学多采用理性和量化的表述；在目标上，大学认为客观规律是唯一的，由此，认为大学传授的知识是正确的，是对知识的最佳表述，因此，大学的学习是最高阶段的学习；在学习行为主体上，认为大学学习需要先备的知识，学习者应具备良好的领悟力和理解力，还要有很好的记忆力，为此，大学教育是“精英教育”。尽管经历了数百年的时间历练，但这些基本信念和行为规则仍潜藏在大学文化的深处，并在某种程度上影响着现代高校的行为。高校博物馆是受这些认识影响最深刻的大学机构之一，近现代大学的价值取向和行为模式渗透到其管理和业务行为中。高校博物馆的收藏范围多为特定学科的实物标本和科研成果的实物证据，其工作范畴多是与收藏有关的学术研究和标本类型研究，其陈列多是以学术理论为基础的知识体系或标本系列的展示，其服务对象多是专业科研人员和专业学习的学生，其服务模式多是被动性的静候观众上门，其组织目标多是为学校的教学和科研服务，为展示大学的深厚学术积淀服务。

高校博物馆文化在形成过程中，不但受到所在大学文化的浸润，也受到自身发展条件的影响，高校博物馆的特点逐渐强化，使其成为博物馆界中特征凸现的一类群体。作为大学的基础性设施，这让高校博物馆产生强烈的优越感和安全感，她似乎不必为自己的存在担忧，其结果之一是不必过多地考虑生存问题，不需考虑为生存应做哪些努力。其次，高校博物馆的收藏也强烈影响其文化，这些收藏尽管是以特定学术领域的知识理论为基础的，是为了特定学术领域的科学研究和知识扩展的，但在很大程度上将高校博物馆的研究工作局限在资料的收集、描述、归类的范围内，即研究的初级阶段。在近代大学初建时期，其科研工作以资料描述和类型学研究为主，收集和保管这些实物资料的博物馆遂成为高校科研的瞩目之地，博物馆藏品的规模和质量也成为高校科研水平的标志。时过境迁，当代大学科研的重点已转向对客观现象的解读，探求事物演变的原因和条件，研究取向更多的是对现象的阐释和对假设的论证。高校博物馆的收藏在使其成为科研基础条件的同时，也使其与当代大学科研拉开了距离。再次，高校博物馆工作人员的状态对其组织文化产生影响，其工作人员多为大学教职员工，管理者多是与博物馆收藏相关学术领域有关的专家学者，他们的工作目标多根据科研、教学任务来确定，其工作动力多来自学术领域的科研发展状况，工作业绩的评价多为个人学术研究成果及业界同仁的学术评价。由于上述内外条件的影响，高校博物馆呈现出学术化、专业化、理性化的特点，反映在其组织文化的价值观上，知识的客观真理性和严密的逻辑论证是最基本的价值标准，能否证明相关学术理论的科学和系统是首要的工作目标。

由于业务对象、业务范畴及主要业务活动的相对平稳，高校博物馆的组织文化也保持着相对平稳的状态，甚至其文化表征也相对稳定，如一些高校博物馆的陈列展品、内容结构和陈列方式在几十年、甚至上百年的时间中都没有明显变化，尽管陈列的局部和细节上有一些调整，或者采用了一些新的信息传播设施，但总体面貌仍让观众感觉仿佛时钟停摆，甚至被倒拨回历史的某一时刻。当代大学经历着持续显著的变化，高校博物馆仍依照建馆之初确定的规则按部就班地运行，当代高校博物馆的“语境”已发生了根本变化，但其文化内涵还恪守着祖训，这使高校博物馆在当代大学的语境中几乎丧失了意义，游离于当代大学文化之外的高校博物馆逐渐被边缘化，逐渐失去了自己在构建大学文化方面的话语权。要重新找回在大学文化中的地位和影响，高校博物馆必须根据大学文化“语境”调整自身的文化内涵，反思自身存在的价值、目的和意义，明确实现组织目标的路径和方法。

当代高校博物馆的外部环境，特别是大学文化发生了重大变化，社会、经济、技术、政治、文化、生活方式的演变，促使大学的办学理念、目标和方式进行变革。择其要者言之，大学的办学目的从培养社会精英转变为实现社会公平，大学学习从少数人的特权转变为社会投资。大学的教学目标从知识传授转变为培养学习者的创新能力，在学习专业知识和从业技能的过程中，注意学习者批判性思维和创造性思维能力的发展。大学的设施和科研教学成果，不再只是评价学校水平的砝码，而成为支持社会可持续发展的文化资源。大学的教学观念不再是封闭、单一和因循的，而是以开放的态度，鼓励多元的声音，激励学习者为创新而继承。

高校博物馆面临的最大挑战是建立与大学文化相适应的组织文化，构建适应当代大学文化发展的行为模式。高校博物馆面临着诸多现实问题，如经费不足、藏品单一、观众群相对狭小、校园管理对博物馆开放的限制、工作人员难以专心投入博物馆管理和发展事务等。这些问题有管理、资金、场地等具体原因，但不可否认，文化偏差是使高校博物馆游离于大学生活之外的重要原因，如前文所说，当代大学文化已发生了深刻的改变，但许多高校博物馆仍因循传统的工作观念和工作模式，即使有些博物馆的管理者有变革的要求，但高校博物馆的文化没有改变，传统的工作模式和工作规则没有改变，使这些博物馆仍“穿新鞋走老路”，观众的博物馆体验还是“恍若隔世”。客观地说，高校博物馆可以不追随时代的变化，始终保持其原来面貌，即便一百年不改变，人们还是会将其作为大学的历史积淀来接受，博物馆可以其传统的样态反衬大学文化的发展。但是，任何一个高校博物馆的工作人员都不希望自己只是文物和标本的守护者，都希望让自己管理的文化财富发挥促进社会发展的积极作用。与大学文化互动，重构高校博物馆文化，不失为高校博物馆重新焕发生机和活力的选项。

重构高校博物馆文化，首要的是准确认知当代大学文化，认知所在大学的大学文化，同时准确判读本馆的文化模式和文化特性，分析本馆文化模式的优势和弱点，明确本馆文化模式与所在大学文化的契合和偏离点，确定与大学文化的互动模式，互动模式包括同步、呼应、追随、映衬、对比等选项，在此基础上，制定本馆文化的重构目标、任务和方式。

价值观重构是当代高校博物馆文化建设的重点。价值观是确定博物馆行为目的和行为方向的准则，长期以来，高校博物馆将“科学”作为核心价值，所作所为都要以“科学”为准绳，所谓“价值中立”，不受任何人类情感和需求的影响。这看起来似乎无可指摘，但却忽略了高校博物馆是与人交往的，其存在价值是要让更多的人认识科学和增加知识，是要增强人的发展能力和提升人的生活质量，忽视人的因素，忽视观众的存在，将使“科学”在无意中成为阻隔博物馆与公众的隔栏。当代高校博物馆的价值观应当是多元的，在坚定维护科学的理性、系统、价值中立的特点时，也要关注人的发展，将“公平”作为博物馆文化的基本价值。重视公平，就要为所有愿意利用博物馆资源的人提供机会，让人们能够接触博物馆信息，同时也能理解、利用、转化博物馆信息资源。

高校博物馆文化建设要注意对本馆文化特性的确定和培育。作为大学中的重要机构和大学文化的重要表征，作为大学与社会沟通交流的重要媒介，高校博物馆的文化价值观必须符合所在大学的文化价值观。由于各所大学的学术倾向和教学目标的差别，其文化价值观也会有体现特性的取向，如文科院校的“批判”，理科院校的“探索”，工科院校的“创新”。博物馆特性建设有利于让公众更全面了解相关学术领域的学术面貌和发展水平，有利于拓展大学文化的深度和广度，有利于社会公众和院校师生对大学文化的感知和记忆。构建博物馆特性是一项系统性工作，在体现本馆特色的办馆理念和工作目的指导下，创造性开展博物馆业务活动，特别在陈列、社会服务方面推出体现本馆特色的项目。

大学管理者和博物馆管理者是推动高校博物馆文化建设的关键力量。大学管理者要充分发挥高校博物馆沟通社会的桥梁作用，通过高校博物馆的陈列和社会教育活动实现当代大学服务社会、服务公众的责任，通过高校博物馆的收藏平台推动多学科的综合研究，为此要加强对博物馆建设和实现职能的政策及资金支持。博物馆管理者是博物馆文化建设的主导力量，通过制订发展规划、员工培训、制定规则、构建物质表征等办法，使博物馆员工认识到博物馆对促进大学文化建设的作用，将博物馆发展与大学发展结合起来，对博物馆工作信念、价值、道德规范、行为准则和工作目的有一致认同，将当代大学文化与博物馆文化的基本准则落实到各项业务活动和公众服务中。当高校博物馆与社会发展和大学建设保持紧密的互动，高校博物馆的发展前景将是光明的。

二、我国高校博物馆的特点

中国第一所高校博物馆当首推张謇 1905 年兴办的南通博物苑，该馆的宗旨是“设为庠序学校以教，多识鸟兽草木之名”，这所博物馆作为课堂教育的辅助手段，是学生学习的第二课堂，为学生提供观察学习的标本，使学习者积累感性知识，并调剂和活跃学习气氛，达到增强学习效果的目的，从中可依稀看到西方博物馆观念和教育观念的影响。

新中国成立后，我国博物馆主要为文物、历史和纪念类博物馆。高校博物馆在 50

年代初的院系调整中进行了重组。其时，我国高校博物馆数量很少，工作重点侧重于辅助教学和科研。如北京大学博物馆，50 年代初，接受了燕京大学史前博物馆的部分收藏，同时将馆藏重要文物调拨给国内一些重要博物馆，将馆藏碑帖、书画调拨给北大图书馆，仅保留了一些考古教学标本，遂成为考古教学标本室。

20 世纪 80 年代，我国高校博物馆进入新的发展阶段，在全国博物馆迅速发展的影响下，一些高校开始兴办博物馆，一些高校则将院系教学标本室扩建改建为博物馆，还有一些高校的上级主管部门依托该校举办专题博物馆。

经过长期发展，高校博物馆在特有的工作环境中逐渐形成了鲜明的特色，而这些特点既推动着高校博物馆的发展，也在某种程度上局限着高校博物馆的发展。高校博物馆具有如下一些显著的特点：

(1) 浓厚的专业特色和学术色彩。这是由于高校博物馆多是因特定学科科研教学需要而建立的，是在科研教学标本的基础上建立的，且多隶属于高校中的科研教学机构；

(2) 高校博物馆的工作重点多是辅助特定学术领域的科研教学业务，藏品多为该学科科研教学实物标本，陈列内容多为该学科学术体系、学科发展和研究手段的系统展示；

(3) 高校博物馆多位于校园之中。高校校园独具的静谧、学习、研讨、沉思的氛围也笼罩着高校博物馆；

(4) 高校博物馆的服务对象（观众）多为相关学术领域的专家学者、学生和对该领域的知识感兴趣的社会公众；

(5) 高校博物馆的藏品多是特定学科的教学和科研标本，是即往科研成果的体现，又是今后深入研究的基础，这些收藏具有单一、系统、庞杂和重复的特点；

(6) 高校博物馆发展的前提条件多为促进本学科学术发展的要求；

(7) 高校博物馆的管理多考虑教学科研的需要。馆长多为该学术领域的资深学者，或为上级管理部门的主要负责人。博物馆业务人员多由相关科研教学机构的专业人员兼任。在综合大学中，博物馆多由系（院）管理，所需业务费用由系（院）负担。在专科大学中，一般由学校管理。

三、高校博物馆的发展

高校博物馆的发展受到高教观念、教学方法和高教管理体制的深刻影响。在讨论高校博物馆发展问题时，我们不仅要考虑影响博物馆发展的一般性因素，如法规、行政管理机制、科技、人员素质、藏品和资金投入等，更要注意高教和高校特点对高校博物馆发展的影响。

首先，高教观念正发生着深刻的变化，从知识传授、知识积累型教育向知识应用和能力开发型教育转变。传统高教的教学理念是基于实物、基于观察、基于经验和基于实证，依据表现形态和基本结构对不同事物进行类型学研究，侧重于“经验归纳”，这种教学观念反映出工业社会注重物质、注重规范的社会信念。随着社会发展到信息时代，知识经济初现规模，人的思维能力和创新能力逐渐得到重视。同时，鉴于研究对象的空间尺度很难为人的感官所把握，科研人员必须运用现代科学理念、假说、手段对许多已知事物的内部深层次成分和结构进行研究，或是对综合众多已知事物的超宏观结构进行研究，进而探讨非直观、非实物的科学规律和关系，这些研究表现出侧重“理性演绎”的特点。

高教观念和科研对象的变化，将高校博物馆推向了“存在，还是灭亡”的境地。高校博物馆依据传统分类原则搜集保存的标本不能满足现代科研的要求，博物馆陈列不能表现现代科技的理念、原则、方法和成果，科研人员和学生逐渐对“陈旧”的博物馆收藏和陈列失去兴趣，高校博物馆逐渐暴露出落后于学科发展的窘态。

其次，我们还必须重视高校人才培养目标的变化对高校博物馆工作的影响。在工业化社会，行业分工严格，高校多注意培养对口适用的专业人才。近年来，社会文化水平普遍提高，科研注重多学科综合研究，社会对综合型人才的需求更为迫切，这促使高校加强对学生基础知识的传授，加强学生社会适应能力和社会生存能力的养成，以及加强学生创新能力的培养。我国高校博物馆业已形成了浓厚的专业色彩，而这与当代高教培养“通才”的目标是有矛盾的。今后，高校博物馆势必要在保持专业特色的基础上，加强与相关学科的交流融合，并要改变传统的知识灌输型教学方式，加强开发学习者多种智能和培养学习者思维及创新能力的活动。

再次，博物馆事业的发展趋势和发展现状也深刻影响到高校博物馆。尽管高校博物馆有鲜明的特点，但它仍属于博物馆大家庭，无法脱离博物馆事业发展的基本趋势。博物馆发展对高校博物馆的影响主要反映在两个方面：一方面是博物馆工作观念的变化，另一方面则是观众的博物馆认知及博物馆需求的改变。我们注意到当代博物馆与社会的联系更为密切，更为广泛，博物馆多方位、多层面地参与社会和社会发展事务，博物馆不再仅仅只是文物仓库和知识宝库，已成为推动当地社区经济、文化、社会发展的主要力量，成为为民众提供积极安全的休闲活动的机构。民众也要求博物馆摆脱“严师”的形象，真正成为广大民众的朋友。应该说，这一发展趋向对博物馆事业来说是积极、有益的，但是，这一趋向也使得人们认为博物馆应更为通俗、轻松、寓教于乐。高校博物馆面临着来自博物馆事业内外的双重压力。

此外，高校博物馆的发展还受到校园环境的强烈制约。大部分高校博物馆都坐落在校园中，校园的自然环境、人文环境、校园文化环境和校园管理环境无时无刻不在规定、制约和影响着高校博物馆的形象、任务和特色。例如，校园的自然景观、地理形态、建筑规划、建筑形式，不仅影响到高校博物馆的建筑规模、装饰、交通模式，也影响到博物馆的社会形象和社会认知的程度。如北京大学赛克勒考古与艺术博物馆，因考虑到与周围建筑的布局、形式和体量的协调，其建筑与周围的行政办公和教学科研建筑基本一样，缺乏自身的特色。由于馆舍建筑缺乏特色，使得人们无法在众多式样相同的建筑中辨别和确认博物馆，无法迅速判定建筑的功能，校内外很多人至今不知道该馆，这应是主要原因之一。另外，高校博物馆所在区域的人文环境、文化环境和校园功能区划，也会影响到观众对博物馆的心理预期和功能预期，会影响到观众的行为方式。如高校师生因多侧重于特定学术领域的学习或科研，无暇顾及其他学科的知识，因此对非本专业的高校博物馆兴趣不大；社会公众来高校博物馆，则希望感受高校浓郁的学术和文化氛围，看到具有一定学术水准的展览。公众的这种心理定势和心理预期，深刻制约着高校博物馆的陈列和社会教育活动。此外，高校校园多要求保持安静和安全，要营造良好的科研和教学氛围，因此，高校博物馆很难通过组织轻松通俗的活动，吸引大量的观众，熙熙攘攘，门庭若市，这种为其他博物馆所追求的效果会与高校的形象形成极大的反差。

高校博物馆的发展，一定不能脱离自身的特点和客观条件，既要借鉴其他博物馆和其他社会文化教育机构的成功经验，更要紧密结合高教和高校实践，根据现实条件和需求，明确高校博物馆发展方向和发展目标，大胆实践，克服困难，相互支持，稳步前进。

我国高校博物馆的发展现状尚不尽如人意，高校博物馆的总量有待增加，质量也有待完善。有关部门应重视高校博物馆在提高全民科技文化素质，加强高校与社会的联系，贯彻“科教兴国”伟大方略和推动科研和高等教育、社会教育发展中的作用，加强高校博物馆建设，积极新建一批高校博物馆，或将高校中一些藏品丰富、管理有序的标本室扩建为对社会开放的博物馆。建成一批高质量的高校博物馆，才能有效增强高校博物馆的社会影响，巩固高校博物馆的社会地位。有关部门可通过法规、行政、经济和舆论手段，推动有条件的高校建设博物馆，完善高校博物馆的基础设施建设，保障高校博物馆的基本工作经费，支持博物馆开展教育和科研工作，加强对博物馆工作的监督和指导。

发展高校博物馆，重要的前提条件是要改变高校博物馆是教学标本储藏所和专业科研机构的认识，明确当代高校博物馆的性质和主要任务，明确办馆指导思想，强调高校博物馆在增强学习者的学习科研能力，培养学习者的科学思维能力，建设积极健康的校园文化，建树高校社会形象，加强高校与社会的联系等方面的积极作用，突出特色，稳步发展，立足高校，服务社会。

发展高校博物馆，需要高校博物馆工作人员的不懈努力，在努力营造有利于发展的外部环境的同时，也要加强自身建设。我认为，在博物馆建设上，我们要保持特色，积极参与校园文化建设，充分发挥现有资源的效益，稳步前进。

高校博物馆要坚持特色。高校博物馆要充分依托各高校和各学科的科研教学优势，不拘泥于特定类型的博物馆，建设多种类型、多种学科的博物馆，使高校博物馆覆盖人类知识、技能、能力的各个领域，突出特色，百花齐放，馆不在大，突出特色则名。高校博物馆要建立有特色的藏品，系统收藏特定门类的标本，于此既满足教学和展览标本的需要，又为学术研究准备丰富的实物标本和科研资料，从而确立高校博物馆在高教事业和博物馆事业中的地位。高校博物馆的展览也要有特色，要有鲜明的专业学术特点，要成为专业学术研究与社会大众沟通的桥梁。博物馆展览要让观众看到在别处看不到的展品和展览内容，系统展示有关学术领域的基础知识、理论体系和研究成果。展览形式要具有学术、文化和艺术色彩。此外，高校博物馆应系统搜集相关学术领域的科研信息，努力建设成为特定学科的学术信息中心，并切实管理好科研信息，满足不同层次信息需求者的研究、学习要求。

高校博物馆要积极参与所在高校的校园文化建设，要使本馆成为校园文化的有机组成部分，成为校园文化活动的热点和中心，成为校园文化的代表。

高校博物馆建设应与资源和能力相适应。博物馆发展规模和各项工作项目一定要适合学校的财力，适合本馆的财力、科研和管理力量。当工作资源紧张时，首先要加强藏品的管理，保障藏品的安全，要安排专人负责藏品的管理和藏品信息的管理与开发。高校博物馆管理工作要强调人力资源和其他资源的开发和管理，要发挥本馆工作人员的工作热情，也要鼓励学校广大师生关心和参与博物馆工作。高校博物馆工作资金紧张问题将会是长期存在的，高校博物馆一方面要吁请上级主管部门和社会各界的大力支持，另一方面也要开展合理合法的经营活动，加强自身造血机能。

博物馆学教育：技能与思辨的博弈

一、博物馆职业化是推动博物馆学教育的主要动力

博物馆学教育发展的主要动力是博物馆业务的专业化和职业化。在公共博物馆事业发展初期，博物馆主要业务人员是利用藏品进行学术研究的专业研究者，他们所接受的多是与特定藏品的知识背景有关的专业学术教育，这一状况直到20世纪初才发生变化。这时，博物馆事业在世界范围广泛的发展，博物馆需要有自己的工作语言和业务规范，需要有交流的学术平台，也需要在科学、文化领域建树自身的社会形象和学术形象。于是，有关博物馆组织和博物馆基本业务规范的学术研究逐渐发展起来，形成了基于博物馆工作经验的传统博物馆学理论体系。在20世纪20年代和30年代，传统博物馆学理论体系基本形成，并被介绍到中国。传统博物馆学强调博物馆组织的自身特点，以内部组织要素和工作流程作为博物馆特点的物质基础，特别是将博物馆收藏作为博物馆存在的理由和意义，将博物馆收藏的作用扩大为博物馆的组织功能。此时的博物馆学教育作为连接专业学术与博物馆业务实践的桥梁，帮助学有专长的研究人员进入博物馆这一特殊机构，在博物馆这一特定的环境中开展专门的学术活动。1948年，北京大学开办了博物馆学专修科，作为辅修性课程，吸收与博物馆藏品有关专业的学生，帮助学生了解博物馆，了解博物馆的工作流程和业务规范，鼓励他们学成后到博物馆中工作。

由于传统博物馆学缺乏自身的学术范畴和理论体系，20世纪50年代以后的很长一段时间里，博物馆学退出了高校教学领域，主要成为博物馆工作人员在职培训的职业教育体系，我国博物馆学的理论体系也受到学习目的、要求和学习方法的影响，更多地关注于博物馆工作流程和业务规范，与我国博物馆工作的具体业务活动密切联系。受到当时的社会、历史和思想观念的影响，自50年代后期逐渐发展起来的中国博物馆学将认识论的“物质第一性”作为博物馆学的理论基础，将党和国家赋予博物馆的社会任务作为博物馆的主要功能，将培养高效完成本职工作的业务人员作为博物馆学的主要目的。

1979年，改革开放不仅推动了中国博物馆事业的飞速发展，也打通了博物馆学与世界博物馆界交流的渠道。博物馆数量的增加，要求有更多掌握了博物馆工作规范的专业人员；博物馆事业的发展，要求有更多掌握博物馆发展规律的复合型领导人才；中国博物馆与海外博物馆交流的增多，要求有更多可以与海外博物馆就博物馆发展和博物馆业务进行对话的专家学者。博物馆对专业人才的迫切需求促使南开大学、复旦大学、西

北大学、吉林大学、四川大学、中央民族大学（原中央民族学院）、北京大学等高等院校在20世纪80年代陆续开设了博物馆学专业课程，标志着我国博物馆学教学和研究进入新的高峰期。这一时期的高校博物馆学课程在系统讲授博物馆业务流程和规范的同时，也注重学习者对历史类博物馆藏品的鉴定和研究能力的培养。由于博物馆学专业多设置在历史学系或考古学系中，使得各个高校的博物馆学教学也呈现出不同的特点，对博物馆藏品的研究也表现出不同的学术倾向，如有些学校强调考古学的方法，有些学校则偏重传统的文物鉴定方法。可以说，这一时期的博物馆学教育更多地反映了职业培训的需要，博物馆学的理论体系和教学结构也较多地参照传统博物馆学的理论框架。

进入90年代，一些高校博物馆学专业开始招收博物馆学研究生，注重从理论角度研讨博物馆发展面临的挑战和机遇，并开始系统借鉴国际博物馆学的研究成果，对博物馆学的理论基础、理论结构、学科术语、重点课题、研究方法、学科历史等博物馆学学术课题进行研究，对博物馆工作实践进行研究，如浙江大学严建强从信息学和传播学角度对博物馆学理论体系的重构，吉林大学史吉祥运用公关理论对博物馆观众行为的研究，复旦大学陈宏京采用计算机技术和信息管理方法对博物馆藏品管理系统的开发，南开大学黄春雨对生态博物馆理论和实践的研究，北京大学宋向光基于社会科学和系统理论对博物馆组织性质、存在意义和组织目的的解读，等等。这些研究成果不仅丰富了我国博物馆学的理论体系，也促进各个高校博物馆学课程教学和研究从应用向思辨的演进，从照本宣科向理论与实践相结合的转变，从被动地适应外部需求向将学术研究成果主动推广到博物馆发展实践中去。各校博物馆学课程主讲教师的理论背景和学术追求也逐渐影响到各高校博物馆学课程的个性。

国家和地方文物事业管理部门委托高等院校组织政府工作人员和博物馆管理人员的高级研讨班和专题培训活动，也极大地推动了高校博物馆学教学和研究的发展。这些教学研讨活动注重拓展学习者的知识基础，注重结合博物馆发展实践，注重多学科综合教学，与学员们共同探讨博物馆发展问题的不仅有学富五车的知名学者，有多年从事博物馆学和相关学术研究的学术骨干，有长年从事博物馆管理的政府高层官员，还有具有丰富管理实践的一线博物馆管理人员。信息的交流、案例的解析、观点的碰撞、现实的困惑，有助于高等院校博物馆学课程的组织者把握中国博物馆事业发展的脉络和走向，将学术研究与发展实践有机地结合起来。

经过20余年的发展，我国高校博物馆学教育取得了积极成果，许多学生已成为博物馆管理人才和业务骨干。但是，高校博物馆学教育当前面临的挑战也不容忽视，其中最突出的问题是博物馆学课程面临断档的危险，这反映在没有建立结构合理的教学科研队伍、博物馆学课程面临被文物学、遗产管理学和博物馆技术性业务取代的前景、博物馆学教学队伍不稳定、缺乏前瞻性和系统性的博物馆学教学和科研规划、博物馆学教学基础条件尚不完善等。造成这一现象的原因是很复杂的，可以说是系统性的，这其中有认识性原因，有人才队伍建设性原因，有教学课程设置与教学内容等教学方面的原因，但更多的是制度方面的原因。在认识方面，一些博物馆从业者认为博物馆学主要培养博物馆业务人员，要求学习者掌握博物馆藏品相关知识，通俗地说就是要求学习者掌握鉴定和研究特定门类藏品的知识和能力，事实上只经过几年的学校学习是很难胜任这一要求的，于是就认为博物馆学课程的学生只知皮毛，在博物馆中很难安排适宜的工作；人才队伍建设方面，高校博物馆学教学人员现多为中年学者，后继乏人，若干年之后，当这些人从教学岗位上退下来，如何保证教学的连贯性和高水准，需要我们未雨绸缪；课程设置方面，缺乏标准化的教学大纲，课程设置多根据就业需求安排，或根据所依托学科的教学内容安排，缺乏博物馆学的特色，且由于课程设置多偏重实用，弱化了对学习者思辨和批判能力的养成；在制度方面，博物馆学课程多依附于历史、考古、文物研究等专业学科，在课程建设、队伍建设、教学条件、科研投入等基础建设方面重视不够，博物馆学研究成果常常被低估，这极大影响了博物馆学教学人员的积极性。此外，招生制度也限制了博物馆学学习者的选择，招生考试较多地强调了历史、考古和文物的知识，使得很多热爱博物馆事业，其学术背景为自然科学、艺术、美术、经济、管理、营销等人是很难通过考试的门槛。应该说，这些都是发展中的问题，随着博物馆事业的发展，人们对博物馆学的认识会逐渐提升，博物馆学教育的发展前景是乐观的。

博物馆学是以博物馆系统、博物馆行为和博物馆要素为研究对象的社会科学，其主要任务是加深对博物馆发展规律和高效优质产出机制的理解，增强有助于使博物馆又好又快发展的自觉性和主动性。由于博物馆藏品是人类知识的物化体现，博物馆组织目标体现了社会发展的方向，博物馆活动与社会发展有着广泛和普遍的联系，博物馆体现了社会和自然大千世界发展演变。博物馆学应该成为包容人类知识的大平台，正如一位学生深切体会到的："任何人和任何专门知识都能够在博物馆学中找到自己的位置"。博物馆学教育的重要任务之一就是要帮助学习者在热爱和理解博物馆的前提下，找到在博物馆中实现自己人生追求和个性专长的可能。

高校博物馆学教育不仅是培养高素质专业人才的地方，更是推进博物馆学学科化建设的主要力量。由于学校教学的特点，学习者更多的是通过系统的知识、科学的理论和严谨的逻辑来了解博物馆学的主要概念、学术命题和研究方法，通过实地参观考察来养成对博物馆的感情，认知博物馆的工作特点。为此，高校博物馆学教育要采取与在职培训不同的教学观念、教材体系和学习方法。从教人员要加强博物馆学基础理论的研究，要确定博物馆学的学科术语，对术语有明确清晰的解释；要明确博物馆学的基本命题，对这些命题要有科学的推论和解读；要建立博物馆学的基本理论体系，明确研究的对象、课题、研究方法和表述方式；要鼓励研究人员建构认识论、方法论层面的学术体系，鼓励学术领域的讨论。科学、严谨、清晰的理论体系将有助于学习者明确学习目标，提高学习效率。

高校博物馆学课程要加强教学体系的研究，应加强有关课程设置、教学方法、学习方法和评价体系的研究，合理安排课时，科学设置课程；应确定博物馆学教育的主干课程、先修课程、辅修课程和选修课程，确定主干课程的基本框架和主要内容，以保证博物馆学教育的基本效果。鼓励各高校依据本校科研教学的特长，设置有助于学习者学有专长的选修课程；要加强博物馆学学习资料数据库的建设，确定博物馆学的基本书目和参考资料，如今后条件具备，应建立博物馆学学习资料数据库；应加强博物馆实习活动，使学习者尽可能全面地了解博物馆工作流程，通过实习了解博物馆基本业务的操作方法和工作规范，接触和掌握博物馆业务的主要工具。

高校博物馆学教育要突出人的培养，博物馆学课程不仅要培养称职的博物馆工作者，培养自觉把握博物馆发展趋势的专家，更要培养具有积极生活态度和奉献精神的社会工作者。只有对人类的发展充满信心，对他人的进步充满热心，对弱势群体充满爱心，才能热爱博物馆工作，才能将个人的生命坐标定位于在博物馆中通过创造性工作实现“与民同乐”。博物馆学教育要帮助学习者养成关注社会发展、积极投身社会发展实务的良好意愿，要培养学习者的批判性思维能力，培养学习者的主动创新能力，养成博物馆工作者应自觉遵循的职业道德。

高校博物馆学教与要强调与博物馆发展实践相结合，要注意研究当前博物馆发展面临的热点和难点问题，从学理上对关系到博物馆发展的外部和内部因素进行扫描、解读和分析，探讨博物馆发展的多种可能并讨论发展的保障条件和支持条件，如社会、经济、制度、文化、人口、环境、知识、技术等因素对发展的影响。这些研究可鼓励学生参与，在研究过程中学以致用，提高学习效果，加深对博物馆工作的理解。当前，我国博物馆事业面临大好的发展机遇，面临着诸多前人没有经历的挑战和机遇，高校博物馆学教学科研人员有责任对这些热点问题进行研究，为我国博物馆发展提供理论支持。

二、知识环境中的技能学习是高校博物馆学课程的特点

我国高校博物馆学课程自20世纪70年代后期恢复以来，至今已有十余所高校开设过此类课程，形式包括培训班、专业证书班、大专班、本科生课程、委托培养研究生和研究生课程。参加这些课程的学习人员既有工作多年的博物馆工作人员，也有高中毕业考入高校的学生。正是通过举办这些课程，使各高校积累了博物馆学教学经验，培养锻炼了一批教师。于是，“培训”课程发展为高校正规课程，从高中毕业生中招生，有系统的课程安排，授予高等教育学位，高校博物馆学课程成为培养博物馆工作人员的重要途径。

高校博物馆学课程与以往的博物馆工作人员培训方式，如“师徒传授”、“短期专题培训”、“委托培养”等明显不同。“师徒传授”的教学方式要明确师徒关系，师徒共同工作，在工作实践中，师傅口传心授，传道解惑，徒弟循规蹈矩，言听计从。在长期的实践操作中，徒弟逐渐积累有关某项工作的各种知识，逐渐掌握和熟练运用操作技能。“师徒传授”方式要求徒弟掌握师傅本领的真谛，要不走样的全盘接受。因此，“师徒传授”是学习继承传统技能的主要方式，特别是那些需要遵循严格的工作规范、

具有纯熟的操作技巧和手上功夫、具备丰富经验的工作，如书画装裱、拓印、细木工、文物修复复制等，在培训专业人才时，“师徒传授”法仍是最基本的方式，而且是不可替代的方式。“师徒传授”法的不足在于培训时间长，培训周期多为几年，有些需要十几年，甚至毕生的时间；且师傅精力有限，为保证满意的培训效果，徒弟的人数不能很多；另外，这种培训方法多侧重于某一专业，特别是技艺型手工操作的工作。

“在职培训”是提高博物馆从业人员业务水平的另一种主要方法。其主要形式大体可分为两种，即“岗前培训”和“在岗培训”。岗前培训是一些博物馆工作人员在承担新的工作前的培训，使他们掌握从事这一专业的技能，了解这一工作的程序、方法、规范、标准，使培训人员能在较短的时间胜任新的工作。“在岗培训”则使那些从事某一工作的人员学习、了解有关本职工作的新的工作方法、标准和设施等，学习与发展本职工作有关的新思想、新技能。“在职培训”是学习者知识更新、充实和扩展的过程。其特点是学习者的学习目的明确，结合工作需要学习，理论学习与实践经验结合紧密，学习人员多有“有的放矢”、“实用”、“解渴”的感觉，学习效果显著。

尽管“师徒传授”与“在职培训”形式不同，但作为培养博物馆专业人才的学习方式，又有许多相同之处：学习者多是博物馆工作人员；学习目的明确，为掌握特定的知识和技能，更有效地从事并完成自己从事的工作；学习环境或在博物馆中，或置身于博物馆同仁之中；学习内容是与自己将要从事、或正在从事的工作有关的知识或技能；由于学习内容与从事工作有关，学习者的学习兴趣较高，对学习重点能很快把握，学习效果比较明显。由于学习者从事博物馆工作多年，对专业工作有一定的感情，学习时能够将个人兴趣、个人利益与博物馆事业的利益结合在一起，将个人的发展与博物馆事业的发展结合起来，学习不单是满足个人发展的愿望，同时要促进博物馆事业的发展。上述人员培训方式的显著特点是实践性、操作性较强，都是要解决工作中已遇到或可能遇到的问题。总之，这两种培训方式有着较突出的技能、专业和定向的特点。

由于学习者、施教者、教学体系、教学环境等条件的不同，高校博物馆学课程与以往的博物馆人员培训方式有着较明显的区别。学习者多为缺少社会生活经验，缺少博物馆工作经验的青年人，他们为自己设计了灿烂的前程，博物馆工作只是供其选择的一条人生道路。学习环境是充满学术气息的高等院校，学生从课堂上和书本中认识博物馆，从社会传媒中了解博物馆的现状、问题及发展前景。由于高校教学系统讲授知识的传统，以及学生缺少实践经验，且高校多缺乏在实践中教学的物质条件，高校博物馆学课程的教学多侧重于博物馆学基础知识及博物馆工作基本技能的讲授。高校博物馆学教学表现出基础、理论、系统的特点。

高校博物馆学课程的培养目标应该兼顾社会发展、博物馆事业及博物馆工作的需要，高校博物馆学课程不仅要培养特定职业的从业人员，更要为博物馆事业培养德、智、体全面发展的人才，为博物馆事业的发展培养具有创造才能的人才。

高校博物馆学课程注重对人的素质的培养，注意对学生的全面教育、素质教育和技能培养，首要的是要培养满足社会发展要求的人才，帮助学生尽快实现从家庭、学校的小环境向社会大环境的转变，从依赖教师、家长向独立生活、工作和发展的转变，从因循已有知识向创造性思维的转变，从知识的单纯积累向掌握工作知识、技能的转变，从注重学习成绩向个人素质培养的转变。

为培养适应社会发展需求的合格人才，应使学生掌握科学的认识方法和思维方法，掌握当代社会和未来发展所需要的知识和技能，学习当代社会科学和自然科学的成果，学习计算机使用知识，掌握一种或多种外国语，了解、掌握和遵循当代社会道德规范，体验、获得和积累社会生活经验，使学生毕业后能很快适应社会环境和工作环境，很快进入博物馆工作人员这一社会角色。

高校博物馆学课程要培养博物馆事业需要的人才，特别注意培养有利于博物馆事业发展的人才。为此，要使学生对博物馆事业有全面的和系统的认识，以发展的和系统的观点来认识博物馆，要了解博物馆是怎样的机构，具有哪些职能，可对社会做哪些贡献，更要了解博物馆得以生存和发展的社会条件，了解博物馆运营和发展的机制，了解监测影响博物馆发展的各种因素的方法，了解预防和摆脱危机的方法；要使学生确立博物馆工作者的社会角色，明确博物馆工作者应承担的社会责任，确立为博物馆事业的发展而奋斗的目标，为身为博物馆工作者感到自豪；要使学生具备博物馆工作人员的基本素质，掌握博物馆工作的基本知识和基本技能，了解和遵守博物馆工作者的职业道德规范。

为使学生毕业后能很快胜任所从事的具体工作，高校博物馆学课程需要使学生比较深入、系统地掌握博物馆专项工作的知识和技能。在学生掌握博物馆的基本知识和基本技能的基础上，根据学生的素质、爱好及特长，侧重和加强某些专业知识的学习。博物馆工作岗位多种多样，每一工作的目的、程序、方法、设备等条件都有明显的区别，需要掌握专门的知识和技能。这个特点在博物馆工作中非常明显。例如，博物馆藏品研究工作要求系统全面地掌握有关特定类别藏品的各项知识；藏品保存工作需要有丰富的材料科学、黏结剂等知识，要能够操作多种精密复杂的检测、观察设备；陈列设计工作则要对色彩、照明、空间设计、图文设计等知识有精深的了解，并能对各种绘图工具运用自如。高校博物馆学课程很难在短短的四年中让学生学习和掌握方方面面的知识和技能，高校博物馆学课程所能做的，是让学生了解和掌握各项博物馆工作得以进行的共同的工作环境，以及这些工作的共同的工作目标，即博物馆和博物馆工作目标。同时了解这些工作的基本内容和工作目的，了解这些专业工作之所以能够在博物馆中开展、完善和发展的条件，以及相互交往、配合及影响的方式，从而在日后的工作实践中可以获得其他博物馆工作人员的支持，并理解其他工作的需求，“同心协力”，而不要“以邻为壑”。注重对学生基本素质的培养，并辅之以专业的技能培训，学生们在学习过程中感受到学习的直接效果，学习兴趣逐渐高涨，渴望将学到的专业知识付诸实行，这种状态有助于学生迅速投入博物馆工作，有助于他们获得成功，有助于他们不断向新的目标努力。

三、注重事业发展对人才的需求是博物馆学课程建设重点

高校博物馆学课程建设的重要内容是课程体系的建立。当前一些高校博物馆学专业的课程设置似乎是以“藏品导向”和“研究导向”，从而使学生以为毕业后只要做好博物馆本职工作，获得科研成果，就是达到了工作目标。由于只注重本职工作的工作成绩，常忽略了博物馆的整体效益，这样不仅使本职工作不能适应博物馆事业的发展变化，也很难使博物馆在变化的社会环境中跟上时代发展的步伐。当代博物馆事业已很难再保持“躲进小楼成一统”的知识宝库的传统特色了，社会公众的要求，博物馆事业自身生存、发展的要求，都在促使博物馆更加开放，完善服务，强化管理，总之，博物馆工作逐渐以“社会需求”为导向，以“博物馆事业的发展”为导向。博物馆工作导向的改变，对博物馆工作的影响将是重大的，并给高校博物馆学课程提出了新的要求。博物馆学课程需要注意未来博物馆事业对人才的需求，积极创造条件，开设相应的课程。

高校博物馆学课程建设要有整体规划，注意系统介绍博物馆基础知识，又要较具体地讲授博物馆各项工作的内容、标准和方法等。博物馆学概论是学习博物馆学的入门课程，帮助学生了解博物馆，认识博物馆，特别要学会从博物馆工作者的立场和角度来看待博物馆的业务、发展和困扰。讲授博物馆学概论，要从全局、社会环境、事业发展的角度出发，将博物馆构成因素和各项业务置于博物馆整体环境中介绍，将博物馆置于社会发展的环境中介绍，强调博物馆的社会效益，强调博物馆的社会基础。博物馆学概论不仅是帮助学生认识博物馆，将立场转换到博物馆工作者的立场上来的入门课，也是将以后的专业课融会贯通的基础课。需要认识到，博物馆学概论不能代替博物馆专业课，对专项业务一般原则的讲授不能替代对具体工作程序、方法、技能和标准的讲授，无法替代操作能力的培养，无法替代相关背景知识的学习。

除博物馆学概论这一综合性入门课目外，还应根据博物馆主要业务和博物馆事业发展的要求设置若干专业课，如博物馆藏品的研究、管理与利用，博物馆管理，博物馆教育，博物馆陈列，博物馆藏品保存科学，博物馆建筑与设施，博物馆经营与发展，博物馆政策法规等。这些专业课是要帮助学生比较系统全面地了解博物馆专项业务，掌握相关的知识、概念、工作程序、标准、方法、设备及对从业人员学识、能力、职业道德的要求。这些课目要比较详细地讲授特定工作的一般模式和具体细节。不仅要讲“怎样做”，还要讲授该项业务的发展前景与发展的途径，要让学生了解预测该业务前景的方法和推动工作发展的方法。

专业课的讲授内容，应根据博物馆学研究成果和其他学科的研究成果进行调整，或增添新的内容，甚或进行体系的调整。例如博物馆教育课，现在主要讲博物馆陈列讲解工作的目的、组织方法、讲解方法和工作要求等内容，这已不能适应当代博物馆教育工

作的要求了。当代博物馆教育工作已从“宣讲和灌输知识”转变为引导、激发、促进观众的自我学习和自我发展；当代博物馆教育的工作已不仅仅局限于陈列讲解，而是扩展到博物馆教育工作规划制定、陈列设计、展品说明的撰写、教育活动的组织、实施和评估等各个领域；其工作范围已突破了展览场所的局限，扩展到博物馆中的各个空间，甚至扩展到博物馆以外的社区当中；使用的器材也包括了多种现代科技手段，如计算机、多媒体、网络等；其研究工作也拓展到社会教育对博物馆教育的制约及影响、观众的学习心理、行为表现、各种博物馆教育手段的效果评估等多种领域。由此可见，博物馆教育工作不再仅仅是一项工作技能，而是内容十分丰富的博物馆专门工作。

一些关系到博物馆事业发展的知识领域还没有被纳入博物馆学课程中，高校博物馆学课程应敏锐地抓住这些博物馆学学科的生长点，及时组织力量进行科研，尽快将这些知识列为博物馆学教学的正式课目。例如，有关博物馆经营与发展的课目现在还没有被列入博物馆学课程，但从博物馆事业现状和今后发展来看，对此类知识的学习是很重要的。作为非营利的文化事业机构，博物馆是否可以从事经营性活动，开展哪些项目的经营活动，需要遵循怎样的规范，这都是需要予以明确回答的基本问题。如何将一般性商业经营活动的法则、方法应用于博物馆经营活动中，如何保持博物馆经营活动的特点，如何使博物馆经营活动成为博物馆工作的可靠资源，这些都需要明确的回答。此外，博物馆如何争取行政管理部门的拨款，如何争取社会各界的支持，如何参与社会文化事业、服务行业的竞争，如何建树博物馆的社会形象，如何保持和扩大博物馆在市场上的占有份额，这些都是确保博物馆事业发展的必要知识。对这些关系博物馆事业发展的课题，高校博物馆学课程应该充分发挥高校知识密集的优势，开展多学科的综合研究，开展各专门学科知识在博物馆中应用的研究，为博物馆事业发展做好理论知识准备。

高校博物馆学课程还应注意安排与专业课学习有关的专业基础课，如博物馆陈列可考虑讲授美术史、美学、室内设计、文字版面设计、绘图、素描等课目；博物馆藏品研究可考虑讲授各类文物知识、物质文化研究、文化人类学、美学、宗教等课目；博物馆藏品保存可考虑讲授物理、化学、计算机、材料科学、黏结剂等课目；博物馆教育则可考虑讲授教育学、心理学、传播学、演讲学、管理学、公共关系学等课目。博物馆工作的专业性比较明显，有其特定的专业基础知识和技能，这些知识常是博物馆学和博物馆专业课无法包容和替代的。博物馆专业课通常只能介绍具体工作的程序、内容、方法等，即该专业知识、技能在博物馆这一特定环境中的应用。要想深入全面地掌握和应用这些专业知识，就必须学习有关的专业基础知识。要想熟练地从事特定博物馆业务，就一定要接受基础技能的训练。如一位博物馆学教师可以在课堂中就陈列设计条分缕析，讲得头头是道，但他却不一定能就特定的展览设计出满意的色彩方案，不一定能画出展览设计效果图，其原因就在于缺乏专业技能的训练。

一些博物馆学学者指出，博物馆学具有“边缘”、“整合”的性质，这一看法值得重视。有了深厚的专业知识基础和技能基础，再经过博物馆学和博物馆专业课的学习，了解博物馆工作环境和工作要求，了解在博物馆中运用专业知识和技能的方式和限制，才能使专业知识在博物馆中充分发挥其积极作用。

高校博物馆学课程还要注重讲授与博物馆藏品有关的专门学科的知识，要讲授诸如文物、历史、地质、医药、服饰等特定门类藏品的鉴定和识别知识，也要讲授有关专门学科的基础知识。但是，在教授有关藏品的专业知识时，如果只着重于如何鉴定、描述和保管藏品，可能会使学生的注意力集中到特定门类藏品的“实物”上，影响学生对相关专门学科基础知识的学习，进而影响对藏品深层次内涵的揭示，从而影响对藏品的利用，也影响博物馆的科研学术水平。搜集、研究、管理、利用博物馆藏品的基础是对藏品的文化、历史、科技、教育信息和内涵的充分了解；而充分了解的基础只能是对相关专门学科的知识和技能的系统学习和切实把握。博物馆学课程要帮助学生奠定坚实的学术基础。

高校博物馆学课程要包括博物馆学、博物馆专业工作、博物馆专业工作基础知识、博物馆藏品专门学科基础知识等四方面的课目。如果再加上学校规定的学习课目，高校博物馆学课程的教学量是繁重的。这一状况为高校博物馆学课程的教师提出了更高的要求，需要精心设计课程，权衡各课目的安排，切实保证教学效果。

高校博物馆学课程的建设需要抓紧教材建设和教学参考资料的汇集，以及教学辅助设施的建设。博物馆学教材可为学生提供系统的学习资料，同时，教材编写工作还可以促进博物馆学的研究，促进对博物馆学的多学科研究。博物馆学教材是博物馆事业和博物馆各项工作的入门书，是博物馆学研究成果和博物馆实践工作经验的集大成。教材应注意介绍有关知识的基本体系、原则、概念、程序、方法和应用，提供尽可能新的实践事例，提供必要的专业背景知识。

博物馆学教学参考资料对保证博物馆学教学质量是非常重要的。教学参考资料包括与教学内容有关的学术著作、文章、音像资料和图像资料等。参考资料可帮助学生不断接触同一学习主题，加强记忆，加深理解；可使学生接触不同的学术观点，在思考和比较中提高学习兴趣，培养研究能力，迸发创造的思想火花。但是，当前高校博物馆学教学面临“一本书，两本杂志”的窘境，学生苦于缺乏教学参考资料，这在一定程度上影响了学生的学习积极性和学习效果。这种状况的改变需要文博界诸同仁的共同努力，各地文博刊物尽可能多组织编发博物馆学研究和博物馆工作经验的文章，有关部门重点组织专家编写有关某一专题的论文集，编辑博物馆学论文索引。“聚沙成塔”，博物馆学教学参考资料匮乏的局面定会改变。博物馆事业的发展和博物馆学研究工作的深入，将会促进博物馆学专著和刊物的增多，而有关机构的重视、组织和支持也是重要的促进因素。20 世纪 70 年代，联合国教科文组织组织编写了一系列有关博物馆工作的著作，推动了世界各国博物馆事业的发展。80 年代中、后期，国际博物馆协会鼓励各专业委员会撰写专著，并积极与出版机构联系，到 90 年代初，一批博物馆学专著出版，如《博物馆基础》、《博物馆与观众》、《博物馆安全保卫》等。近年来，我国博物馆学会积极组织和支持各专业委员会编写工作手册，希望这一势头能长期坚持下去。

博物馆学课程教学设施的建设也应得到足够的重视，其中包括图书资料室、视听教室、教学实习实验室、教学实习基地等。博物馆学课程具有实践性和操作性强的特点，要切实组织学生参加教学实习。让学生参加特定的工作，在实习中感受博物馆工作氛围，增加博物馆感性经验，获得博物馆工作体验，积累工作经验，加深对业务知识的理解，掌握工作程序、方法、技能和标准，这对学习和理解博物馆学和博物馆专项工作知识极有帮助。一些高校博物馆学课程为丰富学生经验，增强学生实践操作能力，组织学生到各地参观博物馆，去博物馆实习。但也要看到，在一些参观或实习活动中，学生或走马看花，或仅参加部分工作，很难获得较完整的特定工作的工作经验。为使教学实习获得理想的教学效果，除了加强对参观、教学实习的计划和指导，高校博物馆学课程应创造条件，建立专用实习实验室，或与当地博物馆建立长期稳固的教学实习联系，使学生可以系统全面地接受博物馆某项业务的培训。

对馆校联合实习，既要看到在博物馆实习具有使学生感受到真实的博物馆工作氛围，获得切实体验的积极效果，同时要注意学生实习对博物馆工作的负面影响，有时可能会与博物馆工作安排发生冲突，会影响博物馆工作人员的业务。此外，要注意防止将学生作为辅助劳务人员的现象。因此，在建立馆校联合实习关系时，需要注意教学实习的基本目的，注意保证教学质量，尽可能避免各种消极因素的影响。在保证教学质量的前提下，实习学生也要为博物馆做一些力所能及的贡献。从我国现有情况看，高校博物馆学课程建立教学实习实验室和实习基地势在必行，但仅依靠高校自身力量，在教学标本征集、经费等方面都会遇到一些困难，需要文物、博物馆和高教领导部门予以关注和支持。

保证高校博物馆学课程教学质量的关键是教师。教师须准确、深刻地理解博物馆学理论，了解博物馆学教学的重点和难点，并对博物馆学的热点问题有较深入的研究。教师既要善于总结博物馆工作实践经验，又要善于将客观描述上升为科学理论。教师要有丰富的博物馆工作经验，与博物馆工作人员保持密切的联系，关注博物馆工作发展新动向，捕捉博物馆工作的新问题。教师的教学、科研工作要体现“敬业、勤业、创业”的精神，要以自己对博物馆事业的热爱，激励和感召学生热爱博物馆工作。我国高校博物馆学课程教师多由相关专业转业而来，他们在不断的实践和探索之中，努力建构博物馆学课程。师资素质的提高，除教员个人的努力外，还需要重视教师的培训和交流工作，创造条件，使各高校博物馆学教师有机会聚会一堂，交流教学经验和教训，并可集思广益，探讨博物馆学教学的特点，有针对性地制定基本教学方案，就教学方案的基本概念、原则取得基本一致的意见，对尚有异议、或新出现的问题进行研讨。为保证博物馆学课程培养的人才的质量，希望有关部门对博物馆学科研工作、教学研讨和师资培训予以更多的支持。

高校博物馆学课程要确定本专业的教学侧重点，要突出自己的特色。鉴于博物馆各项工作有各自的专门知识、方法和操作技能，从业者需要经过较长时间的实践才能熟练地从事该项工作，又考虑到使学生毕业后能很快胜任工作，建立工作信心，高校博物馆学课程必须确定教学重点。博物馆学课程既要顾及一般，又要抓住重点。依靠各校已有基础，倚托各校的重点学科，根据师资、教学实习条件和人才需求状况，各高校博物馆学课程据以确定教学侧重点。确定教学侧重点是为学生提供较多的专业知识，有助于他们缩短毕业后的再培训、再适应时间，并不是要使某一高校博物馆学课程成为特定博物馆工作的培训中心，也不希望因此而出现“偏科”的现象。确定教学侧重点，仍要讲授其他博物馆业务知识，只是在讲授时间、教学分量上有所侧重，如将内容较接近的课目合并讲授，或减少课时，但绝不能忽略不讲。当代博物馆工作的整体性和协同性日益突出，不了解本职工作在博物馆中的位置，不了解其他工作的特点，只能对做好本职工作产生消极的影响。

高校博物馆学课程还应注意发挥自身的教学优势，组织不同层次、不同梯次的课程，如专科、大学本科、研究生、在职进修和成人教育等，提高博物馆学教育与博物馆学研究质量，同时在更大范围内普及博物馆学知识。注意到参加学习的人员的学习要求、教学目的和教学方法的不同，这些课程应“因人施教”。我国高校博物馆学课程现在主要是大学本科教育，这一梯次的教育似应以培养能够胜任博物馆工作，满足博物馆事业发展需要的合格人才为主。鉴于参加这一梯次学习的学生多缺乏博物馆工作经验，甚至缺乏关于博物馆的直接感官体验，且学习目的并不是非常明确，因此，大学本科博物馆学课程似应以“转变立场，确认角色，掌握基本知识和基本技能，侧重专业培训”为主导思想，使学生奠定在博物馆中工作、研究和进一步深造的知识及技能基础。

博物馆学研究生课程应注重思维方法和科研方法的训练，注重将博物馆实践经验上升为理论的研究，如博物馆各项工作的程序、方法、管理文书、专用术语的规范化研究；注重将相关学科的研究成果、方法、观点用于博物馆工作和博物馆学的研究，并评估其成效，如博物馆观众学习效果的调查与研究，博物馆建筑的结构、布局及其对博物馆工作和观众的影响等；注重对影响博物馆事业发展的问题进行全面、系统和深入的研究，如某类博物馆的特点及发展问题，对作为国有资产的博物馆藏品进行管理中存在的问题，博物馆的经营与促销活动，博物馆与旅游、娱乐、休闲行业的关系等。研究生应结合博物馆学的生长点进行学习和研究，力争在学科前沿课题研究中取得成就。

高校博物馆学课程应重视与有关部门联合组织“在职培训”课程，这类课程将使教学双方都获益匪浅。博物馆工作人员日常忙于事务工作，无暇进行系统学习，也很难查找和接触与本职工作有关的最新信息。高校教师因教学科研的需要，有更多的机会接触较多较新的专业信息，并将这些信息融会贯通纳入教学体系之中。参加高校组织的“在职培训”课程，可使博物馆工作人员了解博物馆学理论最新研究成果，学习最新的知识，获取更多的信息，与同事交流经验，探讨解决困难的办法，这对他们是难得的学习和提高的机会。对高校教师来说，参加这类课程也是难得的接触实践，检验和充实教学内容的良机。如果条件具备，高校博物馆学课程应积极开办“成人教育”课程，向社会上热爱文物和博物馆的人们介绍博物馆工作知识、文物知识和文物保存维护知识。开办此类课程并不是“创收”的良机，而是引导社会收藏家走上保护、研究和弘扬祖国优秀文化的健康和积极的道路，并且宣传和扩大博物馆的社会影响。

高校博物馆学课程是培养合格博物馆工作人才的主要力量之一，与“在职培训”、“师徒传授”和“成人教育”等教育方式相结合，构成了博物馆人才培养的强大阵容。博物馆事业的持续发展，高质量的人才是关键。高校博物馆学课程根据人才培养目标、学生素质和教学条件，注重对学生的“全面培养、素质培养和能力培养”。同时根据师资和人才需求等条件，突出各高校博物馆学课程的各自特色。

附录　国际博协博物馆工作人员培训课程纲要①

一、一般能力：所有博物馆从业人员都应具备的技能和知识

1. 交流
   文字、语言和非语言交流
   文化间交流
   词汇
2. 环境保护主义及其影响
   保护伦理
   环境评估：复杂性，能源，行为，问题
   环境管理人
   可持续发展实践
3. 评估方法
   评估项目设计
   目的
   汇集信息
   分析信息
   汇报方式
4. 财务管理
   基本账目
   基本分析、监督和报告

① 纲要条目依英文字母排序，译文未做调整。

5. 信息技术

多媒体文件格式

数据库管理

电子邮件

互联网网站

6. 人际关系

协作和团队合作

发现博物馆工作缺陷的方法

政策考虑

7. 博物馆与社会

社会责任

公共信托

种族、民族、文化和智能多样性

关于当地、国家、区域和国际的问题、资源和现状的知识

推进和平和人民间的理解

8. 工作性质

多学科的工作环境

管理规章和实践

服务和产品的质量保障

与其他组织、咨询机构和馆外机构的关系

9. 博物馆工作

特性

职业道德和价值观

(1) 个人

(2) 特定博物馆和文化

(3) 学术领域和职业

主动性，自我激励，自我评估，灵活性

领导能力

了解博物馆的未来发展构想和目标，了解个人在特定博物馆中的作用

工作标准的制定

学术探索

在所有工作中重视和综合不同意见

对博物馆的贡献

表彰杰出工作

继续教育

博物馆行业团体：当地，区域，国家和国际

事业的自我组织

10. 工作管理

多学科的工作环境

资源管理、使用和评估

计划和组织

明确工作重点

授权和检查

问题解决

团队工作程序

11. 科研

搜寻和获得新信息并将其应用于工作的能力

批判性思维

研究方法

12. 博物馆学和博物馆工作资源

专业团体：国际，国家，区域和当地

了解学术和信息资源，如参考书目、名录和索引

二、博物馆学：掌握博物馆工作学术基础知识并将其应用于实践的能力

1. 社区博物馆学

社区、社区遗产和经济发展的互动

了解和理解社区需要

展览是动员社区成员使用他们的公共资源的工具

因社区的努力而产生的方法

2. 博物馆事业的发展

对博物馆的批判

博物馆、博物馆工作和藏品的发展历史、哲学理念和当前状况

不同类型博物馆的定义，相互间的差异和各类博物馆的数量

博物馆的理性思考

3. 博物馆的任务和职能

传统的核心业务

特性和民族主义

休闲与旅游

4. 发展前景
5. 管理机构
   类型
   董事会（或其他主管机构）的构成
   制定组织章程
   任务和关系
   监督职能
6. 博物馆工作中的问题
   “藏品”与“观念”
   博物馆阐释中占优势的声音（权力）
   文化的民主主义
   学术知识的利用
   博物馆参观访问
   专业与职业
   经营导向与广大民众的“利益”
   文化遗产、人类遗骨和随葬物品的返还
7. 博物馆工作的法律环境
   文化遗产：当地、区域、国家和国际的保护措施（包括公约）
   版权和艺术家的权力：国家法律和国际公约
   艺术家自由表达的权力：地方、国家和相关的措施
   博物馆的地方、国家和国际的政治、经济、社会和文化环境，包括全球化、环境保护主义、可持续发展和文化多样性。
8. 科研活动，专业学术研究和博物馆学研究

三、管理能力：博物馆业务的理论和实践的知识和技能

1. 资格评估
2. 咨询机构
   公众，博物馆工作和专业学术
3. 建筑
   博物馆建筑的理论和实践
   博物馆建筑设计师
   形式与功能的关系
   适用性

参观访问的标准

环境调控

家具

学术环境、文化环境和气候调控应考虑观众获得的愉悦感受：座椅、卫生间等

4. 经营和业务管理

战略规划

项目规划

确定目标

目标的澄清

工作重点的确定

资源管理

法规制定

贯彻实施

绩效评估

合同管理

5. 社区关系

建立联系

组织公共活动

宣传

6. 财务预算和管理

预算

财务控制账

账目

报告

审计

风险管理

7. 组织体制

博物馆上级主管机构

博物馆法规

阐明博物馆工作目标（目的或任务）的章程

博物馆规章

8. 筹集资金和创收

确认资源

筹款文书管理和感谢

筹款活动

捐赠与遗赠
创收计划
方法与策略

9. 人力资源规划和管理
对多学科、多文化团队和组织的管理
多样性
顾问与合同制工作人员
义务工作者
招聘（聘用）与解聘（解雇）雇员
工作人员的道德和动机
资源分配
任务分析
权力
监督管理
工作检查和评估
报酬体系（薪金级别）
劳工关系
文化交流的培训
培训需要的分析：组织、工作人员和设备

10. 创收活动
收费
零售业务
让利（授予特许）

11. 信息管理

12. 保险/保证物

13. 法规
法律体系：国家和国际比较
博物馆的法律地位
董事会成员和工作人员的法律责任
法律与收藏：入藏，注销和遗赠
合同法，包括借用和交换展览
税法

14. 市场营销
观众调查
交流工具

宣传材料
公众形象
与旅游和经营机构的联系
15. 会员或“博物馆之友”组织
服务
接待管理
16. 馆舍与馆外环境管理
紧急事件应急预案
消防、安全和保卫
馆舍维修
17. 公共关系
18. 与新闻媒体关系
19. 组织理论
最佳实践
文化交流技巧
变革过程
(1) 变革管理
(2) 组织变革模式
(3) 灵活性的实践
培养创造性思维和行动的方法
理解创造性如何在复杂组织中发生

四、公共活动组织能力：博物馆为社区服务的知识和技能

1. 信息传播
信息传播理论
导向：物质的和智力的
建立交流渠道和创建与思想交流有关的焦点和论坛
符号学：事物意味着什么？
符号经验动态变化的知识
标志：展品说明等
2. 展览
展览理论
展览类型

计划、设计、制作、布展和评估
视觉展示原则
图形设计史和设计理念
照明
视听设施和计算机的使用
虚拟展览
互联网网站的制作和管理

3. 教育和阐释

教育理论，心理学和社会学
学习理论
历史学和哲学
工作规章
活动模式
活动的计划，设计，实施和评估
说明、物品、图表、可操作的材料和媒体的使用

4. 出版物和产品
5. 观众服务和公众关系

观众的特点
非观众的特点
观众数量和类型
参观活动的组织
藏品和结构的预防性保护要求
信息传播与流传
当地、国家、国际和区域性状况与问题

五、信息与藏品的管理和保护能力：创造、保护和分享博物馆资源的知识和技能

1. 档案

藏品档案记录的管理

2. 收藏

历史和哲学
工作规章
工作标准
资源

增加收藏
收藏工作的问题
藏品种类
(1) 辅助收藏，包括音像、幻灯片和照相负片
(2) 人工环境，包括遗址、景观和建造结构
(3) 文化遗产，包括口述历史，风俗习惯和语言
(4) 文献，手稿和档案
(5) 人工制品，艺术品，雕塑，标本和印刷品
藏品登录
(1) 入藏
(2) 注销
(3) 处置
(4) 借用
藏品编目
登录，信息管理和信息搜集、组织及保护
计算机软件和硬件的选择
电子数据和世界互联网
复制与数字化
(1) 版权
(2) 质量控制
库房
偷盗
藏品管理
预防性保护
藏品保存和修复的原则
物质特性，藏品预防性保护
导致藏品劣化的因素
物理、化学和生物因素
环境监控和控制
自动控制
温度，相对湿度，光线和环境污染
昆虫防治
藏品利用：文化，实物和智力
藏品使用

(1) 自然和文化环境
(2) 展览
(3) 社会服务
(4) 研究
展出，旅游
藏品搬运
装箱和运输
图书馆和信息服务
科研活动
(1) 信息收集，准备和分析
(2) 科研设计
(3) 科研阶段
(4) 取样程序，分析设备，科研程序

（宋向光译）

二编：博物馆实践

博物馆教育

博物馆教育发展及理论构建

一、世界博物馆教育发展概述

近现代公共博物馆是将收藏、研究和教育各项职能融为一体的社会文化机构，组织丰富多样的社会教育活动是博物馆实现其组织目标和发挥社会功能的重要手段。在近现代博物馆存在的数百年历程中，博物馆教育的观念、理论、对象、内容、方法不断深化和丰富，逐渐形成了独具特色的教育体系和教育方法，成为社会教育的重要组成部分。

近现代公共博物馆孕育于倡导人文精神的意大利文艺复兴时期。其时，由于商业的发展，形成了富有的商人阶层，一些商人通过收藏展示艺术品和奇珍异物来提升自己的社会地位，意大利佛罗伦萨的梅迪奇家族的收藏因量丰物美而被人们称为“博物馆”。但对近现代公共博物馆产生直接影响的是当时诸多从事科学研究的学者们的自然、人文标本收藏。这些崇尚“理性”的学者们通过观察和实验的手段，力图揭示物质世界和人类精神世界的客观规律，让科学摆脱上帝和“哲人”的羁绊，真正成为能够被人们普遍认知和认同的知识，成为人们用来改善生活条件和生活方式的工具。学者们的标本室是他们从事科学研究并与同好观摩标本及交流研究成果的地方。

17、18 世纪的欧洲，资本主义吹响社会变革的号角。在文化和科学领域，博物馆承担起了广泛搜集科研资料，系统展示科学体系，构建以观察实物和实践操作为基础的教育体系的任务。欧洲最初的几所公共博物馆都是与图书馆、大学联系在一起的，最有名的是建立于 1683 年的英国牛津大学阿什莫林博物馆，这所博物馆以古代埃及的亚历山大博学院为楷模，在丰富藏品的基础上开展科研和教学活动，并且向社会公众开放，观众参观时有博物馆工作人员陪同介绍。

1753 年建立的不列颠博物馆（习称大英博物馆）将博物馆推到了社会变革和社会文化建设的中心。大英博物馆以其数量众多的藏品，百科全书式的内容结构，密集展示的陈列形式，给来自各地的访问者留下了深刻印象。法国资产阶级革命的思想家迪德罗积极主张举办博物馆，将法国皇室的艺术品收藏向广大民众开放。1793 年法国爆发资产阶级革命，卢浮宫的开放成为体现资产阶级“自由平等”社会理想的标志。卢浮宫贯彻“艺术属于人民”的原则，向所有民众敞开大门，不论其社会等级、族属、性别、受教育程度，都可以来参观。

工业革命时期，博物馆进一步承担起了社会教育的责任。蒸汽机的使用，使社会生产进入大规模机械化生产的阶段，大批技术水平低的劳动者进入了工业生产领域。增加工业产品的品种，提高产品质量，这是大规模机械化生产模式能否成功的前提，而这又有赖于生产者素质和能力的提升。1845 年，英国政府发布法令，规定地方政府应支持博物馆和图书馆事业，由此拉开了博物馆成为社会教育主力军的序幕。1851 年英国伦敦万国博览会集中展示了工业革命机械化生产的产品，在宣告工业生产取代手工作坊的同时，也提出提高工业品设计水平的任务。1852 年，以博览会展品为基础的南坎星顿博物馆建成开放，该馆闭馆时间延长到晚间，且每周有三天免费开放，以方便白天工作的劳动者参观。

19 世纪中后期，欧洲的博物馆积极配合学校的教学活动。1870 年，英国颁布了“初等教育法”，1880 年，英国政府规定初等教育是强制性教育，所有适龄儿童都必须上学校学习。1884 年，英国利物浦博物馆率先开展向学校出借教学标本的活动，并为此设计制作了专门的标本箱，箱内摆放学校教学需要的自然标本，箱体设计牢固便携，方便学校借用，最多时有 106 所学校与该馆建立了藏品借用关系。1895 年，英国一些学校组织学生到博物馆参观，博物馆根据学校教学要求和教学内容布置陈列，对此，一些社会组织建议博物馆安排专门人员接待学生参观。1899 年，英国哈斯勒米瑞博物馆与学校合作，组织知识竞赛，在竞赛准备期间组织学生来馆参观，寻找考题的答案。同年，世界上首座儿童博物馆在美国纽约市布鲁克林区建成开放，这所博物馆的主要服务对象是少年儿童，致力于儿童的智能和社会生活能力的健康发展。该博物馆根据儿童的特点，组织了丰富多彩的社会教育活动，如野外采集、兴趣小组、动手触摸观察藏品等。

为了解观众在博物馆中学习的成效，美国波士顿艺术博物馆在 1906 年开展对观众参观行为的观察研究，发现了“博物馆疲劳”现象，并采取按照人体工程标准布置展品，改善参观环境等措施消除博物馆疲劳对参观的影响。还安排了专职的博物馆导览人员，每周二、四、六上午给 10 人左右的团体观众做一小时左右的讲解，每周四下午安排博物馆藏品研究人员和访问学者主持有关藏品的讨论。

1917 年苏联社会主义革命胜利，揭开了博物馆教育的新篇章。为让广大民众支持新成立的社会主义政权，积极参与社会主义建设，博物馆承担起帮助人民以马克思列宁主义观点认识历史发展和人民的力量的责任，并在实践中创造了以展示地方自然资源、历史发展和革命进程为主要内容的地方史志性博物馆，在博物馆中安排了专职的讲解员。

20 世纪初期，美国博物馆界展开了“艺术至上”与“艺术为了人民”的争论，经过讨论，大多数博物馆工作者赞同博物馆应该坚持“艺术为了人民”的原则，这极大鼓舞了博物馆开展社会教育的热情。30 年代美国经济大萧条时期，在社会组织的支持下，美国一些博物馆组织了失业工人的培训课程。纽约大都会艺术博物馆组建了教育部门，并利用广播介绍博物馆的收藏和相关知识。美国一些高校研究机构的研究人员进行了大规模的观众参观行为调查。

20世纪70年代，一些西方国家经历从工业经济向服务经济的转型。联合国教科文组织国际教育发展委员会提出全民教育、终身教育和学习型社会的发展目标，教育从教师行为转变为全社会的自觉行动，从为社会准备合格人才转向公民的全面发展。与此同时，博物馆教育在实践中总结经验，逐步摆脱学校教育的模式和方法，明确和确立了博物馆教育的特性和个性。人们将博物馆纳入“非正规教育”领域，这一认识说明博物馆教育有着与书本学习和课堂教学不同的特性。博物馆教育是非强制性的，作为学习者的观众呈现多样化的特点，他们的学习目的、内容和方法因人而异，人们在休闲时来博物馆学习，是自主的、自愿的学习者。博物馆教育可以为不同年龄和不同背景的人们提供充分的学习机会和丰富的学习内容。

70年代初兴起的生态博物馆运动，为博物馆教育开辟了新的工作领域。生态博物馆提出让社区居民成为博物馆工作的主导者，博物馆作为社区居民推动发展的工具，是民众自我教育的场所，也是让外来人士了解当地自然、社会、传统和发展道路的窗口。

80年代，西方国家博物馆教育在理论研究和组织建设上都得到了突出的发展。美国博物馆教育人士成立了专业性团体，最初称为博物馆圆桌会议，后改名为博物馆教育委员会。在总结博物馆教育工作经验的基础上，开始探讨博物馆教育的基础理论，将“多智能理论”、社会教育理论、自主学习理论和认知学习理论应用于博物馆教育实践。在发展中国家，博物馆根据本地居民的文化水平和发展需求，因地制宜地开展扫盲和普及科学知识的活动。许多博物馆为保障博物馆教育业务的开展，对博物馆资源进行整合，组建了专门的博物馆教育部门。

20世纪90年代世界经济全球化趋势明显，“知识经济”初露端倪，电子计算机和互联网的迅速发展，信息和知识以电子的速度在全世界传播。信息技术让博物馆教育在世界舞台上大展身手，借助互联网，人们坐在家中就可以遍访世界各地的博物馆，根据自己的需要利用博物馆的信息。博物馆教育工作者注意到，人们根据自己的经验和需要来解读博物馆的藏品、信息和作用，博物馆不仅要一如既往地为公众提供系统的知识，还要根据社会发展需求，努力加强民众的学习能力和学习意愿。博物馆教育的理论建设也有突出表现，英国学者构建了“信息传播”模式，美国研究人员提出“个人、社会、环境多因素互动模式”和“建构学习模式”。这些理论有助于更准确深入地理解观众学习行为，也为博物馆组织多样化的教育活动提供了理论基础。90年代，博物馆教育确立了“为社会发展服务，以观众为导向”的工作思路，主动运用信息技术手段，在更大范围和深度上开展有效的教育活动。

进入21世纪，人与自然的和谐相处，人类社会的全面发展，不同文化的交流互惠，成为各国人民的共同意愿。当代博物馆的主要任务是要将积淀在博物馆中的人类知识成果转化为促进社会和谐发展的智力资源，博物馆教育工作者要将传统的实物教学与当代高新信息技术结合起来，开拓博物馆教育的新局面。

博物馆教育是近现代公共博物馆的基本职能，博物馆教育职能的实现受到社会、经济、文化、传统、舆论和制度的影响，受到教育理论、技术和对教育社会人士的影响，而博物馆教育从业人员的热情、志向、奉献精神和自身素质则是最基本的条件。“如果说藏品是博物馆工作的基础，那么，博物馆教育则是博物馆工作的灵魂。”当代公共博物馆能否与社会发展保持同步，能否成为为社会和社会发展提供高质量服务的社会文化机构，厚实的藏品基础是重要的条件，但将这些资源转化为不尽的智慧动力则要依靠博物馆教育工作者的不懈努力。

二、博物馆学习理论的发展

十九世纪中期，欧洲教育工作者提出“成人教育”的概念，关注对成年劳动者进行现代科学知识和社会生活规范的教育。20 世纪中期，联合国教科文组织将消除文盲作为帮助贫困人口脱贫的重要措施，自此，“终身教育”改变了社会对教育的传统认识，教育从学校走向社会，教育对象从儿童扩展到学前和学后的各个社会群体。博物馆成为社会教育、终身教育、成人教育的重要机构，博物馆教育的性质、特点、过程、教法、评估等理论和实践问题受到研究人员和博物馆教育工作者的重视，相关研究逐步深入，使人们更全面、准确地理解博物馆教育。

教育是博物馆的基本社会职能，经历了长期的发展，随着人们对社会教育认识的深入，博物馆教育的性质、特点、方法等发生了显著的变化。当近现代公共博物馆诞生之时，博物馆教育的任务是在民众中传播知识；在近现代学校教育发展之时，博物馆教育成为辅助学校教育的第二课堂；当“终身教育”成为人们的共识时，博物馆教育成为民众自主学习的机会。近年来，博物馆在继续发扬辅助在校生学习的传统之外，对非在校公众的学习给予了更多的关注。

博物馆教育是教育者和学习者双向互动的过程。教学双方在规定的教学情境中，主动地发挥各自的能力，在互动中实现双方认同的学习目标。为获得积极的互动效果，教学双方都要主动积极地参与，要保持传播活动的持续和流畅，要让对方明白自己的需求和对有关信息的理解。基于这一认识，博物馆观众在教学过程中的作用发生重要变化，作为学习者，博物馆观众不再是一个被动的信息接受者和知识存储者，他们是有目的的信息解读者，是学习活动的主导者。

博物馆学习者的构成是多元的，研究人员注意到学习者的发育阶段、学习任务和学习行为的不同，据此可以将学习者区分为幼童、学生和成人三个群体。这三个群体处于不同的人生阶段，他们有着不同的人生阶段目标、社会关系、社会地位和社会责任，其生活生存能力也存在差异。幼童缺乏自我保护能力，其生存条件只能依赖他人的给予，他们不必、也不知道为生存状态而焦虑，其学习的主要任务是与周围的自然和家庭环境和谐相处，初步掌握与其他社会成员交流的规则，形成必要的语言和行为能力；处于学生阶段的未成年人，他们的心智和社会行为能力使他们可以系统接受知识学习和技能培训，他们在结构化的系统学习环境中，学习为日后在社会中独立行使社会成员权利和承担使社会发展延续责任的知识和规则。他们的学习任务是要掌握人类社会已积累的知识和社会行为规则，同时培养和强化个人的兴趣与特长，为日后在社会环境中实现个人能力做好准备；成人则要在社会规则的约束下，确定个人的社会位置，在完成社会规定任务的过程中，也增加个人的福祉。

博物馆是社会化的学习场所，可以为不同的学习者提供满足其学习要求的学习内容、工具和环境。博物馆为学习者提供了一个内容丰富的学习机会，为学习者提供可自行组合和构建学习内容的环境。学习者在博物馆中可以学到系统的知识，也可以发现解决个人特定问题的线索；可以巩固学校学到的知识，也可以激发个人的灵感和兴趣；可以加强学校学习所需的能力，也可以拓展其他的智能，促进学习者的全面发展。除了学习知识之外，博物馆还可以培养学习者的社会交往能力和协作能力，在轻松的氛围中，学习者可以切磋、协商，甚至争辩，在完成任务的过程中，既学到了知识，也加强了与他人交流的能力。

博物馆学习是在博物馆环境中、基于实物进行的学习过程。与学校学习不同，情境、经验和学习者个人因素在博物馆学习中发挥了重要作用。情境是学习时的社会环境、物理环境、文化环境和环境氛围的综合，是学习内容和学习条件的融合。经验包括学习者个人生活经历、知识结构、社会关系、社会交往能力和学习能力，影响学习者对学习环境中的学习内容进行收集、分析、整理和解读，影响其对学习内容的价值判断，也影响学习者的学习策略和方法。个人因素反映了学习者个人的兴趣、需求、生理、心智和性格特点，以及其学习时的精神状态和身体状况。博物馆学习常表现为自主性的学习活动，学习时没有教师的引导和管束，也没有时间和成绩评价的压力，学习者需要自己确定学习目标和任务，寻求学习内容，自行解读相关事实，发现和确定事实的意义，建构概念、命题和知识。博物馆教育工作者在提供基本信息的同时，也通过展示设计、视觉传达、空间构成和环境氛围等手段，为观众提供必要的提示和帮助，引导和协助观众自主学习。

博物馆学习是一个过程，始于观众来博物馆之前的决策阶段，并延续到观众离馆之后的知识整合阶段。博物馆学习是学习者有目的的活动，需要有具体内容的任务和计划来支撑。在来博物馆之前，观众需要为学习做好准备，初步明确学习的目的，在自己的参观日程中安排学习的内容，尽管具体内容有待明确，但在参观时需表现出学习的行为；在博物馆参观，或参与博物馆学习活动期间，观众接触新鲜概念和知识，尽可能记忆更多的基础材料，初步对这些零散、片断的材料进行整理，并根据自己的参观体验对这些知识进行价值评判；观众离开博物馆后，要对学习的初步材料进行系统整理，将有关知识或分门别类地整合到已有知识结构中，或形成单独的知识团，形成对知识的记忆。这些记忆包含了秩序化和合理化的概念，包含了对博物馆具体场景、环境成分和当时情感的记忆，以及对相关知识、实践的价值和态度。

博物馆教育工作者需要根据不同的学习群体，或目标观众的特点和需要来设计、组织和提供有针对性的学习项目，以提高学习的效率和效益。例如，幼童的学习可侧重于儿童智能、行为能力的发展，侧重于密切亲子关系，在活动中注意发挥父母的作用，增加亲子互动的内容。还可以组织针对幼童父母的学习活动，指导年轻父母利用博物馆来帮助幼童的健康成长；又如，学生的博物馆学习要紧密配合学校的教学活动，所学内容要与在校学习课程有一定的联系，教学方法要注意结构化，注意新知识的呈现、解释、练习、复习和迁移，注意先备知识与新知识的联系，在这一基本前提下，再展现博物馆情境的特点，以增加学生学习的兴趣；再如，成年人的学习要突出学习的实用性，强调学习有助于应对现实发展面临的挑战，学习内容要尽可能客观、全面，在表达观点时尽可能展示有代表性的诸家观点，让成年学习者在不同观点的比较中形成自己的看法。博物馆学习项目的提供应注意到各类学习者的生理、心理和行为特点，注意学习项目的时间、地点、规模、场地条件、安全要求和服务措施。如体验历史的活动，对幼童可采用讲故事和行为模仿的方法，学生可采用让他们自己扮演角色的做法，成人则可让他们与由工作人员扮演的历史人物面对面的交流。

博物馆教育是复杂的系统，包含了施教者、学习者、学习内容、学习项目、学习情境和学习环境等多个子系统。博物馆教育又是多种因素交织互动的过程，经历兴趣、发动、学习、评估等多个阶段。博物馆教育是充满发展创新的事业，学习者素质和需求的变化，对学习内容要求的变化，学习方式随信息技术发展的变化，博物馆教育工作者需要时刻关注这些变化，并创造与之相适应的教育模式，构建适应社会、文化和技术环境相适应的学习情境。博物馆教育更是融汇博物馆全体工作人员聪明才智和奉献精神的神圣事业，博物馆教育工作者在其他博物馆工作人员和社会有识之士的大力支持下，积极发动和协调各方面的力量，构建博物馆教育“春花烂漫”的大好局面。

参 考 文 献

[1] 联合国教科文组织国际教育发展委员会：《学会生存——教育世界的今天和明天》，教育科学出版社，1996 年。

[2] 庞维国：《自主学习——学与教的原理和策略》，华东师范大学出版社，2003 年。

[3] Gilean Hooper-Greenhill: Museum and Gallery Education. Leicester University Press, 1991.

[4] George E. Hein: Learning in the Museum. Routledge, 1998.

知识宝库· 第二课堂· 社会教育中心
——博物馆教育发展进程

博物馆教育是博物馆的固有职能，还是由那个人在某一时刻赋予给博物馆的呢？博物馆教育在博物馆的不同发展阶段有些什么特点呢？促成这些特点的原因有哪些呢？回顾博物馆教育工作发展历程时，不仅要注意不同时期博物馆教育的工作目的、对象、形式和方法的不同，更要注意那些促成这些特点的社会、历史和文化的原因，这有助于我们更准确把握当代博物馆教育的特点，有助于我们完善和发展博物馆教育工作。

从博物馆这一社会文化机构的命名中，从人们对博物馆渊源的探寻中，我们可以看到社会对博物馆作为社会文化机构的规定，对博物馆应具备教育职能的规定。早在博物馆事业产生的那一刻起，社会有识之士对“博物馆”的企盼、设想和理解中明确无遗地表达了博物馆的职能之一是“教育”。这里的“教育”概念是最基本的和最广泛意义上的教育，即对人的知识、技能、体魄、行为、道德情操、思维方式、世界观的充实、提高和完善。

以“museum”作为博物馆这一特殊的社会文化机构的名称，反映出人们是将博物馆与知识、艺术和人的协调发展联系起来的。在古希腊神话中，缪斯女神是学者、诗人、戏剧家、艺术家的守护神，她们与财富、权力、暴力、战争相去甚远，那些事是阿波罗、雅典娜和波赛东诸神的职守。缪斯女神还代表着精神的和知识的美，肉欲之美是由维纳斯专擅的了。由此，我们似乎可以理解为什么人们会在画廊、密室、宝库等诸多写实的和具有财富保藏场所意味的名称中选择了“museum”这一具有圣洁意味的名称来命名博物馆。

现代博物馆学者在追溯博物馆的源起时，尽管也注意到博物馆与各种形式的早期的社会收藏的联系，但不是只简单地注意这些收藏的形式和规模，而是更注重该种收藏的作用。人们注意到，社会收藏形式多样，如皇室、富豪、宗教、私人等；收藏者的目的各异，如怀旧、权势、财富、积蓄、猎奇、贡奉、研究、学习等。人们只将那些具有探寻、积聚、传播知识、为公众服务作用的收藏视为博物馆的渊源。例如，在追寻博物馆的渊源时，人们常提到公元前 6 世纪古巴比伦乌尔古城中贵族学校的收藏，公元前 6 世纪古希腊学者亚里士多德的收藏，以及公元前 3 世纪古埃及亚历山大博学院。从人们对博物馆渊源的探求中，我们看到，博物馆工作者历来认为博物馆是知识汇聚之处，博物馆的主要工作是汇集、整理、研究、增广和传播知识。这一现象也喻示着，当博物馆诞生伊始，就要具备和体现社会有始之士对她的期望和要求，就要实施某种形式的教育活动，这其实正是特定的社会环境对博物馆职能的规定。

从早期博物馆的活动中可以看到，这时的博物馆是自然科学和社会科学的汇聚之处。现代公共博物馆肇始于15世纪，伴随着资本主义经济的萌发而出现，伴随着现代科学的产生而发展。早期博物馆多为私人博物馆，是在一些学者为研究工作需要而搜集的自然标本和人文标本的基础上建立起来的。尽管当时“神权至上”，教会对社会严密控制，但许多学者仍不懈地追求自然世界的真谛。他们努力搜集自然标本，在对实物观察和研究的基础上分析、归纳出科学规律。昆齐贝在1565年著文指出，完善的收藏应能体现自然万物的系统分类。著名收藏家约翰·崔生广集奇木异草、珍奇动物，人们称他的私人花园是“崔生方舟”，自然生物分类体系的创始人林奈曾到他的花园中参观。林奈也有自己的丰富收藏。著名学者培根设想，学者的治学条件要包括标本室，即博物馆。早期博物馆还是传播知识的重要途径，梅迪西家族的博物馆允许学习艺术的学生入内观摩。一些私人收藏家邀请志同道合者参观自己的收藏室，早期博物馆的图像资料生动描绘了学者在博物馆中聚会研讨的情景。此时，博物馆作为当时的科学知识研究中心，为总结、积累和使科学知识系统化作出了重要贡献，为现代教育奠定了知识基础，并在力所能及的范围内实现了知识的交流和传播。鉴于当时社会教育的主流是宗教教育和贵族教育，博物馆作为科学知识基地，在反对宗教教育上发挥了积极作用。

公共博物馆于17世纪出现。值得注意的是，这时的博物馆或与图书馆并立，或与大学共存，如巴塞尔大学博物馆（1671），阿什摩林博物馆（1682），哈佛大学博物馆（1750）。以至有学者说，早期的大学都是以博物馆为中心建立起来的。大学的建立是科学知识和社会知识在更大范围的传播，博物馆在大学中的重要位置反映了它在当时教育体制中的地位和作用。博物馆在帮助更多的人掌握现代科学知识上起到不可忽视的作用。从一定意义上说，资本主义是建立在对自然世界的科学表述上的，建立在科学技术和社会化大生产上的。要与封建社会抗衡，要维护和发展资本主义的生产基础，必须建立相应的知识体系，于是，“知识就是力量”的口号提出来了，博物馆作为自然科学知识最直观和最真实的实物证据的保存和展示机构而迅速发展起来了，并奠定了其在教育领域中的不可动摇的地位。

此时的博物馆犹如一颗闪烁着智慧光芒的珍珠，如同一座充满现代科学知识的宝库，它保藏着大量真实可信的实物资料，现代自然科学从这里迈出了改变历史的坚实步伐。应该看到，这时的博物馆主要是为科研人员服务，为特定学科和专业的学习者服务，博物馆观众并不多，博物馆教育对象的范围比较狭窄。这一状况是由当时的社会和历史条件所决定的。在封建社会，宗族力量强盛，封建生产关系占主导地位，独立的、分隔的和低技术的小规模生产，技术的专门化和严格保密，低效率的手工操作，行会对生产人员和技术的垄断，“一着鲜，吃遍天”的认识，使人们不去积极学习本行业以外的新知识和新技术，长时间的劳动也使劳动者根本没有空闲时间。在这样的社会条件中，作为传播现代科技知识的博物馆很难接触广大的手工业生产者，也很难接触和吸引更广泛的观众。

历史进入19世纪，随着资本主义生产体制的确立和发展，对劳动者素质提出了新的要求，劳动者要掌握一定程度的现代科学知识，要掌握操纵机械的技能，要能够与机器配合，要能够协调一致地工作。生活方式的急剧变化也导致了新的社会问题，从自给自足到出卖劳动力，从手工生产到成为机器的奴隶，从恬静的田园到喧嚣的城市，使许多人感到困惑、不满、甚至反抗。为使民众理解和适应新的社会生产关系，掌握新的谋生技能，减少社会变革造成的冲击和震荡，19 世纪中叶，一些资产阶级学者和社会团体，提出了“社会教育”和“民众教育”，并注意发挥学校之外的其他社会教育机构的作用。总之，机械化生产使教授基础科学知识成为可能，工业化使大量人口集中到城市，人们有比较规范的休息时间，这都为博物馆教育的开展创造了必要条件。新旧社会体制变换期间，人们对新观念、新知识和新事物的兴趣，也促进了博物馆的工作热情。此外，随着大英博物馆（1759）和卢浮宫（1793）的建成开放，博物馆已逐渐脱离开学校，成为独立的社会文化机构。但是，博物馆始终保持着传播知识的传统，仍然具有利用实物进行教育的优势。我们应注意到，在新的社会条件下，博物馆教育职能具有新的表现形式。鉴于学校教育体制的完善和博物馆独立于学校之外的事实，人们将博物馆作为辅助学校教育和弥补学校教育“书本知识”为主的不足的“第二课堂”。

博物馆教育此时主要在两个层面开展工作：一方面是辅助学校的教学，这成为这一时代博物馆教育的主流；另一方面是对社会公众的教育，但规模并不大。

博物馆教育的重点是辅助学校教学，结合学校教学进度和教学要求，利用博物馆的实物对学生教学。19 世纪后期，英国一些博物馆开始组织专为学生安排的活动，如乔纳森·哈清森于 1888 年、1895 年分别建立了两所博物馆，这两所博物馆以传授知识和教育为宗旨。其中一所博物馆还组织学生来馆上课，70 至 100 名学生可坐在展厅中听藏品管理人讲课，可直接观察和触摸标本。该馆还于 1904 年增建了专用教室，并组织了面向广大学生的“藏品知识竞赛”，凡 18 岁以下的学生都可参加。英国的一些博物馆还向学校出借藏品，如利物浦博物馆在 1884 年与 64 所学校建立了长期的藏品借用联系，教师们反映，用藏品教学的效果非常好，能够吸引更多的学生。

一些博物馆也注意组织向社会公众传播科学知识和劳动技能的活动。1845 年，英国议会通过博物馆法，规定地方政府应资助公共图书馆和博物馆事业。在此之前，英国机械协会利用博物馆组织介绍科技知识和科技仪器的展览和讲演，1830 至 1840 年的 10 年间，此类活动不少于 50 次。1851 年伦敦万国博览会轰动欧洲，1852 年在这个博览会展品的基础上建立了南坎星顿博物馆。该博物馆注意到工人观众的需要，每周有三天免费参观，在晚间也开放，为那些没有机会去学校学习的人，或毕业后仍需要继续学习的人提供学习机会。

19 世纪中叶，美国博物馆也着手组织教育活动，内容则侧重于传授新技能、新技术和提高产品设计。19 世纪末，美国史密森学会副秘书长乔治·布朗·古德指出：博物馆是有教育意义的标签的集合，每一张标签配合一件精心选择的展品，“博物馆应有益于处于幼年期和学生期的人们。”他的观点强调了博物馆应配合学校教育，注意知识的传授，同时也要利用实物藏品，不能成为图表和文字的堆砌。古德曾为使博物馆成为教育机构四处奔走，但他的基本思路仍是博物馆应作为学校的扩展。

此时，美国博物馆界一些有识之士注意到博物馆工作的特点，指出博物馆教育不能成为学校教育的简单翻版。曾任美国波士顿艺术博物馆馆长的本杰明· 艾维斯· 吉尔曼指出，不同类型的博物馆有着各自特点，科技博物馆的展品是为阐述一项科学原理，或为展现自然生物的完整体系；艺术博物馆的展品则是为了欣赏。他认为艺术品具有展示自我、感染观众的力量。他注意到博物馆展览的效果依赖于观众，展览能否实现预想的目的，观众起着决定作用。他指出，观众应运用自身的能力去发现，去观察。吉尔曼发现观众参观时会产生“博物馆疲劳”，并运用摄影方法进行观众调查。他建议通过改善博物馆展览的客观条件，如改善照明，以减轻“博物馆疲劳”。1906 年，他在波士顿艺术博物馆中设立了专职讲解人员，在每周二、四、六的上午，讲解人员给 10 人左右的参观团体进行一小时的讲解。此外，在每个星期四的下午，由藏品管理人和访问学者主持关于藏品的讨论。

20 世纪 20 年代，第一次世界大战结束后，博物馆教育出现了新局面。在英国，由于战争的破坏，博物馆工作资源紧缺，博物馆将工作重点放在藏品的搜集和研究方面，教育工作不得不退居次要位置。尽管英国博物馆界仍然承认教育是博物馆重要职能，并总结出组织教育性展览、辅助学校教育和组织公共教育活动等三项工作是博物馆教育的主要工作内容，但实际上只有很少一些博物馆继续组织教育活动。同时，由于战争严重破坏了学校的教学设施，博物馆加强了与学校的联系，增加向学校出借藏品的业务。

在美国，博物馆教育呈现着完全不同的局面，第一次世界大战刺激了美国经济短暂繁荣，随之而来的是 30 年代初的“大萧条”，剧烈的社会动荡将美国博物馆教育推向新阶段。当时美国博物馆界中积极促进社会教育工作的两位人士是肯特和戴纳。他们提出“艺术为了人民利益”的观点。肯特曾任纽约大都会艺术博物馆教育部主任，他积极致力于将博物馆教育从馆内推向馆外，组织多种形式的教育活动，创建了青少年博物馆，在广播电台播出为因生理残障而无法来馆参观的人们准备的节目，组织星期六上午的“讲故事”活动。戴纳长期担任纽瓦克博物馆馆长，他认为一个好博物馆应能吸引观众，激发观众的兴趣，提出问题，引导学习。他认为艺术存在于民众日常生活之中，博物馆应引导和帮助人们认识和了解日常生活中的美和艺术。

30 年代初，美国经济大萧条，大批工人失业，社会问题严重，美国政府采取各种措施以渡过危机，措施之一是国家组织建设公共工程和培训失业工人。博物馆也被作为实施培训工作的机构，注意到一些失业人员无处可去，一些博物馆组织他们来馆参观，并安排专人讲解。一些基金会也资助博物馆组织社会教育活动。当时，博物馆界中有关“艺术至上”与“艺术是民主助产士”的讨论仍在继续，后一观点的拥护者认为博物馆不能只为艺术家和上层社会服务，还应为工人、移民和贫民服务。30 年代末，博物馆界达成共识：博物馆不是储藏所，应当发挥教育作用和提供多种服务。40 年代后期，美国博物馆界认为博物馆“为什么人”的问题已经解决，答案是为所有的人服务，今后的任务是“如何服务”。西奥多· 洛说：“博物馆已经认识到，它们的存在是为公众服务，而接受服务的公众有着明确的要求和愿望，并拒绝博物馆试图灌输给他们的东西。”

这时，博物馆已逐渐成为独立的社会文化机构，社会也注意到博物馆具有的传播新知识和提高民众素质的积极作用，尽管博物馆已与学校脱离，但博物馆在世人心目中仍被看做是“知识会粹”之地，不容推卸地承担着教育的责任。在当时的社会条件下，博物馆教育如何搞，博物馆工作人员并没有经验，只得向已粗具规模的学校教育体制学习，同时注意发扬博物馆的特点。当时的博物馆教育人员多由学校教师转业而来，为尽快开展工作，他们也因袭了学校教学的方法。还应注意到，学校为提高教学成效，采用“实物教学”的方法，而这正是博物馆的优势。于是，学校与博物馆取长补短，互为依靠，为加强和完善教育的目标走到一起来了。这使博物馆教育呈现出配合学校教育，按照学校教学进度的要求组织教育活动，在教学中突出利用实物讲授的特点。博物馆同时向学校出借可配合教学的藏品。此时的博物馆教育注重新知识和工作技能的传授，以灌输式教育为主，观众只是被动的学习者，是博物馆教育的“靶子”。

第二次世界大战后到60年代，世界各国休养生息，社会主义和资本主义阵营之间的冷战逐步升级，这一社会背景投射到博物馆工作中，使博物馆教育出现了新特点。在美国，一些人注意到博物馆展览对观众思想的影响，试图通过展览改变人们的观念和认识。美国新闻总署对这一课题进行了专门的研究，一些研究者对展览对观众的价值观念和社会生活态度的影响进行了研究。这一现象反映了人们对博物馆展览和其影响的重视，将博物馆展览作为政治宣传的手段，也反映了人们注意到博物馆观众接受和加工外来信息，并对已有的信息系统和信念加以改造的过程。这一现象表明人们对博物馆观众和博物馆展览效果的新认识：博物馆观众不再是被动的信息接收者，而是有着个人观点、知识体系和学习能力的主动的学习者；博物馆展览的效果不再是单纯的知识的传授，还要影响观众的思维方式和世界观形成。

20世纪70年代，博物馆教育工作进入新的发展高潮，对博物馆教育的认识以及博物馆教育工作的重点、内容、方式、人员、设施等都发生了显著的变化。其时，由于世界各国政治、经济、科技的发展，社会对文化遗产更为重视，对历史与现实的联系更为重视，社会教育事业的新发展，这些都促进了博物馆事业的变革，使博物馆教育增添了新内容，出现新局面。

社会教育中“成人教育”“继续教育”观念的提出，促使博物馆教育工作重点向社会教育倾斜，博物馆教育的独立性逐渐加强。在继续做好辅助学校教育工作的同时，为满足成年观众寻求“继续教育”机会的愿望，博物馆组织专题陈列，向观众介绍最新科技成果，回答人们普遍关注的社会问题，满足观众“自我教育，自我完善”的学习要求。为吸引更广泛的观众，博物馆还组织了具有轰动效应的展览，博物馆教育工作人员要向观众解释陈列主题和介绍展品，帮助观众理解和欣赏展览。博物馆教育有了更广泛的工作对象，工作内容也发生了变化，更注重满足公众为适应迅速发展的社会而产生的知识更新和自我发展的需求。

人们注意到博物馆教育的特点，对博物馆教育的性质、宗旨、对象、方法、工作的组织、工作人员应具备的学识和技能等问题进行了广泛的讨论。美国博物馆界提出“藏品是博物馆的基础，教育是博物馆的灵魂”，突出强调了博物馆教育在博物馆各项工作中的重要地位。注意到博物馆教育与学校教育在环境、对象、内容等方面的区别，人们提出博物馆是区别于学校的“非正规教育机构”。这些对博物馆教育的理论和实践特点的讨论，为博物馆教育从学校附庸的位置解脱出来奠定了理论基础。

博物馆教育工作从藏品的附庸转变为藏品的“主人”，开始组织独立的教育活动，不再只是单纯讲解和解释博物馆中已有的展览，而是根据特定的主题来组织展览，利用藏品来实现特定的教育目的。

博物馆教育工作者认识到观众在博物馆教育中的重要地位和作用，观众不再被认为是被动的“靶子”，而是积极、主动、自主地参与博物馆教育，是博物馆教育工作的基础。博物馆教育不同于学校教育，对受教育者不能采取强制的教学手段，只能根据受教育者的生理及心理发展水平、社会经济地位、文化传统、个人经历和兴趣爱好动条件组织活动，从而激发观众学习兴趣，实现自我教育、自我完善的学习过程。博物馆教育工作的最终评价标准只能是受教育者的学习效果，对博物馆认识的改变和对博物馆事业的支持。为此，博物馆教育工作者组织了广泛的观众调查和公众调查工作，以求更透彻地了解观众的需求、期望、行为表现、学习模式和学习效果。研究人员还对各种博物馆教育方法对观众学习的影响进行了研究。这些工作使博物馆教育工作人员认识到观众不是一个抽象的、概括的、主观的概念，而是具体的、实在的有着不同背景和需求的人，博物馆教育必须根据不同观众的特点组织针对性的教育活动。

博物馆教育工作方式突破了学校课堂教学的模式，改变了书本教学的方法，注意发挥博物馆实物的特点，发挥博物馆特点，让观众运用多种感官，触摸、观察、操作、嗅闻、倾听博物馆展品和展览。让观众通过亲身参与，巩固已有知识，增添新的知识，体验和理解异时异域的文化。博物馆教育突破了博物馆馆舍的束缚，组织巡回展览和流动展览，一些博物馆利用汽车、火车将展览送到各地；一些博物馆和其他社会机构合作，在机场、购物中心举办展览。许多博物馆建立专门的教育性展览展室，组织教师培训，建立教育活动收藏。

博物馆教育设施更为丰富，利用了现有的和可采用的高新信息传播技术，如幻灯、电影、电视、计算机、多媒体技术等。这些技术手段的运用，使静止沉寂的展览增添了运动和生机，使展览更具吸引力，还可以提供更多的有关展品和展览的背景信息，满足不同层次观众的学习要求。同时也使博物馆展览具有现代气息，加强了博物馆与现代社会的联系。

博物馆教育在博物馆工作中的地位显著提高，博物馆教育不再作为附属性的工作。人们认识到博物馆教育在实现博物馆承担的社会责任上有着无法取代的作用，许多博物馆成立了专职博物馆教育部门，有些博物馆甚至以博物馆教育为中心重新组建博物馆工作机构，博物馆教育工作负责人被任命为馆级领导，博物馆教育所需资源也得到更多保障。

博物馆教育工作人员的数量明显增加，博物馆教育作为专项工作职业的地位为人们所承认。博物馆教育工作专业团体相继建立，美国博物馆教育园桌会议成立于 1973 年。一些国家制定了博物馆教育工作职业道德规范。英美等国的大学中开设了博物馆教育专业，如英国的莱斯特大学和美国华盛顿大学。

博物馆教育理论建设有重大发展，适合博物馆教育实际情况的工作方法和基础理论逐步完善，对博物馆教育的各个层面进行深入探讨。美国约翰• 福克和林恩• 戴尔金合著的《博物馆体验》系统论述了近年观众研究工作的成果，提出了观众在博物馆环境中学习的“多项条件相互作用的体验模式”。英国莱斯特大学艾林• 胡珀• 格林希尔撰写了《博物馆及美术馆教育》和《博物馆与观众》等著作。

进入 90 年代，博物馆教育已成为每一个博物馆工作人员的共识，人们在从事本职工作时，注意到本职工作与博物馆教育工作总目标的关系，注意体现博物馆教育作用和效果。博物馆教育贯彻到博物馆主要工作中，特别是与藏品利用有关的工作之中。在大力组织丰富多彩的教育活动的同时，博物馆教育工作者积极参与陈列设计、宣传促销和行政管理等各项工作，以充分体现和加强博物馆教育职能。博物馆教育的服务对象更为广泛，在做好为来馆观众服务工作的基础上，注意到那些不来博物馆参观的人，或无法来博物馆参观的人。许多博物馆根据公众的不同休闲价值取向组织特定的活动，如为家庭群体观众组织的周末家庭专题活动，为残疾观众安排的可触摸的专门展览，安排用非主导语种讲解的导游人员等。博物馆教育的社会色彩更为鲜明，工作着眼点不再局限于本馆藏品范围之内，而是以当前社会重大问题和促进社会发展为工作目标，如英国博物馆界提出要注意反映社会普通民众生活和民族、妇女和宗教等社会问题。美国博物馆界提出博物馆教育工作的目标是“卓越和平等”，注意到国民素质的提高，也关注文化多样性和种族歧视等社会问题。博物馆教育更注重教育效果，不以“做了些什么”为满足，强调博物馆教育要有明确的学习效果评估标准，要有助于观众知识、技能、行为、观念、道德情操等多种能力的发展。此外，当代博物馆教育注意到博物馆教育工作要促进博物馆事业的发展，注意吸引更多的观众，使观众产生对博物馆的积极认识，建树博物馆形象，鼓励社会对博物馆工作的支持，为博物馆事业的发展争取更多的工作资源。

综观博物馆教育的发展，可以看到博物馆教育是博物馆事业固有的和基本的职能，这一职能是与博物馆事业共始终的，这是社会对博物馆的要求，也是由博物馆的物质基础——藏品——所规定的。因此，博物馆教育不是一时一地的，不是可有可无的，如果忽视、轻视或放松了博物馆教育工作，都将严重影响博物馆藏品价值的实现，严重影响博物馆事业的发展。博物馆教育的发展受到人类知识发展阶段的影响，受到社会发展的影响，不同的社会生产体制、生活方式、文化环境等因素规定着博物馆教育的工作目的、内容和方法。作为大社会教育体系有机组成部分的博物馆教育也不可避免地受到社会教育观念、体制、教学内容和方法的制约。作为博物馆各项工作之一的博物馆教育，更要受到博物馆事业发展的影响，在博物馆社会化进程中，博物馆教育的各个方面都发生了明显的变化，这在早期博物馆教育与当代博物馆教育的对比中显著表现出来。博物馆教育的发展与博物馆事业发展息息相关，博物馆教育是博物馆履行其社会责任的重要手段。通过对博物馆教育发展史的回顾，我们深刻认识到，博物馆教育的发展不是那几个人振臂一呼的结果，也不是博物馆教育部门自我奋斗的结果，她是社会发展和博物馆事业发展的缩影和必然成果。博物馆教育工作必须在前辈工作者的工作基础上，在兄弟学科的支持帮助下，在博物馆这一特定的工作环境中，审时度势，紧密团结，勤恳奉献，创造性地开辟自己前进的道路，为社会的发展，为博物馆事业的兴盛，切实承担起应尽的责任。

博物馆教育应促进观众“自我教育、自我完善”的学习

博物馆教育是近年来人们谈论得越来越多的话题，这反映了人们对博物馆教育工作的重视，也反映了当代博物馆教育工作的特点日益突出。把握当代博物馆教育工作特点，不仅有助于做好这项重要的工作，更可把博物馆工作推向新的阶段。

博物馆工作人员已逐渐达成共识，博物馆教育工作是不同于学校教育的社会教育工作，主要通过博物馆藏品、展览和博物馆组织的各种活动进行教育，受教育者主要是博物馆观众。但在实践中，我们仍可以看到，一些博物馆的教育工作似乎只是博物馆群众工作部门，或社会教育工作部门的事情；一些博物馆的教育工作仍侧重于对展览的讲解，工作形式单调；一些同志甚至认为博物馆教育工作就是讲解；评价博物馆教育工作的标准是教育活动项目的形式和数量。许多同志对博物馆教育工作现状并不满意。这些现象告诉我们，需要对博物馆教育工作的性质、特点有更深刻的认识，对博物馆教育工作的质量以更多的重视，依据我国国情和博物馆资源，进一步加强和完善博物馆教育工作。

世界博物馆教育工作发展历程可以给我们一些启示。20 世纪 70 年代前，博物馆教育工作主要配合学校教育，博物馆是学校的“第二课堂”，有些学校也将课程安排到博物馆中讲授。尽管一些有识之士指出博物馆教育应具有博物馆的特点，不应成为学校教育的翻版，但限于当时的社会条件，教育主要是传授知识和工作技能，学校教育是社会教育的主流，博物馆教育只能附庸于学校教育。70 年代时，世界经济开始腾飞，科技发明层出不穷，信息科学技术使社会生产和社会生活发生了重大变化，这对社会教育产生了深刻的影响。已有的知识经过不长的时间就需要更新，学校教育已不能满足人们工作、生活中对新技术、新知识的需求，不可能讲授迅速发展变化的知识和技能。于是，“继续教育”、“成人教育”、“终身教育” 等社会教育体制被提到日程上来，并成为与学校教育相区别、相配合、相适应的重要教育形式。此外，社会经济的发展，人们生活水准提高，从“温饱” 而 “小康”，而 “发达”，这使人们的注意力从衣食住行扩展到自身素质的完善、个人能力的充分发挥和为社会做贡献，这种愿望使人们注意到自身多种能力的培养，激发出不断学习、不断提高的要求。博物馆观众正是由这样一些公众构成的。观众的素质发生了变化，他们对博物馆的期望和要求也相应发生了变化。有鉴于此，博物馆更多地组织帮助观众实现自我完善、自我发展的教育工作，开展满足观众“继续教育”、“终身教育” 要求的工作。正是这些社会条件的变化，使博物馆教育工作从附属于学校教育的境地解脱出来，得以组织具有博物馆特点的教育活动，发展成为具

有自身特点的独立的社会教育部门。博物馆事业的发展促成了博物馆教育工作与学校教育的分离，博物馆事业的社会化，博物馆观众构成的复杂性，也要求博物馆教育组织满足具有不同文化、社会背景的学习者学习要求的活动。此外，博物馆事业的发展，规模扩大，工作人员增多，藏品急剧增加，这都需要社会增加对博物馆的投入。在当代社会，要求更多的社会投入，就意味着要有更大的社会效益。作为博物馆事业，尽管藏品保管、学术研究也是一种社会效益，但一般公众感受不到这些效益，或对此知之甚少。博物馆教育是一种可见的，且影响很大的社会效益。博物馆为使观众确实感受到博物馆对社会的贡献，也需要有意识地加强博物馆教育工作。正是这些社会、历史、文化条件，使得博物馆教育近年来取得了世人瞩目的发展。

鉴于博物馆教育近年来独立发展、逐渐成熟和完善的情况，一些博物馆工作人员将博物馆教育与学校教育区别开来。应该说，这种区别是很有必要的。只有区分开，才能认识博物馆教育的特点，才能组织适合博物馆教育特点的活动，才能准确评价博物馆教育的成绩和不足。但一些人只注意到博物馆教育与学校教育在教学形式与环境上的差别，于是称学校教育为“正规教育”，称博物馆教育为“非正规教育”。需要看到，“非正规教育”一词很容易使人产生误解。误解之一是视博物馆教育低于学校教育，是第二等的教育，从而使一些人轻视博物馆教育；误解之二是将博物馆教育与学校教育联系起来，特别是将两者的学习内容、教学方法、评估标准等同起来，都是传授文化知识或学校课程的有关内容。如果说，“正规教育”主要是指学校的教学环境和教学方法，那么，博物馆确实是在不同的环境中以不同的教学方法实施教育。但是，我们应该注意到学校的教学方法也在不断变革中，尝试着采用启发式教育、欢乐教育、团体讨论、外出实地参观、实习操作等教学方法，其中一些方法还是从其他社会教育机构借鉴来的，这样又怎么可以根据教学环境与方法来区分“正规”与“非正规”呢？一般说，在人们学习新知识、新事物、新技术这一基本点上，博物馆教育与学校教育是相同的。尽管人的学习行为要受到个人兴趣、感觉器官、感知能力、注意力、学习内容、学习环境、教学方式等因素的影响，但人们对外界新事物、新知识的感知、接受、整理、记忆、提取的学习过程是相同的。学习就是学习，学习过程中的个别因素不能改变学习的性质和特点。“正规”与“非正规”的说法并不能帮助我们从根本上认识博物馆教育与学校教育的区别。

当代博物馆教育与学校教育的基本区别是什么呢？我认为，博物馆教育是激励、促进、帮助观众“自我教育、自我完善”的社会教育。博物馆教育是由承担着社会教育责任的社会文化机构“博物馆”为满足观众自我教育、自我完善和发展的要求而组织的非强制性的教育活动或行为。博物馆教育注重学习者多种智能的综合发展，注重以非强制手段达到预期的教育目标。

人一生中受教育的方式大致可分为两种：社会强制性教育和自我教育。社会强制性教育是社会为保证自身的存在、延续和发展，在特定机构中实施的具有规定学习内容和学习标准的教育，有规定的时限，以强制的形式来完成。人是社会的主体，人的生命又是有限的，为了人类社会的延续和发展，前人必须将已掌握的各种知识和技能，以及对未来发展的构想传授给后人，使后人掌握生存本领，掌握创造和发展的知识，遵守社会交往的规范。这种教育是维系社会和使社会绵延下去的基本保证。这种教育必须在一个人正式进入社会，能够承担起应尽的社会责任之前完成。这项工作是由学校来承担的。学校教育使人们掌握最基本的社会生存和发展的知识和技能。有规定的课程安排，统一的学习内容和学习要求，学习者必须学习和掌握这些知识，并以考试的方式来测试学习者对学习内容的掌握程度，凡不能达到学习要求的学生，或者说考试不及格的学生，就不能毕业，也就是说他没有掌握社会要求他掌握的知识。尽管学校教育也采用欢乐教学、启发式教学等方法，其目的也只是使学习者更快、更有效地掌握教学内容，尽快达到教学要求。社会强制性教育的内容多是受教育者的前辈人的生产、生活、社会交往经验的总结，多是前辈人认为后人应该掌握的各种知识，学习者本人常不能根据自己的兴趣和需要选择学习的内容。

当人们真正进入社会以后，“师傅领进门，修行靠个人”，今后的路怎么走，就要靠自己的努力。后人将面临着与前人完全不同的社会环境，科技的发展，社会的进步，推动着人们学习新的劳动技能，适应新的生活环境，遵守新的社会生活规范。为应付新的挑战，人们必须不间断地学习，利用各种学习媒介和学习条件学习。学习能力是人的天性，从降生人世间的那一刻起，人就开始运用自身的各种感官去感知周围的世界，与周围的人与物进行交流。人的一生是持续学习的一生，“活到老，学到老”是人们为适应不断变化的社会环境而努力学习的真实写照。学校教育只是人们一生中学习前人社会生活经验，并为自己进入社会做好准备的阶段。学校教育为人们进入社会奠定了基础，人们可以利用在学校中学到的知识去寻求解决现实问题的途径，并在解决现实问题的过程中总结出新的经验，获得新的知识。但学校教育的时间毕竟是有限的，在学校中学到的知识也是有限的。人们仍然需要运用自己的学习能力不断地探索、总结和吸收新的知识，弥补缺环，从而使自身的知识体系更为充实。这种学习就是人们为自我完善和发展而具有的自我教育的能力。

自我教育学习者在自身已有知识的基础上，运用自己的各种感官，通过外界各种学习媒介和社会传播媒介，学习最迫切需要的知识，即有选择地学习。自我教育必须由学习者本人来选取、确定学习内容，并用自己熟悉的语言、概念对学习内容进行解释和理解，然后将这些新知识与已有的知识联系起来，纳入自身知识体系中，将这些新知识储存在自己的头脑中。当日后需要这些知识时，可通过回忆，通过某种触发物，将这些知识提取出来，用于决策、指导行动或表达自己的观点。自我教育是学习者在对新知识的理解的基础上进行的学习，理解是自我教育的关键，而理解只能是学习者本人用自己的语言对新知识进行翻译和解释。另外，学习者在进行自我教育学习时，对学习内容有很强的选择，只有他们感兴趣的学习内容，如能够解答他们心存疑问的问题，能够帮助他们解决工作、生活中的困难，能够帮助他们更清楚了解和把握周围世界的知识等，学习者才会主动地去接触、感受和努力去理解、记忆这些知识。学习者的学习选择受到自身知识体系和思维方式的影响。如一些人只对与所从事的工作有关的知识感兴趣，另一些人则兴趣广泛，涉猎百家。“自我教育”学习者的学习选择在很大程度上是由个人兴趣决定的，他们的兴趣是否完全由他们的内在条件决定的呢？

“自我教育”学习者的学习兴趣，或说学习动力主要是由本人的学习要求决定的，是由学习者的知识体系决定的，即是由学习者的内在条件决定的。但需要强调指出，学习者的这些内在条件受到外在社会因素的强烈影响，甚至可以说，这些外在社会因素以学习者内在学习需求的形式表现出来。人们之所以要学习，是由于已有的知识不能解决现实中的生产、生活和社会交往中遇到的问题。例如，一些老年人学习跳舞，他们的身姿已不优美，为什么还要学习这优雅的活动呢？对他们来说，让别人欣赏自己的舞姿是次要的，重要的是借跳舞这一活动来平衡脱离紧张工作以后的不适心态，锻炼身体，掌握一种社会交往的方法，能够与其他同龄人在一起。学习跳舞，为这些老年人提供了解决自己身体和社会生活中遇到的新问题的有效手段。还应看到，尽管这些社会压力、外在条件是客观存在，对每个人的影响应该说是相同的，但由于学习者本人条件的不同和他们对这些因素的认识的区别，这些社会压力对学习者的影响是不同的。例如，计算机技术是当代最有影响的科学技术之一，一些青年人认为计算机技术是高科技的代表，是通往信息世界的钥匙，于是倾囊购置，认真学习使用方法；而一些老年学者则没有这种热情。总之，“自我教育”学习者的学习动力受到社会现实条件和发展状况的影响，是学习者本人的自身条件、对外界因素的认识和对社会因素对个人生活、工作、社会交往的影响的认识所规定的。今天，随着物质生活日渐丰富，人们对生活质量提出更高的要求，追求更高层次的精神生活。人们对生态平衡、社会安定、自身素质的完善、道德情操、审美能力等问题更加重视，更为迫切地学习有关知识。

“自我教育”的动力来自学习者本人的内在学习要求，但“自我教育”学习行为的发生却不能只靠学习者本人的意愿。“自我教育”学习的实现需要使学习者置身于特定的环境中，接触特定内容的知识和信息，通过学习媒介，激发、激励、促进和帮助学习者认识和理解他们感兴趣的知识，帮助学习者将这些知识纳入自身知识体系，加强学习的长期记忆效果，从而提高学习效率。客观的学习环境、学习条件在“自我教育”学习中有着不容忽视的作用。其中学习内容、学习媒介和学习环境是关键因素。学习内容要求准确全面地介绍和讲述某一方面的知识，要用观众感兴趣的形式来表现这些知识，用观众可以理解的语言、概念来表达这些知识。注意到“自我教育”学习者学习的选择性和跳跃性特点，要注意所介绍知识的逻辑性，注意知识的不同部分和层次之间的逻辑联系。既要注意将新知识与观众的自身经验和知识体系联系起来，又要防止旧知识对新知识的干扰、误导和歧义等问题。学习媒介是表现和传播知识的各种方式，激励和帮助观众学习的各种手段。在博物馆，学习媒介包括展品、展览、展览说明、展品标签、解说设备、可操作的展览设施、现场演示、计算机、电影电视、声响、气味，以及导游讲解、学术报告、各种书面材料和书刊等。简而言之，凡是能够激励、促进、帮助观众学习的各种有形无形的信息传播手段都是学习媒介。学习环境是指学习行为、学习过程发生时学习者所处的客观物质环境。这种环境构成了学习者的学习行为背景，为学习者提供相关的辅助和强化信息，为学习者创造利于学习的氛围。例如，艺术博物馆与科技博物馆的环境条件就是不同的，它们的展品、展览设计、建筑、展厅装修、灯光、色彩都有明显的不同，甚至环境氛围也有很大区别。艺术博物馆静寂、典雅，弥漫着优美与庄重；科技博物馆则激越、活泼，充满了运动和创造。在这样的环境中，学习者会产生不同的学习要求，会产生相应的学习行为。在艺术博物馆，学习者通过欣赏、遐想和情感激发来学习；在科技博物馆，学习者通过触摸、操作和获得新知识、新技能的兴奋之情来学习。学习环境还可直接影响学习效果，影响学习者的观念。例如，将动物关在铁笼中，或将动物放置在模拟生存环境的场地中展出，或将动物散养于动物园中，游客乘汽车入园参观，这对参观者都会产生不同的影响。看着铁笼中的动物，人们可以了解动物的形态和习性，但也会产生对动物的优越感和怜悯感；看到生活在仿真生存环境中的动物，人们会对动物与环境的关系有所认识；而当观众坐在车中观看自由活动的动物时，此情此景将会触发他们认真考虑人与动物、人与自然的关系。

“自我教育”学习者是否只注重对知识和概念的学习呢？是否只是为了弥补自身知识的缺环或空白呢？对知识的学习确实是学习者的主要学习内容，其原因大概是由于人们在学习时必须将具体的实物、现象、联系转换为易于把握和理解的词语，即概念，这使人们产生学习即掌握概念的印象；另外也可能是学校教育的后遗症，学校教育传授的都是已形成概念和理论体系的知识，人们习惯了这种学习方法。事实上，除知识、概念学习以外，“自我教育”学习者是在学习使自己全面发展的各种知识、技能、行为规范、思想观念和情感。西方学者霍华德·加德纳认为人具有七种智能，即语言、数学逻辑、空间、音乐、动觉、人际交往和自省能力。他认为学校教育只注重了语言、数学逻辑和自省能力。尽管具体到某个人时，他可能有一项或两项智能会比较突出，但应该注意人的各项智能的的全面发展。当人们结束学校教育后，在参与社会生产、生活的过程中，是会发现自身某些方面的缺陷，从而要求加强这些方面的学习。或因个人的某项特长逐渐显现出来，从而加强这方面的学习。当然，有些人并没有意识到自己的某些欠缺，这就需要社会给他们以影响和提示。博物馆教育工作应注意到社会教育的特点，要根据社会发展阶段的要求，培养和增强人们的各种智能。

博物馆教育工作不能局限于知识的传授。如果只注重新知识的传授，博物馆教育工作将会陷入窘境。这是因为，观众在博物馆中的参观时间通常为 1 ~ 2 个小时，在这短暂的时间中，观众会接触和感受大量的新鲜信息，包括博物馆建筑、周围环境、展览设计、小卖部、其他观众、博物馆工作人员、还有博物馆疲劳等。其中最主要的可能要算是展品了，观众会看到几十件，几百件展品，甚至上千件展品。很难想象人们会在这样短的时间中记住如此多的信息。何况大量信息在短时间中涌如大脑时，大脑还要采取防止“信息过载”的保护措施。此外，人们又怎能认识和理解由大量展品所传达的抽象信息呢？国外博物馆界曾做过多次观众调查，了解观众参观后对知识、概念的学习情况，结果发现相当多的观众只记住很少，甚至没有记住展览中的知识和概念。如果只从知识学习的角度来看，这个结果是让人感到沮丧的。但如果换一个角度，从学习者多种智能发展与自我完善的角度看，这种情况正表明了博物馆教育的特点。博物馆教育工作需要注意到博物馆学习的特点，不要试图在短时间内给观众灌输大量的知识，那只能使观众茫然不知所措，或是囫囵吞枣不知所云，甚至产生逆反情绪。博物馆教育应根据观众的条件，积极创造有利于观众学习的客观条件，协助观众发现学习的兴趣点，激发观众的学习欲望，帮助观众理解想学习的知识，实现学习过程，并帮助观众巩固学习成效。博物馆观众是博物馆学习的主体，他们是“自我教育”的学习者，博物馆教育工作必须根据观众学习的特点组织教育活动。

必须认识到，尽管博物馆教育工作是服务性的，看起来只是为观众提供他们感兴趣、想学习的知识，但博物馆教育工作并不是观众的附庸，不可随波逐流，唯观众需求是从。博物馆教育工作必须有确定的教育目标和具体的教学内容。博物馆教育是社会教育的组成部分之一，承担着社会教育的责任，必须服从社会教育的总目标和总任务，目的是为了社会的稳定和发展，并根据由博物馆所处的社会的发展状况规定的全体社会成员应具备的社会生产、生活、交往和发展的知识与能力，即一般社会成员应具备的基本素质而确定教育内容，同时为一些人更新知识、掌握新技能提供培训和学习的机会。博物馆教育工作应服从这个总目标，并在总目标的指导下组织适应社会发展需要、为社会认可的教育活动。

前文谈到选择性是“自我教育”学习者的特点之一，这似乎表明学习者主要依个人兴趣确定学习方向和学习内容，而兴趣似乎有很大的随意性。如果我们进一步追寻学习者兴趣的根源，就会发现这些兴趣其实也是由学习者所处的社会环境决定的。农民对新农药、新农业科技感兴趣，公司职员对计算机技术感兴趣，学者对本专业领域的最新观点感兴趣。中国人对艾滋病、吸毒、种族问题的兴趣似乎就不像美国人那样强烈。学习者的学习兴趣是在前代社会知识总结的基础上，对当代社会新出现的知识、技术和观念的学习欲望，对当代社会重大社会问题解决方法的探求。这些学习兴趣不会脱离开当代社会已获得的，或正在探索的知识领域。另外，还要注意到学习者的学习兴趣也受到其所处的社会需求层次的影响。根据社会需求层次的理论，人们的社会需求是不同的，并可按顺序发展的等级排列。处于较低级的社会需求是关系到人的基本生存条件，如食品、水、住房等；处于较高级的需求是人的自我实现。当人们处于不同的社会需求层次上时，他们会有不同的学习要求和学习兴趣，要求掌握所处社会需求层次的知识，同时表现出对高一级需求层次所需知识的兴趣。需要注意，社会需求层次的理论尚不完善，人们仍在讨论、修改和发展有关的理论。但这一理论提出的学习要求与人们的社会需求，即与社会条件相关的观点是值得注意的。根据当代社会发展对知识的需求，博物馆教育工作可以确定观众感兴趣的学习内容，同时结合着博物馆特定的藏品，注意到观众对某一博物馆的具体期望和要求来设计、组织和实施教育活动。

博物馆教育根据社会发展状况所规定的教育目标和内容来组织活动，博物馆观众是由受社会条件制约并激发的学习兴趣来学习，正是在这一点上，博物馆教育工作的工作目标与博物馆观众的学习要求一致起来，也正是以此为基础，博物馆教育才有了广大的教育对象，也才能为博物馆观众所接受。博物馆教育要想充分发挥教育和帮助观众学习的能力，必须切实把握当前社会教育的总目标和基本内容，必须切实了解当前社会发展状况对观众学习兴趣的影响，这两点是博物馆教育获得成功的基本条件。只有当教育者的教学愿望与学习者的学习兴趣是一致的，当想教的内容与想学的内容是一致的，方能获得良好的学习效果。博物馆提供给观众的知识正是观众感兴趣的，是切实实用的，观众才能自觉自愿地学习。如果提供的知识内容与观众的学习愿望脱节，只能是事倍功半。

博物馆作为社会教育机构，应当依据社会当前发展状况的要求组织教育活动。落后于时代，会被世人讥为“古物陈列所”；盲目超前，又会落得“曲高和寡”。从世界各国博物馆组织的教育活动项目中，也可看到根据本国国情组织教育活动的特点。发达国家博物馆多组织介绍高新科技、宣传生态保护、介绍民族文化和土著文化、提高审美能力和丰富人们业余文化生活的教育活动。发展中国家博物馆则侧重组织普及文化和科学知识、增强民族自尊心和自信心、进行爱国主义教育的教育活动。这种现象并不表明博物馆教育的发展程度和先进与否，只能是各国社会条件的差异在博物馆教育工作中的反映。

博物馆教育工作者组织教育活动时，不仅要考虑观众的社会条件、文化背景、生理和心理发展阶段、职业、参观目的的差异对学习的影响，也要注意博物馆这一特殊的学习环境的影响，注意学习媒介、学习方式、学习目的、学习成效评价标准和教育者等因素的影响。

博物馆观众是学习者，他们参观时有学习的愿望，这已为大量观众调查工作所证实，许多观众承认“学习”是他们参观博物馆的主要动机。但是，这种“学习”只是一般化的学习愿望，常常缺少具体的学习目的和确定的学习内容。这一特点很容易解释，因为观众并不确切知道他们将会在博物馆中看到怎样的展品和展览。此外，观众多在闲暇时间参观博物馆，对他们来说，参观博物馆是一种休闲活动，是要在博物馆中度过一段愉快美好的时光。很难想象人们会利用这些时间从事系统、认真、刻苦的学习。根据观众调查资料，我们还了解到，人们参观博物馆时，多组成某种形式的社会群体，如学校团体参观、旅游团队、与亲朋好友同行、与家庭成员同行、与恋人同行等。参观时，观众会与同行的人交流学习体验，共同学习，相互促进，这种情景是与课堂教学截然不同的。总之，有一般的学习愿望，却没有明确的具体学习内容，以休闲者的身份，置身于社会群体中的学习者，这就是博物馆观众作为学习者的特点。

博物馆是一种特殊的学习环境。博物馆的环境因素包括博物馆所在地点、周围环境、建筑风格、建筑体量、馆内装修、展厅布置、定向定位设施、服务设施、色彩、照明、气味、“氛围”、观众的“感受”、以及博物馆中展出的各种展品等，这些都构成了观众的学习背景。博物馆环境即提供了特定的知识背景，也成为规定观众学习行为的行为背景。作为知识背景，当观众置身于特定的博物馆环境中，周围的环境因素可帮助他们了解博物馆的特点和学习内容的性质。如艺术博物馆、历史博物馆中展品材质和形态的不同，展览布置手法的差异，可帮助观众迅速确定所要学习的知识，并帮助他们调动个人的知识贮存。作为行为背景，观众会根据环境条件来确定自己参观时的行为表现，如在气氛庄重、色调淡雅、展品井然有序的艺术博物馆中，观众会自觉地低声交谈，放慢脚步，仔细欣赏，认真品味，不随意触摸展品；而在气氛热烈、色调明快、展品布置活泼有趣的科技博物馆中，观众会感到兴奋，大声议论，动手操作，并不时爆发出欢快的笑声和惊喜的喊叫。如果将这两种行为表现的环境条件互换，人们会觉得极不自然，极不适宜。

博物馆学习媒介也有独具的特点。博物馆学习媒介主要有展品、展览、展品标签、展览说明、博物馆组织的各种教育活动和印发的讲解材料及书刊等。其中最主要的是展品和展览。人们常讲博物馆教育具有“实物为主”的特点，其因或源于此。“实物为主”是以人的感官为基本学习手段来获取各种信息，并主要通过实物传播博物馆希望观众掌握的信息，这一特点符合人们“百闻不如一见”、“耳听为虚，眼见为实”的学习心理。这个特点正是博物馆教育的优势所在。但我们要注意“实物为主”学习方法的不足，注意实物对观众学习的影响。简单的实物陈列、展品堆砌，很难使观众把握展览要领，茫然不知所云，无法理解和掌握展览设计者的意图，不能感受和接受博物馆实物传达的信息；观众在大量实物面前感到无所适从，因而产生“学不如人”，“水平低下”的自卑念头；面对美轮美奂的实物，浮想联翩，加强“拜物”感受，使“人”与“物”的位置颠倒；大量新奇、陌生的实物，常使观众“信息过载”，大量信息涌入反倒使学习者无法整理、理解和记忆，学习效果大打折扣。有鉴于此，博物馆教育注重发挥“实物为主”的特点，应将“实物”作为文化载体，是具有多种文化内涵的实物，是集文化、历史、社会、欣赏、技艺、物质等多种因素于一体的实物。要注意实物自身，它与其他物品的关系，它在博物馆陈列中的位置，它与环境条件的关系，都反映和传递着特定的信息。博物馆教育“实物为主”的特点还要求博物馆应注意建立博物馆藏品与观众的联系，将博物馆藏品中适宜的信息传递给适宜的观众。在选择、确定教育目标和教育内容时，在设计、组织教育活动时，要以博物馆藏品为基础，以真实的藏品为基础，围绕藏品做文章，让观众了解、发现藏品中的各种文化因素，让静止、客观和被动的藏品真正具有活力。博物馆教育“实物为主”并不能以表现藏品研究人员对藏品的兴趣、喜爱和理解为最终目的，不是帮助藏品展示、表现和宣扬自己，不能“见物不见人”，而是要从帮助观众学习的目的出发，帮助观众了解博物馆藏品，了解博物馆展览，帮助观众克服参观时的心理和生理上的困难，帮助观众在博物馆中学习。

博物馆观众在博物馆中的学习方式主要是观看展品和展览，阅读展品标签和展览说明，在一些参与性的展览中触摸、嗅闻和操作展品，参加博物馆教育活动，出席学术报告，观看电影、电视、幻灯和演出等。需要注意，尽管同是利用视觉，观看实物展品与阅读书刊有着很大区别。在观看实物时，视觉会有选择地观看引起兴趣的部位，或是只看到物体的大致轮廓而忽略了细节，视觉还存在着偏差和误差，这些都影响到观看者对物体的准确把握。观众学习的另一个主要方式是交谈，向同行者介绍自己感兴趣的展品，抒发个人观感，解答同行者的疑问，提供自己知道的专业知识。交谈时，观众在帮助别人的同时，也复习和巩固自己已有的知识。在博物馆中，观众除要准确全面地认识实物，还要思索和把握这些实物包含和传递的信息，这对准备在博物馆中度过轻松愉快时光的观众来说，可真是一项艰巨的任务。大多数观众可能并没有这样的思想准备。

很多人来博物馆参观是为了“学习”，而他们设想的学习并不是要记住大量枯燥的数字和事实。他们的学习目的是要满足自我教育、自我丰富、自我完善、自我发展的要求，是要使自己的身心获得全面和综合的发展。由此看来，对博物馆观众学习成效的评估也应有完全不同的标准，不能只以记忆知识和事实的多少为标准，而应该以人们的知识、技能、态度、观念、道德情操、社会生活能力的提高为标准。

除注意学习者的学习特点之外，博物馆教育还要注意教育者，即博物馆教育工作人员的特点。从事博物馆教育工作的人员主要有博物馆教育工作组织者、讲解员、问询处工作人员、教育活动组织人员等。这些人员的信念、工作态度、工作技能、举止仪容、声音语调、一颦一笑都会给观众留下深刻的印象，影响到观众的学习情绪、学习方式、学习行为和学习效果。仪表大方，语调亲切，谈吐自然的讲解员会很快赢得观众的信任和喜爱，观众对讲解员介绍的知识和事实会有深刻的印象；姿容不整、举止懒散的工作人员会使观众产生“这个展览是否重要”的疑问；讲解员在讲解时表现出的对博物馆工作的热爱，对展品的理解，对观众学习热情的尊重，都可以加强观众学习的信心，提高观众学习的热情。面对有着“自我教育、自我完善”要求的观众，博物馆教育工作者不能以“教师”的形象出现，不能采用“灌输式”的方法，应该努力成为观众的朋友，热情引导观众参观，以适当方式激发观众的兴趣，以“画龙点睛”的方法帮助观众理解展览的主题，用通俗易懂的语言将博物馆准备传播的信息与观众的自身知识体系联系起来。

博物馆教育的工作性质，博物馆教育对象的特点，以及博物馆教育工作因素的特点，都表明博物馆教育已成为不同于学校教育的独立的社会教育机构之一，成为采用具有博物馆特色的教育方法的社会教育工作部门。今天，社会公众“自我完善、自我发展”的愿望更为迫切，“自我教育”学习行为更为普遍。当代博物馆界也认识到博物馆教育是博物馆对社会的重要贡献，是促进博物馆事业发展的重要条件，是确保博物馆在社会文化市场中位置的有力手段。

加强和完善博物馆教育工作，首先应对博物馆教育的工作性质、社会作用、工作总目标等基本问题有准确的和明确的认识。随着社会不断发展，博物馆教育的社会条件、社会地位、工作环境、教育对象、教育目标、工作手段和资源条件也发生了变化，博物馆教育必须有相应的改变和发展。

加强和完善博物馆教育工作，还要使博物馆教育确实成为博物馆中心工作之一，要让全体博物馆工作人员明确认识到博物馆所承担的社会教育职责，认识到博物馆教育与博物馆的生存和发展息息相关；要让全体工作人员切实认识到本职工作与博物馆教育的关系，认识到本职工作的教育作用，清楚了解怎样实现博物馆教育；要让全体工作人员了解博物馆教育工作部门的工作目标、方法、特点和要求，了解博物馆教育工作部门的运作方式和工作程序，了解如何配合博物馆教育工作，如何使本职工作加强博物馆教育工作的成效。

加强和完善博物馆教育工作，要有组织上的保障。要组建专职博物馆教育工作部门，明确该部门在博物馆组织机构中的位置以及与其他工作部门的关系，明确规定该部门的工作权限。在博物馆最高决策层中，要有领导人直接负责该部门的工作，反映该部门的工作需求，协调博物馆教育部门与其他部门的关系。要切实保障博物馆教育工作所需的各项资源，适当增加对该项工作的投入。

加强和完善博物馆教育工作，要建设一支热爱博物馆教育工作、专业技能娴熟、与同事密切合作、受观众欢迎的专业工作队伍，这是组织高质量的博物馆教育工作的基本条件之一。要切实注意对教育工作人员的培养，使他们掌握博物馆教育工作理论和实施博物馆教育工作的各种技能与方法。要改善工作人员待遇，保证队伍稳定。要加强博物馆教育理论建设，时刻关注社会发展对博物馆教育提出的新要求，探讨新的教育方法在博物馆教育工作中的应用，评估和检验这些方法的效果。加强观众研究工作，对观众构成、兴趣爱好、行为表现、学习模式等课题进行持续的调查和分析，以保证博物馆教育工作满足观众的学习要求。

博物馆教育工作的发展是博物馆事业社会化进程的必然结果。博物馆是社会指定的社会文化遗产和其他社会文化财富的管理者，博物馆要管理好这批社会财富，更要让这批社会财富发挥日益巨大的社会效益。博物馆在要求社会增加对博物馆的投入的同时，应对社会发展作出更大的贡献。博物馆教育就是当代博物馆事业确定的为社会作出的贡献之一。博物馆教育工作在博物馆这一特殊学习环境中，工作资源也不充分，面对着素质、兴趣、要求各异的博物馆观众，承担着艰巨的社会教育任务。唯有重任，才使人奋起；唯处困境，才能创造奇迹。我国广大博物馆教育工作者正是在默默之中不息地耕耘，用自己的工作创造着博物馆的辉煌。

博物馆藏品的意义：社会行为的物化

博物馆藏品有着丰富的内涵，在此基础上，博物馆得以开展丰富多彩的研究、陈列和教育活动。全面认识和系统揭示博物馆藏品的社会、文化内涵，将推动博物馆各项工作的开展。笔者将博物馆藏品置于其产生和被利用的社会背景和历史过程中考察，讨论博物馆藏品不同层面意义的内容和特点。

《现代汉语词典》解释“意义”一词有两种含义，其一为“语言文字或其他信号所表示的内容”，其二为“价值；作用”。因本文侧重讨论博物馆藏品的内涵、内容，文中的“意义”一词侧重于前一种含义。

一、博物馆藏品的意义

博物馆藏品的意义是博物馆藏品所表现和表达的与博物馆藏品相关的社会行为和社会活动，包括个人和社会群体的生产、生活、社会活动，以及精神活动。博物馆藏品是这些社会行为和社会活动的产物，并因此而形成了自身的存在和表现形态，同时，通过自身形态和存在方式记录和反映这些社会行为和社会活动。

在我们将博物馆藏品意义定义为“社会行为和社会活动”时，有必要讨论涉及博物馆藏品意义的几种认识：

“博物馆收藏的自然标本藏品的意义是否也是人的社会行为的物化?”博物馆藏品中的历史、艺术、民俗、科技类藏品，因与人们的生产、生活、精神活动关系密切，其作为人类社会行为的产物和物化载体的性质是容易被理解的。自然标本作为自然界中的物质、物种，其生成、生长过程是自然的，未受到人类的干涉，它们自生自灭，似乎只是一种与人类社会无涉的纯自然现象。但是，自然标本从自然界进入博物馆，必须经过搜寻、采集、确认、制备、鉴定、研究、保存、利用、陈列等程序，这些工作都是人类行为。收藏这些自然标本，以及对自然标本的类型学研究和专业学术研究，是人类精神活动和知识的体现。运用自然标本宣讲科学知识，提高人们的科学水平，增强人们生态保护意识，更表现出人类认识能力的发展。因此，自然标本成为博物馆藏品的过程，体现和表现了人类的社会行为。

“博物馆藏品的意义是确定的知识，或是特定的历史事实”的认识是否准确呢?长期以来，博物馆藏品是作为显在知识的形象表现和潜在知识的载体而被收藏的。在西方博物馆中，博物馆藏品曾是知识的婢女，是为表现特定的知识体系而被收藏利用的。现在看，这种认识有明显的片面性，这种认识将博物馆藏品视为是历史的、静止的、孤立的，从而割断了博物馆藏品与现实社会的联系，忽略了博物馆藏品自身存在形式对其意义表达的主动影响。

博物馆藏品是历史的产物，是在过去的某一时刻产生的，其自身记录着它产生和存在期间的“沧海桑田”，是历史变迁的真实证物。但是，博物馆藏品又是在今天被认识、被博物馆收藏的，人们之所以收藏这些物品，并不是根据历史的价值观去评判它们，而是根据现实社会的价值标准和知识体系去判断它们。人们利用这些物品，也是为满足现实社会的需求。博物馆藏品的搜集、保存、利用等工作都映射着现实社会的物质和精神活动。因此，博物馆藏品不仅反映历史，也反映当代；不仅反映客观世界，也反映人们的精神活动；不仅表现其自身，也表现着博物馆工作人员的素质和追求，表现着博物馆的工作目的和发展构想。

博物馆藏品不是被动地、静止地反映着“知识和事实”。博物馆藏品是信息载体，也是信息传播媒介，它对其自身意义的表现和传播有强烈的能动性影响。与环境因素结合，博物馆藏品可以突出或淡化其某些意义成分；与观众结合，博物馆藏品则成为传递和发送不同信息的载体，其自身形态直接影响观众对其意义的了解和理解。例如，一幅珍贵的艺术绘画，如果将它悬挂在美术馆中，观众将注意到构图、色彩、笔意、画面内容、艺术风格等艺术成份；如果将它陈设在皇家宫寝之中，人们将注意到其珍稀贵重的价值，从而对皇家的靡费奢华有更直观的认识。

二、多层面的博物馆藏品意义

博物馆藏品在成为博物馆藏品之前，在人类生存环境和人类社会中经历了或长或短的流传过程，由于物品自身形态的改变和社会条件的变化，与该物品相关的社会行为、社会活动和社会需求也发生了变化，这些变化使该物品获得了多层面的意义。例如，周代铜鼎，周代时作为礼器，具有政治、宗法、社会体制的意义，又可用于烹饪和盛放食物，从而又反映了周人的生活习俗；周代以后，周鼎成为一些人探究“周礼”的佐证，具有“复古”的意味；现代一些学者通过对其铸造工艺的研究，再现了古代劳动人民杰出的智慧和精纯的生产技能；20 世纪 90 年代，我国政府将一尊以周鼎为原型的“世纪宝鼎”赠送给联合国，赋予了铜鼎象征中华民族宏大深厚的传统文明的意义。

博物馆藏品具有多层面的意义，那么，有哪些层面呢？各层面的意义有什么特点呢？各层面意义有着怎样的相互关系呢？注意到人们在揭示和理解博物馆藏品意义时，通常都是由具象到抽象，由表象到概念，由简单到复杂，有鉴于此，讨论博物馆藏品意义的多层面性时，可参照人们的认识程式，从藏品的自身浅表意义入手，逐步深入。据此，博物馆藏品意义可大致区分为“自我”、“历史”和“现实”三个主层面，各个主层面又包含了若干子层面。

1.“自我”意义层面

“自我”意义层面主要回答“是什么”、“做什么用”的问题，基本反映了该物品的初始状态以及它在存在、流传过程中自身形态及用途的变化情态。这一层面又可分为“实物形态”、“用途”、“环境”等三个子层面。

“实物形态”表明该物品存在的物质表现形态，如质地、形制、结构、色泽等。由于每一件博物馆藏品都有其独具的社会流传过程和社会需求，即每一件博物馆藏品都有其独特之处，因此，还可再分出一个特定博物馆藏品独具特点的意义层面，以表现该博物馆藏品可见的、可感知的、独具的特点。如司母戊鼎的雄壮造型和气势，仰韶文化的“双鱼人面纹盆”。

“用途”意义通过该物品的形制、使用痕迹等因素，表现和传达与该物品的初始用途和次生用途有关的信息。这一意义主要表现博物馆藏品在进入博物馆之前的各种用途及用途演变情况。一件物品的用途大致包括制作加工、初始用途、修补、用途改变、次生用途、流传等方面。该物品的用途越多，使用时间越长，其中所物化的社会行为、社会活动就越丰富。另外，“用途”还应包括该物品的使用者的情况。

“环境”意义是与特定物品的存在环境、流传环境相关的信息，包括自然地理环境、人文环境、社会历史环境等方面。自然地理环境因素表达了人类对自然资源的利用和局限，表达了当时人类对自然的认识。如北京猿人的石器多以当地可找到的石英岩打制而成，石英岩性脆，故很少能打制出大型石器。环境因素在艺术作品上表现得更为明显，如南方多青山秀水，表现江南风情的绘画多静柔绵软；北方多枯山峻岭，展示北方风土的绘画多雄健峭拔。“环境”意义通过质料、用途、制作者和使用者的自然观及社会观在物品中的流露、特定环境的特定物品等途径在博物馆藏品中表现出来。

博物馆藏品“自我”意义层面主要表现了该物品的性质、性能、用途，具有直观、具体、特殊、浅显的特点。其中，“实物形态”最为直观，“所见即所得”；“用途”则需要对形制、痕迹等因素综合考察之后，才可有准确的认识；“环境”需要在前两者的基础上予以判明。

尽管博物馆藏品的“自我”意义具有上述特点，但这并不意味着对它的认识是一目了然的。对“自我”层面意义的认识要经过确认个别表象，并将多项个别表象集合起来，发现它们之间的相互关系和使之有意义的因素，这是信息搜集、整理、整合的过程。在这一综合过程中，人们要对各种因素综合评估，排除偶然，排除次要，确保准确认识该事物。博物馆藏品“自我”意义有助于人们判明该物品的历史位置和自然位置，通过时间的参照系，将该物品与现代联系起来。通过对博物馆藏品具象和社会行为痕迹的辨识、确认和解读，人们认识到该物品是与人类社会有关的，是反映了特定历史时代人类的活动，从而为进一步了解博物馆藏品深层次意义开辟通道。另外，通过对博物馆藏品“自我”意义各因素的辨识、确认和思考，人们意识到这些成分是客观的、真实的，是历史地形成的，因而是可信的。博物馆藏品自身的真实性，加强了博物馆藏品所传达、传播信息的可信度。

2. “历史”意义层面

博物馆藏品“历史”意义是博物馆藏品可表达和体现的与自身形态相关的社会、

文化、历史信息。鉴于博物馆藏品是历史上曾存在过的浩繁物品的仅存硕果，义不容辞地承担起代表和展示以存在过或已逝去的物质文化的责任。博物馆藏品的“历史”意义又可再分为“同类物”、“文化”和“社会与文化发展阶段”等几个子层面。

“同类物”是博物馆藏品反映和体现的与其质地、制作、形制、用途等相同或基本相同的同类物品。作为同类物的代表，博物馆藏品具有典型、代表的特点，能够体现同类物的基本特点、特征。正因其典型，也就具有与它类物相区别的特点、特征。如考古器物类型学研究中的典型器物，就兼备表现同类物特征和非同类物的差异的功能。

“文化”层面的完整含义是“该物品作为其所隶属的文化的物的代表”。在这一意义层面，博物馆藏品的代表性更为广泛，它不仅代表同文化的同类物，同时也可代表同文化的非同类物。此时，它所突出的是本文化的共同特点和与其他文化的相异之处。如龙山文化的黑陶蛋壳高柄杯，可以作为龙山文化陶器的代表；又如京剧的“脸谱”，可以代表京剧文化。

博物馆藏品要表现和反映其存在过程中经历的各个社会和文化发展阶段，从而具有代表“社会和文化发展阶段”的意义。例如我们常说“唐代文物”、“抽象派绘画”等，就是以某件物品作为特定社会阶段或艺术流派的代表。

博物馆藏品之所以能代表其自身以外的其他物品和文化现象，除其自身是在历史的某一时刻产生，在历史上曾被使用、流转，在此过程中记录了特定历史时期的社会行为、社会活动和社会现象，是历史的档案记录；还因为历史上曾存在过的浩繁物品，在自然和人力的作用下，绝大部分已湮灭无存，留存至今的历史物品，遂成为我们了解历史发展进程的重要资料。这些物品是研究工作的基本材料和对象，研究人员运用各种现代科研手段，力图获取更丰富的历史信息，或对已掌握信息进行多角度、多层面的解释。换句话说，这些物品构成了我们认识历史现象、历史发展进程的基础和框架。当人们依据这些物品能够提供的历史信息而取得某些研究成果和结论时，这些物品就成为我们立论的直接的和最基础的证据。再次，博物馆藏品搜集工作也使得博物馆藏品具有代表、典型的特点，由于工作资源的限制，博物馆不可能将所有记录人类和人类生存环境的物品都搜集为博物馆藏品，只能有选择地搜集，博物馆藏品选择标准和选择工作就意味着博物馆藏品能够和必须代表那些未被博物馆收藏和不够博物馆藏品标准的物品。

博物馆藏品“历史”意义具有普遍、概念化和联系的特点。博物馆藏品“历史”意义应能反映更广泛范围的事物、事件所具有的共同的特征。如司母戊鼎可作为方鼎的代表，又可作为商代铜鼎的代表，还可作为商代青铜文明的代表。鉴于“历史”意义主要表现普遍特征，就必须抛弃个别事物的独具特点，而强调相互之间的一致性和共同具有的特点。这要求人们从一般特征和一般联系中去把握，从而形成“概念”。例如，司母戊方鼎作为商代青铜文明的代表，并不意味着所有的商代青铜容器都与司母戊鼎同一模式，而是司母戊鼎集中体现了商代青铜礼器拙重、刻板、诡秘、凛凛然不可犯的风格和商代青铜容器的造型特点。对这些特点的认识和把握，必须从个别商代青铜器中抽取共同的特征，归纳抽象，形成有关商代青铜器特征的概念。此外博物馆藏品“历史”

层面的意义还具有“联系”的特点，只有在此物品与它物品的联系中才能发现它们共同的特点，抽象出表明其共同特点的概念，体现其典型、代表的功效。

博物馆藏品“历史”意义所包容的三个子层面的关系是怎样的呢？可以看出，这三个子层面的外延范围逐渐放大，内涵概念逐渐抽象，物品与其所表现的意义的关系越来越不直观，更需要从概念、理念上去把握。

3.“现实”意义层面

博物馆藏品是由博物馆工作人员根据博物馆藏品标准搜集入藏的，是在当代知识体系框架中被研究的，是由承担着社会责任的博物馆为满足社会需求而被利用着的，因此，当代社会的观念、意志、需求通过各种途径影响着博物馆藏品，并通过博物馆藏品映射出来。博物馆藏品并不是“历史”的保险箱，将历史和现实决然隔绝开；博物馆藏品是一只“百宝囊”，将历史与现实、自然与人文融洽地交织在一起。

博物馆藏品的“现实”意义是在博物馆藏品的研究、利用中所反映、折射出的当代社会对博物馆藏品的认识和需求。大致可区分为“社会”、“博物馆”和“未来”三个子层面。

“社会”意义层面又包括当代社会对博物馆的认识（“社会认识”）和对博物馆藏品应满足的社会需求（“社会需求”）这两个分层面。“社会认识”层面是当代社会知识体系和价值观念在博物馆藏品的搜集、研究、利用中的反映。对博物馆藏品的性质、种类、价值作用、重要性以及博物馆藏品的管理、研究等问题的认识，无不反映出当代社会对博物馆藏品在当代社会中的地位、作用、价值的认识。如古希腊时代视收藏为对神的供奉，文艺复兴时期视收藏为知识的体现，而当代社会则认为博物馆藏品是记录人类发展过程的证物，是促进社会发展的重要资源。对博物馆藏品性质及社会作用的认识直接影响到博物馆藏品的搜集和利用。当代博物馆认识到博物馆藏品应包括“无形文化存在”，声响、图像、运动皆可纳入博物馆藏品范畴；认识到博物馆藏品不仅包括其物质实体，还应包括体现其价值、意义的环境因素；认识到博物馆藏品的社会、文化信息内涵将随着人类认识能力的发展而不断地被揭示出来，因此，对博物馆藏品的保护不仅要保护其“躯壳”，更要保护其“灵魂”——文化内涵；等等。对博物馆藏品的新认识，确保了博物馆藏品在当代社会中的位置，极大地拓展了博物馆藏品的利用范围。在博物馆具体工作中，我们也可看到当代社会知识体系与价值体系在博物馆藏品中的反映，如博物馆藏品分类标准和管理体系即反映出当代社会对物质世界和知识体系的认识。例如，手工制作的金银制品与生产这些物品的生产工具，一些人认为金银制品的价值远高于手工生产工具，其理由可能是由于金银材料更为珍贵，制作这些物品需耗费更多的人力，因而其凝集着更多的社会平均劳动时间。显而易见，这种看法受到商品经济价值观的影响。如果以历史遗产和人类社会发展证物的观点看它们，则至少应是同等重要的。

“社会需求”是博物馆藏品“社会”意义层面的另一重要内容。社会所以要投入大量的社会资源去搜集、研究、保护、利用博物馆藏品，并不是要将它们作为展现社会富足程度的窗口，而是要利用它们，以满足当代社会和未来社会的需求。对于当代社会来说，主要是满足“自我认识”和“变革发展”的需求。“自我认识”只能在比较中获得：与历史比，明确当代社会的发展阶段；与其他民族、文化比，明确本民族、本文化在世界所处的位置。有了准确的自我认识，才能增强自信心，才能确定正确的发展方向。博物馆藏品多为历史文物和异域文化物品，这正反映了社会要通过比较确认自我的需求。“变革发展”需求则体现在社会要求博物馆藏品发挥为社会和社会发展服务的功效，博物馆藏品要表现和传播积极、高尚、进步的知识、行为、观念和道德。对一些初始功用并不积极的物品，博物馆也会以积极的态度来重新塑造它，开掘其对当今社会具有积极作用的意义。如古代明器，其初始功用仅为随葬，是迷信奢华的产物，而现代博物馆则多从历史意义、艺术成就方面来表现它们，赋予它们以展示历史发展的积极作用。

“博物馆”意义层面是博物馆藏品映射出的博物馆这一特殊的社会文化机构的性质和作用，以及博物馆以博物馆藏品为媒介所要求达到的工作目的。这其中又包括“博物馆工作需求”和“博物馆发展需求”两个分层面。

“博物馆工作需求”意义层面又包括展览主题、传达展览组织者和博物馆工作者的观念、满足观众需求和吸引更多的观众等内容。

“展览主题”是博物馆藏品以自身存在形态，以自身所反映和代表的知识体系、历史过程、艺术形式来表现更为深刻、抽象的观念、道理和价值取向。如中国通史陈列以形象化的展品表现中国历史发展进程，陈列所要揭示的主题则是“中华民族是具有悠久历史和辉煌成就的民族；中国对人类社会的发展做出过，并必将继续作出更大的贡献”。展览主题蕴含于展品的相互关系之中，蕴含于构成展览的各个要素的相互联系之中。展览主题规定了每件展品在展览中的位置和作用。展览中的博物馆藏品不能以表现自我为基本任务，必须服从、服务于展览主题的准确和全面的表现。

“传达展览组织者和博物馆工作人员的观念”，当博物馆藏品以陈列、图录、研究成果的形式与观众、公众见面时，它在表现“自我”和“历史”意义的同时，必然会反映出对其研究和利用的博物馆工作者的观念。博物馆工作人员的学术观点、价值观念、社会责任感、希望博物馆藏品发挥怎样的社会作用等都或明显、或隐蔽地显露出来。

“满足观众需求，吸引更多观众”，人们多认为博物馆是收藏珍贵文物的场所，在博物馆可以看到难得一见的真实的历史文物。观众希望在博物馆中看到真文物。博物馆工作者也希望通过展出“本馆特藏”，使观众感到与众不同，不虚此行，从而吸引更多的观众到博物馆来。

“博物馆发展需求”意义层面表达了博物馆要建树积极的工作形象，确定博物馆社会地位，体现博物馆的社会价值，推动博物馆事业发展的要求。这一意义主要通过博物馆以博物馆藏品为基础开展的各项工作，特别是在博物馆藏品的搜集、保存、研究和利用方面表现出来。博物馆是体现社会“自我认识”和“完善发展”意识的社会文化机构，根据科学发展程度和社会发展需求来保护和利用社会文化财富。对博物馆藏品的妥善保护和积极利用，表现了博物馆忠实履行社会赋予的职责，依据社会发展和社会需求组织有利于社会发展的工作，这样，博物馆理所当然地应在当代社会中占有一席之地，并得到社会对博物馆生存和发展所需资源的切实保障。

“未来”意义层面反映了当代社会和博物馆在博物馆藏品上寄托的对社会未来发展的构想，以及对博物馆藏品在未来社会中能够发挥怎样作用的期盼。社会是发展的，我们需借助历史来把握自己在社会发展进程中的位置。同样，我们的后代也会借助我们所经历的历史时代来认识他们自己的社会发展阶段。我们愿意为后代奠定更坚实的发展基础，让后人更全面、准确地把握我们这一时代的历史是我们的责任。我们不希望我们这段时间在后人的历史中留下模糊，甚或空白的形象。为此，博物馆切实关注社会发展趋向，切实了解当代社会的特点，搜集、保存能反映当代社会的性质和特点的物品，“为了明天而搜集今天”。博物馆藏品记录了我们对昨天和今天的理解，也记录了我们对明天的期望。

博物馆藏品现实意义具有潜在、间接、象征的特点，它通常通过博物馆工作，即博物馆利用藏品的方式，将博物馆藏品置于怎样的知识学科体系之中，以及博物馆藏品之间的联系表现出来。例如，当代许多博物馆通过展示已灭绝的动植物标本，警示观众，警示世人：人类生存环境现在正受到极大的威胁，人们必须迅速行动起来，保护生态环境，也保护人类自身。这些动植物标本发挥了提高公众保护生态环境意识的现实作用，而这种作用的发挥，与当代科学发展水平和博物馆工作者的工作是紧密相关的。

博物馆藏品现实意义是客观存在，尽管其表现形式与“自我”和“历史”意义不同，尽管其与博物馆藏品的实物形态的关系比较疏远，尽管它的表现需要博物馆工作者的参与，尽管对它的把握需要观众的共鸣，但不能因此就否认博物馆藏品现实意义存在的客观必然性。

博物馆藏品现实意义中的“社会”、“博物馆”与“未来”这三个子层面的关系，不像“自我”与“历史”意义的子层面那样有递进从属的特点，而是共时并存，并驾齐驱，互相渗透。

随着社会发展、社会环境和社会需求的改变，人们对博物馆藏品“现实”意义和其内涵的理解是不同的。与“自我”、“历史”意义的内涵相对稳定的特点不同，博物馆现实意义是不断变化，不断扩展的。这一点似乎提示我们，博物馆藏品在现实社会中的作用是不受局限的，博物馆工作者可发挥主观能动性，创造博物馆藏品新的利用形式，将博物馆藏品与现实社会更紧密地联系起来。

4. 各意义层面的相互关系

考察博物馆藏品各个意义层面的表现形式和特点，可以看到，从“自我”、“历史”，到“现实”意义层面，表现出从具象到抽象，从表象到逻辑，从整体到选择，从规定到任意，从客体到主体的发展关系。

从具象到抽象，即从看得见、摸得到的实物形态到抽象的概念、观念、道德准则和行为规范。

从表象到逻辑，即从物质、色泽、形制、结构、用途等具体物质特征的直观表现，到概念、观念的把握，以及个别概念、观念与知识体系的联结和结合。

从整体到选择，即从各个构成要素的综合来把握具体的、个别的物，到根据物的某一典型特征、基本特征、本质特征体现它的代表性和典型性，以实现它的指代、象征作用。

从规定到任意，主要是表明对特定物的具体形制、用途的规定，到根据该物的某些特点而使其成为某一范畴的物、观念、景象的代表。如新石器时代的磨制石斧，可以根据椭圆形断面、梯形器身、圆弧形刃等特点将其与石铲、石锛、石凿、石刀等石器区别开，从而确定石斧这一特定的器类；我们又可根据其质地、制作方法和用途，将其作为新石器时代的代表器物；还可根据其磨制技术、钻孔技术来表象新石器时代工艺制作水平、生产力发展水平；还可根据其造型的比例、弧面，来探讨古代人的审美观念。

上述几种关系表明了随着从具体、个别的物的认识到抽象、广泛的概念的形成，人们对特定物的知识的运用范围的规定和扩大，使得博物馆藏品不同层面意义的内涵更为抽象，外延则随之扩大。

从客体到主体的发展变化关系表明使用者在认识、理解和运用博物馆藏品意义的过程中，参与程度逐渐加大。当观众在了解、认识博物馆藏品“自我”意义时，通常将博物馆藏品作为存在于观众之外的客观的物来看待，与自己并无直接关系，尽管观众也要运用自己的知识和经验来探究、感知、发现、综合有关特定博物馆藏品的信息。当着观众将博物馆藏品作为一种媒介，以认识了解更广泛的事物，扩充自己的知识，改善自己的生活质量时，观众需要更多地参与到这一认识和提高的活动中，需要将自己的感受、知识体系、价值观念等与博物馆藏品更密切地结合起来，观众将更多地注重自己的需求，自己的思维活动和情感活动，而博物馆藏品也由观众注意的“主角”逐渐转换为“配角”。

博物馆藏品意义从“自我”，“历史”，到“现实”，表现出一种递进的关系，对深层次的意义的认识依赖于对浅层次意义的认识和把握，抽象意义依赖于对具象意义的认识和把握。换句话说，博物馆藏品具象意义是抽象意义的基础。

同时，我们还看到，博物馆藏品意义尽管是客观存在，但对藏品意义的把握，仍需要博物馆观众的主动参与。当人们要求博物馆藏品发挥更普遍的教育意义时，人们的参与程度就会更加深入。这似乎提示我们，博物馆藏品意义的再现和作用的发挥，需要观众的参与，观众是使博物馆藏品真正发挥作用的重要因素。

三、博物馆藏品意义的实质是社会行为的物化

博物馆藏品在其存在期间，经历了长期的历史过程、不同的社会环境、以及多种社会条件的共同作用。博物馆藏品通过自身的存在形态、用途和流传过程，记录和表现着

使其具备博物馆藏品的条件和成为博物馆藏品的社会行为和社会活动。

博物馆藏品所表现、体现的是社会行为和社会活动的过程，是特定的具有普遍意义的社会行为过程。博物馆藏品不是作为表现某一社会行为结果的物而存在的，是要表现使其具有特定形态、特定用途、特定意义的社会行为过程。作为表现具体行为结果的物，博物馆藏品的意义只能是特殊的、封闭的和孤立的。而作为表现典型社会行为过程的物，博物馆藏品的意义将是普遍的、开放的和联系的。此外，社会行为过程的主体是人，是生活、活动于特定社会、历史、文化环境中的人。当博物馆藏品反映社会行为过程时，它可以反映社会行为过程的主体，反映社会行为过程与其他社会行为、社会活动的联系。人们看到的博物馆藏品，将不只是其物质形态，而是社会关系总汇的物化表现。

博物馆藏品是历史地形成的，从其制作之日起，直到今天，其间大致可分为“前博物馆藏品”、“博物馆藏品化”、“博物馆藏品后”三个阶段。

前博物馆藏品阶段是指某一物品在被博物馆收藏之前的整个存在过程，其间大致涉及制作、被使用者获得、使用、交换、修补、遗弃、再利用、流传、传播等主要的社会行为和社会活动。由于物品的制作目的不同，用途不同，使用者不同，使用条件及使用环境的不同，使得与不同物品相关的社会行为和社会活动的内容、形式也是不同的，由此而反映出不同的社会意识、社会观念和社会道德。

博物馆藏品化阶段是某一物品为博物馆收藏，成为博物馆藏品的过程，或者说，因被社会文化机构——博物馆——收藏而成为社会化收藏的过程。这一阶段主要包括设定标准、选择鉴定、藏品确定等社会行为。

博物馆藏品标准似乎与藏品本身关系不大，因其只是博物馆根据社会需求、博物馆工作需要而制定的一些规定，由于各博物馆工作条件、工作重点的不同，各馆的博物馆藏品标准也各不相同。这使博物馆藏品标准具有随意、特殊的特点。但是，博物馆藏品标准并不因此而不重要，它实际上反映了社会对博物馆藏品的认识，反映了博物馆工作者对社会需求的认识，以及对博物馆藏品在博物馆中发挥怎样作用的认识。博物馆藏品标准是当代社会发展水平和人们的知识水平、认知能力的综合体现。博物馆藏品通过映射当代对博物馆藏品的社会需求，使自己具有新的意义和更为重要的社会位置及社会作用。选择鉴定工作是依据当代知识水平，对某一物品的即往历史和可否满足当代社会需求进行全面的揭示和评价，从而确定该物能否成为博物馆藏品的社会活动。博物馆藏品确定工作是通过入藏、登录、标注等工作，使博物馆藏品新的社会身份、社会地位和社会作用得到确认。

“博物馆藏品后”阶段是博物馆藏品身份获得至博物馆藏品身份失去的期间，在这个阶段中，与博物馆藏品相关的主要社会行为是存放、保护、研究、利用和基于博物馆藏品的传播。存放是为确保博物馆藏品安全和方便利用而对博物馆藏品实物与相关信息的管理。保护是运用法律、行政、经济、科技等手段对博物馆藏品实物、信息、收益和社会地位的维护。博物馆藏品研究的范畴相当广泛，对博物馆藏品内涵意义的揭示和利用是博物馆藏品研究的主要内容。博物馆藏品利用是对博物馆藏品实物和信息的多种方式、途径的利用，以及对利用活动的管理。这些工作不仅保障了博物馆藏品可以更长久地保持其实物形态和性质，使博物馆藏品作为社会文化财富的物质基础得到保护，也为博物馆工作者日后运用更先进的手段揭示博物馆藏品潜在的意义提供了保障。

博物馆藏品后阶段中的博物馆工作，使博物馆藏品“自我”意义和“历史”意义得到更充分的展示，同时也赋予博物馆藏品以新的意义，即通过在博物馆环境中对博物馆藏品的保护和利用，将博物馆的性质和作用投射到博物馆藏品上，使博物馆藏品也具有博物馆的社会公益事业的特点，即要为社会和社会发展服务，而不是为个人和小团体的利益服务。此外，博物馆藏品要为实现博物馆的性质，发挥博物馆的社会作用，巩固博物馆社会地位，促进博物馆发展服务。博物馆藏品具备的这些新品质，使博物馆藏品的意义更为丰富，价值更为增加。

通过前面的讨论，可以看到，有关博物馆藏品的社会行为、社会活动是非常丰富的，它们对博物馆藏品的形态、性质和意义等因素的形成的影响是各不相同的，在博物馆藏品上留下的印迹也是不一样的。那么，如何理解社会行为过程在博物馆藏品上的物化呢？我认为，可根据对博物馆藏品意义的理解，根据博物馆藏品不同意义的特点和表现方式，讨论对“物化”的理解。

首先，我们注意到，尽管博物馆藏品能代表、能反映的社会、历史、文化、科技现象是广泛的，但却不是无限的。仍以周代铜鼎为例，它们流传至今，但只能反映周代的青铜铸造工业，反映周代社会生产力发展水平的一个侧面，而不能反映周代以后的金属加工业的发展状况。宋代“金石”收藏家对周鼎的搜集，可以反映出宋代的社会政治状况和古器物研究水平，但与当代博物馆对周鼎的收藏相比是不可同日而语的。因此，尽管伴随着我们对博物馆藏品内涵和作用的认识的深入，博物馆藏品将会发挥日益广泛的作用，但博物馆藏品的能力仍要受到限制，即博物馆藏品必须与其所表现、表达的事物、事实、观念有直接的、逻辑的、“合情合理”的关系。这一限制主要是由人们对博物馆藏品的认识所决定的。人们认为博物馆藏品与其所表现、表达的事物、事实、观念的关系必须是人们可通过逻辑推理方法能够认识、能够验证的，是客观的，因此具有科学的性质，不是主观臆想，凭空猜测。

与博物馆藏品有关的社会行为过程在博物馆藏品中的物化形态，是由博物馆藏品自身的特点和博物馆藏品意义的特点共同规定的，并不是自身形态的简单的、孤立的表现。博物馆藏品的构成要素包括实物、相关信息和环境条件，博物馆藏品意义也可通过这几方面表现、表达出来。博物馆藏品实物要素又包括自身的实物形态（其中包括材料、重量、形制、色泽、结构、纹饰、声响、气味、滋味、介质、影像等）、制作工艺、用途、使用痕迹、标识等；博物馆藏品信息要素主要是以文字、图像、电子等方式记录的有关流传、使用的情况；博物馆藏品环境要素是博物馆藏品在“前博物馆藏品”、“博物馆藏品后”阶段中的各种使用环境、条件、方式等；除这三项之外，博物馆藏品意义物化形态还可再增加一项，即“博物馆藏品组群间的联系”。这主要是因为博物馆藏品深层次意义通常要依赖博物馆藏品间的联系才能表现出来，观众也只能通过确认、发现、理解博物馆藏品间的联系，通过博物馆藏品间的类同、对比、烘托、排斥等关系，获得更抽象、更具广泛代表性的认识。综合言之，博物馆藏品意义的物化形态是人们可见、可触、可记录、可表现、可感知的客观实在。

鉴于博物馆藏品不同层面意义的物化形态的不同，其与博物馆藏品实物的关系也会有一定的差别。首先，我们必须肯定博物馆藏品各层面的意义都与博物馆藏品实物有实在的联系。其次，再确认联系的方式有一定差异。浅表、具象的博物馆藏品意义直接依附于博物馆藏品，而抽象的意义则以博物馆藏品为基础，依托、凝集于博物馆藏品实物。

博物馆藏品意义的表现形式也依各自的特点而呈现出不同的模式。“自我”层面的意义多取直观表现的形式，“历史”层面意义多取间接表达的形式，“现实”层面的意义则多取象征、寓意的形式。

博物馆藏品的理解：基于实物的学习过程

博物馆藏品理解是博物馆学习的重要环节，也是博物馆教育工作者关注的重要课题。博物馆陈列其藏品，组织各种主题的展览，是希望观众在观赏展品的同时，理解展品的意义，理解展览所传播的知识和观念。那么，观众能否理解展品，怎样理解展品，理解到怎样的程度，能否对观众的理解程度进行评估，能否帮助观众更好地理解展品，这都是博物馆教育工作者关注的问题。

在实际生活中，我们常看到专家学者对展品的学术内涵如数家珍，娓娓道来；也看到一些观众将展品与家常用品相比较，更有一些观众将展品贬之如“敝屣”。在博物馆观众留言簿中，也常可看到观众赞叹“精美的文物，悠久辉煌的历史”。这些现象表明，博物馆观众对博物馆藏品的理解，是与博物馆工作者，与专家学者对藏品的理解有一定差距的。讨论博物馆藏品的理解问题，将有助于我们更透彻地了解观众，了解观众的学习特点，了解博物馆教育的特点，从而更好地为观众服务，促进博物馆教育工作科研和实践的发展。

在相当长的一段时间中，博物馆工作者认为博物馆观众是被动的知识接受者，他们像海绵一样，无选择地吸纳博物馆灌输给他们的知识和观念；或者像进入藏宝洞窟的阿里巴巴，将可拿走的宝贝尽数装走。那时，似乎谈不上对博物馆藏品的理解，如果要谈，也是帮助观众记忆知识的一种手段。近年来，随着博物馆工作者对博物馆观众的学习行为，对博物馆藏品的性质、特点和作用的深入了解，人们开始注意博物馆藏品理解对帮助观众学习的重要作用。此外，对博物馆学习的一些特殊问题，也需要我们对博物馆藏品理解做更深入的探讨。西方博物馆界一些致力于博物馆观众研究的人士发现，博物馆观众很少能记住展览中的知识性内容，对此，他们深感困惑。于是，一些人提出要重新解释博物馆学习，或重新考虑博物馆陈列的基本原则，使博物馆陈列更通俗、更具娱乐性。近年来西方博物馆界关于陈列的“娱乐性”和“严肃性”的讨论，不无受到这些认识的影响。应该说，观众只能记住很少的展览中的知识的现象是客观存在，如何来认识和解释这种现象呢？我认为，在讨论这一现象时，需注意防止一些认识误区。如“观众掌握的知识是以语言表述的概念”，在学校教育中，知识是以文字的形式传授的，学习者需掌握的知识概念与这种知识概念的表述形式是一致的，即都是语言文字形式，因而有利于学习者的掌握、记忆和复述；在博物馆教育中，知识是以实物形态、运动过程呈现的，需要学习的知识概念与其表达形式有差异，观众需要更多的时间来梳理、归纳、判断和记忆；又如“博物馆藏品信息是单一的，以知识概念为主”，认为博物馆藏品是知识的物化表现，在专业学术上有特定的位置，而忽略了博物馆藏品不仅有学术意义，它也是社会活动、社会观念、社会文化的透镜，其所蕴涵和表达的知识是多方位、多层面和多形态的；再如“博物馆藏品是信息凝聚体，其信息可直接感知”，认为博物馆藏品自身就是信息，就是知识，记住博物馆藏品就是记住知识，而忽略了博物馆藏品作为信息载体，它也是传播媒介。作为特定形态的信息传媒，博物馆藏品对所传播的信息，以及由其沟通的信息传播活动产生或积极或消极的影响。

博物馆藏品理解是学习的重要环节，那么，我们可否运用一般的学习理论解释这一现象呢？我们应该借鉴一般学习理论，但也要注意一般学习理论的局限，考虑博物馆学习的特点。一般学习理论通常基于学龄儿童、青少年的学习情态，在学校或类学校的学习环境中，主要是知识学习，主要通过文字和语言学习，教授方法基本是“传授式”等；博物馆学习则是“全年龄段”学习，学习者包括儿童、青少年、成年和老年各个年龄段，在博物馆这一集休闲、娱乐、学习、探索、社会交往等活动的社会环境中，主要通过实物观察和社会影响学习，学习以学习者的主动探索、自主学习为主。学习条件的差异，主要是学习对象——博物馆藏品——的差异，使得博物馆藏品理解具有一些独具的特点。

总之，博物馆藏品理解是在博物馆环境中（也应包括参观之后在其他环境中，但这是博物馆环境条件的延续），由具有自主学习要求的博物馆观众，通过博物馆藏品媒介而产生的学习活动。在讨论博物馆藏品的理解时，我们必须考虑这些特殊条件的影响。

一、什么是博物馆藏品理解

在日常生活工作中，我们常接触到“理解”一词，日常说话中的“理解”是否适用于博物馆藏品理解呢？据《现代汉语词典》，“理解”的含义是“懂；了解。”进一步的解释是“知道得清楚。”显而易见，这一解释对我们讨论博物馆藏品理解是太简单了。

我们知道，观众到博物馆参观的主要目的是学习，博物馆工作者也希望通过展览向观众传播特定的信息，博物馆学习活动是以信息交流和传播的形式进行的。参考教育学和信息传播学对“理解”的认识，有助于我们加深对博物馆藏品理解的认识。

从教育学和心理学角度考虑，“理解”是“通过独立思考达到对事物的本质和内在联系的认识。”①。理解是学习过程的重要环节，在理解学习对象和学习内容时，学习者要运用自己的经验，分析具体的学习对象和学习内容，经过比较、归纳，抽象出概念，再将其应用于实践活动中，或与正确答案比较，或用于解决类似的问题，从而确认该概念和认识的正确。

《简明不列颠百科全书》对“理解”（Understanding）的释义是：“领悟事物的能力

① 王一秀主编：《中国教育行政管理大词典》，光明日报出版社，1991年。

或行为；把对个别事物的认识归结到一般性关系的认识能力；应用概念和范畴；从日常经验中发现意义的能力。”

从信息传播学的角度考虑，理解是信息接收者对信息发送者传播特定信息的确认，对这些编码信息的正确解码和解读，准确了解这些信息所传送的意义，了解信息发送者的用意，从而与信息发送者实现互动，或给信息发送者特定的反馈。

我们注意到，教育学对“理解”的认识似乎侧重于对学习者能力的强调，理解主要是学习者自己努力的结果，自身能力的体现，自身素质的提高；信息传播学则在注重学习者个人因素的同时，也注意到信息发送者对信息接收者“理解”的影响，以及双方的互动关系。

在借鉴相关学科研究成果的基础上，考虑到博物馆教育和博物馆藏品的特殊性，考虑到博物馆工作目的对博物馆工作的规定和制约，笔者认为，博物馆藏品理解是对博物馆藏品的意义和其传播的信息的认识和应用；博物馆藏品理解既是行为过程，也是心理情态。

对这个认识，需要做一些解释：

博物馆藏品理解主要是对博物馆藏品意义的理解。学习过程中的理解是对学习对象的概念、本质、规律的准确认识、识记和应用。那么，我们可否说博物馆藏品理解就是对博物馆藏品本质的认识呢？我认为，博物馆藏品本质是以概念表现出来的特定博物馆藏品所归属的学术范畴，是单一的、确定的、抽象的和孤立的。但是，博物馆藏品并不仅仅是学术知识、概念的物化表现和实物性注释，博物馆藏品是内涵非常丰富的物，它综贯古今，融汇自然与人文，是静止的物质实体与运动的社会行为过程的结合，是严谨的科学与浪漫的情感的汇聚。博物馆藏品的意义非常丰富，其中也包括博物馆藏品的科学意义。

另外，对博物馆藏品的理解，不仅是对博物馆藏品自身的认识，对博物馆藏品学术定义的把握，也关系到对博物馆藏品所传播的信息的理解。在博物馆实践中，博物馆藏品更多地承担起传播媒介、认识工具、交流渠道的作用。它常常要传播一些并不属于自身的信息，如科技展览传播的要重视人类生存环境的信息，历史展览传达的爱国主义的理念。博物馆藏品要传播这些似乎与己无关的信息，看起来似乎降低了自身的地位，但实际上却是发挥了更重要的社会教育作用，体现了博物馆作为社会教育机构的特点，同时也在博物馆藏品与观众之间建立起了更广泛的理解的基础。

认识和应用博物馆藏品意义及博物馆藏品所传播的信息是博物馆藏品理解的主要内容，这种表述方式也是要强调，博物馆藏品理解不是被动地、不走样地识记、记忆和背诵现成的定义、概念和知识。理解需要博物馆观众运用自身经验和能力，从众多信息中确定有用信息，将各种说明浅表现象和意义的信息综合、分类、概括和抽象，使之能反映和代表博物馆藏品的某一层面的意义。这种初步的抽象认识还要再经过检验，或是应用于解决问题的实践之中，或是与博物馆提供的正确答案相对照。在博物馆中，常可看到，有的观众看到一件器物后，常根据自己的经验，根据器物质料、形制、装饰等形态特征，猜测该器物的用途，之后再与展品说明进行比较，或征询讲解人员的意见，当答案与自己的猜想相符时，这些观众常表现出非常兴奋。

博物馆藏品理解是一种行为过程，同时也是这个行为过程的结果情态。我们应特别重视博物馆藏品理解的发生、发展过程，作为一种行为过程，博物馆藏品理解要经历从知之甚少到充分理解的过程，其间会出现反复，要重新搜集、检验、分析原始数据，重新分类和归纳，获得新的认识和概念；其间还可能出现歧义，走上岔路，得到错误的认识。作为一种行为过程，它不仅是作为学习者的博物馆观众的内化的思维过程，同时还必须具备必要的客观条件，特别是博物馆学习是主要由内驱力推动下的学习活动，如果缺乏充要的客观条件，这一学习过程很难发生，或者很难获得博物馆工作者所期望的学习效果。

博物馆藏品理解作为一种结果情态，是博物馆观众运用自己的语言、信息代码将博物馆藏品的意义和相关信息纳入自身知识结构，储存起来，在需要的时候可将其调用，以应付新的问题。博物馆藏品理解作为名词，作为情态，只是对观众理解行为的结果的描述，而绝不是观众理解行为的终点，不是博物馆观众掌握的知识的最终储存处。博物馆工作者应认识到这一点，让观众理解博物馆藏品意义和相关信息并不是我们工作的终极目的，让观众在他们日后的生活中准确地运用这些信息，在此基础上构筑更宏大、更精确的知识结构，使博物馆学习对观众的生活有积极的影响，这才是博物馆工作的目的。

二、博物馆藏品理解的实现

博物馆藏品理解基本上是博物馆观众的内在学习行为，是大脑对外界新事物的认识、记忆和整合作业。博物馆观众的个人条件和必要的客观条件有助于观众对博物馆藏品的理解，有时也制约和规定观众对博物馆藏品的理解。

博物馆藏品理解的基本条件大致可区别为主、客观两大类。主观条件主要是观众的价值观、动机和期望、经验与能力；客观条件主要是作为认识对象存在的事物和概念、帮助理解的工具以及必要的反馈和验证条件。

博物馆观众的价值观和价值取向是观众认为某物、某事是否重要，是否值得去做和做到怎样的程度，这使观众决定是否愿意对博物馆藏品做深入的理解。在对待博物馆藏品价值上，观众除给予一般的价值判断，即该物是否重要之外，还会根据自身的知识经验，判定该物的价值范畴，即具有怎样的价值，如历史价值、艺术价值、科学价值、经济价值等。在一般价值判断的基础上，博物馆观众要确定该物、该事与自己的关系，判断该物能够给自己以怎样的利益。只有当观众认识到博物馆藏品的重要性，特别是这种重要性与自己有直接的关系，可满足自己的某些需求后，才会产生进一步理解，将其纳入自身知识体系的要求，才会认真地去理解该藏品。

博物馆观众在进行博物馆藏品理解活动时，其动机和期望可促进和支持他们将理解活动进行到底，指导和约束理解活动的方向和进程，检验、判断理解活动的成效，并最终终止这项活动。在博物馆参观中，博物馆观众是积极、主动、自主引导的学习者，在没有外部压力的条件下，他们要进行深入的学习和理解，主要依靠自身内部的学习内驱力。这种学习内驱力主要是在价值判断的基础上，以及对此项活动可能带来的积极结果的驱策下，产生并得以持续的。观众对经过自己的努力而可能产生的令人兴奋的结果的追求，构成了博物馆藏品理解的目的和期望，目的是可能达到的结果，期望则是通过怎样的活动去达到预期的结果。

动机与期望鼓励和支持着观众对博物馆藏品的理解活动，观众的经验与能力则成为这项活动的工具和保障。观众的经验可为理解提供必要的知识背景、知识框架、概念，使观众可以用自己的语言来解释新的概念，建立新概念与已有知识背景的联系，确定新概念在知识体系中的位置，明确新概念与其他概念的关系，从而达到对新概念、新事物的理解。在对新概念进行解释、归类、归纳时，观众的学习能力、解决问题的能力、以及社会交往能力都要发挥重要的作用。学习能力涉及观众的学习习惯、学习方法、学习手段等方面，如有的人愿意通过观察学习，有的人则掌握更多的学习记忆方法，这都会产生不同的学习效果。社会交往能力则是观众与他人、他物、他事交往的观念和能力，这影响到观众对博物馆藏品理解的程度，是仅理解与自己有关的意义，还是深入理解藏品所表达的异时异域文化的意义，即异时异域的人们的生活情况。博物馆藏品理解不仅是知识学习，丰富自我的活动，也是观众与那些通过藏品来表现自己的观念、意志、智慧和能力的人们进行交往的活动。

博物馆藏品理解的客观条件主要包括理解活动对象、问题、工具和反馈条件。博物馆藏品理解活动对象是形形色色的藏品，即可以是单件藏品，也可以是相类同或有特定联系的一组藏品；问题是以疑问、待解答的问题形式提出的理解任务，问题可以由观众自己提出，也可以由博物馆工作者根据展览目标、学习目标设定。提出问题，有利于观众集中精力，选择确定与之有关的信息，并能在不长的时间中发现解答线索和答案，避免因不知从何处入手而放弃理解；工具是帮助观众理解特定层面博物馆藏品意义的提示、线索，以及操作和演示器材，工具可帮助观众在理解过程中验证、检验自己的想法，发现答案线索；反馈条件则可帮助观众评估、验证自己的理解是否在正确的轨道上，阶段成果和最终结果是否合理，如发生错误，则错在那里，因什么而错，如何纠正。

博物馆藏品理解活动的客观条件是使博物馆藏品理解顺利进行的重要因素。尽管博物馆藏品理解似乎主要是观众内化的活动，是其感官和大脑的活动。但是，博物馆藏品理解也是信息交流活动，信息交流必须依赖于信息媒介，并通过反馈使信息交流得以在交流双方共认的层面上进行，并获得双方谋求的交流效果。况且，博物馆展览不仅是博物馆藏品与观众的交流，更是博物馆工作者与观众的交流。作为交流活动一方的博物馆工作者，怎能放弃交流活动中自己的责任和目的呢？怎能不采取一切方法使观众了解自己的交流意图呢？因此，创造有助于观众理解博物馆藏品的条件，创造有利于博物馆交流活动的条件，是博物馆工作者需注意的问题。

博物馆藏品理解是一个渐进的行为过程，大致可区分为记忆复述、明了因果、应用验证等几个阶段，这也是博物馆藏品理解不同程度的表现情态。记忆复述基于对特定概念的语言文字介绍，以自己的语言表述这个概念；明了因果是掌握这一特定概念与其他概念、其他知识的关系；应用验证则是可以在适宜的场合、知识背景中准确地应用这个概念。例如“青铜鼎”，我们首先要识记这个“鼎”字，之后要了解鼎的基本特征和用途，之后要了解鼎与其他青铜器的关系，了解鼎在古代青铜文化中的地位，从而了解鼎在中国文化中的作用，进而了解鼎在其他场合、语言环境中的意义，如“一言九鼎”。

博物馆藏品理解过程大致又可区别为两种形态、两种路径。其一是主动的，观众主要依靠自己的努力，主动发现课题，确定学习目标，主动搜集相关信息，并据以认识到博物馆藏品深层次的意义；另一种则是被动型的，观众循着博物馆安排的思路和学习理解路径，识记博物馆提供的概念知识，操作博物馆提供的实验，从而较准确地理解特定的博物馆藏品意义。应该说，这两种不同的理解途径，其结果是“殊途同归”，只是主动形态更多地表现出博物馆观众的学习要求和学习积极性，而被动形态则是博物馆工作者根据所了解的观众学习行为特点和需求，帮助观众更方便、更准确地学习，避免主动形态博物馆藏品理解可能出现的误解、误读。

博物馆藏品理解是博物馆观众学习的主要内容，观众在以博物馆藏品理解为重点的学习活动中，不仅可以学到新的知识、概念、能力，将新知识整合到已有知识结构中，还可以从新的角度理解已有的知识，从而使已有知识得到强化和深化。如许多观众都学过历史，但很多人都是在学校中，从书本中学到的，这样的历史只是文字、图片、平面的历史。在博物馆中，观众看到众多的历史文物，如果他们能仔细观摩文物，认真体味文物自身和传达的历史文化信息，将这些三维信息与头脑中的文字历史结合起来，使历史成为“立体历史”。

三、博物馆藏品理解的特点

观众在博物馆中学习，在理解博物馆藏品意义时，会遵循一般的学习规律，会受到他们所习惯的学习模式的影响和支配。但是，由于博物馆环境和博物馆藏品的特点，也会使观众在博物馆中学习时遇到一些新的问题，会对他们理解博物馆藏品造成一些阻碍。博物馆藏品理解的特点包括基于藏品实物的理解、认识对象与传播媒介的结合、藏品具有的多层面意义、以及观众自主学习和个体条件的影响等。

博物馆藏品理解是基于实物的理解，由此而产生了认识藏品实物形态与理解抽象的意义的矛盾。博物馆藏品都是具有实物形态和外在特征的实物，是反映特定社会、文化形态的实物性资料。观众通常都将藏品作为一件“自我满足”的物品，根据其外在特征去探讨可反映的社会、文化意义，而忽略了这种深层次的社会、文化因素对藏品外在特征的规定和影响。这样，观众首先接触的是实物，首要的要求是把握实物，认识其外部特征。因观众缺乏必要的专业背景知识，他们在通过外部特征认识藏品时，只能以自己的经验作为参照系。他们会依据现代人们认识生活中遇到的生疏物品的基本模式来认识藏品，会依据自己的经验来判定藏品的功能和所表达的社会、文化意义。现代社会、现代物品的工业化和商品化特点，使得现代工业制成品，特别是人们的生活常用消费品具有功能外显、结构简化和造型美观等特点，人们常可根据物品的外观、结构、装潢等来判断其功能、价值和用途。当观众在博物馆中看到一件陌生的物品时，他们自然而然地会以自己所熟悉的认识模式来认识这件物品，并根据自己的经验来判断该物品的功能、用途和价值。应该说，这是人们认识陌生事物时不得不采用的模式，这样做有利于观众认识和把握陌生的博物馆藏品。但是，这却会使观众或以现代意识去看古代文物，或浅尝辄止，不再探究深层次的博物馆藏品意义。总之，观众的思维定式、现代社会文化背景、日常生活经验、缺乏相关学术背景和没有掌握认识博物馆藏品的正确方法等，会使他们在理解博物馆藏品意义时受到一些局限。

此外，博物馆藏品所反映、表达的历史文化信息，或博物馆藏品的历史意义，通常都是以非直观的概念和抽象的关系表现出来，此种信息内容与博物馆藏品实物形态有区别，但又通过博物馆藏品实物表达出来。于是，信息的表达形态与信息内容出现“不相容”，使得观众在把握深层次、概念化的博物馆藏品意义时感到困难。

博物馆藏品理解的第二个特点是认识对象与传播媒介的结合。博物馆藏品既是观众主要的认识对象和理解对象，同时又是传播信息的媒介。观众常常局限于藏品是认识对象，忽略了博物馆藏品作为表现、表达非自身固有信息的传媒作用，忽视了博物馆藏品的现实意义。

博物馆藏品理解的第三个特点是博物馆藏品具有多层面、多形态的意义，对不同层面意义的理解要求有不同的理解环境。博物馆藏品既有表现自身特点的外在特征，又有表现同类物、同文化物的作用，还可表达特定的社会文化现象或历史过程。不同层面的博物馆藏品意义有不同的表现形态和特点，如浅层面的自身特征多为具象的、直观的，深层面的社会、文化、历史信息多为抽象的、间接的。理解不同层面的藏品意义需要运用相应的信息编码体系，例如，认识藏品的外观特征，就需要运用视觉、感官方面的信息编码，以准确描述藏品的质料、形制、色彩、体量、纹饰等；而要理解藏品的内涵历史、文化信息，则需要运用历史、工艺、美术等抽象、概括的专业术语，还要了解相关的历史文化背景知识。这两种信息编码体系是截然不同的。如观众只具备前一种编码体系，则只能理解博物馆藏品浅层面意义。即使观众具备深层面的编码体系，但如果他不准备运用该体系去与博物馆藏品进行交流，也只能停留在浅层面的理解上。概括言之，观众只有运用与相应层面的博物馆藏品意义进行交流的信息编码体系，才能实现这种交流，才能理解博物馆藏品传播、交流的相应信息。

让我们回到本文开始时谈到的观众留言，观众通常在留言中赞叹文物的精美和文物所表现的伟大历史和文化，而这恰是最浅近和最深刻的博物馆藏品意义层面，即最两端的意义层面。为什么观众只理解这两个层面，而对介于这两个层面之间的一系列意义层面理解甚少呢？这正是观众只掌握这两个层面的博物馆藏品意义交流语汇和编码体系的表现，文物特征意义层面只需视觉语汇就可把握，而最深刻的爱国主义观念层面则因其最抽象，而具有最大的外延，与观众的爱国和民族自尊心相呼应。观众也因自己可以从具象上把握藏品，又可从最深刻的道德观念上认识藏品的重要性而感到满足。

博物馆藏品具有多层面意义，博物馆工作者也希望观众能充分利用参观的大好时机，多学习一些知识，但我们一定要注意，博物馆藏品各层面意义的表现和被理解，绝不是可以一揽子解决的。不同形态、不同性质、不同层次的信息有着不同的表现形式、交流语汇和交流方式。我们奉献给观众的博物馆藏品信息大餐，观众只能用不同的餐具，一口一口地吃。

博物馆藏品意义理解的第四个特点是博物馆观众是自主学习，他们对博物馆藏品意义的理解受到自身条件的强烈影响和局限。博物馆观众是自主学习者，他们会根据学习任务，或说要理解的课题，基于自身的经验和知识结构，根据预想的理解途径，选择有助于理解的各种信息、知识片断，进行判断，赋予这些信息片断以联系和意义，从而达到对这些信息的整体和相互关系的把握。当理解过程的某个环节、某个方面出现偏差，就会误导观众，使他们产生“误解”。例如，一些观众在旧石器时代打制石器前驻足良久，离开时说“这种石头在我们那里的山坡上多得很。”驻足良久表明他们认识到这些旧石器的外观形态特征，但他们的评论却表明他们不能理解旧石器的文化特点。观众的自主学习的热情是保证观众实现博物馆学习的基本前提，但这种自主学习又需要博物馆工作者必要的引导、提示和帮助。

博物馆藏品理解是博物馆学习的重要环节，博物馆藏品是在博物馆环境中以博物馆藏品为特定对象的学习活动，它是一个多种因素参与的具有不同发展阶段的行为过程，受各种因素的影响会产生或准确或偏差的结果。我们对博物馆藏品理解进行讨论，是对博物馆工作结果予以特别的关注。

对博物馆藏品理解的深入认识，将为博物馆陈列、博物馆教育工作提出许多新的课题，并会为获得积极的工作结果提供有力的帮助。博物馆陈列工作人员在组织陈列时，不仅要完整地体现陈列主题，还要考虑到展览、展品会提供怎样的信息，怎样去与观众进行交流，观众怎样与博物馆藏品交流，观众理解展览、展品特定信息的条件，是否会出现误解、误导，怎样帮助观众理解陈列主题等问题，从而保证展览组织者和博物馆观众都能获得满意的参观效果。

博物馆教育工作者要加强对观众的了解，特别要对影响观众学习效果的各种因素和条件的了解，如对观众学习需求、知识结构、学习方式的了解，有针对性地组织博物馆教育活动，帮助观众理解博物馆藏品各个层面的意义。博物馆教育工作者要注意提高博物馆教育工作艺术，创造理想的学习环境，引导观众进入对特定层面博物馆藏品意义的理解活动中，争取最佳教育效果。

博物馆藏品的阐释：特定层面意义的揭示与解释

在博物馆的不同发展时期，博物馆藏品讲解工作的重心不断变化，讲解手段不断丰富，博物馆工作者对讲解的认识也在不断地深化。19 世纪时，博物馆社会教育作用被人们所强调，博物馆藏品讲解作为传授知识的手段之一，博物馆藏品实物反成为连篇累牍的说明文字的附属物。进入 20 世纪，世界各国博物馆开始设立专职或义务讲解人员，讲解员在口头介绍博物馆藏品知识及相关信息的同时，也承担着导览的责任。多年来，博物馆特别重视全面展示博物馆藏品知识内涵，运用博物馆藏品进行教育。20 世纪 20 年代，特别是二次世界大战后，随着博物馆教育重心由知识传授向观念改变的变化，随着博物馆陈列由以藏品为中心向以陈列主题为中心的变化，博物馆藏品讲解也发生了变化。博物馆藏品讲解逐渐发展为以博物馆藏品为中介，力图阐明博物馆藏品深层次的观念、态度和信仰内涵；博物馆藏品讲解手段除传统的文字说明、口头讲解之外，又有影视、操作、制作等观众可直接参与的手段，这为博物馆藏品讲解提出了新的要求。总之，博物馆藏品讲解是一项基础性的工作，它不断发展着，总是以新的面貌呈现在博物馆工作者面前，并提出新的任务和新的问题。

当代博物馆讲解工作已不再只是单纯、孤立地介绍博物馆藏品的学术知识内容，不再是博物馆藏品的“传声筒”，它以一种完全不同于传统的博物馆藏品讲解工作的新的面貌出现，我们可称之为“博物馆藏品阐释”。博物馆阐释是博物馆教育的重要工作手段，它不仅要讲解博物馆藏品，也要介绍博物馆陈列主题，介绍博物馆，讨论博物馆与观众共同感兴趣的社会、文化话题；它在介绍博物馆藏品知识内涵时，不只从纯客观的角度介绍学术研究成果和学科发展，还要介绍博物馆藏品文化、审美和现实意义，在博物馆藏品意义与观众之间架起沟通的桥梁；它注重全面揭示和体现博物馆藏品的价值，认识和了解博物馆藏品已不再是讲解的目的，博物馆藏品成为实现博物馆讲解工作目的的中介物和媒介物。

当代博物馆阐释工作较之前的讲解工作有明显的拓展，其阐释对象包括博物馆藏品、博物馆陈列（博物馆陈列主题）、博物馆工作、社会现象和文化现象等；鉴于阐释对象的性质和表现形式是不同的，其阐释方法也有区别。我们将主要探讨关于博物馆藏品阐释的一些问题。博物馆藏品是构成博物馆陈列的基本要素之一，了解和把握博物馆陈列和博物馆工作的基本前提是对相关博物馆藏品的了解。也可以说，博物馆藏品阐释构成了博物馆陈列、博物馆工作阐释的基础。另外，多年来我国广大博物馆讲解工作者也创造和总结了博物馆藏品阐释的经验，为探讨博物馆藏品阐释奠定了坚实的实践基础。

讨论博物馆藏品阐释，应注意诸多社会条件和博物馆工作条件对这项工作的影响和制约，这些因素包括当代博物馆事业特点、当代博物馆人士对博物馆藏品性质、作用和特点的认识、当代博物馆的工作任务和工作目标、当代博物馆社会条件、以及当代博物馆观众素质和需求等。如对博物馆藏品认识的深化，从“知识的实物表征”到“信息载体”；如现代信息传播理论和信息技术的发展，为博物馆藏品阐释提供了更丰富的工作手段；如商品社会使博物馆面临着强大的竞争，使博物馆藏品阐释工作纯学术、纯文化的品质也增添了一些“功利”色彩；如博物馆观众生活水平提高、文化程度提高、休闲生活品位的改变等。这些条件改变着博物馆观众的素质、能力和需求，改变着博物馆藏品阐释的设备条件，改变着博物馆藏品阐释工作人员与博物馆观众的关系。

随着人们对博物馆工作特点认识的深入，社会对博物馆社会职能、社会责任的强调，博物馆藏品与博物馆工作的关系发生了微妙的变化：博物馆藏品在规定博物馆性质的同时，也受到博物馆社会责任和博物馆工作目标的规定；博物馆藏品在施影响于博物馆工作的同时，也受到博物馆工作条件和工作目标的制约；博物馆藏品不再是凌驾于博物馆一切工作之上的“神圣之物”，它又回到地上，成为博物馆各项基本要素的一项，成为实现博物馆工作目标的重要资源。它在博物馆诸条件，诸因素中确定了自己的位置和作用，并依赖、借助博物馆工作条件以实现自身的社会价值。这种变化，非但没有削弱博物馆藏品的作用，反倒使博物馆藏品作用的发挥具备了更充分的条件，有了更广阔的用武之地。博物馆藏品不再是展现自我，“顾影自怜”，而是置自身于更广泛的社会联系和更广阔的社会背景之中，反映和表现更广阔时空范围中的社会过程。博物馆藏品的含义更丰富，突破了时空局限，只有这样，博物馆藏品蕴涵、传达的历史信息才可与现实需求发生对接，具备博物馆藏品与博物馆观众进行交流的场域和基础。

为表现博物馆藏品广泛的社会、文化内涵，为实现博物馆藏品更为广泛的社会作用，博物馆工作人员须根据当代博物馆藏品特点，确定博物馆藏品阐释的基本思路，拓展博物馆藏品阐释的途径，以期充分发挥博物馆藏品在当代博物馆工作中的作用。

当代博物馆藏品阐释工作是基于博物馆藏品实物和相关信息的系统性的教育活动。它强调这项工作的教育性质，有明确的社会教育目的，关注观众的特点和需求，注重阐释工作的效果，要根据博物馆工作条件，广泛采用人们熟悉，并愿意接受和采用的教育手段和信息传播手段。博物馆藏品阐释工作是一项系统工作，要注意构成这一系统的各个因素之间的相互依赖和相互影响。博物馆藏品阐释是在博物馆藏品说明、讲解的基础上发展起来的，是涉及范围更广泛的对博物馆藏品意义和价值的综合性宣示和利用。其任务是根据博物馆工作目的，根据观众的知识结构和学习能力，准确揭示博物馆藏品特定层面的意义，实现博物馆藏品传授知识、传播信息、欣赏娱乐的社会价值。

与传统的博物馆讲解活动比较，博物馆藏品阐释工作的服务对象更为广泛。博物馆藏品阐释工作不仅要为来馆参观和从事科研的人员服务，也要为那些不来博物馆的社会公众服务。要运用各种大众传播媒介，介绍博物馆藏品蕴涵的社会、文化信息，运用博物馆藏品传播科学文化知识和积极的社会道德观念，以使社会公众都能认识和利用博物馆藏品资源。更重要的是使社会公众认识自己所具有的利用作为社会文化财富的博物馆藏品的权利，并切实认识到自己所承担的丰富和保护这些珍贵的社会文化财富的义务。这也是博物馆履行和实现保护和利用社会文化财富的责任的具体体现。

博物馆藏品阐释不是纯客观地陈述关于藏品的各种知识，也不是唯观众的兴趣而是从。博物馆藏品阐释是教育活动，它要达到特定的教育目标，要运用多种教育手段，促使受教育者（学习者）进入学习状态，并取得特定的学习效果。它要引导和辅导学习者，而不是追随学习者。博物馆藏品阐释工作努力将博物馆工作目标与观众的需求和兴趣结合起来，使博物馆和博物馆观众融为一体，以实现共同的目的。

博物馆藏品阐释是一个发展着的活动过程，有着不同的发展阶段，各阶段又有构成该阶段特点的要素和条件。因此，博物馆阐释工作注意阐释过程中的不同因素和条件对结果的影响，力求减少干扰，力求获得最大限度的积极效果。

博物馆藏品阐释注重博物馆工作人员的主导作用和积极作用，强调博物馆工作者的主观能动性和主动对观众施加的积极影响。博物馆藏品阐释是要达到特定目的的教育活动，这需要博物馆工作的创意、筹划、组织和实施。阐释进行中，要求博物馆工作者根据工作要求和现实状况，适时调整阐释内容、方法和进度，激发和调动观众的参与热情，并获得积极的效果。

从博物馆藏品阐释工作的特点，可看到博物馆藏品阐释与博物馆藏品说明、讲解的区别。博物馆藏品说明是以博物馆藏品为中心，以全面、准确地揭示和表述藏品的科学知识为主，博物馆藏品似乎已成为科学知识的附庸了。博物馆藏品讲解工作关注到博物馆观众的特点与需求，注意教育和信息传播的形式和程度，注意讲解工作的效果，但似乎侧重于讲解员的口头讲解，侧重于在博物馆陈列环境中对来馆观众的讲解，局限于由那些掌握讲解技巧的博物馆讲解工作人员来进行讲解。近年来，为改变多年来博物馆讲解工作地位低下的状况，博物馆讲解工作人员在建立工作体系、运用新的工作方法、创建工作理论方面做了许多工作，开创了生动蓬勃的工作局面。但是，笔者也不得不指出，在提高讲解工作在博物馆中的地位的同时，也出现了自我孤立的倾向，将讲解工作与陈列、研究、保管工作分离开来。这将严重影响博物馆讲解工作的开展，会影响博物馆其他工作部门参与博物馆阐释工作的积极性。

博物馆藏品阐释的途径和手段是丰富多彩的，充分调动和利用观众的各种感官，多通道、多层面地向观众阐释博物馆藏品信息，使其能在较短时间内了解、识记尽可能充分、准确的博物馆藏品信息，或识记、了解与博物馆陈列主题有关的博物馆藏品信息。博物馆藏品阐释是信息传播、信息交流活动，根据博物馆藏品阐释的主体形式和与观众的关系来考虑，博物馆藏品阐释可大体区分为三种形态，或称三种模式：其一是“环境影响模式”，其二是“非言语阐释模式”，其三是“言语阐释模式”。

博物馆藏品阐释的“环境影响模式”是运用环境因素表现、突出和强化博物馆藏品的特定内涵，帮助观众感受和认识博物馆藏品的某种性质。博物馆藏品都被置于一定的环境中，它在这个环境中展示自己，也在这个环境中与观众交流；它受到环境的影响，也受到观众在环境的影响下产生的心态和情绪的影响。环境包括物质环境、视觉环境、嗅觉环境和环境氛围等因素。博物馆工作者可通过建筑式样、体量、色彩、空间形态、尺度、光线、装修、室内家具、展具构造等因素来创造特定的环境氛围，如历史、审美、典雅、活跃、压抑、开朗等不同性质、格调的氛围，以表现博物馆藏品的特定品质。例如，如果将飞行器陈列在一个窄小的空间中，整齐划一地排放为一列，单调的陈列形式，使飞行器成为冰冷的钢铁和严谨的技术的聚合，从而失去了其翱翔蓝天轻灵潇洒的风度，削减了其风驰电掣叱咤云天的威慑力。除创造展览环境外，博物馆工作人员还可复原博物馆藏品的使用环境或原生环境，使观众更容易了解博物馆藏品的原始功用和文化背景。这种博物馆藏品阐释方法主要通过调动观众的情绪和感情，使他们产生与博物馆藏品特定内涵相通的情感，缩短与博物馆藏品的时空距离，使博物馆藏品信息范围与观众自身经验范畴发生交集。这种阐释方式需要精心设计，但又不能成为博物馆观众注意中心，只能是施影响于博物馆观众的潜意识。

另一种阐释模式是“非言语阐释模式”，这主要是通过博物馆藏品实物、陈列语言、展品说明牌、图解、图示、幻灯、电视、交互性电子计算机等途径，以形象、图形、文字等信息形态进行博物馆藏品阐释。博物馆藏品信息以某种不变的形态存在着，可以不变应万变，即以同一的信息内容满足不同观众的需求。这种博物馆藏品阐释提供尽可能满足最大部分观众的知识水平和参观需求的信息，并根据预定的阐释目的，确定信息程度和组织方式，创建特定的信息传播环境，希望信息受众循发送者提供的线索去接受这些信息，具有“大众传播”的特点。但是，观众由于缺乏明确的指示，在接触这些信息时，常根据自己的兴趣、偏好、理解能力和接受能力选择某些信息，进行重组，在此基础上重构其意义。于是，就会产生误解、误读现象，观众学习效果与博物馆工作人员的预期产生较大的出入。博物馆工作人员无法控制观众获取和整理信息的行为，也无法得到观众的反馈。为避免误解的发生，博物馆工作者或提供尽可能详尽的信息，或提供尽可能简洁的信息，这些做法的问题与其所具有的优势是同样明显的。

第三种模式是“言语阐释模式”，或称“讲解模式”。博物馆讲解员组织观众，讲解博物馆藏品各层面的意义，引导观众观察、认识博物馆藏品。这是“人际交流”活动。讲解员帮助观众与博物馆藏品交流，本人也与观众交流。讲解员使用语言、副语言和体态语与观众交流。此时，观众不仅从博物馆藏品和非言语阐释途径获取信息，还从讲解员的讲解活动获取信息。在这种模式中，讲解员自身的价值观、知识结构和业务能力会对其阐释的博物馆藏品内涵有很大的影响，讲解员“怎样讲”会影响“讲什么”。这种阐释模式可使观众迅速、直接地接触到博物馆工作者希望他们了解、掌握的博物馆藏品内涵及相关信息，避免因误读、误解而发生的偏差。此外，观众对讲解员的信任感，也使他们容易接受讲解员对他们的诉求，激发共鸣，从而对博物馆参观活动留下积极的印象。

博物馆观众与讲解员的关系是非常微妙的，观众既视讲解员为准确信息的权威来源，又视讲解员为博物馆藏品信息的传播媒介。这为我们提出了一个有趣的问题，即讲解员的容貌、形体、气质等条件对讲解活动的影响。对讲解员的个人条件，国内博物馆界有不同的看法，或强调个人条件，以使观众获得美好的印象；或不强调，以避免分散观众的注意力。据心理学的研究，在传播活动中辅以适度的非主题因素，可使观众注意力适度分散，这有助于信息受众识记主要信息。还有人认为，积极的辅助因素可成为信息接受者接受信息的有机成分，有助于信息接受者对信息的再现和回忆。

博物馆阐释工作是全方位、多层面、多途径地展示和解释博物馆藏品信息，引导、推动观众接触和接受有关信息，达到博物馆工作者预想的参观学习效果。通过上文分析，博物馆藏品阐释需要博物馆多个工作部门的协同工作。研究部门要提供准确全面的博物馆藏品信息，确定博物馆藏品信息的不同层面，撰写博物馆藏品说明，就博物馆藏品陈列的环境提出建议；陈列设计部门要精心设计展览环境，综合考虑博物馆藏品文字、图像、视像等阐释材料与博物馆藏品的位置关系、色彩、尺度等因素，精心布展陈列，尽可能减少非陈列因素的干扰；博物馆教育部门应积极向研究部门、陈列设计部门提供有关博物馆观众素质和需求的信息，协助研究部门和陈列设计部门筹划、设计展览，探讨运用博物馆藏品阐释的新方法和新设施的可行性，创造良好的博物馆藏品阐释客观条件，认真准备讲解工作。展览开放以后，博物馆教育部门要组织不同层次、多种形式的博物馆藏品阐释活动，如针对研究人员、专业人员和业余爱好者希望了解更详尽的背景知识和最新研究成果的要求，组织专家演讲。如根据一般观众的兴趣，安排有关主题的电影、表演、演示节目。如根据儿童特点，组织故事会、动手做等活动。

应看到，博物馆藏品阐释不是孤立的，每一件藏品都处在陈列环境中，处于环境因素和其他博物馆藏品的联系中，都要服从陈列主题、陈列主线发展的规定。博物馆藏品的阐释活动必定受到外界因素的影响和制约。为此，要为博物馆藏品阐释创造适宜的环境条件，要求博物馆工作人员通盘系统考虑和规划博物馆藏品阐释工作，确定每一件藏品的阐释基调，确定要阐明和解释的藏品信息。

在阐释特定的博物馆藏品时，要注意各种阐释手段的独具特点，扬长避短，各有侧重，相互配合，形成完整的阐释体系。图像适于表现器物的结构、纹饰，以及与之有关的某种活动场景，如制作或使用等；文字说明则可介绍器物的名称、时代、文化背景、突出特点等；影视则可表现连续性的活动过程，使观众了解更多的历史、文化背景信息。各种阐释手段综合使用，既可省却过多的文字，又可增加观众感受藏品信息的途径，增加兴奋点，保持兴奋感，减轻疲劳。

不论采用那一种阐释手段，都应注意要紧密结合藏品，以实物、事实为基点，注意信息的选择、组织和包装，注意为观众提供必要的反馈，注意激发观众的兴奋和进一步学习的意愿。

博物馆藏品阐释要紧密结合藏品，要基于观众可感知、可察觉的事实，在对这些表象、具象事实的解释中，进一步介绍相关的知识。根据观众行为的研究，我们了解到，观众观看展品的时间很短，一般只有几秒钟，这是因为人的视觉感官是非常敏锐的，人们在一瞥之间就可把握要感知的事物，观众在极短的观看中就已大致把握了藏品的形状、尺度、质料、表面肌理、色彩、光泽、结构、纹饰等外观要素，了解了藏品的外观形态，并将其归属为某一类物品，据此而初步判断其功用。如果观众缺乏进一步了解的愿望，没有能够激发起进一步了解愿望的刺激点，观众的注意力就会很快移向另一件博物馆藏品，因为他们知道，博物馆中有那么多的东西等着他们去看。注意到博物馆观众的这一特点，博物馆藏品阐释工作在介绍藏品时，要注意引导观众观看展品的细部，引导观众注意那些最能表现展品特点的部位。在介绍这些细节部位时，自然而然地引入更深层次的话题。由于展品细部尺度小，观众观看时会感到困难，也会因看不清楚而放弃努力，对此，博物馆可制作放大图案，讲解人员可较详细地介绍这些内容。介绍博物馆藏品细节时，讲解人员应注意语言的形象化和生动性，要使用观众可以把握的形象语汇，不要过于笼统抽象。对博物馆藏品的描述性讲解，常常会落后于观众的视觉感知，观众已看到了，讲解员还在用语言描述，这会使观众注意力转移。对此，讲解员一方面要“画龙点睛”，一方面要运用讲解技巧，将观众的注意力吸引到讲解词和讲解活动上来。

对一些不易观察的博物馆藏品结构、构造等部位，应尽可能用图示的方法予以表现。如单纯依靠讲解员介绍，会因观众缺乏必要的知识准备和语言的歧义，导致观众理解的困难和误解。观众也会因没有可看到的现象作为参照、提示的线索而感索然无味。

藏品阐释要让讲解与观众能够看到和感知到的事实、现象相一致。在讲解活动中，观众一方面要听讲解词，一方面要看讲解员正讲到的事实。过去，我们常讲，运用多种感官可获得更好的记忆效果，如同时运用视觉和听觉感官，能够记住的内容要多于只运用单一感官所记住的。但其前提是多种感官所同时感知的应是同一内容，否则，则可能因感知内容不同而导致这些由不同感官获得的信息相互干扰，降低记忆的效果。

博物馆藏品阐释一定要重视对所传播信息的选择、组织和包装。博物馆藏品阐释是一种信息交流活动，且注重这一传播活动的最终效果。传播学告诉我们，将所有的信息都传播给信息接受者是不可能的，而且也没有必要。传播活动重视传播那些能实现传播活动目的的信息，将能促使信息接受者采取某种行动的信息传递过去，并使之正确理解。为此，藏品阐释活动不一定要将有关特定博物馆藏品的全部信息都展现出来，介绍给观众。它只要根据阐释的目的，根据使阐释活动得以进行的需要，选择特定博物馆藏品的某些信息就可以了。

博物馆藏品阐释要对传播的信息进行组织，要考虑这些信息的性质、特点和相互关系，考虑观众的接受能力和学习方式，先具象、后抽象，先个别、后普遍，先实物、后文化，先历史、后现实。大致可将博物馆藏品信息分为博物馆藏品实物、直接体系和表达的知识和事实、间接有关的事实和观念、博物馆藏品的现实意义和价值等几个层面，逐步深入，逐层递进。

藏品阐释要注意对所传播的信息的“包装”，即注意阐释活动中的信息量、信息层次和信息编码系统等，换句话说，要根据观众的知识结构和接受能力，组织阐释的内容、语言和方法。这样做，是要保证从事阐释活动的博物馆工作人员与观众处于同一的交流层面上，保证有使传播双方得以沟通、交流的切合点。博物馆藏品阐释的图像、图示应能与观众的经验相结合，使观众清楚地了解图像所描绘、所表现的活动，博物馆藏品在这些活动中的作用等信息。博物馆藏品阐释文字说明应使用大多数观众认识的字，可以理解的词汇和语法结构。讲解活动应使用观众听得懂的语汇，符合口语表达习惯的语体，观众可以理解的专业术语，采取与观众交流的讲解方式。

藏品阐释要注意激发观众的兴趣，激发观众进一步探讨、学习有关知识的意愿，激发观众将这些知识运用到自身生活和现实生活中的努力。介绍和解释博物馆藏品的知识只是手段，帮助观众充实自我，提高素质，坚定正确观念才是藏品阐释工作的目的，实现博物馆预期工作目标和博物馆的社会责任才是阐释工作的目的。博物馆藏品阐释工作者提供切实可信的知识和事实，在这些事实和博物馆工作目标之间建立明确的联系，创造可达到这些目的的客观条件，让观众根据这些事实，运用博物馆提供的条件，识别、分析、归纳和抽象出观众自己和博物馆都期望获得的结果。

博物馆藏品阐释是博物馆讲解在博物馆事业新的发展阶段的进一步发展。它综合现代心理学、社会心理学、教育学、信息学、传播学的研究成果，结合当代博物馆工作新条件和新任务，根据当代博物馆观众的特点而不断发展。它注重博物馆工作目的与观众需求的有机结合，强调工作效果，注意工作方法和阐释设施的特点对阐释活动和结果的影响，强调全方位、多层面、多途径地进行阐释活动。博物馆藏品阐释是当代博物馆教育的基础工作，它不仅对博物馆教育工作者提出了更高的工作要求，也要求博物馆全体工作人员都清楚认识和切实承担起博物馆藏品阐释的责任。

参考译文　博物馆学习的内在动机
——什么因素规定着观众要学习什么？

〔美〕米哈里· 斯科金特米哈里伊　金· 赫曼森

人们注意到，一位事业成功的成年人、学者或科学家，在回忆使他们对终生从事的职业发生兴趣的最初诱因时，常会谈到去参观一所博物馆，他们在那里接触到来自不同领域的实实在在的物品，如一只奇异的动物、一套怪诞的服装、一件精美的手工制品等，正是以这些物品为起点，他们漫长的职业学习生涯开始了。另外，对那些已对动物学、人类学或艺术发生兴趣的人，博物馆则为知识的积累提供机会。此时，博物馆中的信息隐去其抽象形态，而以实物的形式出现。在上述两种情况中，许多人具有参观博物馆的强烈动机，即学习其他有关世界的知识的强烈愿望，这是他们参观博物馆的直接原因。

在过去，参观博物馆的这些直接体验常常被过分润饰和强调。但是，完全否认这些现象也将是草率的，这是因为参观博物馆是一种确实的心理现象。这个问题也可以这样来提出：博物馆怎样促使参观者学习？是否存在着一种不同寻常的独特的可帮助观众开始漫长学习过程的“博物馆体验”？博物馆怎样以一种有意义的方式，即可以增强一个人的体验，又可促使他深入学习的方式提供信息？在回答这些问题以前，回顾一下我们已掌握的有关人类学习动机的知识将会是大有裨益的。

婴儿从一降生就有学习的渴求，一些最惊人的学习成就，如行走、交谈、与他人交往、关心他人的能力，是在人之初的最初几年就被毫不费力地掌握了。如果我们不了解人们对周围环境的令人满意的认识的形成过程，这将给我们这些依赖于学习的生物的生存带来困难。但这种本能现象常常被忽略了，儿童的学习渴望常常被解释为受到社会目标和社会期望的驱使。儿童们在学校中面临着的抽象的、外加的功课压抑了儿童日后大半生，甚至一生中的学习动机。科学研究已证明，只要具备适宜的环境，有意义的活动，消除焦虑恐惧和其他消极情绪，学习任务的难易程度适合学习者的能力等条件，这种本能的学习动机可以被重新激发出来。

对学习的认识不能仅局限于掌握知识，尽管掌握知识也是学习的重要内容之一。我们认为，学习是一个与环境交流的开放过程。随着经验的积累，个人的成熟，同时也使个人发现了以前没有认识到的自己具有的能力。学习体验是由整体的人获得的，不仅仅涉及智能，还涉及人的所有感官和感情。当复杂的信息以一种可以激发满足个人兴趣的内在报偿的形态显现在某人面前时，此人就会主动地进行更深入的学习。

外加动机和内在动机

人类行为的动机是由相辅相成的两种报偿推动的，即外在报偿和内在报偿。当期望获得的报偿来自行为外部时，这种行为称为外加动机行为。外加动机行为的活动只是获得一些外在结果的工具，如得到赞许、避免责罚、获得学位，或实现某种社会期望。当一个人的行为活动是受到内在动机推动时，他之所以从事这项活动的原因就在于做这件事本身，即使不能获得任何外在报偿。例如许多体育运动项目、游戏和艺术活动都是内在动机行为。除少数专业人员外，从事这些活动的人不能从亲身参与活动中获得除体验以外的任何报偿。通常，我们同时受到外加动机和内在动机的共同推动。例如，我之所以每天都去上班，是因为不要被解雇、挣工资付账单等原因。但是，如果除了上述原因，我是真心喜欢自己的工作，那么，我的生活质量将有明显的改善，工作成效也会显著提高。

上述有关人类行为动机的一般原理同样适用于人的学习行为。学校中的大部分学习行为是受外在动机推动的，获取知识的行为很少因从事这种行为本身而被喜欢，只有极少数儿童不是因家长或学校的压力而自觉地坚持学习。但是，内在动机学习是人类的天性，观察儿童游戏，会让我们看到内在动机发挥作用的范例。游戏时，儿童们的注意力非常集中，这是因为他们要这样做，是因为他们发现活动本身非常重要和有趣。当人们能够自由地从事那些自己感兴趣的活动时，他们就是受到内在动机的推动。研究人员形容那些由内在动机推动而自觉学习的学生是具有“学习目标”，而那些受外在动机驱使学习的学生则具有“执行目标”。

受内在动机推动学习的学生常常会获得较好的学习成绩。此外，对学习的内在喜爱，也常常表现出较高的创造才能。事实上，在一定条件下，外加动机的出现常会阻止内在动机发挥推动作用，并会削弱行为活动的活力。当一个人只注重于完成外在目标或满足外在需求时，他的注意力、“精神能力”将会减退，从而不能继续专注于正在从事的工作。

学校教育允许在一定程度上忽略内在动机的作用，这是因为学校具有强烈的可以保持学生学习行为的诸如分数、教务管理工作人员等外加动机因素。博物馆则完全不同，由于不具备任何强制观众集中注意力的手段，博物馆必须极大地依赖于观众的内在报偿。那么，内在报偿怎样才能成为博物馆体验的组成成分之一呢？

内在动机的由来

为学习而学习的要求看起来是人的中枢神经系统固有的本能动机。如果一种生物不能从处理信息的过程中获得快感，这种生物将无法长久生存下去。

但是，各种信息并不都具有相同的吸引力，这是显而易见的。这是因为一个人不可能在一定时间中处理超过一定限量的信息，各种环境因素都在为得到注意而相互竞争。注意力是一种有限的资源，甚至可能是最珍贵的有限资源。尽管我们现在已被日益汹涌的信息潮包围着，但我们每个人所能够注意到的，并能记忆的信息数量甚至可能会少于我们那些穴居的先人们，可以肯定至少不会多于他们。因此，选择哪些信息，怎样注意这些信息，这始终是有关学习的最重要的问题。

好奇与兴趣

我们之所以注意某些信息是因为好奇和兴趣。“好奇”是指不同的人愿意对新奇因素投入精神能力的现象。例如，我们说“玛丽的好奇心很强”，这意思就是说，与其他人相比，玛丽将付出更多的努力去了解她不曾知道的事情（或不可能知道的事情）。事实上，我们每个人都具有不同程度的好奇心，我们的注意力会被一些新奇的或不明就理的因素所吸引，如强烈的噪声、突发的匆忙景象、奇异的动物、或者一件神秘的物品。正是由于这种普遍的心理现象的存在，博物馆才能长时间地吸引观众的注意力，在此基础上，更广泛的相互作用现象才有可能发生，由此才有可能导致学习行为的发生。

兴趣是指不同的人对某一特定因素，而不是其他因素投入精神能力的现象。例如，人们说“玛丽对马感兴趣”，其意思是说玛丽喜欢谈论马，喜欢搜集与马有关的信息，经常想着与马有关的事情，希望她能去喂马、去洗刷和修饰马，去骑马，总之她在做一些与马有关的事情时，远比对从事一些与狗、猫、象或小沙鼠有关的事情情愿的多。如果我们没有兴趣，我们的感觉世界将会陷入彻底的混乱，因为我们不知道自己的注意力将指向何方。

有一些兴趣是所有人都具有的，而有些兴趣则根据个人的经验和个人的特质而不同。普遍性的兴趣包括人们饥饿时对食物的兴趣，对异性的兴趣，对能够赋予他们权力和得到拥戴的事物的兴趣，对儿童和宠物的兴趣。但是，能使所有人都感兴趣的主题确实很少，除此之外，人们的兴趣指向将是难以预料的，如一些人对汽车发动机感兴趣，一些人对古代美索不达米亚的牙签感兴趣，另一些人则对地图或棒球明星卡感兴趣。

博物馆观众最初可能会因好奇和感兴趣而注意观看某个展览，但在与这个展览的交流成为受其内在报偿的支配之前，观众的注意力将不能保持足够的，即足以使智能或感情发生变化的时间。有鉴于此，认真考虑哪些因素可以推动观众获得内在报偿体验，从而理解当不存在外在报偿的情况下，哪些因素可促使观众观看和思考一个并无“适当理由”的展览，这是十分重要的。

“自发自得”学习体验

许多研究人员在多种不同环境条件下的研究工作证明，存在着这样一种普遍的体验状态，即人们愿意投入精力到一些没有外在报偿的活动中。当国际象棋棋手、攀岩运动员、舞蹈演员、画家和音乐家描述从事本行业活动的心理状态时，对这些活动的吸引力，他们使用了基本相同的语言。他们强调指出，吸引他们参与这些活动的主要原因是从事这些活动能够获得的体验。另外还有许多活动，如施行外科手术和编制计算机程序，从事这些活动可得到金钱和名望，但除这些外在报偿之外，也可获得内在报偿。这种可同时获得外在报偿和内在报偿的情况，在艺术家和运动员的活动中也可看到。我们称这种体验状态为如同“涌流”似的“自发自得”学习体验，这种体验常被形容为如同是天生的，似乎是油然而生，恰如一股强劲的江河大流奔涌而下。如果博物馆参观活动能够获得这种体验，那么，观众最初的好奇和兴趣就可发展为普遍意义的学习活动。

得以获得“自发自得”学习体验的活动的基本特点是，它们通常都有明确的目标和适宜的活动规则。如在网球比赛或国际象棋比赛中，选手都知道比赛的每时每刻应如何度过；音乐家演奏乐器时，也知道应奏出的每一个乐音；外科医生对手术的每一个细节都了如指掌。正是这些明确的目标使人们全身心投入他们正在从事的工作。相互矛盾的目标和混沌不清的期望将分散人们对正在从事的工作的注意力。除目标明确之外，“自发自得”学习体验活动通常也要求有及时和准确无误的反馈。行为者总是知道他做的是否正确。音乐家能够立即觉察演奏的错误乐音。同样，网球选手在打了一个坏球之后，外科医生在出现一次微小的失误之后，都可以立即觉察到所犯的错误。这种对自己从事工作的持久责任感也是使人们全身心投入一项“自发自得”体验活动的原因。

“自发自得”学习体验的另一个特点是，这种体验只有在从事这些活动的条件与参与者能力相适应的情况下才能发生。换句话说，从事这些活动的条件必须与参与者的能力相适应。如果要求高于参与者的能力，参与者将感到焦虑；如果能力高于要求，则参与者会感到索然无味。这种平衡关系中的能力因素的内涵是非常丰富的，包括了体能、智能、艺术鉴赏能力和音乐才能。

当一项活动的目标明确，反馈准确及时，活动要求和行为者能力相适合，这样就可使参与者将全部身心完全投入这项活动中。参与者的注意力是如此集中，以至于他无暇考虑任何不相干的事情，或担忧任何问题。当处于“自发自得”学习体验状态时，参与者将不在意身体疲劳和时间的流逝，几个小时就如同是几分钟。这种深深参与的状态使参与者感到愉快和获得内在报偿。

“自发自得”学习体验的获得有助于提高参与者的个人素质，为始终保持处于这种体验状态中，随着活动难度的提高，参与者需要相应提高操作能力。“自发自得”学习体验活动要求参与者将全部身心和能力都投入进去。鉴于“自发自得”学习体验活动是与愉快感受相联系的，参与者总希望再次体验这种感受，这就不可避免地要寻求更大的挑战。在这样的发展过程中，“自发自得”学习体验活动提供了“发现”的机会。我们不仅发现了自己，也发现了周围的环境。“自发自得”学习体验活动不断推动人们提高表现水平，并引导人们感受以前并未体验过的思维状态。总而言之，这种体验活动将使参与者自身变得更为复杂，自我发展的关键就是“自发自得”学习体验活动。

内在动机理论在博物馆工作中的应用

如何将内在动机理论应用于博物馆学习呢？妨碍将这个理论付诸于实践的主要障碍是，博物馆观众具有非常广泛的兴趣和各不相同的背景，这就决定了无法以单一的方法来推动他们的学习行为。

根据内在动机推动学习行为的理论，博物馆陈列必须激发观众的好奇心。米切尔·斯波克指出，恐龙和木乃伊是吸引观众注意力的最佳展品。其原因是很多的：恐龙和木乃伊都是古代的物品，而且都充满了神秘色彩，它们都使人油然而生敬畏之情，但又不会感到实在的威胁。这些因素也是使人们关注某些事物的普遍原因。此外，具有吸引力的博物馆展览要饰以鲜艳的色彩，运用参与性展览手段，较大的体量，以及具有吸引观众注意力的必要的“情境效应”因素。

博物馆观众研究工作发现，观众记忆最清楚的是那些他们予以较多注意的展览。但是，我们迄今仍未搞清楚“情境效应”的基本原理。在我们完全掌握有关知识之前，仍然需要不断尝试，以验证特定展览的哪一部分更具吸引力，对哪些观众最有吸引力，在何种条件下最具吸引力。总之，博物馆工作仍将是一门艺术，而不是一门科学。更为丰富准确的科学数据将会对博物馆工作有更多的帮助，这并不是一件坏事。

当观众的好奇心被激发起来以后，博物馆展览必须具有持久的吸引力，以促使观众学习行为的发生。尽管每一个观众的兴趣不尽相同，如有些人对天文学感兴趣，其他人则可能会对体育、机械、考古、生物等学科感兴趣。但还是有一些普遍适用的指导原则。其中最重要的是，博物馆与观众生活需要之间的联系必须是明白无误的。为激发观众的内在动机，应使观众看到的展品，以及由此而感受的体验，由此而可能产生的敬畏心情和发现的感受，都与观众的个人生活联系起来。我们的工作目标是，博物馆体验应帮助观众了解展览与自己感兴趣的事物之间的联系，并且使观众在离开博物馆后，能进行艺术创作，或从事科学研究。

例如，一个介绍岩石构造的展览，其科学信息丰富，陈列布置舒适宜人，这个展览还布置了具有挑战性的，鼓励人们去探求和掌握专门技能的操作设施。但是，这个展览具有的这些特点将极大影响观众的学习动机，其主要影响因素是这个展览的深层次内涵。这个展览与我有什么关系呢？了解这些岩石的构造，又怎能帮助我了解其他的人们和历史呢，怎能帮助我了解广袤的宇宙呢？如果我们不能回答这些问题，那么，这个展览所提供的丰富信息将会从观众的头脑中消失，并且不能在他们的记忆中留下丝毫痕迹。

提供参与的机会

学习活动需要运用感觉器官、感情器官以及智能器官。为促使智能器官的参与，博物馆展览应注意激发如兰格所描述的“注意”状态。“注意”状态是“因注意到事物的新奇特征，从新的角度研究信息，以及对事物发展过程的了解而产生的思想状态。这是一种具开放性、创造性和盖然性的思想状态，在这种状态中，个体可在相似之物中发现相异之处，或在相异之物中发现相似之处。”博物馆展览可通过展览主题的发展和提供不同的观点等手段，传达“注意”性信息。例如，兰格比较了“导致南北战争的三个主要原因是……”与“根据生活在二十世纪的白人男性的看法，南北战争的主要原因是……”的不同表达方法，后一种表达方法可启发人们的比较思考，人们可能会进一步提出“战争时期的女人们会怎样想呢?”“老人会怎样想呢?”“身在北方的老人们会怎样想呢?”“今天的黑人们会怎样想呢?”等问题。

那些以准确无误的形象出现，同时又不提供其他观点的信息，将阻碍人们产生深入探求和进一步学习的动机。兰格称这种状态为“不成熟的认知状态”，即不加考虑地视其为“真实的”而全盘接受。总而言之，内在动机学习是包含着不确定性和发现新的可能性的开放过程。以预先确定的形式展示的学习材料将阻碍更深入的探求。只有在人的思维对各种可能性的选择过程中，学习者才能知道“谁是谁?”，学习者才能确定自己的兴趣和想法，认识学习者具有哪些突出的才能。

在由内在动机推动的学习过程中，感情和感觉将参与其间，思维也会参与这一过程。例如，当我们想了解生活在异域远方的人们时，我们不仅想从理性上了解他们，同时也渴望在感情上与他们建立联系。人们之所以常常被那么展出日记和私人信件的展览所吸引，其原因之一就是这些日记和信件使我们亲身感受到了他人的感受。

博物馆科研工作人员已经认识到，仅仅吸引观众转瞬即逝的注意力和兴趣是远远不够的，还应该做到有效地吸引。为此，博物馆必须提供各种机会，促使可导致学习过程发生的深刻记忆的发生。

“自发自得”学习体验产生的条件

当观众对某个展览发生兴趣，并通过感官、智能和感情器官与之交流，他将体验到内在报偿，这是最理想的体验。要想进入这种状态，必须具备“自发自得”学习体验发生的条件。在前文中，我们已了解到“自发自得”学习体验的前提条件之一是要有明确的目标。遗憾的是，观众最普遍的抱怨是当他们进入博物馆以后却不知要做些什么。帮助观众确定活动目标，不论是完整的参观活动，还是参观一个展览的各个部分，这是使观众获得愉快体验的有效方法之一。也要注意到，缺乏必要的信息反馈，观众的参与将难以长久保持。成功的展览将努力让观众参与到展览中来，让观众提出猜想，评估验证，做出回答，然后提供让观众将自己的答案与其他答案进行比较的信息。

成功展览的另一个特点是提供适合广大观众的经验与能力水平的多种参与方式。当观众们参与特定活动时，他们就可在不同的水平上进行学习。例如，在工作人员的帮助下，一个三年级小学生可以学习五年级的学习内容，而另一个三年级小学生则只能学习四年级的内容。在设计一个展览时，切实考虑这样一些问题将对展览工作大有帮助，这些问题包括：能够为具有不同知识水平和操作能力的观众提供怎样的帮助？展览内容的学习难度是否逐渐增加？是否根据学习难度的逐渐提高设计了相应的操作设施，以帮助观众提高操作能力？

除了权衡“难度与能力”的关系，观众还需要集中注意力，并将全部注意力专注于特定的展览或活动。众所周知的客观干扰因素包括拥挤的人群、噪声、威严的警卫、饥饿、需要去厕所和疲劳等。除此之外，观众的预定设想也可能成为内在的干扰因素。注意力可以被固执的期望所妨碍，不论这种期望是个人的，还是其他什么人的。例如，博物馆观众通常有参观整个博物馆的期望，这种预先确定的期望将使观众固着于外在的目标，并且期盼着实现这个目标，从而极大地削弱进行富有意义的学习的能力。另一种在艺术博物馆中常见到的情况是，观众常认为他们“应该”从参观活动中获得一些什么。当观众感到威胁或焦虑，当他们固执地坚持某些个人的成见，或当他们试图实现某些预先确定的结果时，他们即丧失了获得愉快的学习体验的机会。博物馆可通过各种客观手段来消除这些外在的干扰因素，如疏导观众以避免拥挤，安排舒适的服务设施等；心理干扰因素则必须依靠信息交流和教育来消除。

除却观众对博物馆的消极期望之外，博物馆这一社会环境也可诱发消极的思想状态。总之，博物馆环境可以促成或阻碍“自发自得”学习体验活动。威胁、苦恼、害羞等心理状态通常是由“身在何处”和“与谁为伍”等社会因素诱发的。促成内在动机学习的社会环境支持个人自主感和个人责任感，而不是试图控制个人的行为，这些支持性环境为观众提供了选择机会和承认观众的看法或感受。我们通过主观意识对行为活动的选择来表达对自己的认识。因此，让个人在任何可能的时候进行选择是非常重要的。当人们感到得到支持时，当人们不感到苦恼或不感到批评的压力，从而能够充分表达他们自己和满足个人兴趣时，当人们不受约束其行为表现的预先确定的期望的限制时，他们才会产生进一步学习的要求。支持、安全感和信任感是促使探索行为和内在动机学习行为发生的非常重要的前提条件。为了自身的成熟和发展，人们必须减少依赖，摆脱束缚，突破常规，只有这样才能为本能学习动机的萌发提供机会。

思维认识的复杂化

如果一个博物馆展览诱发了观众“自发自得”学习体验，这种体验将成为内在报偿。观众将在内在动机的推动下深入学习，而当她的学习越深入，她的能力也将随之增强。深入参与的直接结果将是感觉、智能和感情的综合加强。今天，当多媒体技术和计算机迅速改变着我们的学习方式和娱乐方式时，切实认识到我们生活在信息社会中这一事实是非常重要的。我们只需坐在自己的家中，按下一个按键，就可以学习全部艺术史，计算机屏幕上还可以显示出我们所需要的艺术品的细部。如果我们只是学习艺术史，我们并不需要走进一所博物馆。但是，博物馆提供了使人们与真实环境相互交流的机会，这里展出的物品上还保留着制作者的鲜血、泪水和汗水。接触这些真的历史物品是否值得呢？或者说，将从家庭计算机上接触“虚”真实所获得的体验与在博物馆中感受到的体验相比，何者能够产生更为生动具体的学习体验呢？

对这些问题做出最后判断尚为时过早。但是，从某一方面讲，与由单一媒介促成的体验相比，博物馆具有独特的优势。博物馆是在蕴藏着发展人的综合素质的巨大潜能的公众场所里提供信息。我们通过参加社交礼仪活动或摇滚音乐会等活动了解人际间的相互联系，当我们参加与他人共享的活动时，这种联系的感受会得到再次确认和加强。但在当代社会中，参与这种共享活动的机会越来越少。博物馆尚未充分发挥的作用之一可能就是为人们提供获得丰富内容的体验的机会，且这些体验是与其他人的体验相联系的。

必须承认，现在有关博物馆学习的知识是不充分的，还不能为需要丰富信息支持的博物馆实践提供理论基础，尽管我们已初步掌握了有关“动机”的基本原理，但许多重要细节仍没有被把握。例如，我们至今还不能绘制一份标明各种吸引观众好奇心的因素的图表；我们还无法预测观众的兴趣指向；我们对如何权衡展览的难易程度与观众的能力水平只有最初步的了解；我们还无法确定当观众的兴趣被激发出来以后，怎样去促进观众的综合思维。可能还需要几十年的基础研究，类似上述的许多问题才有望得到解决。

每一个博物馆都可以通过试验的方法来积累解决这些问题的办法。即便只将 10% 的博物馆空间和博物馆工作人员的工作时间用来系统搜集有关观众在参观活动中是怎样被影响的信息，我们也将能够在不长的时间中对博物馆中的学习行为有更充分的了解。在试验时，每次仅改变多项因素中的一项，并多次重复这一过程，由此可以了解哪些因素能够发挥作用，哪些因素不起作用。博物馆可以尝试组织不同的展览，采用不同的说明方式，运用不同的观众参与手段，注意每次只改变其中一项因素，然后评估其成效。这样去做，可以很快发现哪些因素起作用，哪些因素不起作用。重要的是要保证工作指导思想的灵活性，这样就可以迅速改正错误，从而保证工作获得成功。这是构成所有科学的试验方法的基本要点。哲学家卡尔·波珀说，科学只是常识的精确表述。博物馆没有理由不运用更多的常识，并逐渐提高精确表述这些常识的能力。我们都将从这种做法中获益，博物馆也将继续发挥自身的具有更明确目标和更强烈自信的教育作用。

（原载美国《博物馆新闻》1995 年 4 期，宋向光译）

陈列讲解效果谈

在长期博物馆社会教育工作实践中，广大博物馆讲解工作者探讨了讲解工作的性质、作用、工作原则、工作条件、准备、组织、实施、手段、形式、讲解词写作、工作人员素质、职业道德等问题，这些研究主要从讲解的准备和实施过程方面探讨如何做好讲解工作的条件和保障。但是，对陈列讲解工作的“效果”的讨论却不多。忽略讲解效果，使得我们无法以确凿的事实和数据表明我们的工作成绩，无法确认工作的不足，无法确定工作发展方向；忽略讲解效果，也使加强讲解工作只能停留在口头号召上，无法确定现实的工作目的，无法落实、检验工作的真实效果，缺乏对讲解效果的研究，使得博物馆陈列讲解工作理论显得不完整；重视讲解效果的研究，可以有效促进博物馆讲解工作的实践工作和理论建设。

一、讲解效果是可以测度的

什么是讲解效果？讲解效果是讲解工作的直接和间接的成效、成果和结果，是博物馆工作目的和讲解工作目的的实现程度。

博物馆讲解工作是一个由讲解员、观众、展品、展览、展览环境等因素共同构成的，在博物馆特定环境中达到特定目的的活动过程，而不只是简单地指讲解员的口头、表情和形体的讲解和导览。

讲解效果是陈列讲解活动中的一项具有普遍性的因素，是完整的讲解工作过程不可缺少的环节。讲解工作实践表明，讲解员在讲解工作过程中都会有意或无意地追求和创造特定的讲解效果，也会有一些讲解员因出现了意料之外的讲解效果而感到无所措手足。讲解效果是客观存在，不论讲解员是否意识到或感受到，不论是否有意或无意去追求某种效果，每一次的讲解活动都会产生某种效果。

讲解效果是人们参与讲解活动后在情感、知识、技能、观念、行为能力等方面发生的变化，是一种特殊的博物馆现象，是一种客观存在。讲解效果有些是可以表象化的，如观众的赞扬、感谢、或批评建议等；有些则是观众的心理表现，如观众获得知识、观念改变、心情愉悦等。对可见行为的测度是容易的，对心理现象也可通过现代心理学和社会学研究手段进行测度。总之，讲解效果已不再是只可意会，不可言传的社会现象了，而是可以被量化研究的对象了。

二、讲解的“积极效果”与“消极效果”

人们曾认为博物馆讲解是一种单向的教育行为，博物馆为观众提供他们所应该接受、所能够接受的知识、信息和观念，在博物馆这一特定的教育环境中，观众通过参观和听讲解来受教育。在这种教育活动中，观众只是被动的接受者。用这种观念来看待讲解活动，因讲解所传达的信息都是积极的，其效果也应是积极的，最不理想的结果也只能是“无效果”。

近年来，随着心理学和教育学研究的深入，人们认识到，这种对博物馆教育特性的认识是不全面的，只注重了外部规定学习情境对学习者的影响，忽视了学习者自身认知能力在学习活动中的作用。人们注意到，学习者的学习能力、经验水平、认知方式、思维方式、社会经济背景、文化程度、与外界交往能力等因素对学习行为的影响是不容忽视的。

当代教育学者注意到，同一班级的学生的学习成绩、学习效果是不尽相同的。这一现象清楚说明学习者个人条件、能力对学习效果的影响。在博物馆讲解实践中，我们也可看到同一群体中的观众，有的认真听讲解，有的仔细看展品，有的却对其他观众感兴趣。这些观众的外部学习条件是一样的，但由于个人的学习兴趣不同，从而产生了不同的学习行为，导致了不同的学习效果。由此可见，学习者对学习条件的感受，对学习对象和内容的选择，以及对选择接受的信息的重组的不同，将会产生不同的学习效果。

讲解效果作为讲解活动的结果、成果，是参与这个过程的各种因素相互作用的结果。讲解员可以控制其中的某些因素，如展览环境、展品、参观顺序和导览路线、讲解词、讲解手势、讲解声音的高低、缓急及语调、讲解时间等。但讲解员对一些因素又是无法控制的，如观众的知识水平、认知方式、最适学习方式、兴趣、参观期望等。由于这些不可控制因素的作用，以及可控因素与不可控因素之间的相互作用和相互影响，使得讲解活动产生不同方向、不同程度的效果。

讲解效果有“积极”与“消极”的区别。鉴于讲解效果已不再主要是以讲解员“讲了些什么”和“讲得怎么样”为主要衡量标准，还要注重观众听完讲解后的感受和收益，其中包括了知识、情感、观念和对博物馆工作的认识等内容。在评估讲解效果时，就必须全面评估讲解工作过程和评价观众的感受和收益。观众在听完讲解后，在其头脑中都会产生一些变化，或是改变、增加、消除一些知识，或是重组知识结构，或是加强已有的一些知识和认识。当他们增加了一些正确的知识和加强了积极的认识时，其效果是积极的；而当他们加强了一些不正确或消极的认识时，其作用就是消极的了。如果观众在听完讲解后，对展品和展览所表现、表达的知识和观念有了不同程度的了解和掌握，对博物馆工作有积极的认识和评价，就可以说是获得了积极的效果。反之则为消极的效果。需要指出，讲解活动不存在“无效果”的情况。一些观众听完讲解后，表现出“无动于衷”的情态，这并不意味着讲解的无效果，而应是“消极效果”的一种表现。在参与讲解活动后，观众表现出无动于衷，这其实是观众印证了自己对博物馆工作不感兴趣的认识的表现，而这正是消极效果。

博物馆讲解工作恰如“逆水行舟，不进则退”。不能认为讲解工作是补药，即使治不好病，也不会治坏。博物馆讲解工作如果不能获得积极效果，就会产生消极效果，其中并无中间道路可走。讲解工作必须尽力去争取积极的讲解效果。

三、应坚持讲解目的与讲解效果相一致

讲解目的是博物馆讲解工作人员对讲解活动的要求，对讲解能够实现、必须实现的结果的规定。

讲解目的又有“一般性的讲解目的”与“具体的讲解目的”之分。一般性的讲解目的是指特定展览的讲解目的，通常是根据博物馆的工作宗旨、特定展览的展览主题和展览目的、讲解工作宗旨和根据一般观众参观模式而确定的讲解工作目标。例如，一所历史人物故居陈列的讲解工作的一般目的是使观众了解该人物的生平、主要事迹和成就、历史作用和地位、与该故居有关的主要活动等内容，从而使观众通过具体的人、物、事件，了解本民族、本地区优秀人物和英雄人物，受到革命传统和优秀历史文化传统的教育，加深对家乡、祖国和民族文化的热爱。一般性讲解目的注重展览主题的阐发，注重博物馆工作宗旨的体现，注重对观众情感、观念、素质的提高。因此，一般性讲解目的多为概括的和较高层次的要求。

具体讲解目的则是对特定讲解活动的具体要求和所要实现的具体目标。通常要根据观众的知识水平、文化背景、知识结构、兴趣需求，以及观众群体构成状况等条件来具体确定。例如，学生团体与一般零散观众的讲解就有不同的目标，夏令营学生团体与学校班级团体也有区别。城市学校的学生来博物馆可能是为书本知识的学习增添一些实物证据，而乡村学校的学生来博物馆则可能是为了解和体验城市生活。有鉴于此，博物馆讲解工作必须在不违背一般性讲解目的的前提下，根据具体情况，选择特定的讲解工作方法，达到具体的讲解目的。

一般来说，讲解目的与讲解效果是相辅相成的，讲解目的包括了获得某种讲解效果的要求，讲解效果则是实现讲解目的的基本条件之一。但是，讲解目的与讲解效果又不是完全同一的。讲解目的通常只有一般的规定，而讲解效果除了要达到讲解目的这一质的规定外，还有量的规定。如讲解效果有“非常好”、“很好”、“较好”、“一般”等不同程度之别。讲解目的与讲解效果有时还会出现背离，如一些宗教造像展，讲解员在讲解时过多地宣讲教义、教理和宗教仪轨，使讲解有传播教义之嫌，尽管观众听得津津有味，所获甚多，讲解效果可以说是非常好，但这种效果却与讲解目的大相径庭。又如一些讲解员以亮丽的姿容、优雅的举止、甜美的声音吸引着观众，但观众听过讲解后，印象最深的是讲解员的音容相貌，对陈列内容和陈列主题却记忆甚少，这样的效果也是与讲解员的初衷相违背的。

讲解目的是博物馆工作者对讲解工作的要求，是为讲解工作设定的工作目标，也反映着博物馆讲解工作者对本职工作的要求和追求，具有博物馆工作的“主体”色彩。讲解效果则是博物馆工作者将自己的努力作用于观众，引导观众进入某种情境，实现讲解员设定的目标，讲解员对观众的影响程度以讲解效果的状态表现出来。需要注意，观众在接受讲解员影响的过程中，并不是处于被动的地位，他们是主动地参与讲解过程，对讲解员施加的影响，或接受，或抵制、或根据自己的需求和理解加以改造，观众对讲解的反应方式和参与程度决定了讲解效果的程度。

讲解效果与讲解目的在一定条件下会出现相脱离、相背离的情况，它们之间的任何脱离、背离都直接影响博物馆工作宗旨、工作目的的实现，直接影响博物馆社会教育作用的发挥。为此，博物馆讲解工作者必须切实认识讲解目的与讲解效果的关系，将两者有机地结合起来，既要保证获得最佳讲解效果，又要保证实现讲解目的。讲解工作者应努力争取积极的讲解效果，争取促进实现讲解目的的效果，不能无指向、无目的地追求讲解效果，不能追求表面化的讲解效果。

四、讲解工作者的“讲解目的”与观众的“讲解目的”

博物馆陈列讲解工作并不是讲解工作者单方面的活动，它还包括观众、展品、展览和博物馆环境条件等诸多因素。展品、展览和博物馆环境条件是讲解活动的环境、场所和媒介，它们都是客观存在。讲解工作者和观众则是讲解活动中具有能动性的两项因素，在讲解活动的全过程中，他们都要根据自己对此项活动的预先设想，接受、处理和发送信息，并与对方进行交流。

讲解工作者和观众虽然共同参与讲解活动，但由于他们在讲解活动中扮演的角色不同，对自己在这项活动中的位置、作用、与对方的关系、怎样与对方交流的认识不同，从而对从事这项活动的目的也存在差异。讲解工作者与观众对讲解活动目的的认识的一致与不一致，直接影响着讲解的效果 。

讲解人员视讲解活动为主要活动内容，甚至是全部活动内容，讲解人员全身心地投入这项活动，完成好这项活动即意味着本职工作的圆满完成。讲解活动结束，即意味着博物馆和观众赋予自己工作的结束，换句话说，讲解目的与讲解人员的工作目的、活动目的是一致的。

观众对讲解和讲解目的的认知与讲解员是不同的。听讲解，只是他们在博物馆诸多活动中的一项，甚或只是他们“看博物馆”的辅助性活动。许多观众在听讲解时，在听讲解人员介绍展品、展览内容的同时，也将观察讲解员的音容相貌、身姿手势作为主要内容。还有一些观众把讲解员的讲解作为验证自己已有知识的参照系。总之，观众在听讲解时，常常不能意识到讲解员的讲解目的，常常不能将讲解员的讲解目的作为自己的讲解目的。观众的讲解目的常常要服从、服务于自己参观博物馆的主要目的，而了解讲解员的讲解目的可能只是其中一个子目的，或分目的。当然，观众参与讲解活动，认真听讲解，其目的是为了能获得更多的有关展品和展览的知识，了解事实真相，加强审美能力，提高自身素质，这些内容是与讲解人员的讲解目的相一致的，这就构成了双方共同参与讲解活动的思想基础。

此外，我们不能忽视讲解工作人员的讲解目的中的个人成分。诚然，讲解工作人员的讲解目的主要内容必须服从博物馆工作宗旨，必须服从展览主题和展览目的，即主要是“公”的内容。但也不可否认其中也有若干“小公”和“个人”的成分，这主要表现在博物馆讲解工作者要求得到博物馆观众及博物馆对其工作的承认，对其工作地位、作用和成效的承认，对讲解工作的理解和支持，对讲解工作者本人的尊重和爱戴。讲解工作者通过讲解活动，要使观众和博物馆认识和承认自己的价值，同时也要加强个人对讲解工作的热爱。总之，讲解工作者在讲解活动中，不仅传播知识、实施教育、体现博物馆社会价值，同时也在体现博物馆讲解工作的价值，实现讲解工作者个人的自我价值和自我追求。

实事求是地说，博物馆讲解工作者对本职工作价值和自我价值的追求，体现了他们“自尊、自爱、自立、自强”的崇高精神风貌，这种自信感和对自我价值的追求，坚定了他们对本职工作的热爱。一个充满自信感的讲解员将可以极大地感染观众，使观众对热爱本职工作的讲解员产生尊崇之情，使观众对讲解员的知识水平和业务能力产生信赖之情。讲解员自我形象的树立，加强了他们所传播信息的可信度和说服力。观众欢迎充满自信和富有个性的讲解人员。

讲解工作者的自信心应服从于实现博物馆工作宗旨和实现讲解目的的要求，否则，讲解工作者的自信就会转化为自傲、自负、自我表现。鉴于观众通常认为讲解人员与博物馆展览、博物馆工作是浑然一体的，如果讲解员脱离了展览和博物馆，就将与观众心目中的讲解人员的形象相去甚远，观众不会接受这样的讲解人员。

五、讲解工作者追求的“讲解效果”与观众需求的“讲解效果”

在讲解活动中，讲解人员的目的与观众的目的是不完全一致的，因此，讲解人员与观众对讲解效果的内容及程度的评价标准也会有不同。应该看到，尽管这些效果表现、效果要求对另一方可能并不重要，但对追求特定效果的一方来说，能否获得自我意识到的特定效果是很重要的。

观众对讲解效果的评价通常会以能否满足个人需求、个人期望为主要评价标准，并将个人感受和个人经验作为评价讲解效果的参照系。观众的个人需求中包含着参与博物馆活动和实现个人计划的内容，如一位母亲带孩子来参观博物馆，她会计划在博物馆中看标本，看展览，读说明，听讲解，买一些与博物馆展览、展品有关的纪念品等，同时她也希望在这次参观中，培养孩子的兴趣，启迪孩子的智力，让孩子学到一些知识，让孩子高兴，增进孩子与母亲的沟通，与孩子共渡一段美好时光。由此可见，听讲解常是观众希望实现的活动，尽管他们已准备好自己观看展品和展览。对于讲解，观众视之为帮助自己获取信息、更好理解展览的有效手段，同时也视其为博物馆的一项工作（或一项节目），将讲解活动看做是自己心目中博物馆形象的有机构成因素。观众对讲解效果的要求，不仅要能够帮助自己参观展览，获得一些仅靠个人感官无法获得的信息，同时也要将讲解活动与自己心目中的博物馆概念进行比较，将讲解工作者与心目中的博物馆讲解员相比较，看是否相符合，是否有新颖之处，是否符合自己对博物馆和博物馆讲解的认识。

观众对讲解工作的评价，除讲解内容之外，还对讲解工作者提出很高的要求。这些要求即有具博物馆色彩的，也有强烈的个人要求。对大多数观众来说，博物馆是一个生疏的社会活动场所，在那里，观众要采取适宜的行为表现，要确定自己的行动方向，要处理好与其他观众的关系，还希望不要遗漏任何重要的展品。不夸张地讲，观众在博物馆始终处于高度紧张的状态中。在参观活动中，观众期盼着能更深入地参与和理解博物馆，能准确把握博物馆的工作主题。他们在不断地寻找和发现，也在不断验证自己的发现，希望自己的看法能得到权威性的评价。讲解人员的出现，可使观众在心理上得到极大的慰藉。

在参观博物馆的活动中，观众视讲解人员为此次活动的兴奋点，是值得信赖的人，是能够帮助自己确定下一步活动方向的人，形象地说，观众视讲解人员为“演员”、“救生员”和“导航员”。当观众单独参观博物馆展览时，他很难预先形成具有指导性的概念，很难将展品与展览主题联系起来，很难用一条主线将所看到的各种展品、说明、辅助展品等贯穿起来。因此，观众参观时的注意力是跳跃式的，不连续的，这很快会使观众感到疲劳，感到乏味。讲解人员则成为观众的主要注意点，倾听讲解人员的讲解，观看讲解员介绍的展品，将自己的注意力集中于讲解员，从而使紧张的心理状态得到缓解。由此可见，观众对讲解效果的评价，不仅有“知识”的要求，也有着讲解是否有利于此次参观，能否有助于获得积极的参观体验。

博物馆讲解工作者追求的讲解效果则包含着实现博物馆工作目的，完成此次讲解工作，吸引观众注意力，满足观众需求，体现自我价值和使个人不断提高等内容。简而言之，主要是“观众需求、博物馆工作、自我实现”等三方面内容的综合。鉴于讲解工作者承担的社会教育责任，承担的有助于提高观众个人素质、能力的责任，博物馆工作者努力追求的讲解效果应以实现博物馆工作目的为主要内容。

博物馆观众与博物馆讲解工作者对讲解效果的认识、追求和评价标准是不同的，这一差异的存在使博物馆讲解工作者处于“两难”的处境中，他们必须在讲解人员的讲解效果和观众的讲解效果之间寻求一个“两全其美”的平衡点。

六、“阶段效果”与“最终效果”

博物馆陈列讲解必须遵循展览主题的发展线索，按照展览的参观路线行进，展览的时空特点决定了陈列讲解具有“阶段效果”和“最终效果”。

讲解“阶段效果”是在展览的某一点、某一阶段时获得的特定讲解效果。博物馆展览是由单件展品、展品组合、展柜、展区（“开间”）、展厅、展览等不同层次的展览要素构成的，不同层次展览要素的外观特征、内容、表达方式及观众对其把握的能力都是不同的。观众参观展览，实际上也是通过接触这些展览要素，从认识和了解展品这一最基本的展览要素开始，逐渐积累、了解和理解与展览主题有关的信息，逐渐认识和把握层次更高的展览要素，逐渐认识和把握不同层次的展览要素之间的联系，最终认识、理解、记忆展览主题，进而影响和改变自身的知识结构和认识能力。观众在参观过程中，其行为是随着展览的陈列顺序前进，其认识也是随着信息和知识的积累而逐渐深化。观众的参观行为和认识过程的递进性和阶段性也要求讲解工作必须注意阶段性效果。

讲解阶段性效果具有事实、局部、阶段的特点。在参观展览时，观众主要是观看展品（包括图表、模型等辅助展品），感受的主要是事实性信息。这些事实性信息奠定了观众进行抽象思维的坚实基础。观众观看展品时，通常只注意到特定的一件物品，或形状、色泽、尺度、质地等外观因素基本一致的一组物品。这是由人们认识客观外界事物的基本模式决定的，人们只能在认识个别的基础上，进行比较、归纳、概括、抽象，从而在更广泛的范围内、更高的层次上获得新的认识。观众参观一个展览，也是一个了解和把握展览所提供的具体事实，进而发现、认识和理解展览主题的过程。参观过程是观众认识每一个可能会有助于理解展览主题的事实的过程，对每一个事实的认定和认识，都需要界定这一事实的范畴，暂时割断与其他事实的联系，这使观众的参观活动具有局部的特点。观众参观也是认识逐渐深化的过程，即努力去认识和把握展览内容和展览主题，以期从概念上把握展览。为此，观众不仅要了解一个个孤立的事实，而且要将已了解的事实联系起来，要将新了解的事实和过去了解的事实联系起来，从而在这些事实中发现可统率、可贯穿的基本线索和基本主题。参观展览不能立刻完成，对展览主题的认识也不能一时形成，观众为使自己建立信心，为追求自己预想的积极参观效果，需要从参观开始即确立对所要参观的展览的基本设想，并根据参观中的所见所闻，随着参观过程的不断进展，不断吸收与展览主题有关的事实，不断修正或强化自己的基本设想。事实的增加，视角的变换，认识的不断深化，使观众参观具有阶段性的特点。

博物馆展览的设计布置是使观众参观具有阶段性特点的客观条件之一。展览的内容设计和形式设计都是由若干成分和若干局部构成的。展览主题的设计，或根据事件过程，则有背景、起因、萌发、发展、强盛、衰落、演变、结局、影响等阶段；或依据事件构成诸要素，则有内因、外因、社会、自然、生产、交换、经济、政治、英雄、百姓、文治、武功、科技、文化、风俗、宗教等等，不一而足。展览布置一般都有序幕、正文、结尾等几部分。展览设计人员在设计时也都规定并突出了各个局部的主要内容和基本特点，希望观众能认识展览各个部分的特点，也希望此举有助于不断激发观众的参观兴趣，防止“博物馆疲劳”对观众的消极影响。

讲解的阶段性效果在展览目的的统率下，对最终效果的获得起着积累、铺垫、递进的作用。阶段效果既是观众对展览某一局部的理解的“质”的实现，又是最终效果的量的积累。前一步为后一步做准备，后一步又融汇了前一步的收获。观众在参观展览时，循着展览主题的发展，循着讲解人员的引导，峰回路转，渐入佳境，最终达到融会贯通，豁然开朗的境界。

讲解的最终效果是一次讲解活动、讲解过程全部结束后取得的成效。最终效果既表现了此次活动的成果，也为以后的活动奠定了基础。最终效果反映在观众对展览主题的准确把握及知识结构的变换，反映在观众对博物馆工作的认识的改变，反映在观众对讲解员工作的理解和感谢，也反映在讲解员对自我价值体现的认识上。

最终效果的重要内容之一是帮助观众形成有关展览主题的概念，并使这个概念为观众的参观经验所证实，使这个概念有必要的事实和实物做证明，使观众用这个概念将展品、展览有机地整合在一起。

讲解最终效果在讲解过程中起着贯穿、统率的作用，同时也要注意阶段效果的保障作用，要将最终效果与阶段效果有机地统一起来。为此，要注意分析获取最终效果的知识准备、心理准备、激发手法等必要条件，将这些条件进行分解，在讲解过程中的各个阶段即做好铺垫。在讲解过程中，要随时注意阶段效果的状态，注意现场效果与最终效果的联系，是否有助于最终效果的获得，根据现场情况，适时适度地调整讲解内容、讲解方式和交流方式，保证积极的阶段效果，为获得积极的最终效果做好准备。

七、讲解的“近期效果”与“远期效果”

讲解的“近期效果”与“远期效果”主要是指讲解活动结束后的不同时间中观众所获得的成效和效果。近期效果与远期效果可以说是讲解最终效果的两种表现形态。近期效果是讲解结束后的现场效果及几天之内可感受到的效果；远期效果则是数日、数周、数月，甚至数年之后尚可感受到的效果。

近期效果主要是观众在参与讲解活动时的现场感受，这些感受以各种形式表现、表达和抒发出来，如鼓掌、赞扬、激动的慨叹、感动的泪水等。近期效果受到现场环境、气氛、在场人员和讲解员的强烈影响。近期效果的出现，有些观众是真情实感的自然表露，有些观众则是受到其他观众情绪的感染。需要注意到，观众在参观过程中要接触到大量的信息，他们只能有选择地接受一些信息。在如此短的时间中，观众通常忙于寻找、定位、选择、接受并短时记忆自己感兴趣的信息，尚不能将这些信息系统整理并纳入自身知识结构之中。换句话说，观众所记忆的只是孤立的、分散的信息群，即知识片断。

远期效果是观众在参观后的数日、数周之后，将参观所得到的信息（包括情感、观念等成分）根据个人的知识结构、理解能力进行整理，将这些信息条理化、系统化、概念化，使其由分散的多个信息群形成一个更为复杂的信息群，并将这一新的信息群整合到个人知识结构中，即记忆储存起来。当条件具备时，这些信息将被重新调用，用于处理面临的问题。远期效果更富逻辑性，更为抽象，便于记忆和再现。远期效果中的博物馆的情感色彩更为浓厚，或说对博物馆的基本态度更为突出，如博物馆是怎样的机构，对博物馆讲解的看法，个人对博物馆的好恶之情等。远期效果不仅是观众对以前的参观活动的理性总结，也是影响观众能否再次来博物馆的主要因素之一。

博物馆讲解工作者应注意到讲解近期效果和远期效果的不同，强烈的、积极的、给观众留下深刻印象的近期效果能够有力地促进、支持远期效果的形成和延续。心理研究表明，人们的记忆是一个逐渐深化的过程，只有当刺激因素重复出现，反复刺激，达到一定的强度时，才能被有效地记忆。通常人们的记忆都会符合“记忆－遗忘”曲线。虽然也有例外的情况，当人们受到非常强烈的意外刺激时，也会留下持久的记忆，如俗语所说，“一朝被蛇咬，十年怕井绳”。需要看到，参观博物馆是观众一生中为数不多的活动，且参观时间并不很长。怎样才能使观众留下深刻印象，获得积极的远期效果呢？强烈的、积极的近期效果即是主要手段之一。当观众离开博物馆后，仍能感受到陈列讲解的震撼，仍在回味参观过程中的愉悦、振奋、激愤的感受。博物馆能给他们留下怎样的深刻印象也就可想而知了。

还需要注意这样一个问题，讲解“远期效果”的主要内涵应是什么呢？什么在观众的记忆中唱主角呢？笔者认为，讲解远期效果应以树立积极的博物馆形象，正确认识博物馆工作为主要内容。为此，博物馆讲解工作者要正确处理好个人形象、职业形象和博物馆形象的关系。其中博物馆形象最为重要，关系到博物馆事业的生存和发展。讲解员的个人形象和职业形象是对博物馆形象的支持，绝不应喧宾夺主。

八、讲解效果的认定和评估

以量化标准对讲解效果评估和认定，对博物馆讲解工作者是非常有用的。如果只是以一些非确定性的表示程度范围的词汇形容讲解效果，会使讲解工作人员很难把握，在工作实践中也很难运用。

对讲解效果的评估和认定，不能只就效果外在表现形态来谈效果，如热烈、热切、鸦雀无声就是好的效果，而躁动、交头接耳就是差的效果。应该看到，讲解效果是讲解活动的成效，是实现讲解目的的手段、保障和标志，讲解效果必须与讲解目的紧密联系起来。讲解效果有积极和消极之分。评价效果是否积极的标准是讲解工作是否有助于实现博物馆工作宗旨、实现讲解目的和满足观众的期望与需求。凡可满足这些需求的讲解效果就是积极效果。

在确定讲解效果评估因素时，我们须注意到这些因素应能反映表达效果情态和程度的行为表现，即效果的外在表现。还要注意到，讲解效果是在构成讲解过程的各种因素的相互作用下产生的，并受到特定条件的影响。为鼓励获得积极的讲解效果，也可将可促成讲解积极效果的客观条件作为评估因素。此外，讲解效果评估因素应能同时评价讲解效果的“质”与“量”，即能够确定积极效果和消极效果，能够确定讲解效果的不同程度；这些评估因素还应是可把握、可测度和可操作的，要能够让局外人客观评估，也能使讲解员根据这些评估因素确定现场讲解效果。

注意到讲解过程可分为不同阶段，讨论讲解效果时也应考虑到不同阶段的特点及其对效果的影响。从讲解效果的角度考虑，大体可将讲解过程分为讲解进行阶段及讲解结束阶段。在讲解进行阶段中，讲解员向观众介绍展览，传达信息，通过展览主题表明博物馆对历史和当代社会现象的态度；观众则有选择地吸取讲解员和展览所传达的信息，暂时记忆这些信息，并与已有的知识进行对照。此阶段是传送、交流、选择、吸取、整理信息的过程，而所有这些信息传播活动又是为最后的结论做准备。此阶段讲解效果评估应主要以评估信息传播和交流活动的效果为主，注意现场效果和阶段效果，主要评估因素包括展览环境条件、讲解员讲解工作状态、观众注意力和观众行为、讲解员与观众的交流等。

讲解结束阶段包括总结、结束、评价、回味等几个小阶段。在这个阶段，讲解员和观众都要对展览和讲解活动做一总结，对自己的参观收获进行评估，讲解员要对观众的支持和了解表示谢意，观众要对博物馆和讲解员的工作做出评价，观众还会以某种方式表达自己的收获、感受和情感。此阶段讲解效果的评估应主要以观众的最后参观效果为主，注意到参观效果还要持续一段时间，有时甚至会是很长的时间，此阶段的效果评估因素也应涵盖这段持续时间。评估因素可包括讲解员感受、观众感受、观众情感表达方式、观众评价、观众的观念、能力、素质的改变状况、社会大众传媒的评价等。

九、观众的注意力

“注意力”是评估观众参观行为和讲解效果的重要因素。由于博物馆学习是观众的自主学习，没有强制性的学习压力和学习成果测定，观众注意力在实施学习过程和获得满意的学习成效上有着举足轻重的作用。观众注意力是观众的感官和思维共同运作的表现，当观众在博物馆中参观时，他们自主确定学习对象和学习内容，运用自己的各种感官去感知和了解特定的客观事物，其中包括展品、展览、环境、各种活动、人与人之间的关系等，力求多侧面地掌握该事物的事实性和概念化的信息，同时集中自己的思维能力整理、理解和记忆感官所获取的特定信息。

观众注意力大致可分为三种状态，即兴趣、注意和投入。通过考察观众的注意指向、注意程度、注意方式等内容，可以了解这三种注意状态的特点，以及它们对讲解效果的影响。

当观众对某件展品，某个展览局部、或某个讲解员的讲解感兴趣时，他们即已注意到该物品，或展览，或该讲解人员。此时观众的注意力还是初步的，浅表的，不确定的。“兴趣”是观众确定自己的注意点的表现，在寻找满足实现自己预定目的的客观条件的过程中，观众发现了一些值得注意的人员、物品和事件，于是他们将这些人、物、事从周围环境中剥离出来，力图从引起他们兴趣的部分开始把握该事物的整体，并迅速与自己的预期目的相比较，看看这一事物是否对实现预期目的有用。如有用，则强化注意，深入了解；如无用，则一瞥而过，迅速放弃，继续寻找下一个兴趣点。“兴趣”是观众在众多的信息中进行选择并进行初步筛选的活动，任何与众不同的色彩、形状、音响、活动都会引起观众的兴趣，这些差异可帮助观众进行比较，可帮助观众发现新奇的事物。“兴趣”是有指向性的，观众凭借自己的知识基础、理解能力、爱好兴趣、需求目的等条件对外界事物进行评价，根据自己的需求确定兴趣点，因此他们只对特定的事物感兴趣。对每一特定事物的兴趣的持续时间应不太长，或因对该物失去兴趣，转入对另一物的兴趣状态；或对该物很感兴趣，迅速转入全面把握该事物的“注意”状态。

在“注意”状态，观众将可以运用的感官明确用于特定的注意对象，力求获得尽可能全面的有关注意对象的信息，从而能准确认识该事物，并使其成为自己某种观念的可靠证物。在讲解活动中，观众的注意即表现为对展品的认真观看中，也表现在对讲解活动的深入参与中。此时，观众会自愿地跟随讲解员活动，服从讲解员的要求，仔细观看讲解员介绍的展品，思考与展览和解说词有关的问题。

“投入”状态是观众注意力非常集中，全身心投入某一活动的情态。处于投入状态的观众会排除外界的任何干扰，甚至忘却了时间，长时间地观看一件展品，或从事一项活动。

在参观过程中，观众注意力常处于兴趣和注意状态，这是因为观众在参观时要接触大量的信息，要在展厅中不断活动，他们很难长时间集中注意力于一点。此外，很多观众希望对展览有一个全面的认识，也希望能完整地参加讲解，从而能对展览或讲解活动有完整的估价，所以他们很难在讲解过程中长时间地观看某一展品。另外，“投入”状态需要较长时间的酝酿、积累、持续和退出的时间，在不断运动的讲解过程中，似乎没有足够的时间让观众进入投入状态。

将观众注意力作为评估讲解现场效果和阶段效果的因素，必须注意观众注意力应有助于讲解目的的实现。讲解人员应引导观众将注意力集中于展览的内核，集中于有助于把握和理解展览基本线索和展览目的的关键实物、事实和数据上，集中于讲解词的主要内容上。讲解人员可通过观众是否跟随讲解员活动，是否认真观看讲解员介绍的展品，是否认真听讲解，是否谈论有关展品的话题，是否表露出学到新知识、新观念的喜悦等迹象来评估观众的注意力。

讲解员应注意到长时间的注意力集中可能会导致大脑的保护性抑制，从而使观众注意力下降，对此，讲解员可适时转移注意对象，使观众产生新的兴奋点，也可适时讲一些轻松话题，让观众暂时休息一下，还可在某一时刻引导观众从深层次理解展品，强化观众注意力。

一〇、观众与讲解员的交流

陈列讲解是讲解工作人员和观众共同参加的活动，讲解员与观众之间的交流决定着和影响着讲解效果。讲解员希望观众能够接受自己传递的信息，能够帮助观众掌握新的知识和技能，帮助观众形成新的认识和观感，使观众对博物馆形成积极的看法；观众则希望讲解员能提供自己感兴趣的知识，能帮助自己理解展览，满足自己的参观目的。总之，讲解员和观众都希望通过讲解达到自己的目的，但自我目的的实现又必须通过对方的工作和活动来实现。在这种相互依赖和相互影响的过程中，讲解员和观众都应该让对方了解自己的需求和目的，这就需要双方进行交流。在交流活动中，讲解员似乎更侧重信息的组织、提供和传播，观众似乎更侧重信息的筛选、接受、重组和反馈。陈列讲解又是一种社会活动，只有参与各方明确自己的地位、职能和作用，明确相互之间的关系，才能保证社会活动的顺利进行，才能达到预期的目的，为使参与者自觉地将这一活动进行下去，也需要相互之间的交流和沟通。在信息传播活动中，信息发送方和接收方之间应建立密切的联系，以保证信息传送和接收的准确和顺利，减少歧义和外界的干扰。

讲解员与观众之间应建立相互信任、吸引和融洽的关系。信任是讲解员与观众交流的基础。观众要相信讲解员是热心为观众和观众利益服务的，是有能力为观众服务的，讲解员不是为了个人私利而讲解，也不是要从讲解活动中获取好处。如果观众对讲解员的工作目的、态度和能力有肯定的评价，则观众愿意承认讲解员所承担的社会教育责任，相信和接受讲解员的介绍，主动接受讲解员的影响。吸引是交流的结果，也是交流的方式。吸引不仅可引起对方的注意，更希望对方按自己的意愿行事，实现自己的预定目的。吸引可减少外界的干扰，增加双方之间的聚合力。吸引还可使对方尽快了解自己的需求与愿望，鼓励对方按我所希望的方式活动。融洽关系是相互信任、相互理解、相互尊重的关系，它可以有效地消除观众的对立感、紧张感和不平等感，加强观众的参与感，使观众自觉自愿地参与讲解，并为获得积极的讲解效果而努力。

讲解员与观众交流的途径很多，包括声音、语言、目光、表情、手势、体态、着装，以及讲解器械、展品、共同参与的活动等。其中非语言媒介起着不可忽视的作用。例如，一个讲解员是坦诚欢迎观众，还是羞怯恐慌；是全身心投入讲解，还是将讲解视为例行公事，这些内心情感都可透过讲解员的目光、表情、语调、体态等方面显露出来，并可被观众感受到。作为同一社会活动的参与者，观众会用多种方法来了解讲解员，确认讲解员的社会角色，从而确定自己与讲解员的关系。为此，讲解员必须注意自身修养，依靠自身的优秀素质和自我社会角色的准确认定，与观众交流和沟通，建立有利于观众学习和有利于完成讲解工作的良好氛围。

讲解员与观众交流的内容包括知识（事实）、情感、态度、自我认识、对对方的认识、共同需求和自我需求等。知识是讲解的主要内容，也是讲解员希望观众能够记住的内容，观众也希望讲解员多提供知识类信息。这种需求是由人们对博物馆的基本认识规定的，人们多认为博物馆是知识宝库，去博物馆参观就是为学习一些新知识，因此他们来到博物馆后就希望多接触一些知识，希望博物馆多提供一些知识。但是，尽管观众对知识有如此强烈的需求，他们在博物馆中能掌握的知识却是相当有限的。观众真正的收获是情感的改变，态度的改变，以及对博物馆工作认识的改变。博物馆讲解工作者在与观众的交流中，即要注意满足观众对新知识、新事物的需求，又要注意通过良好的自身形象，对本职工作的热爱，友好和善、热心为观众服务的工作态度，使观众对博物馆产生积极的印象。

对讲解员与观众的交流，可以根据讲解员的吸引力、观众组织能力和具体交流方式的频度、程度等因素来进行评估。讲解员的吸引力包含着多种因素，如讲解员的相貌、仪容、风度、气质、音色语调、讲解风格、对讲解词内涵的把握、对展品的理解、对观众需求的理解、与观众的沟通等。讲解员的吸引力似乎侧重于讲解员的自身条件，观众组织能力则侧重表明了讲解员与观众的沟通和交流。观众组织能力一方面要让观众了解讲解员工作的性质、目的、方法和内容，要让观众很快就接受讲解员，并愿意听他的讲解；另一方面也要求讲解员了解观众的特点、兴趣和要求，能够时时把握观众的兴奋点，使观众自觉参与到讲解活动中。具体交流方式包括讲解员与观众之间的对话、答疑、微笑、慨叹、目光接触、特定的表情反应、掌声等。

一一、观众与讲解员的“满足感”

在讲解过程中，以及讲解结束时，观众和讲解员都要对讲解活动进行综合评价，以确定是否满足了自己的需求，是否实现了预期的愿望，是否获得了某种程度、形式的成果，由此决定对此次讲解活动是否感到满足。满足感是对整个活动的总结，是讲解过程中各种感受的积累和综合，是参与者的经验、需求和价值观的体现。这种“满足感”也可说是讲解活动参与者的“成就感”。鉴于讲解活动的效果偏重于知识、态度、情感及审美等方面，观众与讲解员也多从心理感受、个人感受等方面来评价参与讲解活动后获得的成效。满足感的程度可反映出讲解效果，反映出讲解员的工作态度和工作方式。

满足感对讲解积极效果的影响是显而易见的。满足感越强烈，表明参与者认为此次讲解活动满足个人需求的程度越高，表明参与者认为此次活动使自己获得了很大的收益，对此次活动的综合评价很高，这会使参与者对讲解活动持基本肯定的态度，愿意接受和记忆讲解员所传播的知识和观念。

由于观众与讲解员在陈列讲解活动中的身份、需求和目的的不同，他们的满足感的内容会有一些差异。观众的满足感主要表现于个人需求的满足，即在多大程度上满足个人对此次参观活动的期望，特别是个人活动日程的实现，个人对博物馆展览的需求的实现，以及此次参观活动对博物馆的印象是否符合预想的博物馆形象。当观众认为讲解活动实现了他们的参观期望，有助于自己了解新事实，掌握新技能，坚定已有观念，建树新的认识时，他们就会感到不同限度的满足。

博物馆讲解员的满足感则包括更多的内容，除了个人的工作成绩、个人社会价值的体现外，他们还注意到观众需求的满足、本职工作价值的体现、博物馆展览目的的实现、博物馆社会形象的建树等因素。讲解员的满足感并不是个人感情的宣泄和个人才华的表现，而是本职工作、博物馆工作和社会职责等多方面工作成果的综合体现。

观众及讲解员的满足感的程度是可以测度的。人们的内心情感可以通过表情、言语、行为等方式表露出来。可以根据讲解结束后观众及讲解员的行为表现来判断他们的满足感，如观众在讲解结束后以各种方式表示对讲解员的感谢，观众对展览和参观效果的议论等。还可以通过大众传媒来了解，如大众传媒对展览的介绍和评价，对讲解员工作的评论，发表的观众观后感等。观众指名讲解，即要求某一讲解员专门为他们讲解，也从一个侧面反映观众对该讲解员的满意和喜爱。还可通过观众调查了解观众的满足程度。调查时要具体明确地询问观众对构成和促成满足感的各项因素的印象和评价，如个人期望的实现、参观环境、讲解工作、展览内容的了解、对博物馆的态度等因素，并据此做出综合评价。

一二、发挥讲解工作人员的主观能动性

讲解员在讲解活动中起着核心主导作用。讲解活动涉及的主客观因素很多，讲解员是维系这些因素的中心环节。讲解员的讲解使展品与展览主题、观众与展品及展览主题、观众与讲解员、观众之间发生了特定的联系，正是这些联系形成了讲解活动的物质环境。讲解员在这种环境中，进行信息传播、情感交流的讲解活动，并获得特定的讲解效果。讲解活动围绕着讲解员展开，讲解效果因讲解员的工作而产生。在讲解员的引导下，观众与展品、展览、展览环境和讲解员进行交流，进而获得满意的参观效果。讲解员组织、维系、实施讲解活动，并引导讲解活动沿着特定的方向发展。在这个意义上说，讲解员可以说是讲解活动中最为积极的因素。因此，讲解员主观能动性的发挥，对获得积极的讲解效果是非常重要的。

发挥讲解工作者的主观能动性，首要的是使讲解人员正确认识讲解工作的性质、意义和作用，认识讲解工作对实现博物馆社会教育职能、满足广大人民群众自我学习和自我发展的需求的重要意义，认识讲解工作对建树博物馆社会形象、促进博物馆事业发展的重要意义。只有真正从思想上重视讲解工作，才能真正热爱这项工作，真正热心为观众服务。

在每次讲解前，都应做好准备。每一次讲解都会面临新的观众、新的需求和新的时空条件，因此每一次讲解都是一次新的创造。做好讲解工作需要讲解员全身心的投入。讲解之前，讲解员要调整好自己的身心状态，以最佳状态投入工作。心态调整包括排除杂念，集中注意力，产生适度的紧迫感，创造最佳工作的追求，获得观众肯定赞许的渴望等。心态调整可采取默想讲解要领，想象讲解过程，积极的内心提示等方法。良好的身体状态包括精神状态、嗓音状况、着装仪容等方面。整洁得体的着装，清丽宜人的仪容，朴素大方的仪表，不仅可提高讲解员的自信心，也可很快获得观众的认同。

准备工作还要认真了解讲解环境、对象、要求和目的，认真考虑讲解的过程、方法和技巧，准备讲解设备和用品，就讲解时可能发生的意外情况准备对策。此外，要考虑

此次讲解工作中准备采用的新方法和新技巧。讲解工作要时时“出新”，只有“出新”才可有效防止因多次机械重复而产生的松懈、平淡现象，可使讲解员保持适度的紧迫感、新鲜感和获得新的成就感。

讲解员要“因人施讲”，将展览内容、展览主题、讲解目的以观众可以理解和接受的方式传达给观众。为此，讲解员要深刻理解展览内容和讲解目的，善于观察、发现和确认观众的素质、兴趣、需求和学习能力，适时适度地改换讲解方法，组织观众，吸引观众，取得双方都满意的讲解效果。

讲解工作是讲解员的心志和体能的付出，在讲解过程中，讲解员也会感到疲劳。讲解员的疲惫状态会影响观众的参观情绪，影响观众的参观效果。讲解员在讲解过程中应注意保持良好的工作状态。根据笔者经验，为防止疲劳对讲解工作的影响，在讲解前要有充分的休息，在讲解时要保持适度的兴奋感，另外，讲解活动宜一气呵成，可将讲解时间掌握在40分钟至一小时左右，在疲劳发生之前结束讲解。

我们将陈列讲解效果置于博物馆教育的背景中考察，讲解效果是讲解活动过程的有机成分，是由构成讲解活动的展览、环境、观众、讲解员等因素相互影响、相互交流而产生的结果；讲解活动是运动的、发展的、受构成因素制约的和可控制的过程；讲解效果受到博物馆工作宗旨、展览目的、观众参观期望及参观目的、讲解员工作目的等条件的制约；讲解效果是可测度的，是不同质的，有着不同的程度；积极效果是博物馆工作者和观众所努力追求的，通过博物馆讲解工作者和观众的努力可获得预期的积极效果；积极的讲解效果对实现博物馆工作目的起着保障作用。笔者讨论了讲解工作者和观众获得积极讲解效果的条件和方法，强调指出讲解工作者的主观能动性的对积极讲解效果的获得，对博物馆教育职能的实现、对博物馆教育工作者自我价值实现的重要意义。

博物馆教育是贯穿全局的重点工作

一、博物馆基本业务都要贯彻教育这一基本主题

社会教育是博物馆工作的基本内容，博物馆教育职能的体现、发挥和实现应成为评估博物馆各项工作成效的基本标准。博物馆工作者应清楚认识到博物馆教育是博物馆事业的基本特点，明确本职工作在实现博物馆教育工作目的中所承担的责任和任务。

人们注意到，文化事业将是21世纪的发展热点。文化事业将成为前途广阔的产业，博物馆工作者虽然为此感到振奋，但也不会忽视其后潜藏着的危机。文化事业的功利性将更为突出，巨大的文化市场吸引越来越多的人投身于文化产业，博物馆工作将面临来自多方面的竞争。竞争会激励创新，但万舟竞渡的局面也将使一些传统文化形式失去观众。面对竞争，博物馆具备了多种有利的条件：博物馆收藏着丰富的文物标本，这是人类和人类生存环境的真实物证；博物馆中汇聚着众多精通各项专业学科知识的专家学者，他们是人类智慧的宝库；社会赋予博物馆的作为社会文化财富的管理者的责任和社会地位；博物馆所处的地理位置、馆舍及周围环境；社会公众对博物馆在社会文化教育事业中的重要作用的共识，等等。博物馆具备了参与竞争，并能在竞争中得到发展的条件，关键在于博物馆要找到可以充分展现自身特色，发挥博物馆优势的途径。博物馆教育是博物馆的核心竞争优势，这是其他文化娱乐行业难以仿效和替代的。

对博物馆工作资源之一的博物馆藏品的认识的深化，也使人们注意到强化和完善博物馆教育的紧迫性和重要性。人们认识到，作为承担着“为社会和社会发展服务”社会职责的博物馆，必须完整准确地揭示和表现博物馆藏品的丰富内涵，充分发挥博物馆藏品的现实“科研、教育和欣赏”的作用。博物馆藏品是丰富的知识宝藏，但是，要使公众充分了解和认识这批宝藏的价值，并使之为公众所利用，真正实现它的价值，仅靠博物馆藏品本身是很难实现的。只有经过博物馆工作者，特别要经过博物馆教育工作者的加工、开发和利用，才能使博物馆提供的信息与观众的理解水平、兴趣和需求相适应，使观众接受和利用这些信息，认识博物馆藏品的价值，了解博物馆工作的特点。

加强博物馆教育是激发博物馆工作活力的有效措施。加强博物馆教育，可使博物馆藏品、展览为更多的观众所理解接受，使社会公众了解熟悉博物馆工作方法，了解博物馆工作宗旨，消除因生疏而产生的距离感；可使博物馆加强服务意识，美化环境，改进陈列、接待、讲解、餐饮服务等工作，创造更具吸引力的参观环境；可使博物馆切实了解社会需求，了解观众特点，组织为观众喜闻乐见的教育活动，吸引更多的观众；可培

育和发展潜在的观众市场，使观众数量稳步增加；更可进一步加强博物馆与社会的联系，使博物馆真正参与是社会发展的主流之中。

今天，面临风云变幻的文化市场，面临社会发展提出的新任务，博物馆教育职能只能加强，只能不断完善。加强博物馆教育工作的基本前提之一是每一位博物馆工作人员都认识到加强博物馆教育的重要性和迫切性，认识到博物馆教育是指导和贯穿博物馆每项工作的基本职能。博物馆中的每一个工作部门、每一位工作人员和每一项工作都关系到博物馆教育的成败，影响到博物馆教育的成效。

一些博物馆工作人员认为，博物馆教育只是博物馆科研、陈列、宣教等业务工作中的一项，只是博物馆工作链条中的特定环节，是博物馆专职工作部门的事情。当科研、陈列等工作完成之后，才是博物馆教育工作者登台亮相、施展才华之时。这种看法不仅严重影响博物馆教育工作的开展，也会严重损害这些工作人员的本职工作。试想，如果陈列设计工作者只注意陈列要体现的学术水准，只考虑展品的自我表现，却忽视观众的知识水平和理解能力，结果将会怎样呢？陈列无法与观众沟通，观众索然无味，陈列效果必将大打折扣。还有一些人认为，博物馆教育是"小儿科"、"连环画"，他们认为博物馆就是要保持较高的专业水平，要有浓厚的学术气氛。对此，笔者只想指出，用观众能够理解的语言说明深刻的道理，恰恰是传道授业的最高境界。毛泽东曾以"坟山贯气"的通俗语言向农民宣传破除迷信，这正是我们应该学习的典范。也有一些博物馆工作人员认为，博物馆教育是"软指标"，其成效是看不见摸不到的，纯粹是在为他人作嫁衣裳。与之相比，博物馆藏品的安全、陈列状况、论文数量、奖金多少，才是实打实的"硬指标"。这种认识严重阻碍了博物馆教育工作的开展。

上述几种对博物馆教育的不正确态度的共同特点是将博物馆教育视为与其他博物馆工作相分离的具体业务。究其根源，应是对博物馆工作目的的认识尚有模糊之处，即没有将"科研、教育和欣赏"这三项主要工作目的，或"收藏、宣传教育及科学研究"这三种基本性质综合地、全面地体现于博物馆各项工作之中，而认为这些工作目的应由不同的业务工作分别体现，于是造成了分裂脱节和厚此薄彼的现象；另一认识上的误区是将博物馆研究局限于专业学术研究领域，特别是局限于与博物馆藏品相关的专业学术研究范围之内，从而使研究工作与博物馆其他工作相分离。毋庸置疑，博物馆藏品的管理和利用的基本前提之一是对博物馆藏品的构成要素和文化内涵的准确认识，研究越深入，博物馆藏品的可信度越高，利用范畴越广。但也必须看到，博物馆研究人员不仅仅是特定学科的专家，他同时还是博物馆工作者。在承担促进学科发展责任的同时，博物馆研究工作人员不可推卸地担负着推进博物馆事业发展的责任。博物馆研究人员于专注学术研究之外，还需注意于怎样将自己的学术研究成果以大众理解的方式传播开去，怎样回答大众感兴趣的问题，怎样提高大众的专业知识水准，以实现"提高与普及"的目的。此外，组织体制不完善，专职博物馆教育工作人员缺少，难以形成专业群体等因素也是产生上述不准确认识的原因。

博物馆教育是博物馆的基本工作目的，这一目的必须贯穿于博物馆的各项工作之中。博物馆各项业务工作的专业特点明显，要求不同的专业基础知识和工作方法，如行政管理、藏品研究、藏品管理、藏品保存、陈列设计等项业务。但是，不同业务工作的工作方法和工作内容的特殊性，并不等于工作目的的相斥性。这些工作都是在博物馆的基本框架中进行的，它们都是为了博物馆的正常运营和不断发展，都必须服从博物馆的基本工作要求，服从博物馆的基本工作目的。此外，尽管一些博物馆工作的具体成果不是以博物馆工作的最终成果的形式表现出来，但每项工作的个别成果都与博物馆工作最终成果有关，是以最终成果的构成成分的形式表现出来。例如，博物馆陈列即是藏品管理、藏品研究、陈列设计、藏品保存、安全保卫、行政管理、后勤保障、社会教育、公关联络、社会推广等部门具体工作成果的集大成。还要看到，由于工作内容的不同，会使各项专业工作的实施时间有先后的差别，从而形成整体工作的不同阶段。各阶段的工作都有阶段性工作目标，如陈列就包括构想、可行性研究、内容设计、形式设计、展具制作、布展、开展、展出、撤展总结等若干阶段。应该看到，阶段性目标是终极性目标的分解，其中即包括对特定工作的具体要求，也确定了该项工作在整体工作中的位置与作用。因此，在从事具体工作时，必须对整体工作的最终目标有准确的理解，这样才能更自觉、更准确地做好本职工作，保证全局性工作的顺利完成。在博物馆工作系统中，每一局部工作都是与全局联系着的，局部工作成效都要影响到全局工作成效。博物馆教育是博物馆的基本工作目的，是具有全局性的工作目标，这个基本工作目标能否实现，实现的质量如何，需要博物馆全体同仁的高度重视和切实参与，

作为社会文化教育机构的博物馆，要发挥其教育功能，必须依赖于各部门的通力合作，发挥整体功能。博物馆教育是一项特殊的社会教育工作，是一项系统工程。它的内容并不仅仅是博物馆展览的讲解和导览，还要为观众创造学习氛围，提供适宜的学习内容，创造诱导和强化学习过程的条件，提供多样化的学习手段。让观众进入博物馆，就进入了特殊的学习环境，从而激发观众的学习兴趣和学习愿望，确定学习对象，实现多种智能的综合开发。博物馆学习环境是与博物馆各项工作息息相关的，鲜明生动的展览主题，激发兴趣的陈列方式，明白易懂的展览说明，生动活泼的辅教设施，清洁舒适的环境，热情周到的服务，值得信赖的工作人员，情趣盎然的教育活动，这都是博物馆各个工作部门参与博物馆教育的具体体现。因此，每一位博物馆工作人员都承担着直接实施博物馆教育的责任，这种责任不是为他人提供素材，做幕后准备工作，而是实实在在地落在每一个人的肩上。

现代教育理论认为，教育过程是教育者与学习者共同参与的过程。在教育过程中，要注意学习者的知识背景、理解程度、学习能力、学习方式等条件，要让学习者理解教育者，理解教育内容，了解教育目的，理解学习给学习者本人带来的利益。只有这样，学习者才会主动参与到教育过程中来，才会承认和接受教育者传授的学习内容。“教”“学”双方同心协力，共同完成教学过程，获得双方满意的教学成效。由于博物馆工作人员在博物馆教育系统工程中所处的位置不同，工作内容不同，与学习者的关系也不尽相同，博物馆工作人员必须根据本职工作在博物馆教育中的具体位置，明确自己与学习

者的特定关系，明确自己对学习者的学习行为和学习过程的影响，确定自己的教育方法和实现博物馆教育工作目的的工作方法。总之，每一位博物馆工作人员都以特定的工作方式参与博物馆教育过程，参与博物馆学习者的学习过程。由于各自的参与方式、参与途径与他人不同，很难照搬挪用其他工作岗位的博物馆教育工作方式。

要使博物馆教育成为贯穿博物馆一切工作的基本主题，首先要使博物馆全体工作人员真正认识到博物馆教育与博物馆发展的关系，认识到加强博物馆教育是当代社会发展对博物馆提出的新任务，认识到博物馆教育对加强博物馆社会基础，建树博物馆社会形象，吸引社会对博物馆的投入的重要意义。博物馆全体工作人员要真正理解博物馆教育与本职工作的联系，确立“博物馆教育工作人人有责”的观念。

要制定必要的博物馆教育工作方针、工作制度和工作规范，使博物馆教育工作有法可依，有章可循。博物馆要设立专职工作部门，协助馆长计划、组织、实施、协调、监督、调研博物馆教育工作，并为馆长制定有关决策提供信息。

博物馆要努力创造团结协作、生动活泼的博物馆教育工作环境，创立适合本馆工作条件的工作形式，使博物馆教育工作人员参与有关工作部门涉及博物馆教育的业务。例如，建立陈列筹备工作组，让博物馆教育工作人员从筹展伊始就参与工作，充分听取博物馆教育工作者的建议。这样既可加强陈列的教育作用，又可为以后的博物馆教育工作提供良好的工作基础。要逐渐形成和谐的工作氛围，各部门在实现博物馆教育工作目的的前提下，协商协调，防止封锁、推诿等消极现象对博物馆教育工作的影响。

每一位博物馆工作人员都应了解和掌握博物馆教育的基本理论和基本工作方法，了解博物馆学习者的基本特点，在此基础上，制定适合本职工作的博物馆教育方法。博物馆教育是特殊的社会教育方式，是由承担社会教育责任的社会文化机构——博物馆——为满足观众个人学习和自我完善要求而组织的非强制性教育活动或行为。博物馆教育注重对学习者多种智能的开发和完善，注重以非强制的手段达到预定的目的。博物馆教育应根据学习者的素质、知识水平、学习方法、学习要求、学习环境、学习成效来组织教育活动。博物馆教育借鉴教育学、学习学、心理学、传播学、信息学、休闲学等相关学科的研究成果，充分利用现代科技创造出来的信息传播手段，使博物馆教育更富时代感。博物馆教育有着丰富多彩的工作手段，如陈列、讲解、导览、演示、音像视听、舞台演出、情景再现、演讲报告、学习兴趣小组、夏令营、知识竞赛、博物馆之友、流动展览等等。这些活泼新颖的教育手段，不仅使博物馆教育工作意趣盎然，也不断激发学习者产生新的学习兴奋点。

完善和发展博物馆教育工作，人人有责。对制定博物馆事业发展策略和实施行政管理的有关主管部门来说，应切实注意博物馆教育在发挥博物馆社会效益方面的“龙头”作用，制定切实可行的管理方法，完善博物馆教育工作。可采取政策导向、专项拨款、人员培训、工作调研、检查考核、经验交流等措施，培育有利博物馆教育开展的外部环境，引导、扶植、推动博物馆教育的健康发展。注意解决博物馆教育人员的职称、待遇、晋级等问题，建立稳定精干的博物馆教育工作队伍。

博物馆馆长是支持和推动博物馆教育工作的关键人物。馆长对博物馆教育工作的认识，对博物馆教育工作的重视程度，会直接影响馆内各部门对博物馆教育的认识，影响博物馆教育工作资源的分配，从而对博物馆教育工作，以及对博物馆教育人员的工作积极性产生决定性影响。博物馆馆长应对博物馆教育在博物馆工作中的位置和作用有明确的认识，下大力气抓博物馆教育工作，主持制定博物馆教育工作方针、规划、制度和规范，组建博物馆教育工作部门，选拔和培养专职工作人员，保障工作资源，确定工作目标和工作规划，监督检查工作情况，注意协调博物馆教育工作部门与其他业务部门和行政管理部门的关系，及时解决工作过程中出现的新问题和突发事件。切实创造良好的工作氛围，提供工作条件和资源，关心工作人员的业务学习和生活状况，充分发挥工作人员的积极性和创造能力。

博物馆行政管理部门对博物馆教育工作的顺利实施起着重要的保障作用，要保障博物馆教育工作的工作资源，如经费、器材、场地、水电、安全设施等，要监督博物馆教育工作项目的执行、进展情况，使博物馆有限的资源发挥更大的效力。

博物馆藏品研究人员的主要工作是为博物馆教育提供坚实的学术基础和适宜的教育材料。缺乏科学整理和深入研究，博物馆藏品将很难成为可信的认知对象和教育素材。研究人员在搜寻、整理、分析、组织和发表藏品信息时，不仅要注意这些信息的准确科学，也要注意使它们发挥教育作用。可以根据博物馆的特点，结合博物馆教育工作需要，考虑学习者的需求，运用各种形式发布和传播博物馆藏品信息。研究人员还应积极支持和参加博物馆教育工作，如主持学术报告和学术研讨会，引导观众参观并亲自为观众讲解展品和介绍展览。鉴于研究人员是特定专业学科的专家，他们参与博物馆教育活动，其学术地位和社会影响将增强教育活动的权威性和影响力，增强博物馆教育的可信程度。另外，研究人员还要协助培训博物馆教育工作人员，帮助他们尽快掌握与博物馆藏品有关的专业知识。

藏品管理工作人员也处于博物馆教育的主流之中。藏品是博物馆教育的基本手段，真实可信的藏品会最大限度地激发学习者的学习兴趣，触发联想，帮助记忆。博物馆藏品管理工作人员以自己的工作和才智亲身参与博物馆教育。藏品管理工作人员要搜集藏品，建立教育性收藏，或用于组织专项教育活动，或供学习者观摩、触摸、操作。有些博物馆向学校或社会文化教育科研机构出借藏品，以供教育之用，此类藏品的整理、管理及借用工作也要由藏品管理工作人员负责。还有一些博物馆，为帮助公众更深入地了解博物馆工作，邀请公众参观博物馆藏品库房，参观藏品管理工作场所。在这些活动中，藏品管理人员不仅要介绍藏品知识，还要介绍本职工作和博物馆其他业务，介绍博物馆工作机制和发展规划，这时的藏品管理人员俨然就是博物馆教育工作者了。

陈列设计工作人员直接担负着博物馆教育的职责。在从事陈列内容设计时，应该注意到目标观众、陈列主题、内容结构、阐释方式及陈列说明等重要因素对陈列教育效果的影响。任何一个陈列都要有确定的基本观众群，或目标观众。根据目标观众的条件，确定陈列内容的表达方式、陈列信息的容量、信息发送形式、传送途径和对学习者的影响程度，以求获得最好的传播效果。陈列的阐释不是对陈列主题和展品的孤立、简单的直译，不是用“教育者”理解的语言讲述教育者想说的话，而是要将展品置于特定的环境和联系之中，用“学习者”理解的语言和能够接受的方式，生动地表述教育者想说明的观念、知识和技能。阐释除了使用语言和文字两种基本方法，还广泛采用图像、表演、辅助设施、陈列环境等手段；不是仅由教育者单方面阐释，也可以通过学习者的操作参与来阐释。多种阐释方法的综合应用，可获得比仅使用单一的阐释方式更理想的效果。但是，也要注意不适宜的阐释方法可产生喧宾夺主的负面效果。陈列内容设计人员需认真考虑采用怎样的阐释方法，才能更准确、鲜明、生动地表现陈列主题。陈列说明通常是指陈列中的文字说明，它在陈列中起着画龙点睛的作用，可明确直接地将特定信息、观念传达给博物馆观众。但陈列说明也是一柄双刃剑，既可产生锦上添花的功效，也可导致画蛇添足之嫌。为此，陈列内容设计人员必须通盘考虑陈列说明所包容的信息量、信息表达层次、词汇使用范围、体裁修辞、篇幅长短等因素。

陈列形式设计人员应以体现和实现陈列的教育作用为设计的首要原则。博物馆陈列要与观众交流，要满足观众观看“真”物、充实自我、改善人生的要求，要实现博物馆社会教育的职责。陈列形式设计人员要创造性工作，全方位立体设计，帮助观众欣赏展品，把握和理解展览主题，从而获得积极的博物馆体验。陈列设计还要为博物馆教育工作的开展提供条件。要运用多种陈列手法，增加陈列对观众的吸引力和滞留力，创造帮助观众尽快进入参观学习状态的环境氛围，减轻或消除“博物馆疲劳”对观众参观活动的消极影响。

博物馆教育工作部门是主要职能部门，应协助博物馆馆长抓好博物馆教育工作，在总体工作目标的指导下，重点贯彻落实博物馆教育工作目标。博物馆教育部门的主要工作包括做好调研，为领导制定博物馆教育工作决策提供科学依据；积极参与博物馆教育工作方针和工作规划的制定，主持、协调、实施和检查博物馆教育工作规划的执行；组织丰富多彩的教育活动；积极搜集和听取社会公众和博物馆观众对博物馆各项工作的建议，及时反馈给有关部门；加强与其他工作部门的协调沟通，同心协力做好博物馆教育工作。

安全保卫工作和服务工作也是博物馆教育工作中的重要环节。要使观众专心于参观学习，首先要满足观众的生理需要和安全保障的需要。安全保卫人员要维护适宜的参观环境，维护参观秩序，帮助观众保持适宜的行为规范，回答观众的咨询疑问，提供各项应急服务，使观众的安全要求得到满足。服务工作人员要创造和维护良好的参观环境，使观众专注于陈列，延长参观时间，获得更好的学习成效。博物馆清洁舒适的环境，也让观众留下美好的印象，为他们今后再来博物馆参观奠定了认识基础。

社会的发展，博物馆事业的发展，推动博物馆教育工作进入了新的阶段。博物馆工作者必须重新审视博物馆教育在博物馆工作中的地位和作用，根据时代要求和博物馆发展要求，制定博物馆事业发展规划。博物馆教育是系统工程，博物馆一切工作都要切实考虑本职业务对博物馆教育工作的影响。完善和发展博物馆教育，人人有责。

二、博物馆教育部门是教育事务的主管机构

随着社会和博物馆事业的发展，博物馆教育的范畴、内容和对象发生了很大的改变。博物馆教育工作已从局限于博物馆馆舍内，扩展到博物馆馆舍外，扩展到博物馆为之服务的社区；博物馆教育已不仅仅是知识的传授，更注重对学习者的多种智能的开发，对学习者的学习能力、社会生活能力和整体素质的提高；博物馆教育服务对象从博物馆观众扩展到所有利用博物馆信息资源的社会公众，还要为那些不来博物馆参观的人提供服务。总之，当代博物馆教育要充分开发和利用博物馆的各种资源，使之为社会和社会发展服务，为博物馆事业的壮大和发展服务。做好博物馆教育工作的基本前提是建立组织完备、机制合理、职责明确、资源充分的博物馆教育工作队伍。

博物馆教育工作曾长期被视为是具体业务，需依赖于博物馆其他业务工作，其主要任务是将其他业务的工作成果传授给观众。换句话说，博物馆教育只是展示博物馆工作成果的一项活动。如果博物馆其他工作成果显赫，博物馆教育可彰显其功；如果其他业务工作成绩平平，博物馆教育也将无所事事。如果博物馆教育工作者不甘沉寂，努力工作，众人会为他们的进取精神鼓掌；如果博物馆工作者甘为人后，得过且过，似乎也会因博物馆的精美收藏和丰硕研究成果而无碍大局。于是，尽管多年来将“宣传教育”作为博物馆的主要工作之一，但博物馆教育总与博物馆藏品征集、研究、陈列等业务活动有着相当的隔膜。一段时间，我国博物馆教育工作更落到“讲解员、安全员、清洁员”三员合一的境遇。究其原因，与人们对博物馆教育的认识不无关系。随着博物馆工作者对博物馆的社会作用、社会地位和发展动力的认识的深化，必然会改变对博物馆教育的认识。

博物馆教育部门是实现当代博物馆社会教育职能的决策、执行、管理、实施部门，是指导、协调、监督、检查博物馆各工作部门实施博物馆教育规划的工作主管部门。博物馆教育是一项全局性的工作，需要各个工作部门明确认识本部门在博物馆教育工作中的位置，明确了解本部门、本职工作应承担的博物馆教育工作。例如，藏品研究成果要为博物馆教育奠定科学基础，以增强博物馆教育的可信度，藏品陈列内容设计必须考虑观众的认识能力和学习能力，陈列形式设计需要注意非展品因素对观众理解展览主题的影响。只有被观众理解和接受的东西才能真正成为对观众有用的东西，才能发挥其教育效能，才能真正实现博物馆的工作成效。博物馆工作要想得到社会的承认，就必须为社会所了解、理解和认同，为此，必须与社会交流，必须用社会公众能够理解的方式与社会交流。在交流中，博物馆承担的社会责任才能被观众理解和承认，博物馆为实现其社会职责而传播给观众的各种信息才能被观众接受。可以说，博物馆各工作部门为使社会承认自己的工作成效而做的各种努力，都是教育行为。博物馆作为一个整体，需要注意内部各工作部门实现其工作成效的要求，要向社会展示各工作部门的工作成绩，从而实现博物馆的综合社会效益。这是博物馆得以生存和发展的基本前提。博物馆教育工作部

门要协调和综合各工作部门的教育要求和教育行为，使之成为一种合力，成为体现博物馆社会教育职能的具体保障。

实现博物馆教育职能的前提条件之一是科学决策。博物馆教育是全局性的工作，涉及各个工作部门的具体工作和利益，为此必须科学安排和妥善协调各部门的工作。另外，对博物馆教育的重视，也反映在博物馆工作资源的重新安排上，这势必会影响到其他工作部门。博物馆领导者需要依据博物馆内部工作条件和外部环境条件，根据本馆的性质、藏品、人员、设施、经费、发展方向等因素，考虑社会发展对博物馆的新要求，注意社会公众的知识水平及知识结构、学习能力和要求、社会生活需求、社会发展要求等条件，确定本馆博物馆教育工作的目标、内容、对象和措施。博物馆教育的科学决策非常重要，落后于社会发展和超出于博物馆工作条件的决策都可影响博物馆教育工作成效。例如，在展览中增加可操作的展品，这回可增强观众的参与感和参观兴趣，但是，此类展品要求及时妥善的维护和维修，否则，或损坏搁置，影响观瞻；或上锁不让使用，招致观众抱怨。一件小事尚可见决策的重要，作为统筹博物馆各部门工作的博物馆教育决策，更需认真。科学决策需要分析大量的科学数据，需要广泛听取各方面工作人员的意见和建议。博物馆教育工作决策不是“眉头一皱”的产物，而是在周密调研和广泛讨论的基础上产生的，博物馆教育工作决策是一个过程。为做好这项关键工作，博物馆领导应切实依靠充分了解博物馆教育各方面情况、掌握博物馆教育专业知识和技能的博物馆教育工作人员。协助领导制定工作决策，是博物馆教育工作部门的不容推卸的工作职责。

博物馆教育工作应有统一的领导、协调和监督机构，以保障博物馆教育工作取得积极的成效。不管是否意识到，博物馆各个工作部门都在发挥着教育作用，都在或积极或消极地影响着博物馆教育的工作成效。当某个工作部门意识到本部门在博物馆教育中的位置，积极协助其他部门做好博物馆教育工作，其效果将是积极的；当某个工作部门只考虑本部门利益，强调本部门工作特点，甚至对其他部门采取封锁和不合作的手段时，其效果很可能是消极的。此外，非博物馆教育工作部门的工作人员因有着特定的工作目标和工作内容，如藏品研究、管理、保存和陈列设计等，尽管博物馆教育是他们不可推卸的责任，但他们的工作成效毕竟是以与教育成果不同的形式表现出来和受到评估的，他们对了解和掌握博物馆教育的知识、技能和工作方法的需求并不十分迫切，这在一定程度上影响了其工作的博物馆教育效果。另外，让他们去通盘考虑博物馆教育工作的大政方针和实施办法，也将影响他们的本职工作。为防止工作中的冲突，避免重复劳动，制止消极行为，博物馆应设立具有权威性的博物馆教育主管部门。该部门统筹安排全馆博物馆教育工作，协调各部门博物馆教育工作，指导监督博物馆教育工作项目的实施，评估检查博物馆教育工作成效。由掌握了博物馆教育专业理论、技能和手段的专业人员，在博物馆主管领导的支持下，全面负责和管理全馆博物馆教育工作是十分必要的。

根据我国博物馆工作现状，可在现有博物馆教育部门的基础上，提高其组织地位，拓展其工作范畴，强化其管理权力，重新审视其与其他工作部门的关系，保障其工作资源，使之成为博物馆教育工作的主管机构。我国博物馆自创建伊始，就重视群众教育工作，许多博物馆设置有专职群众教育工作部门，培养了大批博物馆教育工作人员。他们在多年工作实践中，总结积累了丰富的工作经验，逐渐形成了适合我国博物馆工作的社会教育理论。近年来，广大博物馆教育工作者响应党中央加强社会主义精神文明建设、对青少年进行爱国主义和革命传统教育的号召，开展丰富多彩的社会教育活动，将工作的触角伸展到博物馆以外的社区。博物馆教育事业的发展，仅靠博物馆教育一个部门的力量已远远不够了，需要动员博物馆全部力量投入其间，需要博物馆各部门的通力支持，进一步加强博物馆教育工作部门，使之成为统一筹划、组织、指导全馆博物馆教育工作的主管机构已势在必行。但是，我们也应看到，认为博物馆教育工作只是博物馆中的一项具体业务的传统认识依然根深蒂固，近年来陈列工作“让展品自己讲话”的观念也不同程度影响了陈列讲解及相关教育活动的开展，我国博物馆“三部制”组织体制中的部门职责明确、独立开展工作的做法也影响到部门间的沟通。此外，博物馆教育工作者视“讲解”为基本工作方式的状况也局限了对自身知识结构和工作技能的提高。总之，新的社会环境为博物馆提出了新的发展要求，新的工作目标的实现要求有相应的组织保障。

博物馆教育工作部门的性质由具体业务部门转变为博物馆教育工作主管部门，将面临观念、组织体制、工作体制、资源保障和人员素质等许多问题。其中最主要和影响最大的，当属博物馆领导者能否准确认识博物馆教育工作的作用，能否了解支持博物馆教育工作部门的工作。博物馆领导者对博物馆教育工作的认识和态度将直接影响其他工作部门对博物馆教育工作的态度。博物馆领导者应清楚了解当代博物馆教育的特点和发展趋势，认识博物馆教育对推动博物馆事业发展的重要作用，不仅本人重视博物馆教育，还要帮助博物馆全体工作人员更新博物馆教育观念，鼓励每一个工作人员积极支持博物馆教育工作。博物馆领导者要抓紧博物馆教育工作宗旨的制定，明确博物馆教育是博物馆工作重点，明确博物馆教育工作部门的组织地位，明确博物馆教育工作的目标和内容，并使博物馆教育工作宗旨成为全馆各项工作的指导。博物馆领导者要注意博物馆教育工作队伍的建设，注意提高工作人员专业素质，保持工作队伍的稳定，改善博物馆教育工作人员的待遇，关心博物馆教育工作人员的职称评定。

博物馆教育工作部门成为相关业务主管部门，需要有组织制度上的保障。在博物馆工作宗旨中要明确申明博物馆教育工作的重要性，明确规定博物馆教育工作部门的性质、组织地位、组织体制、部门关系等事项，使博物馆教育工作部门处于重要的组织地位和组织层次，要与其他业务工作部门有相等的组织地位，部门领导人的行政级别、业务职称要与其他业务部门的领导人相当，其隶属关系、领导关系也应与其他业务部门相同。在博物馆最高领导层中，应有人直接代表博物馆教育工作部门的利益，反映博物馆教育工作部门的状况、困难和发展规划。博物馆教育工作部门的工作资源应得到有效保障，除应满足日常工作和专项活动需要外，还要支持博物馆教育科研工作和人员培训。作为组织保障的有力措施，还要规定必要的工作制度，如与其他工作部门的工作协商、组织专项工作小组、参与博物馆教育相关的业务活动、征询工作建议、提供咨询等。

随着博物馆教育事业的发展，博物馆教育工作范畴及内容的拓展，博物馆教育参与人员更为广泛，博物馆教育工作部门重要性增强。面对工作条件的变化，博物馆教育工作部门的工作指导思想、工作内容、工作方法也应相应调整，以适应新的工作局面。博物馆教育工作要考虑全局性问题，考虑怎样有效地利益和拓展博物馆教育工作资源，加强规划决策、组织实施、评估成效等管理工作职能。

博物馆教育工作部门要参与博物馆教育工作方针、博物馆教育工作发展规划等指导性文件的制定工作，要积极为博物馆领导制定博物馆工作决策提供参考资料、科学数据和可行性调研报告，协助博物馆领导做出决策。博物馆教育工作应根据博物馆综合发展规划确定博物馆教育工作目标，确定工作需要的资源和人员条件，确定需要进行的科研项目，应采取的工作措施，与其他工作部门的协调和配合方式。

博物馆教育工作部门要依据教育工作规划，进一步设计具体工作项目。这些工作大致可区分为社会教育工作和自我发展工作。社会教育工作又包括教育活动和公共服务两类。教育活动又有常态业务和临时项目之别，常态业务如基本陈列的解说、讲解及相关的演讲和教学等；临时项目如短期陈列、知识竞赛和夏令营等。公共服务工作包括编写博物馆简介和博物馆图录，为观众提供馆藏品信息，改善展厅参观条件，改善休息场所和设施，提供必要的饮食和存放书包服务，为需要特别帮助的观众提供专项服务等。自我发展工作涉及组织建设、人员培训和博物馆教育科研等方面的活动。

鉴于博物馆教育涉及博物馆各个工作部门，而这些部门与博物馆教育工作部门并无行政隶属关系，这给博物馆教育工作部门对这些部门工作的指导、监督带来一些问题。博物馆教育部门可根据本馆具体条件，通过行政手段、法规手段来协调博物馆教育工作，更主要的是通过教育手段和良好的人际关系（公关手段），通过协商、洽商、提供帮助、提供科研资料和博物馆教育信息等方式，使其他部门工作人员积极完成其所承担的博物馆教育业务，支持博物馆教育工作。博物馆教育工作者还可运用“评估”手段来监督、检查和促进工作的进展。工作评估并不是要评判工作优劣，而是通过检查工作进度、工作资源使用情况、工作成效、存在哪些主要问题和解决问题可采用哪些方法，以保证工作目标的圆满实现。

博物馆教育工作部门要注重对博物馆教育工作有关人员的培训，帮助他们掌握当代博物馆教育理论、知识和技能。当代博物馆教育理论吸收和借鉴了当代社会科学、人文科学的最新研究成果，涉及心理学、社会心理学、教育学、学习学、信息传播理论、管理学等学科的研究理论和方法。博物馆教育工作者有责任帮助博物馆工作人员了解、掌握和运用博物馆教育理论，这不仅有助于博物馆教育工作跟上时代进步的步伐，也将极大丰富博物馆教育理论，加强博物馆教育工作的科学基础。在培训博物馆工作人员时，除介绍博物馆教育基本理论，还可根据不同工作岗位的特点，有针对性地介绍与该项工作有关的博物馆教育知识和工作方法，如帮助藏品研究人员掌握藏品阐释方法、观众阅读方式和学习方式等知识，帮助藏品陈列人员了解和掌握观众心理和生理行为特点、特定陈列方法的效果等。

博物馆教育工作部门应加强对学校教师的培训，帮助教师了解博物馆教育的特点，使他们掌握在博物馆环境中利用博物馆藏品进行教学的办法。博物馆是理想的辅助学校教学的场所，许多学校也将参观博物馆作为重要的学习机会。但是，博物馆教育的学习要求、动机、环境、对象、内容、方法等条件都与学校教学有明显的差异。博物馆教育的主要特点是通过对实物间关系的观察，通过对大量事实性信息的记忆和归纳，发现物品或事物中的关系，发现展览所要表达的思想、观念和规律。实物在博物馆教育中发挥着重要作用，博物馆教育工作者应帮助学校教师了解和掌握观察实物的方法，理解实物的意义，准确把握实物表现和传达的信息，运用实物启迪和发展学生的智能。博物馆教育工作者还要帮助学校教师学习和掌握与博物馆藏品有关的专业学术知识，帮助他们了解博物馆工作的一般程序和工作方法，使他们可以更自信、更自如地在博物馆中组织教学活动。

为科学决策和制定工作规划，博物馆教育部门要加强调研工作。注意对博物馆教育工作现状，以及影响博物馆教育工作发展的问题进行调研，并提出可行的对策。调研工作要注意了解本馆其他工作部门的发展规划、人员素质、学科发展情况、工作资源及对博物馆教育工作的要求等方面的情况，探讨如何在专项业务工作中体现博物馆教育，博物馆教育部门如何配合和保障专项工作的发展的途径。要注意社会发展、社会教育发展等条件对博物馆教育的影响，了解公众业余生活状况和变化趋势，了解观众的知识结构和学习方式状况，以组织满足社会需求和得到观众欢迎的展览和教育活动。博物馆教育部门要注意搜集大众传播媒介对博物馆和博物馆教育的报道及评论，注意捕捉文化、文物与博物馆工作的开展动向，开辟新的工作领域。

博物馆教育部门要积极开展宣传推广工作，多方争取社会对博物馆工作的支持。近年来，文化圈中流行“包装”“操作”文化产品的做法，其中不乏社会效益和经济效益双丰收的精彩之作，如典雅音乐从式微走向繁荣的经历，这其中有许多可让我们借鉴的方法。联想京城一些博物馆近日出现参观热潮，一些博物馆工作者对此慨叹“没料到”，足见我们对博物馆活动尚缺乏预见和组织。考虑到我国博物馆中尚未设置专职的“文化推广”工作部门，此项工作可由博物馆教育部门承担起来，其主要业务活动包括对展览和博物馆教育活动的宣传，与大众传播媒介保持联系，组织公关活动，博物馆形象设计，博物馆观众组织，争取社会和政府机构在道义、政策、经费、智力和人力等方面对博物馆工作的支持。

加强博物馆教育部门的组织建设和组织保障，是做好博物馆教育工作的基本前提，是完成博物馆教育职能的基本保障。博物馆教育工作部门要切实承担起这一重大责任，加强组织建设，提高人员素质，研究新问题，迎接新挑战，与全馆工作人员一起做好博物馆教育工作，共同推动博物馆事业发展。

博物馆服务

博物馆进入服务时代

一、博物馆服务的特点和原则

进入新世纪，我国博物馆在经历了二十余年快速发展以后，数量和设施条件发生了显著变化，一些博物馆也开始关注博物馆的运营效益，关注高质量的博物馆服务对吸引观众和提高观众满意度的作用，将建立规范的社会服务和观众服务体系作为博物馆发展的发力点。博物馆工作重心向优质服务的转换，昭示我国博物馆已进入了服务时代。

服务是博物馆工作的重要职能和组织目标，国际博协在 1974 年通过的组织章程中就明确申明博物馆是“为社会和社会发展服务”的社会文化机构。但是，人们对这一基本任务的认识和理解却是随实践逐步深入，随时代发展而不断拓展的。博物馆提供服务的内容和范围逐渐扩大，服务内容在原有的陈列、教育和科研服务的基础上，逐渐增加了满足观众休闲和文化消费需求的服务，服务范围也扩展到了馆外。近年来，通过互联网，博物馆服务扩展到了地球的每一个角落。

博物馆服务是博物馆工作者的智力、体力和技能等非实物的活动，以满足博物馆服务对象的多元需求。博物馆服务基于博物馆藏品、博物馆陈列和博物馆设施而开展，是沟通博物馆藏品和智力资源与服务对象多元需求的桥梁。博物馆陈列不是产品，不能通过博物馆服务转让给服务对象，它只是博物馆服务赖以开展的物质基础和客观条件。观众来到博物馆，并不是要获得博物馆陈列和博物馆服务设施，而是要获取知识，充实自我，愉悦心情，感受文化体验，获取社会认同感，增强自己作为社会人的意识和能力。在这个意义上，我们可以说观众在博物馆中主要享受的是博物馆提供的多样化服务。

高质量的服务是当代博物馆实现其社会任务的主要手段。当代博物馆已成为广大民众“终身学习”的重要场所，是加强民众自主学习能力的重要工具。博物馆通过高质量的服务，可以让更多自主选择学习机会和休闲活动的民众走进博物馆，使他们在自由的状态下主动进入学习状态，使他们对自己的学习效果和学习能力有积极的评价。在当代社会，越来越多的人走进博物馆，人们的学习能力、社会交往能力、休闲倾向和服务需求都是个性化的，他们来博物馆学习的目的也是多层次的，博物馆已经很难通过安排同一的教育项目来满足人们多元的需求。博物馆只有搭建学习的平台，提供学习的环境和条件，并通过满足人们生活和安全的需求，使人们产生学习和社会化的高层次需求，激发学习的欲望，并运用自己的学习能力来进行学习。另外，文化休闲也成为当代民众的生活需求，博物馆观众的文化休闲是在文化的氛围和环境中，或消费文化产品，或体验文化氛围，或在休闲活动中体现、加强自身的文化素质，或增强自己的文化感受力和理解力。

博物馆进入服务时代的主要特征是服务在博物馆工作中的地位和作用处于重要位置，博物馆根据服务的目标和流程构建博物馆业务流程，根据服务工作目标统筹安排博物馆资源。服务时代的博物馆服务呈现全局性、系统性、科学化、服务目标导向和服务质量导向的特点。

全局性是博物馆将服务作为发展战略的重要内容，明确博物馆服务是实现博物馆社会任务的重要手段，将服务作为体现和增强博物馆核心竞争力的重要措施，确定博物馆服务的核心内容，将提供优质服务纳入博物馆组织文化建设，使博物馆各个部门和全体从业人员都认识到服务的重要性，并主动和自觉地开展服务工作。博物馆服务可根据服务对象的身份区分为外部服务和内部服务，可根据与服务活动的关系分为一线服务和支持系统，可根据服务的内容区分为学习、导览、餐饮等不同部门的服务。尽管每一个服务项目，每一次服务活动都是单独的，但每项服务都需要博物馆多个部门的支持。如导览服务，就需要陈列部门在设计和制作陈列时就考虑到观众的学习条件、能力和需求，布展单位在制作陈列时就要注意照明、文字说明和展览器具等辅助设施的效果，物业部门要注意展厅的温湿度、气味和清洁状况，安保部门要保障陈列、展品和观众的安全和做好突发事件的防范。博物馆在提供基于陈列的各项服务时，需要使各有关单位将工作目标集中于使观众获得积极的参观体验和学习效果，各单位要考虑本系统工作对这一目标的影响，而不能简单地只是根据本单位的工作目标和工作标准去开展工作。

系统性是要明确服务是有着多阶段、多子系统和多节点的过程，而不是简单地只有最终结果，不是简单的服务行为和服务标准。作为系统，博物馆服务有着明确的目标，且整个系统的存在和活动明确地指向这个目标。博物馆服务过程的各个阶段，以及服务活动的各个子系统，如“一线服务”系统、辅助系统和支持系统等，都应服从博物馆服务的最终目标。子系统之间的关系应该是互动的，应该是在为实现大系统总目标的前提下协调互动，而不应该是基于子系统的“本位”的利益冲突。注意到子系统的存在，子系统间的互动可能会需要一些反应时间，这可能会在关键时刻影响到大系统的目标实现，为将反应时间降低到不影响大系统运行的状态，可以事先制定相关子系统协同处理危机事件的预案，并在平时多加演练。此外，还应对一线人员授权，使他们能够在突发紧急事件时，及时采取适宜的对策，以化解风险。

博物馆服务要讲求科学，要有科学态度，要研究博物馆管理的科学理论，科学设计服务项目，科学评估服务效果，科学地建设和管理服务队伍。长期以来，我国博物馆服务更多地依靠经验，基于博物馆学理论关于博物馆职能的论述，根据博物馆内部业务的需要设计和提供博物馆服务，更多地注意“提供服务项目”和“我们做得更好”，并据此制定服务的内容、过程、规范和结果。我们缺乏对服务对象基本需求的科学了解，对服务对象的构成和行为的了解也失之简单，这使得博物馆设计和提供的服务缺乏对服务对象的吸引和激励，使得博物馆与服务对象的关系常常是“冲动”的、一次性的，不能构建长期稳定的关系。我们亟须要运用当代服务质量理论、服务管理理论、观众研究理论、服务营销和关系营销理论，借鉴社会公共服务领域和邻近服务领域的成功经验，深入研究博物馆服务的性质、特点、目的、内容、质量等问题，探讨构建“服务对象导向”和“服务质量导向”服务体系的方法，总结我国博物馆服务的成功经验，深入了解我国博物馆服务对象的特征和需求，建立将当代先进的服务理论和中国博物馆服务实践相结合的理论和实践体系。

博物馆服务应该以“服务对象导向”。服务对象导向，其主旨是博物馆服务要满足服务对象的核心需求，要根据服务对象的条件来设计和提供，即博物馆服务要有鲜明的人文关怀色彩。如博物馆陈列，应该考虑到观众的知识水平、学习能力和学习效果，我国许多博物馆陈列的内容表达是在专业层面上，尽管看起来学术水平很高，但观众却看不懂，或只感受到陈列表现形式的高档和精美，观众参观之后没有感受到知识学习的充实，没有感受到自身能力的提高，甚至因看不懂而对自己的知识水平和学习能力产生疑问，如此感受只能使观众产生对陈列的不满意。服务对象导向并不意味着唯服务对象的需求是从，服务对象的需求是多元的和多层次的，博物馆对这些需求，只能是有选择的，其标准一是要实现博物馆社会服务目标，二是要体现博物馆特性，力求这些需求应符合观众与博物馆的共同利益，符合社会发展的要求。

博物馆服务要强调“服务质量”，博物馆服务质量的主要评价标准是服务对象对服务过程和结果的感受，是他们在接受服务之后将自己的感受与服务预期比较之后得到的满意。博物馆服务要得到用户满意的效果，首先应深入了解服务对象的需求和服务预期，了解他们为满足这些需求而采取的行动和投入，了解他们在接受相关服务时的行为模式，了解他们在等待服务或服务失当时可能产生的焦虑和抱怨，据此决定服务项目的内容、环境、方法和标准。博物馆服务质量是博物馆工作者与服务对象协同创造的结果，博物馆工作者有责任为用户提供其需要的服务，也有责任让用户对服务的内容和标准有适宜的预期。博物馆应该加大对服务项目的宣传推广，在让人们了解博物馆服务项目的同时，也让他们形成对服务结果的适宜预期，让他们清楚了解如何参与博物馆服务、如何与博物馆服务人员互动，从而可以获得满意的结果。

博物馆服务要坚持“公平”原则，要让广大民众用得起和用得好博物馆服务。博物馆要提供优质的服务，但优质服务不是高档和奢侈服务的代名词。博物馆首先要满足广大民众对文化生活、终身学习、创意素质和公民素质养成的需求，在此基础上，满足人们对休闲和优质生活的需求。博物馆要根据民众的文化消费能力，设计和提供让不同社会经济水平的民众都能参与，并能获得积极效果的社会服务项目。博物馆要走出馆舍，在继承传统的社会服务的成功经验基础上，利用现代信息传播手段，联合社会教育和社会服务组织，运用传统媒介和现代电子媒介，如电子计算机、网络、多媒体、移动通讯等，更广泛地和更高效地提供民众需求的服务。

二、从观众的视角规划博物馆服务

当代博物馆的观众服务工作应转变思路，从博物馆本位转变为观众本位，从文物本位转变为人文关怀，从知识导向转变为学习导向，从专家视角转变为公众需求。过去，博物馆在组织服务活动时，更多的是基于教育的行为主义理论，认为博物馆服务的主要目的是消除造成观众博物馆疲劳的因素，使观众可以更持久地保持良好的学习状态。基于这样的认识，博物馆服务更多的是围绕如何实现博物馆教育目标来规划，服务如同一根软钢索，将观众捆绑到博物馆灌输式教育活动中。20世纪后期，博物馆服务又成为经营创收的主要手段，一些博物馆通过提供有偿服务和开设纪念品部以募集资金，观众由此而成为博物馆的资源，此类服务尽管丰富了博物馆服务的内容和在一定程度上提高了服务的质量，但其目的仍是为解博物馆资金紧缺之急。根据这一认识而组织的服务活动，更多的是围绕着如何激发观众的购买和消费冲动，以及根据观众的消费能力获取最大的经济收益。

博物馆服务已成为提高博物馆社会贡献率的重要手段，为充分实现其效益，不仅要在提高服务人员专业素质和制定科学高效的服务标准上下功夫，更重要的是要对博物馆服务性质、目的有更准确和深入的认识，要科学合理地规划博物馆服务流程和服务项目。博物馆服务的目的是在满足观众（包括公众）以学习为主的需求的同时，实现博物馆的社会责任，即构建促进社会发展的社会环境和人文环境。

当代博物馆服务的认识基础包括认知学习、终身学习的社会教育、互动的信息传播和服务质量导向的用户参与的服务理论。在这一认识背景下，博物馆服务认同观众的主体身份，明确服务的终极目标是满足观众以学习为核心需求的多元需求，服务的评价标准是观众对所接受服务的感受和满意程度，并据此构建“用户需求导向，人文关怀”的服务体系。

博物馆服务是全面的、分阶段的、多层面和多元性的服务。全面的服务是要将服务拓展到观众来馆之前和离馆之后，即从观众此次参观决策到下一次参观决策时。从服务过程上说，观众要经历获知、决定、接受服务、评价服务和决定是否再次接受服务的过程；从博物馆服务过程上讲，观众要经历获知信息、决策参观、到馆、入馆、参观、接受关联服务、离馆、评价、期待、再决策参观的过程。通过适宜的馆外服务，博物馆可以帮助观众形成适宜的服务期待，帮助观众更客观地评价服务质量，获得更高的满意度，从而使参观博物馆成为良性的循环，成为公众的习惯性行为。

博物馆服务是多阶段的。虽然整个服务过程有其终极目标，但各个阶段也有其阶段性需求和阶段性目标，能否满足各阶段的需求，能否实现各阶段的目标，会对观众的参观体验造成一定的影响。在参观决策阶段，观众的任务是构建适宜的期待，积聚参观的动力，为实现这一任务，观众需要获取关于服务的内容、价格、质量和博物馆服务承诺的信息，要得到舆论领袖的影响和支持。此时，博物馆有针对性地发布信息，在不断提升观众参观兴趣的同时，也要告知博物馆服务的内容和标准；在入馆阶段，观众的任务是尽快入馆，确定方位，减轻焦虑，自我掌控。为此，观众要了解购票的方式和地点，获取有关方位的清晰准确的信息，要确定接受服务的正确态度和方式，确定接受服务的程序。在这一阶段，博物馆可以通过环境诱导和人员服务等方法，帮助观众方便快捷地购票检票，了解馆内陈列的内容和分布位置，尽快调整心情和行为，确定参观的路线和时间安排，为参观、学习做好准备；在参观阶段，观众希望能置身于适宜的学习环境中，能较快地确定学习内容和学习目标，能接触和利用多种学习手段，有疑问时能得到权威性的解答，在愉悦的氛围中体验学习的快乐，通过自己努力获得的学习成果会使观众记忆得更深刻和更持久。在这一阶段，能否让观众感知到学习过程和学习效果是十分重要的，博物馆要切实根据社会学习的特点来组织学习活动，更多地运用环境手段，激发观众的学习需求，让观众自己去发现和思考。陈列是主要的学习方式，博物馆还可以组织多种形式的学习活动，丰富观众的学习体验，并通过多种方式强化观众的学习效果；关联服务是为满足观众与核心需求有关的衍生和关联需求，解决观众在参观时发生的可能影响其满足核心需求的问题，如饥渴、内急、疲劳，如希望获取更详细的学习资料等。在离开博物馆之后，观众要对参观活动进行评价，评估此次活动的价值，为以后的活动奠定经验基础。如果观众的评价是积极的，并希望能再次感受类似的体验，他将会注意有关博物馆活动的信息，择机而动，再一次来博物馆参观。博物馆此时应帮助观众形成积极的评价，并时时强化和激起其对博物馆的积极体验，与他们保持积极的联系和沟通，让他们及时获得需要的信息，形成新的参观期待，并为他们再次来到博物馆提供机会。如通过大众媒体发布舆论领袖或同一社群中人的观感评论，帮助观众明确此次参观的意义；在大众媒体上深入讨论某一件藏品的内涵和价值，使观众因曾亲眼目睹而感到熟悉和亲切；通过有特色的博物馆纪念品，时时激起观众对博物馆参观的美好回忆；通过博物馆之友、博物馆通讯、博物馆活动日程等方式，密切与观众的联系，及时发布服务信息，邀请观众利用和参与博物馆服务。

博物馆服务是多层面的。博物馆观众的需求是多元的，且这些需求处于不同的心理需求层面上。心理学认为，人的需求可分为生存、安全、认同、尊重、价值实现等层面，当处于低层面的需求满足以后，就会激发高级的需求，不同层面的需求也可同时存在。博物馆观众的多元化需求，其中主要的是处于较高层面的社会化需求，如学习和被其他观众认同的需求，但为满足这些需求，其下层的需求也需要得到满足，低层需求对上层需求的满足起到支撑的作用。博物馆在规划服务时，要切实考虑观众需求的多元内容以及需求发生的条件，在适当的地点安排适当的服务设施和服务项目。如在入口处适当位置安放博物馆方位和导览图，在博物馆交通节点处设置指向标志，根据观众的行为规律考虑楼梯、电梯、洗手间的设置地点和大小，让观众在需要的时候能够很方便、很自然地找到和利用这些服务设施。

博物馆服务是多元的和交织的。观众对博物馆服务的需求呈现出随机的特点，观众自己决定参观活动的强度和时间，这样观众常常会临时产生服务需求，如参观时对某件展品发生兴趣，需要了解更多的信息，即使展厅中的工作人员是安全巡视人员，也会向他们咨询，希望能够获取学习服务；又如博物馆疲劳现象，在参观后的15分钟到1个小时之间都可以不同程度地感受到，此时观众需要有休息的地方和设施。可以说，不同层面的需求在观众参观的过程中会随机和交替出现。博物馆要根据观众需求的这一特点，将特定博物馆服务分散安排在相关的功能区中，如在展示区中设置较私密的休憩场所，安排小型的纪念品和书刊销售柜台，在展厅中安排兼顾休息和阅读的场所等。必须注意，这些服务项目一定要服从观众的需求和期望，一定要符合观众在特定参观阶段的主要需求意向，不能干扰观众的基本需求意向，它们只能是起调节和支撑的作用。例如，在展示区的购物服务项目就不能规模很大，其形式也不能太张扬，其主要作用是调节观众参观后的情绪，帮助观众梳理参观时获得的零散和片段的信息，通过观看售品中的与展品有关的图像增强对展览的记忆。此时观众的需求指向仍是博物馆的陈列，如果该购物点的规模和形式太强烈，还可能会引起观众的反感。

博物馆服务要让观众参与，让观众在利用博物馆服务的同时，也成为服务的提供者。换句话讲，让观众服务自我，服务众人。观众的参观活动是高度自控的过程，是依照个人头脑中预定的日程和图式的活动，是检验和实现个人能力的活动，观众在参观过程中希望得到博物馆的协助，但并不希望自己的所有活动都在博物馆的掌控之下。此外，博物馆观众的背景及其需求的差别很大，他们对服务质量的感受也会有明显的差别。博物馆可以通过观众的自助服务，来适应具有不同服务期待的观众的需求。例如，许多博物馆的餐饮、购物服务都采取自助的形式，这既可激发观众的购买欲望，也可减少不同需求的观众因服务环境、程序和标准而可能引发的对服务质量的不满。

博物馆服务要关注观众的特殊需求和突发事件，这些虽然是小概率事件，但对博物馆的社会形象，对大多数观众的参观体验会造成极大的影响。特殊需求如残障观众参观、通信、民族食品等，突发事件如拥堵、服务设施故障、观众身体不适、财物丢失、恶劣气象等。博物馆要准备此类服务的预案，要培训服务人员掌握相关服务程序和技术，当此类需求发生时，在提供相应服务的同时，也要注意缓解和平息服务对象的焦虑情绪。

三、博物馆服务要关注观众的核心需求

为观众提供优质服务，是博物馆工作者的毕生追求。随着实践和理论研究的发展，我们对优质服务的认识也在逐渐深化。提供哪些服务，服务的质量如何评价，什么是优质服务的标准？这些是博物馆服务长期讨论的问题，是提供优质服务的认识前提。

多年来，在博物馆是搜集、研究、呈现和传播人类知识体系的物质证据的认识基础上，博物馆服务呈现出“博物馆本位”、“知识本位”和“服务提供者本位”的色彩。博物馆本位体现为博物馆服务更多地围绕着如何更好地体现和完成博物馆组织职能，博物馆组织允许社会公众参加的多种形式的活动，更多是出于展现博物馆工作成果的考

虑；知识本位体现为博物馆的基本服务项目，即博物馆陈列，是专家学术研究的成果体现，是以相关学科专业研究最权威和最完整的知识体系为基础构建的，博物馆希望观众参观展览以后，能够系统完整地学习和掌握这些知识；服务提供者本位体现为博物馆服务更多的是根据博物馆学理论，根据博物馆从业者的意愿而组织和提供的，服务的内容、目标、提供方式、服务标准和评价标准都由博物馆制定。这一认识的原因是一些博物馆从业者认为观众是来博物馆接受教育的，观众不应该也没有权力对博物馆提供给他们的“免费午餐”提出异议。

我国博物馆在提高博物馆服务水平上作了许多积极的尝试，也借鉴相关服务领域的经验，在博物馆服务的项目、队伍、管理体制和机制等方面积累了许多好的经验。例如，博物馆在提升博物馆服务环境条件作了很大的努力，近年来各地新建和改扩建了数十座具有现代水准的大型博物馆，博物馆公共场地的管理参照星级酒店的管理标准等；博物馆推出精品展览，展出高级别的文物、艺术品和科学标本，运用现代科技的展陈手段，高标准的展厅内部装修，营造或华贵或神秘的展览氛围；还采取门票优惠或免票的方法，降低公众进入博物馆的门槛。这些措施有效改善了博物馆的社会形象，也为一些博物馆吸引了更多的观众。但是，我们不能忽视一个现象，即我国博物馆的数量与观众数量保持着同步增长速率，即博物馆的观众平均数是基本不变的，甚至还略现出负增长的迹象。如果考虑到当前博物馆事业投入的大幅增加，相对而言，博物馆的社会效益和社会贡献率呈现逐波降低的趋势。这一现象必须引起博物馆管理部门、博物馆管理者和广大博物馆从业人员的高度重视。

扭转这一趋势的重要措施是要转变博物馆的服务观念，要研究当代服务管理的理论，抓住博物馆服务的核心问题，把满足服务对象的核心需求作为博物馆服务的中心任务，并以此为导向，明确博物馆服务的特色和任务，营建博物馆服务文化，构建服务管理体制，培养高素质的服务队伍，规划博物馆服务内容和标准。要让更多的民众走进博物馆，让民众更多次的走进博物馆，养成民众主动利用博物馆服务的习惯，博物馆不能仅靠“新奇特”来吸引人们的眼球，更要通过优质服务加强与观众的联系，增强观众对博物馆的理解和忠诚度，使观众从被动的服务接受者转变为主动的服务参与者，成为博物馆忠实的朋友和伙伴。

博物馆服务要关注观众的核心需求。笔者认为，观众的核心需求是在轻松愉悦的氛围中学习知识，掌握技能，激发创新灵感，感受高质量文化生活。观众的核心需求是以文化体验为主要内容，以知识为背景，以完善知识结构和增强社会生活能力为目标。可以说，观众的核心需求是基于知识的学习需求。现在，人们来博物馆可能会带着很多的期许和愿望，希望在博物馆中看到、听到和感受到在其他场所无法感知的事物，也希望能带回一些特殊的纪念品，但是，人们更多地是希望在博物馆中感受文化的沁润和体会学到新知识的愉悦。现在的博物馆观众希望博物馆学习能成为一种愉快的体验，把学习、发现、欣赏和付出结合起来。人们不想让博物馆学习成为痛苦的记忆，他们更希望博物馆学习是长驻脑海的愉快体验。观众不仅有这样的期盼，他们自己也更为努力地去实现这些愿望。休憩、购物、品尝美食、观赏歌舞、聆听音乐、动手制作等等这些活动，都是围绕着一个中心，这就是获得新的知识、技能和观念。为此，博物馆在设计、提供和评估服务时，必须考虑满足观众的核心需求，服务要体现满足观众核心需求的内容和能力。此外，为满足观众次要需求的各项服务也应注意与观众核心需求的联系，或为消除观众学习的后顾之忧，或为观众的学习体验锦上添花。

博物馆观众核心需求的实现是一个过程，观众的核心需求主要是实现其学习的要求，而学习是一个过程，是一个逐渐积累、解读、理解和与原有知识体系建立联系的过程，是一个从接触片段的事实性材料到构建意义的过程。博物馆在设计学习服务时，应该注意到学习过程的阶段性和关键点。学校的课堂教学，常常以一节课或连续的两节课作为一个学习周期，其中包括追述、明确学习任务、呈现学习材料、讲解、练习、复习、总结等几个阶段。尽管博物馆的学习环境与学校课堂有很大区别，但可以借鉴有关教学过程的经验，把握博物馆学习的主要阶段和重要节点。另外还要注意，观众的学习有多种方式，既有自助性的参观展览和检索信息等，也有结构性很强的参加培训活动和学术报告会等，此外观众在博物馆活动期间也会发生无意的、随机的社会学习行为，如听到周围人们的议论，从而引起自己的注意或联想。不同的学习方式，会有不同的学习过程和节点，博物馆需要提供特定的学习环境、学习材料和学习工具，博物馆要根据观众在不同学习过程中的不同需求提供恰当的服务。

还要注意观众参观博物馆时发生的非学习活动，如购物、餐饮、聊天、浏览等，这些活动也是观众期望做的事情，换句话说，观众也希望博物馆能提供相应的服务。对这些次要需求，博物馆既不能视而不见，也不能就事论事，只满足特定的需求，应该注意到次要需求对核心需求的影响。观众核心需求与次要需求是交织在一起的，时间上是同步演进的，关系上互有消长，结果上则或互补或抵消。例如购物，如果博物馆商店中出售的只是诸多旅游景点常见的大路货，则观众或为不能选择一件可以承载自己独特参观体验的纪念品而遗憾，或因这些常见旅游品而产生博物馆与旅游景点别无二致的印象，这些感受都会影响观众的博物馆学习体验。

观众对博物馆服务的核心需求应该适应博物馆的条件，即观众对博物馆服务的要求应该是博物馆承诺做到的，观众的需求与博物馆的承诺不应有太大的差距，特别不能超出博物馆服务能力。观众对博物馆服务内容和质量了解得越具体，也就能对自己在服务中的位置有更准确地定位，对自己在服务过程中的行为规范和互动状态有准确地把握，从而能更充分地享受博物馆服务，更客观地评价博物馆服务的质量。为此，博物馆要辅助观众形成适宜的需求期望，这可以从两方面着手：一方面可以通过参观前的信息传播活动，让观众对博物馆的服务承诺，即服务的主要内容和服务提供方式有比较准确地了解，同时增强观众参观的兴趣，使观众的内驱力有显著增强，使之具备较强的应对各种意外情况的心理准备；另一方面要认真搞好博物馆的服务环境，认真做好满足观众生理需求的辅助性服务，让观众在到达博物馆后很快就能进入主动学习状态。

博物馆在保障满足观众核心需求的服务的同时，一定不能忽视其他的服务。陈列高水平，而其他服务却是低水平，这将极大影响观众的参观体验和对博物馆服务的评价。馆容馆貌，厕所卫生，展厅保洁，安全巡视人员的精神面貌，休息坐椅的数量和位置，展馆中的气味和视觉环境，许多诸如此类的不起眼的地方和细微的环节，都时刻影响着观众的参观体验，影响观众对博物馆的评价。“细节决定成败”，博物馆各项服务都应该遵循这个原则。

四、优化博物馆内部服务，提高博物馆服务质量

博物馆服务可以大致区分为外部服务和内部服务两大领域。外部服务主要是指对组织外用户提供的服务，主要是为满足公众和社会对博物馆需求的服务；博物馆内部服务主要是组织成员的相互服务，或者说是为做好外部服务而对相关服务人员的支持和保障服务。博物馆内部服务包括两类，一类是外部机构为博物馆服务而提供的服务，如保安服务、保洁服务等，另一类是博物馆从业者相互间的服务，组织成员以个人的智能、技能对同一服务链之前和之后工作环节的支持和支撑，这类服务又可区分为外部服务的支持和支撑性活动，以及为组织的平稳运行而提供的服务，如人员培训、职工福利、工作环境管理等。

积极的内部服务是优质的外部服务的基础和保障。积极的内部服务有助于博物馆工作人员形成服务意识，养成自觉地服务行为，构建组织的服务文化，也会使博物馆具有良好的外部服务环境。重要的是，在内部服务活动中，博物馆工作人员会逐渐形成以服务对象的眼光审视服务内容和标准的意识，注意服务对象在接受服务时的感受，并将这些认识、态度和行为规范逐渐渗透到意识中，形成习惯。在从事外部服务时，这些态度和行为习惯会自然而然地流露出来，给服务对象以情感层面的满足。

博物馆内部服务要以博物馆目标和外部服务目标为导向。博物馆服务要注意特定服务活动的结果，更要考虑到此项活动的终极目标，注意此项活动所涉及的服务链上的相关服务活动。每一项内部服务看起来是局部性、环节性的活动，但却是特定服务链上的必要环节，关系到该项服务最终目标任务的完成质量。例如藏品出库工作，这是一项涉及藏品安全的管理性活动，也是博物馆内部服务工作，藏品管理人员在点交藏品时，不是简单地告知使用者的保护责任，而应该针对性的介绍该件藏品安全保护和科学保存的注意事项，明确说明藏品的易损部位，这不仅有利于藏品的安全，也会有助于藏品使用者的工作，同时也会增进双方的互信和互助。

博物馆内部服务是过程性和累加性的。由于博物馆内部服务是服务于特定目标的，每一个服务项目都是一条服务链，每一个服务链又是由多个环节构成的，环环相扣，环环递进，每个环节在前一环节服务产出的基础上，将本环节的服务内容添加到服务产出上，并提供给下一个环节。这要求每一环节的工作人员不仅要做好本职工作，还要满足下一环节工作的要求。对服务产出的质量评价，不仅仅是本职工作的技术性指标，也要考虑下一环节工作人员对服务产出的满意状态。如博物馆的陈列内容设计工作，按时间

顺序说，就有策划、构思、确定题材、明确主题、搜集资料、确定展品、确定内容框架、编写文本、文本评估、修改、定稿等诸多环节。不同的工作环节，会涉及不同的人员，有不同的阶段性目标，也会产生不同的产出，如策划书、工作日程安排、会议纪要、资料汇编、展品清单、内容大纲、展品说明文本等，这些产出常常成为下一工作环节的基础和开端。需要注意的是，这些环节虽然有前后顺序的排列，但却不是截然分开的，在相邻环节间有交错和覆盖的现象，或者要向下一环节的工作人员解释本环节的产出，或者要参与下一环节的初期工作；有些工作环节可能还要伴随其后的多个环节，如资料的检索和整理，展品的选择等。

博物馆内部服务还具有系统性和交织性的特点。由于博物馆工作的复杂性，博物馆的某项工作可能会为多项工作提供服务，如藏品编目就要为管理、研究、陈列、数字博物馆、出版等工作服务；有些工作需要多个部门和岗位提供服务，如博物馆陈列就会涉及藏品管理、陈列设计、工程管理、物业管理、宣传推广等；某一工作人员可能会参与多个类似服务项目的工作，因各个项目的进度不同，从而要提供不同的服务，如参与多个陈列的筹备制作工作。这就使得多个服务链或工作链通过不同的环节联系在一起，也使得博物馆工作人员常常要变化服务角色，提供适宜的服务。

博物馆内部服务的上述特点，使其呈现复杂和多变的状况。博物馆工作人员承担的服务项目多样化，服务对象也相对多元化，有着不同的需求和不同的标准。这使得博物馆内部服务的管理与那些常年提供同一种服务项目的服务管理是有差别的，此外，博物馆服务管理的理念和方法也要随着服务管理的发展而改变。过去，博物馆服务管理多采取岗位责任制的办法，即确定特定工作岗位的具体工作内容和标准，对工作质量的评估是根据其完成岗位职责的状态和程度。岗位责任制是基于实物性产品生产过程的，各岗位根据生产技术、复杂程度和加工时间来确定，每一环节只加工产品的一部分，各环节之间主要依靠局部完成的产品来连接，这一制度可以充分发挥在岗人员的能力，也便于管理人员对产品质量的监督管理。但是，在以服务为主的组织中，特别是像博物馆这样岗位工作内容复杂多元、服务产出是服务链各个环节协同合作的结果的组织中，岗位责任制在一定程度上造成了工作链的割裂，岗位责任制强调本岗位任务的完成，弱化了各环节的联系，甚至在某些时候造成各环节间的对立。当博物馆进入服务时代时，新的工作观念呼唤新的工作体制，我们需要在实践中探索新的工作机制和组织体制，探索新的管理模式。即注意保持岗位责任制职责明确、充分发挥个人能力的优点，又营造主动、互助、创新、发展的工作环境。

良好的博物馆内部服务环境需要全体博物馆工作者的积极营造和全力维护。博物馆要营造主动服务、协作和优质服务的组织文化，博物馆管理者要积极倡导优质服务，制定优化服务的发展战略，从优质服务出发，优化博物馆服务链，制定鼓励服务的业务规范，建立协作互助的工作体制。管理者要身体力行，做内部服务的典范，管理也是服务。

提升博物馆内部服务水平，重要的是提高博物馆工作人员的服务意识和服务主动性。博物馆可以通过培训、联谊、参与等方式，使员工和服务提供者认同组织的宗旨和目标，认同组织的文化取向。工作人员要树立博物馆组织的系统观和全局观，将个人发展目标与博物馆的社会目标结合起来，将个人的日常工作与工作的社会意义结合起来，认识到个人价值在组织对社会的贡献中体现。博物馆管理者要经常向工作人员通报组织近期和长期的发展目标和具体任务，让工作人员了解为实现这些目标其个人和他人将做些什么，了解这些工作的过程、主要节点和工作要求，了解完成任务需要怎样的条件。良好的人际关系也是改善内部服务的重要条件，这包括了组织内全体工作人员的关系，以及服务链或项目组成员间的关系，良好的人际关系是人们能以对组织发展负责和对他人负责的态度，为高效优质完成博物馆服务项目，尊重同事的创新精神和辛勤工作，鼓励人们就更好地完成任务建言献策，以适宜的方式提出和商讨对工作的改进建议，以宽容和幽默的心态化解工作压力带来的不悦。

强化服务意识，提高服务质量

一、优化博物馆服务，提升竞争能力

20 世纪 80 年代，为缩小与世界先进博物馆的差距，我国博物馆界以提升馆舍建筑水平为突破口，新建了一批将中国传统建筑风格、地方文化特色和现代建筑元素结合起来的博物馆；90 年代，提出以提升陈列质量带动博物馆整体水平的提高，推出了一批主题鲜明、展品珍贵和形式新颖的“精品展”；世纪之交，又提出以博物馆信息化建设为主导，带动博物馆基础业务的深化，以信息服务拓展博物馆服务领域，提高博物馆现代化水平。这些工作，极大增强了博物馆工作的物质基础，使博物馆的形象发生了显著变化，工作环境令人有今非昔比之叹。但是，在新馆、大馆如雨后春笋般涌现的时候，我们也注意到很多人仍然在担心：怎样发挥这些馆的效益，怎样来养活它们，我们的管理能力和管理水平是否已能胜任管理现代化博物馆的任务，我们的队伍素质是否适应管理现代化博物馆的需要。更重要的是，当博物馆硬件条件提升之后，观众的数量是否明显增长，博物馆“门庭冷落车马稀”的景象是否发生明显改观？这些担忧，决不是给博物馆发展泼冷水，而是反映出博物馆工作者在新条件下对博物馆发展道路的反思，探索使博物馆硬件、软件、队伍和“市场”同步发展的新模式。

当代博物馆发展的着力点和突破口在哪里？提高博物馆服务质量是一个值得认真重视和考虑的选项。实事求是地讲，我国博物馆界始终强调为观众服务，为社会服务。近年来，随着社会对博物馆投入的增加，博物馆也在努力推出新的服务项目，如组织内容多样、形式新颖的陈列，组织夏（冬）令营等。并通过人员培训、持证上岗、等级制等措施，提升服务人员素质和服务质量。但是，我们也注意到，这些服务仍然停留在项目层面，仍然被看做博物馆传统业务的辅助手段，更多的是希望以多元、新颖的服务产品来吸引公众，增加博物馆观众的数量。在组织服务活动时，更多的是将“为观众提供更多服务”和“让我们做得更好”为目标，更多的是根据博物馆设定的工作目标安排服务活动，根据对相关服务行业的了解来制定服务标准，如按照五星级酒店的标准评价博物馆服务。虽然这样做，在一定程度上改善了博物馆的服务设施和服务状况，但是，这些服务是否体现了博物馆服务的特点？是否有助于提高博物馆核心服务的水平？这些仍然存在着疑问。此外，按照消费性服务的高档标准来设计博物馆服务，也提高了博物馆的进入门槛，使博物馆呈现出高档化、贵族化和精英化的倾向。这种状况应引起人们的警惕，并认真反思博物馆界对“服务”和“服务质量”的认识。20 世纪 70 年代以来，世界上一些国家和地区进入了“服务经济时代”，学者们对“服务”的研究更为深入，对服务质量的认识更为明确，据此提出了可操作的评价办法。博物馆作为传统的提供社会公益性服务的机构，应该认真借鉴这些研究成果，深刻反思博物馆的服务理念，重新架构博物馆的服务体系，明确博物馆的服务方向和主要业务，实现博物馆服务的最大效益。

从我国当代博物馆的社会条件和博物馆发展的进程来说，有充分理由将博物馆服务质量作为提升博物馆核心竞争力和推动博物馆发展的重要措施。

从博物馆发展的社会条件看，西方发达的工业化国家早在20世纪70年代就已进入服务经济时代，服务经济在社会经济中的比重显著增加，社会服务在社会生产和社会生活中的作用日渐突出，并摆脱从属于生产部门的依附地位，逐渐形成独立的行业和职业。进入80年代，传统的生产部门也将加强服务作为巩固市场份额的重要手段，售前、售中和售后服务成为企业竞争的重要领域。服务好，才能吸引顾客，才能保持与顾客的关系，才能持续地向顾客销售产品。服务已成为品牌的重要内容。我国在世纪之交时进入工业化初期阶段，随着我国经济活动与世界经济活动密切关联，服务意识在工业和商业领域已逐渐凸现。值得注意的是，随着生活水平的提高，公众对服务项目和服务质量的要求逐渐提高，消费意识已悄然变化，消费者的主体意识逐渐增强，人们坦然地接受服务，也对服务质量提出更高要求。

我国博物馆与社会的关联度也日益紧密，博物馆在为社会奉献的同时，也要求社会给与积极的回报。为此，博物馆的工作指导思想要关注社会发展的需要，关注博物馆受益者和获益者的最终感受和评价，换句话说，就是要根据博物馆观众的需求和感受来设计和实施博物馆社会服务活动。博物馆工作者应该将服务视为立馆之本，是实现博物馆社会任务的重要手段，将服务作为博物馆系统性的事务来管理。

博物馆进入服务时代，主要特征是强调服务对实现博物馆工作目的和任务的重要作用，博物馆服务在博物馆工作中占据更重要的位置，根据博物馆社会任务和服务对象的需求，主动地和目的明确地开展以服务质量为导向的服务活动，构建高效的服务体系，统筹安排博物馆服务项目，根据服务对象的体验、满意度和特定服务对象利用博物馆服务的数量来评价博物馆服务的质量。通过强化服务意识，优化服务质量，推动博物馆与社会发展更紧密结合，增强博物馆的吸引力、感召力和影响力，增强社会公众对博物馆的认同感，提高博物馆工作水平和推动队伍建设。

二、博物馆服务的特点及主要范畴

博物馆服务是基于博物馆藏品、陈列和智力资源，为了社会发展和满足公众自我发展需求的目的，为社会公众和观众提供的智力、体力和技能服务。博物馆服务是发挥博物馆公共设施及藏品的社会效益的重要手段，满足社会和公众利用博物馆以实现其发展的需求，重点在知识和文化生活领域的需求。

在生产和消费领域，服务是相对于实物性商品而言的非实物性商品交换关系。服务提供者主要通过为接受服务的人提供智能和技能，或通过中介性活动帮助接受服务的人满足其特定需求，以此获取相应的经济和福利回报。如律师提供法律服务，商店销售人员提供介绍和体验商品的服务，咨询公司提供信息、评估和中介等服务。随着社会生产的分工越来越细，生产单位、销售单位和顾客之间的关系越来越复杂，从原料到最终用户之间的环节会越来越多，这推动了生产型、销售型和中介型服务的发展。

服务过程多在人与人之间发生，服务者和接受服务者构成服务关系，在这种关系存续的过程中，即在达成服务结果之前，双方要接受对方，并采取相应的反应。接受服务者要表达自己的意愿和要达成的目的，服务者则根据需求和预期获得的报酬提供相应的服务。服务多是即时的，接受服务者只能获得服务的结果，只能享受服务，而不能得到服务者和服务设施。服务是个性化的和异质的，由于每次服务活动参与方的个性特征和相互接纳、互动程度的差异，使每一次服务过程都可能得到不同的结果，即便是同一个人提供的同一类型的服务。

博物馆服务是公益性的社会服务，更强调社会公平原则，更为关注博物馆提供的社会教育服务和作为社会学习的公共资源的公众使用状况，在保证博物馆收藏和公共设施安全的基础上，让更多的人了解和利用博物馆提供的社会服务。

公益性社会服务更多地具有公民互助和为社会奉献的意义。从社会层面讲，公益性服务是公民和社会组织为促进社会公平、增进社会福利、增强社会发展能力和保障社会和谐而付出的努力；从个人层面讲，公益性服务是使弱势群体获得更多的发展机会和改善其生存状况。

公益性社会服务的上述特点决定了它与以营利为目的商品性服务有明显的区别，尽管服务的构成和过程有相似之处，但服务的目的截然不同，由此决定了其性质的区别。另外，我们也要注意公益性社会服务与社会公共管理部门提供的公共服务的区别。公共服务主要是承担社会公共事务管理的组织为社会成员提供的服务，其主要作用是维护国家生活的秩序，保证公民依法拥有的权利。公共服务涉及范围广泛，宏观者如国防外交，微观者如婚姻登记。

此外，博物馆服务还具有多元性，以及基础性和保障性，即非奢侈品的特点。

博物馆服务的多元性是指其服务内容的多样化，须根据不同服务对象的不同需求设计和提供；其服务项目的多样化，从陈列、提供学习辅导到提供信息；其服务手段的多样化，从人工的导览、咨询到信息技术的信息查询；其服务结果的多样化，服务对象既获得了无形的知识学习、文化体验、内心满足和愉悦的交流，也可能获得了有形的具有教育和纪念意义的实物物品。另外，服务对象对服务结果的预期是多样化的，由于自身社会、经济地位的差异，对博物馆提供服务的认知和了解程度的不同，他们对可获得的服务和对服务质量的期望也会有不同。

博物馆服务是基础性和保障性的，博物馆服务要根据服务对象的基本需求，提供略高于服务对象对服务结果最低期望的服务。其主要原因是利用博物馆服务的成本不应太高，要让尽可能多的民众进入博物馆。一方面，要减轻社会弱势群体的经济负担，另一方面，则要以有限的社会投入让博物馆资源发挥更大的社会效益，让更多的人利用博物馆资源。近年来，社会上流传着“二八现象”的说法，即20%的人占有着80%的社会财富。但是，博物馆不能只为20%的社会成员服务，博物馆要为更广泛的民众服务，甚至更要强调为那些处于社会下层的民众服务。我们很难想象，当那些进城务工的劳动者面对着具有五星级酒店水准的博物馆时，能意识到这些设施是为他们提供服务的吗？他们能充满自信地走进这样的博物馆吗？服务条件要与服务对象认同的社会身份的体现条件相适应，要让服务对象自信和自如地利用这些服务。基础性和保障性服务，并不意味着低水平的服务，或是简陋的服务设施，而是要根据社会发展水平和大多数服务对象的期望的具体内容来确定。

博物馆服务的主要内容是什么？这个问题的答案需要在博物馆特有资源的基础上和在机构承担的社会任务的框架中考虑。博物馆的特有资源是博物馆的收藏、与收藏有关的知识以及博物馆工作人员的专业才智，博物馆的社会任务主要是使公众认识文化遗产在社会发展中的作用，并自觉积累、保护文化遗产，实现文化遗产的社会作用；推进社会文明的发展和积累；增强公众的社会化程度；激发公众的创新和创造能力。

基于上述认识，博物馆服务主要应在社会教化、学习和公民社会化领域中；其次，博物馆还要积极开展文化交流活动，以增强公众文化认同、文化尊重和交流的能力；再次，博物馆还要提供使公众获得积极文化体验的服务。

博物馆的服务要发挥社会教化的作用，这主要体现在使广大公众认识社会发展的方向，认识推动社会发展的积极因素，以及认识和主动消除阻碍社会发展的消极因素。博物馆社会教化作用还体现在使公众正确认识个人在社会发展中的作用，确立积极的社会及社会发展的态度，养成符合社会道德规范的伦理和行为规范。

博物馆要通过提供多层次、多领域、多视角和多种形式的学习服务活动，为公众提供满足其“终身学习”需求的机会和条件。在提供学习服务时，博物馆一方面要组织直接性的学习活动，如与陈列内容有关的学术报告等，另一方面也要通过提供完善的生活服务、营造学习环境使观众主动地进入学习状态。

博物馆的服务可促进服务对象的社会化程度，博物馆服务是面对广大公众和广大公众广泛参与的社会服务。人们在接受服务的同时，也体会到博物馆服务对其他人的好处，注意到他人享有这些服务的权利，从而为他人获得服务结果而承担自己的责任，如遵守参观的行为规范、照顾周边观众的参观需求等。博物馆服务要有助于公众提高对社会环境的认知能力，增强在明确个人社会责任基础上的自信心，增强社会交流能力，促进服务对象的和谐和互助。

其次，博物馆要注意对公众文化交流能力的养成。今天，世界已成为了“地球村”，人们不仅通过大众媒介更快捷和形象地知道其他地区发生的事情，更由于经济全球化的发展，使人们更真切地感受到世界其他地方发生的事情对自己生活的影响，如中东地区的不安定对石油价格的影响；人们也感受到不同文化现象对自己生活的影响，如我们在讨论博物馆发展的时候，会将发达国家博物馆发展状况作为参照。对此，博物馆要在两方面做工作，一方面要提升公众对本文化的认同程度，增强文化自信心，认识到文化传统对个人发展和社会发展的重要作用，消除文化虚无主义；另一方面要增强公众对异文化的认知和理解能力，防止盲目的“崇洋”或“排外”，更重要的是养成文化交流和沟通能力，在良性的互动中实现和谐共存和“双赢”发展。

再次，博物馆要满足服务对象对文化体验的需求。在当代社会，文化体验已成为人们评价生活质量的重要条件，物质生活条件的提高激发了人们对精神生活的需求，物质生活引发的物欲和浮躁也需要精神生活的制衡。文化体验是人们在接触具体物象和实现特定功能时感受到的价值、审美、人文关怀和自我实现等内心体验，是人们在参与社会活动时从活动环境、活动内容、活动参与者和活动过程中感受到的艺术、创意、和谐和认同。博物馆要提供满足观众多样化需求的服务，但决不能只停留在“声色犬马”的水平，要揭示各项服务的文化底蕴，要引导观众体察、认知和获得文化体验。

具体而言，博物馆服务主要包括参观服务、学习服务、信息服务和休闲服务。

三、博物馆服务要以服务质量为导向

多年以来，我国博物馆服务较多地关注服务设施、服务项目和服务规范，对服务质量的理解多为服务项目是否达到规定的标准，或是否达到特定的数量要求。

对服务质量的认识经历了深化的过程。最初，基于服务者的立场，认为服务质量是通过服务获得的效益。此后，提出服务质量是为实现特定结果所必须遵循的操作规范，以及服务必备的服务设施和服务条件。这两种认识都是从服务提供者的角度出发来规定服务质量，服务对象被动地接受服务，且必须接受服务提供者规定的服务质量。另一种认识则是基于服务对象的立场，强调服务对象对服务质量的感受和评价，即服务对象对服务过程和服务结果的感知和满意程度，或者说服务对象的满意程度被视为评价服务质量的主要标准。近年来，人们又强调“互动”在获得满意的服务质量中的作用，这一认识强调了“人”的作用，即参与服务过程的双方在获得满意服务质量中的积极和互动的作用，强调了以获得满意的服务质量为服务过程的导向，突出了人、交流、结果和效率的因素。

注意到对服务质量的认识，注意到博物馆服务的特点，博物馆服务质量应是博物馆使服务对象获得的积极的博物馆体验。博物馆体验是公众在利用博物馆提供的各种公共服务时获得的综合性体验，其中包括心智和情感的愉悦，对自身社会化程度的感知，以及对博物馆陈列、社教服务、社会服务和休闲服务等多元服务水平的评价，还包括了对此次参与博物馆服务的价值判断。

提供高质量的博物馆服务是一项系统工程，需要博物馆管理人员和全体工作人员（包括博物馆志愿者）的高度重视、审慎规划和自觉行动。

首先，全体工作人员要树立牢固的服务意识，明确高质量服务在当代博物馆工作中的重要作用，要将热情、主动、创造性的服务和“人文关怀”作为组织文化的核心内容，将服务对象的满意作为自我价值实现的标志。

其次，要制定以提供高质量服务为核心内容的博物馆发展战略规划，“规划”要明确本馆的特点和优势，明确服务对象的数量、构成、素质、需求和对服务的预期，明确服务目标，并据此整合博物馆的资源。

再次，博物馆要根据发展战略规划和工作目标，仔细规划服务项目。要根据服务对象对各类服务的关切程度和需求迫切程度来具体安排，要考虑各个服务项目的规模、方式、人员、设施、地点、服务标准及规范。在规划项目时，可采取“目标条件”法、“目标过程”法、“服务过程”法等方法，设计具体的服务项目和服务规范。目标条件法主要根据服务项目的目的，为服务对象提供必要的服务条件和服务设施，这适合于以观众自助性服务为主的活动，如参观、休憩等；目标过程法则将服务视为要达到特定目的的过程，在实现目标的过程中经历那些节点，并据此确定博物馆应该提供怎样的服务，这适合于一些包含从易到难，从简单到复杂的过程的活动，如博物馆学习、竞赛活动等；服务过程法则侧重单一的服务项目，或特定的服务环节，根据服务对象在这一阶段的主要需求和行为模式，来安排相应的服务，如博物馆咨询、讲解等。在规划项目时，首先要注意博物馆已有服务项目的优化，对基础性的和观众欢迎的服务项目，要根据观众不断提高的服务需求和提高服务效率的原则进行调整和完善；同时要根据服务对象的变化、科技发展、社会热点转换和博物馆发展需求，推出创新的服务项目。

再次，要建立完善的服务管理体制。美国学者 A. Parasuraman 等人基于服务质量是服务对象对服务结果的感受与其对服务结果的预期的差异区间的认识，提出了影响服务质量的五类主要因素，即有形设施，包括服务所需的设施、服务人员等有形的条件；可靠性，主要是提供所承诺服务的能力的可靠性；响应状态，服务人员主动提供服务的意愿，以及对服务需求的回应和开始提供服务的响应速度；保障能力，服务人员的专业技能、职业态度和提供满意服务的信心；移情，主要是指服务人员对服务对象的人文关怀，对服务对象个性特点的关照。这一理论为博物馆服务管理体制的构建提供了导向和框架，博物馆可根据服务的目标、过程、所需设施、人员和技术等条件，制定服务规范和质量标准。

服务质量的评价是服务管理体制的重要环节。根据当代服务质量理论，服务质量更多地是由服务对象的感受决定的，具有主观和随机的特点。换句话说，仅凭服务“产品”的数量指标是不能准确反映服务质量的。博物馆可以运用社会调查和统计学的方法，征询服务对象对服务质量的评价，了解和科学评测服务对象对特定服务项目的满意度。此外，博物馆还可通过设置观众留言簿，组织观众接待日和观众开放日等方式，广泛征询观众对博物馆各项服务的评价以及他们对博物馆服务的建议。

完善的服务管理体制还应包括质量救济，妥善处理服务对象投诉和妥善处理服务质量的问题。投诉反映了服务对象对博物馆服务的不满意，尽管导致不满意的原因是多种多样的，有些甚至可能出于服务对象本人的情绪和感受，但结果却是大致相同的，即博物馆可能会失去一些服务对象，也可能因此对博物馆的社会形象造成消极影响。博物馆要认真对待投诉，妥善化解投诉者的怨气，具体分析导致投诉的原因，采取针对性的补救措施。

高素质的员工是提高和保障博物馆服务质量的重要条件。服务人员要与服务对象直接接触并提供服务，他们的服务意愿、精神面貌、服务技能、沟通能力、妥善处理突发事件的能力在很大程度上影响着服务对象的满意度。在博物馆服务中，服务人员的敬业、亲和、主动尤为重要。博物馆应高度重视服务人员的服务能力、职业发展、工作条件和合作关系，使服务人员真正认识到博物馆服务的意义和价值，自觉地为实现服务目标而创造性工作。需要注意的是，博物馆服务人员还包括志愿者，志愿者有强烈的社会服务意愿和积极主动的服务意识，他们对新鲜事物有很高的热情和主动学习的要求，让更多的志愿者加入博物馆服务队伍，将有助于服务对象对博物馆服务的公益性的认识，提高人们对博物馆服务的满意度。博物馆要尊重志愿者的意愿，为志愿者提供深入了解博物馆工作目标和工作方法的便利，并为他们提供学习与博物馆服务有关的知识和技能的机会。

提高服务质量还需要对服务对象进行教育。服务对象对服务性质的认知和认同，对服务结果的预期，及其对服务过程的了解，会在很大程度上影响到他们对服务结果的满意度。在某种意义上讲，服务对象也参与了取得高质量服务结果的过程。博物馆需要通过多种方式影响服务对象，引导他们产生适宜的服务预期，并能在接受服务时采取适宜的行为，在双方认同的规则范围内享受最大的自由和服务，减少可能会带来负面影响的不当行为。例如，观众的寻址能力是不容忽视的，特别是室内布局较为复杂的博物馆，如何迅速确定和到达要去的地点，这需要观众具有利用博物馆提供的多种导向系统的能力。此外，博物馆观众也要了解博物馆工作人员的主要职责，如博物馆展厅安全巡视人员的主要职责是保障展览、展品和观众的安全，他们可以回答观众简单的咨询，但不能为观众提供导览服务，这需要观众理解，否则可能会引发不必要的心理或行为反应，影响观众的参观体验。

博物馆要根据社会发展状况和公众对博物馆的期望，适时适当的调整博物馆服务的范围、重点、项目、条件和质量标准。当代博物馆要根据对“服务”和“服务质量”的认识来重新架构博物馆服务体制，以提高博物馆服务质量为取向，并据此整合博物馆资源和博物馆业务流程。我国博物馆在经历了二十余年的快速发展后，提出将提高博物馆社会贡献率作为当前发展的目标，提高对博物馆服务质量的认识，切实采取提高服务质量的积极措施，是实现这一目标的切实保障。

了解观众，服务观众，吸引更多的观众

我国博物馆观众的数量逐年增多，近年已超过一亿多人次，这个数字从一个侧面表明我国博物馆事业的发展。但是，正如一些业内人士指出的，观众数字并不能掩盖我国大多数博物馆门庭冷落的现实。观众稀少直接影响到我国博物馆的社会教育职能的发挥，使我国博物馆的社会知名度和社会影响下降，进而使社会对博物馆的支持减少，从而面临着“观众少，影响小，社会投入减少，工作难以为继”的不良循环的危险。

博物馆工作者需要认真考虑这样一个问题：博物馆观众在博物馆工作中的作用是什么？长期以来，许多人认为博物馆观众是博物馆之外的社会公众，是来博物馆参观和满足个人需要的人，是博物馆体现和实现其社会教育职能的工作对象，是博物馆的经济来源之一，是博物馆业务活动的“顾客”和“消费者”。总之，观众是与博物馆分离开的，是独立于博物馆的社会人群。这些认识只注意到了观众与博物馆的表面联系，忽视了观众与博物馆的内在的本质联系。今天，博物馆与社会的关系日趋紧密，博物馆不再以“科学王冠上的钻石”和“知识宝库”自居，需要以更完善的社会服务和更丰富的社会效益来争取社会的资助，对博物馆观众的旧观念必须改变，才能适应当代博物馆事业发展的要求。

应该认识到，博物馆观众是博物馆事业的有机构成成分之一，是博物馆事业存在的社会基础，是参与和完善博物馆工作的积极因素之一。博物馆工作人员不能将观众看做是自己的“对立面”，博物馆工作人员与观众是振兴和发展博物馆事业的“同一条战壕里的战友”。可以说，观众是不在编的博物馆工作者，他们的期望反映了社会对博物馆工作的要求，他们来博物馆参观反映了社会对博物馆工作成果的肯定，他们的批评建议反映了社会对博物馆发展的构想。观众来到博物馆参观，不仅仅是为满足自我学习、自我教育和自娱自乐的个人要求，也是博物馆与社会沟通的主要途径，反映和体现着博物馆在社会文化事业和社会中的地位及重要程度。观众也是决定博物馆工作重点和工作内容的重要因素，博物馆根据观众的条件和需求组织工作和调整工作重点，根据观众的参观体验评估展览效果。俗话说：“一个巴掌拍不响”，博物馆各项职能的发挥，博物馆社会效益的体现，固然要依赖于博物馆工作人员的努力，也需要博物馆观众的积极参与和响应。

博物馆观众在博物馆工作中的地位和作用是无可置疑的，如何体现观众在博物馆中的重要作用呢？能否如一些人所设想的，让公众主导博物馆工作，决定博物馆的大政方针，具体从事博物馆各项业务工作，博物馆专业工作人员退居二线做顾问呢？这种设想是将观众在博物馆中的作用简单化和片面化了。做好博物馆工作需要专门的理论和工作技能，让人们业余从事博物馆工作，只能将博物馆工作下降到“业余”水平，并不利于博物馆事业的进一步发展。博物馆事业的完善和发展需要专门人才，博物馆社会效益的充分体现需要有专职工作人员，观众并不能替代博物馆工作人员的工作和作用。简单地让观众参与博物馆工作只能将观众在博物馆中的地位和作用简单化，并不能真正发挥观众对博物馆工作的指导、监督和检查作用。退一步讲，参与博物馆工作的观众（或社会公众）只是有限的几个人，他们受到各自的文化传统、社会经济背景、学识、经历、智力水准和兴趣爱好的局限，只能代表个人的意见，又怎么能够表达社会各阶层、各群体人群的意愿呢？

怎样才能真正体现观众在博物馆工作中的重要作用？怎样才能真正发挥观众促进博物馆事业发展的作用呢？答案只能是由献身于博物馆事业并掌握博物馆工作理论和工作方法的博物馆工作人员，综合运用当代科学的研究方法和成果，对博物馆观众（包括博物馆潜在观众）的构成、需求、愿望、行为表现和学习模式等因素进行全方位、多侧面的调查研究，科学分析调查数据，切实了解不同观众群体的自我完善和发展的要求，针对性地组织不同形式和特点的教育活动和娱乐活动，使观众在参观博物馆之后真正得到充实和提高。根据观众的素质确定工作重点，根据观众的兴趣和学习特点组织各种活动，根据观众的学习能力和知识程度确定教育水平和教学方法。这样做才是真正将博物馆观众放在博物馆工作的重心上，这样做还能够防止博物馆工作人员以自己的主观意志取代观众的需要，避免将工作人员的观念和观点强加给观众，还可以减少观众因不熟悉展览主题及设计手法而感到收效甚微，甚至产生逆反或否定心理的状况。博物馆工作人员通过对观众的调查研究，将观众需求与博物馆工作有机结合起来，使博物馆教育发挥最佳效益，也使观众获得最大的满足。

博物馆需要了解观众是怎样的一些人，了解观众对博物馆的要求和期望，掌握观众在博物馆中会做些什么和怎样去做，注意观众对博物馆展览和活动的反映和意见，努力寻求将博物馆工作目的与观众需求密切结合起来的方法。

博物馆观众是不是一个统一的群体呢？是否就是那些来博物馆参观的人们的综合呢？博物馆观众的构成是否与当地居民的一般状况一样呢？多年来的博物馆观众研究工作成果告诉我们，博物馆观众并不像人们以前想象的那样简单，而是内涵很复杂的社会群体。博物馆观众是由许许多多活动着的、独立的、具体的人构成的，他们的心理和生理发展状况、社会地位、文化传统、个人经历及学习方式等条件都是不同的，这些因素都会影响他们对博物馆的认识，决定他们参观博物馆的动机及期望，影响他们在博物馆中的活动，影响他们与博物馆展览、展品及信息之间的沟通和交流。因此，博物馆需要尽可能完整、详尽地搜集反映观众个人情况的各种信息，进而归纳概括出博物馆观众的基本状况和主要构成，组织适应不同观众群体的需求的展览和活动。

博物馆首先要清楚地了解本馆观众是些什么人。为此，要了解观众的基本人口情况，通过了解观众的年龄、性别、民族、文化程度以掌握观众的生理和心理发展程度和他们的文化传统影响，了解观众的职业、收入状况和家庭状况以掌握观众的社会经济背景，了解观众的住处和怎样来博物馆以掌握影响观众参观博物馆的客观条件，了解观众与哪些人同行以掌握观众的性格气质及社会环境对观众的影响。在一些国家中进行的博物馆观众调查发现，博物馆观众大部分是具有中等社会经济地位的人，受过良好的教育，成人观众的年龄多在35岁至50岁之间，儿童观众多为8到12岁；博物馆成人观众多置身于某种形态的社会群体中，如旅游团体、与朋友同行或与家人在一起，其中最多见的是与家庭成员在一起。人们还发现，博物馆观众只是当地社区居民中的特定群体，即使在那些博物馆观众数量已超过本国居民人口总数的国家中，博物馆观众也只占居民人口的一半左右，经常参观博物馆的人只占到居民人口的15%左右。尽管这是国外博物馆观众的一般情况，可能并不适合我国博物馆观众的具体情况，但这个现象提示我们，博物馆观众只是社会居民中的特定部分。如果我们承认这个事实，那么，为什么只是这一部分人，而不是其他的人参观博物馆呢？哪些因素影响或决定着这些人来博物馆参观呢？博物馆能否利用影响或决定人们参观博物馆的因素来巩固现有的观众群体，来吸引和发展新的观众群体呢？答案应是肯定的，关键在于我们能否确定这些影响因素，其基本前提就是要对博物馆当前观众的基本情况有确切详尽的了解。

在掌握了观众的基本情况后，博物馆工作人员还需要了解这些人为什么要来博物馆，来博物馆可以使他们获得些什么？他们对博物馆有哪些要求？促使观众来博物馆的动机是什么？这个动机又是在怎样的条件下形成的？观众有着怎样的期望和要求？他们的期望和要求是否与博物馆的工作目的和教育目标相一致？博物馆是否必须遵从观众的要求，或根据博物馆的社会责任与工作目的对观众的需求加以规定？博物馆能否使观众产生有利于博物馆工作和观众学习的期望？当代的博物馆观众是自我引导、自我选择和自我教育的自主学习者，在来博物馆参观之前，他们就已大致确定了参观的日程，大致确定了参观的目的，甚至有一些很具体的活动安排，例如参观时间，此次参观要看博物馆的那些展览，在博物馆中向恋人展示自己的学识和口才，去看看皇帝坐过的“龙座”，去欣赏罗丹的“思想者”雕塑，等等。当观众的愿望得到满足，他们会对参观活动感到满意，对博物馆产生积极的评价，反之则会产生消极的印象。应该认识到观众的参观动机和期望对参观活动及参观效果的影响，也要看到观众参观动机和期望从一个侧面反映了博物馆的社会影响和社会形象。

为准确了解观众的动机和期望的产生过程、内容和影响，要注意了解观众的休闲倾向，即人们休闲生活的价值观念和休闲生活准则。休闲活动丰富多彩，选择那项休闲活动是由人们的生活准则决定的，那些喜欢逛商场、喜欢参加体育活动的人与喜欢去博物馆的人的休闲生活准则是有区别的。换个角度讲，博物馆应注意到人们的价值取向和休闲生活准则，注意提供符合不同人们价值取向和休闲生活准则的展览和教育活动来巩固已有的观众，吸引新的观众。博物馆可通过调查观众对博物馆的看法了解观众的参观动机和期望，让观众表达自己对博物馆的一般感受，从中发现观众在参观时会寻求怎样的体验和从事哪些可以验证和加强这些体验的活动。有些观众认为博物馆是学习新知识的地方，他们参观博物馆的主要动机是学习，参观时就会注意寻找激发自己兴趣的物品或信息，注意阅读展品标签，努力去感受文化氛围，以获得知识，获得确实的学习体验，从而符合和实现自己的参观动机。如果博物馆不适当地强调让展品自己说话，不适当地突出展品个体的审美特征和珍稀价值，忽略了给观众提供必要的知识背景和阅读材料，忽略了创造必要的学习氛围，尽管这些观众有学习的要求，但因缺乏必需的背景知识，他们可能会感到看不懂，进而因没有理解展品和展览而感到没有学到新东西，没有感受到学习体验，从而产生失望的情绪。

博物馆需要了解观众的参观动机和期望的具体内容，以组织适合观众水平和满足观众要求的展览，使观众获得满意和积极的参观效果。笔者认为，博物馆不能以让观众"皆大欢喜"作为自己的工作目标。博物馆承担着明确的社会教育职责，承担着完善和提高观众素质的社会责任。博物馆需要了解和研究观众参观动机的形成过程和影响观众参观动机的主要因素，了解观众期望的具体内容是怎样产生的，并据此采取积极措施，使观众的参观动机和期望内容朝有利于博物馆工作和有助于观众参观的方向转化。博物馆观众的参观动机是由两部分组成的，一方面是个人的休闲价值观和休闲生活准则，据此将参观博物馆作为休闲活动的主要选择之一；另一方面则是参观特定博物馆和特定展览的动机，据此决定参观哪一个博物馆、展览或特定的展品，并为具体的参观活动做好准备。观众来博物馆参观并不是心血来潮，而是要经过一定时间的酝酿、计划和准备，"万事俱备"之后，才来博物馆的，他们对参观时间、希望看些什么、做些什么和获得怎样的体验已有了大致的设想，其中有些内容甚至是很具体的。观众的期望大致可分为两个层面，一方面是满足个人愿望的活动，如陪伴朋友，与家人团聚，购买纪念品等；另一方面则与博物馆的工作目的相一致，如观看展览，阅读展品标签，学习一些新知识，提高自身素质等。

观众的期望影响制约着他们的参观行为和对博物馆的态度。观众在参观过程中，会将所见所闻所做所想的事情与自己的设想、期望和计划进行对照，以验证、修改、确定或加强期望的内容，评估此次博物馆之行的满意程度，评价对博物馆工作的满意程度，从而改变或加强个人对博物馆及参观博物馆活动的认识和看法。

了解观众参观动机和期望的具体内容是必要的，更重要的是要注意了解观众参观动机和期望的形成过程是怎样的，在这一过程中有哪些重要的影响因素，观众需要获得怎样的信息，从哪里获得这些信息，以及如何利用这些信息促成参观的愿望和期望。对这些问题的回答将有助于博物馆工作人员"主动出击"，运用最有影响力的手段，主动影响观众的动机和期望，使观众产生积极准确的参观动机，形成具体的和符合博物馆实际情况的期望，减少期望中不切实际的成分，使观众参观之后可以大体实现个人的设想和计划，同时自愿接受博物馆传播的教育信息。

了解观众，不仅要知道观众在想什么，还要了解观众在动机、期望、计划的指导和驱策下会做些什么及怎样去做。博物馆工作人员要注意观察和分析观众在博物馆中和博物馆外的言谈举止，活动方向、路线和速度，与展览、同伴及周围环境的交流和相互影响等行为表现。在大量个案研究的基础上建立博物馆观众行为模式，并据以改进和完善博物馆各项工作，使观众获得最大的参观效益。

建立博物馆观众参观行为模式，即要建立具有普遍意义的一般行为模式，更要注意在特定条件下的特殊行为模式。一般行为模式是将博物馆观众与其他类型观众区别开来的行为特点，如博物馆观众与体育比赛的观众就有着全然不同的行为表现。观众在博物馆中用大部分的时间来观看展览，阅读展品说明，参加博物馆组织的教育活动，购买纪念品，相互交流对展览和展品的看法。除此之外，还要用一些时间与同学、家人、亲朋好友交往，建立、改善和加强自己与他人的社交关系。一般行为模式还包括观众参观时的具有普遍性的行为特点，如阅读习惯，向右转弯，出口的吸引力，“博物馆疲劳”现象，以及喜欢操作性、参与性的展览等。

由于博物馆观众主观条件及客观条件的不同，某一特定群体的观众在不同的参观阶段、不同的客观环境中会有不同的行为表现。不同类型的观众，在不同类型的博物馆，在参观的不同阶段，在不同类型的展览和博物馆不同场所中会表现出特定的行为模式。例如，学校团体参观与旅游团体参观有着很大的区别。学生们的参观有明确的学习目的，主要观看与教学内容有关的展品，注意倾听与教学内容有关的讲解，认真听讲，认真记录；旅游者则有不同的参观目的，或因为旅游日程的安排，集体活动不得不来，或是为了解当地的历史、文化传统和生活习俗，或是慕名而来，“欲识庐山真面目”，又因为有严格的时间安排，旅游者多是走马看花，浏览而已。又如，成人群体、家庭群体、经常观众、偶然观众等不同类型的观众也有着不同的行为表现。再如，在参观的不同阶段，观众有不同的行为表现。入馆伊始，观众要探索生疏的环境，要适应环境，要确定合宜的行为规范，迅速确定下一步活动安排；在参观的早期阶段，观众会认真观看，力图记住每一件重要展品和阅读每一份展览说明；在临近参观结束时，观众将会考虑参观之后的活动安排，抓紧时间从事计划中尚未实现的设想。在不同类型的博物馆中，观众的行为模式也存在差异，如科技博物馆与历史博物馆的观众的行为模式就不一样，参观艺术展览与参观可动手操作的展览的观众的行为表现也是不同的。

观众行为模式直接影响观众的参观效果。当观众在特定的环境中表现出合宜的行为表现，他们会感到自己是与周围环境和其他观众和谐一致的，会感到这样做是对的，因而自信心加强，迅速进入角色，全身心地投入到参观活动之中。如果让特定观众遵从和表现出其他行为模式，他们将会感到不自然，不能肯定自己与环境、与他人的关系是否协调，因而会时时注意检查和纠正自己的行为，这样势必会影响他们的参观效果，更严重的是他们将对博物馆产生消极的认识。

博物馆工作人员要注意观众行为模式的表现形式和内容，更要注意影响和规定观众行为的各种因素，帮助观众了解和遵从适宜的行为规范，减少不适宜的或违犯行为规范的行为。影响观众行为的因素包括博物馆的环境条件，行为者的动机、愿望和能力，以及由大多数行为者约定俗成的行为规范。博物馆可以通过各种环境因素来影响观众行为。例如，淡雅的墙壁色彩，柔和均匀的照明，将展品陈列在展柜中，或摆放到观众触及不到的地方，整齐有序的展览布置，这些因素都可以使观众意识到和表现出保持安静，不要触及展品的行为；相反，鲜艳的色彩，明亮的灯光，可操作的设施，活泼变化的陈列设计，则鼓励观众去参与，去操作，自由表达探索和发现的喜悦。

切实了解观众在博物馆中做什么和怎样做，可以使博物馆工作人员更准确地了解观众的好恶、兴趣和期望。了解观众的行为特点，可以根据人体工程标准和观众欣赏习惯布置展览，安排必要的服务设施，减少观众的生疏感和紧张感，迅速适应环境，在轻松自然的状态中开始参观，减轻"博物馆疲劳"的影响。了解观众的行为特点，还可以事先采取措施防止观众可能出现的"越轨"行为，保证博物馆藏品的安全，保证博物馆工作顺利进行，保证博物馆观众获得满意的参观效果。

研究观众行为的主要目的之一是了解观众在博物馆中的学习模式。长期以来，许多观众认为自己参观博物馆的主要目的和主要动机是"学习"，许多博物馆工作人员也将帮助观众学习知识作为博物馆工作的主要目的。但是我们必须注意到这样一些事实：博物馆所传播的知识有多少是观众在其他场所或通过其他传播媒介所不能得到的呢？观众在参观博物馆之后能记住多少新的知识和新的事实呢？此外，在学校教学中，教师要对同一知识主题反复讲解和做大量的练习，经过多次接触和复习，新知识才能被牢固的记忆；反之，博物馆参观只是一时一地的学习，离开博物馆之后很少有再接触或复习这些知识和事实的机会，这样怎能获得良好的学习效果呢？近年来有关博物馆观众学习成效的调查也证实了这一点，如果以记忆新知识和新事实的数量来评估观众的学习成效，结论是不乐观的，观众很少能系统地全面地获得特定方面的知识，更多的是记住了个别的物品和情节。这一现象给我们提出了一些不得不认真考虑的问题：什么是"博物馆学习"？博物馆学习与学校学习有哪些区别？博物馆是否应将知识学习作为博物馆教育的主要内容？博物馆学习有哪些特点？博物馆学习的目的、内容、方法、学习者、施教者和学习成效评估有什么特点？观众来博物馆想要"学什么"，是要满足一般的学习愿望，还是要学习特定的新知识？观众在博物馆中是怎样实现学习的？观众对在博物馆中学习的成效的自我估价是怎样的？博物馆的展览能在多大程度上和怎样满足观众的学习要求？博物馆观众学习成效应用怎样的标准和方法来评估？

近年来，博物馆工作人员已认识到博物馆是不同于学校的社会教育机构，博物馆通过创造适宜的学习环境，提供展览和展品等直观、形象的学习途径，运用展览讲解、组织与展览有关的教育活动等手段激励、促成和帮助观众实现"博物馆学习"。博物馆学习不以传授书本知识为主要内容，而是激发学习者的探求愿望和学习兴趣，鼓励进一步系统学习，加强和巩固已有知识，将个别的新知识和新事实纳入学习者自身已具备的知识体系之中，满足学习者的学习愿望等多方面、多内涵的综合学习。通过博物馆学习，使学习者已有的知识体系得到加强和完善，掌握新的生产和生活技能，加强社会生活能力，对社会和对博物馆的认识产生积极的变化。总之，博物馆学习是使学习者整体知识水平和各项能力的提高，并使学习者对博物馆事业和博物馆工作的看法和认识更为积极。

需要注意，由于早年学校教育的影响，许多人形成了学习就是理解和掌握新知识的思维定势，许多参观动机为“学习”的观众到博物馆来就是要寻求在其他场所得不到的新知识、新事物和新物品，要求博物馆系统地传授某一学术领域的知识，换句话说，他们希冀博物馆成为“课堂”。这种认识给“博物馆学习”提出了新问题，怎样才能使这些观众改变他们对“博物馆学习”的认识呢？怎样才能使他们的学习愿望与博物馆实际情况相协调呢？怎样来满足他们的学习要求和愿望呢？

博物馆工作人员应加强对“博物馆学习”的关注，发现和总结博物馆学习的性质及特点，加强对观众学习模式的研究，了解不同社会文化背景的观众的学习要求和特点，了解观众要学什么和怎样学，了解观众如何与展览、展品、展品说明和博物馆环境交流，了解观众如何通过这些途径获取信息，观众获取的信息是否与博物馆工作人员希望传达的信息相同，还是有区别，产生这些区别的原因是什么，了解博物馆中各种教育设施对观众学习会产生怎样的影响，了解博物馆中的其他人对观众学习有怎样的影响。

加强对观众学习行为的研究，加强对博物馆观众“学习模式”的研究，可以使博物馆工作人员对观众的了解更加深入，有的放矢地开展工作；可以改变博物馆工作“一厢情愿”，忽视效果的状况。对观众学习效果的准确评估和表述，可以加强博物馆工作人员的工作信心和坚定为社会发展服务的信念，可以使社会清楚了解博物馆的社会效益和重要作用。

了解观众是为了改善和完善为观众的服务。为观众服务，就要为观众提供必要的服务设施和措施，尽可能满足观众的生理需求、休闲需求、参观需求和学习需求，尽量排除干扰因素，使观众集中注意力于参观和学习。观众来博物馆，不仅是要实现和满足自己的个人愿望和期望，也希望能够接受博物馆传播的有关社会生活、生产、文化和社会发展的知识与信息，这正是博物馆实现其社会教育职能的极好机会。鉴于当代博物馆观众有着更丰厚的知识基础、更广泛的兴趣，更强的自信心，更何况他们参观博物馆多在业余时间，很少有人愿在这愉快的时光中体验“课堂”的感觉，为此，博物馆不能以“严师”的面貌出现在观众面前，也不能再以“耳提面命”的方式传播信息。博物馆需要加强为观众的服务，做好铺垫，减少学习干扰，潜移默化地引导和促使观众自觉自愿地学习。

博物馆为观众服务的目的是要有利于观众学习，实现博物馆教育目标，使观众产生有利于博物馆事业的认识。因此，博物馆为观众服务不仅仅是解决观众饮食、休息、上厕所的需要，而是全方位的综合服务，注意满足观众生理、心理、休闲、社交、参观、参与、欣赏和学习等多方面的需要。试想，当观众来到一间光线昏暗，展品蒙满灰尘的展厅时，他们会有怎样的心绪呢？当观众要弯下腰才能看清展品标签时，他们的阅读兴趣能保持多久呢？当观众慕名来看一件闻名遐迩的展品时，得知展出的只是一件复制品，他们会有怎样的感想呢？当观众感到腿脚酸痛，眼睛发干时，他们还会耐心地欣赏每一件展品吗？当观众看到表情冷漠、时刻注意自己一举一动的博物馆工作人员，他们会有怎样的想法呢？博物馆环境是否整洁优美，博物馆工作人员的举止着装是否得体，博物馆商店是否出售观众感兴趣的物品，博物馆的厕所是否散发着令人不悦的异味，所有这些因素都影响着观众的心情和态度，影响着观众的参观和学习。博物馆参观中的审美、社交、自我完善和学习等需求是较高层次的社会需求，这些需求只能在诸如身心舒适、饮食、上厕所等较低层次的生理需求被满足之后才可能发生，才会获得满意的效果。

有必要注意一些观众在参观时流露出的对博物馆藏品的“拜物”情感，以及由此而产生的对博物馆展品的“拜物”心理需求。一些观众来博物馆就是要看一些具有重要的历史、艺术、科学价值的展品，或是看那些自己认为很重要的物品，或是感受博物馆的展览和展品所蕴涵、所表达的神圣崇高的境界。观众参观过程中不仅要寻找这样一些展品，他们还要求这些展品能够体现和表达出尊贵、庄严和价值，要求博物馆在展出这些物品时要创造出体现其价值的氛围。当观众没有看到这样的展品，或只看到复制品，或认为博物馆没有突出表现这些物品的价值时，他们感受到的价值不符合个人心目中的价值标准，没有获得因展品激发的崇高、权威和珍贵的感受，他们将会感到一些缺憾和失落。为满足这些观众的心理需求，博物馆展览布置应注意准确表现和维护展品的价值，一些随意的做法，如简陋的支架，乱缠的丝线，歪斜的大头针，不经意的布置，都会使观众对展品的价值产生疑问：如果展品是很珍贵的，为什么要这样随便地处置呢？观众在怀疑展品价值的同时，也会对博物馆工作人员的工作能力和责任心产生疑问。

重视为观众服务，还要注意防止另一个极端，即一切工作都要以观众的知识水准和欣赏要求为标准，“唯观众需求是从”，这种认识是片面的，是将观众需求绝对化了，不利于博物馆工作和观众的学习提高。博物馆工作一定要注意观众的知识水准，唯此才能保证观众理解博物馆的展览和展品，才能发现、确认和接受博物馆传播的信息，并将这些信息与自己原有的知识结合起来。同时也应该看到，博物馆工作的目的是帮助观众充实已有的知识，学习新的知识，使观众的综合素质得到提供。只有提高，才可以使观众感到博物馆确实提供了他们所希望的东西，感受到博物馆确实是重要的学习场所、学习资源和文化机构。为使观众获得充实、完善和提高的感受，博物馆应注意对观众学习的引导、辅导和实施，博物馆要根据社会现状和社会发展对公民素质的要求，根据观众的知识水平、欣赏要求和学习能力，确定博物馆教育工作的目标，选择适宜的教育方法，组织具有博物馆特点的活动，组织高层次的活动，满足观众高层次的社会需求。

有些博物馆工作人员认为，博物馆展览和教育活动要“雅俗共赏”，要能吸引不同类型的观众和满足具有不同需求的观众的要求。从将博物馆工作对象从专家学者转换到广泛的社会公众，以吸引更多的观众，在更大范围中开展社会教育这一角度上看，这一看法无疑有积极的意义，有利于博物馆走出“象牙塔”，成为真正为公众欢迎的社会教育中心。但是，如果将“雅俗共赏”作为博物馆具体展览和具体教育活动的基本标准，就有必要加以讨论了。不同层次、不同群体、不同类型的观众有着不同的知识背景，不同的需求和不同的接受、交流、掌握信息的方式，很难设想使一个展览适合所有人的学习能力和满足所有人的需求。适合所有人口味的只能是白开水，多重点只能是没有重点。想满足所有人的需求，结果很可能是谁也不能满意。博物馆只能根据观众的条件和需求，针对某种类型观众的需求，组织特定的展览和活动，使这些观众在这里获得满意的参观效果。尽管这些观众可能会对其他展览或活动感到“不适宜”、“不解渴”，但他们会理解博物馆这样做的良苦用心，认识到博物馆要为不同的观众服务。应该说，这样一种认识也是一种收获，观众会意识到还存在着其他具有各自兴趣和需求的社会群体，从而对社会有进一步的了解。总之，博物馆不能笼统地、不加区别地谈论“雅俗共赏”，要针对特定的目标观众群，组织不同水平和形式的展览和活动，满足广大观众的需求，从而实现综合性的、全局性的“雅俗共赏”。

博物馆在清楚了解观众的构成、动机、需求和学习模式的基础上，完善对不同类型观众的服务，满足观众休息、学习、社交、欣赏和充实提高等多层次、多侧面的需求，博物馆将能够巩固现有的观众，并吸引更多的社会公众到博物馆来。

加强服务，巩固现有观众是博物馆吸引更多的观众的基础。博物馆事业的发展并不只是博物馆工作人员在那里“孤军奋战”，广大观众也在用他们的时间、精力、知识和金钱积极参与了这项事业，观众以自己的参观行为表达了博物馆的社会影响和社会责任，肯定了博物馆工作人员的成绩，指出了博物馆工作的不足。观众还是博物馆的积极宣传者，他们用自己的言行鼓动、感染和影响更多的人去博物馆参观。现有观众是博物馆现实工作和今后发展的基础条件之一，博物馆一定要切实了解现有观众的基本构成和基本状况，了解他们的需求，加强和完善现有观众认为博物馆具有的符合他们需求的各项因素，在坚持博物馆传统特点的同时，根据社会发展和现有观众素质的提高，组织更具吸引力的活动。博物馆要确定博物馆经常观众群，及时了解他们的需求，将他们作为服务的重点。博物馆也要研究博物馆偶然观众的特点，帮助他们加深对博物馆的了解，将个人兴趣与博物馆工作联系起来，使他们逐渐转变为博物馆经常观众。

在巩固现有观众群的基础上，博物馆工作者要主动出击，不能坐等观众上门，要走出博物馆，走上社会，积极宣传，使社会公众知道博物馆在做些什么，使人们了解博物馆的工作特点，吸引更多的人到博物馆来。博物馆工作人员要注意那些不来博物馆参观的人们，了解他们对博物馆的认识，了解他们的兴趣爱好和需求，有计划、有步骤地开展工作，运用多种方式，将他们吸引到博物馆来，使这些人逐步熟悉和了解博物馆，将参观博物馆作为自己休闲活动安排的选择之一。博物馆要与其他社会文化团体、教育部门、娱乐业、休闲服务行业、大众传播媒介等密切合作，建立协作互补的关系，在确保和发扬博物馆特点的同时，增加活动项目，更新活动形式，在不断发展变化的社会环境中，确保博物馆的位置，与其他社会机构共享“市场”，共同发展。博物馆应重视培育未来的观众，注意学生团体观众和家庭群体观众的特点，使儿童得到满意的参观效果，对博物馆产生积极肯定的认识，这样，当这些儿童成人之后，他们还会带着自己的子女来博物馆参观。要吸引更多的观众，必须到社会中去，去接触、了解和宣传广泛的社会公众，这就如同滚雪球，只有在雪地上才能越滚越大，将雪球在手心里攥来攥去，只能是越来越小。

博物馆与博物馆观众之间存在着相互依存、相互满足、相互促进和共同发展的关系。一些人抱怨社会公众素质低，不愿来博物馆参观，这不也正反映了博物馆工作脱离了自己的工作对象和工作基础吗？一些人抱怨社会不重视博物馆事业，博物馆社会影响小，不能吸引观众，这种现象不也正说明博物馆工作“孤芳自赏”，不能使人们准确认识博物馆的社会责任和社会作用吗？总而言之，博物馆社会职能的发挥，博物馆社会影响的加强，只能靠博物馆工作人员不懈的努力和脚踏实地的工作。让我们以“博物馆观众”为工作重点，依靠观众了解社会需求，依靠观众改进博物馆工作，依靠观众实现博物馆的社会责任，依靠观众扩大博物馆的社会影响，依靠观众增加博物馆的资源。博物馆工作人员与博物馆观众携起手来，共同创造博物馆事业蓬勃兴盛的明天。

参考译文　敬而远之——人们为什么不去博物馆？

[美] 玛丽林·吉·胡德

博物馆工作者常对如此之多的人们从不迈进博物馆的大门的现象感到困惑。这些人被我们称为“不去博物馆的人”。虽然我们已将博物馆中保藏的所有文化财富向社会开放，但为什么不能吸引更广泛的公众和更多的观众，并使他们经常到博物馆来，而不仅仅是为了浏览那些只具有轰动效应的“专题陈列”呢？为什么我们组织的某一项活动可以在一个博物馆，或在特定的观众范围中获得成功，但如果换一个环境，或面对其他的观众，它却得不到同样的效果呢？

过去的半个世纪，我们曾运用各种研究方法，以期找到这些问题的答案。我们追踪观众的活动路线，记录观众在展厅中的停留时间，运用慢速摄影机观察观众的行为，在博物馆中与观众交谈，以了解观众的需求，而所有这些在博物馆中进行的观众调查的结果，都不能回答为什么公众中的大多数不参观博物馆这一问题。这个现象是不会使人感到奇怪的。

在美国和加拿大的博物馆，类似的调查工作已进行过数百次，从这些工作中我们还是可以从人口统计方面了解到博物馆观众的一些特点：他们通常受过高等教育，有较高的职务和较充裕的收入，属于社会中较年轻的年龄组，热心参加社会和业余活动。尽管如此，这些人口统计学的资料仍然无法解释为什么有些成年人会成为博物馆的常客，而有些人却不参观博物馆，换句话说，也就是不去博物馆的人为什么不喜欢博物馆。

很清楚，仅仅分析上述人口统计的资料并不能真正反映人们是如何估价他们的闲暇生活体验。我们需要集中精力去研究人们是怎样决定如何使用其闲暇时间和精力的。我们应注重研究博物馆观众和“潜在观众”的心理特点，注意了解他们的价值观念、态度、看法、兴趣、愿望和满足。一旦确认了这些要求，我们可以研究“不去博物馆的人”与博物馆观众的区别，从而决定博物馆可以继续开展哪些已有的业务和组织哪些新的活动，以符合“不去博物馆的人”的价值观念和满足他们的需求。之后，我们就可以根据博物馆的性质、工作范围和能力，组织各种活动，以吸引那些避开博物馆的人们。

为实现这个设想，最基本的工作是要了解人们是如何决定使用他们的闲暇时间和精力的。我们经常自认为博物馆是非凡的和珍贵的，因此常设想所有的公众都会喜爱博物馆，并愿意分享博物馆中的文化财富。事实上，人们不会本能地去博物馆或其他休闲场所。即使这些地方是如此的值得一游或出类拔萃。人们在做出选择之前，常会考虑多种能给人们带来最大效益和最充分满足的有竞争性的因素。影响人们做出最终决定的常是一些满足人们闲暇生活原则的因素。

决定人们休闲活动（包括去博物馆）体验的闲暇生活原则是哪些呢？综合 60 年来博物馆学、休闲学、社会学、心理学和消费者行为研究的成果，可以总结出影响成年人安排闲暇活动的六项原则，即：

（1）与其他人在一起，即社交；

（2）从事一些值得做的事情；

（3）环境的舒适和轻松；

（4）尝试新体验；

（5）学习的机会；

（6）亲身参与。

需注意的是，人们对上述六项原则的重要程度的认识是不同的。在决定参加特定休闲活动和去特定休闲场所时，某些因素更具决定性。但这六项原则是人们决定闲暇活动安排的基本原则。

1980～1981 年，美国俄亥俄州托莱多艺术博物馆组织了一次全面、认真的调查，以考察这六项原则是如何影响人们参观博物馆的，了解这六项原则对人们闲暇生活的影响，以及某项具体原则对人们选择特定休闲活动和场所的影响。调查结果表明，我们对博物馆观众的传统看法是缺乏事实根据的。长期以来，人们认为只有两种观众成分，即博物馆观众和“不去博物馆的人”，这种看法是不准确的。

基于休闲价值观、兴趣和愿望的不同，可将博物馆的现实和潜在的观众区分为三种类型：博物馆经常观众，偶然观众和“不去博物馆的人”。每种类型的人在参加休闲活动（包括参观博物馆）时，都在寻求获得不同的价值和体验。人们根据各自对休闲原则的估价，以及基于自身从家庭和幼年生活中获得的社会经验，决定选择某些特定的休闲方式和活动。尽管其他的博物馆观众研究工作分析了不同层次的博物馆观众，但它们却无法确定使博物馆观众增加和稳定的根本原因。托莱多艺术博物馆的调查工作则使我们可根据人们的休闲价值观来确定博物馆观众的类型，并据此预测人们的休闲选择。尽管这些成果可能与人口学研究的结论有某些联系，但仅根据人口学研究却不可能得到这些结论。

博物馆“经常观众”是那些每年参观博物馆至少三次的人，有些经常观众每年参观博物馆达 40 次之多。他们对六项闲暇原则的评价都很高，并认为博物馆完全具备了这六项因素。他们认为最重要的三项原则依次是：学习机会，尝试新体验和从事一些值得做的事情。

博物馆“经常观众”在社区居民中只占很小的比例，如在托莱多地区，博物馆“经常观众”只占人口总数的14%，但他们在博物馆统计的观众人数中却达到45～50%。由于他们经常在博物馆中被采访，所以他们最符合从人口学角度进行的博物馆观众调查所得到的结论。

博物馆“经常观众”热衷于参观博物馆，不论这些博物馆在何处，也不论这些博物馆在展出些什么，这是由于他们曾将参观博物馆列入闲暇活动日程。随着参观次数的增加，他们所获得的博物馆体验逐渐增多，他们认识了博物馆的价值，逐渐理解了有关博物馆陈列和博物馆藏品的工作规则。对这些观众来说，博物馆是一个能满足他们的需求的去处，博物馆“经常观众”认为被他们最注重的闲暇生活的三项原则在博物馆中得到永久和完备的体现。

博物馆“经常观众”认为他们从参观博物馆中得到的收益要远超出他们所付出的，如时间、金钱、交通工具、思考、疲劳和不便等。由于他们经常参观博物馆，博物馆工作人员应注意使博物馆不成为一个一成不变的单调乏味的场所。博物馆“经常观众”希望在休闲活动中，能够在发展的基础上不断获得新体验。

与博物馆“经常观众”截然不同的是“不去博物馆的人”。不论从休闲价值观、爱好、愿望，还是从人口学研究特征来说，都有着明显的区别。“不去博物馆的人”在社区人口中占相当大的比重，如在托莱多地区，他们占当地人口的46%。根据其闲暇生活体验，他们认为如下三项闲暇生活原则是非常重要的，即：社交，亲身参与，环境舒适和轻松。而这些原则在博物馆“经常观众”来看是比较次要的。同样，“不去博物馆的人”对“经常观众”认为最重要的三项闲暇生活原则的评价也不太高。

一般来说，“不去博物馆的人”中的少年儿童虽然不参观博物馆，但他们仍喜欢参加其他的多种文化娱乐活动，尽管这些文化娱乐活动更适合于成年人，而不是专为少年儿童设计的。博物馆工作者不应只简单地认为他们之所以不来博物馆，是由于他们不参与任何文化娱乐活动。事实上，这些人的兴趣和喜好在于其他活动，他们选择的是那些被认为比博物馆更能满足个人需求的活动，这些活动更侧重于亲身参与，随意的和熟悉的环境，以及可与其他的人进行交往。

“不去博物馆的人”认为，所有的博物馆并没有体现他们最看重的三项闲暇生活原则，或者仅体现了很少一部分，而这些只能给他们的投入带来微薄的收益。他们认为博物馆是一种正规的和令人敬畏的场所，对他们来说是很难接近的。由于他们通常没有事先做准备，以了解“博物馆工作规则”，因此他们认为博物馆为社会交往和亲身参与设置了障碍。体育运动、郊游、亲朋互访和购物活动更能满足他们对休闲活动的要求。

博物馆“偶然观众”是那些每年参观博物馆一至二次的人。这些观众在社区人口中占相当的比重，如在托莱多地区，博物馆“偶然观众”占当地人口的40%。以前，我们忽视了博物馆观众的参观次数，总认为所有的博物馆观众具有共同的价值观、兴趣和特征。此次调查的结果则强调指出，在社会活动方式和休闲价值观上，博物馆“偶然观众”与“经常观众”有相当明显的差别。事实上，博物馆“偶然观众”的特点与“不去博物馆的人”更为接近。

博物馆“偶然观众”中的儿童经常参加一些侧重参与、娱乐和社交性的活动。其中的成年人同样注重参与性较强的户外活动，如野营、徒步郊游、游泳、滑雪、溜冰等，或演奏乐器、制作艺术品和手工艺品，也可以去游乐园和电影院，或是旅游观光和观看体育比赛。博物馆“偶然观众”和“不去博物馆的人”更注重以家庭为单位安排的休闲活动。而博物馆“经常观众”则比较喜欢单独参观博物馆。公园、动物园和野餐营地是适于家庭出游和朋友聚会的理想场所，对博物馆“偶然观众”更具吸引力。这些场所比较符合博物馆“偶然观众”的三项闲暇生活原则。参加户外艺术节和音乐节，全家参加手工制作和探索学习小组，也可以满足博物馆“偶然观众”的闲暇生活体验。

博物馆“偶然观众”非常注重休闲场所环境的舒适程度，他们感到博物馆不太惬意，不仅在自身体质上感到不适，在感情上也有一种“这里不属于我和我的朋友，在这里我感到紧张和无法安心学习”的感觉。对这些人来说，休闲即是轻松，他们更愿意与家人或朋友在一起，而不会全身心地投入到一种伴随着产生博物馆疲劳的活动中去。由于这些人对博物馆环境感到陌生，他们在参观博物馆时，常愿与熟识的人们同往，如与家人、俱乐部成员、同事或朋友等，从而感受到社会赞许和支持。

博物馆“偶然观众”认为博物馆部分符合他们所注重的闲暇生活原则，但却不足以让他们经常去博物馆，特别在与其他休闲活动所能产生的收益进行比较时。因此，博物馆“偶然观众”去博物馆，只是去参加重大事件、重要活动、家庭活动日等，对他们来说，参加这些活动可以极大地满足他们的期望和要求。自从博物馆日益注重博物馆“经常观众”的需求和愿望，博物馆的所作所为对博物馆“偶然观众”和“不去博物馆的人”的要求就显得更不具吸引力了，他们追求的是完全不同的活动和不同的需求。

托莱多艺术博物馆的调查提出了全新的观点和方法，我们可以运用这些成果去重新估价现实和潜在的博物馆观众，也可以此为指导，重新组织博物馆活动，以满足不同规模的观众群体。如果要吸引那些很少或从来不到博物馆来的人，博物馆必须针对不同类型的观众组织多种活动项目。不同类型的观众有着不同的愿望和要求，寻求着不同的闲暇生活体验。博物馆“经常观众”是人数最少的观众群体，博物馆现行工作基本符合他们的追求和愿望。博物馆“偶然观众”和“不去博物馆的人”则注重与他人交往的机会、休息娱乐、学习的机遇、挑战和从事一些值得去做的事情。在博物馆中，他们的这些要求没有得到满足。特别是一些对正规教育抱有偏见，认为参观博物馆是去接受乏味的说教，与其如此，还不如去参加一些娱乐和轻松的休闲活动。

如果博物馆要吸引博物馆“偶然观众”和“不去博物馆的人”，我们必须组织一些符合他们的闲暇生活原则的活动。如果我们只是简单地扩展目前的服务项目，却忽略服务的质量，这样做将无益于观众和博物馆事业。我们需要转变工作重点和工作方式。

举例来说，在以前，博物馆常被看作是教育机构，家人们可以在那里一起学习。这种形象需要改变。为吸引博物馆“偶然观众”和“不去博物馆的人”，博物馆应强调它是探索和发现的场所，它可为家庭出游提供轻松愉快的环境；博物馆还是社交的好地方，人们可以在其中度过一段美好的时光。

发现活动小组可以为家庭提供共同参加的机会。家人们可以在自然博物馆中共同观察昆虫、真菌和化石标本；可以在艺术博物馆中从事雕塑或绘制壁画；可以在历史博物馆中试穿或仿制传统服饰。当代博物馆组织的这一类活动最受博物馆“偶然观众”的欢迎。但是，我们需注意，这一类活动不能仅停留在只是为了吸引观众，而是要成为过渡的桥梁，要引导观众去接触、熟悉和了解博物馆的收藏。博物馆“偶然观众”通过参加此类活动可逐渐熟悉藏品，进而了解博物馆工作规则，从而认识到博物馆是符合他们闲暇生活原则的场所。当他们发现博物馆具备他们所喜爱的品质时，博物馆“偶然观众”将会再次到博物馆来。有许多博物馆组织专题参观和演讲，这些活动已被证明对一些特定观众是有效的，这些观众包括建筑工人、体育迷和各种业余爱好者。通过展示和介绍他们感兴趣的博物馆藏品，使这些曾认为博物馆与其生活毫无关联的人们改变看法。

上述发展趋势并不意味着博物馆可以放弃现实工作目的和活动项目。这些新迹象只是更加要求博物馆工作人员和管理者应从多侧面考虑博物馆陈列和其他活动，使其尽可能地具有多方面的吸引力。

在组织一些旨在吸引“不去博物馆的人”的活动之前，我们必须注意这些人缺乏对博物馆工作规则的了解。我们是否应为那些初次到博物馆探险的人们提供适宜的帮助，以帮助他们获得足够的收益，使他们再次回到博物馆来。回答应该是肯定的。但这种帮助不应是减少或淡化博物馆中的信息，而是要用“不去博物馆的人”所熟悉的方式来传递这些信息，要注意信息内容的层次和复杂程度，目的是要让“不去博物馆的人”了解这些信息是与他们的生活密切相关的。

此外，我们必须记住博物馆“偶然观众”总是将参观博物馆与其他休闲方式相比较。他们可能会参加博物馆组织的某项重要活动，而不是在家看电视，逛商场，参加体育锻炼，或在花园里从事园艺。对他们来说，参加博物馆活动只是一个与他人交往的愉快机会，而并不是十分关注展览的内容。他们希望能置身于轻松愉快的环境之中，从而使他们的身心都得到休息。

托莱多艺术博物馆将这项调查的成果应用于工作计划和活动组织，使博物馆和观众都获得利益。最重要的收获是博物馆工作人员充分意识到博物馆观众的期望、闲暇价值观和需求是各不相同的。

调查成果的最初影响在托莱多艺术博物馆馆舍改建工程中已经体现出来。施工时充分考虑到使观众舒适的要求。在博物馆中，观众需要知道其所在的位置与博物馆全局及其他活动区域的相互位置关系。他们需要感受到轻松愉快的氛围。因此，在公共区域新设置了路标，极大方便了观众的导向；在入口大厅增设了舒适的休息坐椅；在入口处设置了迎接观众的问询处。

托莱多艺术博物馆近期组织了一项专题展览，其主要对象是当地的西班牙和希腊社团。展览期间，当地西班牙裔和希腊裔观众的人数远超过原来的设想。尽管希腊裔居民在当地是人数很少的且内部关系非常紧密的小社团，但他们来参观的人数很多。博物馆为帮助这些无准备的观众理解展览的主题和陈列，不断地改进解说和宣传手册。

这次调查促使托莱多艺术博物馆工作人员更多地从观众角度考虑问题，而不是只从工作角度出发。博物馆馆长助理格雷戈里·阿吉瑞·史密斯说："我们更注重为公众服务，我们认识到应该根据公众的利益制订工作计划，而不仅仅只考虑自己的利益。"

我们同样能够解决在吸引更多的观众方面遇到的问题，只要我们认识到博物馆"偶然观众"和"不去博物馆的人"在获取体验和收益上与博物馆"经常观众"是有区别的。如果我们希望他们喜欢博物馆，我们就必须提供一些他们认为是重要的东西，组织一些满足他们需求的活动。与此同时，我们必须继续改进那些使博物馆"经常观众"感到满意和使其得到收益的活动项目。

（原文载美国《博物馆新闻》1983 年 2 期。宋向光译，翻译时略有删节）

真心诚意为观众服务，周全扎实落实服务措施

当代博物馆已从象牙塔中走了出来，面向广大社会公众，以优质服务体现自身价值，拓展博物馆的工作范围。博物馆中保藏着许多珍贵精美的文物，但仅靠文物藏品是不能充分发挥博物馆社会教育作用的，只有通过观众服务工作，才能在观众和博物馆藏品之间建立沟通理解的桥梁。当我国博物馆事业现在正置身于社会主义市场经济的大潮之中，面临着诸多来自内部和外界文化、休闲、娱乐和旅游等行业的激烈竞争，博物馆更需要完善服务措施，提高服务质量，建设高素质的服务队伍。

博物馆观众服务是为使观众获得满意的参观、学习效果而做的工作。博物馆观众服务是博物馆实现其社会职责的系统工作中的有机环节，反映着博物馆“为社会和社会发展服务”公益机构的性质，是博物馆与博物馆观众沟通联络的主要渠道，更是推动当代博物馆发展的基本手段。

谈到博物馆观众服务，我们一定要注意这项工作与经营性服务业的区别。经营性服务行业如银行、空港、旅馆、搬家公司、出租汽车业等，这些行业不创造实物性的产品，他们以快捷、方便、优质的服务活动吸引顾客，通过提供满足顾客需求的各种服务性活动来获取收益，是一种商业性经营行为，他们的经营收益与服务活动质量的高低及顾客的满意程度有密切的关系。

博物馆观众服务则主要是“公益性”的服务活动，这一特点是由博物馆的性质规定的，是由社会对博物馆的要求规定的。博物馆观众服务的目的不是获取以货币衡量的收益，而是最大限度地实现博物馆的社会职能，实现博物馆的工作目的。

博物馆观众服务要结合博物馆观众特点，结合博物馆观众参观和学习行为特点，结合博物馆发展要求，要有博物馆特点。博物馆观众服务不是借此来推销商品，也不是把服务作为营利的手段，而是要帮助观众更愉快地参观博物馆，理解博物馆藏品，学习新知识，提高自身素质。博物馆观众服务的目的是使观众获得积极的博物馆参观体验，让观众在充实自己的同时，认识到博物馆存在的必要性和博物馆为社会作出的贡献。

博物馆观众服务对当代博物馆事业发展有着举足轻重的作用。用一句可能不太恰当的比喻来讲，博物馆现在已不再是“卖方市场”，而是“买方市场”了。人们可以在印制精美的文物书刊中欣赏博物馆藏品，可以在电视上漫游博物馆，甚至可以在电子计算机网络中访问世界各地的博物馆。博物馆数量也在迅速增加。这一片大好形势背后的隐忧愈来愈明显了：资源分流，文物分流，观众分流。博物馆要“未雨绸缪”，要想在将

来的社会中占有一席之地，必须重新审视博物馆与观众的关系，以适合处于特定社会发展阶段的人们的兴趣、习惯的方法去履行博物馆的社会职责。

做好博物馆观众服务工作的首要前提是端正对博物馆观众服务工作的认识，应结合当代博物馆所处的社会环境，结合当代博物馆的工作目的、工作条件和发展要求，准确认识博物馆观众服务工作性质和意义，以及博物馆工作人员与博物馆观众的关系。过去，博物馆数量不多，且担负着社会导师的责任，这使博物馆于无意间养成了“训导”观众的作风。另外，博物馆主要以知识学习为主，要学习，就要吃苦，于是，来博物馆参观就要有“学海无涯苦作舟”的思想准备。那时，博物馆对博物馆观众服务的认识，只是提供参观服务、研究服务和学习服务。这种认识至今仍影响着一些博物馆工作人员对博物馆观众服务的看法，如认为博物馆观众服务是居高临下的“施与性服务”，观众是受惠者；如认为观众是受教育者，学习可以给他们以最大的愉悦，博物馆只需提供最必需的服务设施。近年来，受商品经济的冲击，一些博物馆工作人员将为观众服务与营利活动视为等同之事，提出“有偿服务”。于是，甚至连最基本的博物馆观众服务项目也要收费，如在博物馆院内存放观众自行车要收费，上厕所也要收费。当然，博物馆可以提供收费服务，但其对象只能是一些特定人群，并限定于特殊服务项目，对基本的博物馆观众服务项目则不宜收费。

博物馆工作者应准确认识观众的特点，以及博物馆观众在博物馆工作中可发挥的作用，要准确把握博物馆工作人员与观众的关系。博物馆观众是主动来博物馆参观、学习并接受博物馆提供的各种服务的人，他们代表着社会的需求，反映了社会对博物馆的认识，通过自己的行为和需求影响着博物馆的工作目的和工作计划。博物馆社会职能和工作目标的实现，都离不开博物馆观众。博物馆工作成果并不仅仅是推出了多少陈列展览，而且还要看这些展览的社会效果，观众的参观收获。博物馆观众与博物馆工作者共同创造着博物馆事业的辉煌。博物馆工作者与观众的关系是平等和交流，为实现同一目标而共同努力。

博物馆观众服务要达到一定的目的和效果，不仅要让观众在博物馆中感到方便、舒适，更要通过服务达到促进观众学习，实现博物馆社会教育职能的目的。也可以说，博物馆观众服务是博物馆群众工作、博物馆教育工作的重要手段。为此，博物馆在组织博物馆观众服务时，除要考虑满足观众饮食、休息、上厕所等基本要求以外，还要注意围绕实现观众参观的主要目的组织服务。

博物馆观众服务内容很多，根据观众活动的内容和需求，大致可分为休闲服务、参观服务、学习服务等几方面。服务工作要为观众从事这几方面的活动提供便利，并促使观众进行较高层次的学习活动。在组织博物馆观众服务工作时，要注意观众在从事不同活动时和在不同活动阶段时的不同需求。如观众在入馆前、入馆时、参观开始、参观进行之中和离馆时的需求。此外，博物馆观众服务工作不仅要注意满足观众参观时的生理和心理的需求，也要注意创造使观众宜于从事某项活动的客观条件和环境氛围。

博物馆观众服务是一项系统工程，其中又包括休闲、参观、学习等子项目，虽然各个子项目中的服务项目、方式各有侧重，但其间的关系是相互衔接、影响、交叉的。博物馆观众服务除那些与观众活动直接有关的服务工作之外，也包括观众可以感受、体验、察觉到的方方面面，凡是有益于观众休闲、参观、学习活动的因素都可纳入博物馆观众服务的系统工程中。

博物馆观众休闲服务是满足观众休闲的需求。休闲并不是单纯的休息，并不是在紧张劳动之后的放松和休息，而是在闲暇时间从事一些有意义的活动，做一些自己想做的事情。如读书、参加体育活动、购物、看电影、旅游等，休闲活动受到休闲者社会价值观的影响，要体现和实现这些价值标准，并获得相应的回报。博物馆观众休闲服务必须注意观众的休闲价值取向和需求，采取相应的服务措施。例如，清洁的环境，舒适的氛围，安全感，友好的服务人员，可以做一些轻松且有意义的事情，可保证有一定程度的隐秘性，即个人和社会团体可从事一些活动而不被外人干扰等。

创造适宜、良好的休闲环境，是博物馆为观众提供的休闲服务的重要项目。博物馆环境包括物质环境、视觉环境、感觉环境、环境氛围和环境卫生。物质环境如博物馆主体建筑、附属性功能建筑、绿地、果皮箱等存在于博物馆领界内的实物性环境因素；视觉环境如建筑体量、形态、环境色彩、光线等通过观众视觉感受到的环境因素；感觉环境是观众通过听觉、嗅觉等感官感受到的环境因素，如声响、温度、气味、拥挤等；环境氛围则是观众对诸环境因素的综合评价和感受。观众来到博物馆，首先看到和感受到的是博物馆环境，并由此而形成对博物馆的第一印象，以及对此次参观是否值得和如何参观做出初步的评估。观众对环境综合评价好，会感到在这样的地方参观一定会很惬意，会很愉快，好的开端预示着成功的结果；观众对环境综合评价差，就会感到不得不进去参观，看完想看的展览后赶快离开。另外，环境还会对观众行为产生一定影响，清洁明亮的场所会使人自觉地维持卫生，而晦暗不洁的地方则常使人随意丢弃废弃物。许多博物馆注意到环境卫生的重要，也注意到博物馆周围和馆内空地的绿化，但对博物馆环境综合管理还未引起足够的重视。如馆外广告招贴与博物馆建筑的不协调，一些附属建筑在式样、色彩、布局上不尽协调，施工场所物料随便堆放，绿地花草植被养护管理不及时，馆前广场成为封闭式停车场，观众进出通路不通畅等。对博物馆环境的综合管理应有足够的重视，要让观众在看到博物馆，还未进入博物馆时，就可产生积极、愉悦的第一印象。

观众休闲服务工作还要注意观众的拍照留念问题，现在的博物馆观众中有相当一部分人是旅游者，他们除要满足亲身实地的感受外，还希望能在特定地点照几张相，以资留念，以做证明，以助记忆。照相已成为旅游活动的重要内容和主要成果。许多观众在照纪念相时，或选择最能表现旅游地特色的景物，或选择自己最感兴趣的景物，以便日后再细细观赏。有鉴于此，博物馆应重新考虑有关观众在博物馆中拍照的政策和制度。

在保护文物安全、文物知识产权和保证观众正常参观的前提下，创造条件，允许观众拍照留念，这不仅可增加观众的满意感，也可起到向社会公众宣传博物馆和博物馆活动的作用。

有一些博物馆为观众提供存包服务，其本意或出于加强博物馆安全保卫，或是帮助那些携带大件箱包的观众存放箱包，以让他们更方便地参观。要求观众存包的作法无可非议，但具体措施尚有可完善的地方。一些博物馆的存包处与售票处相距不远，但两者之间无明确、醒目的指示，许多观众常常走到博物馆入口处时，又被要求回去存包。一来一往，要耗去数分钟时间。如在寒冬酷暑之时，观众更要再经历一番考验。许多观众对此并无繁言，但博物馆工作人员怎能对此熟视无睹。要真正使为观众提供的服务项目对观众有益，因此有必要对博物馆存包处的位置、标志和方法进行检查。观众购票时就应被告知存包的规定，存包处要靠近售票处或入口处，存包处的建筑和服务窗口要有特点，易引起观众的注意，存包处的标志要醒目。考虑到现在许多观众随身箱包中带有手机、照相机和有价票券等，许多妇女随身携带小件化妆包，因此，如有条件，可允许观众携带随身小包入馆参观。

由于许多博物馆观众是旅游者，他们对参观博物馆的注意事项并不熟悉，参观时可能会在无意间违反博物馆的一些规定，对此，博物馆要切实注意对观众违规行为的处理方式。首先，我们要看到，观众违规行为，有些是博物馆明令禁止的，有些则是博物馆没有事先告知的，如不许坐在展厅地上，不许靠近按压某个展柜等。当观众事前并未得到告诫，而做出某些行为，并为此而受到博物馆工作人员制止，甚或遭到斥责时，其沮丧的心情是可想而知的。制止观众的违规行为，其积极方面是保护文物安全，保障其他观众正常参观，保持展览环境氛围；其消极影响则是观众情绪受到影响，其他观众也要“反省”自己的行为，这会分散观众对展览的注意力，甚至使观众对参观博物馆产生畏难情绪。

博物馆对防止和制止观众违规行为，首先应从预防入手，在观众开始参观之前，即以明确、委婉的方式明白告诉观众那些行为是不适宜的。另外，要采取措施，消除违规行为产生的客观条件，尽量减少观众违规行为的发生，例如，在重要展品周围设置防护栏杆，加大观众与展品之间的距离，及时更换破损的玻璃，加固展柜，在需要之处设置专门的警示牌等，使观众能够自觉自律。此外，提供必要的条件，使观众的某些需求、习惯得到满足，如设置可让观众触摸的展品，满足观众亲手触摸文物的要求；又如设置观众留言簿，让观众有机会抒发自己的想法，也可满足个别观众随手涂鸦的习惯。这些措施既可减少观众违规行为，又可缩小观众与博物馆的距离。最后，在制止个别观众非恶意的违规行为时，一定要注意方式方法，不要伤害观众的人格和自尊心，不要影响其他观众的参观，最好能及时接近该观众，及时指出其违规行为，纠正违规行为要使用礼貌用语。

博物馆观众服务的另一项重要内容是参观服务。观众在博物馆中的主要活动是参观展览，博物馆为此要做许多服务性工作。博物馆工作者要注意到观众在不同参观阶段的生理和心理需求和行为表现，完善相应的服务措施。鉴于观众多为自主性参观，博物馆很难引导每一个观众参观，为此，博物馆应注意做好参观的导向和导览服务。导向服务包括让观众了解博物馆展览分布和展览内容，了解观众服务设施的所在位置，知道怎样到达自己要去的地方，怎样参观展览等。博物馆内外要设置必要的导向指示牌。如有条件，应在博物馆入口处设置问询处，帮助观众确定参观方向，指点路径，解答疑难。导览服务主要是帮助观众按照展览主题的发展线索参观，介绍重点展品，阐释展览主题。导览服务方式丰富多样，博物馆可根据本馆条件和展览的特点，择优使用。

博物馆参观服务的主要内容是为观众创造良好的参观条件和参观环境。展览是参观的主要对象，一定要精益求精。布置一个精美的展览并不困难，真正的困难是使其长期保持良好的状态。展品只是组成展览的一个要素，观众参观展览时，不仅要看展品，也要看说明，看展板，看展柜设计、展厅环境和博物馆工作人员。所有这一切构成了观众对展览的总体印象，也影响他们对展品的看法。展品说明中的错字、展柜中的灰尘、展板上画的黑线条，这些展览制作中的败笔，常常成为观众注意的地方。一个展览是有“生命周期”的，尽管展览主题是永恒的，展品是永恒的，但构成展览的其他因素却不是长久不变的：展具的制作材料和设计式样会过时，照明灯具会老化，展厅装修会陈旧，展览说明牌和图示需要更新，这些都会影响观众的参观意趣，都会影响观众的参观体验。

参观服务还要注意为观众提供必要的休息设施，如在展厅中安排休息坐椅。在一些博物馆，常可发现其展厅中或无坐椅，或只是在展厅的过渡区放置一些坐椅。我认为，这些博物馆的工作人员可能只是将坐椅作为简单的休息用具了。其实不然，展厅中的坐椅可发挥更大的作用。例如，有些家庭群体的观众，其中一些家庭成员对陈列内容很感兴趣，认真观看展览，另一些家庭成员则因各种原因，对参观活动兴趣不大，他们常会站在一旁等候。如果在展厅中放置一些坐椅，这些兴趣不大的观众可坐下休息，其家庭成员看到他正在休息，也可安心观看展览。如果没有休息的地方，兴趣不大的观众就会催促其家人快些看，或离开其家人，找地方去等着，这样常会影响观看展览的观众的参观情绪。另外，观众在参观展览的过程中，要汲取大量的信息，如果能在参观中途休息一下，整理一下思绪，会加强参观的学习效果。在一些展厅中放置坐椅，观众坐在那里，除可放松一下劳顿的肢体，还可较长时间地观看、思考自己感兴趣的展品，“其乐也融融。”笔者愿在此呼吁，今后在展览设计工作中，应将供观众休息使用的坐椅作为展览要素通盘考虑。

博物馆观众参观服务还要考虑为观众提供一些参观纪念品。博物馆参观活动并不是当观众走出博物馆就终止了，参观活动的影响会延续很长时间。观众要对参观中获得的信息进行整理，使之成为有条理的，可用自己的语言表述的结论；观众要总结品味参观中获得的体验，评估博物馆之行的效益；观众要运用参观中学到的知识，要向亲朋好友介绍博物馆的情况。总之，博物馆参观可延续、延伸到观众离开博物馆之后，博物馆工作人员应该帮助观众获得最佳参观效益。提供参观纪念品是帮助观众总结、记忆、再现参观效果的手段之一。博物馆纪念品一定要有博物馆特色，要能帮助观众回想起博物馆、博物馆展览和特定藏品。我们常看到，一些博物馆纪念品只是与某一专业学科有关，如历史博物馆多提供反映历史学、考古学研究成果的书刊和文物复制品，纪念博物馆则多为著名人士的文集、作品集和评论文集。这些物品价格不菲，且不具本馆特色。博物馆参观纪念品还要考虑不同层次观众的需求，一般旅游者可能对有特色的小纪念品感兴趣，或自己留作纪念，或赠送亲朋好友。而对展览介绍的学术知识感兴趣的观众，则希望能发现一些深入介绍该学术领域研究成果的书刊，以备研究参考。

博物馆观众服务的另一主要内容是学习服务，即通过创造学习条件，组织学习活动，提供学习研究资料和设施等活动，帮助观众实现其学习愿望，接触、学习和掌握一些新知识、新技能和新观念，或是评估和确认一些已掌握的知识和观念。

过去，博物馆多采取灌输式的教育方法；近年来，因认识到博物馆观众自主学习的特点，又出现了放任自流的倾向。灌输式教育，忽视了观众的学习主动性和博物馆教育的特点；放任自流，又放弃了博物馆教育工作者的责任。博物馆观众是以自主学习为主，但他们又需要一些必要的指导。试想，博物馆展览都是由具有本专业丰富知识的专家学者组织的，可以说，博物馆展览都是专家级的。但博物馆观众通常只初具最基本的专业知识，甚或对某些领域的知识一窍不通，且他们只用几十分钟的时间参观，我们怎能希望他们在如此短的时间内理解和掌握专家们耗费数十年心血积累的知识呢。于是，“外行看热闹”，博物馆展览的教育效果将大打折扣。此外，观众在博物馆中从事学习活动时，他们需要熟悉博物馆这一特定的学习环境，需要在不长的时间内熟悉、理解和掌握特定的知识和技能，这些都需要博物馆工作人员在事先做好准备，根据观众的特点、知识结构和学习能力来组织不同的学习活动。博物馆教育工作者不仅要围绕着展览主题组织不同层次的学习活动，也要根据不同层次的学习者的要求，运用博物馆藏品组织丰富多彩的学习活动。博物馆丰富的收藏理应成为博物馆教育永无枯竭的资源。

博物馆观众服务涉及博物馆工作的方方面面，为做好博物馆观众服务工作，博物馆领导者要切实注意这项工作在博物馆发展中的地位和作用，认识“以服务求发展”的重要意义，在抓好硬件建设的同时，认真搞好软件建设。每一个博物馆工作人员也要深刻认识博物馆观众服务的重要意义，树立对观众负责的观念，真心诚意地为观众服务。博物馆应安排专人负责观众服务工作，应为这项工作提供必要的工作资源，制定具有约束力的规章制度，认真检查工作落实情况，听取各方面对观众服务工作的建议，将这项工作长期不懈地抓紧抓好。

做好博物馆观众服务工作，还应制定服务工作规范，对一些主要的博物馆服务要规定相应的服务内容、程序、方法等。要加强博物馆工作人员服务意识的养成，提倡文明服务用语，摒弃不文明用语。要掌握为观众服务的方法，要根据不同服务对象的服务要求采取适当的服务方式，掌握处理各种突发事件的措施，文明纠正观众的违规行为，有理、有节地应对无理取闹和寻衅滋扰行为。

博物馆观众服务是博物馆工作的重要内容，是当代博物馆生存和发展的重要条件，是加强博物馆与社会联系的重要纽带，是博物馆提高自身素质的重要措施。做好这项工作，需要博物馆领导者真正将其作为博物馆建设和发展的基础工作来抓，需要全体博物馆工作人员全身心的投入。博物馆观众满意的笑容是对我们辛勤工作的最高褒奖，博物馆事业的兴旺发展是对我们勤奋努力的最好回报。

免费开放：开启博物馆公共服务新时代

一、尊重民众权利，提升服务质量

2007年以来，在各级政府的指导下，全国各地博物馆陆续免费开放，这一状况受到社会各界的广泛关注，褒扬者有之，担忧者也有之。褒扬者赞其为惠民措施，让更多的民众可以享受到社会文化发展的成果；担忧者则注意到博物馆观众骤增，影响到参观环境，也可能危及展品安全。尽管议论纷纷，但博物馆要向广大民众敞开大门则是大家的共识。

我国博物馆一直关注为广大民众的服务，长期以来一直在积极努力，以让更多的弱势群体成员享受博物馆的公共服务。许多博物馆采取在特定时段和向特定人群实行免费或优惠票价、组织务工人员子女和贫困地区儿童参观博物馆、将博物馆展览和教育活动送到学校和社区等措施，为广大民众利用博物馆文化资源和公共服务提供了便利。此次500余所公共博物馆免费对公众开放，是这一大趋势进程中的里程碑事件。

此次免费开放的博物馆，尽管其数量只占到我国博物馆总数的20%左右，但其观众数量据估算却可占到观众总量的三分之一，注意到免费开放以后观众数量的显著增加，预计将可达到观众总量的50%左右，甚至更高。这提示我们，博物馆观众的数量、构成、需求和行为模式将发生显著的变化。从近期媒体的报道可以看道，博物馆观众中因经济条件以前不来博物馆的人和对博物馆抱有神秘感的人的数量明显增加，将博物馆视为休闲娱乐场所的人的数量也显著增加。观众构成的变化，导致参观需求和行为的变化。在博物馆门票这一门槛拆掉之后，很多人视博物馆为免费的休闲游乐场所，为可以随意往来的公共场所。于是，人们在博物馆中的行为更多表现为公园、广场、大众娱乐场所的行为模式，随意往来，任性而为。有人认为拥挤、不注意仪表、毁损展品等现象反映了某些观众的“文明素质缺失”，其实这更反映了人们对免费开放后博物馆组织性质认知的错位。

免费开放后，博物馆观众的构成、需求和行为模式的变化是客观事实，也是博物馆在短期内很难影响的环境条件，对此，博物馆无需怨天尤人，需要做的是接受事实，顺势而为，因势利导。如果我们无法改变环境，我们应该改变自己的行为。其实，博物馆观众构成的变化，不正是博物馆长期以来所追求的目标吗？博物馆不是见真龙而恐惧的“叶公”。

行为变化的前提是认识的改变，惠民措施落到实处的基础是亲民。亲民，就是要在思想感情上亲民，服务上便民，环境上利民。博物馆要在认识上放下博物馆精英文化的身架，回归博物馆公益性社会文化服务机构的角色；要转变博物馆是施惠者、观众是受惠者的认识，构建博物馆与观众平等交流的关系；要转变观众是来博物馆接受教育的认识，建立观众是为增强发展能力而来博物馆学习的认识。在感情上，博物馆不仅要对观众满怀欢迎之情，还要有更广阔的宽容和包容之心。免费后来博物馆的观众，许多人此前并没有参观过博物馆，对博物馆的参观环境和行为规范知之甚少，他们在博物馆中的行为可能会与博物馆环境有一定的错位。当博物馆尚没有告知他们应遵循的参观行为规范时，我们没有理由抱怨这些不协调的行为，同时也应该宽容对待那些虽不协调，但却没有伤害其他观众人身安全、没有伤害博物馆展品和设施的行为。

博物馆要根据观众构成和参观行为的变化，采取针对性的服务措施。博物馆免费开放前的服务措施和服务规范是根据当时观众的需求和行为特点制定的，那些观众的受教育程度和收入水平较高，对博物馆的性质、内容和活动较为熟悉，他们更多需要安静的参观环境和便利的自我服务。免费开放后，许多观众的参观需求是了解博物馆，了解博物馆在做些什么，寻求博物馆有什么价值，寻求体现博物馆价值的“镇馆之宝”。对此，博物馆要加强针对性的服务。这些服务重点解决观众的安全感和一般性生理需求，满足他们的参观需求，这些服务包括导向和引导服务、休憩服务和参观服务。导向服务有助于消除观众的紧张感，消除其不知做些什么的困惑心态，帮助观众尽快了解和熟悉博物馆的业务特点。导向服务主要措施包括在博物馆入口处和馆内交通节点处放置醒目、易读、直观的博物馆平面图，帮助观众了解博物馆的陈列及各项公共服务设施。在博物馆的“镇馆之宝”和饮水、厕所等公共服务设施处设置醒目的标示，帮助观众尽快地发现和定位。在交通节点和“瓶颈”处适当增派工作人员，及时疏导和指示方向；休憩服务主要是扩大休息场所面积，合理增加和安排休憩空间，根据情况在展厅中增加坐椅，增设饮水和饮食服务摊点，增加提供低值、便利的食品，增加存物设施及空间，设置残障人士服务设施；参观服务包括在免费开放初期，博物馆要加强导览服务，准备足够的博物馆简介，简介要系统介绍博物馆展览的内容和主要展品，以及其空间位置，帮助观众有计划地安排参观活动。如有条件，可对展览的文字说明进行调整，加大字体，安放在观众易识易读的位置，这有助于观众对展览和展品内容的了解，减少拥挤。还应加大人员导览力度，这既有助于观众参观，有助于观众在展厅内有序地流动，有助于观众对博物馆特点的了解，也可适时劝止个别观众的不协调行为。

博物馆的环境要利民，营造有利于大多数观众参观的条件，有助于减少观众的不协调行为。近年来，博物馆陈列较多采用开放、互动和参与的陈列手法，这有助于缩短观众与展品、展览内容的距离，有助于观众形成积极的参观体验。但在免费开放初期，许多观众可能会误读博物馆的陈列方式，认为这是鼓励观众去触摸展品，此外，许多观众会因新奇而触摸展品，因此造成展品的损毁，这是博物馆与观众都不愿意看到的。为此，博物馆应预先采取积极的防护措施，根据科学预测的观众流量，适当调整展览空间和展品摆放位置，或采取物理方法防止观众触摸到展品，或让观众触摸价值不高的实物标本，满足其好奇心，或采用环境设计办法，营造观众与展品心理距离近、物理距离远的情境，即看着近，离得远。让观众在自然、自主、自律的状态中参观展览，消除观众被管制、被监督的感受。

博物馆免费开放初期，常常会出现观众踊跃参观的“井喷”状况。对此，博物馆不能消极应对，而是要主动出击，把积极疏导观众的工作做到免费开放日的前面。我们注意到，很多初次参观博物馆的人都对博物馆充满神秘感、好奇感和新鲜感，他们或者想满足个人的好奇，或者想验证他人的推荐评介。为避免他们在免费开放之初蜂拥而至，博物馆要主动积极地进行宣传，通过广告、新闻、广播和电视访谈、媒体报道、志愿者宣传、简介等社会传播手段，让更多的人了解免费开放政策的长期性，了解博物馆展览的内容和特色，了解博物馆服务的主要内容，了解博物馆参观的行为规范，了解博物馆的组织性质和业务特点。减少神秘感，增加透明度，减少冲动性，增加计划性。对那些已经来到博物馆的观众，博物馆要积极疏导，如人数过多，可采取定时参观券、迂回排队，播放博物馆简介、参观注意事项和背景音乐等方法，减少观众等候的焦躁情绪；如观众人数超出最佳容量，可采取发放预约参观券、赠送博物馆简介等方法，疏导观众在其他时间来馆参观。如馆内观众很多，博物馆可通过公共广播系统，及时发布相关信息，引导观众有序流动。也可采取环境调控办法，如加强通风、适当降低展厅温度、在休息区播放柔和的背景音乐等，避免观众产生烦躁情绪。

二、坚持“分享”理念，提供多样化教育服务

据媒体报道，一些博物馆免费开放后，观众数量达到收费时的 5 到 10 倍，对这一喜人数字，博物馆工作者应保持清醒的头脑。从媒体报道中，我们注意到，免费开放后观众构成发生了显著变化，低收入人群和劳动者阶层明显增加，许多人来博物馆的目的是亲眼看看博物馆收藏的珍宝。这提醒我们，当这些民众的兴趣满足以后，他们还会再走进博物馆吗？当笼罩着博物馆的神秘之光消散之后，人们还会对博物馆感兴趣吗？从国内外一些博物馆免费开放的实践看，免费开放之初几个月的观众数量增加明显，之后会回落并趋于平稳，且观众构成将逐渐回复此前的状态。如果博物馆继续传统的工作路线，其观众群将会逐渐趋于稳定，对其他社会群体的吸引力逐渐弱化。对此，一些人担心，为吸引更多的观众，一些博物馆将增加陈列和社会活动的通俗性和娱乐性，淡化研究和教育的色彩；另一些人则担心观众需求变化会造成博物馆陈列与研究的分离，陈列和教育活动将失去科研的支持，逐渐流于表面化和形式化。

尽管免费开放后的社会环境和观众状况发生了变化，博物馆仍然要坚持自身的组织宗旨和特点，不能放弃博物馆的历史使命。观众数量增加是博物馆工作的结果，不应是博物馆组织的目标，博物馆的公益性质和社会职能不会因此而改变。免费开放为博物馆在更广阔范围内实施和完成社会教育职能提供了难得的契机，博物馆要抓住这一机遇，建立博物馆的新形象，构建博物馆与广泛的社会阶层的联系，扩大博物馆的社会影响，让更多的人

知道博物馆是重要的社会学习资源，有助于民众的自我发展和创造力的提升。

免费开放后，博物馆观众将呈现新的特点，低收入人群、劳动者和离退休人群的比重将会提高，家庭群体观众将明显增加，参观活动的“休闲”色彩更为浓厚，“冲动型消费”的观众增加，观众在博物馆中表现出更大的自主性，学习和文化休闲将成为观众的主要需求，且学习与休闲的结合更为紧密。观众在博物馆中的学习，将不会仅满足博物馆提供的现成知识和结论，而希望在论题和证据中自己完成推理的过程；将不会满足单纯的记忆，而希望享受发现、推理和验证的乐趣。“寓教于乐”，不是简单地将学习过程游戏化，而是让学习者感受到学习过程中“豁然开朗”的快乐。

面对免费开放后的新状况，博物馆教育要有新思路。要改变过去“知识普及”的工作观念，确立“分享”的理念。免费开放后，尽管收费门槛被拆掉了，如果博物馆活动中还存在“灌输教育”的门槛，很多人仍然会对博物馆敬而远之。只有分享，只有博物馆与观众之间形成平等、对话、尊重和民主的关系，人们才会乐意来博物馆。面对多元化的观众，博物馆要根据不同观众群体的特点和需求，提供多样性和针对性的教育活动，博物馆可以根据观众群体、教育活动种类和时间等条件组织丰富多样的教育活动。如对在校学生，学期期间可组织配合学校教学的现场实物教学，可组织专家学者与学生交流座谈，可组织“标本进课堂”的活动；在假期期间，则可组织学习兴趣小组、亲子课堂、户外考察等活动。注意到观众文化休闲的需求，博物馆在设计教育活动时，要注意活动的趣味性，内容生动曲折，教具新颖有趣，教学方式活泼，可听可看可参与。为鼓励观众自主学习，需要让他们意识到自己的学习主体身份，博物馆在教育活动中，要创造条件，让观众成为学习的主体。博物馆在设计教育活动时，要更多采用探索、实验、发现的方法，采用集体学习和研讨的方式，让学习者在学习活动中与学习条件互动，与其他学习者互动，与自己内在知识体系互动，在学习过程中感受自己能力的提升和信心的增强。博物馆教育工作者在这些活动中，不是简单的旁观者和监督者，也要积极参与学习进程，在与学习者的互动中提供辅导和指导。

当代公众的学习目的是强化个人发展能力，以适应快速变化的外部世界。博物馆要根据观众的学习需求设计教育活动的内容和方法，才能增加教育活动的吸引力。在知识学习方面，博物馆不仅要向学习者展示最新的学术研究成果，更要使观众了解这些知识对社会发展的积极作用；在发展能力方面，博物馆要通过教育活动，增强学习者的探索能力、交流能力和审美能力；在伦理道德方面，博物馆要通过环境营造、榜样引导和制度约束等手段，通过养成良好的博物馆参观习惯，提升观众的社会公德意识和自觉遵循适宜的社会行为规范。

免费开放后的博物馆教育将呈现专题性、多元性、系统性、开放性的特点。专题性是指教育活动要有与学习者生活有关的主题，有相对独立完整的内容，要综合多学科知识，有生动的故事情节；多元性是观众多元构成和多样化需求的反映，即便是同一主题的教育活动，也要根据不同学习者的特点，设计不同的学习活动。即便是同一学习者群体的学习活动，也要安排多样化的学习项目；系统性是要综合考虑博物馆设施和资源的教育功用，如陈列、多媒体设备、图书资料、纪念品、展演设施、专家学者、藏品、科学保护设施等，在同一主题下，根据各类设施和资源的特点，设计有特色的教育项目，使学习者在不同条件下接触同一的学习主题，这有助于深化他们对学习内容的理解；开放性是指博物馆教育活动的规模、形式和举办场所要更为灵活和开放，很多教育活动将在开放空间举行，采取开放性的形式，观众可以随时加入，也可以随时离开。这种开放性的教育活动不仅为观众提供了多样化的学习机会，也营造了博物馆的学习氛围，有助于观众确认博物馆是学习场所，在一定程度上纠正一些人将博物馆看作游艺场的认识偏差。由于博物馆教育活动的丰富多彩，教育活动的组织者要加强计划性，妥善安排活动日程，保障活动资源，提前向社会发布活动日程，以方便公众参与，并树立博物馆社会教育机构的公共形象。

三、加强公民教育是当代博物馆的重要任务

免费开放后，一些博物馆意识到这是与民分享的时刻，于是将馆藏珍品和最新研究成果悉数捧出，让民众感受博物馆的价值和成就；一些博物馆注意到这是新的发展机遇，可以理直气壮地开展多元化文化经营，在满足民众文化需求的同时，拓展博物馆的资金来源；也有一些博物馆则持观望心态，希冀挨过观众蜂拥而至的“井喷”后再作打算。这些想法尽管不同，但其共同之处是将免费开放视为博物馆的工作手段，视为博物馆发展过程中的挑战和机遇，对博物馆的影响是结构性的和局部的，博物馆仍将延续其固有的发展方向和既定任务。

事实上，免费开放将使博物馆重新思考和构建组织价值观，重新确定组织的社会责任和任务。免费开放后，博物馆观众的构成会出现结构性的变化，理论上讲，社会各个阶层和社群的人都会来参观博物馆，为此，博物馆需要重建与观众的沟通和交流平台，重构被更广泛观众群体认同的价值观。只有被广大民众认同，被广大民众认为可以对个人和社会发展带来切实的效益，博物馆才可以确保有越来越多的观众，发挥越来越重要的社会作用。在收费时期，我国博物馆将艺术欣赏和知识学习作为与观众交流的平台，将传播信息和知识作为博物馆的主要任务，将学习和知识作为博物馆价值体系的主要内容。这一价值定位使博物馆的陈列趋于学术化，展示手段趋于艺术化，而教育则趋于课堂化，这样的价值取向和工作方式适应了那些以“社会化需求”和“精神需求”为主要诉求的观众的需要，推动博物馆逐渐转向精英化和艺术化。

在免费时代，博物馆的价值观应该从注重物、知识和历史，转向人、发展能力和现实。免费开放使博物馆明确社会公共服务的本原，回归让民众分享人类智慧成果的基本职能，回归博物馆作为社会发展智力支持条件的社会定位。为此，博物馆要让每一个人都感到博物馆是有益的，是对个人发展有积极作用的。博物馆价值观的重构，最重要的就是对“人”的重视，对“人的发展”的重视，对公民和民众的重视。一些当代博物馆学者认为博物馆与观众的关系是建立在需求的基础上的，在博物馆去除了“收费”

门槛后，人们来博物馆的原因，将不是由于博物馆的吸引力，而是博物馆满足个人需求的可能性。当然，博物馆可以根据营销的理论，根据不同观众群体的特质设计不同的推广策略，但这些营销个案仍然要服从博物馆的基本价值观和社会定位。

为此，博物馆必须确定更具普适性的组织价值和组织任务，确定为更广泛民众认同的社会价值，让博物馆的各项活动与更广泛的民众建立直接的联系，使博物馆走进每个人的生活。那么，那些特点可以吸引所有人呢？根据社会需求理论，人的需求包括生存、安全、社会归属、尊敬和个人价值实现等多个层面，显而易见，博物馆无法提供诸如食物和安全保障等条件，博物馆的特长在于可以提供满足人们社会归属、尊敬和个人价值实现需求的条件。我们也注意到，人们的这些需求受到个人条件和社会条件的制约，不同的人在同样条件下也会有不同的需求。博物馆与公众关系中是否存在双方认同的共同需求呢，笔者认为，学习和教育应该是一项基本的需求，是一项与现实和发展有直接联系的需求。由此而来的下一个问题是，学什么和教什么能够满足更多人的需求，换句话说，学习和教育的目的是什么？让尽可能多的人自愿和自觉参与学习的基本需求是什么？过去，博物馆教育多以知识积累和学习能力提升为学习的主要内容和目的，这没有问题，但这种学习多侧重于在校学习阶段的人群，所提供的知识多是学校教学内容，这使过去的博物馆教育只适合于特定人群，缺乏普适性。

免费开放后的博物馆应在坚持组织基本职能的基础上，拓展博物馆教育的外延，使博物馆教育的内容能够涉及每一个民众的切身利益，同时兼顾民众个人发展需求和社会发展需求。笔者认为，我国博物馆应提出公民教育的任务，重新定位博物馆教育的目标和内容，使博物馆学习真正成为人人享有的权利。在博物馆免费开放以后，民众参观博物馆将更具个性色彩，更具满足个人需求的色彩，同时也更具社会化色彩。人们来博物馆参观，不仅是寻求知识，也是社会认同和社会位置的体现。博物馆承担着参与和推进社会发展的责任，它在为观众提供适应其个性化的学习条件和学习内容，也要适应社会发展的需要。当代博物馆教育是以社会发展对公民个人素质的要求为依据和蓝本的，博物馆要在具有自身特色教育活动中体现公民教育的主旨。为此，博物馆要注意营造与增强观众公民意识、公民素质和自我发展能力有关的情景、环境和条件，提供有助于观众提升其公民意识和素质的活动和内容。博物馆可以通过历史陈列，使观众增强民族和文化的认同感；通过传播科学和文化知识，提升观众的自主学习能力；通过组织参与性、互动性的活动，增强观众的社会交往能力，更准确地处理个人与他人、与集体的关系；通过组织博物馆之友和志愿者活动，以及观众咨询等活动，加强观众的社会责任感和社会奉献精神。当代博物馆的业务活动不仅是专业性工作，也应是社会性活动，是沟通公众与社会的渠道。

作为人类创造力和文化遗产的管理机构，博物馆具有普世性。作为社会和社会发展的服务机构，博物馆具有强烈的地域性和民族性。只有深深植根于民族的传统和文化中，紧密地与最广大民众的发展需求相结合，当代公共博物馆才能得到民众的认同和支持，才能实现其组织价值的最大化，这是我国博物馆免费开放的基本启示。

四、"他山之石"：英国国立博物馆免费开放的影响

2001 年底，英国国家部委资助的博物馆基本收藏向社会公众免费开放，在英国博物馆界掀起了不大不小的波澜，有关机构和人士对由此引发的现象进行了广泛的讨论和反思。其中一些经验也值得中国博物馆界关注和借鉴。

英国国家部委资助博物馆免费开放经历了多年的准备和逐步推进。1997 年，新的工党政府执政后就制定了将国家部委资助的博物馆的基本收藏免费开放的政策。英国政府认为，国家资助的博物馆收藏着具有重要科学、艺术、历史价值的藏品，这些收藏反映了英国的历史和当代人民的生活，反映着世界各种文明的特性。博物馆是开展社会教育、辅助终身学习和吸引旅游的重要机构，有利于提高公民素质，有利于社区团结、经济繁荣和社会平等，为此，不能因为一些人因付不起门票而被挡在博物馆门外。英国文化、媒体和体育部根据特定目标人群和财政状况，制定了逐步免费开放的计划，并向由其资助的博物馆提供专项补助。1999 年 4 月，该部资助的国立博物馆向儿童免费开放，此举使儿童观众增长了 32%；2000 年 4 月向 60 岁以上的民众免费开放，此举使 60 岁以上观众增加了 40%。该部为此向这些博物馆提供了 2602 万英镑补助。此后，该部与财政部协商制定了博物馆收入增值税返还办法，从而扫除了国立博物馆完全免费开放的财政障碍。2001 年 12 月，该部资助的国立博物馆的基本收藏向所有观众免费开放。

这些博物馆基本收藏免费开放的成效是显著的，特别是在免费开放后的半年中，那些曾经收费而现在免费开放的博物馆的观众数量显著增加，如国立自然博物馆的观众数量增长 70%，科学博物馆增长 89%，维多利亚和阿尔伯特博物馆增长 157%，曼彻斯特科学工业博物馆增长 102%。综合各馆统计，同比平均增长 62%。旅游界对博物馆免费开放也持热烈欢迎态度，认为此举可吸引公众对国立博物馆和文化古迹的兴趣，旅游机构也有更大的热情组织旅游活动。

但是，在观众显著增加的光环背后，也出现一些未曾预料的现象，归纳起来大致有如下三个方面：

其一，博物馆运营费用大幅增加，博物馆服务设施受到观众增加所带来的压力。观众大幅增加，博物馆需要增加临时的安全保卫人员和观众服务人员，国立自然博物馆在这方面的开支年增 50 万英镑；观众增多也是展厅损毁现象增加，清洁和馆舍维护的工作量也增加，英国皇家战争博物馆这方面的开支年增 10 万英镑，曼彻斯特科学工业博物馆则为此新增开支 8.5 万英镑。另外，如果政府补助只限于门票票款，如果超出的管理费用要博物馆自行负担，博物馆只能采取轮换关闭展厅、延缓新展览的推出或削减其他业务经费等措施，这将影响博物馆业务的正常开展。

其二，对其他博物馆造成冲击。观众为新免费开放博物馆所吸引，使得以前一直免费开放的国立博物馆，或与新免费开放博物馆同处一地的其他博物馆的观众明显减少，如大英博物馆在国立博物馆免费开放后的第一个月观众同比减少 10%，泰特英国美术

馆和国家美术馆 2002 年观众减少了 40 万。此外，由于宣传不充分，许多民众以为所有的国立博物馆以及博物馆中的所有展览和教育活动都免费了，以致产生一些误解和不满，影响了博物馆的社会形象。

其三，博物馆观众构成未见明显变化，观众参观行为则发生了微妙改变。2002 年，英国民间咨询机构对国立博物馆基本收藏免费开放进行社会调查，调查结果让人大跌眼镜：40% 的公众不知道免费开放，41% 的公众虽知道免费，但还没有去参观博物馆，只有 15% 的公众因免费而参观博物馆 1 到 2 次。另外还发现，虽然观众数量增加，但观众构成变化不大，观众主体仍是传统的博物馆观众群体，低阶层民众的比重仅增加 2 个百分点，从免费前的 14% 增加到 16%，尽管低阶层民众在全体国民中的比重为 51%。此外，观众参观行为发生了一些变化，观众在馆中停留的时间缩短，观众在博物馆中的人均花销明显减少，如国立自然博物馆人均花销减少 50%。

英国博物馆管理机构和博物馆界人士对国立博物馆基本收藏免费开放之后的种种现象进行了反思，在肯定这一措施是落实政府的社会发展政策和更充分实现博物馆社会职能的坚实步骤时，也明确认识到免费开放不是唯一的手段，要达到预期目标，还需要制定完善的配套办法，开展更为丰富的创新活动，保持并巩固免费开放的积极成效，积极正视和化解消极影响。

免费开放不能完全达到吸引更多的各阶层公众来博物馆的预想。免费开放后观众构成并没有发生明显变化，41% 的国民虽知道国立博物馆免费开放，但仍没有去参观博物馆。英国一家民间咨询机构在 2001 年曾就人们不参观博物馆的原因进行了调查，发现只有 10% 的人是由于门票太贵而不去博物馆，另有高达 53% 的人认为博物馆太枯燥，20% 的人因为交通不便、距离太远和身体原因，8% 的人因为博物馆开放时间不适宜，6% 的人因为孩子可能没兴趣，还有 6% 的人因为没时间。英国博物馆、图书馆和档案馆委员会也注意到影响人们参观博物馆的因素是复杂的，包括环境、感觉、智力、文化、态度、社会和经济等。人们不来博物馆的原因既有开放时间不适宜、员工态度生硬、门票价格等博物馆方面因素，也有民众个人的文化程度、性格、态度以及环境条件等因素。总之，经济因素，或门票价格并不是阻碍人们参观的主要因素。

免费开放的现实结果与预期目标存在距离。英国文化、媒体和体育部认为评价免费开放是否成功的条件包括观众（特别是首访观众）数量增加，非传统博物馆观众群体的观众数量增加，观众参观的消极体验减少，积极参观体验增加。但从实际情况看，观众构成基本没有变化，低阶层民众仅略有增加，博物馆参观拥挤现象增多，博物馆参观环境因设施损坏和清洁工作滞后而受到影响。

免费开放给政府和博物馆带来的财政压力不容忽视。政府要为国立博物馆基本收藏免费开放提供财政补助。英国文化、媒体和体育部在 2002 年为国立自然博物馆的门票补贴为 670 万英镑，约占当年该馆全部收入的 15%。尽管政府提供门票补助，但因免费开放带来的其他额外开支仍要博物馆自行消化，这势必影响博物馆财务安排和资源分配，从而可能影响博物馆“幕后工作”和基础性业务的正常开展。

此外，对免费开放对行业造成的潜在影响也要给予足够的重视。从免费开放半年后的观众构成状况看，可以认为博物馆观众仍基本是原有的观众群，只是参观次数增加，从而造成参观人次的增加。另外，从此期间一些博物馆观众数量互有涨跌的情况看，可以说博物馆市场的蛋糕并没有做大，只是在具体博物馆之间重新分配而已。当观众的新奇感消退以后，当博物馆的服务设施和基础设施因过度使用而呈现疲态时，博物馆能否对观众保持持久的吸引力，能否吸引新的观众群体，观众对博物馆的态度是否还是积极的，这些问题都影响到博物馆发展的未来走向。

面对上述挑战和潜在威胁，英国博物馆界提出针对性强和可操作的应对措施。首先，政府要保持政策的稳定性，要继续将博物馆开放作为促进社会发展和构建学习型社会的重要措施，稳步增加对博物馆的财政拨款，确保拨款的稳定性和实际价值的增长。对博物馆除门票以外的其他额外开支，在认真调研的基础上，政府应给予适当补贴，或适量增加财政拨款。其次，政府要加大有关博物馆免费开放的宣传，要给社会公众以明确的信号，即此次免费开放只涉及国立博物馆的基本收藏，不涉及其他隶属关系的博物馆，也不涉及免费开放博物馆组织的其他教育活动。政府应鼓励其他隶属关系博物馆扩大对公众的开放，但不要将免费开放硬性推广到所有的博物馆，特别是那些主要依靠门票收入的民办博物馆。其三，政府要对国立博物馆免费开放对博物馆行业及相关行业的近期及远期影响进行认真周密的评估，据此制定免费开放的目标和评价标准。政府要与博物馆行业组织合作，制定观众统计办法和观众服务规范。其四，博物馆要认真重视观众构成状况的变化，要将提升低阶层民众和非传统观众社会群体观众比重作为重点，吸引更多的首次观众，提高观众的再访率。其五，针对观众参观时间缩短，但再访率提高的情况，加快陈列的更新，推出更多主题多样的展览，提高陈列与观众的参与互动水平，加强服务设施建设和维护，增加服务项目，提高服务能力，保持高水平的服务。其六，为应对经费不足，博物馆要加强与资助机构的沟通，保障资助，同时提高管理水平，减少管理费用，积极开展自营创收，在传统餐饮、纪念品服务之外，开展咨询、资料使用、图片库等有偿信息服务。其七，加强观众研究，及时准确了解观众构成、行为、满意度、参观频度和参观时间等情况的变化。

英国国立博物馆基本收藏免费开放引发的现象和探究值得我们关注和思考。对我国一些免费开放的博物馆来说，从英国博物馆界经验获得的重要启迪是要认识到博物馆免费开放是一项社会系统工程，是构建可持续发展和谐发展社会的一个重要措施。也要认识到免费开放只是一种强力的激励手段，是提高社会关注和吸引公众注意的积极办法，但却不一定就能让那些非传统观众的人们进入博物馆。博物馆不能简单地打开大门，更重要的是在工作观念、体制、制度、人员、技术、项目和服务上有新的气象和新的举措，增加对观众的吸引力。还要走出博物馆，主动接触公众，转变公众对博物馆的态度，让人们真正认识到博物馆对提高自身生活质量的积极作用，逐渐养成参观博物馆的习惯。

政府在保证博物馆免费开放上发挥非常重要的作用。作为社会公共管理机构，作为公共产品的提供者和监管者，政府有责任推动公共服务机构关注社会发展需求，实现公共资源的最佳效益，提供高质量的公共品。负责博物馆管理的政府部门应明确博物馆在社会发展中的地位和作用，明确博物馆的具体责任和任务，营造博物馆充分发挥其社会效益所需的法律、政策、经济和舆论环境，保持政策的稳定性，保障博物馆的财政资源，切实建馆博物馆资源使用和社会服务成效。管理部门要有“大博物馆”的意识，我国博物馆现在呈现办馆主体多元化、资金来源多元化和隶属关系多元化，以及身处不同社会发展水平地区的博物馆呈现不同发展水平和管理体制的格局，在制定关系特定类别博物馆的政策时，要注意到左邻右舍，避免对其他类别博物馆的发展造成消极影响。

博物馆是“免费开放”的具体执行者和效果承受者。博物馆首先要认识“免费开放”的社会意义和对博物馆发展的重要作用，坚定稳步推进并争取积极成效的决心，同时也要认真应对其对博物馆管理和日常工作带来的影响，认真准备和稳妥处理可能发生的意外情况。博物馆要明确“免费开放”所要达到的目标，制定切实可行的工作规划，做好思想、人员、设施、标准的准备，稳步推进，注重实效。参考英国博物馆同行的经验，我们在扩大博物馆开放范围的工作中要重点加强两方面的工作，一是要保障工作资源，在争取政府拨款和社会赞助的同时加强博物馆自营创收和资源管理的能力，二要加强观众服务能力和提高服务水平。此外，博物馆要加强与观众的联系，通过多种渠道了解不同观众群体的需求，有针对性地组织有吸引力和激发学习行为的活动，让观众因博物馆免费开放激发的短期参观行为转化为持久的学习行为，让观众从对博物馆中的旷世奇珍的好奇转变为对博物馆社会职能的理解和支持。博物馆要通过加强服务来吸引新观众，影响偶然观众，稳定忠实观众，要根据各类观众的特点和需求，加强服务设施建设，如男士卫生间中的婴儿换尿布设施，使观众获得积极地参观体验。另外，博物馆要科学组织观众流量，在充分发挥博物馆设施效益的同时，为观众营造良好舒适的参观、学习和休闲环境，利用陈列、社教、媒体、宣传推广等手段，科学组织博物馆陈列和教育活动，使观众数量保持理想的状态，避免畸多畸少的现象。

博物馆工作者要抓住“免费开放”这一契机，重新思考对博物馆社会地位、性质、目的和体制，认真规划博物馆的任务、业务内容和博物馆管理。我们要以发展的眼光、系统的观念、创新的心态看待博物馆“免费开放”，推动博物馆现代化建设进程，使博物馆真正融入我国的社会发展洪流。

博物馆陈列

博物馆陈列的性质与价值取向

博物馆陈列如何吸引更多的观众，如何取得更大的综合效益，这是博物馆工作者一直在思考、探索、实践的课题，有关人士多从工作程序、规范、技术、技巧等方面寻求答案。近年来，一些博物馆工作者又开始从观众宣传、策划等方面入手，希冀开创新的工作局面。每一次思考，每一次尝试，不仅丰富了博物馆陈列的表现样态，也深化了人们对陈列的认识。但这些有关博物馆陈列的讨论，更多侧重于技术层面，将博物馆陈列作为孤立的工作成果和成品，认为陈列是由一成不变的要素和设计结合而成的。这一认识将陈列与博物馆研究工作紧紧捆绑在一起，成为研究成果的展示手段，成为通俗解读专家个人研究成果的手段。有鉴于此，笔者将换一个角度解读陈列，将陈列置于博物馆系统当中，置于博物馆与社会交流的关系中进行考察，探讨陈列的性质、特点、目的、意义，以及由此决定的陈列的价值取向。

博物馆陈列不仅是一个由展品、知识、空间、设计等因素构成的客观存在，它还是一个体现陈列组织者、设计者、制作者和利用者的信念、态度、价值取向、需求和追求的观念综合体。陈列是博物馆工作者根据社会需求和观众特点，利用藏品、信息、视觉形象、空间环境等因素，通过设计而制成的集合。陈列的举办、设计和制作是有目的的行为，在陈列的每一个阶段，都涉及创意、预案、评估、确定最适方案等决策活动，都涉及将各种决策付诸实现的具体操作。创意需要拓展思路，决策要审时度势，评估需要制定规则，实施要克服种种困难，这一切都需要信念的引导、支撑和推动。这一信念也将渗透在陈列的内容和形式之中。为此，有必要讨论陈列组织者、设计者和制作者的观念及追求对陈列和陈列效果的影响。

博物馆陈列是由博物馆组织的，在博物馆环境（或非博物馆环境）中以教育、学习、社会公益为目的的展示活动。其与商业性陈列和室内展示有明显的区别，商业陈列是以营利为目的的推介、销售商品的展示活动，室内陈设则多为满足或表现个人情趣品味的展示行为。此外在资金、成本—效益评价等经济方面也有不同。上述因素都会影响到陈列目的的确定、内容的编排和视觉诉求的方式。尽管在观念、概念和技术方面可互相借鉴，但在性质和价值取向上的差异是不容忽视的。

一、博物馆陈列定义

博物馆陈列（以下简称为陈列）是博物馆的一项重要业务活动和工作成果，博物馆工作者基于对其本质属性、特点和目的的认识，提出了关于博物馆陈列的定义。根据研究者对陈列的重点、方法、目的的认识的不同，他们提出的陈列定义大致可区分为如下五类：

其一，“藏品说”，认为藏品是陈列的基础，没有藏品，就没有陈列；没有镇馆之宝，就没有高质量的陈列。陈列内容的基础是知识体系、学术研究和逻辑关系。其主要概念是真品、真实、展示、“展品自己说话”。

其二，“产品说”，将陈列视为多要素构成的具有特定功能的综合体，认为陈列是博物馆业务的结果，是博物馆工作者创造的文化产品。当陈列布置完成后，即具有独立身份，可自主存在，自行实现其功能，博物馆观众的参观活动是对陈列的消费。其主要概念是工作成果、文化产品、文化消费、展品、辅助展品、空间、知识、教育、成本。

其三，“文本说”，认为陈列是博物馆工作者在对历史、艺术、文化等社会存在进行解读的基础上，运用展品、空间和设计构成的文本，表达他们对历史、现实和知识的理解，并通过陈列与观众进行交流。观众则对陈列进行解读，通过对陈列要素及陈列整体的选择、认知和理解，达成自己的理解和认识。博物馆工作者通过陈列表达自己，观众则通过陈列充实自己。陈列成为一种手段、一种条件和一种表达方式。这种认识注意到博物馆工作者和观众的意志、背景、知识结构、理解模式和阅读目的对陈列的影响，注意到陈列设计因素和阐释方式对展品的影响。注意到实现陈列目的的复杂性。其主要概念是陈列语言、话语、文本、关联（context）、意义、阐释、理解、误读、结构、解构、选择、片断、手段等。

其四，“交流说”，认为陈列的本质和目的是信息的传播和交流，展品和设计都是信息的载体。陈列设计者要注意信息的组织和“包装”，要关注信息的准确传递和接受。其主要概念是信息、信息量、信息打包、媒介、传输、失真、噪音、受众、传播、交流等。

其五，“目的说”，认为陈列是有目的的行为，陈列要关注最终的综合效益，即陈列的社会效益和经济效益，这通常由观众数量、体验、评价和社会反响等社会指标，以及参观成本等经济指标反映出来。“目的说”认为观众在陈列活动中发挥重要作用，观众的学习行为决定陈列的内容结构、信息层次和交流方式，观众的参观体验影响陈列的形式设计、参观动线、参与设施和服务水平。一个陈列是否成功，将由观众用脚来投票。其主要概念是效益、体验、观众、学习、社会交往、观众调查、认知、多智能、建构、态度、内容结构、信息层次等。

笔者认为，博物馆陈列是在博物馆环境中，通过展品、空间和设计，表达信息和情感，影响观众的态度和行为。博物馆陈列是业务活动、行为过程，也是行为的结果。但是，更应将陈列视为一种过程，从初始的创意，历经需求调研、学术研究、构思、主题、内容架构、展品选择、陈列视觉表达样式的设计、制作、开展、参观、导览，到最后的撤展和评估，这是一个不间断的过程，是博物馆工作人员与社会，与公众，与观众不断交流沟通、密切协作以达到陈列综合效益的过程。

二、博物馆陈列的性质

博物馆陈列性质是其属性、特点、目的、手段、样态的综合体现。陈列性质不仅受其客观因素的规定，也受到陈列组织者的目的、能力以及技术手段的影响。博物馆陈列性质是多成分和多表现形式的，而不是由单一因素决定且引申的。

陈列属性是陈列的构成成分、结构、表现形式等因素，它们是构成陈列的基本因素，是构建陈列的基本材料。其中表现客观实物、现象、存在形式的成分可称为自然属性，如展品、空间、照明、物理环境等，而体现人类知识和人类创造力的因素则可称为社会属性，如陈列的内容和设计等。博物馆陈列是装置，是结构，是具有规定发展方向、路径和目标的过程。其自然属性和社会属性有机结合在一起，共同构成陈列的呈现形态。具有自然属性的成分可以以直观、客观、价值中立和脱离其原生环境的样态存在，换句话说，它可以具有许多意义，也可以没有意义，其意义完全由与之发生接触且具有特定知识背景和需求的人来决定。社会属性因素的作用是将这些自然成分结构在一起，使其具有意义，或使其发挥特定的作用。社会属性因素多是陈列组织者的意愿和能力的体现，由于其意愿常常是社会需求的反映，其能力常常是社会发展、科学和技术发展的体现，因此是作为处于社会关系中的人的行为结果。

陈列目的是博物馆陈列活动参与者要实现的目的和要满足的需求。陈列活动参与者包括博物馆管理者、博物馆工作者、参观陈列的观众、利用陈列的社会团体及公众，以及相关获益群体，他们通过参与或影响陈列活动以增加福利、维护利益和实现特定追求。尽管参与者身份多样，追求不同，参与方式也有差别，但他们有一些共同的目的和共同的利益，这构成陈列的共性目的，即参与者共同要求实现的目的，包括陈列要展出视觉材料，要有意义，要传递真实的信息，要具有教育作用等。当然，陈列参与者也有一些各自的目的，这可称为陈列的个性目的。不同年龄、不同背景的观众就会有不同的个性化要求，如幼儿到博物馆见识花鸟鱼虫，启迪智力；中小学生将博物馆视为第二课堂，观看实物以加深对课堂所学知识的理解和记忆；大学生则将博物馆作为专业学习和学术研究的标本室。此外，诸如解决问题、净化心灵、获取社会生活资本等等都可成为观众参观的目的。博物馆管理者、工作者对博物馆工作认识的差异，也会导致多样的陈列目的，如基本陈列要凸显博物馆收藏和研究特点，临时展览要活跃博物馆工作气氛。又如博物馆陈列要让观众学习特定知识，要展现博物馆研究成果，要吸引公众与媒体的关注等。再如博物馆陈列的目的，或是影响观众的行为，或是唤醒观众的记忆，或是与观众互动交流等。

博物馆陈列有着鲜明的特点，这些特点是由陈列的内容、目的、条件、参与者等多种因素规定的。当我们将陈列置于历史发展和现实社会交织构成的背景中考察，可以注意到表现出如下一些主要特点：

（1）陈列的物应是真实确定的实物，是具有明确时空坐标的物，是与人类及其发展有关的物；

（2）强调展品的意义，关注展品携带和表达的文化信息。为此，注重将展品置于准确体现其功能和作用的环境中，置于特定学术领域的知识框架中，注意表现物品的关系；

（3）视觉学习，主要通过视觉辨识获取信息，并启动学习过程。在视知觉中不能仅仅关注视觉愉悦，更要关注知识性视觉信息与兴趣性视觉信息的共同作用；

（4）四维空间，即具有时间维的客观物质空间，时间维主要是指参观活动是运动，是过程，是有开始、发展和结束的过程，在这个过程中包括主题发展、知识结构、展品关系、观众参观、观众学习等多种活动；

（5）多样化，这反映在信息层面揭示、传播手段、参与者目的、观众构成和需求、参观和学习的环境多样化等方面；

（6）与观众结合，陈列组织者与观众共同努力实现陈列的目的，观众主动参与陈列，在实现个性目的的同时实现共性目的；

（7）沉浸式学习，陈列学习者的学习环境是身临其境，置身于陈列构建的学习环境中，通过看、听、触、嗅和观察、操作、参与、交流等学习手段，通过环境、实物、信息等学习对象进行学习，并实现多元智能、知识、技能、能力、素质的综合提高。

三、博物馆陈列的价值取向

陈列价值取向是陈列组织者、设计者和制作者对陈列的态度、构成、方法及作用等方面的价值判断和追求，是他们在陈列过程中面对各种选择需要作出取舍时的基本依据。价值取向和判断充斥于博物馆陈列的全过程。陈列的价值取向可分为两大范畴：一是陈列组织者在工作过程中对陈列目的、态度、方法的认识，一是陈列内容所反映的社会价值取向，或是相关获益群体的价值取向。在本文中，我们仅讨论前一范畴的价值取向。

陈列组织者、设计者和制作者的价值取向反映在陈列选题、要素关系、内容选取、陈列方法和目的作用的认识、取舍、排序、表达和评判中。陈列要有许多人参与，要解决内容表述、展品选择、设计风格、应用技术等诸多技术问题，要确定陈列的社会效果及相应保障措施，在确定应用方案和解决相关问题时都会涉及价值判断，这些具体事物的价值判断最后体现为陈列的价值取向。由于组织者、设计者与制作者的责任和目的不同，其各自的价值判断对陈列价值取向的影响也不尽相同。陈列组织者在陈列的目的和作用方面的影响会大一些，陈列设计者对展品取舍、内容表达、陈列风格和表现形式等方面影响较大，陈列制作者则通常会努力满足组织者、设计者的要求，但其自身的价值取向，特别是工作态度会对陈列的完成质量有较大影响。

在构成陈列的实物或可感知的成分方面，陈列价值取向反映在对这些成分的认定、取舍、排序和相关程度、评价等方面。注重文物的人会将文物放在首位，陈列说明、展具、照明等都要为文物服务，就如众星拱月一样；强调信息的人会将知识结构、信息表达媒介作为重要因素，展品则可能会被视为信息载体，作为表达、验证、传播信息的工具；强调教育的人则可能会将观众作为重点，陈列的一切都要基于观众的学习行为和需求。

在陈列设计方面，陈列组织者和设计者的价值取向表达得更为鲜明。在陈列内容上，所依据的基础理论、知识体系、内容裁剪、表述顺序、内容结构、重点展品都受到特定价值取向的规定。在处理内容设计中遇到的若干关系，如“物、人、事”何者为重、历史真实与艺术加工的权衡、采用“表述、解释、思辨”中的那种表述方式等，都要面临何者适宜、何者优先的抉择。客观地讲，陈列内容设计中有一些相关度很高的因素，如物—人、艺术—科学、提高—普及、公益—功利等，这些相关因素不是“非此即彼”的对立，但却存在“此消彼长”的制约关系。博物馆工作者已做了大量尝试，试图找到“折中平衡”的处理办法，但结果却总是不尽如人意。这似乎也提示我们这些因素对博物馆陈列的重要作用，它们是构成陈列特点的重要因素。这些相关因素的折中只能造成浑浑噩噩，守住一端才能形成个性。国内一些历史博物馆在组织陈列时曾提出要“科学、艺术、普及”并举，其结果是内容保持专业精深水准，形式上注重营造艺术氛围，普及则体现为电脑终端的游戏节目，最终“三败俱伤”，观众在参观陈列时失去定位，失去目标，在历史博物馆中却看不到“历史”。

陈列价值取向还体现在陈列组织者的工作观念、态度、体制和方法上。陈列是否要体现社会认同的价值取向，是否要表达特定群体的价值观念，是否要客观反映民众对特定问题的不同价值判断，是否要客观反映陈列对象的价值取向，或是将陈列组织者、设计者的价值取向附加在陈列内容上。这些问题都需要陈列组织者、设计者有明确的认识，并确定明确清晰的工作观念。在陈列工作组织上也会遇到价值取向的选择，集体协商与个人意志、开放与封闭、团队与个人、合作与独擅，这些不仅是工作体制的选择，更是参与工作的人员能否紧密协作、集思广益、心情舒畅、人尽其力、共同进步的思想基础。

陈列目的是陈列组织者、设计者希望陈列所发挥的作用，以陈列为手段实现的任务和目标。尽管陈列与众多参与者和相关获益群体有着千丝万缕的关系，是这些群体的利益、需求、愿望的集中体现，但是，囿于自身的认识水平和追求，陈列组织者、设计者常常会有意无意地向某些获益群体的利益倾斜，或者以自己的价值取向作为主导，这使陈列目的常常表现出不同的价值倾向。例如，一些陈列为凸显博物馆的学术水准而强调知识体系的完整表达，一些陈列为吸引不同背景的观众而强调通俗和趣味性，一些陈列为提高本土文化的影响而突出本土文化的特点和对其他文化的影响，一些陈列则倡导不同文化的交流。此外，陈列组织者和设计者对教育—学习、提高—普及、精英—大众、贵族—草根、优越—平等、排斥—包容等对应关系的选择，也会影响到陈列目的的价值取向。

结合上面的讨论，笔者认为，我国博物馆陈列中反映出三种主要的价值取向：

其一，“突出文物价值”的取向，该取向将文物视为陈列的基本和主导性因素，其他陈列元素皆因文物而生，或基于文物而发挥作用。在陈列设计中强调文物的珍稀性和价值，陈列内容多呈现片断性和事件性，形式设计则突出文物本体，在表现文物自身特点的同时，也将陈列设计者的价值判断和价值取向投射到文物之上。陈列的目的多为满足观看者的拜物、猎奇、识宝和鉴赏的需求。此类陈列常给人以贵族和上流社会的感觉。其优点是提升了文物的社会认同度，使更多的人认识到文物的价值，进而产生保护和尊崇的心态。但其缺点同样显而易见，“只见树木，不见森林”，观者将文物视为历史遗珍和古代艺术品，其现实社会意义和作用则大打折扣。

其二，“突出知识价值”的取向，认为系统科学的知识是陈列的核心，传播和教育是陈列的基本功能。展品是知识的实物证据，起到说明、验证和辅助的作用，展品说明则成为陈列的核心，它反映了知识的结构，是对知识的系统表述。在陈列设计上注重知识的系统展现和对观众参观行为的控制，内容设计注重知识体系的完整和知识点的逻辑安排，形式设计关注对观众学习兴趣的激发、学习过程的持续和知识的记忆，通过空间形态和环境氛围使观众遵循特定的参观模式和产生特定的学习行为。陈列风格呈现出结构化、逻辑性强、突出教育功能的特点。陈列给观众的感觉是学术性知识性强，为专家学者准备，一般观众看不懂。这类陈列常造成设计者初衷与观众体验背道而驰的现象，专家叫好但观众不买账。其优缺点皆源自其突出知识价值的取向，尽管提供了专业水平的知识，但忽略了专家与民众的差距，忽略了研究与普及的方法的区别。

其三，“关注观众需求”的取向，认为观众的个人参观体验是非常重要的，陈列虽好，更要观众喜欢。为此，陈列的选题、设计、布置、服务、宣传等工作都要考虑观众的素质、特点和需求。观众需要什么展览，博物馆就办什么展览。这一取向认为观众是个性化的，每一位观众都有其个性化的参观需求，且这些需求影响和制约观众的参观体验。于是，陈列设计要以服务为基调，帮助观众产生学习需求，内容设计注重趣味性，激发观众的探索欲望，注重发掘陈列内容所涉及的任务的经历和情感，构建观众与先民在历史、生活和情感上的联系；形式设计注重人性化考虑，帮助观众树立主体和平等意识，丰富观众与陈列的交流方式。陈列呈现较鲜明的趣味、参与和互动的特色。陈列目的多强调促成观众积极的参观体验，增强观众自身素质、认识和能力，加强观众对博物馆的认同感和亲和力。这种取向视观众为主动的个体，有利于博物馆加强与社区的联系，切实实现博物馆的教育功能，有助于博物馆改变“精神贵族”形象，丰富和改善了陈列的内容模式和展陈形式。但是，这一取向的不足也不容忽视，其潜在问题是在某种程度上使观众成为博物馆工作的定位和驱动，这可能会使一些博物馆只关注台前表演，从而削弱了收藏、研究等幕后的基础性业务。另外，强调观众的个体需求，也会影响博物馆承担的社会责任，即社会的共性需求。此外，不适当地关注观众的趣味性要求和消费性需求，也可能使博物馆失于通俗，甚或流于媚俗。

通过以上讨论，可以注意到陈列并不是简单的“知识 + 艺术”的产物，它是多种关系、利益、观念、因素构成的复杂体。其中既有延续性的常量因素，如展品、空间、色彩、照明等，也有不断演变发展的变量因素，如观念、价值取向、技术、观众等。影响陈列效果的主要因素是变量因素，变量因素也是决定陈列是否具有现代感，是否与时代发展同步的主要因素。通过对陈列的性质与价值取向的讨论，笔者希望不仅对陈列的认识更为深入，更重要的是要让博物馆陈列真正从书斋中走出来，在博物馆陈列中体现现实社会发展对博物馆工作的时代要求，使博物馆在构建学习型社会和保障社会可持续发展上发挥更积极的作用。

博物馆教育性展览的特点及相关问题

近年来，“终身教育”观念日渐深入人心，广大民众对知识更新和提高自身素质的要求日渐强烈，博物馆在社会教育中的地位和作用日渐突出。当代博物馆认识到这一社会需求的变化，着手组织社会教育色彩更为鲜明的展览，形成了博物馆中独具特色的一道风景：博物馆教育性展览。怎样认识博物馆教育性展览的特点？怎样发挥博物馆教育性展览的作用？怎样满足观众的学习要求和获得积极的教育效果？笔者试图从观众学习的角度，从获取积极的博物馆教育效果出发来讨论这些问题。

一、宣示性、欣赏性和教育性的展览

依据展览目的、主题展现方式、观众参观行为等条件，博物馆展览大致可区分为宣示性展览、欣赏性展览和教育性展览等主要类型。

宣示性展览主要从博物馆研究人员和博物馆是“社会良导师”的角度出发，或展示博物馆研究学术成就，或系统展示特定学术领域、历史过程的实物资料，或展示精美的博物馆藏品，或全面阐释某项社会政策。宣示性展览面向社会各个层面和各个社会群体，将博物馆观众视为普遍的、共同的群体。其主要目的是根据博物馆工作需求和工作构想，全面系统地向外界传播信息，并保证这些信息的准确。此类展览如同公共信息发布站，全方位地向社会发送信息，凡有接收能力、愿意接收这些信息的社会公众都可自由地接收这些信息，并根据自我需求对这些信息进行再加工，得到自我认同的结论。宣示性展览发挥了信息发送的作用，但因单向传播，很难控制信息与受众的结合，很难控制信息传送的结果，且因缺乏信息受众的反馈，无法根据反馈调整信息内容和传播方式。宣示性展览的陈列方式多注重信息的完整、系统、准确和清晰，展览主题的发展多为平铺直叙，力求根据特定学术（或知识）体系来安排展览结构。这些特点在历史（包括科技史、自然史）展览中表现得较为明显。

欣赏性展览多为艺术品展览，或为从审美角度展示人工制品的展览，此类展览多注重表现展品的艺术特点，表现艺术家（或制作者）的艺术创作才能，表现人类审美观念的发展和艺术创造力的演进，激发观众的审美力和对人类艺术创造力的理解。欣赏性展览力图以最和谐的方式表现艺术品，展示艺术品的艺术特点，为观众创造艺术欣赏的氛围，鼓励观众与艺术品直接交流，帮助观众用艺术语汇探求、发现、理解艺术品的外在和内蕴美，认识和理解艺术家的创造才能。欣赏性展览在陈列形式上注重艺术氛围的创造，注重欣赏环境的创造，运用空间、色彩、照明、画框、支座等环境手段烘托和突出艺术品，鼓励观众与艺术品进行面对面的、内心情感的直接交流。其展览主题常不是深刻的理念和知识体系，而只是表现艺术美或创造美；展览结构多为松散的散点式；观众参观体验的获得常是由一件或几件展品激发的。此类展览鼓励观众通过自己的审美体验，获取不同的欣赏效果。

教育性展览以影响观众的行为和观念为主要目的，根据特定观众的条件和需求，运用多种手段，使观众了解、理解博物馆传播的知识和观念，达到增强观众学习能力、改变行为方式、加强或更新观念的目的。此类展览强调特定信息与特定观众的结合，注重观众参观后的学习效果，注重教育目的的实现。依据教育目的和对象确定信息内容、信息量、信息组织形式、传递手段和交流环境的规定。博物馆教育性展览不仅发送信息，更注意信息受众的反馈，及时调整信息传递方式和教学方式，并切实评估观众的学习效果，增强和提高教育效果。

博物馆教育性展览的发展可追溯到 19 世纪中后期，其时，欧洲博物馆开始组织辅助学校教学的展览，组织帮助工人学习知识和技能的展览，那时的教育性展览主要以学校课程为基础，参照学校教学要求组织展品和展览。进入 20 世纪，一些博物馆人士意识到博物馆教育、博物馆学习的特点，开始依据博物馆藏品和博物馆科研成果组织专题性的教育陈列，如美国史密森学会副秘书长古德提出，博物馆是有教育意义的标签的集合，每一张标签配合一件精心选择的展品。时人称之为“挂在墙上的教科书”。20 世纪中后期，特别是 70 年代以后，博物馆界重新审视博物馆与社会、博物馆与观众的关系，接受“终身教育”的观念，借鉴教育界根据学习者条件组织教学活动的经验，开始进行博物馆教育性展览的创新。简而言之，博物馆教育性展览经历了从依据学校教学体系，到系统展示博物馆科研成果及知识体系，再到根据观众（博物馆学习者）的条件和需求组织教育性展览的发展历程。由于工作观念、工作基点、以及现代信息传播手段的不同，当代博物馆教育性展览逐渐形成了全新的特点。

二、博物馆教育性展览的特点

与宣示性展览、欣赏性展览不同，博物馆教育性展览具有向特定教育对象传播特定信息、主题导向和注重实现特定教育目的的特点。

博物馆教育性展览通过以博物馆展品和展览为基础的博物馆教育活动影响观众的行为和观念，现代教育学认为，受教育者的心理、生理发展条件制约着其接受知识、理解知识的能力，且受教育者的社会经济地位、人文环境、文化传统也影响着他们对所学知识的取舍，影响着对所接触的观念伦理的选择，因此，教育者无法以同一的教学内容、方法对所有人实施教育。有鉴于此，博物馆教育性展览必须考虑特定的教育目标人群，根据该人群的社会、经济、文化、知识结构、心理生理等条件，有的放矢地组织特定教育活动，用该人群能理解、可接受的语言和方式阐释特定的知识、技能和观念，使受教育者能够接受这些知识，并将这些知识、观念纳入自身知识体系和观念体系，在日后的社会实践中运用这些知识，用所接受的观念指导自己的行为。

博物馆观众调查的结果也告诉我们，人们参观博物馆时，都会根据自己的价值标准、知识结构和社会身份去判断博物馆所提供的信息。例如，一些英国亚非裔居民认为博物馆中的亚非文物和艺术品都是被劫掠、被偷盗到英国去的；一些中国人评价美国博物馆保存大量近现代物品的现象时，认为这是由于该国只有200余年的历史。这些事例从一个侧面告诉我们，尽管博物馆教育工作者有着“有教无类”的良好意愿，但如果不考虑受教育者的具体条件和特殊要求，将很难得到预期的积极效果。

所谓“特定教育对象”是根据博物馆教育目的，根据社会需求，博物馆希望使之接受特定知识、观念和使之行为发生变化的特定人群，这一人群在心理、生理、种族、文化、社会经济条件、知识结构、观念形态、宗教信仰、社会需求等方面有较明显的相似性和趋同性，如特定年龄段、特定民族、特定职业群体、特定社会群体等。其实，社会教育和社会宣传界人士早已注意到这一问题，并对不同的社会群体采取不同的影响措施和途径，如一些刊物的特定读者群体，一些电视节目的特定受众，一些宣传活动的特定对象等。博物馆工作者认识到，在当今充满选择和允许自由选择的社会环境中，任何依托环境、他人而存在的机构，都要凸现自己的特色，这成为被社会选择的先决条件。失去特色，意味着失去被选择的可能，也就意味着被淘汰。根据这一认识，博物馆教育性展览也应有特色，亦即为特定社会群体提供特定的服务。此外，确定特定教育对象也是教育性展览获得良好教育效果的基本保障。

“主题导向”是博物馆教育性展览的另一重要特点。“主题导向”是指任何展品的选择、陈设、装饰和组合都要服务于展览主题的体现和发展；展览的内容设计和形式设计都要为凸现展览主题，帮助观众把握、理解、记忆展览主题而服务。教育性展览的展品和展览形式、手段都将成为观众认识展览主题的工具、过渡和桥梁，引导观众把握和理解主题，强化对主题的理解和记忆，触发对展览主题的回忆。展览主题通常是展品和展览所要表现的最基本的观念和概念，涵盖了展览的全部内容，反映着展品之间最普遍的联系。展览主题是展览的“核心”，是统帅众多展品和信息的“纲”。所有展品和整个展览都是在说明、支持、证实、联想和预示展览主题的发展和展开。“主题导向”这一特点是由教育性展览的目的和观众的学习特点决定的。教育性展览的目的之一是使观众将他们在展览中感受到、接受到的实物信息、具像信息、外在信息进行加工，形成概念，并整合到自身知识结构中去。展览主题作为概念性的信息，有助于观众较快地完成将零散信息整合为概念的过程，有助于观众理解展览中陈列的物品和信息，也有助于观众摆脱不确定感，集中精力于搜集、整理和记忆与展览主题有关的信息。此外，所有展品都围绕着展览主题而展开，也有助于减少展品信息的不确定性以及由此而对观众的误导。我们知道，任何一件展品都蕴涵着多层面、多侧面的众多信息，如果没有明确的引导，观众在观看展品时，会根据自己的知识结构、兴趣和预期来解释展品，这些解释有时会游离于展览主题之外，干扰观众对展览主题的认识和理解。陈列于宣示性展览和欣赏性展览中的展品，其信息是全方位开放的，各个观众在观看特定展品时，甚至一位观众在多次观看同一件展品时都可能发现不同的信息，并由此获得不同的认识。相反，陈列于教育性展览的展品，其所传达的信息是经过选择的，是受到限制的，即是否有助于展览主题的表现，是否有助于观众准确理解展览主题。

博物馆教育性展览之所以强调“主题导向”，其目的是要达到展览的教育目的，要使展览的特定教育目标人群获得基本一致的，或说在同一基础、同一范畴内的学习效果。这成为教育性展览的第三个特点。宣示性和欣赏性展览的信息是开放性的，其效果也是开放性。教育性展览的信息则是受控的，其效果是预期的。博物馆教育性展览通过控制展出信息，精心安排展览主题的展开和发展，精心选择教育手段和措施，精心设计特定教育、学习的环境，使观众在规定的学习环境中，依照规定的学习步骤，学习特定的学习内容，从而达到博物馆预期的学习效果，达到教育性展览的预期教育效果。博物馆教育不是一个任受教育者自由发展的自然过程，而是一个追求实现特定目的的受控过程。博物馆教育工作者以积极的工作，吸引受教育者自愿参加博物馆教育活动，为其提供学习材料，激发其学习行为，达到增加或更新知识，提高能力，改变观念，改变行为的基本教育目标。当然，博物馆教育性展览还应根据展览目的、展览内容和受教对象确定具体的教育目标。确定教育目标，有利于博物馆工作者组织展览的设计教育活动，有利于观众获得明确积极的学习效果，也可有效地评估教育性展览的教育成效。

三、博物馆教育性展览工作要点

博物馆教育性展览设计陈列的工作程序、方法和要求与博物馆其他类型展览基本相同。但是，注意到博物馆教育性展览的特点，组织此类展览时应考虑下述工作要点：

（1）明确目标观众群及其相关的社会群体；

（2）确定展览主题的表现层面及主题的展开过程；

（3）确定展览的知识体系和知识点；

（4）突出展览的教育色彩和教学内容；

（5）强化展览的滞留力；

（6）激发和强化目标观众的学习行为；

（7）综合运用多种教学手段；

（8）教育效果评估；

（9）教育工作者应自始至终参与展览的构想、组织和评估等工作。

博物馆教育性展览应有明确的施教对象，有针对性地进行展览设计和选择辅教手段，保证获得良好的教育效果。前文所说的教育特定对象以及博物馆试图接触、教育和改变的特定人群即构成特定目标观众群。确定教育性展览目标观众群的基本条件是受教育者应具有基本一致的学习行为和学习需求，在此前提下，适度放宽目标观众群的其他标准，如年龄、民族、社会经济条件等，使展览有较大的宽容度和兼容度，从而保证足够数量的观众。此外，还应考虑到组织目标观众群来馆参观的问题，根据目标观众群的居住、社交方式、获取信息方式、社会组织等条件，选择适宜的途径和方式使更多的目标观众知道展览并来馆参观。

确定基本目标观众群时，还应考虑与目标观众群有关联的观众群体。如少年观众常有成年人陪伴，尽管成年人自制力较强，且多关注儿童的教育，但如果展览的知识水准太浅显，又缺乏儿童与家长共同参与的活动，成人观众将无所事事，其无聊的心态将会影响孩子的参观情绪。因此，忽略相关观众群体的兴趣和需求，将会影响目标观众的参观时间和学习行为。为此，可设计一些让目标观众与同行者共同参与的活动，让他们在参观中交谈讨论、解惑释疑、共同操作，使相关观众群认识到教育性展览的意义和作用，主动参与到对目标观众群的教育活动中，从而减轻其旁观感。

博物馆教育性展览要确定展览主题的表现层面和主题的展开过程。教育性展览的主题是展品所表达、表现的知识、技能、方法、情感和观念，通常以语言或概念的形式表现出来。教育性展览主题具有多种存在形态和表现层面，如知识层面是现代科技手段所证实、证明的客观事物的关系及规律性的系统化的信息，技能层面则是工具操作和手工制作能力。由于各个教育性展览的展示内容、目标观众群和展览目的的不同，对展览主题的揭示和表现也会不同。有些教育性展览可能侧重于主题的特定层面，有些展览则可能全面表现特定主题的各个层面。对不同主题层面的学习，或说对展览主题不同层面的理解，会有不同的学习内容、方法和要求。例如，知识层面的学习要求观众了解相关的实物、概念、知识原理和知识结构等，主要通过语言、概念或通过由具象归纳出的关系和规律的方法进行学习；技能层面则要了解工具的运用、经验的获得和积累、操作技能的熟练等，主要通过操作工具和不断演练某项操作而学习。我们还要注意到展览主题有一个展开的过程，这是由于展览是在空间中展开的，观众也是在展览的空间中循序运动的，且观众对展览主题有一个发现、理解、确认、记忆和指导参观活动的过程。展览主题的展开、发展过程是相关知识的学术、逻辑发展以及观众认知能力的发展过程。因此，在设计和布置教育性展览时，要根据观众学习心理安排和表现展览主题。注意到观众参观一个展览的时间是有限的，如果在参观开始时不得要领，将极大影响其参观情绪和参观效果，有鉴于此，应让观众在参观伊始即对展览主题有明确扼要的了解，并在对主题先入为主的认识引导下，在参观过程中搜集和了解相关信息，逐渐强化对展览主题的理解和认同。

博物馆教育性展览要确定展览的知识体系和知识点。根据展览主题、主题表现层面和目标观众的学习特点，系统、科学和准确地表现特定知识，帮助观众完整准确地学习掌握这些知识。展览中的知识包括预备性知识、基础性（事实性）知识、概念性知识、知识结构、知识应用、探索和发展等内容；还可根据学习要求区分为基础知识、由基础知识推导归纳为概念理论的方法和过程、以及完整的知识体系。教育性展览组织者应根据目标观众的知识水平、认知能力、学习能力和学习方式，将上述知识内容再细分为知识点，由此确定观众自身知识结构与教育性展览知识体系的契合点和结合点。知识点的确定通常可从知识体系开始，逐层分解，逐段分解，并根据学习者知识水平和接受能力予以确定。知识点的难易程度应考虑到展览的不同阶段，展览开始时可简单通俗，随着观众知识的积累，逐渐加大难度。知识点确定后，展览组织者应选择能表现、支持和强化这些知识点的展品，选择帮助观众掌握这些知识点的手段，同时还要考虑将这些知识点联系、结合并导向深层次抽象关系的展览手段。

突出教育性展览的教学色彩和教学重点，这是帮助观众学习的主要措施，也是教育性展览组织者需要认真考虑的问题。教育性展览要旗帜鲜明地凸显教育色彩，要让观众看到展览就产生“要从中学到些什么”的要求，让观众产生学习的愿望，这是教育性展览成功的基础。从前文对博物馆宣示性、欣赏性和教育性展览的讨论中，可以看到这几类展览的展览目的和信息传播模式是有区别的，由此可形成不同的观众参观模式，并使观众获得不同的参观体验。博物馆教育性展览希望观众采取学习的模式，在参观过程中探索、尝试、理解和记忆展览主题，学习博物馆希望他们掌握的知识、技能和社会观念。博物馆教育性展览是博物馆工作者与观众在同一的追求下，在规定的情境中实现特定的学习目的。当观众认同教育性展览的教学任务后，他就能够自愿地学习，不会因额外的学习任务而不满、厌烦。突出教育性展览的教学内容，有助于观众迅速抓住知识重点，抓住知识体系的主干，有助于观众排除干扰，在众多展品中确定展览主题和学习目标，有助于观众理解展品、展览和记忆重点知识。博物馆教育性展览的诸多条件使博物馆观众的学习只能是“证明”式的，先接触学习目标，再在参观过程中补充知识细节和推演过程，逐步丰富、充实和强化学习目标。

博物馆教育性展览要切实注意强化展览的滞留力，要延长观众的参观时间，让观众在参观时有东西可看，有事情可做，有问题可想，有线索可帮助释疑，尽可能多地注意展览的重点展品和重点知识，循序渐进地接触教学材料和设施。延长展线，将展线设计为迂回曲折的单向通道，这虽可延长参观时间，但并不能保证观众停下脚步认真观看展览。强化展览滞留力是一项系统工程，要根据观众的行为特点和学习特点，采用多种措施，让观众自觉地或不感到强制地尽可能认真地参观展览。概括言之，加强展览滞留力的方法大致包括展览内容新颖有趣，涉及观众迫切需要了解或与观众切身利益有关的问题，从而激发观众的参观兴趣，兴趣是强化注意和进行学习的前提；展览形式要注意宏观上的和谐美观，又要注意细部的精雕细刻，使观众即可感受到宏观的视觉冲击，又可在近处仔细观看展品的细节和阅读展览说明；展览环境要成为再现和强化展览主题的辅助手段，成为表现展览主题发展阶段的空间手段，成为缓和观众视觉疲劳和博物馆疲劳的重要手段。空间形态、材料质感、色彩、照明、地板、气味、声响等都是不容忽视的环境因素；博物馆教育性展览要创造良好的学习氛围，提供必要的参与设施，鼓励观众动手操作，允许观众交谈讨论，允许儿童说笑跑跳，这种氛围有助于消除对观众行为的束缚，减轻观众的心理压力，活跃观众的思维。此外，我们还要看到，许多人害怕在陌生人面前出错，这妨碍了他们在公共场合大胆地发表自己的想法，也不愿在大庭广众之中从事一些自己生疏的事情。针对这种情况，教育性展览要创造鼓励观众大胆尝试，不怕出错的学习氛围。可通过醒目的文字提示、工作人员示范等办法，鼓励观众参与学习活动。工作人员要态度和蔼，循循善诱，以讨论的方式鼓励观众参与，提出的问题要让观众能够回答，不提使观众感到难堪的问题，听到不正确的回答时不能以尖刻的语言反驳。教育性展览还可通过设置观众喜闻乐见的参与性和操作性设施延长观众停留的时间，也可组织定时讲解、专人讲解等活动，增加观众与博物馆工作人员交流的机会，激发观众参与和学习的兴趣。

教育性展览的组织者在设计展览和安排展览中的教育设施时，一定不能忽视目标观众的学习行为，即要注意目标观众的一般学习行为，也要考虑他们在博物馆环境中特殊的学习行为。学习行为是主客观条件相结合的获取外界信息并将其纳入学习者知识体系，或提高学习者操作能力的行为过程。博物馆工作人员要了解目标观众的学习兴趣、获取知识的一般方式、理解能力、自主学习能力、学习难度水平和社会交往能力等因素。例如，不同年龄的人们的注意力集中时间是有区别的，少年儿童的注意力通常只保持 20 分钟左右，青年成年人则可维持更长时间的注意力。另外，不同年龄的人的逻辑推理能力也有差别，儿童通常必须看着实物推理，青年则可运用概念进行推理。博物馆工作人员还要了解影响这些因素的文化、观念、传统、社会、种族和宗教等条件。在此基础上，创造激发目标观众学习行为，并使其学习行为持续下去的环境条件，以外因引导、促成其内因的变化，使他们自觉地学习。

博物馆教育性展览需综合运用多种教学手段。这样做可调动观众的多种感官，帮助观众多方面地接触展览内容，保持观众的兴奋感和新奇感，强化观众的学习效果。教育性展览所采用的教学手段应服从展览的基本构想，是多感官、多目标和多层面的。在这一领域，博物馆教育工作者创造了大量成功的经验，诸如学习单、问卷、标本观摩、现场讨论、角色扮演、专题教学、专家讲演、操作演示、手工制作、参与性设施、影视幻灯、主题旅游、编写教学参考资料、交互式多媒体电子计算机等方法和设施。在安排教学方法和使用教学设施时，一定要服从教育性展览展览的整体规划和最终目标，防止个别教学设施对展览整体的消极影响，特别是影视设施和游艺性参与设施。影视设施对观众有极强的吸引力，但也会干扰观众观看展览其他部分，其声响和变动的光影也会干扰其他观众的参观；游艺性设施会在很大程度上误导观众对展览主题的理解，会使一些观众产生博物馆是游乐园的错误认识。

要获得满意的教育效果，教育性展览需要加强对教育方法、设施和教育效果的评估，以及对观众学习条件和学习环境有效性，对观众参观行为和学习效果的评估，对观众学习成效、学习感受以及观众对博物馆学习的认同和赞许程度的综合评价。根据评估反馈的信息及时调整展览内容、教育设施和教学方法。评估方法可采用观察、问卷、访谈等方式。例如，通过观察观众对教育设施的使用频度、持续时间和操作状况，听取观众对该设施的评价，了解该设施对实现展览教育目的和辅助观众学习的积极与消极作用。通过观察观众参观过程中的学习行为和滞留时间，通过问卷等手段了解观众对展览中的基础知识、推导方法、操作技能的掌握程度，了解观众对知识术语、概念、体系及观念的了解和掌握以及知识应用、知识迁移的程度，了解观众的学习感受及对博物馆教育工作的评价，从而了解展览的综合教育效果。

博物馆教育工作者应自始至终参加展览的各项工作，特别是一些关键环节，如展览主题确定、主题表现层面的确定、知识体系及知识点的确定和表达、教育设施的作用及要达到怎样的教育目标、教育活动的组织与实施、教育效果评估等。博物馆教育工作者在教育性展览中发挥着咨询、建议、协调和监督的作用，他要综合考虑博物馆工作目的和观众的学习要求，确定教育性展览的工作目标，调动博物馆各部门和社会有关团体的积极性，创造出真正体现博物馆社会责任和受到公众欢迎的教育性展览。

历史陈列要触及观众的心灵

多年来，我国历史博物馆承担着向广大观众宣传历史唯物主义的任务。20世纪50年代，让人民群众认识自己的力量，用马克思列宁主义和历史唯物主义解释中国历史是博物馆的重要任务。80年代，让观众通过欣赏精美的历史文物以认识辉煌的历史文化，了解古代先民的聪明才智，提高个人的艺术鉴赏能力，成为历史陈列的主流。近年来，一些地方性博物馆在突出地域特色上下工夫，选择本地区历史辉煌时期的文物，突出表现本地区的发展历程和成就。我国历史博物馆在组织陈列时，通常从政治观念、学术体系和政治任务出发，基于博物馆的学术研究成果，达到使观众接受特定观念和知识的目的。

长期以来，博物馆工作者对观众的一些行为感到困惑，如许多观众最关心的是展品是否真实和价值几何，对展览形式和表现方式的兴趣大于对内容的了解，许多观众只是一次性的过客，很少重复参观。与科技、艺术类博物馆比较，历史博物馆的观众数量是相当少的，所谓“门可罗雀”的现象常常发生在历史博物馆。什么原因造成了这些现象呢？尽管博物馆工作者从展品、展览选题、展览形式和应用技术等方面作了许多探讨和尝试，但却忽略了一个很重要的原因，即观众的参与意愿、方式和程度。这主要是博物馆长期以来对观众的认识存在误区。以前，博物馆将观众视为被动的受教育者，参观是孤立的活动，是不带感情色彩的知识获取。博物馆需要做的就是准备好系统、科学的知识，当观众来到博物馆时，一股脑地灌进观众的脑袋。这样做的结果使观众将参观博物馆作为知识学习的活动，如果所学的知识对其生活工作没有直接的作用，他将不再来博物馆学习；如果所学知识有用，在学到了之后也不会再来博物馆。一些历史博物馆为加强对观众的吸引力，遂将历史陈列改变为文物精品陈列，从艺术和艺术史的角度来展示和解释文物，从而将社会发展史改变为艺术史，由此丧失了历史博物馆的特色和精髓。

社会需要历史博物馆，特别需要有助于观众理解历史发展和历史价值的历史博物馆。历史是一个民族、国家走过的历程，更是一个民族、国家的文化特性的构成要素，是该民族、国家与其他民族、国家交流的条件。历史在现实中发挥重要的作用，它构成民族生存发展的外部条件，使人们认同文化传统和历史遗产，它是民族凝聚的核心，当代政治的参照标准，未来发展的社会基石。在经济全球化、政治国际化的背景中，历史对社会发展的作用更显重要。在全球化进程中，各种文化借通讯、互联网、商品、文化表达和人员交流等手段，在各民族、国家间流动和碰撞，人们面对纷繁的文化表现时可能会迷失自我，在强势文化的冲击下可能会丧失对本民族文化的信念。文化冲突和对本土文化信念的缺失常常导致社会的失衡。作为服务于社会和社会发展的博物馆，有责任维护本民族文化的文化特性，帮助在地居民深刻理解、真诚热爱和自觉传承本民族的文化传统，有责任帮助人们正确处理不同文化的碰撞、交流和借鉴。历史博物馆不仅仅为人们提供历史信息，更重要的是使人们掌握正确的历史观，认识历史对当代社会发展的重要作用，使观众在参观历史博物馆之后，增强民族自豪感和民族凝聚力，增强创造力和自信心，增强文化交流的能力。

历史博物馆要完成上述任务，其基本条件之一是让更多的观众进入博物馆，让观众积极主动地参加博物馆组织的各项活动，让观众在参与中强化体验、积累知识和培养能力，使外在的知识转变为观众自己的认识和自觉的行动。为此，历史博物馆应适应新的工作条件和观众条件，转变观念，创造新的展陈形式，即注重沟通的陈列。

举办注重沟通的陈列，首要的是明确观众在沟通中的地位和作用，要对观众重新定位，让观众从旁观者变为参与者，从被动地接收到主动地体验，将历史与自身经历进行比照，从历史的旁观者变为历史进程的参与者，从对历史遗物的鉴赏变为与历史创造者的沟通和交流。博物馆在这一过程中发挥着重要作用。博物馆要改变过去将历史作为参考书和参照系的做法，将历史与现实人们的生活联系起来，让历史真正成为促进人的发展的重要力量。

科技馆和艺术博物馆的实践为历史博物馆提供了积极的借鉴。科技馆和艺术博物馆的观众数量远多于历史博物馆，观众再访率也高于历史博物馆。究其原因，既有展览趣味性强，展品观赏价值高等原因，更重要的是观众与展览的沟通程度和卷入程度都比历史博物馆高。参观科技馆要运用多种感官去观察、发现，在实际操作中发现和验证结论；参观艺术博物馆则需要调动个人全部的艺术积淀和生活积淀，不仅要观赏艺术品的形式美，更要探究艺术家的创作意图、手法和目的，体验艺术家创作时的情感和感受。此外，由于欣赏者的素质能力不同，知识积淀不同，欣赏时的心态不同，使得每一个欣赏者都会有自己的理解和评价，并可以与他人的看法进行比较，艺术成为与他人交流的平台。科技馆和艺术博物馆观众的行为既受到环境条件的制约，也受到观众参观目的和实现其目的的手段的影响。其环境条件包括展览目的、展览主题和结构、展品特性、展览环境等因素，观众在参观时常常将参观作为手段，将展览作为媒介，以满足个人期望为目的。此外，科技馆和艺术博物馆的参观具有参与、互动的特点，观众的参观效果常常是对内心体验的肯定，对自身能力提高的肯定，对能更准确地了解客观世界和把握未来能力的自信的加强。历史博物馆要认真分析科技馆和艺术博物馆吸引观众的主要原因和成功经验，并创造性地应用于本馆的工作实践中。

历史博物馆的历史类陈列要强化与观众的交流和沟通，强化观众的个人体验，这样才有助于观众置身于历史生活和历史进程中，用身心去感受和体味历史，思索历史与现实的联系和异同，认识历史对现实发展的作用和意义。要实现这一目标，需要观众与陈列沟通，特别是与陈列所展现的历史进行沟通。

观众与陈列的沟通，是为实现双方认同的目的，在双方确认的范围内，用认识一致的概念、符号和其他表达方式进行交流，在交流中澄清疑问、消除歧义、明确双方的责任。沟通的内容包含着信息、情感、价值判断和行为规则。沟通是一个持续的过程，沟通双方在接受对方发送的结构化信息时，要积极地进行分析判断，以求全面准确理解对方发送的多元内涵，把握共同目的，并将自己的认识、需求和评估反馈给对方，以使沟通保持下去，在对沟通内容的发送、接收、修正、补充中逐渐达到双方沟通的目的，或实现双方期望实现的各自目的。沟通是具有自主和主动能力的在两个或多个主体之间的交流和互动。在历史博物馆中，沟通的一方是观众，另一方则是陈列。传统的历史陈列通常是由博物馆工作人员根据学术研究成果、表达实物和表达手段而设计出来的，这种陈列注重传达信息的科学性、系统性和准确性，它更多的发挥着单向发送特定信息的作用，更多的是作为一种表现，而不是沟通和交流。在这样的陈列中，展品所表现的或是其自身的可视和可感知的外在特点，或是专家研究的学术概念、知识和学术理论，或是陈列组织者要表达的观念。观众参观陈列时找不到沟通的对手，失去了反馈和接受回馈的机会，且由于陈列的信息平台是学术理论体系和专家研究成果，作为入门者的观众在沟通层面上也失去了对话的可能。可以说，在传统学术型、遗物型的历史陈列中，沟通几乎是不存在的。有鉴于此，在组织注重沟通的历史陈列时，要安排与观众沟通的人性化的对手，提供适合不同沟通目的的沟通平台和沟通手段，使沟通成为贯穿参观过程的绵延不断的活动。要让观众在参观中，能够感到是在与陈列表现的历史环境中生活的人们交流，与博物馆工作者交流，与参观陈列的其他人交流。

组织注重沟通的历史陈列，首先要确立关注现实、注重满足观众期望和保障沟通的观念。关注现实是要关注陈列的现实效果，关注观众的参观体验，关注现实社会对历史的要求，以及历史对现实社会的影响，要根据现实需要来阐释历史，揭示现实与历史的有机联系，这一着眼点与学术型、遗物型陈列有明显的区别。学术型和遗物型的历史陈列着眼于历史，着眼于基于特定理论框架的史学体系，更注重过去发生的事情，力求说明过去发生的事实间的联系，抽象出这些事实间的因果关系，并作为现实的参考和参照。在这样的陈列中，历史如同一面镜子，当代人在其中看到的是自己的身影，其目的是借助这一面镜子来审视别人看到的自己是否符合自己的真实面貌，而对其真实程度的评判标准是由观看者自己制定的。观看者在这面镜子中看不到前人的情感、追求和喜怒哀乐，他们无法与前人进行心灵、情感上的沟通，无法知道和理解前人在特定环境中面临的挑战、机遇和选择，很难感受前人的创造能力。注重沟通的陈列则希望促成当代观众与前人在情感上的沟通，从而理解先民在特定条件下做出特定选择的必然性，进而理解其成功或失败的社会和历史原因。

沟通是一个包含多种因素的过程，它不是一时一地的孤立事件。沟通型陈列的组织者一定要注意沟通多因素、目的性、阶段性和系统性的特点。多因素包括沟通双方、沟通内容、沟通渠道、媒介、环境（强化、干扰）等因素。在注重沟通的历史陈列中，沟通的一方是观众，另一方则是古代先民、历史学者、博物馆工作者、陈列组织者等主体。其中最主要的应是古代先民；沟通内容包括事件、情感、价值、学术、评价等，其中主要的是在特定历史时空中发生的事件，以及事件发动、实施、参与、关联者的行为、感受和追求；沟通渠道是沟通双方交流和反馈信息的各种方式的总汇，如陈列、书刊、影视、学术报告和座谈等，在沟通型陈列中，陈列是最主要的渠道，观众在陈列中活动，获取信息，并在陈列中得到对自己的疑问、答案和评价的反馈；沟通媒介是承载信息的载体，如实物、图片、文字、图表、副语言和虚拟技术手段等。媒介是工具和手段，选择怎样的媒介，既要考虑载体的容量、编码、解码、准确度和技术含量等因素，也要考虑沟通者对特定媒介的熟悉喜爱和信赖程度；沟通环境是沟通过程发生时的外部条件，包括影响沟通的环境因素和沟通双方之外的第三方。环境因素对沟通起到强化或干扰的作用，干扰是通过噪音、误导、扰乱等方式弱化沟通效率。

沟通是目的性很强的活动，只有双方认同的目的，才能使沟通发生、持续并沿特定方向进行。沟通目的还发挥评价沟通效果的作用。沟通作为过程，可划分为若干阶段，即明确目的—获取基础信息—分析判断—形成认知—反馈—确定—评价。沟通是在目的的指导、推动和评价下进行的活动。沟通目的在沟通过程中不断修正，沟通双方在沟通过程中要根据对方的目的、内容、手段、评价等条件，或影响对方的目的，或调整己方的目的，力求使沟通达到双方认同的目的，实现双赢的结果。

实践中的沟通是系统性的活动，尽管在理论模式上看来是孤立的、单向的、线性的活动。在沟通的实践中，双方都会运用多种沟通媒介获取或发送信息，随时进行分析、判断，并随之向对方发出反馈信息，与此同时，也随时捕捉对方的反馈，及时调整沟通的目的、内容和方法。实践中的沟通是历时与共时共存的活动。在历时上，可能正处在沟通过程的某一阶段上；在共时上，涉及多种内容、不同阶段、不同渠道的沟通同时存在着。以博物馆陈列为例，当观众参观到某一陈列单元时，他处在对展览主题的理解进行补充和修正的阶段，而在与特定陈列单元的沟通上，他又处在获取基础信息的阶段。观众在参观时可能会运用观看实物、阅读文字、听讲解、看录像、感受环境氛围、动手触摸、聆听背景音响和旁人议论评价等沟通手段。

历史陈列如何加强观众的卷入感，即让观众恍如置身在特定历史时空环境中，与其时的人们进行交流沟通，由此而认识到自己在历史长河中的位置，认识到自己延续和创造历史的能力和责任。这是一项极富想象力的挑战。主要的困难在于观众参观时是与实物和环境进行交流，其沟通对手不是活生生的人，沟通活动不是人与人面对面的交流，且缺少与人沟通时的碰撞和不确定性，这削弱了观众对沟通的兴趣和关注，甚至使他们没有注意到沟通的存在。

博物馆工作者在组织历史陈列时，需要注意促进人与人之间的沟通，特别要促成观众与陈列所表达的历史事件、历史进程中的人们的沟通。这需要在工作观念和工作方法上有较大的突破。在工作观念上要将人与人的沟通放在首要位置，注意在陈列中表现人的活动、情感和追求，将观众视为平等的沟通对手，以平等和尊重的态度对待先人和观众。在设计陈列内容时，要注意不仅要客观叙述历史事实，也要注意根据现实社会的发展需求对历史进行阐释。所谓阐释，不是用通俗易懂的语言进行翻译和讲解，而是为实现特定目的，且根据沟通对手的条件，选择为沟通对手理解、接收和信任的方式去影响对手。阐释是主动地、有目的、有选择的。陈列要突出人的活动，要注意展品不是理论和概念的符号，不是理性的物化表达，而是人的活动的结果，是其制作者在特定社会历史条件下自身创造力的结果和表现，是制作者自身经历、经验、技能、追求和情感的综合体现。当这件展品被运用在陈列中，也体现了陈列组织者和设计者的观念、学识、情感、价值取向和意图。陈列要注意反映历史与现实的联系，这一联系的方向可以是从历史指向现实，也可以从现实指向历史。建立展品的历史与现实联系的途径有很多，如产地、艺术传统、制作工艺、形制纹饰等，但在沟通型历史陈列中，更要注意人与人之间的联系，要帮助观众了解前人的活动，探求前人在从事这些活动时的环境、条件和目的，分享前人的喜怒哀乐。

帮助观众与前人沟通的方法之一是场景再现。场景再现表现的是特定的历史景象和活动，可以由相关实物构成，也可以由仿、复制品构成。时代屋是场景再现的主要形式之一。时代屋将同一历史时期的物品集中展示，按物品的用途和当时位置设计摆放，使观众了解特定物品在实际应用时的状态，以及其与其他物品的关系，从而对该物品有更深入地了解。以前，常从学术和历史的角度设计和布置时代屋，强调物品的摆放位置和相互关系，观众看到的是静止的历史和文物的集合。近年来，一些博物馆尝试按主题来布置时代屋，设想时代屋是表现特定社会经济背景的人的特定活动场景，房间中的陈设表现出房屋主人进行特定活动所涉及的物品、环境及景象。时代屋不再是各种物品的集合，而成为特定活动过程的表达。英国伦敦杰弗瑞博物馆是展现当地家具制造业发展的博物馆，其主要展览由反映当地各时代家庭内部陈设的10余个时代屋构成。2001年圣诞节期间，博物馆将各个时代屋布置为不同时代、不同社会阶层、不同文化背景的人们欢度节日的场景。其中一间时代屋表现的是城市白领阶层在圣诞前夕准备过节的景象，家庭主妇刚从商店采购过节物品回来，女主人的外套、围巾随便地搭在沙发靠背上，圣诞礼品散放在桌椅和地板上，房间一隅的圣诞树上的饰物还没有完全装饰好。此时，时代屋中看不到女主人的身影，她似乎正在布置另外的房间，虽然看不到人，呈现在观众眼前的却是一幅真切的生活场景，人们似乎可以感受到女主人的心情，分享她的愉悦和忙乱。在这一场景中，有大量的当时的家具和日用品，这些物品构成了活动的环境，也为观众提供了感受当时社会经济状况和社会发展水平的认知要素，但更重要的是它们表现了人的活动和情感。场景中主体人物的缺位，又为观众提供了想象的空间，并通过联想使自己置身这一特定的历史环境中。丰富的视觉信息，确切的展示主题，巧妙的展览设计，主体人物的缺位，使观众有充分的空间发挥自己的感知力和想象力，在探寻陈列主题和缺失环节的同时与陈列进行交流，与陈列要表现的人进行沟通。

当代博物馆观众在参观博物馆时，已不再满足于看一些稀罕的珍宝和吸纳博物馆提供的系统化知识，而是要获取有助于个人发展和实现个人社会价值的知识和能力，增强自己了解客观世界和把握社会发展的能力和信心。历史博物馆在加强民族凝聚力和传承优秀文化传统方面能发挥积极的作用。当代历史博物馆应根据发展变化的社会经济条件和观众的素质与需求，转变工作观念和方法，创造新的工作方式，重视历史陈列与观众的沟通。历史博物馆不仅要表现历史活动的物质结果，也要表现得到结果的过程；不仅要展示实物，也要表现行为。要让观众在陈列中看到前人的身影，感受前人的喜怒哀乐，真正认识到前人的创造精神和能力，为先民的成就感到自豪，自觉地继承、捍卫和发扬本民族的优秀传统。

创意是提升陈列内容质量的发动机

博物馆陈列是一项综合性的活动，其中包含了许多可感知的具象因素，如实物形态的展品、展具，以及非实物形态的空间、照明、色彩和氛围。使这些具象因素有生命的是内容，陈列内容将那些分离的个体联系、结合到一起。但是，陈列的内容、展品和艺术表现仍然只是“自在”的状态，它们存在着，但存在就有意义吗？就有了灵魂吗？人们常说，“文物与观众对话”，两块火石碰撞在一起会迸出火花，却达不成沟通和理解。对话的目的是构建交流平台，确定目标，寻找达成目标的路径和方法。陈列中的展品在内容框架中找到了自己的位置，它在自我表现、自我表达、发送信息，却无法与观众交流沟通。赋予展品灵魂的重要条件之一是博物馆工作者的创造性思维，是博物馆陈列的主题。创意使博物馆陈列有了意义，有了精气神。

长期以来，受外部条件的影响，我国博物馆陈列内容设计常常是照本宣科。20 世纪 50 年代中期，在当时的社会气氛下，博物馆陈列内容多强调政治内容。80 年代以后，陈列内容中的政治因素渐渐淡化，专业学术色彩渐渐浓厚，博物馆陈列从政治宣传员一蹴而变为考古学家和文物鉴赏家，陈列的知识背景越来越精深，但对话者群体却越来越萎缩。90 年代以后，博物馆注意到观众数量的下降趋势，试图以提高注意力的手段来吸引观众，展品等级快速提升，展览标准逐渐奢华，就如同一颗冉冉上升的新星，博物馆在公众的眼中越来越新奇，但与广大民众的距离却越来越疏远。包装越豪华，与用户的阻隔越大。当代博物馆工作者的任务，就是要抛弃过度包装，重新建构与观众沟通的渠道，在陈列的内容设计上多下功夫是一项重要举措。

博物馆陈列内容需要创意。20 世纪中期，我国博物馆陈列内容设计的主要任务是文字编辑，由于陈列内容以政治选项为导向，以系统知识为基础，展品多作为观念与知识的实物佐证，陈列内容设计人员不能对内容体系进行改动，所能做的只能是进行文字的编写和编排。80 年代以后，博物馆陈列较多地从展品出发，陈列内容设计的主要任务是将无关联的物品组织在一起，将具体的物品与特定的知识结合起来，也可以说是用知识给展品量体裁衣。近年来，一些博物馆陈列内容设计又呈现出“讲故事”的倾向，用合情合理的虚构故事情节将展品串联起来，用生活化的形象和语言给展品罩上一件情感的外衣。从政治取向、知识体系、文物展示到讲故事，博物馆陈列内容设计中的创意空间越来越大，换句话说，设计人员智能创造力的作用越来越明显。

博物馆陈列内容的创意是对既有内容的新的解释和组织，这涉及到对陈列中的展品、相关知识和主题的理解、解释、结构和表达。内容设计创意重在丰富人们对陈列内容的认识，启发人们对陈列本质的思考，激发对相关知识、研究方法、态度的探究。陈列内容创意要不落窠臼，不照搬已有的陈列模式，哪怕是在其他地方已大获成功的陈列。陈列内容创意基于观众，基于陈列目的的。创意是要为观众提供更好的服务，为实现陈列目的寻求最适合的办法。通俗地讲，陈列内容创意是将观众熟悉的东西以他们不熟悉的方式呈现，将观众不熟悉的东西以他们熟悉的方式呈现出来。陈列内容设计创意是内容与形式的完美结合。陈列内容通过展品以及陈列的视觉、空间等可感知元素表达出来，这些可感知的成分传达了陈列内容的价值取向、态度和情感，陈列的呈现状态体现着内容的结构和关联，使孤立的展品具有特定的意义。内容创意必须为博物馆的组织目的服务，为实现陈列的工作目标服务。当代博物馆强调以平等的姿态为广大民众提供更优质、更具实效的服务，在这一目标下，陈列内容要考虑观众的条件和需求，重视陈列对民众的吸引力。长期以来，尽管博物馆陈列内容设计也注意到观众因素，但常常视观众为内容的接受者，设计人员关注的是观众的接受能力、阅读能力和知识水平如何，以及在规定时间里能够接触和记忆多少文字内容，据此来设计和安排陈列中文字的阅读水平和呈现位置。近年来，博物馆对观众的认识发生了重大改变，其中对内容设计影响显著的是观众不再是被动的接受者，而是主动的对信息采集、处理并在此基础上的意义构建者，观众与博物馆的关系是平等和互动的。为此，博物馆陈列内容设计不再只考虑如何将知识灌输给观众，而是要为观众提供适宜的学习条件，帮助观众获取有利于实现特定学习目的的信息、工具和评价工具。由于观众的学习能力、方法和目的是多元的，陈列内容设计人员要在相对固定的陈列中营造适合不同学习要求的观众的学习背景。

陈列内容创意要有明确具体的目的。当代博物馆陈列有着多元化的目标，这些目标涉及知识传播、社会教育、民众学习、博物馆经营创收、博物馆品牌建设、满足观众需求等方面。陈列能不能吸引足够多的观众，能不能在社会上造成足够的影响，能不能让大多数观众获得积极地参观体验，能不能让观众产生进一步了解学习相关知识的学习冲动，能不能让观众参观完陈列后还进行消费，等等这些问题，都需要陈列内容设计人员找到适宜的解决办法。确定陈列的具体目标和任务，提出实现这些目标、任务并满足相关利益群体需求的最适宜方案，这是陈列内容设计人员的任务。

陈列内容创意过程中，内容设计人员的角色从“译员”转变为“解读者”，从过去主要负责知识传达和使知识通俗化，转变为在知识和学习者之间构建理解的桥梁。陈列内容设计人员不再隐身于知识的后面，而是走到知识与观众的中间，通过自己对知识的理解和解读，激发学习者的兴趣和学习冲动，展开有成效的学习活动。内容设计人员不仅要准确、科学、通俗地解释知识，与知识相通，也要与观众交流、沟通，以提升知识的信度。作为解读者，内容设计人员要根据陈列的社会、文化、地域背景，对陈列内容进行合时宜的解释。例如，在一些动物标本的说明词中曾出现过肉可食、皮毛可用于服饰的内容。在人们只关注向自然索取的时代，这样的说明是可以接受的，但在强调人与自然和谐共生的时代，再这样说就不合时宜了。内容设计人员要根据目标观众的条件和需求来确定陈列的主题、结构和内容表达方式。例如，有关民俗物品和影像的陈列，如在美术馆中展出，可能要突出民间艺术的艺术创作特点，诸如内容、构图、色彩、创作手法等；在城市博物馆中展出，则可能要突出这些物品的功用和社会文化特点，如时间、场所、相关活动、寓意、文化背景、演变沿革等。

陈列内容创意是过程，是从思想闪光到用文字系统阐述的过程，是从构思到陈列的过程。内容创意不是天马行空的“点子”，而是落实到实践中并获得预期结果的解决方案。创意可分为构思和实现两个阶段，构思阶段更为侧重思维活动，实现阶段更多关注通过物质手段对创意的表达和表现。构思是在陈列内容设计的初始阶段，对陈列的主题、取向、目的、风格、结构等指导性、原则性、结构性问题提出具体的解决方案，明确陈列的特殊风格和特点，突出陈列的特性。构思阶段的创意活动表现为试误和顿悟。试误是创意者根据自己的经验，通过迁移和修改，形成不同的预案，并通过思维活动将这些预案与陈列目的相比较，或将这些预案在头脑中进行沙盘推演，以评估其可行性和效益状况，在尝试和比较中选择最适宜的方案。顿悟是在构思过程中，创意者仿佛在突然间获得解决问题、实现目标的最佳方案，顿悟并不是灵感闪现，而是长期思考，逐渐积累，从量变到质变的飞跃。构思阶段的创意常常表现为局部的、片断的、跳跃的和发散的，由于其新奇、片断和缺乏论证，常常被人们忽视，或被人们视为可笑和不可行。应该认识到，尽管许多最初的创意念头并不完善，但它们为我们提供了选择的机会，提供了进一步深化的起点，也为确定最适宜的创意提供了可资比较的标杆。为此，应鼓励内容设计人员提出多种多样的内容创意构思，对这些构思要平等对待，切实评估。

内容设计创意具有强烈的目的指向性，寻求实现目的的最适宜解决办法，为此要受到确定目的的诸多条件的制约。但是，也恰恰是这些制约条件成为内容创意的出发点和参照系，成为激发灵感的触媒。内容设计无法回避陈列目的、主题、价值取向、内容结构、主题发展、表达视点和表达方式等聚焦于陈列自身的条件，也不能忽略陈列场地、时机、公众兴趣、社会环境等社会文化背景因素，还要注意目标观众群体的条件、兴趣、需求等问题，这些条件的特点，以及由这些条件构成的特殊关系，都对内容设计创意发生着积极影响。

创意要具体落实并体现在陈列内容设计之中，创意的落实也是一个过程。构思阶段的创意可能还只是原则性的概念，或只是几句提纲挈领的表述，能否将概念性的创意通过知识的重组，通过陈列内容的结构，通过说明文字的表述，通过视觉化的展品，通过陈列的艺术表现形式表达出来，这还需要大量艰苦的工作。把一种追求、意象、意念转化为人们可以感知、理解、认同的陈列，还需要一个再创作的过程。这一过程也是内容设计人员充实、丰富、调整和完善创意的过程。在理想和现实之间总是存在一段距离，现实条件会制约理想实现的结果和状态。创意实现过程中发生的碰撞、妥协和改变都是正常的，内容设计人员要在落实创意的阶段听取和关注各方面的反馈，或者调整最初的构思，或者创造实现构思的具体办法。不仅要关注学术界的反应，也要注意工程和技术方面的反馈，如陈列的场地、空间、展具、材料、资源和制作工艺等条件，在客观条件允许的范围内实现创意。此外，内容设计人员要加强与有关人员和组织的沟通，让参与陈列设计与制作的人员都理解和支持内容创意，减少对创意的误读或误解，消除对创意的抵触和反对，让实现创意成为全体参展人员的共同追求。

陈列内容创意是设计人员、设计团队与社会条件互动的过程，创意的获得和实现需要适宜的条件。内容设计人员的素质、追求和投入是得到创意并使之落实在内容设计方案中的基本保证。设计人员首先要有创新、创造的追求，有敢为人先的勇气，创造优秀业绩的信心，克服困难实现目标的毅力，在创造性工作中实现个人的价值，寻求工作的意义，并享受创造带来的乐趣。设计人员还应掌握与内容设计有关的知识，全面系统深入地掌握与陈列内容相关的专业学术知识，有关博物馆陈列的博物馆学知识，与博物馆观众交流的知识，吸引更多公众来参观的营销知识。博物馆陈列内容不是专业学术知识的通俗读本，不是安排展品秩序的"花名册"，内容设计是构建知识与公众的沟通平台，是鼓励观众采取进一步行动的发令枪。除了掌握基本学术信息，内容设计人员还要广闻博识，对相关信息、时事消息和热点话题有广泛的兴趣。创意常常来自看似无关的事物，来自意想不到的联系。广闻博识有助于设计人员拓展思路，从新的角度、视角、联系来阐述、展现和解读陈列内容。

团队是创意活动得以开展的组织保障，团队成员的关系和团队工作氛围极大影响着创意活动。在某种意义上讲，陈列内容创意是一项集体性活动，其成果也是集体的创造成果。内容设计团队中应包括参与陈列布展活动的主要业务人员，一般来说，应包括有关研究学者、内容设计、艺术设计、博物馆教育、推广营销业务的核心成员。内容设计要为博物馆其他业务奠定基础和平台，为此要考虑其他业务活动的特点和工作任务。其他业务人员基于本职工作提出的要求，会对内容设计带来新的刺激和灵感，此外，他们根据内容规定而提出的具体设想也会反过来影响陈列内容的表达。如陈列中广泛使用的触摸屏等互动性信息获取设施，这些设施不仅改变了内容展示方式和观众参观行为模式，也对陈列内容的容量、内容、结构产生重要影响。陈列内容设计的内容量显著增多，内容的样式呈现多样化，除了说明性文章文本外，还有互动性的问答文本、图示文本、影视文本等；内容的诉求对象也多元化，面向成人、学生和低幼儿童等，不同对象对内容的知识水平、表述方式的要求是不同的；内容结构也从环环相扣的线性结构变为多线程的并列递进结构，即"菜单式"结构；内容章节从强烈的语境联系转变为独立性强烈的"板块"结构。例如，说明中的专业术语，在传统内容文本中，通常只在该术语首次出现时才加以解释，而利用互动性信息设施，该概念出现的任何时候都可以链接到其解释界面。其次，陈列设计的团队工作环境可激发工作人员更多更好的创意，可以让人们分享创造的快乐。创意活动也会让工作团队具有更多的宽容和包容，这是由于创意常常是突破常规的想法，有些创意在最初提出时甚至表现得不合时宜、不着边际，团队成员对此要有宽容的心态，鼓励所有成员拓展思路，发散思维，以获得满意的创意。

内容创意需要适宜社会条件的支持。陈列内容创意的目的是让更多的公众走进博物馆，实现博物馆公共资源的社会效益，内容创意必须合时宜，有新意，受欢迎。在内容设计时，要注意到陈列举办地的社会、政治、文化、传统及人口的状况，注意举办地的法律、法规和地方政府的政策及管理体制，注意当地的风俗习惯，防止出现种族、性别、信仰的偏差。内容创意要让观众认可、认同、理解和喜欢，为此，设计人员要清楚了解目标观众群的素质、品味、需求和喜好，在目标观众群的价值观、知识结构和兴趣爱好的范畴内选取适宜的创意，让目标观众群注意并认识到陈列内容的创意，感受到创意对其参观结果的积极作用。另外，大众传播媒体也是不容忽视的社会条件，大众传播媒体会影响公众对陈列内容创意的评价，媒体的报道强度也会影响公众对内容创意的关注。此外，要注意媒体既有客观事实的报道，也有反映媒体观点的评论，要做好媒体上出现对陈列创意的不同认识，甚至不同媒体发生争论的准备。对此，陈列内容设计人员要与媒体积极沟通，使其能客观公正地报道陈列情况。当然，也要允许基于不同视点的看法的表达，具有包容态度的博物馆工作人员应该理性地接受不带恶意的评论。

我们注意到，陈列内容创意的诸多条件给博物馆工作人员带来了一定的制约，那么，博物馆工作者可以在内容设计的那些部分发挥自己的创造力呢？笔者认为，内容设计人员可以在解读性信息和交流技巧性信息层面有较大的作为。在内容设计时，需要处理的信息可分为三个层面，即知识性信息、解读性信息和交流技巧性信息（图一）。观众参观时接触到的陈列内容是经过内容设计人员加工的数种信息的综合体。知识性信息又可称为实质性信息，是陈列的知识基础，也是陈列组织者希望观众理解掌握的信息。知识性信息通常是学术界认同的事实、概念、命题和推论，依据相应规则组织成为一个整体的知识系统。知识性信息是科学严谨的，但也是抽象、晦涩和枯燥的，其表述需要遵循特定学术领域的标准，表述文字通常是专业术语，交流通常基于学术性平台，在专业人员间进行。解读性信息是博物馆陈列内容设计人员根据陈列目的和观众素质、需求等条件，对知识性信息的结构和表述文字进行加工，使之适合博物馆陈列的特点和观众理解陈列内容的水平。解读性信息还包括内容设计人员的观点和选择，反映了内容设计者的价值判断和态度取向。例如，城市博物馆关于城市对区域发展影响的内容，有人认为城市是区域发展的龙头和发动机，城市发展具有积极的作用；有人则认为城市是造成区域发展不均衡的主要原因，其对当地资源的强大吸引力阻碍了周边地区的发展。正可谓“见仁见智”，陈列内容设计人员要在诸多学术观点中进行选择，要在陈列中表述自己的观点。交流技巧性信息包括交流媒介、文字表述和学习活动等，其作用是吸引观众

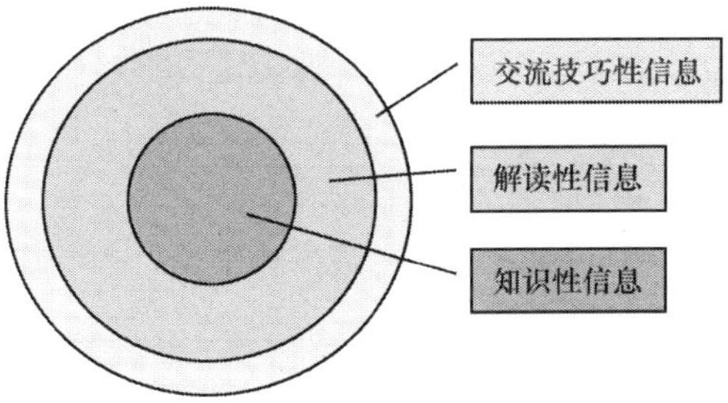

图一　陈列信息层次示意图

的注意，激发观众的参观兴趣，让观众参观时间更为延长，帮助观众逐步理解陈列内容。交流技巧性信息侧重于技术面，具有较强烈的愉悦色彩，受知识性信息的制约更为弱化。此外，当代信息技术提供了更多的选择，使得有关交流技巧的创意更为丰富。但务必注意，交流技巧性信息一定要符合陈列内容的价值取向和态度，一定要忠实传达陈列内容，为实现陈列目的服务，避免“买椟还珠”，防止花哨炫目的技术干扰观众对内容的认知和理解，防止娱乐误导观众对陈列主题的理解和认同。

内容设计创意不是天马行空，创意过程还是有一定规律可循的。首先，内容设计创意要有尽可能将陈列目标具体化，使之可以表述，可以评估。如我们常说的陈列内容要有“科学性”，落实到具体陈列，应具体明确陈列的知识基础是哪门学科，要表达哪些事实、观点和理论。举例来说，一个历史陈列，要明确依托的知识基础是历史学、考古学、人类学、社会学、艺术史、民俗学、民族学、工艺史，抑或其他学科？在确定了所依托的学科基础后，还要明确内容表达的主要视点和内容切入点，如历史陈列，要明确其内容从政治、经济、民族、人口、历史地理、军事、贸易、技术的哪一个视角来呈现。其次，要明确陈列的目标观众群，陈列是给谁看的？怎样与这些人沟通交流？怎样引起这些人的兴趣和关注？对目标观众要有具体的描述，陈列内容设计人员要感受到人们的音容笑貌、喜怒哀乐、追求和期望，找到与这些人交流、沟通和“交朋友”的最好途径，找到说服这些人的最佳策略。再次，内容设计人员要尽可能广泛搜集与陈列内容有关的资料，特别要熟悉博物馆藏品，藏品可以说是博物馆陈列的“独家秘籍”，是博物馆与其他文化机构有明显差异的地方。博物馆陈列是将知识与展品结合起来，以视觉方式展现知识，通过实物与观众交流知识，当寻求实现这些结合的最佳方式是，设计人员一定会获得与其他研究、传播方式不同的解读和呈现办法。

追求差异是内容设计创意的重要策略。差异化不是单纯地追求与众不同，而是要呈现陈列内容的丰富性和多样性，体现博物馆的特点，表现本陈列的特殊背景和条件。差异化不是以偏概全，而是要透过不同的视点，呈现不同的侧面，表达不同的解读，使观众对陈列内容有更全面的认识，激发观众深入思考与陈列内容有关的问题。为此，内容设计人员要广泛了解业界类似陈列的信息，分析类似陈列的目标、视点、结构和特点，避免照搬和模仿。当然，差异不等于排斥，其他馆推出的广受好评的陈列还是应该尽可能原汁原味地展出，以保持和体现该陈列的特色。

在内容设计创意时，设计人员可采用发散思维、开放思维、头脑风暴等方式，多问自己“为什么……”？“怎样”？“如……”一类的开放性问题，以开拓思路。还可以采用比喻、建立联系的办法，将那些平常看起来并无关系的形象、事物、概念、术语联系起来，这样做常常会带来意外的结果。创意是追求卓越、开发潜能、享受思维带来愉悦的过程，是在山重水复之间欣赏造化美景的过程。只有满怀为观众提供优质服务的愿望，让观众的生活更加充实的期盼，才能获得和实现受到观众和社会认同的好的创意。

参 考 文 献

[1]〔美〕简·皮尔托著，陈昭仪等译：创新的特质与灵感——高创意人的早期发现与训练，世界知识出版社，2004年。

[2]〔美〕A·杰罗姆·朱勒，邦尼·L·朱奈尼著，郭静菲，黎立译：广告创意策略，机械工业出版社，2003。

[3] Alan gartenhaus：*Minds in Motion*, *using museums to expand creative thinking* (third edition). Caddo Gap Press, 1997.

[4] David H. Feldman, M. Csikszentmihalyi, & Howard Gardner：*Changing the World*, *a framewok for the study of creativity*. Praeger Publishers, 1994.

历史陈列主题的内涵与解读

近年来，随着博物馆陈列日益强调个性和吸引力，陈列主题在理论和实践中都被予以高度关注。“主题突出，个性鲜明”成为博物馆陈列工作的诉求之一。但是，对“陈列主题是什么”这一基本问题，学者们见仁见智，认识并不一致。廓清相关概念，明确陈列主题的内涵和特点，探寻构建陈列主题的方法，将有助于博物馆工作者组织发挥更好社会作用的陈列。

一、“陈列主题”讨论回顾

陈列主题是什么？它的性质是什么？其表现样态如何？它是怎样形成的？有什么特点？它是客观存在，还是博物馆工作者的主观认识？有学者提出，陈列主题是陈列的灵魂，这一说法很浪漫，将陈列主题提到决定陈列是否有生命力、是否有个性的高度。但是，正如很难回答“灵魂是什么”的问题一样，这种说法也没有给我们一个“陈列主题是什么”的确切回答。近年来，在定义“陈列主题”时，有学者认为它是“对陈列内容的最准确概括，对所有文物、标本的最本质认识”，是对陈列内容表现的知识体系的抽象（下文简称之为“内容抽象说”）①；有学者认为它是陈列这一“综合的形象体系所表现出的中心思想”，是“用实物的或博物馆的手段所表达、所揭示的主题”（简称为“中心思想说”）②；还有学者认为它是“（陈列）题材展示的最佳角度和最佳切入点”，由于“定位不同，陈列所表达的主题思想就不同”（简称为“题材定位说”）③。尽管说法不同，但分析起来，这几种认识还是存在明确的共同点，都认为陈列主题是抽象的观念、认识和信念，而造成它们的差异的原因大致有两点：一是主题获得的基础和方式，二是博物馆工作者在这一过程中的作用。前述三种认识的关系如图一所示：

如图一所示，陈列主题是要解决事实存在与观念认识的关系，具体而言，是要解决陈列中的个性化要素如何构建成为有意义的整体的问题。我们知道，陈列中的展品存在着时空上的巨大差异，在历史现实中，这些物品之间不存在直接的联系。如何使它们发

---

① 陆琼：《陈列主题之我见》，《中国博物馆》，1998年4期第32～37页。

② 任万举：《论博物馆的主题陈列》，见陆琼文章所引。

严建强：《博物馆的理论与实践》，第四章：展览设计，浙江教育出版社，1998年。

严建强、俞敏敏、梁晓艳：《增强展示把握能力的探索》，《中国博物馆》，2003年2期第9～14页。

③ 周筠：《陈列内容设计的基本要素及其规则》，《中国博物馆》，2002年2期第40～43页。

生关联，如何使之从混乱变得有序，如何从片断变得有联系，如何使其与现实发生联系，如何从自在物变为信息载体，如何从外在的、无生命的物质变得能与观众的情感产生共鸣？所有这些问题的解决，都是在人的知识和观念框架的关联之中的，换句话说，都是要经过博物馆工作者智慧的加工和创造的。“内容抽象”说强调知识的重要，强调知识的科学性、客观性和权威性，希冀以理性的科学说服观众；“中心思想”说注意到观念与情感的重要作用，注意到陈列设计人员的观念、信念和态度在陈列中的反映，注意到陈列承载的社会教化作用；“题材定位”说则强调博物馆工作者的主观能动作用，注意到博物馆陈列中展品内容的丰富性和多向性，注意到引导（或说明确的导向）对观众获得有意义的参观的作用，认为不能放任展品的无目的的自我表现，那样只能使展品丧失意义，故此必须为展品设置必要的关联条件，使之表达明确的意义。

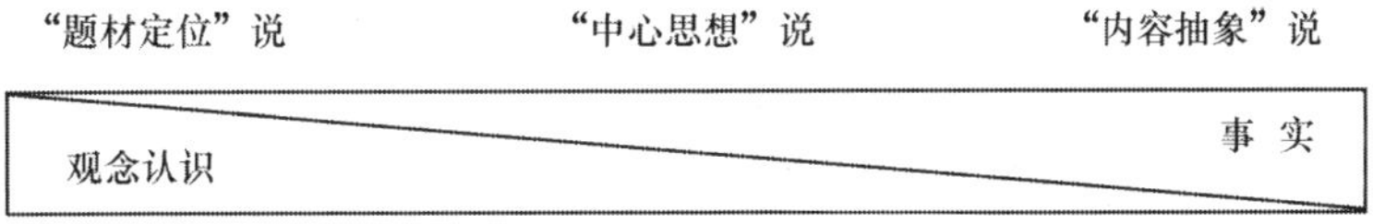

图一　有关“陈列主题”的三种认识的关系

上述三种代表性说法是有其社会历史背景的，反映了现当代我国历史博物馆工作的复杂性和各类博物馆陈列的多样性。在脱离了多年中央集权型计划经济管理模式下形成的统一办展模式之后，博物馆要根据本馆工作目标、收藏特点和社会环境等条件开展工作，要在市场经济环境中开辟并扩大博物馆的生存发展空间。为此，基于本馆特色和发展规划，充分发掘本馆藏品的丰富内涵，以不同面向、取向、组合、情趣、表现手法去组织和表现这些收藏，不失为一个积极的措施，也是体现博物馆特点的重要举措。

在讨论“陈列主题”这一概念时，人们常常会用一些其他概念来进行解释，如内容、题材、指导思想、概念、中心思想、主题陈列等。这些概念有时被作为陈列主题的上位概念，“陈列主题”概念处在服从和隶属的位置；有时作为并列关系，陈列主题与解释性概念作为一个群集，它们具有类似、或相同的性质；有时又作为内含性关系，陈列主题中包含着解释性概念的某些意义。由于对相关概念与陈列主题关系的理解上存在的差异，也会导致人们对陈列主题概念认识的不同。

“内容”是解释陈列主题时常用的概念，其指称的具体内容是很复杂的，从陈列的题材、基础知识、编排内容等知识性内容，到文物（标本）、辅助展品等物质性存在，再到陈列的视觉表达、情绪模式等情感性内容，涵盖了理性、物质到艺术表现等多个层面。历史博物馆陈列的主要任务之一是将个别的实物或素材有序化和逻辑化，使之在特定的条件下具有特定的意义，并能表达特定的意图。能够将这些个别的、无关联的物联系起来的基础是知识，是人类关于特定社会和自然领域的认识。将无关联的实物构建为有意义的且可发挥教育作用的陈列，将每一件都折射出大千世界的物品指向统一的现象和目标，这需要博物馆工作者运用已有的人类知识和创造力，努力发掘诸多展品的共同点，并运用陈列的形态、设计等非知识性手段，使展品具有特定的意义。展品的知识维、逻辑维成为串联和统辖展品的纲。

“概念”也是人们诠释“陈列主题”时常用的词汇。人们在使用“概念”这个词汇时，或指单一的词汇，或指简单（或复杂）的命题，这些命题从特定知识体系中的某个定义到人们思想中某一意念的语言表述。“概念”与前述“内容”在某些方面是相同的，特别是在陈列的知识、理性层面上。此外，我们还注意到，在博物馆陈列的策展阶段，多将“概念”作为陈列的同义词。博物馆陈列与商品展示和家居展示的最本质区别是前者承担着社会教化的作用，它是综合了知识、情感、观念的社会性传播活动，为了实现社会普遍认同的社会正义、社会道德和社会发展方向。博物馆在组织陈列时，必须要有选择，要在展品能够表达的诸多社会观念和人类认识中进行选择，不能自然主义地展示展品，不能让观众自由地、冲动地发挥想象。这种先置的社会责任要求博物馆必须明确展品的表达角度和表达层面，当这种选择被明确地用语言表述出来时，即形成了概念先导的现象。其次，当代历史类博物馆在组织陈列时，在陈列的知识基础上，也进行了纵横双向的拓展，在纵向上，吸纳历史学研究的新理论、新方法和新成果，如从普通民众的角度去表现历史，即“草根文化”；在横向上，借鉴社会、政治、经济、文化、艺术等相关学科的研究成果，如从文化交流的角度，从文化多样性的角度反映特定文化群体的特性和发展历程。在用新观念、新理论、新视角去阐释和表达博物馆中既有的物质材料时，必然产生重新解释和重新关联的问题，这似乎也使“概念”成为陈列是否有新意的决定性因素。

“指导思想”也是解释陈列主题的说法之一。人们在谈到指导思想时，或是指陈列工作的指导思想，或是指编排陈列内容的主导思想。前一种认识是从工作管理的角度，对陈列工作的组织、筹展过程、筹展工作各个环节涉及的各部门或业务活动主体之间关系的原则规定，其重点是对从业人员思想认识和精神状态的规定。这一种认识与本文讨论的“陈列主题”存在较大的差异。后一种看法与“陈列主题”有较密切的关系，但似乎更强调外部的注入，以“指导思想”为核心，陈列内容的物质材料、逻辑结构、语言表述和视觉表达都要服从“指导思想”，成为“指导思想”的图示、图解、注释及证明。尽管在工作要求上强调指导思想和具体内容要水乳交融，但在实践中却常常出现“两层皮”、贴标签的现象，观众也常常产生说教、灌输的感觉，从而影响到参观的效果。对此，笔者认为“指导思想”与“陈列主题”是不能画等号的。

“主题展”在我国博物馆界中是一个应用频度很高的词汇，这一词汇对人们理解“陈列主题”带来不小的困扰。在我国，此类展览是要强调其与“通史陈列”的区别，或者希望强调说明该展不是单纯从文物、文玩角度展示历史遗存。“主题展”一词似乎是中国博物馆界的创造。在英语国家的博物馆学词汇表中，能够看到“special exhibit”一词，其意为“专题展”、“专项展”，也有直译为“特展”的，此类展览主要是从陈列内容（题材）的确定性而言，其规模可大可小，展陈时间则常常较短，从数日、数周到数月。其所以被称为“专题展”，主要用以强调其展品选择、题材内容、阐释角度、表现方式、社会意义的特别之处。究其本意，主要还是从陈列选题、视角、内容编排、解读等方面有自身明确的且与众不同的特点。从我国博物馆实践上看，“主题展”只是博物馆陈列的一种类型，但从认识上讲，“主题展”概念对理解“陈列主题”的帮助不大，还容易引发认识的偏差：一方面是“主题展”概念会使人认为还存在着“无主题展”，即有些博物馆陈列是无主题的，从而抹杀了“陈列主题”的普遍性；另一方面，“主题展”在操作中强调个性，容易让人们认为“求变、求异、求奇”是陈列主题的特性。

在讨论“陈列主题”时，要注意博物馆综合工作条件对有关认识的影响，换句话说，这些认识不仅仅只是研究者个人知识结构、研究方法、研究目的的反映，更是对博物馆工作的性质、特点、目的的认识的反映，是对博物馆社会作用的目的、方式、对象以及与工作对象关系的认识的反映。在前述有关陈列主题是“内容抽象”、“题材定位”、“中心思想”的认识中，我们注意到这些认识的实践基础是博物馆藏品、知识、叙述和博物馆业务，这些都是博物馆的自我因素，是博物馆自我存在和自我表达的需要，是“理性”、“知识”至上的反映，是文化“精英主义”的体现，与博物馆观众(公众)的关系是宣传和普及知识。自20世纪70年代以来，博物馆工作的认识基础和工作条件发生了显著的变化，社区发展、和谐社会、终身教育、系统科学、信息科学的理论和方法对博物馆工作产生了深刻了影响，博物馆与公众的关系逐渐转变为平等对话、交流和伙伴的关系，博物馆陈列成为知识、实物、情感、视觉体验、空间、环境的综合系统，博物馆从知识的传声筒和放大镜逐渐转变为根据社会发展需要对既有知识进行阐释。在这种新的博物馆工作环境中，当我们再次审视“陈列主题”时，就需要综合多方面的需求，特别要注意到陈列目的和作用途径，以及观众的自主性特点。

二、“陈列主题”的定义及内涵

注意到前人的研究成果、博物馆工作条件的变化，以及博物馆观众在博物馆工作效益实现中发挥的重要作用，笔者认为，“陈列主题”是陈列的内容及表现形态所反映的中心思想。这一定义包含了三个基本概念，即“陈列”、“反映”和“中心思想”，具体说明如下：

首先，笔者认为应将陈列视为一个系统，它是包含了创意、知识、实物、展具、位置、形态、环境、设计、活动等多种成分的综合体，是陈列组织者、设计者、制作者和利用者交流、碰撞、互动的空间，更是实现博物馆与博物馆观众共同希望实现的社会目标的手段和工具。历史博物馆陈列具有强烈的价值判断、态度倾向和功利色彩。陈列并不是各种成分的简单相加，不是展品的简单堆砌，也不是将展品依艺术法则置放在特定空间里，而是在博物馆的特殊背景中构成的一个动态系统，陈列的各种成分相互依存和支撑，各成分其自身的存在和与其他成分的关系构成了更为普遍的性质，构筑了一个使所有个别成分联系在一起的平台，搭建起一个使所有展品得以发生联系并获得意义的知识框架。通俗地说，陈列的所有组分都在讲述着一个共同的故事，这个故事就是陈列的内容。

陈列的各种成分并不是自发、自动地聚合在一起的，也不是自发、自由地调配各自的分量、位置和相互关系的，使它们聚到一起的看不见的手就是陈列内容的设计。陈列内容设计不是剪刀加糨糊，简单地拼凑事实和知识，而是创造性的智力活动，要对已有的素材进行二次创作，将抽象的知识视觉化，运用博物馆陈列语言传达信念、情感和价值观，以使无生命的物质遗存和陈列成分获得意义和得到理解。由于陈列内容设计是一项再创造活动，是内容设计人员的智力活动和创造能力的体现，设计人员自身的价值观、世界观、审美观和对内容所反映的历史事实的态度也会浸透到陈列内容中。

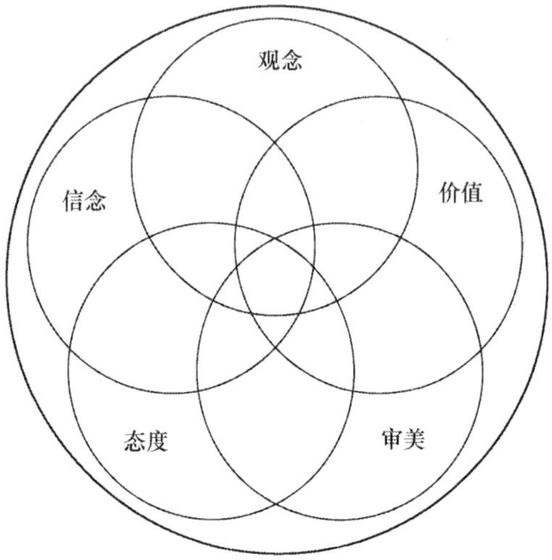

图二　陈列主题“中心思想”内涵示意图

其次，“中心思想”是陈列表达的观念和信念，是对陈列中的事实和知识更为深刻的哲理层面地思考和认识。中心思想是复杂的认识复合体，包含着观念、信念、价值、态度和审美等思维活动。其关系见图二。

观念是人们认识事物、认识历史的一些基本原则，如对作为“物”的博物馆藏品的认识，它是物质世界的一部分，是人类知识的一部分，是人类行为的产物，抑或是财富的表征？又如对历史的认识，历史是客观的记述，还是主观的解读？笔者认为观念是背景，是工具，具有既往的和即时的特点。信念是支持人们不懈努力以实现特定目标的思想基础和精神动力，信念是面向未来，是有具体目标的。如英国伦敦性博物馆提出“健康和谐的性关系是人类幸福要素”的信念。

价值是对陈列中的展品、内容、意义的必要性、重要性和有用性的判断，以及对其程度的判别。价值判断贯穿于陈列的全过程，策划、选题阶段在诸多备选方案中确定选题，内容设计阶段对素材的取舍、展品的选择和重点展品的确定，形式设计阶段对展品位置关系的安排、兴奋点的设置、辅助手段的使用以及照明与色彩的配置，导览讲解准备阶段对讲解重点的安排，这些工作中对纲与目、主与次、节奏、重点、转折的确定都会涉及选择，而这些选择都要服从和表达陈列的价值观和价值标准。如中国历史博物馆20世纪中期设计的通史陈列，运用绘画、雕塑、文物和历史文献等多种展示手段，突出表现中国封建社会的农民战争和农民英雄，以表达“人民创造历史”和“农民斗争是推动封建社会发展的重要力量”的观念。

态度是对历史陈列内容涉及的人物、事件、评价，以及陈列中的展品、陈列手段和内容表达方式的偏好状态，态度倾向可以是从反对、憎恶到赞美、推介的坐标系上的任何一点，如图三所示。态度更多的表现在情感取向上，它可以影响行为，有时虽不影响行为，却会影响到行为的结果。在“陈列主题”的范畴里，态度还可区分为社会态度和工作态度。社会态度反映了社会、公众、学术界对陈列内容的偏好状态，工作态度是陈列工作人员对工作目标、内容、过程和成果的认同和偏好状态。积极的工作态度是对社会态度的极大支持，工作人员的热忱和专业素质将会强化和支持社会态度，使观众通过工作人员的态度来支持自己的态度取向。而当工作态度与社会态度产生偏差时，轻则让观众对博物馆工作产生疑问，重则使观众在思想认识上发生混乱。

反对　憎恶　厌烦　不喜欢　无聊　一般　可接受　有趣　喜欢　赞美　推介

图三　态度演变坐标系

审美是从真善美、正义、积极等正面取向对陈列内容和陈列目的的解读和规定。人类历史上确曾出现过诸多丑恶和丑陋的行为和现象。作为真实存在过的事实，博物馆对此不能回避，但在公开展示时，博物馆必须摒弃自然主义、价值中立、猎奇窥隐的取向。其原因是博物馆承担的社会教化责任，这也是公众对博物馆的基本要求。展示人类的苦难历史，是要说明“不经历风雨哪能见彩虹”的道理；揭露历史上曾发生的丑恶行为，是要激发人们的反思和加强自觉防止此类行为重演的能力。博物馆陈列要多从积极、正面的方向去展示，要让观众在参观陈列之后以积极进取的态度看待人生，以发展的态度看待世界。

“反映”是笔者关于陈列主题定义中的关键词之一。陈列主题是客观存在，它存在于陈列的内容结构和物质表现中，也在陈列的工作过程、陈列与观众的关系、陈列的目的中表现出来。需要注意，陈列主题不完全由陈列组织者、设计者的主观意愿所决定，也不完全是他们主观意愿的表达。当陈列布展完成并对公众开放之后，陈列就获得了“主体”的身份，它俨然成为一个具有独立身份的自主自立的个体，通过陈列中的客观因素，如展品、文字、平面或空间构成形态、位置关系、设计手段、照明、色彩、声响、气味等，形成并凸现自己的个性。陈列主题要借一件件具体的展品、一件件具体的历史事实和一个个具体明确的概念及命题表达出来。如同引力一样，虽然看不到，但却将具体的物吸附在一起，在显现物的存在的同时，也显现自身的存在。

“反映”也表明陈列主题是构成陈列与观众进行交流的思想基础和约束平台。观众参观陈列是有目的的活动，是要满足多元化的需求。从需求构成上看，这些需求是多样化和多层面的，其中一些是处于较低层面的个性化的和具体化的需求，另一些是处于较高层面的社会化和观念性的需求。观众在参观时要充实和完善自我，也要证明自我。证明自我主要是通过与社会条件的互动，从而明确个人在社会中的位置，明确社会对个人的评价，明确个人能力的范畴和能量。参观博物馆陈列是一个很好的自我评估和自我提升的活动。观众通过是否看懂陈列，能否理解展品，理解的维度和程度，能否理解陈列的意图和目的等标准来进行自我评价。观众不仅希望看到真实地、有充分理由支持的物，更希望在精神和认识上得到提升。共同的旨趣、追求、价值标准和目标，持续地逐步深入的交流提供了精神的保障。

观众对陈列主题的认知和认同是“反映”的重要内容。博物馆陈列的社会教化作用的最终目标是使公众形成积极的生活态度和健康的生活方式，要让人们在思想、观念上形成社会认同的信念，同时也掌握正确的思维方式。从这种意义上讲，陈列中的知识、事实、证物发挥了证据和支持的作用，或者说，它们起到的是工具的作用。让观众认知、认同“陈列主题”，或者说让观众在参观过程中感知、归纳和抽象出观念、信念和情感的东西，思考人生的价值和意义，思考个人在社会发展中的作用，这将对观众的人生历程发生重要影响，也才实现了陈列的社会责任。对陈列主题的认知和认同也是观众参观的客观活动的必然结果。观众参观陈列多是主动性的，借用经济学的语言，这是一种具有“机会成本”的活动，即参观活动所取代的其他活动的花费的总和，为此，观众会对参观活动进行效益评价，这种评价更多的是对陈列有用性和重要性的内涵和程度的评估。由于观众参观需求是多元的，其各种需求也会被赋予不同的权重，在观众参观需求的层阶图上（图四），处于上位的需求会更被观众重视。当观众在参观时能感知和确认陈列对上位需求的满足，其对参观活动收益的自我评价也会更高。此外，观众也需要把对陈列主题的认知作为对评估陈列活动重要性的支持理由，如果观众认知的陈列主题又能得到陈列组织者——观众心目中的“权威”——的赞同和支持，那么观众的自我评估会有明显的提升。

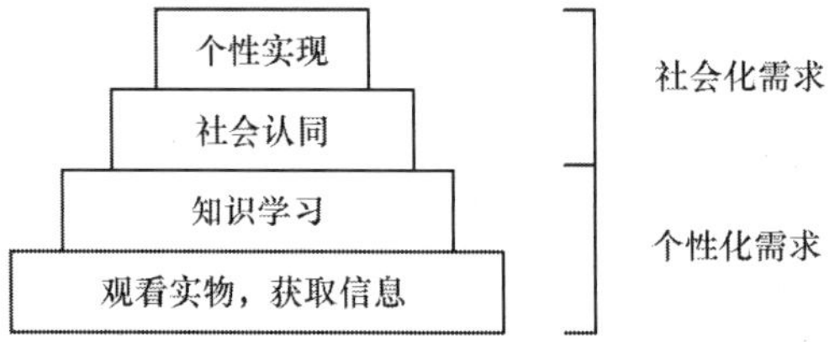

图四　观众参观需求示意图

三、陈列主题的解读

陈列主题是被解读的，由于解读主体的不同，并在不同领域和不同层面上进行，解读的基础、对象和方法也是不同的，从而使解读的结果也有区别。

陈列主题是观念和精神层面的存在，它是对陈列内容和表现样态的原则指导，是对陈列目的的诉求，它潜藏在实物性因素的背后，从实物性因素的存在及其关系中传递被感知和被解读的信号。由于历史博物馆陈列的表现层面是被置于“历史”背景中的物和知识，作为表达现代人认识的陈列主题很难通过这些物和知识直接表现出来。但是，作为陈列与观众交流的观念基础，陈列的组织者希望为观众提供使之迅速认知和认同陈列主题的线索。观众也希望能尽早获知并确定陈列主题，从而为把握具体的陈列因素构建知识框架，建立与既有知识体系沟通的渠道。为此，陈列组织者以演绎的形式对陈列主题进行解读，并将其融会贯穿于陈列的具体成分、形象和关系中；观众则以抽象的形式将所见所感凝结为以概念、命题表达出来的观念认识。

陈列主题的解读过程是一个由包括两个解、编码过程的回路系统（图五）。陈列设计者的解编码活动与观众完全不同。博物馆工作者对观念进行判明并解读，用陈列成分和设计手法进行编码，其结果是陈列的设计制作；观众则对陈列进行解读，透过具体的、个别的物、知识和陈列表现形态以及个人的参观体验构建陈列主题。由于解码和编码使用的工具不同，从而增加了误读陈列主题的可能。简而言之，由于信息不对称，以及工具、需求、知识结构、能力、环境、投入等条件的差别，在解读陈列主题的过程中，很难保证观众的解读与博物馆工作者的解读达成一致。此外，由于在解编码过程中会涉及多种介质的转换媒介，可能要经历不同的转换环节，如博物馆陈列从策划到制作完成所经历的各项工作，会受到多种主客观因素的制约和影响，如博物馆展厅的面积和形态，陈列设计者预想的陈列主题与其设计制作完成的陈列所表达的主题可能会存在偏差，博物馆观众认知和认同的陈列主题也可能会与设计者希望观众感知的陈列主题产生偏差。

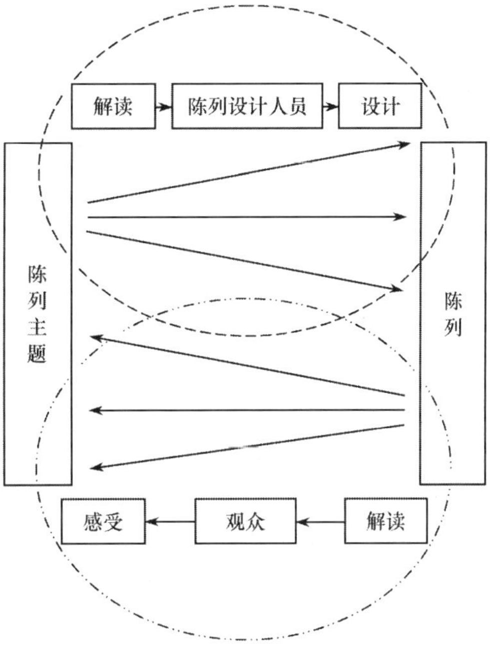

图五　陈列主题解读过程示意图

观众对陈列内容和陈列主题的解读内容是不同的，使用不同的解读工具和方法。对陈列内容的解读，更多的是基于知识的研读，将陈列中的实物、文字、图像、图表等视觉信息转换为概念和命题，并将其在特定知识的框架中依照相关规则进行组织；对陈列主题的解读则相对要复杂一些，观众不仅要对陈列内容中直接表述的陈列意图和目的进行比对、评判和赞同与否，更要通过自己在参观过程中的感受，通过对陈列成分的认知，结合个人对陈列组织者意图的揣想，对陈列社会意义的判断，且还需要再有明确的意图希望获知陈列主题的前提下，才有可能对陈列主题进行解读和研判。许多观众可能会以很普遍和很宽泛的概念去解读陈列主题，如历史文物展的主题是“表现劳动人民的聪明才智”，近代史陈列是“爱国主义”，外国文物展是“文化多样性”。也有一些观众会从不同的角度去解读陈列的主题，如 2004 年中国国家博物馆举办的“法国时尚 100 年”展览，对其主题就有“对话”、“设计”、“回忆”和“沟通”等不同的解读[①]。

观众对陈列主题的解读往往依赖于对陈列的副语言成分的感知和理解。展品、陈列

① RG Consulting 及其作者：法国时尚 100 年。2004 年。

说明、事实性影视作品可被视为陈列的主语言，因为它们直接表述了陈列的事实性内容；设计手法、展具、展线、空间、环境等可被视为陈列的副语言，因为它们更多地表达着情感和价值观。如展具的式样、体量和材料，空间的广狭、形状和连接状态，照明的亮度、色温、光色和照射角度，都在营造特定的心理和情感氛围，影响着观众的心情，影响着他们对厕身其间的展品及陈列内容的印象和价值判断。俗话说，“听话听音，锣鼓听声”，观众对陈列主题的解读也大略如此。

陈列主题浸透在陈列的每一个组分和每一个角落中。在陈列说明的字里行间，在陈列设计和制作的每一个步骤和每一件成品背后，都潜藏着博物馆工作者的创意和追求，都传达了特定的观念、价值和情感。博物馆工作者要在陈列的设计、制作和开放后的每一个环节，将社会责任、科学态度和人生追求结合起来，在陈列中注入情感和对先人及观众的尊重。如果我们明确认识了陈列主题的内容和表现样态，了解了观众对陈列主题的解读方式，就可以为广大观众奉献更多的“目标明确、主线清晰、主题深刻、内容充实、表达生动”的历史陈列。

参 考 文 献

[1] 王宏钧主编：《中国博物馆学基础（修订本）》，上海古籍出版社，2001年。

[2] 严建强：《博物馆的理论与实践》，浙江教育出版社，1998年。

[3] 俞乐滨：《纪念馆陈列策划》，白山出版社，2003年。

知识视觉化：陈列内容设计及文本编写

一个受观众欢迎的博物馆展览，一定要有一个好的内容设计文本，这已成为当前我国博物馆工作者的共识。一个好的博物馆陈列内容设计文本（下文简称为“陈列内容文本”）应该具有哪些条件？达到怎样的标准？又如何编写一份好的陈列内容文本？为回答这些问题，也为了给广大观众奉献优质的陈列，博物馆工作者力图在前人成功的基础上有所创新，并通过实践总结新的经验。但是，由于博物馆陈列具有一定的时限性和周期性，在陈列内容设计时，时间紧迫，无暇对实践作理性的思辨，当工作告一段落，回过头来，又感到有许多更好的做法，但由于客观原因却无法在陈列中实现。于是，陈列内容设计永远是一个遗憾的工作，似乎总是达不到预想的效果，又似乎总在事后认识到有许多可以改进的地方。大家通常将原因归咎于陈列筹展体制的不科学和不健全，实事求是地说，我国现行展陈筹展工作体制是存在着主要业务割裂的问题，但是，陈列内容设计就可以因此而独善其身了吗？任何负责任的博物馆工作人员都不会把问题一推了之，都会从实践和理论中探寻做好博物馆陈列的办法。笔者从陈列内容文本的编写入手，基于系统、过程、结构和效益的视角，探讨构建更充分发挥博物馆展陈社会教育作用的筹展方法。

一、陈列内容文本的作用与特点

博物馆陈列是一个系统，陈列的筹展和开放管理是一项系统工程，内容设计是其中的一个子系统，它必须服从陈列这个大系统的整体目标，必须与其他的子系统互动配合，必须输出符合大系统目标要求和其他子系统功能要求的优质产出。好的陈列内容文本必须是大系统和其他子系统认可的文本，必须是为实现陈列总目标和促进相关工作共创佳绩的文本。陈列内容文本不应是一个孤芳自鸣的文本，不应是一个隶属于特定专业学术领域的学术文本。陈列内容文本必须是陈列筹展工作用得上、用得好，所有参与筹展工作的人员看得懂、看得明白的文本。

过去，人们对陈列内容设计的认识有两个误解，其一认为设计是用艺术的手法对材料进行加工，或说是对内容涉及的事实性材料进行艺术创作或艺术加工，用艺术形式表达内容，如以戏剧、散文或诗歌的形式或语言表达内容；其二认为设计就是“翻译”，用公众能够理解的语言对学术专业术语和研究成果进行翻译。这两个误解的共同点是将内容设计局限在陈列内容的表达形式上，或者说，将设计理解为“包装”。这样做的结果将会是两头不讨好，学术专家感觉不伦不类，缺少学术深度，观众则感觉“知其然，不知其所以然”。细究根源，过去在做陈列内容设计时，其目的是传播学术界公认的正确的知识，内容设计的主要对象是知识，其主要任务是知识的通俗化和相关知识的整合。展品只是作为知识合理和正确的佐证，知识的准确成为内容设计不可逾越的标杆，科学性成为评价陈列内容的第一位标准。

博物馆陈列内容需要设计。内容设计是为了实现陈列的目标，根据陈列的客观条件和观众的学习状况，对已有的事实，即博物馆的实物收藏、文献、影像、自然标本等，以及人们对这些事实的认识，即有关事实的本质及规律的概念化、系统化的知识和对事实的价值及意义的评论等，进行重新建构，并选择最适宜的交流手段。

陈列内容设计要解决三个问题，一个与知识有关，如何解读知识，如何从观众的角度和眼光来认知和理解知识，如何将知识与观众的生活经验联系起来，如何将观众对知识的理解转化为对其发展有益的资源和力量；另一个与展品有关，如何将诸多孤立的物品联系起来，如何让不同的物品表达同一的意志、态度和价值，如何处理好这些物品与知识的关系，如何避免展品中的多余信息对陈列主题信息的干扰；第三个问题与观众的学习有关，如何让陈列激发观众的学习兴趣，如何让陈列适应观众学习的过程，如何让静止的陈列内容与观众互动，如何在学习知识的同时增强观众的学习能力。陈列内容设计人员要做的是转换和重构的工作。从信息传播的角度说，内容设计人员是在构建知识与公众交流的平台；从社会教育的角度说，内容设计是在构建促进和辅助观众学习的环境条件。知识、展品与观众学习，其中知识是一个常量，即知识通常不会因陈列内容的容量和解读的视角发生变化，而展品和观众学习是两个变量，展品会因其数量、体量、完残、与周边展品的位置和距离关系等因素而产生不同的影响，同一件物品会在不同主题的陈列中凸现不同的内涵和特点；观众学习也是变量，一个陈列接待的观众有不同的教育背景、职业背景和兴趣爱好，有不同的学习偏好和学习需求。所以，内容设计要在知识的基础上，尽可能限制和特化展品表达的信息，尽可能让更多观众在陈列中满足其个性化学习需求。

陈列内容设计是过程。由于陈列内容设计涉及两个变量——展品和观众学习，对这两个变量区间的确认要根据工作情况而定，藏品的征集、修复、研究都会影响展品的选择和确定，对观众构成和需求的了解会影响陈列信息的数量、表达层次和表现方式。内容设计人员要在陈列目标、内容、表达方法、观众需求、社会影响力等因素中寻求最适宜、最经济的解决方案，这需要反复的研究，需要进行初步的验证，有时还需要做出局部的方案，以评估不同的构想和选择。在这一过程中，陈列的目标逐渐具体化，陈列内容逐渐充实，陈列语言逐渐丰富，陈列与观众的互动逐渐落实。

陈列内容设计需要创意。创意是寻求实现目标的最适方法，寻求克服实现目标的各种障碍的途径。内容设计面临着很多未知、限制、困难和竞争，陈列能不能吸引具有不同生活价值观的各界观众，能不能让观众在参观中满足多元化的需求，能不能让看起来并不具有吸引力的展品成为具有吸引力和说服力的证据，能不能让只有少数学者才能理解的知识被观众接受，能不能让特定的价值观被具有不同社会文化背景的观众接受并认同，这都需要内容设计人员寻求创意，确定最适合的创意。陈列内容设计人员是集学术专家、艺术家、教育家、营销专家和产品制作者于一身的复合型专业人员，内容创意则是逻辑思维、形象思维、艺术思维、工艺技巧的集大成。

随着筹展工作的进展，有关人员将思考、创意的结果用文字、图表和绘图的方式表现出来，这就是陈列内容文本。它是内容设计人员智力和创造力的集大成，是内容设计工作过程和创意的记录，是陈列筹展各项工作的指导性文件，是筹展工作人员交流沟通的平台。内容设计通常分为两个阶段，前一阶段侧重于知识的收集和整合，探讨内容的表达视角、信息容量和内容的基本框架。这个阶段形成的设计文本通常被称为“陈列大纲”；后一阶段则侧重于内容的视觉表达，以具象的物品、图像、辅助展品和影像技术手段来表现概念化的和抽象的知识、态度、价值和情感。这个阶段形成的工作文本通常被称为“陈列方案”。

陈列设计文本是筹展阶段以文字形式记录工作进程、且在有关业务活动之间交流、参阅的文件，所以，它除了作为学术研究的成果外，也起到不可忽视的指导和协调筹展工作的作用。概括言之，陈列设计文本可以起到指导、沟通、协调、评估的作用。陈列设计文本将陈列的目标、宗旨、主题置于醒目位置，陈列内容的任何修改、完善都必须服从和符合这些基本原则，这时时刻刻提醒相关业务人员，避免被细枝末节的事项引向歧途；陈列设计文本要贯穿整个筹展过程，各项业务活动都在陈列文本这个平台上进行沟通和协调，有关业务人员也可以对陈列设计文本提出修改或完善建议，表达本职业务的关切和创意；陈列设计文本是筹展工作进程的重要评估标准，通过设计文本的完成状态，可以反映筹展各有关业务部门的参与程度和状况，可以使各有关业务部门提前做好相应的介入准备。当然，相关业务工作是否达到陈列设计文本的阶段进度和质量要求，这也为筹展管理者提供了评估筹展进度和完成状况的信息。

根据上面的讨论，笔者认为陈列内容文本具有工具、过程、开放、简明的特点。所谓工具性，是指陈列设计文本是为构建优质陈列服务的，它必须适应博物馆现有的工作条件，不能天马行空，不切实际。此外，陈列设计文本必须为参与筹展的相关业务服务，而不是让相关业务来服从设计文本；过程性是指陈列文本要不断地充实、完善和修订，在其主体结构保持基本稳定的基础上，一些细节要根据筹展的进程及时调整，以追求最好的陈列效益；开放性表明陈列设计文本愿意并且必须接受全体筹展人员的建议，如条件具备，还应接受目标观众群体代表的优化建议。陈列设计文本不是封闭的，它是筹展团队的集体智慧，它应该为鼓励筹展团队成员奉献聪明才智创造条件，文本执笔人员要倾听筹展团队成员的建议，集中众人智慧，让陈列内容文本成为凝聚筹展团队的重要力量；此外，陈列内容文本要简明，不仅文字要简洁，其书面格式也要清晰易读。文字的简洁，可以避免歧义，避免相关业务部门因理解不同而产生纠纷。文本格式的简洁，有利于对陈列要素的确定，避免出现遗漏展项的问题。文本格式的相对规范，也有利于相关业务部门查找和确定自己负责的工作。

二、陈列大纲的编写与文本格式

陈列大纲是内容设计初期阶段的工作文本，这一阶段的主要工作是知识化内容的建构，确定表达、解释和阐释这些知识的角度，探讨如何将陈列的主题——即陈列的目标、态度、价值观和情感取向——有机地融入这些知识化内容中，将陈列知识系统中的事实、概念、命题、推论、逻辑、论断等内容根据陈列条件进行加工，根据陈列目标和观众学习状态设置陈列内容的情节线索。换句话说，陈列大纲编写工作是要“讲一个生动的故事”，将学者书斋中客观、冷静的知识转变为有情节、有情感的“故事”，即通过具体的事件、人物、实物、图像和视觉形象来表达抽象的概念和关系。这个阶段的内容设计工作可以说是在回溯知识的基础，按照推理的过程，从论断和命题回溯到基础性的事实，寻求这些事实间的关系，采用形象思维和艺术思维的方法，将这些事实串联起来，让接触这些事实的观众从中体会和发现规律性的联系，并进一步领悟和理解这些事实所反映的知识化内容。

陈列大纲重点处理的是内容结构和情节发展两大问题。内容结构涉及两个方面，其一是陈列内容的章节划分及各章节的关系和连接方式。由于陈列是在空间中展开的，观众参观是在展厅中移动观看的，为有助于观众把握展览的重点，有助于观众对陈列内容的回溯和相互参照，一个陈列单元的展出面积应在观众感官可以感知的范围之内。此外，展区的面积大小也要以观众感觉心理舒适为宜。考虑到观众参观行为和学习行为，陈列内容不可能平铺直叙，一贯到底，一定要划分章节。如何区分章节，如何确定各章节的要点和亮点，如何安排各章节的分量，如何将各章节内容与观众学习和参观体验联系起来，这都是要认真研究的；其二是内容与观众参观体验的联系，即对观众在参观的各个阶段所获得的体验、感受和反应的预想，以及为达到参观目标所应发生的参观体验。当代博物馆陈列已不再只是视觉形象的简单展示，其重要功用之一是要作为社会的学习机会和学习资源，为此，内容设计必须为观众学习提供条件。学习也是一个过程，作为学习对象、学习环境和施教主体的博物馆陈列应该注意到各个学习阶段学习者的行为特点，并为此提供针对性的助学措施。

陈列内容结构可以有线性、板块、框架和“菜单”等几种形态，这只是笔者个人的总结，广大博物馆工作者应该在实践中创造更多的方法。线性结构（图一）强调时间的作用，按照事件发生先后或事件发展过程来安排陈列内容，其中又可分为显性和隐性两类，显性结构突出时间主轴，如一些博物馆陈列中的“时间带”；隐性结构则强调过程和次序，关注因果关系，如一些历史类陈列；板块结构（图二）突出事件，不太强调时间的作用，陈列各个章节的先后顺序多依据学术逻辑、地理因素和文化因素来安排，如一些名人故居陈列、地域文化陈列和艺术品陈列；框架结构（图三）突出知识因素的作用，关注观众的学习活动和学习效果，按照学术架构和教学方法，将陈列内容分解为基础性的“知识点”，再将知识点组合为概念、命题、定理等知识要素，再根据

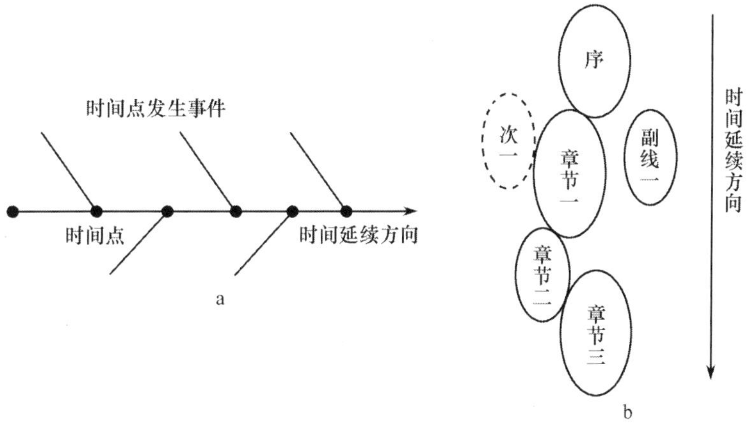

图一　线性结构示意图①

a. 显性线性结构　b. 隐性线性结构

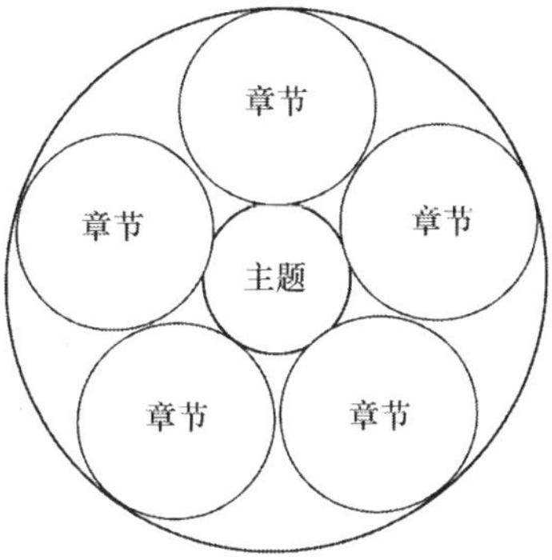

图二　板块结构示意图②

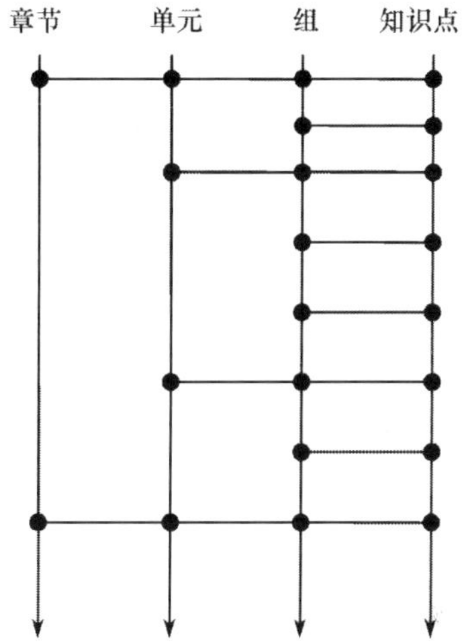

图三　框架结构示意图③

学术体系和知识系统明确各知识要素间的联系，以知识点为基础，逐步递进整合，最后归纳为陈列的展品组合、单元和章节；“菜单”结构是受近年来计算机信息处理技术的影响，以知识的相关性为核心，以用户的需求为导向，以信息的快速检索为手段，让用户在尽可能短的时间里查找到需要的信息。菜单结构在信息的呈现上，多采取“先一般后个别、先综合后具体”的方式，先呈现集成度高的一般性信息，这一信息多为具有检索意义的主题词汇，当用户指向相关信息时，及时呈现内含的下一层次的信息，用

① 笔者参考迈克尔《博物馆陈列》91 页图整理改绘。

② 笔者参考高桥信裕著《博物馆 & 休闲公园展示设计》22 页图整理改绘。

③ 笔者参考迈尔斯《教育陈列设计（第二版）》51 页图整理改绘。

户可继续查询，直到找到所需的具体的、详尽的信息。这一内容结构形态多见于博物馆陈列中通过计算机呈现的内容。上述四类内容结构形态并不是截然分开的，在实践中，它们常常配合使用，如在板块结构中，其个别章节可能就会采用线性结构。但是，由于上述四种内容结构形态的出发点和对信息处理的方法有着明显区别，在陈列内容设计时，还是要确定主导性结构。

情节是贯穿陈列的故事性主线，换句话说，是用观众感兴趣的事件发展来联系相关展品和推进内容发展。故事性并不是将严肃的科学通俗化，不是设置一些虚构的人物或事件，而是对陈列内容的发展和表述采取一些戏剧性的方法，如以一个人的人生经历反映一个时代或一个历史事件的特点，或在表述一个历史事件时，设置一些悬念，让事件的发展曲折生动。情节的设置与发展是为使陈列内容生动和有吸引力，其实，每一件展品背后都有生动的故事，每一个陈列的知识化内容背后也都有许多与人有关的、与知识形成有关的生动故事，甚至在一个看似枯燥的学术体系中，也有着有活力的发展主线，这一主线将相关的概念、命题、论断、论证和阐释联系起来，构成有说服力的学术体系。内容设计人员就是要发现这些有活力、有张力、有凝聚力的发展线索，剥去外面包裹的专业术语外衣，用生动的事实和实物，重现它们的活力。要让情节成为吸引和引导观众的工具，内容设计人员要仔细设计情节的发展脉络，注意情节的起承转合，确定突出表现情节的主要实物和主要事件，研究其他展品与情节发展的关系，安排情节发展的节奏、兴奋点和高潮点。

陈列大纲文本的基本格式如下：

(1) 题目（陈列标题，或拟定题目)。

(2) 版次，即第几稿。

(3) 日期。

(4) 陈列指导原则阐述，其中包括：

① 陈列的题材。

② 陈列的目的、基调、性质。

③ 目标观众的特点、需求。

④ 内容设计指导思想。

⑤ 陈列的主题，主题词。

⑥ 陈列内容设计的基本思路，情节发展基本线索。

⑦ 陈列条件：场地条件，展品基本情况，日程安排。

⑧ 博物馆教育（学习）内容和目标。

(5) 陈列大纲具体内容：

① 章节标题。章节主要内容。

② 单元标题。单元主要内容。

③ 组标题。组主要内容。

④ 各单元（或组）的重点展品，及其基本资料。

⑤ 各单元（或组）的一般展品，及其基本资料。

⑥ 预备展品。此类展品或需借用，或需复制，或作为备用展品。应说明其现在状况，是在本馆，或现在收藏单位。备用展品可说明其在何种条件下可被选用。

⑦ 辅助展品。如场景复原、艺术创作等。应说明使用辅助展品的意图。

⑧ 拟采用的陈列技术，如影像、计算机检索、互动参与项目等。

陈列中采用信息技术的部分常常是信息集中点，传达的信息量很大，信息表达方式又与展品陈列不同，这需要已适应了展品信息传达方式的观众调整信息接收和处理模式。所以，要统筹考虑这些技术设施陈列信息的整体架构，将其与前后相关陈列部分有关的信息安排在信息层面的上层，使这些技术手段融于陈列知识体系中，避免其游离于陈列信息流之外，更要防止这些技术手段偏离甚或干扰陈列的信息流，影响观众的参观体验。

陈列大纲文本既要注意到知识体系的完整，也要注意到博物馆陈列的特点，要考虑与陈列方案的衔接。人们常常以影视戏剧的剧本来比喻陈列大纲，笔者认为陈列大纲更类似于文学剧本。影视戏剧制作要根据剧本，但在不同的制作阶段，其剧本形式却有着很大差别，如文学剧本、分镜头本、拍摄脚本等。文学剧本更多地注重于人物、事件、情节的发展，对相关事件、人物的历史背景和冲突背景的描述，以说明冲突发生和解决的合理性，文学剧本更多的是对决定和影响主要人物性格和行为的各种因素的探讨、揭示和说明，并对人物行为的过程、影响和结果进行描述。尽管作者在写作时考虑到其最终表现形式是影视戏剧，但是，他作为影视戏剧制作链条上的一个环节，考虑更多的还是影响制片人，希望制片人或电影导演以文字阅读的方式受到感动并采纳他的剧本。为此，文学剧本更多关注于意义、价值、事件、情节、人物等具有全局性意义的内容。可以说，他是在写一个吸引人、感动人的故事。陈列大纲阶段的主要任务可以说是在构思和编写一个生动和有意义的故事，但是，如何将文字的故事转化为语言的故事，如何让听故事的人也受到感动，这就要靠讲故事的技巧了。同样，将生动的故事转化为生动的视觉形象，这将是陈列方案编写阶段的主要任务。

三、陈列方案的特点与文本格式

陈列方案的编写，标志着陈列内容设计进入新的工作阶段。这一阶段的主要任务首先是将知识化的陈列内容转化为视觉化的内容，或者说，重点考虑用视觉化因素来表达陈列内容，来帮助观众实现其参观需求。其次，在视觉化因素的基础上，设计以文字表达的内容信息分布状态，确定信息的阅读水平和信息量，明确信息表达层次以及信息的冗余量。视觉化因素包括具体的实物展品、图像展品、景观、辅助图表、说明文字等，以及在展线上一定区间内的各种物品构成的视觉形象，还有色彩、照明、空间、展具等环境成分；信息分布主要是指以文字形式表达的信息在整个陈列或陈列区间中的分布，尽管在陈列大纲中对知识体系有明确的设计，但结合陈列具体情况，需要做一些调整，如知识体系中的“知识点”，可能就要结合具体展品来表达。此外，对一些重点展品，在信息分布上也要给予倾斜，信息的重要程度和相关信息量都要比一般性展品多一些，通过相关信息的重要程度和数量，加强观众对其价值的认知；信息表达层次是要确定展品说明中的各类信息的表达顺序，这些信息可以区别为辨识性、事实性、知识性、解释性和评价性的信息。辨识性信息是明确该物品特有属性的信息，事实性是同类物品共性的信息，知识性信息是有关学术研究和知识体系的信息，其中又可区分为事实、概念、定理、逻辑、论断、规律等不同层面的信息，解释性信息是用大众可以理解的语言对知识化信息的解读，评价性信息是对其价值的说明。这些与展品有关的信息，如何选取，如何排列，如何联系，如何过渡，都应该有一个基本的规则，这样，可以使特定陈列中的文字信息有基本一致的表述体系，有助于观众把握和理解文字传达的信息；信息冗余一是说信息要适当多一些，提供一些超出必需信息范围的相关信息，适度的多余信息可以增加展览信息的参照作用，可以有助于观众将不同展品联系起来，也有助于满足不同观众对信息的需求和解读。二是在允许的情况下适当地安排信息的重复，将同一信息以相同或不同的形式在多处表达，这可帮助观众加深对特定信息的记忆，也有助于他们对主要信息和展品的关注。不要只是干巴巴的几句知识化语言，在科学知识的骨架上，还应该增加一些生活的血肉。

陈列方案文本的特点是以陈列视觉表达效果为导向，以展品为基础。由于其中的大部分内容都要出现在陈列中，转化为陈列中的视觉感知对象，陈列方案要尽量减少非展示性因素，如对特定物品考证研究过程的叙述。陈列方案还是艺术设计、展品准备、布展工程等后续工作的输入，是这些工作的依据、约束和评价标准。所以，陈列方案要考虑与这些工作的衔接，要让从事后续工作的专业人员和工程管理人员能够理解陈列的目标、主题、情感追求、价值取向，以及陈列内容的情节发展线索和关键点。

对陈列文字说明的精雕细琢是陈列方案编写阶段的重要工作。陈列文字说明的文体、风格都要与陈列的总体风格相适应，要让文字说明成为陈列特色的表现手段，成为与观众交流的传播手段，成为鼓励和支持观众学习的教育手段。陈列文字说明包括了陈列的标题、章节和单元标题、序言、章节综述、结语和展品说明，不同类型的陈列说明发挥着不同的作用。标题起到吸引观众和帮助观众构建参观期望的作用，应能表达陈列的主要内容、主题思想、价值取向和陈列目标，文字表述上要根据目标观众的文化品位，或通俗口语，或典雅文言，力求简短，给观众留下深刻记忆；章节和单元标题则作为陈列内容体系的关键点和支撑点，简明扼要地表达陈列的内容结构和情节发展方向。章节和单元标题更倾向于事实性和知识性的内容，抓住本章节或单元的重点事件和主要内容，用通俗简明的语言帮助观众预先了解即将进入的展区的主要内容，帮助观众确定参观学习的重点内容。章节和单元标题的表述和文字格式要注意保持一致，这将有助于观众建立主要内容的前后联系；展品说明是以文字方式传播陈列知识性内容的主要方式，应将展品说明作为一个整体来考虑，不仅是说明的格式，更重要的是说明的内容体系。陈列说明要结合特定展品的个性特点，表达相关的知识性内容和普遍性内容，同时也可以表达价值评价和更为普遍的社会道德规范。展品说明要根据目标观众的知识基础和学习能力，确定文字的阅读水平，用目标观众看得懂、感兴趣的语言来撰写。

陈列方案文本主要由陈列视觉传播素材和视觉传播意图说明两大类内容构成。陈列视觉传播素材包括要陈列的所有材料，如实物、图像、影像和展品说明文字等。视觉传播意图说明则是对特定展品、景观、互动参与项目和传播手段的目的的说明，告诉相关工作人员特定展项要达到的传播内容和目的。笔者认为，陈列方案文本格式应尽可能简洁明了，各项基本信息应有明显的区分度，同时又便于查找。可以采取“分栏式”格式，也可以采取“文本式”格式。分栏式在版面上比较清晰，但可能占用较多的篇幅。文本式则可能因多种信息集中在一起，可能会有一些查找的麻烦。如采用文本式，可用特定符号或字体、字号等方法标示不同的信息。

陈列方案的基本格式如下（采用“分栏”格式，其内容仅为示意）：

[1] 题目（陈列标题，或拟定题目）；

[2] 版次，即第几稿；

[3] 日期；

[4] 陈列指导原则阐述（其基本内容与陈列大纲相关部分同）；

[5] 陈列方案章节目录；

[6] 陈列方案内容：

章节 1，章节名称

单元 1.1，单元名称

本单元展品*：

序号	展品馆藏登记编号（或器物编号），器物名称，数量，尺度，重量等	展品说明	视觉传播意图说明
1.1.1	2001.01.06 石斧	器物说明文字	简要说明该石斧的陈列方式，如刃部朝向
1.1.2	P1956.10 考古工地外景照片（黑白）	图片说明文字	简要说明该照片的重要性
1.1.3	J-2 猿人生活场景（景观再现）	景观名称， 景观介绍	说明该场景的地点，季节，时间，人物的数量、个性、相互关系，行为目的和行为状态，人物情绪，社会—经济—文化背景，环境等。 说明该景观的目的，希望让观众认识和理解的内容，让观众获得怎样的情感感受
1.1.4	C-1 计算机互动项目“走出非洲：原始人的迁徙”	展项名称	该展项内容的概要说明。 说明目标观众情况，对信息水平、表达方式的要求，对影像风格的要求等

* 此栏仅为说明各栏目的内容，具体编写陈列方案时，可在方案编写说明中约定各栏目的内容，在各单元展品清单中可以省略。

四、陈列内容文本编写需要团体合作

陈列内容文本的编写需要团队的合作，需要参与陈列筹展工作的各方人员的通力合作。陈列内容设计是对保障陈列成功的各项因素的统筹安排，是在内容设计阶段对实现陈列目标的各种方法的创意、设计和条件的营造。陈列内容设计需要有主导的人员，但一定不要忽视相关业务人员的作用。一般而言，参与陈列内容涉及的主要业务人员有知识性内容研究人员、视觉传达设计人员和博物馆教育工作人员。知识性内容研究人员通常是我们所说的研究人员，他们要确保基本知识的准确，提供对这些基本知识进行阐释的不同方法，构建基本知识体系与普通公众的交流平台，寻求激发观众参观兴趣并理解陈列内容的办法，并保证在非学术语言的表达过程中，不致发生对知识的误解。视觉传达设计人员通常是我们所说的艺术设计人员，他们要寻求如何将概念化的知识转化为视觉化的陈列，如何通过视觉传达方法揭示孤立的物品之间的联系和本质，如何通过视觉、空间、环境让观众感知陈列的情感诉求，如何通过设计方法影响观众的参观行为，如不要触摸展品，或鼓励观众积极参与互动项目。陈列的视觉形态也是陈列内容有机构成部分，展品摆放的形态，如均匀摆放、高低错落与器物组群，都会影响观众对展品性质和价值的认知。展品位置的高低前后暗示着不同的价值，距离的远近喻示着是否存在共性的关系，近乎规整的几何形状让人看到秩序，松散活泼的组合形态让人感受到生机。陈列内容不仅通过文字，更多地是通过展品、展品关系和陈列环境来表达。博物馆教育专业人员的特长是了解观众，了解博物馆学习的过程和实现要求，他们的积极参与，有助于博物馆陈列从学者的学术表达转变为大众学习的条件。博物馆教育专业人员要设计多样化的教育活动，要帮助不同年龄段和不同社会-经济背景的社群实现博物馆学习，如何让陈列展品成为这些多样化教育活动的触媒和支持，如何让观众认识藏品蕴涵的多层面信息，如何将学术语言转化为大众喜闻乐见的传播方式，这有赖于博物馆教育人员的专业才能。在这个团队中，还要有安全防范、制作工艺、灯光照明、影像制作、计算机项目、推广营销等方方面面的专业人员，他们的专业知识和技能都有助增加陈列成功的保障系数。

陈列内容文本的编写是一个为实现既定目标的创意过程，是从一个概念化的目标出发，不断地发掘事实，不断地发现和理解这些事实间的联系，不断地尝试新的解读和阐释方法，这些新的发现所带来的愉悦是激励内容设计人员完成任务的内在动力，也是内容设计人员不懈追求的目标。但是，一定要注意，不要让创意阻碍了目标的实现，不要让局部的创意模糊了整体的目标。为此，内容设计人员要不断地回溯陈列的目标和主题，坚持既定的价值判断，始终把握大方向，并将是否对实现目标有利作为评价各种创意的基本标准。

一份好的陈列内容文本，应该是有明确申明的陈列目标，有确定的主题，对目标观众群体有明确的定位；在内容方面，应该有完整的内容结构，有新颖的表达角度，有生动和吸引力的情节，有准确体现内容和激发观众兴趣的展品，有准确生动的陈列标题系统，有系统的博物馆教育材料和方法；在文本方面，应该结构严谨，条理清楚，重点突出，文字简洁，便于参考和检索；在实践方面，文本编写应该激发参与人员在内容、艺术和工艺等领域的创意，加强工作团队的凝聚力，有力的支持和保障陈列工作实现预期目标。好的陈列内容设计文本实际上是积极的博物馆工作以及紧密的博物馆与社会互动关系的生动体现。

参 考 文 献

[1] 国家文物局、中国博物馆学会：《博物馆陈列艺术》，文物出版社，1994 年。
[2] 罗越、王琳、巫濛：《展示观念与设计》，天津科学技术出版社，2004 年。
[3]〔日〕高桥信裕：《博物馆 & 休闲公园展示设计》，新形象出版事业有限公司，1992 年。
[4] M. Hall, On Display. A Design Grammar for Museum Exhibitions. Lund Humphries (1987).
[5] B. Michael, Exhibitions in Museums, Smithsonian Institution Press (1991).
[6] D. Dean, Museum Exhibition: Theory & Practice. Routledge (1996).
[7] R. S. Miles, The Design of Educational Exhibits, (2nd Edition) . Routledge (2001).

博物馆陈列说明要“观众学习导向”

多年来，围绕着陈列说明的讨论一直没有停止过，说明的性质是什么，说明可以发挥怎样的作用，怎样编写说明，说明中要包括哪些内容，多长的篇幅比较合适等等问题一直困扰着陈列的组织者、设计者和制作者。在当前信息时代和学习社会的背景下，在构建博物馆与观众有机互动关系的目标下，如何撰写有特色、吸引观众的说明，如何发挥说明帮助观众学习的作用，如何使陈列说明成为陈列视觉效果的有机构成成分，这是要深入思考的问题。

一、陈列说明的性质

长期以来，人们对陈列说明的认识常常流于简单化，认为陈列说明就是展品的说明。应该说，当人们认为展品是陈列中心的时候，陈列说明只能作为展品的辅助和补充，用以表达展品本体难以表现的信息。这让许多人认为陈列说明是“鸡肋”，会局限观众对展品的观察和欣赏，甚至误导观众对展品的认知和理解，在这一认识的影响下，陈列说明越简单越好，越不引起观众注意越好。另外还有一种观点，认为陈列说明是与展品相分离的，是不同质的，以不同的方式传达着不同的信息，展品以实物形态传达着真实的客观信息，而陈列说明则以文字传达经过人们加工的信息。这一观点认为展品传达的实物信息是第一位的，陈列说明则有人为加工之嫌。且不论上述观点是否合理，但它们的共同之处是将陈列说明视为陈列的次要因素，从而导致对陈列说明的忽视，陈列说明牌的制作常常是在筹展的最后一刻，造成陈列说明牌的内容、形式、摆放成为陈列中最大的败笔，既影响了观众的参观体验和学习成效，也影响到陈列的信息传播及视觉效果。为改变这一状况，重要的是要改变过去“重展品，轻说明”的观念，在信息社会和学习社会的背景下，在观众是学习者的条件下，在当代博物馆广泛采用高新科技设施的展览环境中，重新认识陈列说明的性质和功用，认识陈列说明在实现陈列目标中的作用，探讨陈列说明的编写要求和制作规范。

陈列说明是什么呢？它是陈列的知识框架、信息媒介和视觉要素，在陈列中发挥着很重要的作用，特别在历史类展览中，陈列说明是不可替代的陈列要素。由于展品的内涵极其丰富，当观众与展品相遇时，如果没有规定的语境，观众对展品的认知和理解将会天马行空，根据自我的知识、经历和需求而对展品的意义、价值和内容进行解读，并得出自我感觉满意的结论，这一结论可能与陈列要表达的内容相同，也可能差之千里。

将一个个孤立、自立的展品联系成为有意义的、且能表达特定价值和态度的组群，靠的是人类的知识，只有在人类知识的框架中，展品才能发挥其有助于观众学习的作用。此外，作为展品，个别的物品必须从属于陈列的知识结构，必须将与陈列知识结构有关的特性表现出来，这样才能确立它在陈列中的位置，建立与相关展品的联系，只有知识赋予了展品以意义。应该说，在陈列的内容设计阶段，博物馆工作者已在特定的知识框架中安排了最能表现知识内容的物件，也就是将展品置于规定的知识体系中。陈列说明为观众提供了认知和解读展品的知识框架。

陈列的知识框架包括陈列所依据的知识体系，还包括这些知识的表述架构，以及使表述生动而设计的故事线索。知识是人对客观事实的规律性联系的认识，并用文字符码依照规定的逻辑规则表述出来，由概念、命题、规则和观点构成。由于展品自身特性的多样性，使其涉及的知识领域是多元的，如古代青铜器就可涉及历史、考古、文字、冶金、材料、艺术、宗教、民族等多个知识领域。当博物馆工作者设计展览时，为使展览的目的鲜明准确，常常会以一个知识领域为基础框架，整合相关知识领域的内容。如我国一些历史博物馆原始社会部分的展览，多以考古学为理论基础，依据考古类型学理论体系，按照时代、地域和考古文化特性，分类展出原始社会的物件；陈列的知识表述架构是将文本形态的知识体系中的各个子系统和知识点的时空关系进行重新安排。知识是系统、严谨和客观的，当通过展品等实物性视觉材料表达时，需要根据视觉材料的质量、数量和空间状态进行重构，要将文本形态的知识转换为视觉形态和空间形态的知识；故事线索是将冷静、价值中立的知识元素转化为生动、有情节的事件，让连接知识元素的逻辑关系转化为视觉关系和行为关系。故事线索可以是事件性的，通过具体的事件、人物来使静止的展品充满生命。也可以是视觉性的，通过若干展品形状、色彩、体量、位置的关系，使展览显露活力。

陈列说明是信息的传播媒介。传播以文字或图像为载体的陈列知识体系的信息，似乎是陈列说明的主要功能，这也让很多人认为陈列说明只是一种辅助的物件。但是，作为媒介，它不仅自身承载信息和传播信息，同时也以自身的形态和特性传达着额外的信息，并影响观众对信息的态度和接受状况。

陈列说明是重要的陈列视觉要素，构成要素和陈列语言要素。陈列说明以规则的视觉状态构成展览的信息框架，帮助观众在较短的时间中发现和确定不同层次的信息，帮助观众将孤立、分离的个别展品组合成为有意义的认知对象。陈列说明以其自身的形状、材质、肌理、色彩、位置和摆放状态成为展品的视觉背景，以规则化、几何化的视觉形态映衬展品的千姿百态，以单调的文字形态反衬出展品的鬼斧神工。陈列说明是陈列视觉语言，其与展品的相互关系，其自身的物理性状，构成了观众的视觉感知，同时也传达着由形态、色彩、动态引发的情感感知。此外，说明的制作、放置也传达出陈列组织者对陈列的态度，这也会影响观众对陈列价值的认知。

二、陈列说明的功用

陈列说明是陈列组织者发表个人见解，与观众进行交流的主要工具。说明是陈列组织者与观众沟通的桥梁，也是观众开展自主学习的重要辅助工具。它发挥着多种作用，可以传达信息，引导察看，激发兴趣，引导学习，建构意义，表达情感，启发思考。陈列说明通过文字和图像，直接、清晰、简约地向观众传达特定的信息，避免观众因展品本体自身展现的过多和庞杂的信息而迷失方向，或因无法辨识信息而放弃观看。陈列说明通过有序的表述，引导观众对展品的观察过程，通常是从宏观形态到微观细节，在观看中加深观众对展品的认知和理解，帮助观众了解与这些现象有关的知识，发现共性和规律性的因素，认识展品的个性特点。陈列说明可以通过故事性、趣味性、启发性的表述方式，激发观众对展品和陈列内容的兴趣，激发观众对了解更多的知识的兴趣，由此激发观众的学习兴趣和学习过程。一个陈列区间中的陈列说明，可以根据该部分内容的科学逻辑和观众的学习行为过程，按照观众的参观路线，循序渐进地表述有关的概念、命题、观点和规则，帮助观众逐步地接触、认知、理解相关知识。陈列说明应有助于观众自主地建构有关陈列展品和内容的意义，即帮助观众将认知的知识与自有的知识体系联系起来，并认识到该知识的价值。陈列说明的另一重要作用是表达情感，文字文本是有感情的，可以通过语词、语句和修辞表达严肃、激励、悲苦、欢快、幽默、憎恶等情感，还可以表达赞同、鄙视、中立等态度。

三、陈列说明的类型

陈列说明主要是以文字、文本为主体的对陈列内容和展品内容的表述和阐释，表述了陈列的知识框架，并表达了陈列的基本价值和情感取向。陈列说明包括陈列的各级标题、前言、各陈列单元综述、展品说明和结束语。

标题。标题又可分为陈列标题、分部标题、单元标题和组标题等几个层次。陈列标题或为单一主标题，也可是主标题、副标题的组合型标题。陈列标题通常直接表现陈列的基本内容、主导态度和价值取向，使观众在进入展厅之前就可感知陈列的内容，激发观众参观的兴趣，并大致了解陈列的知识背景。陈列标题有助于观众辨识和定位陈列，如同打开观众记忆的触发器，如同引导观众的方向指示牌。为此，陈列标题要简洁、明确，让观众看到标题就可产生关于陈列内容、价值和态度的联想，引发观众内心的情感共鸣和价值认同。陈列标题要具有强烈的冲击力，要对观众的心灵和记忆形成冲击。相对而言，分部标题、单元标题和组标题的知识性和叙事性要多一些，它们通常是对该部分内容的概括，帮助观众确定该部分内容在整体知识框架中的位置，把握陈列内容的基本线索和关键点。为加强陈列标题的冲击力和能动性，标题应多用主动句式，主谓结构，语言要具有鲜明的视觉形象和情感色彩，如“巴蜀寻根”、“走向盛唐”、“我们的队伍向太阳”等陈列标题。或者选择观众熟悉并非常感兴趣的专有名词，如“敦煌”、“第一夫人”等。标题尽可能避免陈述句式，如“××地区出土文物展”类，此类标题语气平实，虽然表述了事实，但缺乏激情，缺少联想。要尽可能避免让公众产生歧义、或不明就里的陈列标题，如“西天诸神”类。

前言与单元综述。前言所说多是陈列内容和举办主旨的概括表述，或是陈列内容的概括介绍，或是陈列特色的简要说明，或是陈列现实意义的深度揭示。陈列前言要给观众提供比标题更翔实、更详细的背景信息，说明陈列的主要特点，帮助观众对陈列知识背景和展品体系有大略的了解，做好参观陈列的知识准备，建构更为具体和明确的参观预期。陈列前言可根据陈列的内容、取向和目的选择不同的文体和表述语气。单元综述侧重对相关陈列单元内容事实的表述，更多的是提供学术背景，揭示该单元与相关单元的知识联系。在单元综述中也可说明陈列内容所依据观点的选择原因。单元综述多使用说明文体。

如果说陈列标题、前言和单元综述是陈列知识框架的“纲”，展品说明就是陈列知识体系的“目”。展品说明在介绍展品的基本信息外，还要介绍陈列知识体系的基本概念、知识点、知识结构和学习内容。一个展览的展品说明应是一个整体，是陈列知识体系的具体展现。在编写展品说明时，要统筹安排，将陈列内容的结构、主题发展、情节等合理分布在各阶段、各单元的展品说明中。编写说明要注意到观众的学习过程，根据观众的学习要求，合理安排知识点，适时安排学习激励点。一般来讲，在陈列的开始，可安排背景材料，唤起观众的知识储备和相关知识；此后，可提出学习任务和学习目标，提供学习内容的基本名词、概念、定理、规则。随着陈列的进展，观众准备知识的积累，可逐步介绍有关的研究方法和学术观点，逐步加强观众应用这些知识解释客观事实的能力，逐渐使观众形成或强化对陈列内容的价值判断。在陈列某一阶段、单元的结束段，或陈列知识体系的过渡环节和连接环节，以及整个陈列的结束阶段，可以安排一些帮助观众评价学习效果的内容，这些内容不是去评价观众的学习，而是让观众建立积极的学习信心，对此次学习活动取得积极的评价。

展品说明要有整体性，每一个展品说明都要服从于陈列目标，服从陈列依据的知识体系。例如，一个历史陈列可涉及历史学、考古学、人类学、民族学、艺术史、科学史等诸多学科，该陈列的设计人员在内容设计阶段，或出于自主选择，或出于研究习惯，会选择一个知识体系作为基础，据此确定陈列所涉知识内容的表述结构、发展线索和表述形式。在编写展品说明时，要对有关知识内容进行取舍，突出与陈列目标相关的内容，淡化那些游离、偏离或干扰陈列目标的信息。如青铜器，在通史类陈列中，需要强调青铜器的政治、信仰、历史、社会的意义，而对其工艺、艺术、装饰、材料的信息可简化处理；但在青铜器专题陈列中，这些被简化处理的信息就可被置于重要位置了。

展品说明中包含了很多信息，编写说明时要注意根据观众的学习心理和参观需求安排这些信息的表述次序。大略言之，展品说明的信息可分为三类，依表述先后顺序为实物性信息、知识性信息和阐释性信息。实物性信息又可称为识别信息，主要是有关特定展品物理属性和身份信息的信息，通常包括展品名称、时代、质地、来源（出土地或作者）、尺寸、收藏单位、藏品号等信息，主要回答“是什么”的问题；知识性信息又称为基本信息，通常是有关该展品的功能、用途、效能、使用方式、使用地点等的信息，主要回答“做什么用”的问题。与展品功能有关的知识，如材料、工艺、相关科学技术的信息也可纳入这一部分；阐释性信息又称为背景信息，主要回答有关展品“价值”的问题，即这件展品的重要性是什么，为什么要选择它，它在展览中的位置等问题。阐释性信息又包括展品特点、历史背景和现实意义等几类信息。展品特点是该物件的与众不同之处，主要从展品的自身特点说起，如作者的制作意图、工艺特点、装饰特点等。历史背景主要是宏观的社会、历史、艺术、科技背景。现实意义是该物品对现实社会发展的作用，当代对该展品价值的评价等。

在陈列说明中，除文字外，还可使用插图、图片等图像资料。对一些工艺性信息和结构性信息，如用文字表述，可能要用较长的篇幅，运用图像则可一目了然，让观众在较少的时间里获取必要的信息。图像还有助于增加展品说明的生动、活泼和可读性。由于说明的篇幅限制，图像应构图简洁、主体突出，在不大的篇幅中传递主要信息。

四、陈列说明写作要求

编写陈列说明，不是对学术研究成果的摘编，也不是对学术术语的通俗解读，而是对陈列内容知识体系的再加工。编写陈列说明，要明确：谁在说？谁在读？说什么？怎样说？谁在说？陈列说明编写人员要明确自身定位，是谁的代言人，是学术专家、博物馆工作人员、历史事件亲历者、还是博物馆观众？由于各自身份、目的和与陈列知识体系的关系不同，对陈列的需求不同，从而对陈列说明的要求不同。专家希望通过陈列与观众交流，博物馆工作人员希望在专家和观众之间搭建桥梁，历史事件亲历者希望在物件构成的陈列中表达自身的体验感受，观众则希望在陈列中发现有助于自我发展的信息；谁在读？编写人员要明确主要的交流对象是谁，是专家，还是普通公众？是城市居民，还是农民？是成年人，还是在校学生？他们的特质、需求、偏好是什么，他们的阅读习惯和学习行为有什么特点。说什么？在了解交流对象特质和需求的基础上，确定为实现陈列目标而需要提供的学习材料和学习手段，即陈列说明反映的知识框架、知识结构、知识点和展示次序。陈列说明不仅要传授知识，也要提供学习方法，要表达特定的态度和价值观，要鼓励观众主动学习，在学习过程中建树自信，建构意义，获取知识。怎样说？陈列说明的文体、语体、风格和阅读程度，要根据交流对象和主要学习人群的特质，选择最合适的表述方式。

确定了陈列说明编写基本原则，就可以开始说明的编写。在编写说明文字时，要时刻想到交流对象，要想着是在与观众交谈，希望观众能够有兴趣把说明读完，能理解说明传递的知识、价值和情感；要有全局意识，即博物馆整体工作意识，说明要体现博物馆的特点，体现陈列的特点，体现相关知识体系的特点；要注意观众、特别是目标观众群体的阅读能力，将学术表述翻译为观众能够接受和理解的文句，不掉书袋，不故弄玄虚。对说明中出现的专业术语，要慎重对待，不要一概排斥，因为专业术语是特定知识体系的基础，也反映着其学术特点，要让观众熟悉和理解基础性的专业术语。当专业术语首次出现时，可以用通俗的语言进行解释，此后再出现时，就可不加注解了。陈列说明要让尽可能多的观众在自身知识水平的基础上就可理解，这需要将说明的知识表达程度定位于当地居民的一般文化水平，或是定位于博物馆目标观众的文化水平。我国现已普及九年制文化教育，乡村居民多为小学和初中水平，城镇居民多为高中文化水平，博物馆陈列说明应适合这一条件。展品说明中的生僻字，可采取同音字或拼音注音，降低观众的阅读难度。

为增加展品说明的可读性和生动性，说明可采用具有故事性的叙述文，尽可能不采用学术论文和考古报告文体。叙述要口语化，尽量采用主谓宾句式，较多使用动词，让文句读起来具有生机和活力，减少阅读造成的沉闷。如果有条件，说明文句可具有一些幽默感，通过一些趣闻趣事，或者幽默的表述方式，让观众阅读到此，会心一笑，既消除了疲劳，也加深了记忆。表述规范也有助于观众的阅读，这涉及说明格式规范和信息表述次序的规范。格式规范是指说明中同一类别信息多出现在相同的位置上，且有相同的格式标准，如实物性信息中的展品名称、时代、质地等条目，遂互不相关，但多安排在说明牌的固定位置，且多根据类别选择不同的字体和字号，这种安排有助于观众确定需要的信息；信息表述次序是根据观众对展品相关信息的认知过程来安排信息，如知识性信息的表达次序，可结合展品的特征，按照从上至下、由外及里、由宏观形态到微观结构的次序来安排。在编写具体的展品说明时，也可以有例外，即将观众最感兴趣的内容安排在前面，以吸引观众阅读，满足观众的求知渴求。

陈列说明的篇幅也要规范，同类陈列说明的底板、文字尺寸基本相同，这有助于观众把握这些信息的性质和重要性。标题的字数并无定例，原则上不宜过多，如字数确实较多，可设置主、副标题。西方博物馆陈列的主标题多为 2～4 个英文单词，常常省略了主语。前言和陈列单元综述应让观众在 3～5 分钟左右的时间里读完，其篇幅笔者以为在 150～400 字左右为宜。一般的展品说明除实物性信息外，其他类信息的篇幅控制在 100 字以内；重点展品的说明可适度长一些，尽可能包括观众感兴趣的多种信息，以满足观众的好奇心和学习需求。较长篇幅的展品说明，也给观众以心理暗示，表明该展品的重要，提示观众对该展品给予更多的注意。

陈列说明的写作大略包括前期研究、搭建知识框架、整理相关资料、撰写学术性初稿、撰写说明初稿、修改、定稿等阶段。以前，陈列说明主要由研究人员负责，近年来西方博物馆界常常由博物馆教育工作者在研究人员的支持下负责编写，学术研究人员构建知识框架，提供基础学术资料和研究成果，教育工作人员用通俗的语言编写说明，这主要是由于博物馆教育工作者对观众的特质和需求比较了解，并接受过编写陈列说明的专业培训。可以说，陈列说明编写已不是一个人的业务，而是学术研究人员、藏品管理人员、博物馆教育人员和推广营销人员的共同努力。

陈列说明文本完成以后，还要经过认真的校对。校对主要关注文字和语法的正误，注意各类信息的次序和位置的规范，注意字体、字号、版式的规范。还要注意说明中附图的尺寸、方向和所用图的类别，避免图像上下、左右颠倒。

五、说明牌的形式设计与制作

说明牌是说明内容的载体，是观众获取文本信息的主要来源，同时也是陈列的可视因素，是构成陈列整体或局部视觉形象的重要成分。设计和制作说明牌的基本要求是可读性、整体性、艺术性和耐久性。可读性要求说明牌上的文字和图像要易于阅读，易于辨识；整体性要求说明牌的版式设计要与陈列的整体艺术风格相协调，陈列中各种类别说明牌的风格要一致；艺术性要求说明牌的样式、尺度和版面要有美感，让观众感受到设计的精心和制作的精致；耐久性要求说明牌在陈列环境中保持较长的时间，特别是在开放性展陈空间中，说明牌的文字、图像要能够长时间保持清晰，说明牌的材料和制作工艺能长时间保持优质的状态，不开裂，不卷曲，不污损。

陈列说明版面设计应纳入陈列艺术设计的整体考虑中，陈列说明单体体量虽然不大，但是数量众多，各类说明会构成很大面积的视觉对象，会影响观众的参观行为和参观体验。陈列说明会影响观众的阅读行为，说明的字体、版面设计会影响观众是否愿读，是否读完，读多长时间；说明牌的版面也会影响观众对说明内容的态度，这些信息的性质是什么，有多高的可信度，似乎在文字设计和版面设计中传递了暗示。一些博物馆的陈列说明使用艺术字体，或在版面上增加面积较大、色彩鲜艳的底衬纹饰，将说明牌作为艺术品设计看起来会吸引观众对说明牌的关注，但这样做也可能影响观众对陈列内容的认知，可能会将历史类陈列视为艺术类陈列，将严肃的历史事实视为“戏说”。

说明文字的设计要以易读为首要目标，知识性信息和阐释性信息最好选择符合人们阅读习惯的字体，如书刊报纸常用的宋体、楷体等，以方便观众快速连贯的阅读。文字的大小要根据观众的阅读距离来确定，一般来说，观众阅读展品说明的距离为 50 厘米左右，在这一距离，说明文字应选择 4 号字，或 14 磅字。陈列前言、单元综述的阅读距离通常在 1 米以外，其字号不应小于“初号字”，或 40 磅字，如距离较远，字体还要适当加大。对陈列标题等重点文字，其字体可选择黑体、等线体、魏碑、隶书等字体，如无特殊要求，尽可能不选择空心字、花体字。

说明文字的版式设计要清晰、美观、易读。要选择适当的行距、字距和页边距，每行字的长度要适当，如字行较长，可区分为两栏。要避免字距、行距过密或过疏，这不仅视觉效果差，也影响观众的阅读，影响观众对陈列说明内容的理解。陈列说明中的规范化内容，如名称、质地、时代、来源等实物性信息，其次序、位置、字体等设计要素可相对固定。说明的色彩设计，基本原则是文字与底色要有足够的反差，文字通常为黑色、深棕等暗色，底板多为白色、牙白、米黄等浅颜色，如底色选用彩色，应不要太鲜艳。尽可能不要采用白字暗地的搭配，这种色彩搭配会使文字看起来更小，阅读困难。如无特殊要求，尽量不要采用底部照明的透光说明，这很容易造成观众视觉疲劳。关于说明牌上的装饰底纹，笔者建议纹饰的尺度不要太大，色彩不可艳丽，只需点缀于版面边缘和角落，不宜将整个版面都加底饰。如果陈列说明的底饰过大过艳，会给观众以繁缛、续貂之感，且有喧宾夺主之嫌。展品说明底板原则上不要使用透明材料，透明材料会将说明牌后边的物象显示出来，模糊了陈列说明与环境的分野，使观众不易辨认和确定说明的位置，增加查找的难度，此外后边物象会干扰观众对说明文字的辨识，造成阅读的困难。

陈列说明版面的尺寸大小要考虑说明牌、展品、展柜、展厅环境的尺度关系，考虑与展品的位置关系，要与之协调。各类说明的规格、样式、材质和制作工艺要统一。

陈列说明的制作要精益求精。陈列说明多样式简单，材质多为纸、木、塑料等价廉的材料，因此需要精心设计，精工制作，使说明简洁而不简陋，价廉而不粗俗。制作时一定要注意细节，要严格质量标准，要注意底板的四边是否平直，版面格式是否一致，印制的字体是否清晰平直，页边空白是否匀称，粘贴的纸张是否平整，版面是否清洁，这些细节都要一一落实。

陈列说明档案也是保证说明质量的重要措施。要注意收集有关陈列说明的各类资料，编制陈列说明档案，以备说明的修改、补充和重新制作之需，特别是博物馆的常设陈列，相关档案更能发挥重要作用。陈列说明的档案材料包括说明内容、文本规范、色标、版式设计要求、说明牌所用材料、制作工艺要求、制作设备、制作单位等。

六、陈列说明的摆放要求

陈列说明的摆放也很有讲究，不可掉以轻心。要确定陈列说明与陈列、展具、展品的位置关系，要保持一致性。说明与陈列的位置关系，是指各类说明在展品陈设区中的位置，特别是单元标题、单元综述、展品组群说明等涉及多件展品的说明，通过位置关系可表明该说明与这些展品的关系，为观众认知该说明涵盖范围提供视觉上的帮助；说明与展具的位置关系，是指特定类别的说明在特定展具中的位置，如单元标题在展柜的中间、左侧或右侧，展品说明在展台上、展台侧边；说明与展品的位置关系，是要明确展品说明与展品的关系，是在相关展品的左侧、右侧、还是下方。确定展品说明与展品的位置关系，有助于观众查找和阅读说明，避免找错，也防止因无法确定某件展品的说明而可能产生的焦躁。

要注意陈列说明的摆放角度，以方便观众的阅读。一般而言，说明不要垂直平贴在展柜玻璃上，也不要平放在较高的展台上。说明倾斜角度要考虑说明的尺度和位置，以及观众的阅读位置和距离。说明牌平面与观众视线的夹角一般不要小于60度。

陈列说明要有足够的照明，方便观众的阅读，同时要防止说明牌的眩光。防止眩光的措施主要是说明底板材质的选择和表面处理，尽量不选用玻璃、表面光亮的塑料板材或表面压光的厚纸张做底板。如展品需要弱光照展示环境，可将说明牌放置在稍远的地方，或放置在展柜外边，或使用可控制照明范围的灯具，以保证观众阅读。最后，说明牌的放置要牢固，防止因说明牌自身重量或外界振动而导致说明牌的移位、倾斜、倾倒或脱落。

博物馆藏品管理

博物馆藏品性质与范畴思辨

一、问题的提出

在博物馆工作中，博物馆藏品具有举足轻重的地位和作用；在博物馆学研究中，博物馆藏品也是基本概念之一。长期以来，当谈到“博物馆藏品”时，人们会立刻想到博物馆中收藏的各种物品、文物或标本，“博物馆藏品是什么”的问题似乎已成为不用再讨论、再证明的“公理”了。伴随着博物馆工作的专业化、规范化的发展，伴随着博物馆事业社会化进程的发展，博物馆工作者开始重新思考博物馆藏品概念。人们发现，“博物馆藏品”这一看起来最简单、明确的概念仍包含着许多值得思考和讨论的问题。

博物馆事业的发展对传统“博物馆藏品”观念提出了挑战。科技博物馆、儿童博物馆、户外博物馆、生态博物馆、社区博物馆等新类型博物馆的收藏品与传统意义的“博物馆藏品”有显著的区别，科技博物馆中为展示和传播科学原理而制作的演示器材，民族博物馆中记录民族风情习俗的音像资料，生态博物馆强调保护的社会关系，社区博物馆帮助当地社团、居民搜集、保存和利用的各种物品等。这些“收藏”或表现抽象的科学原理，或借助其他载体而存在，但它们确实是这些博物馆工作的对象或基本手段，博物馆给它们以“藏品”的礼遇。这些收藏品的数量并不太多，但它们的所有者却是为世人公认，而且是充满生机活力的、受观众喜爱的博物馆。博物馆界如何看待和解释这样的事实呢？

博物馆工作的专业化和规范化要求对“博物馆藏品”有明确的规定，只有工作对象明确，才能有的放矢地进行管理。博物馆藏品的身份是怎样确定的？赋予和确认“藏品”身份是否需要有专门的并具有法律效力的文件文书？是否需要履行特定的工作程序？是否所有在博物馆管辖领域（如馆舍、保护区）内的特定物品都是博物馆藏品？如果其中的部分物品不是博物馆藏品，其取舍标准是什么？

博物馆学研究也围绕着“博物馆藏品”提出了许多问题。例如，博物馆藏品能否真实地反映过去的历史和我们周围的世界？经过悠久历史的积淀，博物馆藏品作为大千世界的孑遗，仅是历史长链中几个仅存的环节，它们能否反映历史的原貌？特定物品在成为“博物馆藏品”之前，需要经过博物馆工作人员的选择，这种选择作业是否会歪曲、扭曲该物品的“真”？博物馆工作人员的学术背景、水准、兴趣、审美观念、道德标准是否会影响对该物品的选择？特定时期的社会条件和社会需求是否会影响对该物品的选择？蜕化腐坏是自然万物生存的自然法则，博物馆藏品保存科学试图阻止、延缓藏品的自然蜕化进程，这是否扭曲了藏品的“真实”？随着博物馆社会化进程的演进，博物馆收藏兴趣日益广泛，对象更为多样，从体现知识、艺术、历史的实物，到表现文化、传统、社会关系、社会发展状况的物品，其中许多物品不再因自身物质实体的特征而被收藏，而是因其所表达、代表、体现的外在的因素而被收藏，如反映某一社会事件、历史人物、风俗习惯的普通物品等。怎样认识博物馆藏品构成内容的变化，怎样认识博物馆藏品用途和利用方式的变化，怎样认识博物馆藏品的价值和伦理问题，这些都是博物馆学研究人员面对的新课题。

二、我国博物馆界对“博物馆藏品”的认识

多年来，我国博物馆界对博物馆藏品的性质、属性、构成、身份确定、用途等问题进行了讨论，探讨了博物馆藏品在博物馆工作中的地位、作用、与其他博物馆构成因素的关系、与博物馆各项工作的关系等问题，对博物馆藏品的认识和理解不断拓展和深入。

20世纪80年代初以前，我国博物馆界多认为博物馆藏品是“文物、标本”的代名词，是由博物馆这一特定的文化科研机构收集、保管和研究的“文物标本”。如果说作为博物馆藏品的这些文物标本有什么特殊之处的话，只能是收藏、管理者的身份的特殊性而已。“文物、标本”的特点就是博物馆藏品的性质、特点。《中国博物馆学概论》中说：“我国地大物博、历史悠久，地上地下保存着大量反映各个时代制度、社会生产和社会生活的具有重要历史价值、科学价值和艺术价值的古代文物和革命文物；保存着显示生物进化、人类进化和自然资源的大量的化石和标本。这些实物不但是博物馆业务活动的物质基础，……所以，博物馆是文物和标本的主要收藏机构。”[①] 同书还讲到：“藏品是博物馆业务活动的基础，……如果没有藏品，没有文物和标本，便不能称之为博物馆。”[②] 对照着读一下这两段话，可清楚地看出“藏品”即文物标本。1979年颁布了《省、市、自治区博物馆工作条例》，该条例第五条在谈到藏品征集工作时，主要是讲文物标本的征集。1986年6月颁布的《博物馆藏品管理办法》也是“根据《中华人民共和国文物保护法》有关条款，制定本办法。”其中要求“藏品必须具有历史的或艺术的或科学的价值。”这个提法与《中华人民共和国文物保护法》中对文物价值的规定是相同的。[③] 这种对博物馆藏品的认识，是受到我国博物馆管理体制和主管部门规定的

① 文化部文物局：《中国博物馆学概论》，第31页，文物出版社，1985年。

② 同上，第29页。

③ 《中华人民共和国文物保护法》第二条，“在中华人民共和国境内，下列具有历史、艺术、科学价值的文物受国家保护：（下略）”1982年。

博物馆工作目的、职责的深刻影响。我国博物馆多年来主要在文物事业行政管理部门的管理下，大部分博物馆属于历史类、纪念类博物馆，承担着收藏、管理文物的责任，承担着利用历史文物进行宣传社会主义思想和社会主义建设成就的职责，我国博物馆的工作实践和社会责任规定和制约了对博物馆藏品的认识和理解。

80年代中期以后，我国博物馆界对“博物馆藏品”的定义进行讨论，认为博物馆藏品不再只是一般意义上的文物，而且也不应局限于文物范畴。博物馆藏品的基本属性和范畴拓展为“供研究和社会教育之用的有价值的历史文化遗产、自然标本和科技成果及有关的一切资料”,[①] 是“自然界和人类社会物质文明、精神文明发展的见证物。”[②] 博物馆藏品之所以能成为博物馆藏品，不仅要具备特定的客观因素，而且要符合博物馆制定的藏品标准，通过博物馆相应的藏品管理工作程序，才能得以确认藏品的身份，即“博物馆依据社会需要和自身性质有目的地搜集起来，并应用特定程序进行管理、保存，”才能成为博物馆藏品。[③] 这些讨论表明，我国一些博物馆工作者已意识到博物馆藏品是具有自身特点的特殊的“物”，博物馆藏品即与物质世界、人类社会、自然环境中的万物有千丝万缕的联系，又与它们有所区别，这些区别是由博物馆事业、博物馆工作的特殊要求所规定、所要求的。博物馆工作对博物馆藏品的形成、确认、特征的赋予有着不可忽视的影响。总之，博物馆藏品已是其自身条件和博物馆工作相结合的产物了。

对博物馆藏品的这种认识，受到80年代我国博物馆事业发展高潮的影响。当时，我国博物馆数量急剧增加，博物馆工作急需规范，一些“挂牌馆”的出现也使人们注意到博物馆藏品的搜集和管理。这些因素促使人们对博物馆，对博物馆基本构成因素的定义进行讨论，并注意博物馆工作人员素质、博物馆工作成效对博物馆事业发展的影响。还应看到，80年代初，一些国外博物馆学理论，特别是欧、美、日博物馆学理论及观点的介绍，启迪了我国博物馆工作者的思路。借鉴国外博物馆学精华，结合我国博物馆工作传统和现状，从博物馆工作的特点、角度重新审视博物馆学的基本概念，从而形成了一些新看法，对博物馆藏品概念的讨论即是一例。

近年来，我国博物馆界一些从事博物馆学研究的学者对“博物馆藏品”概念又有新的认识。《中国大百科全书：文物·博物馆》卷中关于博物馆的主旨论文在谈到博物馆藏品时，认为“藏品一词内容非常广泛，博物馆藏品系博物馆收藏物的总称，它具有特殊的含义，不是任何实物都能成为博物馆藏品的，而只有那种能够反映人类和人类环境的具有历史、艺术、科学价值的实物才能成为博物馆物品。”[④] 该文在谈到博物馆藏品时，使用了具有更广泛内容的“实物”作为博物馆藏品的基本属性，而没有使用

① 马子庄、晓贾：《试析博物馆藏品》，《中国博物馆》，第50页，1987年2期。

② 王宏钧主编：《中国博物馆学基础》，第166页，上海古籍出版社，1990年。

③ 马子庄、晓贾：《试析博物馆藏品》，《中国博物馆》，第50页，1987年2期。

④ 吕济民、苏东海：博物馆，《中国大百科全书：文物·博物馆》卷，第21页，中国大百科全书出版社，1993年。

我国博物馆工作者惯常使用的“文物、标本”，尽管“具有历史、艺术、科学价值的实物”仍有“文物”的影子；该文使用了几个含义相近的词汇，如“博物馆物”，“博物馆藏品”，“博物馆物品”，似是对不同规模、不同层次的“博物馆藏品”在概念上加以区别；该文力图将国际博物馆界对“博物馆”的认识与我国博物馆学结合起来，反映了在保持我国博物馆学特色的前提下，有条件地接受国外博物馆学观念的考虑。

我国博物馆界对博物馆藏品的认识大致经历了从“无限制的文物标本”到“根据博物馆性质、需求搜集的文物、标本”，进而到突破文物范畴的“自然界和人类社会物质文明、精神文明发展的见证物”，再到近年“反映人类和人类环境的具有历史、艺术、科学价值的实物”的认识过程。这一认识发展过程是与我国博物馆事业多学科、多层面的发展，博物馆工作专门化、职业化的发展，以及博物馆学研究逐渐成熟、深入的过程大致相吻合的。由此可以看到，对“博物馆藏品”的认识，不是哪几个学者、专家冥思苦想、独辟蹊径的结果，而是博物馆事业发展、完善博物馆工作的要求，以及博物馆学理论准确阐述、预见和指导博物馆工作发展的直接结果。

三、为什么要讨论“博物馆藏品”概念

“博物馆藏品”概念将随着博物馆事业的发展和人们对博物馆藏品认识的深入而改变，如此而论，为一个不断变化的概念做一个明确的定义，是否会劳而无功呢？其实并不尽然，尽管博物馆藏品概念、博物馆藏品的特点还会改变，但对其概念、特点的讨论，并根据实践需求对其做一个相对稳定的定义，将有助于了解和把握特定博物馆发展阶段中博物馆藏品的特点，有助于完善博物馆工作实践，有助于推动博物馆学的研究。

博物馆藏品是博物馆事业的基本构成要素之一，是博物馆业务工作的对象和载体，是博物馆各项工作的联结点，是构成博物馆事业基本特点的物质基础，是体现博物馆工作成效和社会贡献的主要标志之一。只有准确把握特定时期博物馆藏品的性质和特点，明确认识博物馆藏品在博物馆工作中的作用，确切了解博物馆藏品在实现博物馆工作宗旨中的优势和缺陷，才能很好地搜集、管理、保护、利用博物馆藏品，才能真正发挥博物馆藏品的价值。为此，对博物馆藏品是只有一个大概其的模糊认识，还是尽可能科学地研究、探讨、归纳和把握博物馆藏品的特点，答案只能是后者。对博物馆藏品的认识将直接影响到博物馆的藏品搜集、管理和利用等业务，这在我国博物馆的实践中已充分显露出来。将博物馆藏品视为文物，就会依据文物的标准去搜集，就会以藏品中等级文物的数量来衡量收藏的质量，甚至以此评估博物馆工作的优劣，博物馆工作人员成为“文物”藏品的附庸，博物馆工作以藏品为中心，围绕文物藏品做文章，从而冲淡了对社会需求和社会问题的关注。博物馆成为文物专家、文物爱好者的殿堂，广大公众则视博物馆为“文物仓库”。我国许多博物馆工作者已认识到将博物馆藏品视为“文物”的不足，从而将博物馆藏品的基本范畴扩展为“人类和人类环境的……实物”，这是很有见地的。这一发展不仅是对博物馆基本范畴的拓展，也将促使博物馆工作的着眼点从

“物”转变到“社会”，使博物馆成为“外向型”的注重发挥综合社会效益的社会文化机构。

博物馆藏品概念的讨论和研究是博物馆学的基本课题之一。博物馆藏品概念的确定并不是“头脑游戏”的结果，应该是对博物馆所处的社会环境、博物馆工作目的、博物馆藏品实际构成及特点等因素的综合考察、评价和研究的成果。研究人员也需要掌握正确的思维方法和研究方法，要将博物馆藏品置于博物馆工作环境和工作目的中研究，要将博物馆藏品置于与其他博物馆构成要素、博物馆基本职能的联系中研究，避免用静止的、孤立的和形而上学的方法研究。对博物馆藏品的研究，同时将是对博物馆现状的研究，对博物馆各项工作的研究，对博物馆中各个工作系统及其相互联系的研究，也是对博物馆本质特点的研究，真可谓“牵一发而动全身”。为保证围绕博物馆藏品进行的各项研究工作获得满意的成果，确定一个为广大研究人员普遍接受的“博物馆藏品”概念是十分必要的，这可保证大家有相同的研究对象，有概念一致的研究语汇，形成在共同基础上各抒己见的研究局面。

四、“博物馆藏品”概念

博物馆藏品概念应着重解决“博物馆藏品是什么”的问题，即确定博物馆藏品在世间万物中的位置。涉及博物馆藏品的研究课题很多，诸如博物馆藏品的基本属性、特性、构成、获得、标准、身份确认、地位、作用、用途、成效评估、原状、缺陷、与其他博物馆构成要素的关系等；另外还有关于博物馆藏品的哲学思考，如博物馆藏品能否真实反映客观世界？博物馆藏品是自身特点的单纯表现，还是要映射收藏、使用者的文化观念和价值观念？博物馆藏品与客观物质世界的关系？博物馆藏品与文化遗产的关系？博物馆藏品是否要脱离自然蜕变这一自然万物的演化轨道？此外还有一些涉及藏品的应用技术、技能的研究，如藏品的搜集、管理、研究、检验、登录、标注、测量、分类、定名、描述、存放、利用、陈列、阐释、讲解等等。这些研究课题都是重要的，都关系到藏品的确认、安全和其价值的体现。但在讨论博物馆藏品概念时，很难将上述诸多方面的特征都包容进去。为此，只能摒弃个别博物馆藏品的具体特征和具体用途，突出博物馆藏品的一般性特点，突出博物馆藏品与其他物品的区别。还要考虑到，博物馆藏品概念不是单纯用于博物馆学研究的抽象概念，还应是可用于实践的，具操作性的概念，要具有规定、体现、证明、保障的作用。

博物馆藏品概念由两部分构成，其主要部分是表述博物馆藏品基本属性、基本性质、基本范畴的中心词；另一部分是对中心词的限定成分，即突出博物馆藏品独具的特点，或说是使中心词所表示的物品成为博物馆藏品的唯一条件。

注意到对博物馆藏品概念的要求，考虑到我国博物馆工作现状和发展需求，结合博物馆界同仁对博物馆藏品概念的研究成果，博物馆藏品概念可否表述如下：

“博物馆根据收藏标准和履行特定工作程序收藏、管理的人类和人类环境的物证。”

五、博物馆藏品的基本属性——“人类和人类环境的物证”

博物馆藏品的基本属性、基本范畴是“人类和人类环境的物证”。“物证”即“实物证据”。使用“物证”一词意在避免可能出现的对“实物证据”的理解差异。例如，对“实物证据”可能会有这样的理解：“实物形态、形体、载体的证据”，或“具有证据作用的实物”，或“可作为证据使用的实物”。这些理解的中心词是不同的，从而会影响对“实物证据”一词的理解。“实物证据”是一个偏正词组，“证据”是中心词，“实物”是对“证据”的修饰和规定，表明“证据”的存在形态和表现形式。“物证”一词是为防止对“实物证据”一词产生理解歧异而使用的缩略词。

“物证”是作为表现、体现、传达、阐释和证明“人类和人类环境的物证”，要表现、体现、阐释和证明人的自然演化过程、人的心理、生理、行为、思维、社会特点、人类社会生产、生活、组织、文化、宗教等过程和活动，人类社会的过去、现在和未来，人类的生存环境和生态系统。这些物证不仅要表现特定的个别的人物、景象、过程，而且要表现个别、具体事物之间的联系，宇宙万物间的联系，以及发展规律。

作为“物证”，它们或以自身的各方面特点直接表现上述内容，或以自身作为有关上述内容的信息载体，间接地表现上述内容。因此，“物证”与“实物”相比，它有更广泛的灵活性和包容性。“实物”只能表现自身所具备的，或与实物特性相关的信息。如一件历史文物，它可展现其质地、制作工艺、形制、纹饰、重量等，也可反映与之相关的历史事件、古代社会状况等，这些信息都是与它的材料、制作、使用、流传等因素直接联系的。“物证”则除具备“实物”的特点，即可表现与自身物质实体有关的信息，还可表达、传达与其自身“物”的特征无直接关联的信息，如摄影相片、录像磁带、电影胶片、口碑记录、科学检测记录等，其实物载体与记录的信息相比，可能并不具有科研、历史、艺术的价值。对于这样一些物证，我们难道可以因此类信息不具“实物”状态，因信息载体是当代物品且价廉易得，从而排除它们于博物馆藏品之外吗？还要看到，这些珍贵的信息必须依附于某种物质载体而存在，而被研究，而被利用，其载体可被视为信息存在、传播的必要条件。实物载体的任何破坏、蜕变都可能会影响到其所记录的信息的完整、准确和安全。“物证”还可包括以文字形式记录的有关实物制作、使用、流传、交换、遗弃、再利用等多种不可见信息，这些信息对确认“实物”的真实和价值，对准确认识、理解和利用“实物”是非常重要的。这些信息并没有在实物上直接表示出来，也很难以某种直接、直观的形式与实物联系在一起，只能以文字的形式记载，以档案资料的形式集中存放管理。在某种意义上，这些信息是被博物馆收藏的“实物”的生命线，是“实物”得以体现其价值和发挥其社会效能的基本保障。综上所述，“物证”的表现形式、构成成份要比“实物”更为广泛，包括了“实物”，以多种载体记录、保存的非实物信息，以及由文字记录的博物馆藏品的不可见信息。

博物馆藏品的基本属性是“人类和人类环境的物证”，这是对注重博物馆藏品物质实体的认识的深化。这种认识的取得是与博物馆事业、博物馆工作的开展相适应的，是以博物馆工作实践为基础的，也是为了解决博物馆工作中出现的新问题的。当代博物馆事业的显著特点之一是博物馆工作社会化趋向的突出表现，博物馆工作更为关注社会发展的需求，更为关注社会公众（包括博物馆观众和非观众）的需求，注重参与当地社区的发展事业，明确博物馆是社会文化、科研、教育机构。当代博物馆对博物馆藏品的认识，逐渐从“文物、标本”等注重物质实体的一面向“信息载体”、“文化载体”的一面发展。博物馆中与藏品有关的各项业务工作，逐渐从注重“实物”向注重“文化”过渡。博物馆藏品搜集业务以能全面反映和记录异时、异域文化为重点，力求使博物馆藏品能反映特定文化；博物馆藏品研究不再局限于对藏品的客观描述，而注重揭示藏品所表现、传达的人文科学内涵；博物馆藏品保存科学工作不仅关注于对藏品外观形态的维护和修复，更注重对藏品体现历史、科技、艺术等信息的遗痕、遗迹、遗留物的保护；博物馆陈列工作力图在陈列中表达更多的内容，如社会文化、艺术流派、历史事件、社会生活、社会变革和风俗习惯等，陈列不仅为观众提供接触、观看、欣赏博物馆藏品的机会，更要使观众增加知识、提高素质、改善生活质量、增强民族自豪感等。当代博物馆工作人员从工作实践中逐渐认识到，博物馆藏品是博物馆工作的物质基础之一，但它已不再是博物馆各项工作的“目的”。

博物馆工作目的的发展，从而提出了拓展博物馆藏品范畴的要求。当代博物馆对博物馆藏品的需求更为广泛，当代博物馆工作已开始突破传统博物馆藏品，即可移动的具有某种价值的实物的局限。当代博物馆要收藏和传播当代自然科学和社会科学的最新成果，现代自然科学的研究对象包括了许多人们尚无法直接获得的物，如广袤的宇宙空间，微小的高能粒子，这些物质实体确实是客观存在，但人们却不能像去历史遗址那样去凭吊、去观赏；它们是物质世界和人类知识的重要组成部分，博物馆却因无法直接获得其实物而痛失展现其风采的机会。博物馆应积极努力地去搜集、收藏那些真实记录这些科学实物的科学记录，并利用科学记录介绍这些科学现象。这样的科学记录应是“人类和人类环境的物证”之一。

博物馆藏品不仅是特定形态的物质实体，同时也是“信息载体”。随着当代信息科学的发展，博物馆藏品研究中广泛采用现代科学技术手段，博物馆工作者已认识到，博物馆藏品蕴涵着许多尚待揭示的潜在信息，这些潜在信息将会随着新的科研手段的使用和人们认识能力的发展而被揭示出来，并成为博物馆藏品的重要组成部分。另外，博物馆工作者还强烈意识到，一些信息，甚至是很重要的信息并不直接包容于藏品物质实体之中，甚至不能由物质实体特征表现出来。沈庆林先生认为：“近、现代历史文物价值主要体现在它的社会关系上，不是仅仅通过对器物学的研究可以判断的。”① 为此，他强调指出：“近现代文物的第一生命在于有清楚的文物形成和流传过程，”鉴于这一过程很难在藏品的物质实体上有所表现，“主要靠征集文物时的详尽科学记录。”类似信息不仅蕴涵于近现代博物馆藏品中，也存在于历史文物中。博物馆藏品蕴涵的那些不可见的、潜在的、外在的信息，是博物馆藏品的基本成分，是博物馆工作者必须注意搜集、管理和利用的重要资源。如果我们只注意到博物馆藏品的可见的、已知的、内在的信息，只注意博物馆藏品物质实体体现的各种特点，而忽略藏品作为“信息载体”的特点，将会严重减损藏品的历史、科研价值，从而影响博物馆各项工作的成效。

当代博物馆运用各种现代科技手段对藏品进行研究，以期对博物馆藏品有更深入、全面的了解，这些研究工作使我们获得有关藏品的年代、材料成分、内部结构、用途等因素的准确数据。这些研究数据很难依靠人的感官获得，且多以胶片、照片或数据的形式存在。因此，当代博物馆藏品已不再是单纯的物质实体形态了，还应包括记录博物馆工作者运用各种科技手段获得的有关博物馆藏品特定成分的各种文书、文件、检测报告和记录资料。从这种意义上讲，博物馆藏品的物质实体只是有关其自身的信息群的可见的实物代表，是这个信息群的“物”的检索标志。

当代博物馆利用现代科技提供的多种记录手段，记录了大量非固体形态、非实物状态的资料、事实、客观存在，从而极大地拓展了博物馆藏品范畴，同时也认识到只注重实物状态的物品的收藏是不完备的。人类生活中有许多事实和客观存在是很难以固定不变的形态保留下来的，如艺术领域的舞蹈、歌唱、戏剧，如社会生活中的礼仪风俗、人际关系、宗教仪轨，如各种自然声响和生活声响，如自然环境和历史事件场景等。博物馆工作者注意到这些事实、运动、声响、场景对更完整准确地展示、认识、了解异时异域文化是很有帮助的。美国学者拉塞· 毕· 奈形象地评论了这个问题：“我们对历史的考察将永远不能做到十全十美，这是因为博物馆不能陈列声响。绝大部分的历史声响已永久地消失了。我们将永远不可能听到马车轮在古罗马街道上的声音，中世纪路边市场的嘈杂声，守夜人‘平安无事’的呼喊声，古代驿车的号角声。”这一缺憾已为现代博物馆所注意，一些博物馆已利用现代记录手段来记录这些重要的历史资料。声响、运动是人类生活的重要组成部分，记录着这些声响、运动的音像资料理应成为博物馆的收藏品。此类收藏品似乎更体现了“实物证据”的特色。

博物馆藏品不仅表现、体现、阐释和证明着流逝了的历史，它同时还体现出收藏者、收藏者所处的社会（社会环境及社会发展状况）及人类社会的知识水平、需求、观念和行为。收藏哪些物品要受到收藏者知识体系、知识水平的影响，人们只搜集那些已为我们所认识、并被认为能反映人类知识体系的物品；对收藏物品价值的看法也明显受到收藏者的价值观念的影响，试想一下，在艺术家被视为“奴隶”和“仆从”的时

① 沈庆林：《关于中国革命博物馆一级文物确认工作的报告》，《中国博物馆通讯》，第 12 页，1994 年 2 期。

代，或是在艺术家被视为“社会英才”、“艺术天才”的时候，人们对艺术品收藏的看法绝不会相同；与众多的私人收藏相比较，博物馆收藏有着鲜明的社会性收藏的特色，博物馆收藏要系统记录人类社会延续发展的历程，要为“社会和社会发展服务”，是全民的文化财富，受到国家的保护和监督，要对广大社会公众开放，这些特点无可避免地反映到博物馆收藏的每一件藏品之中。个人收藏可以藏之密室，秘不示人，博物馆收藏却必须以多种形式公之于众；个人收藏可以“万人同好”，数以百万计的人都在收藏邮票、古币、门票、火花等物品，博物馆收藏却必须统筹安排，各有侧重，相互补充，从而使博物馆综合收藏可以全面反映大千世界；个人收藏具有强烈的“休闲”、“爱好”、“投资”的色彩，博物馆收藏则注重科研、教育、欣赏的效果；个人收藏难免流失、散失的厄运，博物馆收藏却要传之后世，为子孙后代保留文化财富。当一件物品成为博物馆藏品时，它不仅仍保留了其自身固有的各种信息，同时也被赋予了社会文化财富、国家文化财富的身份，要体现和完成博物馆、国家、社会赋予它们的职能。博物馆藏品不是只代表历史或自然世界的“孑然独立”的“物”，它是历史与现实、“物”与“人”的结合体。如果只把博物馆藏品作为自我表现的“实物”，将很难体现博物馆藏品具有的上述特点，“物证”则可反映这些特点。

当代博物馆的“现代物品”收藏也为博物馆的基本属性是“物证”做了很好的注解。尽管人们认识到古代遗物对正确了解历史真实具有无可比拟的作用，但博物馆工作者仍然注意到，历史遗物的保存具有一定的偶然性、随意性，经过历史长河的冲刷而保留下来的物品，必不可免地受到自然因素的影响，一些易蜕化腐朽的物品，如有机质类物品，就很难流传下来。另外，人们普遍使用的日常用品也很难流传久远。那些质地坚实，或为人们珍视珍藏的物品却有更多的机会流传至今。博物馆工作的主要目的之一是要全面准确地再现历史，仅靠经过自然选择而保留下来的物品很难勾勒出准确的历史图卷。历史遗物的另一个问题是“孤立性”，它们与使用环境，与那些共同使用的物品脱离，这对准确理解它们的用途、地位、社会意义造成一些困难。为让后代子孙能利用历史遗物来了解、认识当今的世界，为避免古代遗物给历史研究造成的困难，国外一些博物馆开始系统地记录、收藏当代物品，瑞典博物馆记录平民家庭生活状况和收藏平民家庭用品，加拿大国立人类学博物馆每十年收藏2000件大众日用品，如糖纸、洗发露、食品包装袋等。这些经过认真选择、详细记录的收藏，其内容已远远超出具体、个别器物的组合，其中还包含着物品的位置、物品间的相互关系、与社会发展状况及使用者的经济文化水平的关系等多项内容，这些内容极大丰富了收藏品的内涵，极大提高了博物馆藏品作为“人类和人类环境的物证”的价值与作用。

通过上述讨论，可以看到，博物馆藏品基本属性为“人类和人类环境的物证”，适应了当代博物馆的工作范畴和博物馆藏品的现实状况，符合当代博物馆的工作目的，为当代博物馆完成其承担的社会责任奠定了坚实的基础和保障。

六、博物馆藏品的基本限定条件

具有“人类和人类环境的物证”性质的物是否就可理所当然地、自然而然地成为“博物馆藏品”呢？回答是否定的。具有此种性质的物已具备了成为博物馆藏品的基本条件，但它们不能被自然地冠以“博物馆藏品”的头衔，换句话说，具有“人类和人类环境的物证”性质的物并不能与“博物馆藏品”画等号。只有那些被博物馆收藏、管理、保护、利用的“人类和人类环境的物证”才是“博物馆藏品”，这是使博物馆藏品与其他被各类科研、教育机构收藏、管理、研究、利用的“人类和人类环境的物证”相区别，使博物馆藏品在世界万物中具有确定无疑的位置的唯一条件。因此，“博物馆藏品”的基本规定、限定条件是“博物馆根据收藏标准和履行特定工作程序收藏、管理的……物证。”

博物馆藏品的限定条件突出了“博物馆藏品”是属于博物馆的，是由博物馆收藏的特点。这一特点使博物馆藏品与具普遍意义的“人类和人类环境的物证”区别开来，使博物馆藏品与其他社会性收藏区别开来，使博物馆藏品与其他科研、教育机构的收藏区别开来。强调博物馆藏品是由博物馆收藏、管理、保护和利用的特点，不是要削弱或抹杀其具有的“物证”的性质，而是要突出它的基本性质，突出它的科研作用和社会教育作用，同时突出它在博物馆工作中的地位和作用。强调博物馆藏品是博物馆收藏的特点，也赋予这些收藏品以博物馆承担的社会责任，使这些收藏为博物馆实现其工作目的服务。

这一限定条件还强调了博物馆藏品身份的重要性，强调了博物馆藏品身份赋予工作程序的合法、规范的重要性。既然博物馆藏品是特定类型及具有一定范畴的社会收藏，它就应有一个与其他类型的“物”、“收藏”相区别的标志，这个标志就是“博物馆藏品”身份的确定。对“人类和人类环境的物证”来说，博物馆藏品身份并不是其本身固有的，也很难以其存放的处所来表明和证明其身份。博物馆藏品身份的获得必须经过合法、规范的博物馆工作程序，即依据收藏标准进行的发现、征集和鉴选工作，依据藏品入藏程序进行的鉴定、申报、登录、编号、标注等工作。通过选择、征集、鉴定工作，博物馆确认该“物证”具有成为博物馆藏品的一般条件，同时还具备成为博物馆藏品的特定条件，如保存状况、所有权的合法移交及合法获得等；通过申报、登录、编号、标注等工作，以合法、规范、明确的方式确认该“物证”成为博物馆藏品的事实，确认其在博物馆收藏中的位置，明确其博物馆藏品身份。申报文件和登录文书是该“物证”成为博物馆藏品的合法证明，藏品编号的标注则以直观的形式表明其博物馆藏品的身份和为博物馆所有的事实。

博物馆藏品的限定条件还为博物馆藏品提供了可靠的保护条件。博物馆以赋予并确定博物馆藏品身份的方式明确自己作为“博物馆藏品”保护者的责任；合法规范的确定博物馆藏品身份的文书文件为博物馆藏品提供了有效的法律保障；规范的藏品入藏、管理工作为藏品提供了良好的存放环境和安保条件。博物馆通过藏品管理业务活动，随时追踪每一件藏品的存放、安全、利用状况，最大限度地保护藏品和尽可能广泛地提供藏品信息。

博物馆藏品限定条件突出了“博物馆”特点，表明博物馆藏品是在博物馆事业框架之中，博物馆藏品不能脱离博物馆环境，博物馆藏品与博物馆事业和博物馆工作息息相关，互为表里。博物馆藏品必须满足博物馆工作目的、工作要求和工作条件的要求，才能获得和确认博物馆藏品身份，博物馆则视博物馆藏品为工作基础、工作对象、工作载体和工作资源。博物馆藏品必须与博物馆工作结合起来，才能充分体现其作为“人类和人类环境的物证”的价值，才能获得最大限度的保护。博物馆藏品不是博物馆的“宠物”，不能成为博物馆工作的“指挥棒”。

这个限定条件还表明，博物馆藏品是博物馆工作成果之一，博物馆工作质量直接影响和决定着博物馆藏品质量，直接影响博物馆藏品各种价值的体现，甚至直接影响博物馆藏品的生存。“人类和人类环境的物证”并不是自然而然地成为博物馆藏品的，也不是一进入博物馆的大门就具备了博物馆藏品的身份的，而是要经过特定的博物馆工作程序，具备了表明、确认和证明其博物馆藏品身份的文书，才成为真正意义的博物馆藏品。这就为博物馆工作提出了要求，要制定藏品标准，建立规范的工作程序、工作文书和工作术语，以博物馆工作者的双手来建立高质量的博物馆藏品。

博物馆藏品的限定条件还表明博物馆藏品是一个可操作的概念，是一个有特定工作标准的概念。只有经过博物馆收藏和管理工作程序，“人类和人类环境的物证”才能具备博物馆藏品身份，博物馆工作是可见的，可操作的，可检查监督的，可评估其效果的。博物馆藏品概念的可操作性，也使博物馆藏品概念具有实践意义，可应用于博物馆具体工作，可用以指导和检查博物馆具体业务。同时，这一限定条件还赋予了作为评估博物馆工作和博物馆藏品工作的“博物馆藏品”标准以新的内容。在这里，不是以博物馆藏品的数量来评定博物馆工作的优劣，而是要以博物馆藏品的征集、收藏、管理和利用的具体状况来评估，对博物馆工作的全过程进行评估。

有必要指出，一些同志认为，博物馆藏品概念的限定条件中应包括“依据（博物馆）自身性质、任务和社会需要”的内容。这一看法表明博物馆藏品不能脱离博物馆实践，不能脱离博物馆工作需求和工作条件而独立存在，博物馆藏品存在的目的之一是要为博物馆事业的发展发挥效力。这一认识在本文“博物馆藏品”概念的限定条件中也已清楚地表达出来，只是为行文的简明，而没有在文字上表现出来。这一认识已在“博物馆”这一“主语”词中得到体现。“博物馆藏品”是由博物馆（包括符合博物馆定义的其他社会文化、科研、教育机构）收藏、管理的“人类和人类环境的物证”，而不是其他个人或机构的收藏。博物馆的收藏职能和“为社会和社会发展服务”的工作目的已在“博物馆”的定义中有明确表述。此外，如果“依据自身性质、任务和社会需要”的规定是从博物馆事业的普遍意义上来说，则这一层意思应已包括在“博物馆”的基本性质和基本职能之中；如果这一规定是考虑到各个博物馆的具体要求，是从个别、特殊的角度来考虑，则这一规定将使博物馆藏品定义只符合个别博物馆、或某一门类博物馆的需求，突出“博物馆藏品”的个别和具体内容，使博物馆藏品概念成为依馆定义、定标准，从而使博物馆藏品概念的普遍性意义受到削弱。

七、博物馆藏品概念的实践意义

本文中的“博物馆藏品”概念表述了博物馆藏品的基本属性、范畴、基本特征、功用、与博物馆工作的关系，回答了“博物馆是什么”的问题。在此基础上，可以进一步讨论博物馆藏品的特点、地位、价值、作用、分类、用途、原状等课题，讨论保护、体现其历史、科技、艺术、教育等价值的具体工作方法。

对博物馆藏品概念的新认识，顺应了当代博物馆事业社会化发展趋向。当代博物馆作为“社会文化中心”的色彩越来越浓厚，在这种条件下，博物馆注意开掘藏品的文化内涵，并努力在文化背景和环境中陈列和阐释藏品。这一发展趋势将加强博物馆工作者对博物馆藏品的重视，努力开掘藏品中蕴涵的文化信息，创造新的方式以展示藏品的文化信息，并加强对作为“信息载体”的藏品的保护工作。加强对博物馆藏品文化内涵的研究，也使博物馆藏品具有更深厚的文化底蕴，进一步加强博物馆藏品在学术研究中的地位，藏品不再仅作为学术观点的旁证，而成为科学研究、学术观点、理论体系的基础和出发点。

对博物馆藏品认识的深入，将深刻影响博物馆藏品管理工作。博物馆藏品搜集工作的范围更广泛，从“实物”拓展到人类知识体系，博物馆藏品成为辅助和支持博物馆完成其承担的社会责任的坚实基础。为此，博物馆藏品管理工作需要制定适宜的藏品征集标准，制定藏品管理工作方针，建立系统的藏品管理工作程序，规范工作方法、工作文书和专业用语。高质量的博物馆工作是高质量的博物馆藏品的基本保证。

对博物馆藏品认识的深入，将促进对博物馆藏品价值的多方位开发，拓展博物馆工作领域，开发博物馆工作新局面。博物馆工作者需要加深对博物馆藏品的认识，将博物馆藏品置于人类知识体系、社会需求、博物馆事业发展的背景中。博物馆工作不再是“找宝”、“藏宝”，不再是简单地陈列文物，而是要努力收藏反映“人类和人类环境的物证”，将博物馆藏品置于历史和现实的环境中研究和利用。

博物馆藏品将真正成为社会收藏的中坚力量。博物馆藏品出现之前，社会收藏是盲目的、无组织的，是在收藏品的不断转移中实现着社会文化遗产的积聚、流传和保护。博物馆藏品出现之后，社会对自身的历史和发展历程的认识，对文化遗产的重要性的认识，通过博物馆藏品而主动地、系统地表现出来。博物馆藏品是社会收藏的有机组成部分，它并不与社会收藏的其他组成部分脱离，也不因自身的“社会化”特点而凌驾于其他形式、性质的社会收藏之上。博物馆藏品肩负着形象反映“人类和人类环境”的责任，要全面体现人类的知识水平和创造能力，要为“社会和社会发展服务”。博物馆藏品要为全人类服务，要为当代社会和未来社会的利益服务，博物馆藏品不掺杂任何个人和小团体的私欲和私利。因此，博物馆藏品在社会收藏中起着核心和领导的作用，是保障社会收藏沿着正确方向前进的主要力量，是引导、指导、保障其他形式的社会收藏健康发展的基本力量。当前，许多人在为“兴趣”、“休闲”、“保值”、“投资”而收藏，许多收藏家津津乐道于收藏品的种类、品相、年代和价值。博物馆藏品可以帮助收藏家们更好地认识、保护和利用他们的收藏，引导他们从“物”的收藏与欣赏上升到“文化”的收藏和理解，引导他们从满足个人欲望到保护人类文化遗产，使保护文化财富真正成为社会共识，成为全民参与的声势宏大的社会活动。

八、相关概念的讨论

在一些讨论博物馆藏品的概念、性质、特点、分类、管理、保护的文章中，常以“物”、“实物”、“文物”等词汇指称博物馆藏品。其中一些是因修辞之需，以免行文生涩，但更多的则是将这些词汇所代表的概念、内涵赋予博物馆藏品，甚至以这些概念的性质、特点作为讨论博物馆藏品的起点和基础。

上述这些相关概念的使用，反映了博物馆事业发展的特定历史背景、社会环境、博物馆发展程度和博物馆工作者的认识水平，反映了在特定时期和条件下博物馆藏品的构成状况和利用需求。人们对博物馆藏品的认识是逐渐深化的，是要适应博物馆事业发展状况和发展需求的。因此，尽管一些与博物馆藏品相关的概念在历史上曾是正确的，甚至曾发挥了重要的理论建设和实践指导的作用，但是，我们还是要根据博物馆现实条件和需求，重新讨论和认识作为博物馆工作和发展的重要因素的博物馆藏品。对博物馆藏品认识的改变，不是表示我们要抛弃以前对博物馆藏品的认识，而是表明我们对博物馆藏品在博物馆中的位置、作用、价值的新的理解，以使博物馆藏品为博物馆事业的发展作出新贡献，使博物馆藏品成为新时代博物馆工作的坚固基石。

“物”、“实物”、“见证物”、“文物”等概念在内涵上确有相似、相近之处，外延上也有相叠加、相覆盖之处，甚至一些概念还被包容在另一些概念的范畴之中。这些概念与“博物馆藏品”并无直接的冲突，而且反映了博物馆藏品性质、属性的某一方面。但由于各自的限定条件和侧重点的不同，在以它们解释博物馆藏品时，会因其内涵意义中的某些成分，或其侧重点而误导对博物馆藏品的理解。

“博物馆藏品”是一个受到客观条件和需求制约的概念，且具有强烈的实践色彩的概念，要符合博物馆工作和发展需求，为了防止相关概念对博物馆藏品理解的误导，有必要对博物馆藏品相关概念进行讨论。本文对博物馆藏品相关概念的讨论只限于与“博物馆藏品”概念理解有关的内容。

“实物”突出了“博物馆藏品”必须以“三维物质实体”为存在形式的基本特征，将博物馆藏品范畴扩展到可触及、可测度、可移动的客观物质世界，改变了此前认为博物馆藏品只是人类行为所导致的以物的形态表现出来并持续存在的结果，如生产活动的产品，艺术创作的作品等。将“实物”作为博物馆藏品的基本属性和基本范畴，这是博物馆工作者对人与自然关系的认识深化，是对博物馆社会责任的认识提高的结果。人们认识到，人类不是“万物之王”，只有正确地确定自己在自然界中的位置，准确理解人类与自然万物相互影响、制约的关系，人类才能更准确地认识自己，把握发展的方向。博物馆不再以人类行为的物的结果为收藏范围，而是以表现人与自然的关系的实物为收藏范畴，这应该说是一大进步。但我们也应清醒地注意“实物”概念对博物馆藏品、博物馆工作的制约。

“实物”注重藏品的“物”的存在形态，强调其物理、物质的特征，在一定程度上掩盖或忽略了“物”与“人”、“物”与“人类社会”的关系，容易使博物馆工作者只注意人类行为的物质遗存，而忽略记载人类行为、社会现象、社会发展的“非物质遗存”，忽略抽象的科学原理和意识观念。

其次，“实物”的内涵太广泛，很难把握收藏的标准。实物包括了客观世界中所有可见、可触及、可测度的物，如将其作为博物馆藏品的基本范畴、基本属性，任何客观世界中存在的“物”都有资格作为博物馆藏品。由于“实物”强调了博物馆藏品选择的客观标准，环顾四周皆是“物”，取之何据，弃之何据？注意到以“实物”作为博物馆藏品的基本范畴将使博物馆工作者陷入“有标准”又如“无标准”的两难境地，人们为“实物”增加了“价值”的限定条件，依据其是否具有“科学、历史、艺术价值”为取舍标准。但是，价值并不是“实物”固有的本质性特点，价值是一种关系，只有当价值客体与价值主体在一定条件下联系起来时，即将某物品与利用该物品所具有的某种属性、特性的利用者联系起来时，才能体现出该物品的某种价值。由此可见，价值的体现是有条件的，是随条件的变化而变化的。以“价值”作为确定博物馆藏品的主要标准，使博物馆工作人员缺乏明确的取舍标准，实际操作中很难把握。如果我们给“价值”一些可把握的规定，如数量多寡，材料的贵重、制作工艺、造型纹饰、验证史实、交易价格等，那只能使博物馆藏品成为“宝物”，由此而违背了博物馆藏品基本属性是“实物”的最初规定。

此外，实物注重物品自身的物质形态特征，注重与自身物质形态有关的信息的表达，这已无法准确反映和解释当代博物馆藏品的构成和利用方式。当代一些博物馆的收藏，如科技博物馆展示古代科技思想和制作工艺流程的模型，儿童博物馆中旨在培养儿童综合能力和激发儿童学习兴趣的玩具，生态博物馆注意保护社会发展状况、社会关系和生态环境，以及许多博物馆收藏的采访录音、电影胶片和历史照片等，这些都已突破了“实物”的局限。

“文物”注意到“物”与“人”的联系，注意到“物”的价值，为具有“文物”性质的博物馆藏品的搜集、管理、保护、利用奠定了基调。与强调“物”的客观独立性的“实物”相比，“文物”注意到“物”的价值是在与人的需求、与人的联系中体现出来的，只有反映人的发展、才能、创造力、需求的物才能成为“文物”，文物是社会文化财富的重要组成部分，是一个民族、国家的重要历史遗产，受到国家和社会的保护。但是，如果将文物作为博物馆藏品的基本属性和基本范畴，还是存在着一些于博物馆工作不利的限制。

首先，“文物”受到“时间”因素的限制，只有在人类发展历程中的“现在”这一特定时刻之前的“物”才有可能成为文物，换句话说，只有属于人类历史时代的物，只有与人类社会中曾发生过的事件、行为、现象有关的物，只有反映人类已有知识、思想、观念、能力的物才能成为文物。“时间”限制因素将“现代的物”排除在外，将正在创造之中的物，将与某件正在进行的行为有关的物排除在外。尽管“现实”很快就会成为历史，但排除“现实”使博物馆工作出现一段空白；排除“现实”使博物馆工作者更多地注意于过去，忽略了现实生活中正在发生的事；排除“现实”也使历史看起来是那么苍白无力。

限制之二是文物的“价值”。只有珍稀、珍贵、年代久远、稀世罕见的物才有可能成为文物，只有与重大事件、人物、活动有关的物才有可能成为文物，只有“典型”地反映社会生产、生活的物才有可能成为文物。于是，大众的、普遍存在的、随处可见的物被排除在文物之外了，诸如汽水瓶、发夹、时装、非法行医小广告等随处可见的物品，有哪一个博物馆会对它们感兴趣呢？如果它们有朝一日成为博物馆藏品，那也需经过时间老人之手，要经过历史的积淀，成为自然淘汰之后的孑遗。且不说时间是否会像“诺亚方舟”那样，每个物种、物品都保留一对，自然淘汰的偶然性是很大的，能掌握自身命运的人类在文物上仍然还要“靠天吃饭”吗？再者，那些看似普通的物品，哪一个没有一段内容丰富的故事，哪一个没有深厚的文化积蕴。近年来，“可口可乐”汽水瓶大行于中国，其独特的造型不仅有着商品宣传的作用，也是现代设计和审美观念的体现，更是中国改革开放形势的反映，是世界不同文化交流的象征。众多国产可乐汽水瓶的出现，更反映出特定时期国人在经商、法制、文化和追求等方面的特点。一只普通的汽水瓶，映现出特定社会发展时期中国的大千世界，它难道不是反映社会生产、社会生活、社会文化状况的很重要、很典型的物品吗？但正因其易得，因其价廉，因其太大众化，而难登博物馆大雅之堂。当代博物馆不仅将历史展现给大众，也应将现实展现给大众。当然，在这样的工作中，博物馆并不是要引导人们去寻幽探微，让人们了解到汽水瓶还有那么深厚的社会文化背景，让人们却深思，去探究，那样只会使人感到“太累”。博物馆是要通过展示人们身边各种物品所具有的深厚的文化积蕴，让人们体会到生活是如此五光十色，如此丰富多采，激发人们去发现生活的内涵，去热爱生活。

限制之三是文物身份的确认。“文物”是有一定标准的，如时间、珍贵程度、“历史、科学、艺术价值”等。这些标准或明确，或空泛，操作起来尚有一些困难。文物的确认尚有难处，博物馆藏品要在文物的基础上再加确认，则难上加难。此外，文物身份的确认有哪些可资证明的合法的文件文书呢？且只有在某物的“文物”身份确认之后才能履行博物馆藏品“入藏”手续，徒增等待时间不说，在这等待时间中，该物的身份又是什么呢？总之，“文物”的诸多限制，表明不宜将“文物”作为“博物馆藏品”的同义语，更不宜以“文物”规定“博物馆藏品”的基本属性和基本范畴。

与“博物馆藏品”相关的概念，还有一些表述不同数量、规模、层次的博物馆藏品的词汇，其中主要是“收藏”一词，以及一些在“收藏”前加上表示数量、规模、层次的限制词而组成的复合词，如“组群藏品”、“学科门类收藏”、“博物馆收藏”、“博物馆综合收藏”等。需要指出，尽管这些收藏品群体的构成要素——个别的博物馆藏品——的性质、特点是相同的，但不同规模的博物馆藏品，并不只是个别博物馆藏品在数量上的简单增加，而是出现了一些新的关系、新的特点和新质，从而形成了不同于个别博物馆藏品或其他规模博物馆收藏的博物馆藏品群体。

如从博物馆藏品的数量、规模、层次这一角度考虑，个别的、不与其他博物馆藏品发生关系的博物馆藏品可称之为“博物馆藏品”。它只表现、表达自身的物质实体特征，只传播、阐释、证明与自身物质实体有关的各种信息。

“组群藏品”是指那些因某种关系、条件而联系、组合在一起的若干件博物馆藏品，如出于同一考古地层单位的物品，反映某一历史事件的物品，展现民族生活风情的整套服饰等。这类藏品不仅通过个别博物馆藏品的物质实体表达各自的信息，而且通过各个博物馆藏品间的相互关系传达更多的信息，或通过各个博物馆藏品共同具有的特征突出表达某些信息。例如，秦武士俑与云纹瓦当本是风马牛不相及的物品，将它们组合在一起，却可以想见当年秦王“扫六合”、一统华夏的壮举，可以领略秦人雄浑豪壮、充满自信的艺术风采。

“学科门类收藏”是与某一知识领域、科学学科有关的博物馆藏品的集群，如陶瓷收藏、书画收藏、古人类标本收藏、矿物标本收藏等。这些收藏不仅真实地反映了人类在某一知识领域获得的成就和进展，也为有关专家学者提供了系统的科研资料。

“博物馆收藏”是一所博物馆收藏、管理、利用的博物馆藏品，博物馆藏品档案资料，与博物馆藏品研究及利用有关的图书资料、参考资料、图像资料、仿复制品、模型等物品的集合。博物馆收藏是构成博物馆各项工作的物质基础的主要成分，对博物馆性质、类型、工作方向有着深刻的影响。

“博物馆事业综合收藏”是特定地理、政治区划内所有博物馆的收藏的总和。这种收藏应充分、全面、准确、形象地表现当地的历史发展、文化传统、社会生产、居民生活、生态环境等因素，成为大千世界、芸芸众生相的缩影，真正具备和表现社会收藏的性质，真正体现博物馆承担的“社会文化财富托管人”的社会职责。

上述与博物馆藏品规模有关的概念，只是在特定条件下，即在讨论不同规模的博物馆藏品、博物馆收藏的特点、需求和目的时使用的，是为了更清楚地说明讨论的对象，同时也为避免理解的歧义。一般情况下，如只考虑博物馆藏品的一般特征，或在行文时不会发生理解偏差时，仍可使用“博物馆藏品”一词，以免琐碎。

从以上讨论中，可以看到，随着对博物馆藏品的认识的深入，一些曾经使用过的词汇已不能准确表达当代博物馆藏品的状况和特点，甚至可能妨碍博物馆藏品的建设，影响博物馆藏品效能的发挥，博物馆界应注意防止这些词汇、概念对博物馆工作的影响。与此同时，一些新词汇将逐渐出现于博物馆藏品概念的讨论和研究中，用以说明博物馆藏品的新特点，阐述博物馆工作者对博物馆藏品的新认识。鉴于这些新词汇多从其他学术领域借鉴而来，当应用于博物馆学研究时，需要赋予它们以博物馆学研究和博物馆工作的新意，由此可能会出现新意与原意的冲突，一些读者也可能会望文生义，从而影响人们对新词汇的理解。随着研究和认识的深入，今后，在讨论“博物馆藏品”时必定会使用一些新词汇，这是正常现象，在使用新词汇时，一定要注意说明该词在特定论文中的确切含义。

对博物馆藏品的认识，深刻影响着博物馆藏品的搜集、管理、保护、研究和利用，深刻影响着博物馆各项工作的运作，深刻影响着博物馆事业的发展。随着博物馆事业进入新的发展阶段，博物馆的工作环境、工作目的、工作内容必然会出现新的变化，对博物馆藏品的认识也会有相应的发展。本文将博物馆藏品作为实现博物馆社会职能、社会责任的主要保障成分之一，将博物馆藏品置于博物馆工作、博物馆事业发展和社会发展需求的背景中，讨论了当代博物馆藏品的基本属性、基本限定条件、基本范畴、特点和用途等问题，以期更充分地了解当代博物馆藏品的特点，充分发挥其效能。

蛋与鸡：博物馆藏品与博物馆功能

博物馆藏品（文中简称为“藏品”）是博物馆收藏的记录和反映人类社会及自然世界发展历程的实物证据。博物馆功能是博物馆为实现其社会目的而从事的基本工作，是体现其社会效益的基本方式。准确理解和妥善处理博物馆藏品与博物馆功能的关系，有助于把握新时期博物馆工作的特点，有助于活跃和拓展博物馆工作，加强和完善博物馆藏品的保护、管理和利用。

博物馆藏品与博物馆功能的关系似乎已有定论了。长期以来，许多人认为博物馆藏品是博物馆各项工作的物质基础，决定着博物馆的性质，规定了博物馆主要工作的性质、内容和方法，甚至规定了博物馆各项工作的重要程度。例如，博物馆界曾认为与藏品有关的工作是基本的、主要的工作，于是，业务工作被认为是主要的，行政管理工作则处于辅助的地位。即便在业务部门中，与藏品接触的密切程度及对藏品了解的程度规定了各项工作的先后顺序，研究为首，保管次之，陈列、讲解等依次排列。博物馆藏品成了无形的博物馆工作中心，成为看不见的博物馆工作指挥棒。这种认识反映到工作中，一些博物馆工作人员以藏品的数量和珍稀程度作为衡量博物馆工作质量的主要标准，或想方设法搜集几件“镇馆之宝”，或将珍贵文物视为己有，不容他人染指。这种认识也潜移默化地影响着博物馆学理论的构建，博物馆学理论体系以博物馆藏品的搜集、管理、保护、研究和利用为基本脉络，有意无意地强调了藏品在博物馆中的主导地位和决定作用。

博物馆工作者需要认真考虑这样一个问题：博物馆藏品因博物馆而存在，还是博物馆因博物馆藏品而存在？对此问题，有人可能会说，博物馆藏品是博物馆的物质基础，博物馆离开藏品就犹如“无源之水，无根之木”，没有博物馆藏品，博物馆将失去存在的基础，结论只能是博物馆必须依赖于藏品而存在。有人可能会说，这个问题太绝对，太简单化，博物馆赖以存在的物质基础除藏品外，还有博物馆馆舍，有利用藏品开展工作的博物馆工作人员，以及由藏品构成的向公众开放的展览，但必须承认藏品在这些因素中发挥了不容忽视的重要作用。其实，这个问题以这样的形式提出，为的是使其更形象，更具冲击力。当人们回答这个问题时，要深入考虑另外一些问题：博物馆生存和发展的基本条件只是其“物质基础”吗？博物馆的物质基础只有博物馆藏品吗？博物馆的“物质基础”只存在于博物馆内部吗？博物馆的物质基础与博物馆功能的关系是怎样的呢？

人们曾认为，藏品是珍贵的历史文物，需要博物馆去搜集、保护；藏品是真实的历史见证物和精美的艺术珍品，需要博物馆去深入研究和陈列展示；藏品是传播知识、开展教育的最佳教材，需要博物馆为充分发挥其教育作用而组织各种活动。从博物馆工作发生的顺序看，确实有先后；从博物馆工作的内容看，也确实是事实。博物馆工作或以藏品为对象，或以藏品为媒介。于是，藏品是源，博物馆工作是流；藏品是因，博物馆工作是果；藏品是基础，博物馆工作是依托其上的各种活动。这种简单的推论能否反映藏品与博物馆工作、博物馆功能的本质联系吗？事件发生的早晚是否就表明继承、承袭和延续的关系吗？在考察和讨论博物馆藏品与博物馆功能的关系时，需要从既往的思维定式中解脱出来，不能简单地认为博物馆藏品就是博物馆的物质基础，并依据物质基础决定上层建筑的定理而推导出博物馆藏品是决定因素的结论。这样的推论过程似乎有些简单和武断了。且不说物质基础与上层建筑的关系问题并不只是何者处于决定地位的简单论断，当把这一基本原理应用于博物馆实践时，也不能简单地认为只有那些具备物质实体的“物”才有资格成为博物馆的物质基础。笔者认为，以前讨论藏品在博物馆中的地位和作用时，主要是以博物馆藏品为讨论的基点和出发点，强调藏品的特点、性质及对博物馆工作的影响，忽视了藏品只是博物馆的多种基本构成因素中的一项。应该看到，博物馆作为由包括藏品的多种基本因素构成的一个完整系统，其功能并不能简单地归结为藏品的特点、功能和作用，或只是藏品特点、功能和作用的放大与引申。需要将讨论的着眼点和出发点从藏品转向博物馆，从博物馆的整体的角度讨论藏品在博物馆中的地位和作用。

博物馆是具有特定目的、结构和运作方式的社会文化机构。博物馆功能是博物馆与社会环境交往、交流的联结点和基本方式。博物馆工作是博物馆功能的具体体现和表达形式。博物馆藏品则是博物馆的基本构成因素，它既有自身的特点，同时也受到博物馆工作目的和社会对博物馆事业的需求的规定。

藏品在博物馆中的地位及作用是由它是否具备满足博物馆工作的需求，即实现博物馆工作目的的条件所决定的。这些条件并不是由藏品自己规定的，而是由博物馆决定的，是由博物馆的社会环境决定的。换句话说，藏品在博物馆中的地位及作用是由社会发展所产生的社会需求决定的。社会发展是社会生产水平及认识水平的综合体现；社会需求则包括需求的具体内容和实现需求的能力及手段。应该注意到，有关博物馆藏品的社会需求并不只是欣赏、研究、教育等具体的表现，最根本的需求是社会认识自我和对自身存在、延续及发展的需求。社会需求还受到当代社会重视“实物教育”及现代科学实证逻辑研究方法的影响。博物馆的发展历程也明白地告诉我们，收藏不是博物馆得以发生的唯一的和决定的条件，也不是博物馆产生和发展的唯一动力。从根本上讲，博物馆不是为收藏、藏品而存在的，不是因为有了文物，才产生了博物馆。博物馆事业发生、存在和发展的基本动力和决定因素是特定的社会需求和社会条件的出现，博物馆作为社会指定的机构，为社会和社会发展的需要，去搜集、研究、保护、陈列和传播有关人类及人类生存环境的实物证据。

如果从博物馆的角度来考察藏品与博物馆功能的地位、作用及它们的相互关系，可以看到，藏品与博物馆功能处于不同的层次。藏品是博物馆的基本构成因素之一，具有局部的特点，或者说是博物馆的子系统；藏品位于博物馆的基础位置，在博物馆系统中处于较低的层次。博物馆功能则是博物馆协调内部构成因素，与外界环境联系、交往、交流的主要途径，具有全局的性质，反映着博物馆的整体特性。此外，尽管藏品是博物馆功能的基础，但它不是博物馆功能的唯一的物质基础，必须与其他的博物馆构成因素，如博物馆工作人员、博物馆工作环境及设施等条件相配合，才能充分发挥其基础和支持作用。博物馆功能的实现也不是仅依赖于藏品，需要将所有的博物馆构成因素的关系协调好，使它们正常运行，才能充分体现博物馆的整体效应，实现博物馆的工作目的。在实现博物馆整体工作目的，发挥博物馆社会作用的过程中，藏品被作为工作的对象和手段。

在博物馆工作中，藏品作为工作对象，常处于被动的位置，尽管它也可以影响和制约博物馆的工作方式，例如有机质藏品对保存和陈列环境的严格要求，但藏品很难主动地根据外部条件的变化改变自身的构成，很难主动地去适应和满足社会的需求。要使藏品真正成为博物馆的工作基础，需要博物馆功能的发挥，博物馆功能在自身的实现过程中，可以根据社会对博物馆的需求以及博物馆事业生存发展的需求，主动地调整藏品的构成，主动采取延长藏品保存期限的措施，利用社会提供的先进手段揭示藏品的文化内涵，主动调整藏品与其他博物馆构成因素的关系。博物馆功能的实现必须依托于藏品，但它对藏品的控制、调整、积极拓展和充分发挥藏品作用的巨大反作用是不容忽视的。

博物馆藏品与博物馆功能的关系并不是“非此即彼”的对立关系，而是相互依存、相辅相成的。丰富完善的藏品为博物馆功能的发挥提供了坚实的物质基础，是反映博物馆忠实履行自身社会职责的重要标志之一。博物馆功能不能脱离藏品而独立存在。社会要求博物馆利用藏品去完成社会赋予博物馆的任务，博物馆必须加强、充实和完善收藏，必须深入研究和揭示藏品所携带的社会文化信息，必须根据社会发展状况拓展藏品的用途。博物馆藏品是博物馆功能得以实现的物质保证和“物”的载体。总之，藏品与博物馆功能都是博物馆的重要成分和特征，不可偏废。但要看到，如果从博物馆整体和发展的角度看，藏品是基础成分之一，藏品价值的实现和作用的发挥有赖于藏品与其他博物馆构成因素——工作人员、博物馆环境与设施等——的相互联系，有赖于博物馆功能的发挥。因此，不恰当地强调藏品的基础地位，不恰当地夸大藏品的决定作用，都会削弱、损害其他博物馆构成因素，影响博物馆功能的发挥，进而影响博物馆全局工作，阻碍博物馆事业的发展，甚至危及博物馆的生存。

不恰当地强调和突出博物馆藏品的地位和作用，将使博物馆逐渐显现出内向、封闭的状态。因为博物馆藏品只是构成博物馆的诸种因素之一，藏品自身不能根据需求而不断地更新完善。如果将博物馆工作重点放在藏品上，只注意藏品的质量、保管、管理和利用，只注重博物馆内部工作，并以内部的完善作为评价工作成就的主要标准，“两耳不闻窗外事，一心只读圣贤书”，其结果只能使博物馆逐渐成为一个内部循环、自我完善的封闭系统。正像世界上没有“永动机”，博物馆也不能依靠圆满无缺的自我运行生存下去。以自我为中心，只能导致自我封闭；缺乏与外界的交流，会逐渐失去生存的动力；不与外界交流，生存的目的会逐渐模糊，甚至完全丧失。博物馆脱离社会环境，即意味着脱离了社会发展主流，其后果只能是僵化落伍。

只注重藏品，强调让藏品自己表现自己，只会使博物馆笼罩在历史的阴影中，使博物馆长久陷身单调冷清的境遇。博物馆藏品是历史进程的记录，是人类已有知识的结晶。如果只是让藏品表现自己，所传达的只能是已逝去的信息，所表现的只是材料、形态、纹饰、色泽、工艺、尺度等有限的几种可被看到的特征。如果只展示这些历史信息和单调的外在因素，博物馆展览能不令人费解和使人乏味吗？更重要的，脱离了现实的历史将很难为当代人理解，不能满足当代社会需求的历史只能是无生命的历史。历史的价值是在与现实需求的联系中体现出来的，博物馆承担着保存历史和充分发挥历史的现实教育作用的社会责任，如果博物馆只注重历史的物质证据——博物馆藏品，忽略了现实社会的需求，其结果只能是使藏品的价值和作用大打折扣。一些观众去博物馆只为“看宝”，一些观众最感兴趣的是博物馆藏品“一定值很多钱”，一些观众的观后感是“破砖烂瓦有什么稀奇”，这些现象难道不值得我们深思吗？

不恰当地强调博物馆藏品的重要性，将会使藏品与其他博物馆基本构成因素的关系失衡，其中最主要的是使藏品与博物馆工作人员的关系失衡。从最具主动性和自觉能动性这个特点上讲，博物馆工作人员是博物馆最积极、最活跃的因素，是沟通藏品与博物馆观众的中间环节，是充分发挥藏品与博物馆设施作用的基本力量。通过制订发展规划，博物馆工作人员使博物馆与社会发展保持同步；通过对自身的反思，博物馆工作人员主动调整博物馆各基本构成因素间的关系，使博物馆在变化的社会环境中保持自身的特色，并不断发展壮大。如果将博物馆藏品置于博物馆工作人员之上，让藏品居主导地位，让博物馆工作人员服从藏品，表面上看，这似乎有利于藏品的利用、保护，实质上这却改变了博物馆工作人员的工作性质，使其在博物馆中的地位和作用下降。其后果只能使博物馆工作人员的主观积极性受到压抑，博物馆工作人员感到自己是藏品的附庸。另外，由于只注重藏品，在关注传统的同时，忽略了解和掌握新的工作需求、工作观念和工作手段，从而使博物馆与现实社会的距离越来越大。博物馆工作人员在将藏品奉为“无上珍品”的同时，将自己降低到藏品的附属地位；博物馆工作人员在将藏品作为博物馆工作重点的同时，使博物馆成为逐渐老化的封闭系统。

不能正确处理博物馆藏品与博物馆工作人员、博物馆设施的关系，也会扭曲藏品的价值，妨碍藏品实现其社会效益。当人们用珍贵、珍稀、价值连城、无价之宝等词汇装点着博物馆藏品时，却淡忘了藏品作为工作资源的重要作用。当回答“为什么要妥善保护博物馆藏品”的问题时，许多人会说：因为博物馆藏品是珍贵的文化财富啊。据此而论，保管藏品是要确保藏品的“物”的永存，陈列藏品是要展现其高贵珍稀，修复藏品是要再现其价值的物化外观。于是，有人比喻博物馆的困难境遇如“捧着金饭碗要饭吃”，有人建议出卖藏品以筹措经费。应该看到，藏品作为博物馆基本构成因素，并不仅仅是以它的“价值”入馆的，而是集博物馆工作资源、工作基础、工作对象、工作媒介、工作成果等数任于一身，以博物馆工作资源的身分参与博物馆的运营。

只注意藏品的财富特征，将使作为博物馆工作资源的藏品得不到妥善的管理和充分利用。

博物馆藏品是重要的，却不是博物馆工作的唯一决定性因素；博物馆工作要依托藏品，但不能将藏品视为唯一的物质基础。世界博物馆起初只有自然科学博物馆和艺术博物馆，现在则包括了科技博物馆、历史博物馆、露天博物馆、遗址博物馆、儿童博物馆、社区博物馆等多种形式，这些新型博物馆的出现，并不是从已有的收藏演变过来的，也不是从已有的藏品中分离出去的，而是由于社会发展到新的阶段，产生了新的社会需求，从而产生了满足这些需求的新型博物馆。保护自然环境的要求，促成了自然生态保护区的产生；保护文化环境和改善居民社会生活质量的要求，促成了社区博物馆的出现。在日见发达的“地球村”中保持本民族文化的要求，促成了露天博物馆的发展。这些事实告诉我们，博物馆事业发展的动力来自社会，来自现实社会的社会需求，而不是由于博物馆藏品的自我完善和自我发展。况且，藏品的充实完善必须依赖于博物馆工作人员的努力。

博物馆的发展仅靠藏品是很难实现的。那么，把博物馆内部工作做好，改组机构，加强管理，协调博物馆各基本构成因素的关系，使博物馆内部机制更完善，更合理，这样做了，是不是就会促进博物馆的发展吗？这样去做，在博物馆事业的范畴之内，确实会使博物馆从幼稚走向成熟，从不完善发展为完善。但是，人们会问：当着成熟和完善以后，博物馆怎么办？博物馆还要继续发展吗？如继续发展，发展的目标和动力是什么？如果就此止步，博物馆岂不要落入“不进则退”的境地吗？总之，将追求自身完善作为促进自身发展的目标和动力是有很多疑问的。

博物馆只有在与社会环境的交流、交往中才能确定发展的目标，才能获得发展所需的各种资源。博物馆要想生存和发展，绝不能忽视与社会环境的联系，而博物馆功能就是体现和实现这种交流、交往的方式与途径。博物馆与社会环境交流、交往的活动包括：确定社会对博物馆的基本需求，确定、争取和获得社会提供给博物馆的各种资源，根据博物馆自身条件提供满足社会需求的“产品”，及时搜集社会对这些“产品”的意见并反馈回博物馆，及时调整和完善博物馆工作，在依据外界环境调适自身结构的同时，积极创造有利于博物馆生存和发展的环境，巩固博物馆的社会地位。具体体现到博物馆工作中，是否包括这样一些业务：确定社会需求，据此确定博物馆工作目标，如制定博物馆发展规划的工作；满足社会需求，提供社会所需“产品”，如博物馆环境建设、陈列、教育活动、书刊、研究成果等工作；争取社会支持，创造有利的博物馆生存环境，如公众关系、筹款宣传等工作。总之，注重发挥博物馆功能，就是要通过积极主动的工作，明确博物馆的社会位置，确定博物馆的社会需求和工作目标，创造有利的生存环境，争取社会的积极支持，提供社会满意的工作成果，认真检查评估博物馆工作，审时度势，积极稳妥地将博物馆事业推向前进。

在博物馆实践中注重发挥博物馆功能，首要的应以整体、社会和发展的观点来看待和指导博物馆工作。博物馆的构成是复杂的，包含着相互依存相互作用的多种因素，而不是一个建立在藏品基础上的层叠式的塔形结构。博物馆有自己的工作目标，这个目标是建立在博物馆所有构成因素之上的，是集中代表了各个因素的特点和利益，并反映了这些因素的相互关系及相互作用。因此，博物馆工作目标不是其中某一个构成因素的目标，换言之，博物馆不是为其中的某一个因素而存在的。博物馆与社会有着广泛的联系，博物馆的工作动力、工作资源都来自社会，博物馆的工作成果也要奉献给社会并接受社会的检验。社会的每一个微小的进步，每一个微小的变化，都可能会直接、间接地影响到博物馆事业。社会与自然环境的关系，社会经济的发展，科技的进步，时尚的改变，普通人衣食住行的变化都要影响到博物馆工作，现实中这样的事例俯拾皆是。博物馆在制定今后发展规划时，只能依据社会环境这一客观参照系确定目标。博物馆要想生存，要想在发展中的世界中确保自己的位置，就必须跟上社会发展的步伐。只有跟上时代发展的步伐，博物馆才能防止被淘汰、被取代的厄运，才能摆脱“寅粮卯吃”的尴尬局面。

注重发挥博物馆功能，需要做好调查研究的工作，“知己知彼”，切实了解发挥博物馆功能的基础、条件、目的和方法，深刻剖析博物馆内部情况，了解博物馆各种构成因素和各个工作系统、博物馆运行的基本条件和基本方式、博物馆工作人员的素质及能力、博物馆满足社会需求的能力以及博物馆发展所需要的资源等。为此，博物馆必须走向社会，搜集尽可能完备的信息，经过科学分析，确定社会对博物馆的基本需求和具体要求。通过社会调查，博物馆可以采取预防措施，有计划有针对性地开展工作，防止不利于博物馆的局面出现，争取潜在的社会支持，增加博物馆工作资源。

注重发挥博物馆功能，还要切实抓好博物馆工作人员队伍建设，坚定信念，明确方向，不怨天尤人，创造性地工作。每个博物馆工作人员都应认识到，个人的工作不仅与博物馆藏品联系在一起，而且更体现着深刻的社会责任，关系到博物馆事业的荣辱兴衰。近年来，由于种种原因，我国博物馆工作面临一些困难，如社会投入不能满足博物馆工作需要，观众数量不尽如人意，博物馆社会影响不大等。对此，一些博物馆工作人员认为出现这种局面的主要原因之一是国民素质不高。这种说法不由得使人想起毛泽东关于“对牛弹琴”的评论，他说：“如果我们放进尊重对象的意思去，那就只剩下讥笑弹琴者这个意思了。为什么不看对象乱弹一顿。”（毛泽东：《反对党八股》）博物馆是社会文化机构，是面向广大人民群众的，如果不根据公众素质组织活动，它将为谁服务呢？讲公众素质低，那么，“低”的表现是怎样的呢？博物馆如何根据这样的条件开展工作呢？博物馆为提高公众素质又做了哪些工作呢？认为公众素质不高的人可能认为，博物馆收藏和陈列的是古代珍贵文物。珍贵者，珍稀华贵之物；文物者，悠久历史之精粹。于是，博物馆昂然立于高雅文化之林，迥然别于低素质的公众。事实上，博物馆藏品虽多为文物，但博物馆本身并不是文物，博物馆工作也不是文物；文物是阳春白雪，博物馆却不是阳春白雪。将博物馆与收藏的文物等同而论，实际上是将博物馆降低到藏品的层次。退一步讲，即使博物馆是高雅艺术之堂，也不能将自己与观众对立起来，对立的结果只能是顾影自怜，自我封闭，逐渐被公众遗忘。博物馆应该勇敢地面对现实，了解自己的服务对象，以观众喜闻乐见的活动吸引观众，争取观众，提高观众的欣赏水平。

博物馆以整体、社会和发展观点正确处理博物馆物质基础与博物馆功能的关系，注意在现有条件的基础上充分发挥博物馆功能，以博物馆功能的完善来充实巩固基础，从而使博物馆在纷繁的竞争中保持自身特色，创造出更多的工作方式，使博物馆呈现生机蓬勃的兴旺局面。注重博物馆功能的发挥，将促使博物馆管理为博物馆提供必要的工作资源，将博物馆物质基础作为工作资源来管理。注重博物馆功能的发挥，将提高博物馆工作人员的积极性，博物馆功能是靠博物馆工作人员实现的，博物馆工作范畴的拓展，工作内容和方式的创新，都需要工作人员的创造精神和献身精神。当博物馆工作人员看到自己的工作得到社会承认，看到自己的工作成果促进了博物馆的发展，他们会油然而生主人翁的自豪。人的因素是成功的保证。当博物馆工作人员对博物馆功能与包括博物馆藏品的工作资源的关系有明确的认识后，他们会更为珍视工作资源，努力充实完善藏品，提高藏品管理工作水平，“水涨船高”，为创造更好的工作成绩奠定坚实的基础。注重博物馆功能的发挥，将使博物馆面向社会开展工作，调查社会需求，依据需要调整、加强和创造新的工作方式，扩大影响，吸引更多的观众，争取更多的社会支持，使博物馆的工作领域不断扩展。注重博物馆功能的发挥，也会使博物馆一些比较薄弱的部门得到加强，并使建立一些必要的工作部门有了理论和实践的基础，例如博物馆发展部门的组建，在以博物馆藏品为工作中心时，发展部门似乎有些离题太远，但从注重博物馆功能的角度看，发展部门确有存在的必要。博物馆发展部门要进行大量的社会需求调查，对各种信息进行分析整理，向决策部门提供翔实准确的信息，对博物馆内部运行状况进行监测分析，还要开展广泛的社会宣传和争取社会支持的活动。发展部门不是接待应酬部，而应成为博物馆管理的基础部门。

以整体、社会和发展发展观点正确处理博物馆物质基础与博物馆功能的关系，还为博物馆学理论的建设提出了新的课题：研究的主要对象不再是博物馆藏品，而是博物馆事业，是由博物馆工作人员、博物馆藏品、博物馆设施等基本构成因素组成的系统。研究的主题不是关于博物馆藏品的形成、研究与利用，不是讨论博物馆藏品与其他博物馆构成因素及博物馆事业的关系，以及以何者为主的问题，而是研究博物馆的构成、结构、基本构成因素间的相互关系和相互作用，博物馆的社会环境，博物馆的生存、保持和发展，博物馆与社会环境的关系，博物馆怎样在运动中创造和保持有利于自身存在和发展的环境条件，博物馆与环境交流、交往的途径与方式，博物馆如何体现和实现其功能等课题。对藏品的研究将不再是静止的和孤立的，而要在更广泛的范围中、在相互联系和发展中更深入地揭示藏品的文化及社会内涵，深化人们对博物馆藏品的认识。博物馆学不仅要描述、总结博物馆的具体成份和运作方式，更要帮助人们准确认识博物馆的社会地位、社会需求、社会作用和社会支持；博物馆学不仅要准确地描述和解释博物馆现实，更要帮助博物馆工作者制定切实可行的发展规划。

从注重博物馆藏品，到注重发挥博物馆功能，这一视角的转换，将对博物馆工作产生不容轻视的冲击。在积极的变革中，也不可避免地会出现一些消极的行为。这些消极行为的出现，不是由于思考问题的基点的转换，而是旧的认识方法的反映，即“非此即彼”的片面认识方法在新条件下的表现。这种思想方法将博物馆藏品与博物馆功能分割开，认为两者的关系是一方对另一方的规定。当藏品不能决定博物馆功能时，当思考的角度转换到发挥博物馆功能时，就认为博物馆功能是主要的，是决定性的，藏品属于从属的、低级的位置。实践表现为对藏品的过度使用，忽视藏品管理工作，“急功近利”行为，从事与博物馆宗旨不符的商业经营活动等。对这样一些消极行为的出现，需要通过教育、健全工作规范、制定博物馆工作人员职业道德等方法来加以引导和规范。为此，要加强认识方法的学习，逐步掌握正确的思维方法，克服片面性，从整体的角度、用发展的观点考虑问题，加强博物馆学理论的建设，使博物馆学既起到规范的作用，也发挥预见和指导的效能。健全工作规范，对博物馆基本业务的程序、标准和方法进行规范，探索迅速准确监测、分析、确定和调整博物馆与社会环境交流、交往的工作方法。博物馆工作人员的职业道德规范是所有工作人员必须自觉遵守的思想和行为规范，要从确保博物馆工作正常进行的要求出发，规范从业人员的素质、能力、工作态度和工作纪律，并就博物馆工作人员对博物馆发展、维护博物馆事业形象和全局利益所应遵守的规范提出要求。

本文从整体、社会和发展的观点讨论怎样正确协调博物馆藏品与博物馆功能的关系的问题。博物馆功能是具有全局性的行为，是博物馆与社会环境交流、交往的方式，博物馆功能的内容、形式与博物馆藏品、博物馆工作人员、博物馆设施等博物馆基本构成因素有着密切的联系，博物馆功能又要依靠博物馆工作人员来实现。博物馆功能有着很强的实践性和操作性，从博物馆功能入手似可起到“牵一发动全身”的功效。现在讨论这一问题还有明显的现实意义，我国博物馆的社会环境正处在经济管理体制的变革之中，社会观念、社会发展水平和社会需求发生了明显的变化，博物馆也被逐渐卷入市场经济的大潮之中。面对纷繁变幻的社会环境，博物馆只有努力进取，才能获得生存和发展的条件。路径之一是思路的变换，是视角的变换，从注重内部自我完善到注意社会环境为博物馆发展提供的动力和契机。视角的转换，认识方法的深化，使人们看到一个新形象的博物馆，博物馆是一个由多种因素构成的，时刻与环境交流的充满活力的运动着的组织机构，不再是藏品的扩展和历史遗物的守护神。博物馆发展的道路上充满了新的挑战，也充满着契机和希望。关键是要确立整体、社会和发展的观念，充分发挥博物馆工作人员的积极性和创造能力，切实加强对博物馆资源的管理和利用。博物馆工作人员犹如技艺精湛的演员，在博物馆这座大舞台上，在藏品、设施的烘托下，奉献给观众一幕幕历史的和当代的悲喜剧，他们在这里实现着自己的人生价值，也在观众心中铸就了博物馆辉煌的形象。

信息管理：博物馆藏品管理新思路

博物馆藏品管理工作经历了保藏、保管、管理等发展阶段。博物馆藏品管理的初期阶段是“保藏”，在博物馆事业萌发、酝酿时期，收藏者重视对实物的存放和保管，藏品只用于满足个人的鉴赏和研究的需求，或供志同道合的亲朋好友观赏。在博物馆成为公共教育机构后，当时多将博物馆藏品作为辅助知识学习的教具，作为证明展览说明的正确性和增加教学趣味性的“实物标本”，博物馆藏品管理开始注意到取用博物馆藏品方便快捷的问题，同时要准确提供博物馆藏品的年代、出处等信息，以证明博物馆藏品的客观科学性。博物馆藏品的安全问题日渐突出，博物馆藏品管理工作者开始系统纪录博物馆藏品的基本信息，如器物名称、时代、出处、特征等。鉴于此时博物馆藏品管理的主要工作对象仍是博物馆藏品，建立了规范高效的藏品实物管理方法，故可称之为“保管”阶段。

20 世纪 60 年代后，世界博物馆事业发展迅速，博物馆工作者对博物馆藏品的性质、价值、用途、范畴的认识更为深入，博物馆藏品更多地用于丰富多彩的博物馆陈列和教育活动，藏品研究工作重点逐渐转向系统、深入揭示藏品的文化、历史和艺术内涵，藏品科学保存工作在不断深入揭示藏品蕴含的科学信息的同时，也提出要更严格地保护这些珍贵信息源的要求；社会公众对博物馆藏品作为社会公共财产的认识更为明确，要求能更多地利用这些财富，要求博物馆更认真地承担起社会文化财富管理人的责任。凡此种种主客观条件的变化，都深刻地影响了博物馆藏品管理工作，促使博物馆藏品管理对博物馆藏品、藏品信息、博物馆工作和博物馆资源进行系统综合的管理。

当代博物馆藏品管理是为实现博物馆工作目的和满足社会需求，对博物馆藏品及藏品信息的搜集、保护、整理和利用（传播），对涉及博物馆藏品的工作、信息、资源的组织、协调和管理。管理的基本形式是信息管理。

当代博物馆藏品管理的工作对象不再局限于博物馆藏品实物，已扩展到藏品信息和涉及藏品保护和利用的各项工作。博物馆藏品信息包括藏品基本信息，以及关系到藏品安全保存和充分发挥藏品社会效益的方方面面、形形色色的信息，如藏品传世情况、藏品研究文献、藏品音像纪录等。博物馆藏品信息是藏品的生命线，藏品蕴含的不可见信息（非实物性信息），如流传、交换、使用、使用环境等信息，只能依靠文字、图像等媒介纪录并传播。藏品信息是藏品价值的增值因素，藏品的社会价值在其使用过程中不断增加，藏品信息不仅可忠实地记录下这些增值活动，并通过提供文字、图像等信息，更广泛拓展藏品的使用范围和程度，从而进一步增加博物馆藏品价值。博物馆藏品管理工作还通过向需求者提供其所需要的博物馆藏品信息，减少对藏品实物的直接使用，更有效地保护藏品安全。

当代博物馆的业务活动越来越丰富，要组织各种形式的展览陈列，组织多种形式的教育活动，这使得博物馆工作对藏品、藏品信息的依赖越来越强，博物馆其他工作部门对博物馆藏品的接触、利用更为频繁。这种状况使得几个博物馆工作部门在同一时间提出使用同一藏品的要求，藏品也会更多地处于其他博物馆工作人员的监护之下。出于保障藏品安全和确保为博物馆各个部门提供有效服务的考虑，藏品管理工作部门必须对涉及藏品安全和利用的工作部门及具体工作进行管理。

博物馆藏品已成为当代博物馆重要的工作资源，成为体现和实现博物馆社会作用的重要载体。博物馆各项工作都直接、间接地依托于博物馆藏品。当然，博物馆工作人员在开展以藏品为基础、为依托的研究和教育活动时，还要充分发挥自身丰富的想象力和创造力。博物馆藏品如同丰富的信息宝藏，深入开掘和巧妙运用这些信息，博物馆就能够组织满足社会各层面公众多种需求的活动。博物馆藏品管理工作要充分认识藏品作为当代博物馆工作资源的特点，充分发挥其支持博物馆工作的作用，同时切实保护好藏品实物，使这一珍稀的文化资源永不枯竭。

当代博物馆藏品管理的工作原则是“保护与利用并举，安全与效益并重”。“保护”与“利用”是藏品管理的两个基本原则，是一对紧密联系、又相互对立的矛盾。应看到，“保护与利用”的关系不是如南北磁极那样绝对排斥的关系，而是如坐标轴那样既贯穿且渐变的关系，坐标轴的一端是保护，另一端则是利用，在两端间的每一点都体现着“保护与利用”的复合关系。此外，我们还应注意到，随着藏品利用方式的增多，以及藏品信息的逐渐揭示，藏品利用的深度、广度都得到极大的扩展，博物馆藏品利用不再仅局限于藏品实物的直接利用，而是可选择文字、影像、研究资料等各种信息，去满足不同层面的使用要求。为此，博物馆藏品管理应认真考虑每一次藏品利用的具体情况，根据藏品的价值和保存状况，努力创造条件，在保障藏品实物和信息源安全的基础上，尽可能充分发挥藏品及藏品信息的社会效益。但是，当藏品的使用威胁到、或可能威胁到藏品安全时，要及时中止使用，及时改善使用条件和使用方法，确保藏品安全。

当代博物馆藏品管理工作的特点是对博物馆藏品、藏品管理工作以及工作资源的系统管理和综合管理。这三项管理对象各有特点，需要不同的管理方法和不同的管理要求：博物馆藏品管理主要是实物的管理，博物馆藏品管理工作是对组织和事件的管理，资源管理则主要考虑资源的开发、获取、使用及效益。对这三项管理对象的管理工作构成了博物馆藏品管理的三个主要的子系统。这三个子系统都必须服从藏品管理的工作目的，确保藏品管理工作目的的实现。博物馆藏品管理不仅要注意其内部子系统的正常运作和相互之间的协调合作，更要注意为子系统的运营和发展创造适宜的外部条件。同时，也要关注藏品管理这一大系统与博物馆其他工作系统的联系，关注藏品管理的系统环境，根据需求、资源、技术、人员等条件的变化，及时运用法规、人事、经济、技术、教育等手段进行调控，以获得最佳工作效果。

当代博物馆藏品管理的工作条件、工作环境已发生了很大的变化，藏品数量大大增加，藏品利用需求多样化，藏品管理高科技化，管理队伍专业化，工作范畴逐渐扩展，这也使得藏品管理工作面临许多新的工作课题。当代博物馆藏品管理工作亟须切实重视的问题有：确认藏品所有权，保障藏品实物和知识产权的安全，建立完善的藏品体系，创造适宜的藏品保存条件，加强信息管理等。

确认藏品所有权是当代博物馆藏品管理的最迫切任务。藏品所有权涉及理论和实践两方面的工作。博物馆藏品所有权是博物馆对其所有的藏品的所有、占有、使用、收益和处置的权利，这是博物馆运用法律手段保护其藏品的基本前提。《中华人民共和国文物保护法》已明确了我国文物的国家所有权、集体所有权和公民个人所有权三种形式，国家保护文物所有权主体依法获得的所有权。文物所有权受到侵犯时，文物的合法所有人可依法请求法律保护。如果所有权不明确，将会影响藏品其他权利的实现，如博物馆藏品的维修权、知识产权、复制权等；万一藏品受到损害，博物馆也无法请求法律的保护，无法得到补偿。又如，捐赠的藏品手续不完备，将可能发生所有权争议。该物品可能被捐赠者的合法继承人索回，或博物馆丧失对该物品的部分权益。此外，明确博物馆对藏品的所有权，完善博物馆藏品所有权的法律手续，表明了博物馆承担和履行其作为社会文化财富管理人的职责，可以建树博物馆的积极社会形象。确认博物馆藏品所有权，要求博物馆针对不同来源、途径征集的物品，规定合法合理的征集工作程序，制定符合法律条件、具有法律效力的博物馆藏品征集文书，以确认博物馆对所征集、搜集的物品的所有权。如通过购买获得藏品，要有证明其来源合法的文件，博物馆收购款项支出的财务单据，以及证明购买行为合法的购买凭证。如捐赠给博物馆的物品，应有证明合法拥有者将该物品及其上的全部权利无偿且不附加任何条件地捐赠、移交给博物馆的正式捐赠文件。

博物馆藏品管理要注意保护藏品的知识产权，这涉及博物馆藏品的形象、图像、影像的使用、改编和复制，以及博物馆提供的藏品研究文章的使用权和复制权。保护知识产权，不能将藏品密封在博物馆中，不向外界透露一点儿信息，这是对保护藏品知识产权的误解。博物馆承担着为社会发展和科学研究提供真实、准确的博物馆藏品知识的义务，承担着积极开发和传播博物馆藏品知识的社会责任。

建立完善的藏品体系是当代博物馆藏品管理的重要任务之一。所谓完善的博物馆藏品体系，是指能够反映当代社会科学、自然科学研究体系和发展趋向，符合博物馆性质和特点，满足博物馆现实工作和未来发展需要的系统化收藏。此外，藏品还应保持良好的保存状况，要有完善的管理体制。随着社会公众对历史文化遗产的价值和社会意义的认识的深化，随着藏品数量的增长，保护博物馆藏品的投入将会迅速增加，有鉴于此，博物馆收藏规模不会无限制扩张，必须保持在一个适宜的限度内。当代博物馆藏品的发展不能再走简单规模扩张的老路，必须在藏品的质量和管理上下功夫。这样，博物馆可以合理使用有限的资源，使最重要的博物馆藏品得到妥善的保护。此外，博物馆藏品还应该起到引导社会化收藏的作用，为各种类型的社会收藏树立妥善管理、保护和利用的典范。

当代博物馆藏品管理工作要注意藏品的保存状况，妥善保护藏品原状，尽可能多地保留反映藏品文化内涵的藏品形态和历史痕迹。保持藏品良好的保存状况，要注意防止自然因素对藏品材质，对反映藏品使用和流传等文化过程的附着物的侵蚀和劣化影响，注意延缓或阻断藏品材质的自然蜕化过程。对藏品已存在的破坏性因素，要区别情况，尽可能采取不干涉藏品材质，不改变藏品结构形态的保护、维护措施。博物馆藏品管理要加强藏品的科学保护工作，改善藏品保存环境，为子孙后代保留“真实”的人类和人类环境的物证。

信息管理是当代博物馆藏品管理的主要管理手段。这一方面是当代对博物馆藏品的利用多采取信息利用的形式，如博物馆藏品的基本资料、研究信息、科学保护信息、管理信息等，信息形态又有文字、图像、影像、计算机信息、音响等，对这些不同形态、不同内容的信息进行管理，必须建立完善的藏品信息管理系统。此外，随着博物馆对外提供藏品信息的增加，保护藏品的知识产权，维护博物馆智力和经济权益，也会成为博物馆藏品管理的重要内容，这些工作都需要博物馆藏品管理工作者对藏品信息的提供和使用情况有充分的了解和控制。另一方面，博物馆藏品管理所涉及的工作部门、岗位、项目将更为广泛，博物馆藏品管理工作者不仅要关注本部门的工作，也要指导、协调、监督其他部门涉及博物馆藏品安全及利用的事务。鉴于藏品管理部门对其他工作部门无直接的行政管理权限，藏品管理部门只能通过信息反馈了解情况，并通过提供咨询、建议、协商等信息交流方式去影响和指导其他工作部门有关藏品管理的工作。为此，博物馆藏品管理工作人员要运用现代信息技术创建博物馆藏品管理信息系统，该系统可以迅速搜集和整理博物馆藏品管理工作信息，准确反映博物馆藏品管理工作现状，并对可能影响博物馆藏品安全、影响博物馆藏品管理工作正常运作的事件提出预警。

当代博物馆在保护社会文化遗产，开展社会教育方面的成绩已为社会所承认，博物馆藏品在保障和促进当代博物馆事业发展上的作用也越来越突出。随着工作环境条件的变化，当代博物馆藏品管理逐渐走上了现代化道路，“账本加钥匙”的传统工作形象正逐渐为掌握着现代信息管理技术的管理人员的形象所取代。

当代西方博物馆藏品管理工作现状①

博物馆藏品是博物馆工作的物质基础，是人类社会发展进程的实物见证，是当代社会文化、科技和生活的真实写照。妥善保护和管理博物馆藏品，并在此基础上拓展其用途，使之更好地为社会和社会发展服务，这是博物馆工作的重点。

博物馆藏品管理业务是伴随着博物馆的出现而“与之俱生”的，是博物馆工作的传统内容。我们必须注意到，尽管这是一个“老问题”，但在博物馆事业的不同发展阶段，却有着不同的表现形式，也就是说，藏品管理工作的指导思想、组织管理机构、人员素质、工作方法和设备设施是不尽相同的。近年来，博物馆事业发展很快，藏品范围大为扩展，藏品内涵更加丰富，社会公众和博物馆工作人员对藏品的认识进一步深化，藏品利用途径与方式日渐增多。这些变化为藏品管理业务提出了新课题，推动藏品管理业务进入新阶段。藏品管理工作必须适应这些新变化，以满足当代博物馆的工作需求。

20 世纪 70 年代，世界博物馆进入新的发展阶段。众多殖民地国家独立，文化遗产成为各民族和国家的民族财富，博物馆成为弘扬民族文化和体现民族独立的象征。1970 年，联合国教科文组织主持制定了“禁止非法进口、出口和非法转移文化财富所有权国际公约”。这一公约使世界各国对文化财富所有权更为重视。一些国家政府要求本国博物馆对藏品进行核查，确认对藏品的所有权。在藏品核查工作中，人们发现，藏品管理工作尚不健全，职责不明确，缺乏工作规范，管理方法落后，藏品记录不完备，有些物品甚至丢失了原始记录。另外，第二次世界大战结束二十余年后，世界经济开始起飞，社会公众的教育水准提高，人们非常重视社会文化财富的保护，对博物馆藏品的管理更为关心。此外，各大学陆续开设博物馆专业课程，培养经过系统培训的博物馆专业工作人员。这些人员为博物馆增添了新鲜血液，将新观念和新方法运用于实践工作。

70 年代初，美国博物馆界注意到藏品管理工作中存在的问题，他们根据本国具体情况，从制定法规和职业规范入手，着手制定藏品管理工作方针，逐步健全藏品管理工作法规，完善管理工作程序，使工作方法和管理文件规范化。在藏品核查工作中采用电子计算机，并逐步深化和拓展电子计算机在藏品管理中的作用。与此同时，英国博物馆也开始完善藏品管理工作，但他们是从制定藏品管理工作规范和工作标准入手，着重编

---

① 笔者于 1993 年年中在美国史密森学会研修博物馆藏品管理，其时曾遍访该学会在华盛顿特区各主要博物馆的藏品管理部门，对藏品管理、藏品保存的专业人员进行访谈。本文是此次研修活动的一些收获。

制系列的、标准的藏品管理工作文书和文件，制定规范的藏品登录词汇，在此基础上，采用电子计算机辅助管理。

经过多年努力，博物馆藏品工作取得了显著的发展和成绩，呈现出新面貌。人们对博物馆藏品管理事务有了新的认识，提出了“藏品管理”（Museum Collection Management）的概念。在工作指导思想上，注意信息管理和系统管理；在管理体制上，人员素质明显提高，组织机构向“多元化”转化，体制向“协商合作制”演变；在工作方式上，注意制定工作规范和工作标准，编制标准化工作文书和文件，采用适宜的藏品存放设施，利用计算机存储、检索和管理藏品信息。这都使博物馆藏品管理工作不但在认识上，而且在具体工作中真正成为博物馆的重点工作。

鉴于系统的“藏品管理”工作尚处于发展和完善之中，各国博物馆的发展途径、社会环境和业务传统有所区别，以及个人工作经历、工作岗位的不同，人们对“藏品管理”的理解不尽相同。

杰尼弗·根摩认为：“（藏品管理）是有关对博物馆收藏的保护，对藏品实物和学术研究信息的管理，以及对藏品利用的所有活动的综合性工作。”

理查德·赖特认为：“（藏品管理的主要任务是）处理与博物馆拥有或管理的藏品的有关工作的信息。完善地组织这些信息，以加强对当前及未来工作的指导，同时更妥善地建立过去、当前与未来工作的工作记录。”

杰弗瑞·李威斯认为：“对不同的人来说，‘藏品管理’一词有不同的含义。……它是对关涉到作为博物馆资源的藏品的全部工作的管理。包括对藏品的征集、保护、记录、研究和利用等方面的大量工作。”

美国史密森尼学会藏品登录办公室则认为：“慎重搜集、管理保护、利用和注销博物馆藏品。藏品管理的工作原则和具体措施适用于由博物馆负责管理的各种身份的物品，不论其是正式藏品、非正式藏品、借用品、研究品或是用于临时展览的展品。”

综合以上对于“藏品管理”的定义，可以看到，尽管表述的语言、方式不同，侧重点不同，但人们普遍关注这样一些共同点：

(1) 对博物馆藏品实物的保护与管理；

(2) 对藏品信息的搜集与管理；

(3) 对使用、利用和关涉到博物馆藏品实物的各项工作的管理；

(4) 管理各项业务的主要方式是信息管理；

(5) “博物馆藏品”的定义主要是传统意义的“实物”形态的物品；同时注意到，藏品的范畴不仅包括正式藏品，也包括博物馆对其负有管理、保护和利用权的物品。

经过近年来的不懈努力，博物馆藏品管理工作发生了深刻变化，已进入新的阶段，这主要体现在如下几个方面：

首先，重视制定和完善藏品管理工作方针。

藏品管理工作方针要明确阐述博物馆的工作宗旨、藏品范畴和主要用途、藏品管理工作的组织机构和工作职责、藏品管理工作的基本程序和基本要求，以及对藏品管理工作的关键环节，如征集、入藏、借用、注销等工作的审批程序和工作标准等。藏品管理工作方针应根据国际和本国有关法律法规，根据本博物馆的具体情况而制定，是博物馆藏品管理工作的基础。藏品管理工作方针可保护博物馆的利益，使博物馆各项工作有章可循，事有所思，各守其职。藏品管理工作方针方针也是对可能出现的推诿和擅权行为的制约。更重要的是，在制定藏品管理工作方针的过程中，博物馆全体工作人员都要参与讨论，明确藏品管理工作是一项系统工程，明确个人在该系统中的位置，以及其他人在藏品管理工作中的作用和相互关系，从而使博物馆真正成为一个“整体”。与藏品管理工作方针相配合，还要制定各项工作的具体实施细则，制定各个工作岗位的职业道德规范。当前，美、英、加等国的许多博物馆已认识到藏品管理工作方针的重要作用，已在着手制定、或根据具体情况修订完善。

其次，重视制定工作标准，包括工作程序、工作文件和文书、标准词汇表、工作检验标准等。

工作程序大致分为两类，一类是博物馆藏品管理的主要工作，如征集前的准备工作、入馆、入藏、登录、入库保管、藏品保存、陈列、借用、注销等项工作；另一类则是某一项工作的具体实施程序。例如，藏品借用事务涉及到的各项工作岗位及各岗位的具体工作，诸如藏品登录员要准备借用文件，对借用方安全状况及有关设施的调查，检查藏品使用计划，检查藏品保存状况，准备借用协议，制定藏品装运和使用要求，监督装箱和运输，定期检查借用品状况，借用期满要求归还，接收检查，签发有关文件等。制定工作程序，不仅可使具体工作井井有条，又可使各项工作协调配合，有效地提高工作效率。

为配合规范的工作程序，需编制规范的工作文件和文书。工作文件和文书是工作情况的记录，是工作管理、协调和检查的主要依据。规范的工作文件和文书可对藏品管理工作实施有效地监控和管理，并为电子计算机辅助管理提供必要条件。在编制规范的工作文件和文书时，既要考虑到文件和文书的控制管理作用，如入藏、入库、保存、借用等藏品管理工作的关键环节，要有专项文书。又要考虑到制备这些文件文书需耗费时间与精力，不能让工作人员身陷“文山”之中。还要注意文件文书的条目及格式的设计。英国博物馆藏品档案委员会在70年代后期编制了规范的适用于不同门类藏品的登录表格。美国博物馆虽无统一格式的登录文件，却收集了大量藏品管理文件和文书，按工作内容分别编排，汇集成册，出版发行，供各博物馆参考，这其实也是提供了文件和文书的范本。

编制标准词汇是博物馆藏品信息管理的基础工作。近年来，世界各国博物馆工作者在这方面作了许多努力，编制了一些专题词汇表。如美国地方历史博物馆协会出版了专用于描述人类社会物品的词汇表。一些学者则编排了服饰、鞋、考古出土物品、社会史和工业产品、藏品保存等方面的专业词汇表。编制专业词汇表，工作量很大，且争议也很多，但这是藏品信息进入网络管理的必要前提。因此，尽管工作难度很大，博物馆工作者仍未放弃努力。

制定检验标准是为帮助博物馆工作人员全面检查本馆的藏品管理工作。检验标准并不能作为评价工作业绩的标杆，也不是以此判定某个博物馆工作的优劣。其主要作用是帮助博物馆自我检查和完善本馆的藏品管理工作。检验标准提出了需要注意和完善的工作领域，以及必要的工作程序、工作标准、文件和文书等，并为有关专家帮助某博物馆完善其藏品管理工作提供了基本依据。检验标准并不对某一工作的具体方式做确切规定，这是考虑到各个博物馆的工作条件、人员条件的不同，很难在“量”上有明确规定。检验标准必须根据博物馆管理工作的需求和条件而修订，不应成为束缚、僵化博物馆工作的框框，而应成为促进、完善和推动博物馆藏品管理工作的动力。检验标准需与某种形式的检查工作结合起来，如藏品管理工作核查、博物馆资格审查等，从而具有一定程度的强制性和规范性，真正发挥其实践效能，而不仅是“一纸空文”。需组织专家定期审阅修订检验标准，保证其能符合博物馆藏品管理工作现状，并针对新出现的问题，制定若干新规定，提供一些解决问题和弥补缺陷的建议和办法。例如，鉴于计算机辅助管理的开发，如何对待原有的卡片目录，如何评价计算机辅助管理系统的工作效能，如何保护计算机信息安全，如何促进计算机信息管理等问题。需要强调的是，由于检验标准只适用于特定环境、特定时期的博物馆藏品管理工作，藏品工作检验不应“一劳永逸”，需要定期检验，及时发现问题，及时采取弥补和完善措施。

美国博物馆协会主持制定了《博物馆资格审核标准》和《博物馆藏品管理检验标准》。后一项标准是为已通过资格审核的博物馆完善和加强其藏品管理工作而制定的。博物馆先根据该标准“自检”，再向美国博物馆协会提出申请，由博物馆协会组织专家到该馆进行实地考察。这项检验对促进美国博物馆的藏品管理工作帮助很大。

其三，藏品管理工作人员的成分和素质大为提高，组织体制发生了明显的变化。

专业工作人员素质提高。20 世纪 60 年代以后，世界各国的一些大学开设了博物馆学专业，一些国家的博物馆专业团体也组织了短期培训和专业证书课程。这些课程培养出大批具备专业学术知识、博物馆学知识和博物馆专项工作知识的专业人才。80 年代后，一些大学的博物馆学课程根据博物馆工作需要，有侧重地培养博物馆专项工作人员。例如，美国首都华盛顿的乔治·华盛顿大学分别在博物馆学和教育学系中开设博物馆专业研究生课程。教育系侧重培养博物馆教育工作者；博物馆学专业则注重开设博物馆管理、藏品管理和陈列设计等方面的课程，为那些已掌握专业学术知识的学生进入博物馆工作做准备。美国纽约市立大学博物馆学系开设有博物馆藏品保存专业课程。

藏品管理工作的职业基础已初步奠定。掌握专业工作知识的人员来到博物馆后，他们要求自己从事的工作更为规范，更有条理，从而提出建立职业工作规范和职业道德规范。此外，博物馆业务范畴扩展，工作量增加，专业性加强。如藏品管理工作要求对藏品进行核查，妥善保藏，方便利用；陈列工作要求定期更换展品，组织有吸引力的专题展览和借展；这些工作都需要有专人指导、协调、组织实施和检查。工作实践的现实需要和对某项业务的完善，使一些原为附属性的工作成为藏品管理工作的主要内容，这一发展促进了藏品管理工作的专业分工，促成了专业的产生。一般认为，藏品管理主要包括藏品研究、登录编目、库房管理、藏品保存等工作。藏品管理工作分工促进了内部的分化和向专业化发展，上述主要工作都有其特定的业务范畴、工作原则、职业道德规范、工作程序、标准、方法、工具和检验标准。

随着专业分工的发展，一些专业学术团体建立起来。美国藏品登录工作委员会成立于1977年。英国在20世纪70年代后期将藏品信息管理与利用工作委员会改组为博物馆藏品档案委员会。这些专业学术团体致力于专业工作人员的交流和提高，组织编写工作手册，制定专业工作规范，拟定专业职业道德等。英国藏品档案委员会组织编写了一系列关于藏品管理工作程序、登录文件格式和登录标准等方面的书籍。在美国，值得一提的有玛丽· 玛拉若教授撰写的《博物馆藏品管理工作法律入门》，多萝西· 达德利主持编写的《博物馆藏品登录工作方法》等书。近年来，专业学者还陆续编撰出版了关于藏品研究、藏品分类、藏品分类词汇、藏品信息管理、计算机应用、藏品保存环境、害虫防治、藏品装运、安全保卫等多方面的专著。这些著作或探讨理论问题，或总结实践工作经验，奠定了藏品管理工作的学术基础。

藏品管理工作的组织体制也有显著变化。这表现在两方面：一是藏品管理人负责制发展演变为“专业人员协商合作制”；二是随之发生的管理权的转移，以前是藏品管理人负责藏品管理工作，现在则由博物馆主管业务方面的馆长——行政方面的管理者——负责协调和管理这项工作。

这种变化是博物馆和博物馆藏品管理工作发展的结果。20世纪后期以来，博物馆工作规模和业务范畴都在扩展，博物馆内部工作也在不断完善。随着各项工作逐渐规范，工作量增大，从而要求有专人负责，由此促成各专门岗位的出现。以前，藏品登录工作由藏品管理人负责，或由其助手负责。随着藏品管理工作的规范，各种管理文书及藏品档案数量增加，藏品借用业务增多，需要由专人分管有关业务。可以说，工作的需要是专业岗位产生的前提，博物馆学教学则促成专业工作岗位的正式成立。更重要的影响因素是藏品管理人的工作重点发生了深刻变化。管理好藏品的前提是对藏品的透彻了解，从“实物管理”到“科学管理”的前提是对藏品文化内涵和流传历史的准确了解。这要求博物馆聘请专家来馆工作，要求藏品管理人将工作重点放在藏品研究上。研究的深入，要求研究对象的专一，这在一定程度上限定了藏品管理人的研究领域。“专家”取代了“杂家”，从而使得藏品管理人的人数增加，这为藏品登录和实物管理带来新问题，因为很难给每一位藏品管理人都配备负责藏品登录的助手。各藏品管理人主管藏品的门类不同，管理方法也会有一些差别。为此，需要有专职人员负责藏品登录，按照规范的标准进行登录和管理，同时负责藏品实物管理和档案管理。这样，既可使藏品管理人集中精力于学术研究，又可使登录工作更为规范和完备。

当前，参与藏品管理工作的主要工作人员有藏品管理人（Curator）、藏品登录员（Registrar）、藏品保存技师（Conservator）和陈列设计师（Designer）。他们分别侧重于藏品研究、藏品及其信息管理、藏品保存和藏品利用等方面的工作。他们相互配合、协作、协调和依靠，共同承担起藏品管理工作。这种“协作”机制的优点是可使工作人员专注于本职业务，有利于深化和完善藏品管理工作。同时使各工作人员的关系平等，有利于监督和纠正某些违背工作方针和不规范的工作方式，加强对藏品的保护。

藏品管理工作组织体制变化的直接后果之一是领导权的转移，即由藏品管理人的手中转移到更高层次的行政领导者，通常是主管藏品管理事务的博物馆馆长手中。过去，藏品管理人是藏品管理事务的总管，藏品登录、藏品保存和陈列设计工作人员都是他的助手，都要服从于藏品管理人的工作安排和设想。时至今日，情况发生了根本变化。藏品管理人的主要职责是保证和体现博物馆工作的科学性，侧重于学术研究，负责征集藏品，从事研究，撰写专著，撰写陈列计划和展览说明。与此同时，其他原为辅助性的专业工作也在发展完善，建树了新的工作思想，引进了新的工作设备，采用系统的工作方法。这些情况都使得藏品管理人无法、也无力再过多地涉足其他事务，不得不将一些传统职能拱手交出。其他专业工作从辅助地位上升为主要工作，与藏品管理人的关系也相应发生变化。在藏品管理工作领域，藏品管理人不再有指挥权了，他只有学术方面的指导和建议权。如何协调藏品管理工作涉及的各项专门业务，如何处理工作中的矛盾，这只能依靠更高层次的领导者来解决。

这种组织体制的出现，因其有利于完善藏品管理工作，有利于藏品管理专业工作的开展，应该说是博物馆藏品管理工作的进步。但是，不能忽视这种体制可能面临的问题：

可能会激化藏品“保护与利用”的矛盾。以前，藏品管理人全面负责，“一统天下”，从而可保证研究工作和展览对藏品的需要，他同时还负有保护藏品的责任，注意藏品的保藏情况。管理权的统一，使藏品“保护与利用”的冲突并不明显。但随着藏品管理工作专业分工的出现，各专业有其特定的工作目标和特定的工作责任，或者说，有了其专门领域。这样，有些部门会较多地利用藏品，要求有更多的使用权和更便利的管理办法；另一些部门则对藏品安全负有较多的责任，从而强调藏品的保藏，并就此做出一些限制性规定。各部门利益和工作重点的不同，将导致和激化藏品“保护与利用”的矛盾；

如何保证藏品信息的完整，特别是如何使藏品信息服务于科研工作。工作重点的不同，对藏品信息的兴趣也会不同，如藏品管理人注重学术科研方面的信息，藏品登录员则注重藏品管理信息。即便是同一信息，理解也不尽相同，藏品管理人关心其学术价值，藏品登录员和库房管理员则注意其对藏品安全保管的影响。例如，对藏品管理人来说，藏品尺寸可能反映了制作工艺和用途等内容，藏品登录员则注重其作为藏品识别因素和对存放、搬运等工作的影响。对藏品信息的认识不同，以及由谁来负责搜集、管理和决定提供利用的方式，都可能会在一定程度上影响藏品信息的完整。

如何减少和避免工作内耗。专业分工增加，专业岗位增加，必然会增加工作文书和管理文书，增加一些工作环节。这就要履行更多的工作程序，填写更多的文书文件，其结果是“内耗”增加，不仅耗费工作人员的时间和精力，甚至导致不同工作岗位的矛盾与冲突。

藏品管理人能否理解和接受这种变化，适应新的工作体制和环境。他们曾是博物馆工作的主导，负有很重要的责任。现在，他们的工作范畴缩小了，集中于藏品的学术研究上，而将藏品登录、陈列设计、行政管理等工作让与其他人去完成。应该说，他们的职责更明确了，责任更重了，真正成为博物馆工作的核心。但是，失去往昔的一些权力，过去的工作助手成为平起平坐的同事，有些事情还要伏首听命，这使一些藏品管理人在心理和感情上产生了不平衡。这些都可能成为影响博物馆工作和其本人工作的潜在危险。

其四，当代博物馆藏品管理的另一个显著特点是应用电子计算机辅助管理，这深刻地影响着藏品管理的基本理论和实践操作。

世界一些工业国家的博物馆从20世纪60年代开始探讨将电子计算机引进博物馆和藏品管理的可能。70年代初，鉴于博物馆着手藏品核查工作，需要处理大量的藏品信息，开始尝试利用电子计算机辅助管理，并注意到藏品信息的规范化，着手编制藏品管理专用软件，讨论电子计算机藏品管理的基础理论，以及信息输入方法等技术性问题。80年代以来，随着微型电子计算机的普及和其性能的改善，电子计算机辅助藏品管理进入应用阶段，各博物馆开始编制应用软件并投入使用。80年代中期，开始将藏品信息全面输入电子计算机。进入90年代，英、美、加等国一些博物馆建立了本馆电子计算机信息中心，馆内工作人员可迅速、方便地检索、提取和利用藏品信息，在个人办公室中就可通过电子计算机调阅藏品档案。各国注意电子计算机辅助藏品管理软件的开发。一些大博物馆根据本馆需要自行编制，也有一些商业性软件在市场上出售，供小博物馆选用。一些博物馆群体，如美国国家公园管理局和史密森尼学会博物馆，已经或正在着手编制统一的供本系统使用的电子计算机藏品管理软件。美国国家公园管理局编制的藏品管理软件售价仅为25美元，易于推广普及，特别适用于经费拮据的小博物馆。同时加强对电子计算机辅助藏品管理基本理论的研究，探讨博物馆藏品管理信息的特点、管理方式、信息标准、基本词汇和信息交流、利用的途径和方式等课题。鉴于电子计算机技术更新换代的速度很快，人们也注意跟踪电子计算机技术发展趋向，探讨未来电子计算机技术对藏品管理工作的影响，以及与现行藏品管理体制和电子计算机辅助管理系统衔接的问题。

电子计算机应用于博物馆藏品管理工作，极大地完善了藏品管理工作。例如，使藏品核查工作真正落实，特别对藏品数量庞大的博物馆来说，这一优点更为突出。此外，计算机可迅速查阅、自动检索有关信息，对藏品的控制更为严格。如为记录藏品存放地点的改变，在手工管理的藏品档案系统中，需要修改几份、甚至十几份检索文件。而对计算机管理系统来说，只要将有关信息一次输入，电子计算机即可自动修定各个相关记录中的有关信息。可有效地减少重复劳动，避免差错，提高工作效率。

电子计算机在藏品管理中的应用效果显而易见，但它对博物馆藏品管理的影响远不止此。电子计算机的使用，使藏品管理工作成为综合性的信息管理工作，使藏品管理工作部门成为信息管理和利用中心，从而成为博物馆工作的重点部门。电子计算机的应用，还影响着藏品管理工作人员的知识结构和人员结构，要求能够将现代科技与藏品管理工作实践相结合。既要掌握现代电子计算机的知识和应用方法，又要对当代博物馆藏品管理工作系统和方法有全面的了解，这需要系统的学习培训。电子计算机辅助藏品管理也是使藏品登录员成为主要工作岗位的影响因素之一。电子计算机使迅速处理大量藏品管理信息成为可能，改变了传统的藏品管理“一支笔，一本账”的工作方式，改变了藏品分散管理的方式，实现了对一个博物馆全部藏品的集中统一管理。电子计算机的应用也增加了对藏品管理工作的投入，购置必要的设备，研制管理软件，维护和更新系统。投入增加，将影响和改变博物馆的财务结构，增加藏品管理工作费用的支出。同时，投入增加，要求有相应的“产出”效益，这要求增强藏品管理人员的责任感和紧迫感。此外，电子计算机在藏品管理工作的应用，为博物馆学研究增加了新的研究课题，如博物馆信息的构成、形式、管理及利用等，以及信息交流、信息联网、版权、管理规范等问题，都需要深入探讨。

博物馆藏品管理工作之所以发生这样的变化，主要原因是社会对博物馆工作的认识更加深化，博物馆不再单纯是社会文化财富的仓库，不再单纯是学者的书斋，不再是某一个藏品管理人个人研究课题的标本库。博物馆必须真正使“社会文化财富”为社会的发展服务，必须切实履行社会文化财富“托管人”的责任，取之于社会，服务于社会。博物馆社会地位和作用的变化，首当其冲的是博物馆藏品管理工作。当然，采用何种完善、改进博物馆藏品管理工作的方法，根本的是要由博物馆的社会环境、历史传统、工作习惯和人员素质来决定。美、英等国完善博物馆藏品管理工作的起步方式是不同的。他们的经验可供我们参考和借鉴。另外，不能忽视现代科技对藏品管理工作的重大影响。可以想象，如果没有计算机辅助管理，藏品登录和档案管理人员势将淹没在文件和文书的“汪洋大海”之中。

当代博物馆藏品管理工作取得了令人瞩目的成绩，也面临着许多亟待解决的问题。这些问题有基础理论方面的，有管理体制方面的，也有技术方面的。鉴于当代博物馆藏品管理工作尚粗具规模，专业分工尚不完善，人们对藏品管理的认识尚不一致，如有人认为藏品管理主要是对藏品和藏品信息的管理，有人则认为藏品管理主要是藏品搬运和库房管理，这势必影响藏品管理工作的进一步完善。为此，有必要加强对藏品管理基本概念和理论体系的探讨，如博物馆藏品管理工作的定义、这项工作的性质、目的、对象、内容、特点、工作程序、方法、在博物馆工作中的作用和地位、与其他工作的关系等问题，以指导处于特定环境中的特定类型博物馆在特定时期的工作。

博物馆藏品管理工作的另一个问题是“资源”紧缺，这将使博物馆无力收藏珍贵的历史文物和艺术品。近年来艺术品价格猛涨，对博物馆收藏的影响众所周知。资源紧张也影响到博物馆藏品的保藏条件，许多博物馆库房条件很差，藏品堆放在物品架上，被灰尘和蛛网覆盖。许多博物馆无力购置现代化的藏品保存设备和管理设备，仍采用与藏品同样古老的方法来清洗和维护藏品。当然，博物馆目前似乎还没有出现藏品资源枯竭的危机，相反，博物馆的藏品资源似乎在日益扩展和丰富。所缺乏的是博物馆工作资源，诸如经费、库房、设施、人员等。这是日渐增加的工作任务与相对来说日渐匮乏的工作资源的矛盾。如何更有效地利用有限的工作资源，即满足社会对博物馆的要求，又能满足专业学者的研究需求，这是博物馆藏品管理工作需要认真考虑的问题。有人会说，博物馆可以通过各种努力，使社会增加对博物馆的投入。但应看到，社会对博物馆的投入不会是无限的。社会不会、也不能将大量的资源投入到保护、保藏历史的事务中，这种投入只能保持在某一限度。因此，资源紧缺将是长期困扰博物馆的难题之一，也将是博物馆藏品管理工作需要长期面对的难题之一。

尽管博物馆藏品管理工作还有一些令人头痛的问题。但人们相信，随着工作的进展，这些问题会有比较妥善的解决办法的。当然，近年来，博物馆藏品管理工作主要集中于对博物馆“家底”的清理，如对藏品的核查，建立记录藏品基本信息的档案，改善藏品存放条件等。随着这些任务的逐步完成，人们将把注意力集中到更深入地开发藏品内涵价值方面。这将对博物馆藏品管理工作提出新的要求。

注意建立“完善”的藏品体系。这不仅要求有一定数量的藏品，更要求藏品的高质量。所谓高质量的藏品，要求藏品能够完整、全面地反映某一社会历史发展进程、社会生活场景、自然现象、科学技术或艺术风格，更具代表和典型性，即一件物品可以体现多种文化因素或自然因素，同时要求该物品有相对稳定的质地和结构，能够存留更长的时间。应看到，每一件物品都有其特定的质地、结构、制作工艺、装饰纹样等，反映着特定的自然社会、文化过程，是发展着的自然、社会的特定时刻和特定环境的产物。从这个意义讲，每一件物品都是独特的，都有着为博物馆收藏的物质和文化条件。但正如大家都知道的，博物馆无法将这些物品都收藏起来，博物馆必须确定一些标准，以决定藏品的取舍。这些收藏标准，会随着社会环境、社会对博物馆的要求、博物馆工作状况和博物馆资源等条件而变化。今后，鉴于资源紧缺等情况，博物馆将会注重制定更加明确的藏品收藏标准，更严格地筛选藏品。另外，博物馆将对已有的收藏进行清理，对已有收藏中不符合现行藏品标准的物品实行注销。总之，博物馆藏品管理今后将对藏品的“质”更为重视。高质量的博物馆藏品，除应具备藏品文化内涵应更丰富、更典型和更珍贵，以及藏品实物应能够存留更长时间这两点基本要求外，还应具备完善的藏品管理文件这一项条件。藏品管理文件不仅仅是记录着博物馆藏品管理日常工作的文书，它更具有法律文件的作用，证明博物馆对藏品的所有权、使用权、处置权和其他各项权利。完备的藏品管理工作文件将保证博物馆能够充分利用和保护其藏品。总之，建立完善的藏品体系，需要加强藏品管理工作基础理论方面的研究，如博物馆藏品的特点，如何确定博物馆藏品标准，博物馆藏品如何满足保护社会文化遗产和博物馆工作要求等课题；需要加强藏品的专业学术研究，注意研究特定藏品与社会文化、经济、科技、生活、艺术、宗教等方面的联系，研究藏品所反映的自然环境和社会发展过程。还需要完善博物馆藏品管理工作，健全博物馆藏品管理工作制度、工作程序和工作方法。

我们应注意到，一个博物馆的收藏与作为博物馆事业的综合收藏，以及与全社会的收藏的关系。这是不同层次的，又相互依赖的收藏体系。必须注意探讨不同层次收藏的目的、范畴、方式、作用、局限和特点，以及各层次收藏的冲突和联系方式；注意探讨博物馆收藏在社会收藏中的地位和作用，对社会收藏的影响，社会收藏对博物馆的影响等。简要地说，博物馆收藏不能替代社会收藏。博物馆收藏是社会收藏的重要组成部分，它反映着社会收藏的兴趣所在，努力实现社会对某些物品的收藏要求。作为社会指定的文化财富托管人，博物馆力求在社会收藏中发挥主导性的影响作用。通过展览、鉴定、咨询、合作等方式，鼓励、引导和帮助社会收藏健康发展。各个博物馆的收藏构成了博物馆综合收藏，它应集中、具体地反映自然和人类社会的芸芸众生和发展脉络。在博物馆综合收藏的总体规划指导下，每个博物馆都应建立有鲜明特色的藏品体系，要能够反映不同地理区域和不同历史时期的社会生活场景和生态环境。

博物馆藏品管理工作重点之一是加强藏品专业学术研究。在清楚了解藏品年代、出土地点和流传经过的基础上，注重对藏品的综合学术研究，注意藏品的社会历史和物质文化特点，进行多学科、多层次的研究。这不仅对藏品本身的认识更全面、更深入，还有助于研究、了解、复原古代社会、先民生活。目前，博物馆中待研究的藏品相当多，仅靠博物馆自身的研究力量是很难胜任的。博物馆必须依靠社会科研力量。可聘请有关学术领域的一流人才，为他们的研究工作提供资料、经费、设备和助手。还可请其他学术机构研究人员来博物馆合作研究。还应看到，博物馆研究人员多忙于展览内容设计，撰写展品说明和展览图录；忙于藏品的征集和鉴定，对藏品的综合研究有“无暇顾及”之感。为此，博物馆需改变“闭关自守”的观念，真正将博物馆藏品作为社会文化财富，使博物馆藏品信息为促进科研服务。博物馆应做好基础工作，藏品管理人员要做好服务工作，为研究人员利用藏品提供便利。一项重要措施是建立详尽的藏品学术研究档案，搜集各种基础资料和科研成果，供研究人员查阅参考。这项工作需要各方面人员通力合作，藏品管理研究人员要提供研究成果和资料来源，档案工作人员要注意搜集有关信息。在现代科技的支持下，这项工作是能够完成的。建立藏品学术研究档案，是保证博物馆藏品研究工作深入开展的基础，是使博物馆藏品研究成为社会性科研工作重要组成部分的前提，是确立博物馆在未来信息社会中的地位的保证。博物馆藏品管理工作在完善藏品实物管理文件的基础上，将进一步建立和完善博物馆藏品研究档案。

博物馆藏品管理工作需注重改善藏品的保存环境，延长藏品的保存年限。改善保存环境，消除不良环境因素对藏品的影响，尽可能减少对藏品实物的清洗、维护和修补等作业。必须真正认识到博物馆藏品实质上是“以实物为基础的信息综合体”。博物馆藏品的质地、工艺、纹饰、磨损程度、使用痕迹，甚至附着的污垢和毁损状况，都反映着藏品的制作、使用、流传、毁弃、埋藏过程，记录着藏品与人类社会、自然环境的联系。换句话说，藏品实物的任一特点，都是“文化”的反映，都是已被掌握，或有待开发的信息。藏品实体、表面痕迹和附着物的任何改变，都意味着某些文化信息的失去和改变，从而影响人们对藏品和其蕴含的文化信息的准确、全面的认识。因此，尽管现代博物馆藏品保存科学采用了先进的研究和保护技术，但藏品保存工作对藏品的影响仍有待时间的检验。从保存“文化”的角度出发，博物馆藏品管理工作应加强对保存环境的研究，注重为不同质地的藏品提供适宜的保存条件。

博物馆藏品管理工作要拓展藏品的利用途径和方式。美国一位藏品登录员说：“博物馆将所有的东西放到一个箱子中，再将箱子锁上。然后，把箱子的钥匙交给每一个人。”博物馆藏品并不是博物馆的私有财产，更不是藏品管理人个人的私有财产。博物馆有责任妥善、安全地保藏这些物品，同时，更有义务去创造条件，充分利用和实现藏品的价值。藏品的保护与利用曾是一个很难均衡的天平。过去，“箱子的钥匙”只能由少数人来掌握；今天，“箱子的钥匙”已不再是传统的钥匙了，它是现代科技的“电子钥匙”。博物馆可以用它来极大扩展藏品的利用范围。在现代科技的辅助下，可以创造最适宜的运输设备和环境条件，从而使世人一睹珍稀藏品的“庐山真面目”；利用现代信息存储和再现设备，人们可以快捷地检索藏品信息，再现藏品图像，观察藏品的细部结构。博物馆藏品管理工作不仅应认真考虑如何使藏品长期保存的措施，也要认真考虑如何使藏品切实发挥其社会效益的方法。博物馆藏品管理工作必须突破藏品库房四壁的束缚，关注博物馆事业的发展，关注社会对文化财富的需求，关注现代科技的进展在博物馆藏品管理工作中的应用，真正成为现代博物馆工作的基础，为博物馆事业发展创造条件。

博物馆藏品管理工作已逐渐改变了旧的观念和工作模式，采取现代科学技术，取得了很大成绩。尽管这项工作还面临着协调内部工作关系，需要根据新的工作条件建立新的工作标准等问题，但它敢于直面、认真对待和努力解决这些问题。在社会条件和社会需求改变、博物馆事业发展及现代科技进步等因素的综合影响下，博物馆藏品管理工作还会发生变化。发展和变化是必然的，博物馆藏品管理工作人员必须认清形势，明确工作目标，认真探讨和建立适宜的工作体制，使博物馆藏品真正成为“人类和他们的生存环境的物质见证。”

三编：博物馆管理

当代中国博物馆发展新疆域

一、全球化进程与中国博物馆发展

2002年国际博物馆日的主题是“博物馆与全球化”，由此引发了我国博物馆工作者对相关问题的热烈讨论，重点从理论、观念上探讨了全球化进程对中国博物馆事业的影响。随着我国加入国际贸易组织（WTO），我国经济在国际经济体系中的位置和作用越来越明确，影响力越来越大，中国与世界各国的交流在政治、经济、科技、文化等各个领域日渐频繁密切。在这样一种背景下，中国博物馆能为我国的全面、持续和和谐发展作出哪些贡献，能为构建中国是世界和平发展重要力量的形象发挥哪些作用？这是摆在中国博物馆工作者面前的新课题。

我国博物馆在20世纪80年代重返国际博物馆大家庭，1983年中国博物馆学会被国际博协接纳为正式会员为重要标志。但当时世界对中国博物馆的了解还不充分，中国博物馆与国际博物馆界的交流也局限于博物馆学和博物馆业务层面，中国博物馆与世界交流的目的是缩小与世界发达国家博物馆的差距，加快中国博物馆的现代化建设进程。可以说，当时的中国博物馆是以黑马和学生的姿态出现在世界博物馆面前的。1994年，国际博物馆学委员会在北京召开年会，这是中国博物馆界与世界博物馆界对话的开始。此后，中国博物馆数量增加，并逐渐参与国际博物馆的发展和管理事务。2003年，国际博协亚太地区理事会在上海召开区域性会议，并发布了“上海宪章”。2004年，中国博物馆学会副理事长李象益当选国际博协执委，标志着中国博物馆参与国际博物馆事务进入了新阶段。我们应清醒地认识到，主动参与国际博物馆事务，关心世界博物馆发展，会更有利于中国博物馆的发展，并可使博物馆成为我国社会发展的重要力量。

全球化进程为我国博物馆发展提供了更为广阔的发展空间和更为多样的发展机遇。20世纪70年代开始的区域经济合作和信息技术的发展，启动了影响至今的全球化进程。全球化是多维度的社会发展进程，它以经济活动为主导，技术为先锋，政治为后盾，文化为支撑，在全球范围内（甚至延伸到外空间）整合资源，分配生产要素，区分经济活动，分配经济利益。在经济活动全球化的同时，资金、技术、信息、人员在世界范围内流动、交流、协作和碰撞，进而影响和改变着世界每一个角落中人们的生活，同时也影响到那里的文化生态和自然生态。全球化进程在创造机遇的同时，也伴随着巨大的危机。在文化方面，其机遇是接触和感受不同的文化，以和平的方式推动文化交流，更为丰富的文化形式，更便捷的接触传统和当代的优秀文化；其危机是文化现象的消失，文化传统的中断，文化生态的趋同，文化特性的丧失。全球化进程对博物馆的影响也是显而易见的，这从近年来国际博物馆日的主题也可见一斑。进入 21 世纪后，国际博物馆协会的关注从行业性事务转向更广泛的博物馆工作的社会背景和社会责任。2002 年为“博物馆与全球化”，2004 年为“博物馆与无形文化遗产”，2005 年为“博物馆：沟通文化的桥梁”，这些主题都是具有世界普遍性的问题，关注博物馆与文化传统、文化特性的问题，以及不同文化的交流和和谐共存的问题。

在全球化进程中，各国博物馆无可避免地受到这一重大社会、政治、经济、文化事件的影响，博物馆工作重点发生了明显变化，各国博物馆的关系也发生了微妙的变化。近现代公共博物馆是伴随着大工业生产、现代科学和大众教育的发展而发展的。在大工业时代，博物馆的服务对象主要是本国国民，关心的是国内事务和本国国民的素质提高，要表现本国国力的强盛，加强国民的国家自豪感。受大工业生产管理体制的影响，博物馆的业务也强调秩序和规则。在全球化进程中，各国的经济活动在全球范围内依照研发、制造和资源提供进行分工，这在某种程度上影响各国博物馆的工作重点，如发达国家博物馆关注创新能力的培养，发展中国家博物馆强调博物馆的资源作用；西方发达国家博物馆强调多种文化的共存共荣，一些发展中国家的博物馆则强调本民族文化的保护与传承。

我国经济已融入全球化经济一体化框架，计算机互联网更拉近了世界各地的距离。随着经济活动的加强，许多我们曾拒之国门之外的价值观、生活方式和行为模式已来到我们的身边。随着越来越多的中国人到海外创业经商，他们更是置身于异文化的包围之中。全球化影响着中国社会，也改变着博物馆的生存环境。

在初步接触到全球化进程的时候，特别是在刚接触到外部世界的时候，许多博物馆工作者有很强烈的新鲜感和好奇心，且多以自我需求为中心，更多关注有助于完善自我工作的机会、资源和经验。另外，由于曾长期置身于计划经济管理体制之中，许多人已习惯了做好本职工作，不去关注和监测环境，不注意适时调整与环境的关系。全球化进程对人们的重大影响之一就是要“thinking globally”，即从全球化背景立意，在制定组织发展战略和发展目标时，要考虑到更大范围、更多因素的影响。换句话说，要将组织发展与社会发展、环境条件与自身能力更紧密地结合起来。近年来，我国博物馆已逐步摆脱了“两耳不闻窗外事，一心只读专业书”的状态，逐步关注到社会发展对博物馆工作提出的新要求，注意到社会公众对博物馆工作的反响，将公众参与程度和评价作为博物馆工作的评估因素。但是，仍有必要指出，我国博物馆仍局限在文物的束缚中，仍局限在博物馆“理论功能”的范畴中，还没有真正认识到全球化进程对博物馆的影响，没有真正明确博物馆在全球化进程中的社会责任和基本任务，还没有为应对全球化进程的挑战做好积极的准备。

全球化进程改变了我国博物馆工作的外部环境，同时也对博物馆工作观念、任务、规则、方法、人员产生不容忽视的影响。我们要积极面对全球化的环境，抓住机遇，使博物馆工作迈上一个新台阶。

中国博物馆在全球化条件下的主要任务是什么？笔者认为，博物馆要积极响应社会发展出现的新问题，要与社会发展紧密结合。当前，我国博物馆承担的社会任务是营造和谐社会，加强社会发展基础，传承文化特性，促进文化沟通。在全球化进程中，经济活动在全球范围内谋划布局，我国已逐渐呈现出成为世界制造中心的态势，“中国制造”遍布于世界各地。世界各国的工商企业、技术规范、产品、管理模式都进入中国，一些软因素，如企业文化、生活方式、交际规则、行为习惯、价值准则等也随之而来。我们在享受全球经济一体化带来的物质、技术和资本利益的同时，又受到异域思想、价值、文化和生活方式的冲击。不同文化的相遇，蕴含着文化冲突的可能；不同的价值取向和利益追求，会成为不同社会阶层冲突的导火索。在单纯进口海外工商制成品的时代，还可以将“软因素”关在国门之外，但在全面引进生产过程的今天，与之相关的文化现象不可避免地来到我们的身边。可以说，以前还可以“篱笆扎得紧，野狗钻不进”，现在则进入“与狼共舞”的时代了。与狼共舞，增加了被狼吃掉的风险，但换一个角度，这又会加强我们的忧患意识和增强自身能力的自觉性，提高发展能力。况且，在某种程度上，外来的生产组织与我们还存在着共同的利益追求，构成了既竞争又合作的关系。为此，博物馆要在社会发展的背景下，在与社会加强沟通的进程中，建构适合全球化条件的工作理念，确定工作任务，探索新的工作方法，建立新的工作规则。

在全球化条件下，博物馆要坚持“发展”和“包容”的态度。发展是人类社会的基本轨迹，博物馆要从全球化背景立意，从本土社会发展着手，将“本土文化优越观”转变为“多元文化共存共荣观”。包容不是融合，不是同化，不是容忍，不是以某一强势文化为核心去吸附和同化其他文化。包容承认差异，尊重个性，在共同生存和发展的框架中，在建立和谐发展社会的前提下，承认每一文化存在和发展的权利和现实，尊重每一文化对发展方向和途径的选择，强调以对话和交流作为解决差异和争议的基本手段。包容允许评论和批判，允许批评某些落后和损害社会发展的现象，允许对某种社会或文化现象、行为进行分析和讨论。包容鼓励创新，鼓励特定文化群体的创新试验和传播，特别鼓励不同文化的合作性创新。此外，包容允许失误，容忍失败。

全球化条件下的博物馆要坚持“维护民族文化特性”和“促进文化交流与沟通”的基本工作方向。文化是一个民族、一个社会发展的基本条件，文化对特定文化群体发挥着凝聚人心、规范行为、共同取向的重要作用。没有文化，民众将如一盘散沙；没有文化，人们将迷失生存的意义。民族文化的缺失，可能发生在外族文化强力剥夺的时候，也可能发生在本民族社会转型和文化转型的时候。博物馆更应该关注社会转型造成的文化缺失现象。外力强权造成的民族文化缺失是表面的和一时的，民族文化还深藏在人们的心中，在外力的压迫下，人们对民族文化的认同感可能反而更强烈。因社会转型、文化转型造成的民族文化缺失则可能造成很大的民族心理混乱，其原因之一是人们必须在传统和未来之间进行选择，而决定选择的又常常是依据现实的物质因素，以及个人理想在现实中的投射，缺乏实践的检验，缺乏集体性的检验；另一个原因是社群社会作用的错位，这里的社群主要是由世系、年龄条件区分的社会成员群体。在既定文化背景下，年长者发挥着代表和传授文化传统以及依据文化传统协调成员关系的社会作用，年青人则主要学习、传承并将文化传统发扬光大。但在社会转型期间，年青人更多地受到“新鲜”文化的吸引，对本民族文化传统的兴趣显著减弱，甚至排斥，并因此轻视年长社群的作用，甚至视其为社会变革的阻碍力量。年长者则视“新鲜”文化为威胁因素，对新奇文化的排斥无形中更加强烈。在社会转型期中，传统文化的社会约束力下降，新文化的社会约束力尚未形成，因文化转型而产生的社会内耗也增强，具有一定的破坏性。博物馆作为社会文化遗产的保护者和管理者，在社会转型期间发挥着重要的承上启下的作用。博物馆中收藏着历史的真实素材，对那些因现实变化而感到迷惘的人们，博物馆中的收藏给他们回到大地母亲的安全感；对那些寻求发展方向的人们，博物馆给他们提供了更大尺度的发展轨迹和参照系；对那些企图摆脱文化传统的人们，博物馆中的集体记忆可以让他们冷静下来。

为应对全球化进程带来的社会变革和社会发展的挑战，博物馆在各项工作中要坚持“关注社会发展”和“以人为中心”的工作导向。文化遗产的传承，更多地体现在人们对文化遗产的认识上，特别是自觉地将文化遗产作为社会发展主要基石的认识上。文化遗产的保护，主要表现为社会公众的自觉行为。文化特性的体现，也是由人们的信念和行为表现出来的。文化遗产的价值不仅体现在其本身的物理属性上，也决定于它对社会发展的作用。从其发展史上看，近现代公共博物馆一直将推进社会发展和为广大民众服务作为基本工作取向，但在资本主义经济体系和社会体制基本形成之后，近现代公共博物馆也随之进入保守的时期。20 世纪后期社区博物馆、生态博物馆的出现，使广大博物馆工作者再度确认博物馆“为社会和社会发展服务”的宗旨，在全球化进程中，博物馆更不能置身于社会发展大潮之外。当然，博物馆有其传统的工作领域，有社会为其确定的工作任务，但是，只有将博物馆专业工作置于社会发展背景中，它才有价值，它的重要性才会被彰显出来。博物馆的特点是将历史、现实和未来发展联系起来，特别要揭示历史对现实的影响，探求历史对未来发展的作用。“以人为中心”的工作取向不是一切从人的状况、境遇、需求出发，不是将其他客观条件作为人的附属品，而是将人置于其与环境、生态、社会、文化、时间等诸多因素构成的大系统中，重点揭示人与其他系统成分的关系，揭示人对其他系统成分的影响，人的行为对大系统的影响，以及系统和系统成分对人的发展的影响。“以人为中心”还注意到具体人的差异和发展需求，注意到人在社会发展中的能动、主动、发动的作用，以及人的素质和能力对发展的影响。

在全球化的条件下，中国博物馆面临新的外部条件和挑战，面临新的工作任务。这是一个竞争和共存同在的环境，需要博物馆在维护文化特性和促进文化沟通之间找到平衡。博物馆要加强民族特性的保护和传承，文化特性是本土文化在历史发展和现实实践中形成的观念、价值、态度、规范、生活方式的总和，是特定文化群体成员认同、凝聚和自豪的核心，是维系特定文化群体的纽带。博物馆要加强文化交流，促进文化沟通，让本民族和他民族的成员接触、了解和认识各自的文化传统和文化表现，了解各自的信仰、信念和生活准则，理解各自的生活方式和行为规范，以尊重、包容、对话、合作的态度构建双方的关系。加强文化交流的重要内容之一是加强本文化群体成员的文化自觉和文化交流能力，加强成员抗御不良文化和腐朽文化现象的能力。

博物馆要发挥自身的特长和优势，运用博物馆的文化资源，开展有特色的活动：

加强对文化特性物质遗产和非物质遗存的搜集、保护、研究和利用。不仅要从特定文化内部成员的角度看，也要从外部人员的角度看。从内部成员的角度，我们可能更关注历史传统的延续和传统观念的形成过程，其取向常常是历史的和精神的；从外部人员的角度，则常常是历史遗存的表现，传统对现实的影响，历史和现实的碰撞，其取向常常是现实和表象的。

加强对博物馆收藏文化内涵的研究，特别要加强运用人类学、社会学、民族学、文化学等人文科学理论对博物馆收藏的研究。在确定特定藏品的空间和时间位置之后，要尽可能发现其蕴含和携带的文化信息，即制作、使用该物品的人的行为，以及制约其行为的文化因素。只有从文化层面去认识和理解博物馆收藏，我们才能充分发挥其文化交流的作用。

要在文化的框架和背景中展示和阐释博物馆收藏。观众要能从由博物馆收藏构成的陈列中感受到物品原主人的喜怒哀乐和社会文化背景，要从中感受到陈列组织者的文化交流意图。博物馆要组织反映不同文化群体和不同文化背景的陈列展览，帮助本地居民认识和了解多种文化的存在，认识到文化多样性对社会发展的积极影响。

博物馆要加强与外国、外地博物馆及文化保护、研究机构的交流和合作。

博物馆要积极组织多样化的让公众参与的文化交流活动，让参与者通过感受、体验和创造文化，加深对传统文化和其他文化的了解和热爱。

博物馆要切实加强自身能力建设，特别要加强全球化背景下开展文化特性保护和文化交流所需的能力建设，主要涉及文化认知、文化自觉、文化批判和文化交流等方面。文化认知能力是对文化的敏感力和辨识力，文化自觉能力是对文化特性的认同和信念，文化批判能力是对各种文化现象进行分析和阐释的能力，文化交流能力是不同文化群体之间相互尊重和促进沟通的能力。能力建设除观念、态度和价值取向等理念层面的认识外，还涉及知识、技能和技术。博物馆工作者要了解和掌握交流对方的文化传统和文化内涵，尊重和了解对方的信仰、观念、习俗和生活方式，了解其对本文化的认识和态度，遵循双方认同的交流规则，采取对话协商的方法解决相互间的问题。要掌握现代传播工具，如电子计算机和互联网，提高文化交流的效率。

全球化进程为博物馆发挥其社会服务的作用提供了更广阔的天地，也会使博物馆的工作范围、目的、任务、能力发生重大的变化。中国博物馆工作者要清醒地认识到博物馆面临的新挑战和新任务，认识到博物馆在促进文化交流、保护文化多样性、维护文化特性和增进文化创造力等方面的责任和任务，转变观念，加强能力，创造性工作，与世界各地博物馆工作者一同为构建和谐发展的“地球村”而努力。

二、全面建设小康社会与中国博物馆工作新思路

近现代博物馆从诞生之日起，就与人类社会的发展进程密切相关，受到社会发展状况和发展需求的强烈制约。影响当代博物馆事业发展的外部因素主要是全球化进程、以计算机和互联网为代表的信息技术、市场经济体制的构建和学习型社会的建设。全球化是经济全球化、政治国际化和文化地域（本土）化等多种过程错综交织的现象，随着全球化的演进，资本、人员、技术、信息和商品在世界范围内大规模的流动，对各国政治、经济、文化和生活方式造成重大影响。信息技术的进步促成信息时代的到来，更快更准确地获取信息成为人们生产生活的重要内容。市场经济体制的完善使社会主要通过市场实现生产资源的有效配置，实现资源的最大效益。学习型社会通过提供更多更有效的学习机会，提高公民的学习能力，改善公民的知识结构和技能水平，增强公民的生产效能和发展能力。

在小康社会初期，社会公众对物质消费需求的渴望非常强烈，这受到我国在发展进程中处于后发位置的影响。在发展中，我们以发达国家为追赶目标和发展参照，鉴于我国与发达国家之间在社会制度、文化传统和自然环境等方面无法比较，故发展状况常常以发达国家的社会和经济状态为参照系，评估指标多是反映发展状态和程度的可量化的因素。如在博物馆领域，常常是博物馆数量、规模、类型、藏品数量、观众数量和展览数量等静态的描述性参数。在从温饱型社会步入小康型社会，即从不发达阶段进入中等发达的初级阶段时，民众对耐用消费品的需求非常强烈，这一方面是改善自身生活状况的要求，另一方面是缩小与发达国家差距的表现。如20世纪90年代对大件家用电器的需求，进入21世纪后对住房、汽车的需求。此时的社会消费呈现物质消费为主和炫耀型消费的特点。炫耀型消费是占有特定物品以显示自己的社会地位和经济实力，如穿着带有显著标志的名牌服装。

当前，我国博物馆面临新的工作环境和工作任务。全球化吹响了捍卫文化多样性的警号，博物馆的生存基础——文化特性——受到前所未有的冲击，博物馆无法再固守传统的科学和文物的领地；在信息时代，博物馆面临着身份转换的挑战，是以文物收藏者的身份出现，还是以公共信息资源管理者的身份出现，这不仅决定了博物馆的工作重点，也决定着博物馆在现代社会中的位置，影响到博物馆可获取工作资源的数量和质量；在学习型社会中，博物馆不再是知识圣殿的看门人，不再是知识的传授者，而是社会学习机会的提供者和公众终身学习的服务员；在小康社会初期阶段，博物馆必须承担起积极抢救和保护文物的历史责任，更系统更广泛地搜集和保护历史文化遗产，加强对有关农业社会和农业经济的物品和文化现象的收集和整理，同时要加强文化传统的教育和普及，使广大民众认识到文化遗产对社会发展和自身发展的重要作用，自觉投身保护文化遗产的伟大事业中。

这些新的社会条件和社会需求冲击着博物馆的传统工作观念和工作方式。面对冲

击，有人可能会抨击博物馆落后于社会发展，要求博物馆摈弃传统工作方法，洗心革面，彻底变革；有人则可能担心博物馆迷失发展方向，失去特色，要求博物馆退回馆内，坚守对历史文物和自然标本进行保藏、研究和展示的传统领域。这两种认识都有些偏颇。博物馆需要坚持自身的特色，坚持经历史证明是必要的组织职能，但博物馆不能作茧自缚，远离社会变革。从博物馆发展历程看，博物馆总是跟随社会发展的步伐，积极应对外部条件的变化，适时调整自身的工作目标和工作重点，将挑战转换为发展机遇。将挑战变为机遇，需要具备两个条件，其一是将不可控因素转化为可控因素，减少发展的不确定性，这可通过制定发展战略和工作规划、开展公关活动、与其他社会组织和个人建立更密切的合作关系、设立与外部环境沟通的专职部门等措施来实现；其二是要控制足够的资源，以支持组织的变革，这可从拓展和稳定工作资源、转化现有资源和提高资源利用效率等几方面着手。

在建设小康社会进程中，博物馆应在文化遗产保护、公共信息资源管理和提供多样化学习机会等三个领域发挥重要作用。面对全球化和工业社会对本土传统文化的冲击，博物馆应认识到文化影响人们的观念、价值体系和行为方式，是社会经济协调和可持续发展的重要保障条件。博物馆应更努力地保护文化遗产，展现文化特性，促进文化交流，推动文化创新和服务社会发展。当代文化遗产保护活动是系统、全面和动态的，基于对文化特性、文化过程和文化现象的完整表达来搜集相关的物品和信息，强调对文化遗产精神内涵的保护，关注文化遗产的传承和发挥其促进社会发展的作用。文化特性是思想观念、行为规则、活动过程和结果的综合体现，在文化传承和文化交流中起到身份认知和角色认定的重要作用，发挥展现文化形象和加强民族凝聚力的作用。博物馆要促进平等、积极的文化交流，客观公正地介绍异域文化情况，帮助公众掌握跨文化交流的原则和方法，在相互尊重的基础上认知本土文化和理解异域文化。博物馆要积极推动文化创新，在历史文化与现实文化、本土文化与异域文化、不同异域文化的碰撞和交流中，产生新的文化样态。

在信息时代，传播、获取、整理和利用信息成为人们生活的重要内容。信息科技提高了信息的价值，也提出了信息共享的要求。博物馆中收藏着数以亿计的历史文物、艺术珍品和自然标本，每一件藏品都携带着反映其存在过程的大量信息，这些信息既是历史的真实写照，也是当前社会发展必需的宝贵资源。当代博物馆应将具体的藏品转化为信息资源，数以亿计的藏品构成了海量的公共信息资源。博物馆在传统的实物收藏、研究业务的基础上，拓展出藏品信息管理工作新领域。这一工作的主要任务是实现藏品资源转换、增加资源储量、保障藏品资源安全和实现资源效益。通过科学研究、信息采集和存储，实现从实物资源向信息资源的转换。博物馆信息资源的基础是来自于人类社会和自然世界的实物和过程纪录，博物馆有责任、有义务使这些信息更为完整和丰富。博物馆藏品特点鲜明，其本体要保持原状，不能经过加工转换为其他形态，且随着人们认识能力的提高和认识手段的丰富，可以传达和表达更为丰富的信息。保障藏品资源安全是博物馆的核心任务之一。博物馆还要创造条件，开拓藏品信息利用的新渠道和新领域，让藏品信息在社会教育、科研、文化产业、文化交流等领域发挥作用，实现藏品信息资源的综合效益。

在全球化进程中，世界各国的竞争更为直接和剧烈，在竞争中得以生存并将竞争转化为发展动力的重要条件是人的因素，是热爱民族文化传统、掌握新知识和工作技能、具有创新能力的人。博物馆要积极参与学习型社会的构建，在社会继续教育、终身学习领域中发挥重要作用。博物馆的传统职能之一是教育，但长期以来，博物馆教育是在封闭的博物馆环境中，侧重于知识传授，向受教育者灌输专业知识，这一传统的教育模式需要改变。在学习型社会中，广大民众是学习主体，他们为构建美好社会和改善个人生活条件，为适应日新月异的社会发展而学习。博物馆要努力营造鼓励学习和进行学习的条件，提供满足学习者学习需求的学习机会，培养学习者的学习能力和学习习惯，帮助学习者获得积极的学习效果。在终身学习中，学习者的学习需求受到其对个人发展和社会发展现状和发展趋向的认识的影响，受到学习者所处人生阶段、生活环境和面临的挑战和机遇的影响。博物馆要根据学习者的年龄、性别、社会经济条件、职业和文化程度等条件来设计形式多样、内容丰富的学习活动。博物馆学习是综合性学习，是学习者价值观念、知识结构、行为能力和创新精神的综合提高，学习活动要促进学习者多种智能和能力的综合发展。博物馆学习要结合博物馆的优势特点，充分利用博物馆藏品和博物馆设施，在开放、自主、探索的环境中学习，学习新的知识和技能，也要学习优秀的民族文化传统。

建设小康社会为博物馆提出了新的工作任务，要完成这些任务，博物馆工作者需要认清形势，转换观念，增强全球意识、公共服务意识、开放意识和创新意识。继承前辈博物馆工作者勤恳奉献的精神，继承和保持博物馆的特性和优秀工作传统，开拓新的工作领域，创造新的工作项目和工作方法，与时俱进，让古老的博物馆焕发新的光彩。

三、经济效益和社会效益共同构成博物馆的社会贡献

探讨博物馆与社会环境的关系，以及博物馆对社会的贡献时，不能不涉及到博物馆工作经济效益与社会效益的问题。这一问题不仅是我国博物馆界长期讨论的学术问题，也成为制约博物馆事业发展的重要实践问题。应该看到，关于博物馆工作经济效益和社会效益的讨论，曾极大解放了博物馆工作者的思想，纠正了博物馆工作不注重“投入与效益”的传统观念，拓展了博物馆工作空间，开发了新的工作资源。同时，博物馆工作者运用效益评估手段来衡量博物馆工作成效，完善博物馆管理，增强博物馆工作活力。但是，随着时代的发展，对经济效益与社会效益的认识的不完善之处也逐渐显露出来，如认为经济效益和社会效益是博物馆工作的直接成效，将经济效益与经济行为收益相混同，将经济效益与社会效益对立起来。这些认识的不完善，使得人们过多地讨论经济效益是否合理的问题，从而使博物馆难以全面评价博物馆的社会贡献，难以理直气壮地开展合理高效的博物馆经营活动，也妨碍了博物馆与其他社会教育、社会文化机构的

合作活动。我国现在正处在建设社会主义市场经济体制的进程中，我国人民的生活水平普遍达到小康，公众的文化需求、文化消费倾向日趋强烈。在这新的社会环境中，博物馆工作者有必要更准确地认识到经济效益和社会效益都是博物馆社会贡献的重要内容。

从发展的角度看，博物馆发展不仅是自身数量的增长和业务质量的提高，也包括发展资源的保障和发展环境的协调。博物馆在自我调适、内部完善的同时，也要努力创造和维护确保博物馆持续发展的环境和资源条件。因此，博物馆不再是只由内部子系统构成的封闭系统，而是“博物馆—资源—环境”构成的复合系统。作为复合系统，博物馆环境支持和支撑博物馆的发展，博物馆社会贡献则是博物馆为保障环境稳定做出的积极努力，以及对环境的报偿。博物馆的社会贡献是博物馆自身运作所获得的直接和间接效益的综合。

社会发展包括经济增长和社会进步两方面，博物馆对社会发展的贡献也应包括博物馆的经济效益和社会效益。博物馆的经济效益和社会效益并不是矛盾的，甚至某些社会效益更要依托于博物馆的经济效益。博物馆经济效益包括博物馆各项工作所产生的经济收益和社会生产贡献率，也包括与其他社会行业、部门合作所产生的经济收益，还包括对其他行业发展的拉动和推动效应，如西安秦兵马俑对旅游业和当地农村经济的带动作用。博物馆经济效益还应包括推广高新技术，提高生产者素质，创造良好经济生活环境等非直接的经济效果，如美国《财富》杂志每年在推荐最佳商务城市时总要介绍当地的博物馆。此外，文化产业逐渐成为一些地区的支柱性产业，博物馆保护和展示当地文化特色，构造文化氛围，在当地文化产业中发挥前导和核心的作用。

需要注意，博物馆经济效益与博物馆经济行为收益是有区别的。博物馆经济效益是博物馆对社会经济发展的综合效益；博物馆经济行为收益则是博物馆经营性、服务性业务获得的经济收益。博物馆经济行为收益只是博物馆特定业务的收益，不应作为评价博物馆经济效益的唯一标准。

当前，博物馆的工作资源和经费来源日渐多元化，博物馆的社会需求日渐广泛多样，博物馆为提供高质量的社会服务，需要更多的资源和经费投入。为弥补工作经费的缺口，博物馆可以在法律及职业伦理允许的范围内从事经营性活动，并获取合理的经济收益。这样的经济活动是可以理解的，也应得到积极的引导和支持。但是，作为社会文化事业的博物馆，其经济行为的最终目的不仅要获取最大经济收益，更要为博物馆发展和社会发展服务。因此，博物馆经济行为必须服从于博物馆的社会责任，不得损害博物馆的社会形象，不得损害作为社会文化财富的博物馆藏品的安全。博物馆经济行为不能是无限制的，其范围、内容和收益使用必须有明确的规范。

对博物馆经济行为进行规范管理，其目的是为更好地保护和促进合法的博物馆经济活动，而不是束缚和压制此类活动。博物馆担负着保护社会文化财富和开展社会教育的责任，这些工作都具有社会福利、社会保障和社会公益的性质，需要大量的投入，很难获得丰厚的收益，甚至没有货币形式的收益。作为社会文化事业，博物馆的生存和发展必须依靠社会的投入和支持。博物馆经济行为一方面为满足博物馆观众多层面的需求，一方面也是合理利用所管理的文化资源。规范博物馆经济行为和加强对经济收益的管理，可以保护博物馆经济行为免遭恶性竞争的冲击，也可有效防范商品经济对博物馆社会公益性质的侵蚀。

博物馆经济行为大致可包括博物馆服务性经营、博物馆自营产业、博物馆土地和设施等闲置资产的盘活和合法安全的投资等。博物馆可以围绕博物馆展览、博物馆教育、以藏品为基础的知识和博物馆观众服务等主题，开展丰富多彩和具有博物馆特色的服务性经营活动。博物馆经济行为必须具备博物馆特色，如此才可具备竞争实力，确保市场份额。博物馆特色是博物馆经营活动的基础，创新则是推动博物馆经营活动发展的动力。创新一方面要多层面地合理开发博物馆现有资源，另一方面要抓住当代社会提供的新技术和新机遇，开发新的服务项目，开拓新的服务领域。

开发新的博物馆经营活动的办法之一是加强与其他社会文化、社会教育、社会保障和社会福利机构的合作。在社会主义市场经济的环境下，固守已有的市场份额是非常困难的。面对其他行业抢滩博物馆，在看到由此造成的新问题时，也要看到由此而产生的新机遇。与其阻挡，不如疏导。未雨绸缪，避害趋利。近年来文化旅游迅速崛起，如潮的游客遮掩了古迹，商业气息扭曲了文化品位。但换一个角度看，观众的增多不正是博物馆多年来梦寐以求的目标吗？文化旅游不是加强了博物馆在社会经济、社会发展中的作用吗？加强与相关行业的协作，可有效化解博物馆发展中的风险，拓展博物馆服务领域，分享由此而带来的经济收益，也可使博物馆集中精力搞好自身的基本业务，同时也有利于建树博物馆良好的社会形象。

博物馆应严格管理好经济收益，特别要对经济收益的用途和使用情况进行严格管理。博物馆经济收益是博物馆藏品、博物馆藏品信息和博物馆资产等公共性资产的使用所得，属于社会公共财富，其用途只能用于社会公共事业，用于公共资产的保值和增值，用于博物馆藏品的保护和发展。

鉴于博物馆经济行为是博物馆管理的新课题，是博物馆步入市场经济环境后遇到的新挑战，尚缺乏系统完整的管理办法和应对措施，对此，博物馆工作者只能在推动博物馆发展，坚持为社会和社会发展服务的基本原则指导下，发挥主观能动性，大胆实践，及时总结，不断前进。与此同时，博物馆工作者应严格自律，不做有损博物馆社会形象的事，不做有损博物馆长远利益的事，不做有悖于博物馆职业道德的事，不做有损文物的事，不做有损人民利益的事，不作为个人（或小团体）谋私利的事。

博物馆将会在知识经济社会中占据重要位置，将在社会文化产业中发挥更重要的作用。有关管理机构应加强指导和管理，运用法律、税收、行政、教育、舆论等宏观调控手段，创造条件，规范行为，保护利益，化解风险，鼓励创新，鼓励良性竞争，惩治违法，促进博物馆通过经济、社教、文化等途径创造更多的社会财富，为社会和社会发展作出更大的贡献。

博物馆发展要明确目标与条件

我国博物馆目前正处在重要的发展十字路口上，是延续社会主义计划经济体制时形成的，且已为广大博物馆工作者熟悉的工作模式，还是根据我国建设社会主义市场经济体制的现实，积极探索建设适应新的社会条件的新工作模式？对此，广大博物馆工作者都会选择后者。选择后者的原因不是对中央集权型计划经济体制下形成的博物馆工作模式的简单否定，而是由于博物馆工作的社会条件变了，这必然会影响博物馆的工作观念、模式和方式，博物馆必须顺应社会发展的基本趋势。

一、博物馆发展目标

博物馆不是一个僵化的事物，它一直处于发展变化的进程中。从博物馆发展历程看，从博物馆的具体业务，到博物馆类型，到博物馆工作目的，再到博物馆基本使命，都发生了显著的变化。发展是博物馆得以存在、壮大的主要动力。发展包括多种形式和多种层面，规模的扩大，数量的增加，业务的规范，新技术的应用，是博物馆量的积聚和增长；而社会角色认知、工作观念、工作体制、人员素质和工作结构的变化，则涉及博物馆质的飞跃。每一项变化，每一次飞跃，都为博物馆增添了活力，加强了发展基础，开拓了发展领域。尽管博物馆收藏的常常是固化的历史，但这并不妨碍博物馆在变化的环境中创造性地发挥自身的现实作用。

博物馆发展是主动的发展。博物馆发生的许多变化是在政治、经济、技术、社会需求等外部条件变化的制约下发生的，但这并不意味着博物馆只是被动地适应外部条件的变化而变化。博物馆是社会发展的重要因素，它忠实地记录社会发展历程，客观地表现社会发展状况，传承和保持社会的文化特性，增强社会凝聚力，展现社会的发展前景。博物馆将记录社会发展和促进社会可持续发展作为自己的基本使命。鉴于博物馆对社会发展的重要贡献，社会不会允许博物馆迟滞于社会发展之后。博物馆为实现自己的使命，也要努力站在社会发展的前沿。社会的发展需求和博物馆对完成使命的追求，共同推动博物馆不断地变革和发展。尽管作为一个独立的社会组织，博物馆有时也要关注于解决面临的紧迫问题，有时也会与社会环境发生脱节，但这只是一时一地的局部问题，并不能影响博物馆与社会互动互惠协同发展的大趋势。

博物馆发展是在社会发展的环境中进行的。博物馆作为社会发展的重要资源，不能游离于社会发展的主流之外。博物馆只有自觉主动地参与社会变革，才能有效地实现其社会价值。其次，由于社会在持续的发展中，博物馆的发展环境、发展条件也是不断变动着的。博物馆是在动态变化的环境中发挥作用。博物馆必须密切关注社会构成、社会关系和社会需求的变化，以确保自己的工作资源，确保提供的服务满足现实社会需求。社会发展要求博物馆高质量地完成其社会任务，这需要博物馆规范完善自身业务，突出特色，保持相对的稳定；社会发展还要求博物馆根据变化的社会需求创造性地开展工作，这需要博物馆密切跟踪社会发展趋向和发展目标，及时推出促进社会发展的特色工作项目。

博物馆发展是使命导向型的发展。过去，由于认为博物馆是必然的社会现象，其存在是永久性的，故认为博物馆发展只是要素完善、职能拓展、解困济危的发展。当然，博物馆在促进社会发展的同时，自身的工作条件会得到改善，工作范围相应拓展，一些缺陷会得到弥补，但这些都是发展的结果，而不是指导发展的目标。使命是指导博物馆发展的基本信念，是博物馆承担的最基本的社会责任，是博物馆永远为之奋斗的目标。当然，博物馆要将观念性的、具有长期指导作用的使命具体化、目标化，以使之适应博物馆当前工作条件，制约和规范博物馆发展行为，并将对使命的追求体现在博物馆具体工作中。博物馆是与社会发展方向保持一致的，只有在参与社会发展中才能发挥作用并发展壮大，博物馆应首先将社会发展目标作为自身发展的基本目标。应注意，指导博物馆发展的基本目标是动态的，是随着社会发展的条件变化而变化的。国际博协要求博物馆要“为社会和为社会发展服务”，这也是一个动态的目标。其次，博物馆发展目标应与所处地域社区的社会发展目标相一致。当代博物馆已不再是超脱于现实社会之上的科学代言人，它必须将为社会发展服务的目标落实到特定区域的社会发展上，博物馆要关注所在社区社会、经济、文化和人口的发展，要关注社区可持续发展能力的加强。再次，博物馆发展目标要与自身发展能力的建设相结合。博物馆自身发展能力建设并不是“自我完善、以我为主”的工作，而是将博物馆作为社会发展重要力量来建设。总之，不论是长期、短期的发展目标，还是为社会发展服务、或加强自身发展能力的发展目标，都应服从博物馆使命，都应为实现博物馆使命服务。明确博物馆发展是使命导向型的发展，明确博物馆使命是记录社会发展和促进社会可持续发展，这对正处于转型阶段的中国博物馆来说至为重要。这将有助于我们避免体制之争，延误改革时机；防止为适应市场经济条件而使博物馆成为营利性组织的动向。社会条件的变化不应影响或改变博物馆的使命和基本任务。

二、博物馆发展的支撑和支持条件

博物馆发展要坚持可持续发展的原则，在为社会发展服务宗旨指引下，充分发挥博物馆工作资源的现实作用，也要为后代保留可为其发展服务的资源。为此，博物馆要加强发展支撑条件的建设，优化发展支持条件。博物馆可持续发展的支撑条件是确保博物馆存在，发挥其满足社会需求的职能，并可为后代保留满足其发展需要资源的因素。收藏、资源和工作人员是博物馆发展的基本保障。

收藏是博物馆根据社会科学、人文科学、自然科学和技术发展状况，根据现实社会的发展目标而系统收集、登记、研究、保护并利用的实物和非实物记录载体。收藏不是具有特定价值的单件物品的简单相加，而是反映了社会发展历程、发展水平和发展方向，以实物为表现形态的人类社会精神与物质财富的综合，是一部以实物为表现形态的社会发展百科全书。博物馆收藏是一个变化的概念，随社会对历史、现实、未来的认识的变化，科学观念的深化，对博物馆社会作用、社会价值、社会财富和社会需求的变化，以及博物馆工作者对工作使命、任务、范畴、对象认识的发展而发展。建立反映社会发展和为社会可持续发展服务的收藏是社会赋予博物馆的任务，博物馆工作者必须清醒地认识到这一点。我们不仅要为记录历史而收藏，不仅要为现实社会的科研、教育和欣赏而收藏，更要关注为未来、为子孙的发展而收藏；不仅要为历史学、人类学、民族学、文物研究和自然科学研究而收藏，更要为满足公众社会教育和自我学习的要求而收藏，要为系统、全面、准确记录和反映人类社会的发展历程而收藏。收藏不仅仅构成博物馆的工作基础，更是社会文化特性的客观真实的表现，是不同文化之间交流、沟通和理解的桥梁。只有明确收藏的社会意义，才能使收藏真正满足社会需求，使收藏真正发挥博物馆发展的保障作用。

资金是博物馆实现收集、保护和利用其收藏的金钱和设施。博物馆是非营利性的社会公益组织，它只能依靠社会慈善性捐助和资助来开展工作。从博物馆的社会地位和社会作用来说，博物馆是社会文化建设基础设施，提供的是社会发展需要的公共产品；博物馆还是支持其他社会机构开展各自业务的基础平台。为使全社会和全体社会成员都能充分享受博物馆资源，博物馆只能以无偿或低费率提供服务，或采取区别费率的做法，向低收入者提供无偿服务。有鉴于此，社会只能通过政府实施社会收入再分配，或转移支付，或捐助、资助和赞助的方式支持博物馆，这种支付通常以货币来计算。资金还反映在博物馆为实现其社会责任的工作设施上，如馆舍、工作设备和服务设施等，反映在博物馆日常管理费用和业务开支上，反映在博物馆用于收藏的收集、管理、保护和利用等方面的开支上，也反映在博物馆工作人员报酬和社会义务工作人员投入的时间上。

人员包括博物馆工作人员和社会义务工作者，他们是博物馆发展的基本条件，这不仅因为人是最可宝贵的资源，是博物馆工作中最积极的因素，更由于博物馆工作人员的社会公益心和奉献精神。作为非营利组织，博物馆更多地依靠工作人员的奉献精神和主动性开展工作。由于博物馆非营利的性质，且从社会投入与其经济收益比较来说，博物馆多是经济收益少于投入的。博物馆工作人员多是为体现个人的社会价值而来博物馆的，都是为实现博物馆的社会贡献而工作的。没有这些热心社会公益事业、充满奉献精神的工作人员，博物馆是很难完成社会托付的责任的。

博物馆发展的支持条件包括知识、技术、环境和社会认同度。这些条件可有效提高博物馆发展基础因素的效力，提高博物馆工作效益，使博物馆更充分发挥其社会作用。这些支持条件多属于博物馆发展的外部因素，其发展状况及对博物馆的影响常常是博物馆无法控制的，博物馆需要根据支持条件的状态进行自我调整，以适应这些条件的发展状态，并充分利用这些条件促进博物馆发展的积极作用。

知识是指自然科学、社会科学和人文科学的理论体系及研究方法，是博物馆收集和利用其收藏的科学依据，是博物馆业务工作的科学基础，是博物馆提高其社会影响力和信息传播信度的科学保障，也是博物馆组织多种形式社教活动的科学资源。博物馆必须紧密追踪知识领域的新成果和新发展，关注知识领域的发展方向和发展热点，关注新的知识成果对社会发展及对博物馆发展的影响。要让工作人员掌握相关知识领域的新成果、新方法，在各自工作领域中积极运用新知识，这将极大地帮助博物馆跟上社会发展的步伐，建树博物馆为社会发展服务的积极形象，丰富博物馆的工作方式和工作内容。

技术是人们为达到特定目的而采用的工具和办法。随着科学的发展和知识的积累，技术也更为丰富多彩。技术的多样化，为博物馆工作提供了多种选择，也使博物馆面临着困难的抉择。博物馆必须在有限的资源条件和高新技术两者之间选择最佳平衡点。高新技术可以提高博物馆工作效率，提高博物馆现代化程度，有利于公众对博物馆有更积极的认同感。但高新技术也可大量消耗博物馆有限的资金，迫使博物馆去争取更多的社会投入，从而导致社会对博物馆资源的限制。此外，技术还可影响博物馆的工作流程和工作组织形式，甚至影响到博物馆的决策和管理体制。不同的技术对博物馆工作人员的素质和能力也会有不同的要求。对博物馆来说，技术如同一柄双刃剑：适合博物馆发展条件和发展需求的技术有助于博物馆实现其发展的目标，不适宜的技术却可阻滞或破坏博物馆的发展。

环境是博物馆生存、运作并发挥效力的自然、生态、社会、文化等外在于博物馆的环境的综合。博物馆既与环境相分离，又是构成环境的有机成分，它影响环境的构成、结构和形态，但更多地受到环境的影响和制约。环境是复杂和变动的，既有环境因素变化造成的变化，如天气变化、物种消失、政权更替、技术进步等，也有因博物馆发展而带来的变化。随着博物馆工作领域、内容的扩展，博物馆工作涉及的环境范围将扩大，涉及的社会因素将增加，与社会其他组织争夺活动空间和环境资源的矛盾将加剧，从而导致环境的变化。博物馆应密切关注影响博物馆发展的环境构成、因素、承载力、容量、确定性和复杂性等环境因素的变动。环境构成是指不同性质的环境，如地理、自然、生态、社会、经济、文化等；环境因素包括诸如政体、管理体制、法律、经济、技术、人口等；承载力涉及环境发展状况和需求等因素，影响博物馆的数量、规模和分布状况；环境容量主要是指博物馆工作空间的大小和博物馆面临的竞争态势，对博物馆服务的质量、数量、提供途径和方式有直接影响；环境的确定性和复杂性主要反映环境的变动状态和影响博物馆因素的多寡及相互关系。博物馆是社会公益组织，它的存在和发展是与环境息息相关的，离不开环境的支持。环境因素的任何变化都会影响博物馆的发展条件，从而给博物馆的发展方向、战略、任务、方式等方面带来一系列的变化。博物馆可通过扫描、监测等手段了解影响博物馆发展的环境因素的变动状态和趋向，并通过竞争、合作、协调等方式营造自己的生存空间，通过提高社会服务能力，提高公众认知和社会认同来拓展发展空间。博物馆不是自给自足的封闭系统，它是一个开放的系统，在与环境的交流互动中获取资源，开展业务，提供服务，寻求发展机遇，保持发展活力。

社会认同是社会组织、社会公众对博物馆社会地位、责任、作用的认识和评价，是对博物馆重要性和社会价值的认识和评价。博物馆是满足特定社会需求的社会公益组织，社会认同度的高低直接关系到博物馆存在的社会意义，关系到博物馆社会作用的实现，关系到博物馆工作资源的数量和保障程度。可以说，社会认同反映了博物馆社会基础是否牢固，决定着博物馆社会效益能否实现。社会认同也反映出有多少人支持博物馆，那些人支持博物馆，他们对博物馆的需求和评价怎样？社会认同不仅反映在公众的评价上，也反映在公众通过资金、物资、时间和口碑宣传对博物馆的支持上，反映在公众要求政府、社会组织支持博物馆存在和发展的意愿上。博物馆必须关注社会公众对博物馆的认同程度，并要主动采取措施，扩大博物馆的社会影响，密切博物馆与公众、社区、社会的关系，不断提高社会认同度。

三、博物馆管理者的任务

博物馆是重要的社会公益、社会文化机构，其社会任务和社会作用是其他社会机构无法替代的，但是，为维持博物馆运作，提高博物馆工作水平，以满足社会需求，又要有相当数量的社会投入。为解决博物馆发展的资源需求和社会投入的矛盾，必须由国家行政管理机构对博物馆发展进行宏观管理。

国家博物馆行政管理机构在博物馆发展上具有举足轻重的作用。国家行政管理部门代表社会的利益，维护社会公众的利益，决定政府公共资金的分配使用。应该看到，博物馆收藏着大量珍贵的文化遗产和自然标本，具有重要的社会教育作用，在社会文化和经济领域中发挥着积极的作用。政府不能忽视博物馆的社会价值和社会作用，并要使之与社会发展方向和发展战略结合，成为推动社会发展的重要力量。国家博物馆行政管理部门应从有利于社会发展的高度指导博物馆工作，以提供满足社会需求的公共品和维护公共品消费者利益为管理目标，保障博物馆生存和发展所需要的资源，营造适宜博物馆发展的社会条件，引导和鼓励博物馆开放创新，鼓励社会团体和个人支持博物馆事业发展。在社会主义市场经济条件下，国家博物馆行政管理部门要通过立法明确博物馆的社会性质、社会位置和社会作用，明确博物馆在公共部门中的位置，明确博物馆在收藏、资金、税收和其他社会性收费等方面享受的优惠条件和优惠标准。国家行政管理部门应积极运用法律、财政、资金、政策、行政、规划、教育培训等宏观调控措施指导、支持、监督博物馆的发展。有关部门还可通过提供信息来指导、引导和规范博物馆发展，如提供国家有关博物馆工作的政策和规划、公共资金投向及数额、世界博物馆发展动向、国外博物馆要求合作意向、博物馆现状统计、博物馆工作规范、博物馆人员培训信息等。

具体到每个博物馆，各个博物馆的基本使命是相同的，但每个博物馆的内外条件却是各不相同的，所以每个博物馆都会有特定的工作目标、体制、组织和方法。从管理学角度讲，博物馆管理者要充分有效地利用博物馆工作资源，发挥博物馆工作优势，实现最佳工作效益，并使博物馆步入“资源—效益—更多资源”的良性循环。需要注意的是，这一构想具有浓厚的工商管理色彩，即营利性组织经营管理的色彩。对于非营利性的博物馆来说，恐怕很难照搬以营利为最终目标和评价标准的管理观念和工作模式。对于我国博物馆来说，改变政府包办的集权型计划管理体制是确定无疑的了，但是，建立怎样的适应社会主义市场经济体制的公益组织管理体制，还正处于探索、实验和总结的过程中。明确社会主义市场经济体制下博物馆的使命，明确博物馆的生存和发展环境，明确博物馆的工作任务，这是我们探索新的管理体制的基础和前提，任何探索都不应改变博物馆的基本性质和使命，否则只能损害博物馆利益，也损害社会利益。

博物馆（从微观层面）管理者的主要任务是审时度势，保证博物馆公益机构的性质和地位，坚持可持续发展原则，根据博物馆的内外部条件，确定博物馆发展方向和目标，激励工作人员，提供社会发展学要的服务。概括而言，要紧紧抓住博物馆的工作目标、资源和效益。

博物馆工作目标是在特定时间期限内博物馆使命、社会责任和发展战略的具体阐述。工作目标明确了博物馆在一定时期内的发展方向，主要起指导、激励、约束和评估作用。在工作目标指导下，进一步明确博物馆的工作任务以及为完成这些任务所应具备的资源和条件。工作任务更为具体，有明确的、量化的工作内容和要求，有具体的负责人员和工作日程安排，有切实的资金、设备和技术的保障，有完善的检查评估和奖惩措施。作为博物馆管理者一定要注意使博物馆发展目标真正贯彻到具体的工作任务中，不能让博物馆业务游离于博物馆使命和发展之外。

博物馆资源包括藏品、资金、设施和人员。博物馆管理者要根据博物馆工作特点，努力保障满足博物馆发展要求的资源。筹措足够的资金是博物馆管理者的重要工作，要广辟资金渠道，与政府有关部门、社会组织和个人保持积极的、建设性的良好合作关系，争取政府财政拨款、专项补贴、项目拨款、协议拨款、税收减免、社会性收费减免或优惠费率等形式的资助。积极开展合法的筹款活动，要通过博物馆协会等行业性组织与国家立法机关和政府有关部门积极洽商，制定有关社会捐助、赞助和资助博物馆的法规和优惠标准，鼓励社会组织和个人资助博物馆。博物馆要建立严格的社会捐助资金使用管理办法，定期公布社会捐助资金使用情况，主动接受社会监督，确保社会对博物馆的信任。博物馆还可开展合法合理的经营活动，既可拓宽资金来源，也可满足不同群体观众的消费需求，此外还可借鉴工商管理的办法，加强博物馆管理。博物馆要审慎处理与营利性组织以合资、合营、入股等形式合作进行营利性活动事宜，这类活动会严重损害博物馆社会公益组织的社会形象，并影响博物馆的长远利益。对当前我国一些地方将博物馆重组为股份公司的做法，也应从维护博物馆非营利公益组织的高度来认识。

当代博物馆管理者必须关注工作效率和效益。过去，博物馆工作者更多关心的是完成工作计划或研究计划，似乎不太关心效率和效益。现在则完全不同了，政府对博物馆的资助方式发生了很大变化，直接拨款越来越少，而更多地以项目资助、专项资助、减免税等方式间接资助，且政府资助数额与博物馆的资金需求差距越来越大，博物馆必须为有限的政府资助和社会捐助而竞争。这种竞争的态势要求博物馆开源节流，要发挥资源的最佳效益。管理者不再只关注做了些什么，更要关心做的效果，关心资源使用效果。例如，举办展览不仅要看展览保质保量按时完成，还要看展览的社会反响，观众数量和观众评价，展览对博物馆其他工作的积极影响等。

博物馆管理者要认真抓好队伍建设。博物馆工作人员是博物馆工作的最宝贵的资源，是博物馆发展的支撑条件。队伍建设要考虑人员素质、组织结构和管理体制等多方面问题。博物馆管理一定要贯彻“以人为本”的原则。博物馆不仅是推动社会发展的积极因素，也是社会成员实现其个人的社会价值，实现其个人发展要求的社会场所。博物馆管理要有助于工作人员在博物馆环境中认识到个人的人生价值，在博物馆工作中增强自己的知识和能力，从而发挥更积极、更重要的社会作用。博物馆管理者要使每一个工作人员将博物馆使命与个人发展目标、人生目标相结合，在实现个人人生目标的同时也实现了博物馆使命，使个人价值在组织使命的实现中得到升华。为实现这一目标，博物馆管理者可通过组织文化、工作组织、工作任务、人员培训、激励等管理手段，提高工作人员素质，激发潜能，推进博物馆发展。

博物馆管理者是博物馆与环境沟通的主要渠道，是营造有利于博物馆发展环境的社会活动家。博物馆在强化为社会发展服务的作用时，也更深入地置身于社会环境中，面临着更激烈的竞争局面。对此，博物馆应采取怎样的态度，怎样的应对战略和策略呢？借助政府的保护伞？加强自身竞争能力，靠自己的实力拼杀出一条生路？广交朋友，积极拓展生存空间，实现与竞争对手互动双赢？或与实力强大的社会组织结盟合作，背靠大树好乘凉？总之，办法会很多，但不论采取何种策略，都需要博物馆管理者对环境状况有全面的了解，对影响博物馆发展的环境因素有准确的认识，并要与有意愿、有能力支持博物馆的社会组织、团体和个人建立密切的联系。博物馆管理者要成为高明的公关专家、宣传专家、鼓动专家和谈判高手，宣传博物馆的组织使命与任务，让社会公众更多地了解博物馆对社会发展所做的积极贡献，使公众了解博物馆的发展目标和为实现这些目标而需要的社会支持，争取社会给博物馆更多的藏品、资金、人员、时间、道义的支持。

附录　各国博物馆宗旨辑要

澳大利亚国家博物馆宗旨：

“澳大利亚国家博物馆承担的社会职责是妥善保藏、阐释和保护文化和自然遗产物品。作为这些物品及其知识财富的托管人，博物馆：

明确其返还人类遗骸和圣物的责任，在该领域加强与土著居民和托雷斯海峡居民的合作；

有责任以遵守伦理的方式使用国立博物馆的藏品及博物馆获取的信息；

开展或鼓励对澳大利亚历史的研究以及对相关信息的传播；

对馆藏品进行全面记录（包括关联信息和辅助性资料，如照片和口述历史）；

与其他博物馆、教育和科研机构，以及相关文化机构和社区组织建立密切的联系；

澳大利亚国立博物馆认识到知识和阐释的框架是建立在社会环境中，这种状况使博物馆表达适应社会条件和争议的观点，同时可能使博物馆引发争议；

博物馆有责任鼓励对文化多样性的相互理解。文化多样性必须反映在藏品、公共活动和关外社教活动、博物馆政策和实践、博物馆董事会和工作委员会、工作人员和观众的构成中。”

加拿大文明博物馆宗旨：

加拿大博物馆法（1990年）声明：“加拿大的遗产及其全部人员是世界遗产的重要构成部分，根据本法设立的每一所国立博物馆：（1）不论是独立，还是与其他博物馆或类似机构合作，都要发挥基本的职能，即保护和增进加拿大的遗产，保护和提升加拿大本土和海外的所有加拿大人民，增进所有加拿大人的综合记忆和特性；（2）每一个国立博物馆都是所有加拿大激发灵感、研究、学习和娱乐的资源。使用官方语言。是加拿大文化基础的服务机构，并向所有人开放。”

加拿大博物馆法（1990年）规定加拿大文明博物馆自治机构是：“在加拿大和世界范围内，致力于增进知识和批判性理解并欣赏和尊重人类文化成就和人类行为，通过开展、坚持和发展对具有历史或文化意义的物品收藏的研究，并使之传之后世，侧重于加拿大，但不排外，以及从这些收藏所蕴含的知识和它们所表现出的理解中，展示人类的文化成就和行为。”

肯尼亚国家博物馆宗旨：

肯尼亚国家博物馆是根据《国家博物馆法》建立的半官方机构，同时遵守《文物和遗址法》。

“肯尼亚国家博物馆是具有多种学科的机构，其宗旨是收藏、保护、研究、记录和展示肯尼亚过去和当代的文化遗产和国家遗产。其主要任务是为肯尼亚和世界的利益，为当代和后代的利益，增进知识、欣赏、尊重和持续利用这些资源。”

美国史密森学会宗旨：

美国史密森学会是根据1846年的国会法令建立，遵守詹姆斯· 史密森的遗嘱的规定。史密森是英国人，他在1826年将个人财产遗赠给美国，“在华盛顿特区建立一个以史密森学会命名的机构，以在民众中增进和传播知识。”

（美国史密森学会）国立美国历史博物馆宗旨：

“国立美国历史博物馆将其藏品和科研成果用于激发对于我们国家和多数人民的明

确理解。博物馆创造学习机会，激发想象，并提出有关我国历史的挑战性认识。”

（美国史密森学会）自然历史博物馆宗旨：

（美国史密森学会）自然历史博物馆的宗旨是：“致力于对自然界和置身其间的人类居境的理解。博物馆分享了表现生成、塑造和保持自然与文化多样性的力量的珍藏。博物馆还是最广泛研究领域的科学活动的中心，是国家收藏的大本营，是世界上有关科学物品和自然标本的最杰出的图书馆。”

美国大屠杀博物馆宗旨：

“美国大屠杀纪念博物馆是美国的国立机构，以记录、研究和阐释大屠杀的历史，并作为美国的纪念地，以纪念在大屠杀中被杀害的数百万人。

博物馆的主要任务是增加和传播有关这一空前的灾难的历史，保护那些受难者的记忆，鼓励博物馆观众思考大屠杀引发的道德的和精神的问题，以及作为民主国家公民应承担的个人责任。”

美国纽约大都会艺术博物馆宗旨：

大都会艺术博物馆建立于1870年4月13日，纽约州于1870年通过的《大都会艺术博物馆法案》规定该馆“应坐落于纽约城中，作为这个城市的艺术博物馆和图书馆，鼓励和发展有关美术的研究，并将艺术应用于工业生产和日常生活，增进民众的艺术知识，其外，还要提供公共教育。”该法案有关博物馆目的的声明指导博物馆工作达130年之久。

现在，大都会艺术博物馆董事会重申博物馆的宗旨是：

“大都会艺术博物馆的宗旨是收集、保护、研究、陈列和激发对艺术品的理解，增进艺术品知识，这些艺术品高质量地、全方位地综合反映了人类的成就，所做一切工作都是为公众服务，都要达到最高的专业水平。”

美国首都华盛顿特区博物馆宗旨：

“华盛顿特区博物馆的任务是使这个城市——活的博物馆——为华盛顿市民，以及国内和国际游客更容易接近。

博物馆致力于使华盛顿特区城区和市民的历史被公众所了解和理解，以使在华盛顿特区居住和工作的人们，以及美国全国人民了解华盛顿特区的特性和地区特色，并为之感到骄傲。

博物馆通过组织教育活动、出版物、研究性收藏和陈列，持续开展有关城市问题的对话，并更好地认识这些问题。”

日本国历史博物馆宗旨：

“日本国历史博物馆的首要目标是通过与历史、考古学民俗学和相关领域的合作，推进对于日本历史和文化的深入研究。当然，不言而喻，在开展研究工作时，博物馆与大学是合作组织。博物馆必须建立与日本各地大学的教师合作的体制。

博物馆工作的第二个目标是组织、研究和使更广泛的研究者，例如日本各地博物馆的教师，利用博物馆持续积累的研究资源和信息。正是这些研究资源和信息构成了博物馆与日本的大学教师、博物馆研究员和其他学者合作研究的基石。

博物馆的第三个工作目标是反馈社会，通过举办直观的研究成果展，让公众广泛知晓前述多种形式合作研究的成果。此外，这些研究成果展的主要内容应反映在博物馆基本陈列中。这些展览的观众是对于研究工作、基本陈列质量以及展示的研究成果的评判者。有鉴于此，我们可以说研究和基本陈列是最基本的有关历史展示的研究课题。”

英国苏格兰国家博物馆的愿景与宗旨：

“苏格兰国家博物馆的愿景：

世界水平的博物馆服务，包括传播信息、教育和激发灵感。

苏格兰国家博物馆的宗旨：

我们保护、阐释和使所有人接触苏格兰的历史和现在，以及其他的国家和文化，以及自然界。

苏格兰国家博物馆的价值观：

(1) 我们投资于人，发展人的潜能。

我们承担着使员工认识其全部潜能的责任，要投资于员工培训，并实现这一责任。

(2) 我们展现杰出。

我们要在各项工作中推进最佳服务，为观众和其他用户提供高质量的服务。

(3) 我们有责任创新和不断改进工作。

我们要鼓励大胆尝试和创新，支持不断改进各项服务。

(4) 我们提供灵感激发、教育和愉悦。

我们要保证各项工作和服务能够使所有人激发灵感、受到教育和愉悦。各个博物馆要为所有观众提供可利用的、激发兴趣的、有吸引力的活动。

(5) 我们的发展基于伙伴关系。

我们有责任与其他博物馆、组织和获益者在伙伴关系的基础上共同工作，以实现博物馆收藏的最大潜能和实现作为国立机构的最大贡献。

(6) 我们鼓励高效工作和相互尊重。

我们保证公平、平等和尊重的对待所有员工和观众。我们要使员工在团队中高效工作，加强组织成员的忠诚以及开放的交流和工作。”

英国大英博物馆宗旨：

“大英博物馆的目的是为人类的福祉保管展现世界文化的收藏，确保这些收藏安全存放、保存、管理、研究、陈列和为最广泛的公众所利用。

为实现这一目的，博物馆的宗旨是激励和激发博物馆观众及其他用户，通过精心展示和完善服务的展厅，以及研究性收藏、世界水平的展览、各种教育活动、出版物和对媒介的富有想象力的使用，帮助他们全面理解藏品。

为实现博物馆的目的和宗旨，博物馆的指导原则是：

开放：通过实物的和电子的利用途径，以及公共信息和公众参与的最佳方式，展现藏品的广度和深度，揭示藏品的文化特性和关联。

学习和参与：为公众提供有条理的和综合性的理解构架，提供贯穿文化、时间和地域的导向。

研究和理解：通过同行评议、合作和出版，通过藏品、图书和档案资料的利用，通过藏品的科学保存、安保和征集，发展博物馆高质量的、连贯的、未来导向的研究工作。

公众认知：改变和深化公众对博物馆对当地、国家和世界的贡献的认识，加强和拓展收入来源。

效益：加强人力、设施、财务和信息资源的高效使用，并根据国际最佳实践建立由风险管理、绩效指标、授权管理和共享目标等构成的管理体系。

为实现上述目的，博物馆确定了五项工作重点：

（1）持续完善观众体验质量。

（2）增加观众探索藏品的机会。

（3）更好地维护和合理使用博物馆的房地产和建筑物。

（4）藏品管理设施的更新换代。

（5）使博物馆藏品研究目标和公共项目目标协调一致。”

英国伦敦科学博物馆宗旨：

伦敦科学博物馆的宗旨是：“我们要让公众在对话中从过去、当代和未来人类的才智创造中产生意义。”

英国伦敦博物馆宗旨：

“伦敦博物馆的宗旨是激发对伦敦的热爱。

为实现这一宗旨，要向广大世界传播伦敦的历史、考古成果和当代文化；

要接触伦敦的各个社区，通过作为伦敦的记忆，通过搜集和编年整理有关伦敦的故事，采取教育、娱乐，以及解释和记录当代伦敦变革的令人振奋的方式，收藏、陈列、调查和解除伦敦的文化；

在有关伦敦的争辩中发挥作用，促进伦敦广泛的文化和教育网络建设，并为之作出贡献；

在我们的从业人员中培养学术专家。”

社会主义市场经济条件下博物馆发展动力分析

从20世纪80年代，我国博物馆事业进入新的蓬勃发展时期，大型博物馆纷纷上马，行业博物馆如雨后春笋，私立博物馆崭露头角。博物馆事业发展的新局面，为我们提出了新课题，是什么力量在推动博物馆发展，如何认识和评估博物馆发展状况，如何使博物馆发展保持在正常有序的轨道上，如何发挥博物馆的创造力，如何防止发展的盲目性，避免宝贵资源的无益损耗。讨论这些问题，有助于我们探讨博物馆事业发展规律，有助于我们自觉地顺应和借助这些发展动力，主动积极地推进博物馆发展。

伴随我国改革开放进程的深入，社会主义市场经济体制建设步伐加快，由此导致我国博物馆事业发展的外部环境和内部构成发生了重大变化。计划经济体制下推动博物馆发展的因素将被适应市场经济条件的因素所代替，对此变化我们必须有清醒的认识。在计划经济条件下，博物馆不是独立的主体，只是政府的一个职能机构，代行的是政府的职能。在社会主义市场经济条件下，博物馆是独立法人，是依法开展业务的自主主体，是满足社会需求的社会公益机构。政府行政管理机构通过法律、行政、经济、舆论、教育等宏观调控手段支持、推动和规范博物馆发展。换句话说，政府将会更关注创造有利于博物馆开展满足社会需求活动的条件，逐渐减少对博物馆日常性管理事务的干预。随我国公共财政体制的逐步完善，政府对博物馆的财政支持也将从“养人办事”向提供公共品转变，政府将更关注公共支出的经济、效率和效益。政府行政管理部门的主要职责也将是管理博物馆，而不再是经营博物馆。

面临变化的工作环境，博物馆工作者的反应是不一样的。一些人还很怀念计划经济“衣食无忧”的舒心时光，一些人则意识到这一变革是历史性的。面对新的工作条件，博物馆管理者必须着眼未来，发挥创造性，审时度势，积极探索适应新条件的工作体制和方法，在错综复杂的内外环境中辨别引导、支持和推进博物馆发展的因素，适时适度地调整博物馆内部环境，推动博物馆不断发展。

在讨论博物馆发展动力时，我们必须明确博物馆藏品在博物馆发展中的地位和作用。一些博物馆工作者认为博物馆藏品是决定博物馆发展的主要因素，认为“高精尖”的藏品是提升博物馆品级的决定性因素。对此，笔者认为，博物馆藏品只是博物馆存在的必要条件，尚不能视其为推动博物馆发展的主要动力。理由如下：从人类收藏行为角度看，人类收藏的物品多种多样，收藏的目的和用途大相迥异，收藏品只是体现、服从和满足特定收藏目的的手段，收藏并不能顺理成章地推进博物馆发展；从博物馆事业发展史角度看，科技博物馆、生态博物馆、虚拟博物馆这些对博物馆事业发生过强大推进作用的博物馆，都不是在传统博物馆藏品的基础上发展起来的，而更多地出于发挥博物馆功能的考虑，更多地依赖于社会观念和科学技术的创新；从博物馆藏品特性的角度看，博物馆藏品是实现博物馆工作目标的手段，只有符合特定博物馆的工作宗旨、任务和藏品标准的物品才能成为该馆的藏品，博物馆藏品折射出博物馆的性质和任务；从人类认识角度看，博物馆藏品是在自然科学、社会科学和人文科学的认识框架中存在的，藏品的量的增长并不能改变藏品的性质和特点，而藏品的质的变化则有赖于人类认识能力的深入。当然，笔者并不否认藏品在博物馆发展中的基础和保障作用，藏品量的增加和质的优化将使博物馆的发展基础更为稳固。

我国博物馆经历了不同的发展阶段。在计划经济时期，有关部门将博物馆作为社区的基础文化设施，将博物馆作为社会发展和社会文明程度的指标。在建设博物馆时，根据国家的财力，按照从中央到地方的行政区划统筹安排。20 世纪 50 年代中后期，要求各省建设省级博物馆，80 年代初提出县级行政区划都要有博物馆。博物馆的数量、规模、经费、人员、业务活动等被作为博物馆事业发展的评估指标，建多少所博物馆，在哪里建博物馆，都要纳入政府的统一计划。推动博物馆发展的动力是政府掌握的资源以及政府官员对博物馆的重视程度，评价博物馆发展的主要参照标准是外国博物馆的数量。这一时期可以说是福利型的、计划主导型的、政府资金投入型的发展。从 80 年代起，我国与国际博物馆界的联系日渐紧密，了解到西方一些国家或地区博物馆的数目，且注意到西方国家将博物馆作为评价城市现代化水平的标准之一，我国一些地区将增加博物馆数量作为缩小与西方博物馆事业差距的主要指标。此时，我国博物馆在数量上有显著的增长，由于这种增长具有数量赶超的浓厚色彩，导致出现了一些基础条件并不完善且博物馆基本功能未能很好发挥的博物馆，对此现象我国博物馆界提出“稳步发展”的工作思路，即根据博物馆学的理论，新建博物馆应具备博物馆的基本要素，并能开展正常的收藏、研究、陈列和宣教等业务。这一时期可以说是数量追赶型和博物馆要素型的发展。进入 90 年代，我国国力明显增强，城市化进程逐渐加速，博物馆作为重要的城市基础设施和城市形象工程，受到各级政府的重视，一些大中城市纷纷建设现代化的博物馆。由于这种发展是投资型、基建型的，意在改变城市形象，而没有将发挥博物馆社会功能作为建设目标，故常常出现建设时争分夺秒，剪彩时锣鼓喧阗，开馆后门庭冷落的现象。这一时期可以说是基础建设型的博物馆发展时期。世纪之交，随着政府事业单位管理体制的改革，博物馆作为“捧着金碗讨饭吃”的典型被推向了市场经济的前沿。一些地方政府减少对博物馆的财政拨款，要求博物馆充分发挥自有的藏品、设施和人力资源，通过开发旅游产品、收费服务、提高门票价格、出售纪念品、出租场地、有偿转让馆藏品等措施实现资源效益；有些地方政府视博物馆为发展旅游的手段，将博物馆承包给经营性机构或个人，或将博物馆与其他机构合组股份制企业，“捆绑上市”；博物馆的经济效益也是评估新建博物馆可行性的重要论据。此时的博物馆发展可称为资源开发型时期。在这一时期，受市场经济理论和运作方式的影响，有些博物馆工作者借鉴市场经济的观念和评价标准来评价博物馆的发展，基于“市场的主要作用是配置资源”的理论讨论博物馆发展。这种认识的积极意义在于注意到博物馆的经济效益，注意到博物馆对地方经济的拉动和推动作用，注意到博物馆投入可带来客观的经济回报，注意到博物馆是自主的经营主体，注意到博物馆的内在因素对创造效益的影响。应该说，这种认识拓展了我们对博物馆社会功能和社会作用的认识，使人们认识到博物馆可以从社会效益和经济效益两方面对社会发展作出的更大贡献。但是，这种认识的致命缺陷是将博物馆等同于市场经营性组织，抹杀了博物馆非营利性社会公益组织与营利性组织的区别，忽略了博物馆的自身特点，这会从根本上动摇博物馆存在和发展的基础，将博物馆推向追求本组织经济收益的歧路。

在市场经济条件下，我们必须更加强调博物馆非营利性公益事业的性质。作为非营利性机构，博物馆更注重社会效益；作为公益事业，博物馆提供的是公共产品。由于博物馆的这一组织特性，决定了博物馆的工作资源主要依赖于公共财政和社会捐助，博物馆的经营活动也更多地具有社会募捐的意味。博物馆的一切活动都不是为组织的所有者谋利的，这决然区别于为个人谋利的经营性组织。

在分析博物馆在市场经济条件下的行为时，我们必须注意不要用以基于为个人谋利的理论来解释或指导博物馆的行为。市场经济学的理论基础是“经纪人”假设，该假设认为人的一切活动都是追求个人利益的最大化，即追求最大的利润和投入的最大经济收益。这一理论的基础观念是私有论，是个人利益至上。可以看到，这种观念与博物馆的基本观念和追求迥然不同，因此很难用基于追求个人利益观念的理论指导博物馆的发展。当然，我们不能忽视博物馆所置身的市场经济环境，无法回避市场经济对人们的观念、价值标准、行为方式和需求的制约，博物馆不是生存在理想化的真空中。

在讨论博物馆发展时，笔者视博物馆为基本的、主要的系统，其内部包含了许多子系统，并置身于其系统特性得以保持、发挥系统作用和获得生存与发展条件的大系统中。在自身的运行和发展过程中，博物馆更关注大系统的生存和发展，这是由于博物馆存在的根本原因不是为满足自身子系统生存的需求，而是为大系统更协调的运行和发展。

博物馆发展是在已有基础上，随内外条件的变化而发生的整体或局部的积极变化和结果。博物馆发展是量与质的综合发展。所谓量的发展是指博物馆基本构成要素规模的扩张，所谓质的发展是指博物馆工作观念、组织目标、人员素质和工作机制的革新。博物馆是与社会发展紧密相关的社会文化组织，它的组织性质、社会功能和工作目标都是由其所处的特定时空范围的社会环境决定的。收藏哪些藏品，并不是由藏品本身决定的，而是由当时的科学发展水平、社会价值观和未来发展构想决定的。博物馆生存和发展所需的社会投入水平更反映出社会对博物馆的需求，以及博物馆能否满足这些需求的能力。总之，博物馆发展不是简单的线性的量的积累，而是在外部力量推动下的综合、开放的积极变化进程。

博物馆发展是开放的动态过程，是在博物馆内部因素与外部条件共同参与并相互作用下，在内部因素与外部条件交流、碰撞和改变的过程中，使博物馆脱离现有状态的改变过程。博物馆发展动力是触发、推进并保持新的发展态势使之达到预期目标的力量，是使博物馆发生积极变化的力量。发挥发展动力作用的因素来自于博物馆内部和外部，内部因素如收藏、设施、工作人员等，外部因素如用户、技术、资金等，这些因素在与博物馆系统和博物馆发展过程发生联系时产生不同的作用力。笔者将对博物馆发展起作用的力区分为吸引力、支持支撑力和推进力。吸引力确定博物馆发展趋向和导向，支持支撑力保障支持发展的条件，推动力则迫使、促使和强化博物馆产生特定趋向的变化。这些因素在博物馆发展的不同阶段、不同状态下发挥或强或弱的作用，但这些动力的作用是综合性的，且贯穿博物馆发展的始终。

博物馆发展的吸引力是引导、吸引、牵引和指导博物馆沿特定方向发展的力量，也可以说是博物馆工作者、博物馆支持者和受益者对博物馆发展趋向和发展目标的认知和认同。博物馆是社会文化组织，她的发展道路不容置疑地受社会发展状况和社会需求的制约。博物馆工作者通过明确社会需求、发展机遇和个人追求把握博物馆的发展趋向，并根据博物馆现实状态和条件确定博物馆的发展目标，制订发展规划，并为实现发展目标努力工作。对博物馆发展产生吸引力的因素包括博物馆发展方向、发展机遇、发展目标和博物馆工作者的追求。博物馆发展方向是指具有趋向性的，或者说是指导博物馆发展的基本观念和基本原则，如博物馆发展的“学术导向”或“需求导向”。博物馆发展目标是博物馆工作者根据发展条件制定的具体工作目标，以及实现目标应采取的行动。博物馆工作者的追求则反映了从业人员的人生观、价值观和未来发展构想。博物馆工作是社会公益事业，从业人员多具有强烈的奉献精神，他们的追求多是为社会发展和公众利益作奉献。博物馆工作者的追求常与社会对博物馆的需求相吻合，常与博物馆发展趋势相吻合。博物馆发展的推动力也通过设定发展趋向节点对博物馆发展产生吸引力。博物馆发展吸引力在博物馆发展中发挥着引导、前导、鼓励、评估和纠偏的作用。充分发挥吸引力作用的基本保障条件是将博物馆发展与社会发展结合起来，准确理解和把握博物馆推动力的趋向。为此，博物馆工作者必须自觉地了解社会发展方向，关心社会发展热点，把握社会发展状况和发展需求，自觉地将组织发展目标与促进社会发展，满足社会需求结合起来。

博物馆发展的支持和支撑因素是体现博物馆特性并开展满足社会需求活动的基本条件，包括内部和外部环境的因素。内部支撑因素是博物馆收藏、博物馆设施、工作资源、核心业务和专职（或兼职）博物馆工作人员。外部支持因素包括法制、资源、管理、用户等。法制条件包括确定博物馆社会地位、社会作用、协调博物馆与其他社会组织关系和规范博物馆行为的法律法规，也包括博物馆行为自律的职业道德和行为规范。资源主要包括经费、设施、人员和技术。经费不仅包括公共财政对博物馆的支持，也包括社会对博物馆的资助，除实际支付的资金外，还应包括因减免税等优惠政策形成的经济收益。用户是指博物馆受益群体对博物馆事业的支持，这些群体包括政府、社会组织、文化遗产保护组织、科研教育机构、文化旅游机构和广大民众，他们从道义、舆论、经费、时间、人力等方面支持博物馆的生存和发展。这些支持和支撑因素或因博物馆的存在而获得生存的机会，或因博物馆的存在获得实现自身的追求，或需要博物馆提供的特定服务，不论出于何种考虑，他们都需要博物馆的存在。这些因素构成博物馆存在的基础，同时，由于这些因素具有独立的系统形态，有着自己的生存和发展需求，它们与博物馆形成依托、依附、支持和支撑的关系，并尽力强化和优化博物馆的生存状态，发挥着保障博物馆特性的作用。

博物馆发展的推动力是外界施加于博物馆的促其改变现有状态并沿积极方向变化发展的力量，这种推动力由博物馆内部、外部多种因素的作用力综合而成。从内部讲，主要是工作观念、人员素质和博物馆面临的挑战（机遇）；从外部看，主要是社会发展、观念更新、技术进步、体制创新、需求改变等因素。社会发展包括社会富足程度、城市化水平、居民文化程度、生活方式和消费结构变化等方面。观念更新主要是对文化遗产和文化财富以及博物馆组织的内涵、性质、重要性和价值的认识的提高。体制创新主要是指博物馆宏观管理体制、机制和观念的创新。需求改变主要是博物馆受益群体需求的变化，如社会主义计划经济条件下政府要求博物馆履行宣传鼓动民众的职能，社会主义市场经济条件下政府则要求博物馆提供满足社会发展需求和满足民众文化需求的公共品。推动博物馆发展的因素多来自博物馆外部环境，不为博物馆管理者所控制。博物馆与外部推动性因素构成因变的关系，即博物馆要根据外部推动因素的状态调整自身的状态。这些推动因素或直接作用于博物馆，如制度环境、管理体制、资金数量和市场变化等，或影响博物馆内部因素及内部因素间的关系，如博物馆工作者的观念、素质和构成等。在这些推动因素的作用下，博物馆内部及内部与外部的现存平衡状态被打破，从而迫使、促使和推动博物馆沿特定方向发生变化。推动力总是试图打破博物馆已形成的平衡状态，在不平衡中寻求发展的机遇和方向。推动力对博物馆的影响是双重的，既有促其发展的积极作用，也有改变现实状态的破坏作用。此外，因推动力因素多是自变量，它在对博物馆施加影响时，多是根据自身的条件和需求，有时会忽略博物馆的工作特点，从而造成博物馆发展偏离正常轨道的情态。

根据前面的讨论，我们可以描绘发展动力在博物馆发展中的作用模式。这些发展动力在博物馆发展中的作用是矛盾的，兼具积极和消极的影响。发展吸引力的作用主要在于指示前进的趋势和目标，给博物馆以前进的冲动，并通过评估增强博物馆工作者的信心，纠正发展中的偏差。但是，吸引力也会使博物馆面临多种选择，使博物馆因确定发展目标和途径而增加发展成本。因未来发展充满不确定因素，博物馆需在发展过程中不断评估、判明和修正发展方向；发展的支持力和支撑力则主要在于保持博物馆的基本特性，从而保障博物馆的社会位置，保障博物馆得以存在和发展的基本条件。支持力和支撑力力图优化博物馆内部结构，保持博物馆与外界环境交换的平衡，从而稳固博物馆的工作基础。支持力和支撑力总是力图保持和强化博物馆的现有状态，是一种使博物馆趋向稳定的力。其消极作用是使博物馆趋于保守，趋于自身优化，“作茧自缚”；博物馆发展的推动力则不满足博物馆的现状，要求博物馆发掘新的潜能，优化资源使用的效率和效益，满足新的社会需求，在变化的社会条件中发挥推进社会发展的作用。推动力是一种打破平衡的力量，是面向外部需求，面向未来，面向积极发展的力量。它要求在现有基础上的变革，要求在打破现有平衡中的发展，在失衡中推动博物馆前行。其消极影响是使工作人员因变革而产生不安全感，并由此而削弱对组织宗旨、目标和任务的关注。

博物馆工作者应从促进发展、平稳发展的指导原则出发，积极稳妥地处理好不同发展因素之间的相互作用，处理好它们与博物馆发展的关系，扬长避短，趋利避害。对于支持性因素，博物馆要坚持博物馆的核心职能，强化和优化博物馆收藏基础，提高博物馆工作人员素质，做到打牢基础，坚持特性。对于推动性因素，因其多处在博物馆管理者控制范围之外，特别要注意它对博物馆工作的双重影响，不要因其打破平衡而采取抵制态度，也不要因其推动发展就听之任之。博物馆工作者可在深化核心职能的基础上，适度扩大工作范畴，通过环境评价、公共关系、博物馆营销等措施将这些因素纳入管理范畴中。博物馆工作者要积极与反映和代表改革要求的社会群体接触，积极与他们交流沟通，及时了解这些群体对博物馆的需求，并向这些群体提供有助于其了解博物馆的信息，使他们的需求与博物馆发展条件相吻合，减少冲突对发展的损害。博物馆工作者要加强科学决策的能力，以内外条件的变化为依据，以适应社会发展的组织发展为目标，努力创造鼓励创新、稳步发展的工作局面。

博物馆是一个充满矛盾的社会组织。她的主要功能之一是准确、系统、完整地记录人类社会的发展历程，这决定了博物馆必须将相当多的组织资源用于记录历史的活动；博物馆的工作目的又是在记录的基础上，描绘社会发展的轨迹，推进社会的发展，这又要求它必须保持敏锐的观察力，及时发现预示社会发展前景的迹象，并将历史与未来连线，清楚展现社会发展的方向。记录历史，使博物馆呈现理性、因循的特点；参与发展，又使博物馆具有变革、创新的动能。

在社会主义市场经济条件下，博物馆的自主性将得到强化。更大的自主性不是为博物馆获取更多的经济收益打开方便之门，而是要求博物馆更高效地提供公共品，更积极地抵消“个人利益至上”的市场经济原则对社会发展的负面影响。为加强博物馆的影响，博物馆事业必须发展。为此，博物馆工作者必须了解博物馆的发展动力，应认识到博物馆发展是一个有多种因素参与、在多种力量综合作用下的运动过程。博物馆就如同一艘挂满风帆的在海中航行的船，博物馆工作者是船上的舵手，把稳舵杆，借助导航工具校准航向，借助海风、海浪平稳前进，就一定能到达辉煌的目的地。

政府管理部门应加强博物馆公共品提供能力的管理

新中国博物馆宏观管理体制大体经历了从政府办馆、政府养馆的发展过程，随着社会主义市场经济体制的建立，博物馆宏观管理不可避免地要转变为由代表社会利益和公众利益的政府对博物馆提供公共品的行为进行引导、支持、管理和监督。

20 世纪 50 年代，在社会主义计划经济体制的宏观环境中，我国博物馆形成了中央集权的计划管理体制，博物馆被规定为文物的保藏、研究机构和宣传教育机构，其建设数量、规模、布局、构成都由国家行政管理部门确定。政府行政管理部门作为博物馆的直接上级，规定博物馆的馆舍建设和开放时间，下达工作任务，审定陈列设计方案，规定博物馆门票价格。博物馆工作人员也由上级行政机关的人事管理部门管理。博物馆如同政府部门的派出机构，履行政府部门管理文物、进行科研、宣传党和政府政策的职责。这是政府办馆的时期。

20 世纪 80 年代，博物馆进行了简政放权、提高效率、适度开展经营活动和人员聘任的改革，以增强博物馆工作活力，提高博物馆工作质量。经过这次改革，博物馆获得一些业务、经营和支配部分经营收入的自主权，具有一些独立性。但博物馆仍然依靠政府财政拨款维持基本运营和业务开支，并根据政府主管部门下达的任务组织展览和宣传活动。一些地方的政府主管部门看到博物馆可通过门票和经营获得一些收入，认为博物馆可利用自有资源实现自收自支，于是提出要将博物馆推向市场，并减少给博物馆的财政拨款。一些地方的政府主管部门仍用计划经济的办法管理博物馆，博物馆工作经费基本由政府控制，由地方财政部门根据计划下拨经费，为弥补拨款不足，一些博物馆要承担创收任务，收入或抵消拨款，或上缴政府主管部门，用于补贴创收能力差的博物馆。总之，博物馆宏观管理仍主要遵循计划经济时形成的观念、思路和工作体制，政府主管部门仍主要考虑行业和部门的利益，通过立法、财政、人事和行政措施维护博物馆的利益，保障博物馆业务活动的开展。

在社会主义初期阶段，社会财富尚不充分，国家计划体制保证了博物馆事业存在和发展所需的藏品、经费和人员条件，使我国博物馆事业从无到有，在不长的时间内初步形成了具有中国特色的社会主义博物馆体系。在此过程中，也逐渐形成了计划经济体制的管理观念和管理体制，认为保护文物是博物馆的主要职责，并据此规定博物馆的性质、任务、评估标准和管理体制。在这种管理体制下，博物馆处于政府主管部门的行政指导下，成为相对封闭的自然垄断行业，非政府的社会力量很难进入博物馆领域。这种状况限制了通过市场实现博物馆资源的有效配置，限制了竞争在提高博物馆工作效率和效益上的作用，限制了社会力量办博物馆的积极性，对博物馆发展，特别对动员社会力量参与博物馆发展造成了消极影响。此外，由于博物馆财政来源单一，政府财政难以满足博物馆更新设施、采用现代科技手段和提高服务水准的要求，局限了博物馆的业务拓展，博物馆工作手段落后于社会的发展。另外，由于经费来源单一，且以行政事业拨款方式补贴博物馆，造成一些博物馆工作人员的“等、靠、要”思想，有多少钱做多少事，不注意提高工作效率和增加工作效益，忽视社会服务工作质量，从而使得博物馆内部缺乏变革和创新的动力。

我国社会发展已进入了“小康”阶段，社会财富增加，社会文化消费需求增长，非政府组织、社会团体和个人办馆的积极性逐渐提高，从而为鼓励和吸引社会力量办馆创造了条件。社会财富增加，使博物馆多渠道争取社会投入成为可能；文化消费需求增长和需求多样化，为兴办不同类型、不同主题、不同形式的博物馆开拓了空间。博物馆发展社会条件的变化，也为政府主管博物馆事务部门建立适应社会主义市场经济条件的博物馆宏观管理机制，加强博物馆自主发展、自我管理和自我约束机制，促进博物馆提高服务质量创造了机会。

建立适应社会主义市场经济条件的博物馆宏观管理机制，重要的是政府管理部门管理观念、政策和体制的变革。最关键的是要明确博物馆在社会主义市场经济中的性质和位置，明确政府管理部门的基本职责和任务。

在社会主义市场经济条件下，博物馆是提供公共品的社会组织，博物馆要提供满足社会和用户需求的公共品，这就是博物馆实现其收藏、保护、研究、陈列和传播等社会职能所获得的结果。

政府管理部门的基本职责和任务是代表和反映社会对特定公共品的需求意愿，代表和保护公共品用户的利益，通过财税、法律、行政、教育等手段，引导、鼓励、支持和监控社会组织和个人提供满足社会需求的优质公共品。博物馆是特定社会经济、文化、行为方式的综合产物，是为了满足社会的特定需求，有其产生和发展的社会基础。当社会财富、社会需求、公众意识条件初步具备时，政府管理部门应稳步建立依靠社会力量办馆的机制，运用宏观管理手段调控博物馆发展和提高博物馆服务质量。由于公共品存在外部性，不能依靠市场力量实现有效的生产和有效分配，政府必须承担起提供公共品的责任。博物馆是提供社会需要的公共品的机构，但这并不要求政府必须直接经营博物馆，政府管理部门可以通过授权、合同、提供公共经费等措施要求博物馆提供相应公共品。政府管理部门应关注博物馆所提供公共品的质量、数量和结构，关注公共品的效益，即广大公众是否享受到基本的、优质的服务及是否实现社会效益和经济效益，关注用于提供这些公共品的社会资源的效益。政府管理部门不再以维持特定博物馆的存在为管理博物馆的目标，而是以运用宏观调控手段提供满足社会需求的高质量公共品为管理目标。

为鼓励社会提供博物馆公共品，提高博物馆服务质量，推动博物馆发展，政府管理部门应明确博物馆的法律身份，减少或终止政府管理部门与博物馆的行政隶属关系，使博物馆成为独立的社会组织，为政府实施宏观调控创造条件。

要用法律明确博物馆的非营利性公益组织的社会身份，明确博物馆的管理体制，鼓励社会力量资助、赞助博物馆。通过立法明确博物馆为实现其社会责任和社会职能，以及提供社会需要的公共品所必需的基础条件。

要加强对博物馆的监管，不得利用其公益组织身份从事不正当竞争，不得从事与其身份不符的营利活动和非法活动，不得损害社会和用户的利益。

要建立博物馆准入和退出机制，鼓励社会力量办博物馆，鼓励正当的积极竞争。进入要切实发挥博物馆职能，提供社会需要的博物馆服务；退出则要保护好藏品，不使社会文化财富受到损害。

加强对社会需求、博物馆提供公共品能力及服务能力、社会对博物馆公共品质量的评价等信息的调研，根据社会需求制定博物馆发展规模，根据财政状况和社会需求情况，保证博物馆提供公共品所需的资源。

积极运用公共财政、税收、政策、规划、工作标准和教育等宏观手段，推动博物馆关注社会需求，积极创新，提供满足多种社会需求的优质公共品。制定博物馆工作标准和绩效评估标准，不断提高博物馆管理水平，提高工作资源效益，提高博物馆工作效率。

“非营利机构”：博物馆在市场经济环境中的护身符

国际博物馆协会1974年关于博物馆的定义规定博物馆是非营利机构（non-profit making institution）。这一规定让许多中国博物馆工作人员感到困惑。20世纪80年代以来，我国博物馆管理体制发生变化，政府对博物馆的投入相对减少，一些博物馆不得不为工作人员的工资和福利而操劳，一些社会人士也依据国际博协的定义批评博物馆的经营活动。如何理解国际博协关于博物馆“非营利机构”的规定，不仅影响到对博物馆本质特点的认识，也影响到对博物馆发展方向和发展动力的认识。笔者从“非营利”是机构性质这一认识出发，讨论“非营利”性质对博物馆实践和博物馆发展的影响。

“非营利”的英文是“nonprofit”，也写作“non-profit”，“not-for-profit”或“non-profit making”，其词性是形容词。中文多译为“非营利”，也译作“非营利性的”，或是“非盈利”，“非赢利”，“非牟利”①。我国博物馆界也有译为“不追求营利的”、“不以营利为目的”。

“非营利机构”（nonprofit institution）是西方国家从法律、经济学、社会学角度对特定社会机构、团体组织的社会身份的认定。西方国家对此类机构的研究主要是从20世纪70年代开始的，对此类机构的性质、定义的认识也尚未统一。联合国社会统计署认为：“此类机构的大部分收入不是以在市场上出售商品或服务获得的，而是通过其成员或支持者的会费或捐赠获得的。”美国学者埃斯特尔·詹姆斯认为非营利组织是“不得向组织成员分配货币收益的机构。”亨利·汉斯曼进一步指出，非营利组织是“根据所在地法律，禁止向实际控制该组织的个人（如管理人员、董事或会员）分配剩余收益。”伯顿·韦斯布罗德指出：“（非营利组织是）各种各样的称之为志愿的、慈善的和非营利的机构，构成经济活动中的一个可观部分，特别是在社会服务领域，其重要性在日益增加。……简而言之，非营利机构提供了全部的今天我们应由政府提供的非军用商品和服务。”②

西方从事非营利机构研究的学者认为，非营利机构是介于政府公用事业和私营经济

① 本文采用“非营利”译文。因“非营利”意为不谋求利润，主要表明机构性质，且经济学界多采用此译法。“盈利”与“赢利”意义相同，皆为获得利润。参看《现代汉语词典》。

② 参考书目包括：

a. Walter W. Powell, editor: The Nonprofit Sector: A Research Handbook. Yale University Press, 1987. b. Estelle James, editor: The Nonprofit Sector in International Perspective: Studies in Comparative Culture and Policy. Oxford University Press, 1989. c.《新帕尔格雷夫经济学大词典》，经济科学出版社。

实体之间的一种社会经济、社会活动机构。非营利机构接受政府补助、私人赞助和社会义务劳动，提供包括社会保健、福利、文化、体育、教育和宗教等方面的社会服务。非营利机构的存在由来已久，20世纪70年代以来，一些西方国家很难继续承担"福利国家"的重负，逐渐将社会保健、社会福利和公用事业领域的一些机构"私有化"，即转制为民营组织，并将中央政府的部分权力下放给地方政府，在这个过程中，从事社会服务的民间组织迅速发展起来。为鼓励和规范民间机构从事社会服务和社会保障事务，一些西方国家制定了相关法律，规定此类机构的性质、活动领域、职责、组织机制和评估标准，并给予这些机构以税收优惠政策，同时也制定了鼓励社会组织和个人向非营利机构捐赠钱物和从事义务工作的税收优惠政策。

西方国家对非营利机构的系统研究始于20世纪70年代，研究人员对非营利机构的性质、历史、起因、分类、发展动力、组织机制、管理、立法、资源、绩效评估、非营利部门与政府和私营生产部门的关系等问题进行了广泛深入的研究。通过这些研究，我们注意到非营利机构具有如下一些重要特点：

其一，"非营利"是该类机构根据所在国法律规定的该机构在法律和经济活动中的身份。非营利机构内涵庞杂，许多非营利机构从事的业务与一些商业经营机构是相同或类似的，因此很难以从事何种活动和怎样从事这些活动作为区别非营利机构的主要标准。①

其二，非营利机构的根本目的是推进社会的积极变革和发展，提高公众素质，改变公众的信念和行为，提供社会需要的物品和服务，为那些被社会忽视的人提供社会服务。作为提供社会服务的机构，非营利机构也需要维持组织存在和推进组织发展的工作资源。为提供更好更广泛的社会服务，非营利机构要努力争取获得更多的工作资源；为保障自身社会形象和赞助者的信任，非营利机构要高效地管理和运用其工作资源。因此，非营利机构为实现其组织目的，要解决好管理的问题，解决好扩大资源和有效使用资源的问题。

其三，非营利机构注重社会效益，注重其工作结果，注重组织职能的实现，概括言之，是以职能（目的）为导向的。造成这一现象的主要原因是其工作经费和所需人力多是政府资助或社会捐助的，提供资助的组织和个人并不要求得到任何经济（金钱）的回报，用我们熟悉的话讲，非营利机构的资助者似乎更注重组织行为的"社会效益"，因此非营利机构没有向其资助者、管理者和组织成员分配经济收益的压力。另外一个原因是非营利机构多从事社会福利、教育、文化等方面的公益活动，其行为成效很难用经济收益标准加以评估。

现在，让我们再来看国际博物馆协会关于博物馆是"非营利机构"的规定。笔者

① 根据国际非营利机构分类，非营利机构包括文化与休闲，教育、科研，健康保健，社会服务，环境，住宅发展、建设，法律、辩护、政治，慈善、义务工作，国际，宗教，商务、专业团体，以及其他。

认为，在讨论这一规定时，一定要注意这一规定产生的社会和文化背景，要准确理解该规定的深刻内涵。该规定的社会和历史背景是西方社会从法律上明确博物馆社会身份和社会地位，明确申明博物馆的法律身份和经济属性，从而有利于一些西方国家博物馆享受本国法律对非营利机构的优惠政策。同时我们更要认识到，将博物馆规定为非营利机构，其根本思想是要强调博物馆是代表社会最广大民众利益的社会公益事业机构。总之，“非营利机构”强调的是博物馆的基本性质，而不是对博物馆运作方式和组织行为的简单规定。

国际博协在明确博物馆“非营利”机构性质的同时，更突出强调了博物馆的基本宗旨和根本任务，即“为社会和社会发展服务”。这样，国际博协关于博物馆的定义通过对博物馆法律、经济身份和博物馆根本任务的规定，明确申明博物馆是社会公益事业。

作为社会公益事业的博物馆必须将全部精力集中于根本任务的实现上。为此，博物馆应努力营造适宜的内外部环境。其内部环境是适宜的组织结构、管理机制和工作职能；其外部环境是博物馆获得必要资源及实现其组织职能的社会、政治、法律和经济条件。“非营利”机构的性质和身份一方面使博物馆在与其他机构的竞争中获得较有利的位置，另一方面也制约和规范了博物馆的活动领域和运作方式。

作为社会公益事业，博物馆应根据社会需求、社会利益来制定工作规划，组织任何展览和社教活动都必须考虑到社会效益。博物馆工作的社会效益是社会需求的满足程度，是社会对博物馆工作的满意程度，是博物馆在弘扬民族优秀文化、促进和强化社会发展因素上发挥的作用。社会对博物馆的需求包括博物馆基本任务的规定，博物馆基本职能的实现程度，以及博物馆参与社会发展的程度和积极状态。博物馆之所以历经数百年而不衰，其根本原因就在于它保存和管理着人类社会发展历程的实物证据，就在于它满足了不同世代人们通过历史呈现出来的对现实和未来的渴望。这是社会对博物馆的基本需求，也是博物馆的基本职能。很长时间以来，博物馆的社会效益是不自觉地显露出来的，是在满足个人对知识、教化、欣赏等需求的掩饰下表现出来的。今天，当博物馆工作人员对博物馆社会公益事业的本质有了更清楚的认识，我们应该更自觉、更主动、更理直气壮地去追求、加强和增加博物馆工作的社会效益。

提供社会服务是实现博物馆社会效益的主要途径。博物馆的主要服务对象是为博物馆提供资金的社会机构和个人吗？还是由博物馆赞助者规定的社会阶层、群体或个人呢？博物馆服务对象是同一的、普遍意义的社会民众，还是包括不同的社会阶层、社会群体、社会组织？博物馆与服务对象的关系是“取之于民，用之于民”，还是“源于社会，返还社会”？笔者认为，原则上讲，应强调博物馆服务对象的普遍性和广泛性，博物馆服务对象是构成社会的个人、团体和机构，从而保证最广泛的社会民众都可享受博物馆提供的社会服务。但在具体操作时，或在规划特定的服务项目时，博物馆应考虑到服务对象的特殊性，考虑到特定服务对象的特定需求，如近年来为方便残疾人参观，博物馆建筑设施的“无障碍设计”，从而保障获得最佳服务效果。在提供社会服务时，博物馆一定要摆正与服务对象的位置。博物馆曾经以“知识宝库”“学术精英”自诩，居高临下俯视其服务对象。现在，博物馆与服务对象的关系是平等的，博物馆有责任使更广泛的社会民众、团体享受博物馆的社会服务，为此，博物馆应改变“取之于民，用之于民”的观念，转变为“源于社会，返还社会”。前者视博物馆为施予者，民众则是受惠者，因此，博物馆有权利向社会索取，且只有先取得，才能施惠于民；后者则视博物馆为接受社会信任的社会文化财富信托管理者，是社会服务人员。前者使一些博物馆只将维持自身运作之外的剩余费用用于社会服务；后者则要求博物馆尽可能减少自身运作的损耗，甚至将自身运作作为创造社会财富的手段，尽可能将更多的社会财富投入到社会服务之中。

“非营利”是对博物馆机构性质的确定，而非对博物馆组织行为的限定。那么，我们是否就能认为博物馆可“营利”，从事营利性活动呢？确切地讲，博物馆是“非营利”机构，但博物馆可以从事合法的经营活动，从事与自身性质、职能和社会形象相符的经营活动，通过提供社会需要的物品和服务获得超出成本的合理限度的收益。此外，博物馆还可将因某种原因尚未开工的重大改扩建项目的准备资金进行安全可靠的投资，获取合法的利息收益。博物馆进行合法适度的经营活动是十分必要的。首先，博物馆经费来源日渐多元化，政府的投入很难满足博物馆提供高质量服务的需要，且政府也希望社会团体和个人增加对博物馆的投入，动员社会力量支持博物馆事业的发展。为此，博物馆只能通过改善服务环境，增加服务项目，提高服务质量来吸引社会的关注和资助。其次，社会公众素质的提高也使他们对博物馆的要求不断提高，如要求看到更珍贵的文物标本，学习最新的科学文化知识，博物馆展览更具文化欣赏品位，展览环境更为安全舒适。为满足观众的这些要求，博物馆要投入更多的财力物力；再次，经营活动有助于博物馆工作人员改变观念，提高工作效益。

博物馆经营活动具有局部和辅助性的特点，这些活动必须服从、服务于博物馆工作目的，服从和服务于博物馆社会效益的实现和扩展，有助于建树博物馆公益事业形象。经营活动的范围是有一定限度的，不能凡是可以挣钱的事都可以干，而是必须与博物馆社会服务有关，必须与博物馆社会教育、观众服务和科研成果转化密切相关。博物馆经营活动还具有社会公益性，其根本目的是为博物馆发展服务，为博物馆服务对象的社会利益服务。本质上讲是通过经营手段达到使非营利的社会财富增值的目的。此外，还应强调指出，任何博物馆经营活动不得损害博物馆藏品，不能以社会文化财富的损坏为代价。

博物馆经营活动具有服务和劝募的特点。博物馆经营通常以满足观众某方面的需求为前提。博物馆的藏品是严禁出卖牟利的。博物馆藏品复制品和其他一些纪念品是为了满足人们艺术欣赏和增添生活情趣，帮助人们保存参观博物馆的美好记忆，传播知识、技能和观念，满足人们探索和学习的需要。博物馆服务通常是为了满足观众学习、休闲和社交的需要。博物馆经营的物品或服务通常不是人们必需的日常生活用品。博物馆鼓励人们购买这些物品或服务，一方面可满足人们的精神生活需求，另一方面也支持了博物馆事业，支持了社会公益事业。

博物馆经营的一个重要内容是博物馆有偿服务，那么，博物馆服务都是有偿服务吗？笔者认为，有必要明确区别服务与经营的界限，不能因有偿服务就将所有的服务都纳入博物馆经营范畴。博物馆服务可分为基本服务和有偿服务两类。博物馆基本服务是博物馆作为社会公益机构的基本保障条件。博物馆收藏管理好记录社会和自然发展的实物证据，同时应创造条件，让尽可能多的人参观博物馆，让更多的社会组织和个人利用博物馆的社会文化财富。总之，博物馆基本服务是对社会（政府、社会团体和个人）投入的基本回报。

由此而引发的一个话题是参观收费问题。对参观博物馆是否要收费，可谓仁者见仁，智者见智。有人认为博物馆是社会公益事业，博物馆运营费用是政府提供的，是纳税人交纳的，或是由社会福利、社会文化经费中支出的，博物馆不应再向观众收取参观费用；有人认为博物馆在展览的设计、制作和维护中投入了大量的人力、物力和经费，展览是博物馆工作人员知识、技能和创造力的凝聚，因此是“精神产品”，观众参观展览是享用和使用博物馆“精神产品”，因此应向博物馆交纳一定的使用费；也有人认为，博物馆组织展览，是为了满足观众精神生活的需求，是预先替观众垫付了展览费用。此外，博物馆工作者为组织展览付出了智力和体力，也是为观众提供了服务，因此观众应偿还博物馆的垫付费用和支付服务费用；还有人认为，参观费可起到“经济手段”、“经济杠杆”的作用，可阻止那些不是真心要参观博物馆的人，从而为真正有兴趣参观博物馆的人们提供更好的参观环境，也可减轻博物馆工作人员的工作强度。笔者认为，这些不同看法的焦点是“博物馆展览”是否等同于等价交换的商品。当博物馆处于市场经济环境中，当博物馆需要从事一些经营活动以弥补工作经费的不足时，博物馆经营活动应遵从商品经济、市场经济的一般法则。但是，如果我们确认博物馆“非营利”的机构本质，我们就不应该将博物馆最基本的社会服务方式纳入经营活动范畴。博物馆不是不可以收取适量的参观费，但一定要注意不能将组织展览作为经营活动，不能将参观费作为经营收益。博物馆应创造条件，通过其他经营活动，以丰补　，尽可能降低参观费，以使更多的人参观博物馆，争取更显著的社会效益。

博物馆有偿服务是一些额外性的服务，或因服务项目特殊，或因服务成本较高，使用这些服务的观众需支付一定的报酬，如租用随身录音讲解器材、在正常讲解时间外的讲解、资料复制和资料收集等。博物馆有偿服务是非常敏感的，稍有不慎，极易招致观众和社会舆论的批评。为避免这种尴尬局面，博物馆在提供有偿服务时，应首先搞好基本服务，并对可能接受有偿服务的对象进行认真分析，了解其需求、支付能力和承受能力，努力使有偿服务“货真价实”和“物（服务）如其值”。例如，有些博物馆提供有偿讲解服务，那么首先应保证博物馆展览的文字说明清晰完整，组织定时免费导览讲解，如有条件，还可辅以影音解说。有偿讲解服务只应作为基本讲解的补充，为那些愿意使用这些服务并愿意支付费用的观众服务。

即便是非营利机构，博物馆仍摆脱不了无处不在的市场的影响。我们常听到“博物馆被推向市场”或“博物馆正逐渐走向市场”的说法。博物馆通过提供社会服务和组织适度经营活动，拓宽服务范围，筹集工作经费，争取社会支持，树立社会形象。这些活动，似乎具有市场经济中的商品经销、交易、资源配置的意味。我们怎样看待“博物馆被推向市场”的结果呢？或者博物馆仍保持其原有的运作方式和组织目标，只是生存、发展环境发生了变化，博物馆可以以“不变应万变”；或者博物馆在市场经济环境中，改变传统的运作和管理方式，按市场经济的原则和方式进行经营。对博物馆市场的研究还刚刚起步，人们似乎更多地关注于市场运作方式在博物馆中的应用。我以为，“市场化”是当代博物馆外部环境、运营方式、组织目标和组织结构变化的综合体现，其主要特点是在市场经济环境中，博物馆通过自身努力去获取资源，合理高效利用资源，提供完善的社会服务。博物馆工作者必须正视博物馆运作和博物馆活动市场化的倾向，这种变化为博物馆发展增加了活力，同时也增加了博物馆商业化的危险。

随着社会服务社会化的发展，少数特许机构独占某些领域的局面将被打破，一些新机构和组织会参与到这个领域中，与该领域中的传统机构进行竞争；主管机构也会在条件成熟时引入竞争机制，以降低费用，提高服务质量。同时，一些曾局限于特定领域中的机构也力图开辟新的活动空间，进入新的工作领域。社会服务社会化，社会资源不再定向投入某一特定机构，而是投向该领域，这也促使该领域中的各个组织开展竞争，能够获得较多社会赞助的机构将在组织结构、人员素质、服务项目和服务质量有较明显的优势。对资源和服务空间的争夺，构成了博物馆的“市场环境”，博物馆在自觉与不自觉之中溶入了市场环境。社会环境与社会需求的变化，也使得一些旅游休闲业机构开发“文化休闲”、“文化娱乐”活动项目，开始抢滩博物馆；新建博物馆数量激增，也使得博物馆内部争资源、争观众、争收藏的竞争加剧；文物保护社会化也促使更多的组织和个人进入文物及艺术品的收藏和流转领域。

“博物馆进入市场”对博物馆事业的影响是深刻深远的。首先，博物馆必须改变观念，从“藏品导向”转向“社会需求导向”，更为注重社会需求，注重服务对象的需求；其次，博物馆活动将更为多样化，增加选择性，活动内容更贴近社会需求，活动形式更易为参与者接受；此外，博物馆将更注重内部管理，管理理念、决策方式和管理方式都要发生相应的变化，对博物馆工作人员的素质和工作能力提出了新的要求，加强对工作效益的评估。博物馆将切实利用好工作资源，以期发挥更大的效用。适度竞争，有利于博物馆发挥自身创造力，增强发展活力。适度竞争将促使博物馆关注社会发展，与社会融为一体。适度竞争也可尽早暴露工作中存在的问题，有利于及时补救，避免出现严重失误。

“博物馆进入市场”的消极影响也不容忽视，突出的是经营活动对博物馆性质和博物馆社会形象的冲击，以及因此影响到社会公众对博物馆的认识。经营活动也会冲击博物馆其他工作，如经营活动会造成馆内收入分配的差别，从而影响一些人的工作热情。因市场经济所造成人才竞争和人才流动也给博物馆工作造成一些困难。

面对市场的冲击，博物馆要认识到生存和发展环境的改变，注意市场条件下服务对象的价值观念和生活方式的改变，注意博物馆与外部环境交往和交换方式的变化，重新审视和明确博物馆在市场环境中的位置和作用，明确博物馆在市场竞争中的有利条件，时刻关注市场消极因素对博物馆工作的冲击。面对市场环境，博物馆一定要坚持和强化自身特色，在做好社会基本服务的同时，积极开展具有自身特点的经营活动。突出自身特色，强化供社会各界选择的特色服务，这是博物馆在日渐强烈的市场竞争中得以生存、发展的基本条件。

为增强生存、竞争和发展的能力，博物馆应加强与外部有关机构的合作，如旅游、教育和社会文化财富保护组织等。加强外部合作，既可避免恶性竞争，也可开辟新的工作领域。博物馆也应加强与政府有关部门、博物馆管理机构的关系。因博物馆作为非营利机构，其生存发展的良好外部环境，有赖于政府的支持和扶持。此外，“博物馆市场化”的结果之一是博物馆独立倾向的加强。为加强博物馆竞争能力和自我发展能力，政府主管博物馆事务的部门也会适度放松对博物馆的行政管理。但是，对博物馆具体事务的放开，并不意味着博物馆可以随心所欲地利用已有的资源去做自己想做的事。作为社会公益事业机构，博物馆必须严格自律，在不违反法律和政策规定的前提下发挥自身的创造力。此外，博物馆要加强行业内部的合作，要在技术、工作方法和藏品等方面加强合作，发挥博物馆的群体优势。

政府有关部门不能因“博物馆市场化”而减少对博物馆事业的支持、扶植和引导。我国文博界曾提出“以文养文”，要求博物馆利用本馆藏品、设施和人力，开展多种创收活动，以获取博物馆工作经费。经过多年实践，博物馆仅依靠门票收入和有偿服务是很难挣到足够的工作经费的。其原因是由于博物馆的一些重要职能、重要工作是无法挣钱的，也是无法向博物馆观众收费的，如博物馆藏品的征集、保藏和藏品保存工作，这部分工作经费只能由代表社会利益的政府机构，或致力于社会公共利益的社会团体来资助。因此，政府的博物馆事务管理机构必须意识到为博物馆提供足够的资金和条件，以实现博物馆基本职能和基本社会服务，这是管理机构的重要责任。管理部门可以利用法律、行政、经济、科技和教育等手段增强博物馆的工作活力和自身造血机制，但绝不能将博物馆推到市场上去任其自生自灭。

博物馆的非营利机构性质是博物馆作为社会公益事业的保障条件之一，这一规定不是要束缚和限制博物馆工作人员的手脚，而是通过明确责任，规范行为，为博物馆发展创造了有利条件。政府博物馆事务主管部门、社会组织和博物馆都应认真考虑博物馆非营利机构性质对博物馆发展的影响，并据此制定促进博物馆健康发展的措施。

加强特色建设，提升博物馆核心竞争力

博物馆特色问题曾经很少为博物馆学研究者关注，即使谈到，也常常与博物馆类型混为一谈，认为博物馆特色多是由博物馆藏品的学科门类决定的。现在，当博物馆置身于市场条件和竞争环境中，博物馆特色问题应被提到研究日程上来。关注博物馆特色建设，不仅有积极的现实意义，也有重要的博物馆学研究意义。在博物馆学研究中，类型研究是在博物馆个性的基础上确定共性，目的是明确博物馆的共有特征和特性，指导和规范博物馆事业的发展；博物馆特色研究却要在博物馆共性的构架中凸现具体博物馆的个性特点，目的是增强博物馆的竞争力和自我发展能力，丰富博物馆实践，拓展博物馆发展空间，使博物馆跟上社会发展步伐，永葆发展活力。

过去，由于博物馆突出强调共性建设，使许多博物馆的陈列内容、形式、说明语言、讲解风格，甚至建筑样式都趋于雷同，为追求一致，还大量复制展品，此种情景被世人称为“千馆一面”。在中央政府统一管理下，博物馆作为政府的文化和宣传机构，代表的是政府形象，代行政府的某些职能，为保证政令的统一，“千馆一面”现象就是自然而然的了。随着博物馆事业的发展，博物馆数量的增加，国家文化事务管理体制的变革，使每一个博物馆都感受到越来越大的来自业界内外的竞争压力。“千馆一面”已成为阻碍博物馆发挥社会职能的束缚，为应对社会需求的变化和强烈的竞争压力，博物馆有必要加强自身特色的建设。特色建设是博物馆寻求发展突破口的重要手段。博物馆发展的主要任务是保障资源和巩固工作空间，或说保证博物馆的市场。如果没有自身特色，博物馆如何吸引公众的注意，如何吸引资助者的支持，如何推动组织自身的变革？自身特色建设与以往问题解决型的发展思路是不同的，特色建设以发现、强化和展现自身特色为目标，面向未来，是目标导向和目标驱动的发展过程，也是不断创新、更新的发展过程。此外，在特色建设过程中，导致成功的特色会成为其他机构仿效的目标，会很快由特色变成流行。为避免被流行所淹没，必须在已有的基础上发展与众不同的新意。“特色—流行—特色”，在这一次次的往复中，博物馆整体水平得到提高。

博物馆特色是特定博物馆区别于其竞争对手的综合性特征，是博物馆工作观念、工作体制、工作方法、物质条件和服务方式等多种内部因素的综合体现，也是博物馆资助者和博物馆用户对博物馆的价值、功能、需求等外部条件的综合体现。需要指出，博物馆特色不是由单一因素构成的，是在博物馆内外部多种因素相互影响下形成的；博物馆特色是客观存在的，博物馆工作者必须审时度势，根据博物馆内外条件确定博物馆特色；博物馆特色是历史形成的，博物馆工作者可以根据博物馆发展目标培育博物馆特色；博物馆特色是发展变化的，当影响或构成博物馆特色的主客观条件发生重大变化时，博物馆特色必须随之变化，以适应条件变化后的新情况和新的发展战略。

博物馆藏品是构成博物馆特色的重要因素。尽管藏品不是决定博物馆性质、职能、特性的唯一要素，但它确实制约着博物馆的工作范畴和工作内容，影响观众对特定博物馆的认识。例如，公众认为历史类博物馆是文物仓库，而科技类博物馆则是启迪智慧的金钥匙。博物馆藏品很重要，但它们并不仅仅只是珍贵文物、标本在数量上的简单叠加，它们是特定社会的综合记忆，是历史发展的真实记录，是人类智慧和创造力的综合体现。博物馆藏品应在历史、文化、科学的广阔背景中收藏、研究和展示。为此，博物馆藏品的特色不仅表现在个别物品的质地、形制、纹饰、设计上的特点，更重要的是其表达的特定社群的文化特性。有特色的博物馆藏品既可以是世所罕见的单件物品，也可以是系统反映特定自然、社会、人文学科的理论与应用的物品组群。

突出体现博物馆特色的另一重要因素是博物馆文化。这里所说的博物馆文化是特定博物馆的组织文化，是博物馆全体成员一致认同的信念、价值观、思维模式和行为规范的综合体现，是对博物馆工作宗旨和工作目标的一致认同。应该看到，博物馆的共性是强烈的，例如，历史类博物馆的收藏多是历史文物，研究课题多属于历史科学范畴，展览多是展示已逝去的历史事件、人物和情景。在大体雷同的工作领域中，如何凸显个性，凸显特色，笔者认为在于各馆工作目标的不同，特别是组织发展战略的不同。同是历史博物馆，可以客观地再现历史现象，也可以深入阐释造成这些现象的历史、社会原因；可以歌颂历史上的精英，也可以赞颂平民大众；可以把历史视为怀旧的避风港，也可以把历史作为推动现实社会发展的发动机。凡此种种，都表现了博物馆工作目标的不同，进而映射到为实现目标而采取的种种方法上。追求的目标不同，追求的动力和方法也会有差异。博物馆工作目标、工作任务不同，都显著影响博物馆管理体制、组织结构、人员管理、绩效评估和分配制度，博物馆工作人员的工作态度和工作方式也会受到影响。观念、追求、价值观和体制这些“虚”的东西，最终都会透过博物馆工作项目、工作制度、工作关系等方面表现出来，并通过环境、标志等因素反映出来。

博物馆“产品”也是体现博物馆特色的重要载体。博物馆产品是满足馆外用户需求的工作成果、销售物品和服务项目，主要包括博物馆收藏、陈列、社教活动、社区活动、纪念品、礼品、服务和博物馆环境等。博物馆产品体现了博物馆的工作目标和工作条件，反映了博物馆对用户需求、偏好的了解和认同。博物馆为在众多的竞争对手中脱颖而出，为保持基本用户和吸引新用户，必须使博物馆产品在众多的同类产品中具有质量、技术或设计的优势。博物馆收藏的特色体现在收藏整体的系统性、科学性和完整性，也体现在个体藏品的珍稀性和知名度上。博物馆陈列的特色则在陈列内容、整体设计、要素设计、交流方式、观众参与、观众体验等方面或综合、或局部地反映出来。博物馆社教活动和社区活动都是结合本馆收藏和陈列工作设计组织的，其特色自不待言。博物馆服务特色在于服务项目的与众不同，更重要的是服务工作的质量和服务人员的素质。博物馆环境包括馆舍、绿化植被、建筑小品、周围建筑等实体成分，也包括视觉、心理、声响、氛围等非实物成分，博物馆环境综合体现着博物馆工作宗旨、工作目标和博物馆定位，成为博物馆特点的形象表征。

博物馆特色还体现在博物馆以怎样的形象出现在用户面前，怎样处理与其用户的关系中。博物馆特色在博物馆用户对特定博物馆与其他类似机构不同点的认同中凸显出来。博物馆可以从自身、环境和给用户的利益中明确它可以给用户深刻印象的特色。博物馆可以突出收藏的特色，可以突出业务范畴的特色，也可以突出参观体验的特色。如艺术博物馆可突出艺术大师的佳作，历史博物馆可强调历史与发展的联系，科技博物馆可强调发现的快乐。

博物馆特色是多方面的，既可突出单项特色，也可展现综合特色。那么，博物馆怎样明确自身特色，选择哪些特色作为增强竞争力的突破口呢？博物馆只有在全面分析馆内条件、馆外环境和竞争对手情况之后，才有可能准确认识自身特色。

首先，需明确博物馆特色建设是为加强博物馆的竞争能力和发展能力，博物馆曾具有的一些特色可能仍是特色，但却不再具有竞争力，甚至可能成为博物馆发展的障碍。对那些已不适应当前社会条件和博物馆发展需要的特色，应或扬弃，或根据现实条件赋予其新的内涵。例如，收藏是博物馆区别于其他社会文化机构的特色，但如果博物馆只是为收藏而收藏，则有沦落为“古物仓库”的危险；如果博物馆为了发展，为了未来而收藏，则收藏就成为人类社会的综合记忆，成为沟通历史、现实和未来的桥梁。

其次，博物馆要综合分析馆内外影响博物馆发展的因素，明确哪些是支撑、支持博物馆发展的积极因素，哪些是阻碍博物馆实现其社会职能的消极因素。在这些因素的综合作用下，博物馆的优势是什么，弱点是什么，存在哪些紧迫的威胁，又存在哪些潜在的危险。可以说，博物馆的工作优势以及与挑战共存的机遇，都可成为博物馆的特色。博物馆发展的内部因素包括收藏、专业人员、馆舍、设施、资源、组织体制、管理制度、发展战略规划等，外部因素则有社会发展状况、政治、经济、文化传统、社区人口、自然环境、用户需求等。随着博物馆日益被社会有意识地作为促进社会发展的工具，博物馆与社会的联系会越来越广泛，越来越复杂，外部环境条件对博物馆发展的影响会越来越突出。博物馆工作者一定要切实将博物馆发展置于社会、经济、文化的大环境中，不能一厢情愿地囿于自我发展需求的小圈子里设计博物馆的特色。

博物馆特色要植根于自身优势，要有利于博物馆与用户的沟通，要得到用户的认同，要满足用户的需求。特色产品、特色服务和特定形象是博物馆特色的外化表现，是沟通博物馆与用户的渠道。博物馆特色产品要体现与众不同的特点，它可以是匠心独具的展览、教育活动或社区活动，也可以是选取本馆藏品构成要素或体现本馆格调的设计别致的出版物或纪念品。这些产品不仅能满足观众的特定需求，也能让观众从中识别、认知博物馆的特点。

博物馆特色服务是为用户提供的具有独特内容、方式和环境的服务项目，如符合本馆展览氛围的化装讲解，如亲切高效的咨询，如体现馆藏特点且满足观众休闲需求的环境，如配合特定主题展览而提供的风味食品等。这些服务活动因时、因事、因地、因人而不同，在消除观众身心困顿的同时，又让他们获得学习和社交的愉快体验。

博物馆形象是用户对博物馆的价值、特色、效益的综合认知形象，即博物馆在用户心目中的形象与地位。博物馆形象建树在用户心中，对用户从事与博物馆有关的活动产生重要影响；用户心目中的博物馆形象包括对博物馆价值观的认同和对博物馆社会价值的判断，即对博物馆社会职能、社会任务的重要性的认识，对博物馆促进社会发展和用户个人发展的重要性的认识。如果博物馆陶醉在既往成就的光环里，忽略对社会和社会公众发展的关心，削弱或割断博物馆与公众的联系，公众对博物馆重要性的认识就将大打折扣，博物馆在公众心目中的位置也将下降。为此，博物馆必须主动地将本馆特色与用户需求结合起来，用特定的标志表达博物馆的宗旨、特点和对用户的关注，组织满足用户当前和发展需求的活动，通过多种信息交流渠道让用户察觉、感兴趣、理解和喜欢博物馆的特色形象。

博物馆特色建设是博物馆与用户互动的过程，博物馆在其中发挥积极的主导作用。博物馆不能被动地等待用户辨识和认知博物馆特色，而应主动出击，加强特色构建，加强特色的推广和建树。建设博物馆特色的关键在博物馆的领导者。领导者要确立特色建设是博物馆发展基础条件的观念，要改变“等靠要”的传统工作观念，立足现有条件，解放思想，勇于创新，积极营造具有鲜明特色的博物馆“品牌”。领导者要积极主持、指导博物馆特色的建设工作。确定博物馆的特色，实际上是对博物馆生存发展条件的系统评估，是确定博物馆今后若干年的发展目标和发展路线，是在特色建设工作中整合博物馆的各项工作资源，这都是关系博物馆发展的大事，如果领导不下决心，没有明确的发展规划，特色建设将很难获得积极的效果。

博物馆领导者应注意到博物馆特色建设是一项系统工程，博物馆特色渗透在博物馆各项产品和服务中，通过员工对特色的认同和工作表现出来。特色建设要抓体现特色的硬件建设，如环境氛围、博物馆标识、陈列展览、社教活动、服务设施等，更要注意培养工作队伍，使博物馆工作人员的观念、行为、态度与博物馆硬件环境相协调。工作人员的素质甚至比硬件设施还重要。例如，近年来的博物馆馆舍设计观念发生了显著变化，从体现博物馆中知识的神圣、庄严和权威演变为建立博物馆与公众的平等、和谐和互惠的联系，但是，如果博物馆工作仍恪守赐予知识、训导观众的传统观念，受此影响的工作态度和行为就会与当代博物馆建筑的理念、功能和氛围发生冲突，从而大大削弱博物馆建筑所体现的特色。博物馆领导者可通过研讨、培训、制度规范、表彰榜样等方式，使工作人员逐渐理解和认同本馆特色，认识到保持和发扬特色是博物馆生存与发展的重要手段，自觉地体现、维护和发展博物馆特色。由于博物馆特色建设是渐进的，长期的，博物馆工作人员特色意识的教育也将是长期的。

建立稳定的用户群体是博物馆特色建设的重要任务之一，也是保持博物馆特色的基本前提之一。只有具有一定规模的稳定用户群体，博物馆才有稳定的生存和发展空间，博物馆特色才具有生命力。怎样建设稳定的用户群体呢？博物馆要明确自己的基本用户群和潜在用户群，要清楚了解他们的需求，了解本馆为满足这些需求而开展的业务以及这些活动的预期效果。要选择适宜的沟通渠道将这些活动的信息传递给基本用户和潜在用户，鼓励并吸引用户参与这些活动，满足用户的需求。为提高用户参加活动的兴趣，博物馆可根据特定用户群的需求，组织专项活动，使他们感到自己与博物馆有特殊的关系，加深对博物馆的理解和认同。博物馆还可用优惠购票、博物馆之友、聘请顾问等方法加强与用户的紧密关系。

为更有效地建设博物馆特色，博物馆应建立特色建设评估体系，以了解特色建设工作成效及存在的问题。博物馆特色建设涉及博物馆内外的许多因素，其中一些是博物馆可以控制的，如工作规划、项目选择、人员培训等，但也有许多是博物馆无法控制的，如社会、政治、经济、用户需求、用户评价、用户之间的信息沟通等。博物馆只能努力去了解，并尽可能影响那些无法控制的外部因素。为此，博物馆需对影响博物馆特色建设的内外部因素，特别要关注不可控因素，定期或及时评估这些因素的变化趋势、变化状况和对博物馆的影响，以及时采取对策。博物馆还应通过观众调查和自我评估等手段，对博物馆特色建设成效进行评估，提高特色建设工作的效率和效益。观众调查主要了解用户心目中的博物馆形象，以及他们对博物馆特色产品和特色服务的认同感和满意度。了解用户对博物馆形象的认识，需要了解用户期望的博物馆形象与从实践体验中获得的博物馆形象，了解用户心目中的博物馆形象与博物馆希望用户构建的博物馆形象的差异。了解用户对博物馆特色产品、特色服务的认同感和满意度，可以调查用户是否知道博物馆的特色项目，如何知道这些特色项目，是否认为其具有特色，是否满足了他们的特定需求，这些特色醒目是否有助于构建博物馆形象。

用户调查有助于博物馆了解特色建设的成效，博物馆工作评估则有助于掌握特色建设的进程和保障条件。工作评估一方面是对工作条件的评估，另一方面是对工作状况的评估。工作条件包括实施工作和实现工作目标的条件，如收藏、设施、经费、人员等支撑性条件和体制、制度、技术、知识、观念等支持性条件。工作状况包括工作的素质、能力以及工作项目的完成情况等。

在建设博物馆特色的工作过程中，要注意处理好几个关系，这就是特色内涵的单纯性与表现形式的丰富性、特色的相对稳定与不断创新、特定博物馆的鲜明特色与博物馆之间密切协作的关系。博物馆要妥善处理特色鲜明和表现方式丰富多彩的关系，博物馆特色体现、渗透在博物馆工作和为满足社会需求而提供的产品和服务之中，发挥着主导、整合、统辖这些活动的作用，使这些具有不同表现形式的活动凝聚成一个整体。为此，博物馆在组织活动时，要以博物馆特色为基点，防止各项活动各有各的特色，以至于相互竞争，相互干扰，使博物馆用户无法准确认知、认同博物馆特色，无法构建有特色的博物馆形象。还要防止另一个极端，即表达方式的单一，只用一种形式来代表、体现博物馆特色，如只通过陈列，或以博物馆馆舍建筑来表现特色，这样做虽然可以使特色突出且稳定，但因表现方式的单调，很容易使用户产生陈旧感，使博物馆蒙上不思进取的阴影。

博物馆特色要保持相对的稳定，稳定有助于博物馆工作人员和用户对博物馆特色的认知和信任，有利于博物馆将特色建设作为指导博物馆发展的长期目标。但也要注意，博物馆特色是多种条件相互作用形成的，必然要不断调整，才能适应环境和发展的需要。怎样保持特色的相对稳定呢？首先在确定特色时要努力发掘更为本质、更为基础的东西，如博物馆工作基本观念和基本社会职能，如博物馆收藏的闻名遐迩的藏品，如博物馆与特定用户群体的关系等，由于这些因素的持久性，从而使建立在其上的博物馆特色可以保持相对长期的稳定。博物馆特色又是不断深化和丰富的，怎样使调整有利于特色的建设呢？博物馆特色调整涉及两个方面，一方面是核心内容的调整，一方面则是表达方式的调整。核心内容的调整或是因认识的深化，或是博物馆内外部条件的重大变动，如我国经济体制从计划向社会主义市场经济的转化，这种调整常与博物馆工作目标、发展战略的调整相结合。表达方式的调整则更多考虑方法的问题，如博物馆标志的改动，如推出更符合当代用户需求的特色产品，如采用现代信息传播和沟通媒介等。总之，不论是坚持博物馆基本特色，还是采用新的表现方法，都不能就事论事，而应以博物馆发挥社会职能和实现博物馆社会目标为基本原则。

博物馆特色为博物馆之间的合作增加了更多的机会。建设博物馆特色，强化博物馆个性色彩，加强博物馆竞争力，这并不是要使每一个博物馆都成为商海厮杀的斗士，而是要更有效地实现博物馆工作宗旨，在拓展自身发展空间的同时，也为其他博物馆创造生存和发展空间。当“千馆一面”时，观众看一个博物馆就等于看了其他 999 个博物馆，因为没有差别吗。当各馆都有与众不同的特色时，观众就会产生要参观每一个博物馆的冲动。不同的特色还为博物馆互补合作创造了条件，在此基础上的合作不再是争夺观众，而是通过为观众提供更多选择，加强观众对博物馆的兴趣和认同。

博物馆特色建设是博物馆发展中面临的新问题，加强特色建设，将有助于我们开拓工作思路，丰富博物馆工作内容，更有效地满足社会发展而产生的新的社会需求。博物馆特色建设不是应付生存危机的权宜之计，而是关系到博物馆稳定发展的长期任务。

市场经济条件下博物馆组织体制的重构

博物馆机构改革是当前博物馆体制改革的重要内容。一些博物馆将机构改革作为体制改革的催化剂和推进器，希望以机构改革促进改革目标的实现，实现并巩固改革的成果。机构改革的主要内容是对我国博物馆沿袭已久的“三部一室制”进行改革。近年来，一些博物馆在机构改革方面做了一些尝试，改革方案各有特点。这些改革或依据上级管理部门有关体制改革的要求，或出于解决本馆管理中遇到的问题，多为被动或解困式的改革。笔者认为，博物馆机构改革不仅应注意依据有关政策和博物馆学有关理论解决当前面临的问题，更要根据博物馆发展趋势、发展目标和本馆特点，要有发展意识，为博物馆发展奠定组织保障。

本文从系统发展角度，从影响博物馆发展的内外因素互动的角度，讨论当前博物馆机构调整中的一些问题，探讨建立适应社会发展需求、适应博物馆完成其社会任务的组织体制的问题。

一般来讲，组织机构设置是为实现组织目标，利于对人员、业务活动和资源进行管理，根据专门化、部门化、建立命令链、有利于集权和分权等原则，依据职能、地域、产品和用户等条件设置部门，各部门通过并列、顺序和互惠等关系联系在一起，并通过授权确定各自在组织中的位置。部门设置要有一定的稳定性，以保障各项活动的正常运作；部门设置又必须具有动态性，以适应不断变化的内外部条件和需求。部门设置受到社会需求、资源状况、技术水平和人员素质等客观因素的影响，也受到如决策方式、管理观念、组织定位和组织目标等主观因素的制约。

传统管理学强调权威和服从，管理方式多为刚性和静态的，部门设置多注重服从于完善组织内部管理机制的要求。在组织与环境的关系上，认为组织的外部活动空间是足够大的，组织发展的重点在于优化和强化内部机制，以提供更多数量的产品，占据更大的活动空间，即通过增加产品求发展。现代管理学则注意到组织的外部空间是有限的，不仅受到地理条件的局限，也受到组织技术能力的局限。此外，有限的活动空间中还充满着竞争，组织的生存和发展空间时刻受到其他组织的挤压。为此，组织发展的重点在于增强竞争力，根据外部环境的变化及时调整组织内部机构和运作机制，以求在竞争中获胜。影响组织中部门设置的主要因素是组织战略、组织规模、技术和环境条件。组织战略是组织实现其目标的基本行为方式，主要有创新、成本最小化和模仿战略；组织规模是员工数量的多少，它直接影响到组织结构、部门设置和管理模式；技术是组织生产其主要产品的手段和方式，如机床制造多使用加工机械，而学校则多运用规章规范和课程讲授来促进学生学习；环境条件主要指环境容量、环境的稳定性和复杂性。影响组织部门设置的变量和不确定因素是很多的。博物馆是社会组织，其结构、部门设置和管理体制也必然受到上述因素的影响，在讨论博物馆机构变革时，不应忽视这些因素的影响。

我国博物馆通行的“三部一室”部门设置体制始于20世纪50年代中后期，60年代初期基本定型，70年代后期成为全国大中型博物馆部门设置的基本模式，并成为小型博物馆部门及岗位设置的基本参照标准。“三部一室”模式的特点是按专业划分部门，各部门是博物馆职能部门，部门关系是依存和序贯的，强调分工合作，各部门发挥各自专长，协同完成博物馆工作任务。该模式是在计划经济体制下形成的，政府行政主管部门为博物馆制定了明确的职能范围，即“文物标本的收藏机构，研究机构和宣传教育机构”，“三部一室”恰恰是为完成这些任务而有针对性地设立的。在计划经济体制下，博物馆作为社会发展的标志性设施和宣传教育机构，被纳入了社会发展计划，博物馆的数量、类型、规模、工作目标和工作任务都由政府行政管理部门规定，博物馆经费由政府财政拨款，工作人员则作为政府行政事业单位人员。在这种体制下，博物馆只要完成主管行政管理部门下达的工作任务，就可获得相应的工作经费，就可生存下去。实事求是地讲，“三部一室”制在新中国博物馆创立阶段发挥了重要作用，通过这一组织体制，将各方面专家、技术人员的才智和工作热情聚合在一起，只用不长的时间即建设了中国历史博物馆、中国革命博物馆和中国人民革命军事博物馆等几个大型博物馆。作为一种较规范的部门设置体制，也为我国博物馆工作规范化作出了贡献。

在多年实践中，“三部一室”体制暴露出了一些问题，对博物馆整体利益和发展造成了一些影响，从而成为20世纪80年代以来我国博物馆界几次关于博物馆管理体制改革讨论的主要焦点。三部一室制引发的问题是多层面的，有些是因其体制造成的，有些则是深层次的管理体制、管理观念和管理方法造成的。三部一室建立在专业化和分工的基础上，一些博物馆据此而强调分工的重要性，在保管、研究和陈列部门之下又设置许多分支机构，造成管理层阶过多，管理成本增加。此外，一些博物馆认为设置三部是为了体现博物馆的基本职能，这些部门同时也是从事与该职能有关的各项业务的执行部门，从而导致了画地为牢的局面，超业务范围的事情不做，本部门所辖业务也不许他人染指，部门之间的冲突时有发生，由于部门间互相封锁，导致重复建设，使博物馆的有限资源更趋紧张。此外，在计划体制下，馆级领导多根据上级行政管理部门下达的任务开展工作，博物馆人、财、物、事权基本由上级行政管理部门控制，没有对博物馆自主发展等事务的决策权，而要完成任务，必须依靠保管、陈列、群工等业务部门，故形成业务部门成为博物馆中最具影响力的单位，馆级领导的权威受到冲击，馆级领导的自主决策和自主领导的能力不强。另外，“三部一室”制注重部门职能的实现，注重各部门做了些什么，对各部门的工作效益并不给予特别的关注。还有，该体制被作为博物馆体制规范化模式，使之成为一种固定、机械的模式，不论馆的规模大小，都要建立“三部一室”或与之对应的部门，这充分体现出计划经济体制的影响。应该说，如果只是从部门设置来讲，三部一室制依照职能划分部门的做法是没有错的，但部门设置仅是管理的一种手段，只有与管理战略、组织目标、管理体制、管理方法和管理人员素质结合，才能真正发挥其作用。总之，我国博物馆中存在的部门分隔、不重效益、服务水平低下、管理不力等问题，其根源不是“三部一室”的部门设置方式，而是我国博物馆在计划经济体制下形成的管理体制、管理观念和管理方式与当前市场环境中的博物馆生存发展需求的矛盾。

在社会主义市场经济体制初步建立的背景下，博物馆管理体制改革在宏观、微观两个层面同时展开，宏观管理体制改革的重点是转变政府行政管理机构的职能转换，发动社会力量办博物馆，微观管理体制改革的主要任务是推进博物馆社会化，增强博物馆自主管理和自我发展能力，加强博物馆的社会贡献。

这次改革是我国博物馆在发展中难得的机遇，博物馆外界环境推动博物馆改革，博物馆内部“三部一室”体制在多年实践中积存的矛盾也需要解决，博物馆内外都有变革的要求，改革的目标是增强博物馆自主管理和自我发展的能力。博物馆要抓住这个机遇，不能小修小补，只是修补三部制的一些表层问题，也不要城门失火殃及池鱼，因三部制的问题而否定根据职能、分工划分部门的做法。总之，博物馆组织改革不能只是围绕“三部一室”的部门设置、部门职责、部门关系和领导关系来做文章，应将组织体制作为促进和保障博物馆发展的重要因素来考虑，将影响部门设置的内外因素和本馆发展需求综合考虑。机构改革不是简单地对现有部门进行撤并改组，而是一项复杂的系统工程。

在改革现行博物馆“三部一室”部门设置时，即要考虑该体制与现行管理目标的不协调，注意解决馆级领导的权威、决策和授权问题，注意解决部门之间和序贯业务之间的割裂问题，更要注意博物馆发展的外部环境的变化和博物馆管理体制及管理观念的变化。当前，有几个因素需要我们高度注意。首先，博物馆观众参观意愿和需求的变化，现在的博物馆观众多为自主消费者，他们依据自己的消费意愿选择是否参观博物馆，要参观那一所博物馆，由此形成一些博物馆人满为患，一些博物馆门可罗雀的现象。博物馆很难再依靠行政手段组织观众，只能用满足观众需求的优质展览和优质服务去吸引观众。其次，博物馆面对激烈的竞争局面，博物馆由一个或几个政府部门垄断的局面已被打破，博物馆办馆主体多元化，博物馆经费来源多元化，传统行业界限已被突破，其他社会组织进入博物馆领域，博物馆数量迅速增加，每一个博物馆都不能再稳坐钓鱼台，必须为获取有限的资源而竞争。再次，博物馆宏观管理体制发生重要变化，政府行政管理机构职能转换，由办博物馆变为管博物馆，减少直接的行政命令和行政干预，运用立法、拨款、发展规划、行政监管和舆论监督等宏观调控手段管理博物馆，将博物馆置于市场经济环境中，推动社会力量参与博物馆事业发展进程，加强博物馆自主管理和自我发展能力，促使博物馆努力提高服务质量，充分发挥其满足民众文化生活需求和“为社会和社会发展服务”的功效。

当代博物馆与社会的交流越来越广泛，与社会中各个社群的联系越来越密切，博物馆事业发展受到越来越多的外界因素的影响，因此，博物馆组织体制和部门设置必须考虑适应博物馆的外部环境，确保博物馆与外界的交流与沟通，确保博物馆组织特色和在社会中的位置。

博物馆组织体制和部门设置应体现博物馆作为非营利的社会公益事业机构的组织性质，强化其社会职能，将博物馆自身发展置于社会发展的大背景和大趋势中。博物馆是非营利的社会公益事业机构，这一点在计划经济和市场经济条件下都是相同的。在计划经济体制下，博物馆的这一性质是通过事业单位身份和政府全额拨款表现出来的，但是，在市场经济条件下，这一性质是由法律确定的，并通过组织体制、组织目标和组织收益分配方式体现出来的。在市场经济条件下运作的博物馆必须清醒地认识到，建立体现和保障博物馆非营利性质的组织体制对博物馆的生存和发展是至关重要的。博物馆机构设置必须体现其作为社会文化财富托管机构的特点，要设立能够代表社会和广大民众对博物馆托管的社会文化财产和对博物馆使用这些财产获得的经济收益进行监管的机构，该机构还应依照有关法律、规章和博物馆职业道德对博物馆管理人员和业务人员进行监督，防止出现利用公共财产为个人谋利的不道德行为。

在不同的外部条件下，博物馆的组织目标也发生了变化。在计划体制下，博物馆的组织目标由上级行政主管部门确定，通常被局限在文物保护与利用的范围内并长期固定不变。在市场经济条件下，博物馆的组织目标必须根据博物馆对社会需求的理解和自身发展需求来确定，即由博物馆自己确定，并且是动态的。博物馆要获取和确保工作资源，要在竞争中生存，就必须拓展生存和发展空间，突破文物保护和利用的传统工作范畴，并将文物利用的领域扩展到更广阔的范围，博物馆需要不断地评估工作资源的获取、保有和使用情况，不断寻求博物馆工作与社会结合的新途径，不断根据主客观条件修订既定的组织目标。

在市场经济条件下，博物馆提供给社会、提供给公众的产品发生了质的变化。同样是展览、讲解和学术研究，在计划经济体制下，它们是根据制作者的意愿打造的，成批制作，不考虑销路，对使用者来说，它们是具有强制意味的配给性产品。在市场经济条件下，同样是这些产出，却都变成了服务性产品，它们是制作者根据使用者的需求制作的，根据不同使用者群体的特点和特殊需求量体定制，使用者根据自己的爱好和需求自主选择所需要的服务。

博物馆环境条件在市场经济条件下也发生了重大变化。计划经济体制下，博物馆在自己的工作领域中没有真正意义的竞争对手，博物馆提供的产品是唯一的，博物馆工作环境是确定和稳定的。但在市场经济条件下，博物馆领域对其他组织开放，公立博物馆也失去了政府行政措施和全额拨款的保护伞，竞争对手增加，使环境容量缩小，博物馆环境充满了不确定、不稳定因素，主要表现在资源紧缺、竞争行为和需求变化等方面。

在市场经济条件下，博物馆管理观念和手段也与计划经济体制时不同。计划体制下，因外部环境条件相同，博物馆的产品相同，管理工作关注的是对内部要素的整合和规范，全国博物馆不论类型、规模，都可采用同一的组织体制和部门设置。在市场经济条件下，博物馆外部条件是变动的，不同类型、不同地域和不同规模的博物馆面临着各不相同的挑战，工作人员、资源和技术等因素也因馆而异，因此很难要求不同的博物馆采用同一的组织模式。各个博物馆需要根据自身的内外部条件选择、确定最有利于实现组织目标的组织体制。

随着社会的发展，博物馆的社会作用和社会职能进一步拓展，当代博物馆正从文物标本的保藏、研究机构转变为社会文化财产托管机构、社会文化遗产的保护和管理机构、社会教育机构和社会文化休闲机构。

博物馆应注意外部环境变化对博物馆工作目标和发展趋向的影响，及其对博物馆工作程序和工作方法的影响。当代博物馆工作出现了专业化、信息化和服务化的发展趋向，这是我们调整博物馆工作机构时需考虑的新鲜因素。

由于社会要求博物馆提供更丰富多彩的优质服务，博物馆必须提高各项工作的业务水平，这推动了博物馆内部工作专业化的发展。博物馆的发展实际上也是工作专业化的进程，从最初的藏品管理人到现在的管理人员、研究人员、陈列设计人员、教育人员、藏品管理人员和藏品保存技术人员等。在每一工作领域中又会划分为若干更具体的工作项目，如藏品管理工作又可划分为藏品实物管理、信息管理、藏品搬运和外展联络等。博物馆规模扩大也是促进博物馆工作专业化的原因之一，工作量增加，工作标准提高，要求从业人员加强某一方面的专业知识、技能和工作能力，从而使不同工作的差异更为明显。当然，博物馆专业分工的目的是促进各项具体工作的开展和完善，是为获得更优质高效的工作成果。不能为简单化和熟练化的目的而将一项完整的业务拆解为多个序贯活动。

信息社会和信息技术也深刻地影响着博物馆的发展和博物馆工作方式。在前信息社会，由于信息传播手段的限制，博物馆扮演着知识宝库的角色，人们要想了解和学习知识，必须亲自到博物馆参观或参加博物馆组织的教育活动。在信息社会，借助现代信息技术，人们可以更便捷地获取所需的信息，人们获取信息的方式发生了变化。这使一些主要以提供知识性信息的博物馆面临着严重的挑战，如历史类博物馆，现在，人们可以通过电子媒介和印刷媒介获得博物馆提供的信息，而不再需要亲自到博物馆来。为此，博物馆应重新对博物馆的社会作用进行定位，从简单的知识展示机构到信息提供机构，认真注意观众需求及观众满足其需求的方式的改变，注意采用观众熟悉的信息传播方式，如计算机网络和在线博物馆等，为更广泛的观众提供服务。在信息社会中，博物馆将成为重要的历史、艺术、科研、教育、文化的信息资源库，博物馆必须充分把握这一重要的机遇，明确博物馆在信息社会中的社会定位、目标和工作方式，建立体现博物馆信息资源库特点的组织机构。

信息社会还将深刻影响博物馆现行的管理观念和管理体制。在现代信息技术的帮助下，管理者能迅速全面地搜集组织内外的相关信息，更迅速地了解环境条件和需求的变化，全面掌握组织内部的运行状况，及时做出有利于组织发展的决策，及时调整组织目标，适时调整组织内部运作机制。为适应信息社会对决策和组织运作的“顺时而动”的要求，博物馆组织机构应根据工作特点，采取灵活的机制。如藏品管理、安全保卫和物业管理等一些保障性部门，其部门设置和工作内容可相对稳定，而其他一些与博物馆服务和产品生产有关的部门设置机制和工作组织应能适应变化，根据工作需要迅速做出调整。为迅速决策和顺利调整，减少有关人员的抵触和拖沓，需要有关人员能参与决策过程，了解与决策有关的信息，认识变革的重要性和必要性，积极主动的参与变革。为此，博物馆应建立既保障博物馆基础性和日常性业务正常开展，又能应对突发事件的组织机制。

市场经济环境中的博物馆必须突出服务的特点，过去，博物馆的服务是单一的，只有讲解服务，这使得许多观众认为在博物馆中只能从事学习，当他们了解了博物馆中有哪些展品，学习了展览传达的知识，就不再来博物馆了。博物馆要吸引更多的观众，就必须拓展工作空间，开展满足观众多种需求的服务，改变博物馆的社会形象，改变观众的认识和行为，使观众成为经常观众和基本观众。当代博物馆要以信息化产品为主打产品，以服务为营销手段，巩固和拓展市场空间。在市场经济条件下，博物馆观众是自主消费者，他们对博物馆的需求主要是学习和休闲。但我们也注意到，博物馆学习具有远期和潜在的效益，即观众在参观过程中只是接触、接受和记忆知识信息，只有在参观之后才将所记忆的知识片段整合到自身知识体系中，并在日后适宜的活动中运用这些知识。博物馆服务，特别是有助于观众获得积极参观体验的服务则具有感性的特点，具有近期和显在的效益，观众在享受博物馆提供的参观和其他服务时，可获得直接的体验，如这些体验是积极的，将让观众感到满意，加强对参观博物馆和参与博物馆各项活动的兴趣，他们会再次回到博物馆。另外，博物馆服务可帮助观众排除妨碍其学习的生理方面的困扰，专心于学习活动，激发学习兴趣，感受学习的乐趣，增强学习的内在驱动力，使参观博物馆成为他们自觉主动的行为。此外，观众的参观活动是要获得效益的，他们希望在同一活动中获得更多的收益，满足多方面的需求，观众的需求包括学习、休闲、休息、社交、愉悦等方面，博物馆应注意满足观众多层面的需求，帮助他们获得满意的参观体验。

当前博物馆机构改革的重要任务是建立适应社会主义市场经济环境的组织体制，该体制应能保障博物馆实现其社会责任，并根据社会发展和自身发展需求自主决策，依法开展满足社会需求的活动。该体制要突出博物馆特色，增强和保障博物馆的发展活力，主动适应内外条件的变化。前文探讨了影响博物馆发展的外部和内部条件，博物馆机构改革和部门设置应能体现当代社会对博物馆工作的要求，要适应信息社会和市场经济条件下博物馆工作的特点，建立精简高效的博物馆管理部门，强化业务部门的专业和协作关系，建立和加强博物馆服务和发展事务工作部门。

博物馆组织体制要突出体现非营利机构的组织特色，要组建非营利性的管理和监督机构，探索适合我国社会主义市场经济体制的非营利性组织的董事会（监事会）和咨询理事会体制及相应管理体制。

要根据当代博物馆工作目标、博物馆工作特点和业务人员素质等条件，对博物馆传统业务部门的部门设置、工作范畴和工作任务进行调整。首先，要用系统的观点重新认识博物馆业务部门与博物馆职能的关系。一些博物馆同仁认为博物馆职能就是特定的博物馆工作，可以由具体的工作部门来承担。现在，人们认识到博物馆职能是系统行为，影响并规定每一个博物馆工作部门的活动，博物馆各个部门都承担着实现博物馆职能的责任和义务。在设置博物馆具体业务部门时，不仅要考虑特定工作任务的执行，更要使该部门承担起规划、组织、协调、监督博物馆特定职能的责任，要为博物馆领导制定有关决策提供信息和预案。其次，过去认为博物馆藏品的保管、研究、陈列、宣教都属于业务工作，现在则注意到这些工作的性质的不同，有些是日常性规范性工作，如藏品编目、库房管理等；有些则是创造性、非规范性的业务，如藏品研究、陈列设计等。因其工作性质的不同，对从业人员素质、效益评估和管理方式也有所区别。考虑到博物馆工作的发展趋势和现代管理理论的应用，博物馆业务工作体制应根据工作性质确定组织形式，对规范性、机械性工作采取较严格的管理体制，对创造性的工作采取较宽松的管理体制。考虑到博物馆业务工作有较强的关联，博物馆业务工作系统可在职能分工、专业和团队的基础上，实行矩阵型管理体制，既根据专业分工划分部门，又根据工作任务将不同部门的专业人员组成项目团队。任务完成，项目工作组解散，工作成员仍回归其工作部门。

在市场经济条件下，博物馆服务为提高博物馆社会服务质量，满足社会需求，推动博物馆发展发挥着重要作用。以前，博物馆没有专门的服务工作部门，当代博物馆应根据服务工作特点设置专门服务工作部门。根据观众需求，博物馆服务包括参观服务、学习服务和休闲服务等。参观服务包括陈列设计、提供展览介绍、导览讲解、参与性展项等，学习服务包括教师培训、组织多种学习活动、出版书刊、提供资料等，休闲服务包括停车、存放衣物、咨询、餐饮、厕所、购物、安全、环境、社交等活动。服务项目多种多样，服务人员队伍庞大，为便于管理和评估服务工作质量，需设置专门部门进行管理。

加强自身的竞争能力和发展能力是当代博物馆机构改革的主要任务。加强竞争力和发展能力，一方面要加强自身建设，优化组织结构，激发员工积极性，合理高效利用资源；另一方面要加强对外界环境的监测，密切与博物馆发展有关的社会因素的联系与合作，根据社会需求变化研发和推广新的服务项目，确保博物馆工作资源和市场空间。博物馆应设立专门的市场营销、公众关系、筹款和资金管理等部门。市场营销部门的任务是不间断地监测外界环境和公众需求的变化，及时为博物馆决策者提供准确信息，并宣传推广博物馆推出的新的服务项目。公众关系部门要与新闻媒体、社会贤达、与博物馆发展有关的社会组织保持密切联系，通过他们向社会公众传达博物馆的重要作用，争取社会团体和个人对博物馆的赞助。筹款和资金管理部门要依法组织向政府、社会组织和公众的筹款活动，建立和管理各种博物馆工作基金，保证基金的正常运作和增值。在市场经济环境中，博物馆面临更激烈的竞争，传统的社会资助渠道日渐萎缩，广大民众的个人赞助则逐渐成为主要资金来源，让公众了解博物馆工作对社会发展和公众个人的贡献，了解民众的慷慨资助对博物馆生存和发展是非常重要的，这是博物馆获得稳定和足量经费的重要前提。

博物馆机构改革只是当代博物馆组织体制建设的“冰山之巅”，部门设置必须服从博物馆发展目标，服务于实现博物馆的社会责任和社会任务，服务于增强博物馆的竞争力和发展能力，实现和提高博物馆工作人员的社会责任感和主观积极性，只有这样，博物馆工作部门才真正成为博物馆管理体制、管理观念和管理方法系统变革的支撑和保障。

“三部制”：中国博物馆业务体制改革焦点

我国博物馆组织机构主要分为行政和业务两大系统。业务系统主要包括保管部、陈列部和群众工作部（简称“三部制”）。这个体制是自20世纪50年代初逐步建立起来的，现已成为我国博物馆业务系统的基本模式。随着博物馆事业社会化进程的发展，在商品经济大潮的冲击下，“三部制”面临着许多新问题：如何适应博物馆新的工作目的，如何适应新的工作条件和工作内容，如何发挥具备专业学识和现代意识的工作人员的才能，如何根据客观要求而进行自我调整和改革等。对这些问题的讨论和实践探索将有力促进我国博物馆事业的发展。

对“三部制”业务体制的认识，经历了从客观描述到理性分析的过程。50年代初，新中国博物馆事业刚刚起步，我国博物馆工作者努力探寻建立新的社会主义博物馆的途径，并向前苏联学习，介绍前苏联地志博物馆的工作经验和组织体制，“三部制”体制的基本构想在酝酿之中。50年代中期，系统介绍前苏联地志博物馆的组织体制，“三部制”的构想已基本完备，对部门设置、工作内容、职责权限和工作人员素质等问题有了清楚的认识，但尚待在实践中落实。50年代后期，中国历史博物馆、中国革命博物馆等国家级博物馆建立，按照“三部制”组建业务机构。60年代初，在对博物馆事业进行整顿时，将完善组织机构作为重要内容，大部分博物馆按照“三部制”组建本馆业务部门，遂使“三部制”成为我国博物馆业务部门的主导模式。此时，我国博物馆工作者开始探讨“三部制”的理论依据。“文革”期间，“三部制”被当作“黑线”统治下的博物馆体制横遭批判，并组建了“革委会”体制。“文革”后，拨乱反正，“三部制”体制得到恢复。70年代末至80年代初，对“三部制”持基本肯定的态度，博物馆法规对此有明确的阐述，博物馆学著作中也给予肯定的评价。时至80年代中期，随着社会经济体制的变革，以及博物馆事业在发展中遇到的新问题，人们开始注意博物馆组织体制对实现博物馆工作目标的影响，注意到“三部制”体制尚存在不完备之处，关于“三部制”的讨论逐渐开展起来。当时主要有两种意见：一种认为“三部制”形成部门分割，妨碍专业研究人员接触博物馆收藏，妨碍博物馆业务的开展和社会作用的实现，非彻底变革不可；另一种意见则认为“三部制”仍与我国博物馆情况相适应，其自身的问题可通过完善管理、加强交流等措施来解决①。有些学者运用系统论、控制

① 子系：《博物馆科学管理学术讨论会综述》，《中国博物馆通讯》，1985年2期；安来顺整理：《中国博物馆学会博物馆科学管理学术讨论会概述》，《中国博物馆》，1985年2期。

论等理论观点和现代管理理论对“三部制”进行了分析。[①] 80年代末至90年代初，在经历了“变革”与“完善”的讨论之后，同时又注意到一些博物馆对“三部制”进行改革所取得的成功与失败的经验之后，人们对“三部制”的认识更加冷静和深入，有关研究论著客观表述了“三部制”的优点与缺陷。与此同时，一些学者将“三部制”与外国博物馆业务部门的组织体制进行比较研究，以期找到弥补“三部制”缺陷的途径和办法[②]。这些研究从理论和实践上探讨了“三部制”的发展沿革、设置原则、实践基础、职责权限、工作目标、相互关系及其优点和不足等问题。这使人们对“三部制”的组织特点有了比较明确的认识，得以在实践中注意“扬长避短”，减少其不利影响。

通过对“三部制”产生、发展、确立和变革等阶段的社会、历史条件的讨论，注意社会环境对博物馆组织机构及其职能的影响，探讨“三部制”在实现特定历史条件下的中国博物馆的工作目标中所发挥的作用，从而归纳和讨论“三部制”的得失，并讨论“三部制”的发展演变趋向。

一、旧中国博物馆业务部门组织体制一瞥

由中国人自行筹建、组织和管理的博物馆产生于20世纪初，这就是张謇兴办的“南通博物苑”。其后不久，清王朝被推翻，博物馆事业呈现迅速发展的形势。1925年，故宫博物院成立，标志着中国博物馆事业进入发展高潮。但这一发展势头被日本帝国主义的侵华战争所打断。此后，旧中国的博物馆事业即陷入衰微。

综合有关旧中国博物馆机构建制的资料资料[③]，注意到当时博物馆的组织体制具有如下一些特点：

其一，按行政管理和业务工作划分工作系统。如故宫博物院下设秘书、总务二处和古物、图书二馆。又如古物陈列所设文书、陈设和庶务三课，其中的文书课负责登记、编辑、调查、报告等事项，陈设课主管编列、保固、修整事项，这两个部门应属于业务部门。庶务课则负责会计、出纳、匠作物料和本所纠察等事务，该部门应属于行政管理部门。但是，这种行政管理和业务工作的划分并不很严格。例如，上海市博物馆的编藏

---

① 张辉：《建立博物馆系统化工作体制的探讨》，《中国博物馆》，1985年2期；马惠正：《浅谈系统原理与博物馆组织机构》，《中国博物馆》，1985年2期；周昌富：《博物馆业务机构浅谈》，《中国博物馆》，1985年2期；蒋华：《略论适合中国国情的博物馆机构设置》，《中国博物馆》，1986年2期；沈庆林：《博物馆管理的几个问题》，《中国博物馆》，1986年3期。

② 殷志强：《中日美三国博物馆的机构设置比较》，《中国博物馆》，1991年2期。

③ 文化部文物局教育处、南开大学历史系：《博物馆学参考资料》《博物馆历史》篇；中国历史博物馆：《中国历史博物馆八十年记事》，《中国历史博物馆馆刊》18、19合刊；傅振伦：《北京国立历史博物馆史略》，《中国博物馆》，1988年1期；李永平、李天铭：《甘肃博物馆事业发展述略》，《中国博物馆》，1988年4期；范春荣：《上海市博物馆大事纪要（1933～1948）》，《中国博物馆》，1991年2期；章祖蓉：《广州市立博物院筹建大事纪要（1928.10～1929.12）》，《中国博物馆》，1991年2期。

股、宣传股、技术股就隶属于总务部，与会计股、庶务股等同属一个部门。

其二，业务部门多依藏品门类区分。如故宫博物院分图书、古物二馆，上海市博物馆有艺术、历史二部，中央博物院则分自然、人文、工艺三馆。

其三，业务工作比较注重藏品的搜集、陈列和研究等项事务。

其四，各馆组织体制并不一致。如故宫博物院设“二处二馆”（秘书、总务；古物、图书），国立历史博物馆设“五股”（文书、会计、庶务、征集、陈列），古物陈列所设“三课”（文书、陈设、庶务），上海市博物馆设“三部一室”（总务、历史、艺术，研究室），广州市立博物院设“四部”（美术、自然科学标本、革命先烈遗物、历史博物）。

旧中国博物馆组织体制的这些特点是有其社会、历史和文化根源的。

首先，旧中国博物馆事业是资产阶级文化事业和教育体制的重要组成部分。其主要任务是搜集和保存中华古代文物，辅助资本主义学校教育，宣传资本主义社会知识和当时所取得的科学知识，以及资本主义生产技术。这是旧中国博物馆业务部门组织体制形成的社会和实践基础。

其次，欧美博物馆的工作理论和方法对旧中国博物馆事业有显著影响。中国人最早接触的博物馆是欧洲和北美的博物馆。旧中国境内最早建立的博物馆是由欧洲人筹划建立的。张謇在规划中国博物馆事业时，也曾设想延聘意大利的博物馆专门人才①。陈端志撰写《博物馆学通论》时，主要参考了美国和日本的博物馆学著作。当博物馆出现在中国大地上时，尚处于一种“旧无先导，即乏专才”的状况。为发展中国的博物馆事业，不但要考虑中国的实际情况，还需要参照那些博物馆事业发达国家的经验。其时，也只能是仿效欧美博物馆的理论和方法，这明显反映在旧中国博物馆组织体制上，如博物馆由董事会负责，有关藏品研究陈列的业务部门按藏品门类区分，业务部门多由专家学者主持，“专家治馆”。

再次，旧中国博物馆尚处于萌发、起步阶段。这一历史背景也影响着博物馆的组织构成。很多博物馆是新建馆，缺乏馆藏，为充实藏品，这些馆将征集和陈列工作作为首要业务。一些馆予征集部门以重要的地位，如国立历史博物馆专设“征集部”，上海市博物馆的艺术部、历史部中均设有征集股。此外，旧中国博物馆组织机构形式的多样性，也可反映旧中国博物馆事业早期的不成熟和探索的情景。

第四，中国金石学传统也深刻影响着博物馆的组织体制。旧中国博物馆虽未简单地承袭传统金石学的研究目的、对象、方法等内容，但却继承了传统金石学对古物的价值观念，借鉴了古物的保藏方法。张謇说：“我国有历史以来，今四千余年矣。其附丽于历史而可以资考证者，曰经籍，曰图绘，曰金石之属。”“（帝室博览馆）诚所以绍述祖训，恢张儒术也②。”旧中国内务部制定的“古物陈列章程”明确表示：“……以探索

① 张謇：《国家博物院、图书馆规画条议》，《张季子九录· 教育录》。
② 张謇：《上南皮相国请京师建设帝室博览馆议》，《张季子九录· 教育录》。

幽隐而征集遗亡，……此学者之忧而国家之责也。本部有鉴于兹，默察国民崇古之心理，搜集累世尊秘之宝，藏于都市之中，辟古物陈列所一区，以为博物院之先导。”旧中国博物馆协会“组织中国博物馆协会缘起”开宗明义第一项原因即为：“……其间如：殷周之铜器甲骨，两京之石刻画像，不唯足以上窥当代礼俗，补苴史事，即就其制作精美而言，先民在艺术上之造诣，亦可使后人赞叹流连，精神振奋，不能或已①。”为保护好如此珍贵的古代文物，一些博物馆制定了严密周详的藏品管理和保藏措施，如建设专用库房，订立藏品登记、提用、核查、保卫制度，并采用传统的行之有效的藏品保存措施，如定期晾晒通风等。

总之，由于社会环境和历史条件的局限，旧中国博物馆的组织体制受当时欧美博物馆理论和方法的影响较多，但也能够根据我国博物馆具体情况，构架不同的组织体制。又由于旧中国博物馆存在时间不长，博物馆工作尚未完全开展，且缺乏宏观上的指导，所以没有总结出统一的组织模式。

二、新中国博物馆业务部门“三部制”发展沿革

中华人民共和国建立后，即积极整顿、改造接收的旧中国博物馆，并着手筹建新的博物馆，在这个过程中，逐渐形成了“三部制”组织体制。此后，“三部制”成为我国博物馆业务部门的基本模式。这一发展过程大致可分为酝酿、形成、确立、改革和深化等阶段。

（1）酝酿、形成阶段：大致从1949年新中国建立后到1956年全国博物馆工作会议时。此阶段前期主要是对“旧型”博物馆的整顿和改造，后期则主要筹建各省市的博物馆。

新中国建立伊始，大陆地区仅有二十几所博物馆，这些博物馆不仅规模不大，经费匮乏，业务难以为继，而且颇具半封建半殖民地社会的遗风，根本不能满足为社会主义经济和文化建设服务的要求。但是，这些博物馆中有一些具有多年工作经验的专业人员，他们愿意为新中国作贡献。还有一定数量的收藏，这是中华民族悠久历史和灿烂文明的物质见证，理应得到保护，理应让广大劳动人民鉴赏这些珍贵的文物。另外，近百年来帝国主义列强对中华文物的破坏和掠夺，也使中国人民认识到，保护和弘扬祖国文物，不仅是保护几件稀世珍宝，不仅是保护传统文化，更是在捍卫民族和祖国的尊严。此外，中国共产党在长期艰苦的革命战争中，始终没有忽视革命的文化工作，江西苏区和陕甘宁边区政府都曾着手筹备博物馆，革命的文化工作者还利用展览会、陈列室等多种形式，以实物展现革命战争和生产建设的成果，宣传革命思想，鼓舞人民斗志。因此，新中国建立之初，尽管面临的是因遭受连年战争而呈现衰败景象的一片废墟，博物馆工作者仍决心迅速改造旧的博物馆，积极建设新的博物馆，以充分发挥博物馆的积极

① 参看文化部文物局教育处、南开大学历史系：《博物馆学参考资料》《博物馆历史》篇。

作用，宣传社会主义革命和建设成就，宣传辨证唯物主义和历史唯物主义，传播先进科学知识和生产技术。

新中国成立后，对“旧型”博物馆进行整顿和改造，首先是对陈列内容进行改造，继而对博物馆组织机构进行整顿，改变旧中国博物馆多依藏品性质划分业务部门的做法，按博物馆工作性质划分业务部门。故宫博物院于1951年改古物馆为保管、陈列和群众工作三部。北京历史博物馆也在新中国成立后不久改组为保管、陈列和群众工作三部。

新中国博物馆事业开始起步。1951年初，文化部指示各省、市、自治区建立博物馆筹备工作委员会。其时，新中国博物馆面临许多问题，缺乏馆舍、设备和经费，有些馆筹建之初可说是一无所有，甚至连基本藏品都没有，一切从零开始。如云南省博物馆筹建时只有一位工作人员。另一些博物馆的工作人员或是来自其他单位，或是招收社会上失业、失学的知识分子，他们都缺乏建设社会主义新型博物馆的经验①。面对这块待开垦的处女地，广大博物馆工作者在工作中大胆实践，总结经验，同时学习前苏联博物馆工作经验，并根据中国博物馆的具体情况和工作实践，做了一些变通，形成了具有中国特色的博物馆“三部制”组织体制。

1950年中国革命博物馆筹备处成立，其下设有保管、陈列和群众工作部。上海市博物馆于1953年初开始筹备，初设研究、保管、陈列和群众工作四部，后因缺乏专业人才，将研究部撤销，只余“三部”。南京博物院的组织体制也与之类似②。也有一些博物馆的组织体制与此不同，这主要是根据文化部文物局指示而建立的各省、市、自治区的地志博物馆，由于其基本陈列包括“自然富源”、“地方历史”和“社会主义建设”等内容，一些馆的业务部门遂分为自然、历史、社建和保管、群工、美工等部，如云南省博物馆和湖南省博物馆③。甘肃省博物馆1953年筹备时设征集文物保管组、陈列展览组、群工组和总务组，1958年机构调整为自然、历史、社建、群工等部和办公室、文物工作队④。

此时，博物馆工作者克服基础薄、条件差、缺乏专业人员等困难，努力创造条件，大胆实践，积极学习前苏联博物馆的工作经验，在较短时间内开创了新中国博物馆事业的新局面，并逐渐形成了适合当时中国博物馆工作条件的组织体制——“三部制”。因

① 于坚：《关于我国博物馆事业发展的几个问题》，《革命博物馆工作研究》，1984年3期；上海博物馆：《上海博物馆建馆以来的工作报告》，《全国博物馆工作会议与全国地志博物馆工作经验交流会议汇刊》，1956年；云南省博物馆：《云南省博物馆建制沿革》，《云南省博物馆建馆三十周年纪念文集》，1981年。

② 上海博物馆：《上海博物馆建馆以来的工作报告》，《全国博物馆工作会议与全国地志博物馆工作经验交流会议汇刊》，1956年；曾昭燏：《南京博物院十二年远景规划纲要（草案）》，《全国博物馆工作会议与全国地志博物馆工作经验交流会议汇刊》，1956年。

③ 樊世华：《湖南省博物馆开馆初期》。梁君大：《湖南省博物馆建馆后的开创工作》。《湖南省博物馆开馆三十周年暨马王堆汉墓发掘十五周年纪念文集》，1986年。

④ 李永平、李天铭：《甘肃博物馆事业发展述略》，《中国博物馆》，1988年4期。

一些地志博物馆的工作内容不同，也采用了其他形式的组织体制。

（2）确立阶段：期间从1956年下半年全国博物馆工作会议结束到1966年“文革”开始。在这个时期，我国博物馆事业进入了发展高潮，“三大馆”的建立标志着新中国博物馆体系初步建成；1958年的“大跃进”对博物馆事业的正常和健康发展是一次不小的冲击，60年代初的整顿，使博物馆事业重上正轨，同时确立了“三部制”的地位。

1956年全国博物馆工作会议明确了中国博物馆的性质和任务，表明对如何建设新中国博物馆有了清楚的认识。这次会议标志着中国博物馆结束了几年的摸索和筹备阶段，进入了有目的、有规划和有组织的发展时期。在这次会议上，中国博物馆工作代表团报告了访苏成果，详细介绍了前苏联博物馆的各项工作职能，如科学研究、征集、保管与修复、陈列和群众工作等，并较详细地介绍了其组织形式。1957年初，傅振伦先生撰写的《博物馆学概论》出版，书中谈到博物馆组织机构时，主要介绍了前苏联博物馆的组织体制，而“我国各种类型博物馆的组织机构，都不相同。即同一类型的博物馆也不尽一致。”博物馆的主要业务部门包括保管、陈列、群众工作等。总之，“今后必须参照前苏联办法，加强领导，具体分工，否则难以提高业务质量和现有水平。”由此我们可以了解到，当时我国博物馆组织体制与前苏联博物馆是有一定差别的，特别反映在各个部门的具体职责上，更有着相当的距离。

1958年，中国历史博物馆、中国革命博物馆和中国人民革命军事博物馆的建设，揭开了我国博物馆发展高潮的序幕。各地在建设博物馆时，纷纷以“三大馆”为样板，不仅在陈列上如此，在业务工作上也是如此。由于工作内容和工作方法的雷同，使得工作组织也采用基本相同的体制，从而使“三部制”成为大多数博物馆的组织形式。在这个发展高潮中，“三部制”充分显示了其优越之处，即“三部制”适宜于行政领导，适宜于博物馆开创期的工作任务，适宜于“分工负责、团结协作”的工作环境，能够有效地克服当时博物馆面临的任务重、业务头绪多、工作人员经验不足等困难，可以在短时间内圆满完成上级交付的任务。这期间，“三部制”经历了实际工作的检验，获得了成功的经验，从而为肯定和推广“三部制”体制奠定了实践的基础。

50年代后期，中国博物馆出现了一些不切实际的“浮夸”和“过热”现象。这种状况很快得到了控制。60年代初，有关主管部门对前一段工作中出现的问题进行整顿。1962年，文化部文物局下发《关于博物馆和文物工作的几点意见》（以下简称“意见”），文件贯彻了“精简、调整、巩固、充实、提高”的精神，明确了此后五年的工作重点，提出实行“五定”，其中“拟定组织机构和各部门职责关系”，“进一步确定干部的工作岗位和专业方向”，以及“拟定经常的工作制度和学习制度，建立正常秩序”等都涉及博物馆组织体制问题。《意见》在讲到博物馆工作时，着重谈了对“陈列”、“保管”和“群众工作”三项工作的要求。这看似“巧合”的现象，其实正反映了当时博物馆工作者对博物馆陈列、保管和群众工作的重视，认为它们是博物馆的基础性工作。为做好这些工作，就应有相应的组织保障，而“三部制”恰恰满足了这个要求。

在整顿工作中，要求拟定组织机构，要采用已经过实际工作检验，且又取得相当成绩的组织形式，这只能是“三部制”。另外，当时已建成的一些地志博物馆，此时已逐渐演变成为注重搜集、陈列历史文物的历史类博物馆。这些地志博物馆于成立之初组建的一些业务部门，如自然富源部、社会主义建设部的工作也于无形中停止了，如湖南省博物馆。这种博物馆收藏内涵的改变和单纯化，势必影响到具体业务工作，进而影响到博物馆组织体制。由于其类型的改变，也使这些博物馆倾向于采纳国内其他历史博物馆已在采用的组织体制。为此，一些地志博物馆调整了馆内组织机构，采用了“三部制”体制。

我们还应该注意当时的国际形势，中苏两国关系的改变，也影响到中国博物馆事业。中国博物馆工作者不再是言听计从的“小学生”了，他们已经积累了丰富的经验，已经成熟了，可以走自己的路了。曾经受前苏联博物馆的影响而建立的组织机构形式，此时要改变为具有中国特色的“三部制”了。

“三部制”已成为当时中国博物馆组织体制的基本模式，但是，在社会与历史条件都已发生改变的情况下，博物馆的工作任务、内容、方法及工作人员都发生变化的情况下，曾在中国博物馆事业“创业”时期发挥了积极作用的“三部制”组织形式，在“守成”时，还能够发挥其当初的效能吗？它的优势还能继续保持吗？是否还存在薄弱环节和不足之处呢？就在人们要求深化对“三部制”的认识时，“文化大革命”阻滞了中国博物馆事业的进程，也中断了对“三部制”这一新生事物的认识。

（3）改革阶段：大致从 1979 年施行“改革开放”政策，重视社会主义物质文明和精神文明建设时始，到 80 年代中后期。

此阶段前期（从“文革”结束至 80 年代初）是我国博物馆事业的复苏时期。中国博物馆事业逐渐从“文革”的阴影中走了出来，对“文革”中的错误做法进行反省，对在“文革”中建立的组织机构进行调整，并回复“三部制”体制。此外，由于“文革”对祖国文物的破坏，以及“改革开放”初期旅游业的发展，要求博物馆工作迅速恢复正常，有关行政管理部门对博物馆组织建设工作抓得很紧。1979 年，文物局制定下发《省、市、自治区博物馆工作条例》，其第十八条规定：“博物馆的业务机构应根据精简原则和本馆的实际需要确定，一般可设立陈列、保管、群工等部门。”从而将“三部制”以法规的形式确定下来。1981 年文物局组织编写《中国博物馆学概论》，此书以 1961 年文化学院文物博物馆干部学习班的教材为基础，书稿写成后曾广泛征求博物馆界有关人士的意见，于 1983 年底定稿。书中明确阐述了“三部制”的实践和理论基础，以及主要工作内容等问题，认为“对全国大多数的博物馆是基本适用的。”“经过实践的检验”，是“行之有效的组织形式”，对“三部制”持肯定的态度。此时对“三部制”的认识，实际上是将 50 年代实践工作经验理论化、系统化和制度化，是 60 年代初期对“三部制”认识的延续和发展。

进入 80 年代，我国的国内政治、经济和国际环境都发生了显著的变化。博物馆事业蓬勃发展。新博物馆纷纷建立，与国际博物馆界的交流增加，西方博物馆理论和工作方法被介绍到国内。面对世界博物馆事业兴旺发达的景象，人们在下决心赶上国际博物馆先进水平的同时，也在反思形成这种“落差”的原因。与此同时，我国博物馆面临着一系列新问题，其中影响最大的是博物馆被推上了“商品经济”的大舞台。博物馆不能再躺在国家的身上了，必须依靠自己的力量和勤奋求生存、求发展；另外，博物馆工作人员专业技术职称评定工作的开展，要求有相应的学术研究成果和工作实绩，促使一些人去搞“急功近利”的工作；博物馆业务工作增加，各部门之间的业务需求、交流也相应增多；随着博物馆组织机构的确定，各项工作更加规范化、制度化，各部门职责明确、权限分明，部门的自身利益受到重视，部门之间的矛盾逐渐暴露、突出。这使得博物馆开始关注完善内部组织机制，增加组织的凝聚力和活力，以开辟博物馆工作的新局面。

鉴于当时全国都在致力于改革不适应现代化经济发展的管理体制，博物馆也需要在变革中求发展，人们开始对西方博物馆的组织体制有所关注，认识到这是西方博物馆发展、发达的基本条件之一。加之实际工作中部门之间的矛盾日趋凸显，有时甚至影响到博物馆的全局工作，人们对“三部制”体制的议论渐渐出现，而且特别注意“三部制”的问题和缺陷。有人认为，“要从根本上来个彻底的改革，建立新的合理的组织体制”。在这次关于“三部制”的讨论中，人们重新审视了“三部制”的分工原则，“三部制”与实现博物馆总体目标的关系，其职责范围是否合理，部门划分是否与博物馆工作实际分工相符合，能否处理好责与权、人与物、人与人的关系，能否体现博物馆的基本特点，“三部制”的历史渊源，“三部制”在中国博物馆发展中的作用等问题。从而使人们对中国当代博物馆的“三部制”体制有了更为全面准确的认识。

针对“三部制”存在的缺陷，一些人提出了改进和弥补的措施，如加强协调、调整机构、沟通信息等；还有些人提出了“一条龙”体制，即按藏品的性质、门类来划分业务部门，试图以此解决“三部制”的根本矛盾。但更多的人对“一条龙”体制持谨慎态度，认为这只是“三部制”在小范围内的翻版，“三部制”的基本矛盾不能得到解决，还可能出现新的问题，并认为“一条龙”体制仅是业务部门的改革，与博物馆整体体制不配套，与现有工作人员的素质也不相宜，且“一条龙”体制缺乏配套的管理措施和制度，于藏品保护不利。一些馆也曾进行了“一条龙”的改革试点，由于工作中遇到了许多新问题，这些馆不久仍恢复为“三部制”。

通过关于“三部制”的讨论，以及“一条龙”体制的提出和改革尝试，使人们加深了对“三部制”的了解和认识，更重要的是人们对博物馆组织机构在博物馆工作中的重要作用，博物馆工作目的、任务、性质、现状及所处社会、历史环境的关系，以及博物馆机构设置的原则、目的、特点、实践基础、部门划分、层级等问题有了深入的认识，从而为改革和完善中国博物馆组织体制奠定了思想和认识基础。

经过多年的努力，博物馆在中国文化事业中占据了一席之地，但这个成绩的取得也付出了相当的代价，即博物馆内部组织的问题为外部需求所掩盖。当博物馆的社会地位已得到确认时，如何确保这个地位呢？当社会支持下降时，博物馆如何维持生存，如何适应已变化的社会需求？面对这些问题，人们陷入了深深的思考。由于博物馆内部组织机构间的冲突加剧，影响博物馆工作者无法将主要注意力集中于明确组织的社会目的，干扰人们选择和实施满足社会发展新需求的工作，这让很多人将解决问题的思路转移到博物馆的业务机构是否合理的问题上来，并基于现代管理理论重新审视“三部制”。这是一次进步，是对中国博物馆组织机构的剖析和再认识，促使人们深入分析博物馆的基本特点、工作对象和工作过程，思考在此基础上应建立何种组织机构形式，这种组织体制能否满足博物馆工作需要，能否适应博物馆为满足新的社会需求而使用的新的工作方式，能否满足博物馆实现其在新的社会环境中新的工作目的等问题。这些思考有助于人们认识到博物馆作为独立的社会文化事业部门的特点，认识到博物馆业务的特点，认识到必须有适合博物馆工作特点的组织形式。

（4）发展阶段：大致从80年代后期至今。经过80年代前期关于“三部制”的讨论及改革的尝试，人们对“三部制”的评论渐趋客观，既不简单肯定，也不轻易否定。这从1990年出版的《中国博物馆学基础》中有关“三部制”的论述可以看出来，书中说：“三部一室制”的机构建置，“从多年来实行情况看，有着许多优点，也有其不足之处”。

人们认识到“三部制”仅是博物馆业务系统的组织形式。这种体制与我国社会、政治现状和博物馆现状基本适应。这种体制已实行多年，积累了一些管理经验，很多从业人员也习惯于在这种体制下工作。维持“三部制”基本构架，有助于保持博物馆的正常工作秩序。该体制的问题和矛盾，可以通过行政协调，交流信息，提倡在注重全局利益的前提下照顾局部利益等措施加以解决或缓解。

“三部制”是我国博物馆业务系统的基本组织模式。近年来，在保持大格局基本稳定的情况下，一些博物馆根据本馆工作实践，对“三部制”的职责范围、分工做了一些调整。或增加新的分支部门，或将原下属部门分出，并提高其等级。如某些博物馆设立“科技保护部”。这表明尽管“三部制”的基本模式未变，但随着环境条件和工作要求的改变，其工作内容在更新，其内部组织结构也在调整之中。

还有一些博物馆根据本馆工作需要，对“三部制”体制进行了较大的改革。如上海博物馆按藏品的主要门类划分业务部门，缩减保管部的职责权限，将其隶属于相应的业务部门，调整群工部的工作内容，集中于社会教育事务。上海博物馆的做法，突破了“三部制”的基本模式，是一次大胆的尝试。

三、“三部制”的基本特点

“三部制”是我国博物馆业务部门的基本组织形式，它是在特定的历史和社会环境中，在特定的博物馆发展阶段中形成的。

我们不能忽视特定的历史、社会环境对“三部制”形成的影响。其时恰是新中国建立之初，国内外阶级斗争仍很激烈，敌对势力使用各种方式对新中国反扑，新中国不能不坚决回击他们的进攻，必须在政治、经济、意识形态和文化等各个领域确立无产阶级的统治地位，彻底清除资本主义和封建主义的影响。在博物馆工作领域，同样面临着“破旧立新”的局面，必须在半殖民地半封建的博物馆体制的废墟上，建立新型的社会主义博物馆事业。旧中国博物馆的建馆思想、社会目的和组织机构都代表和反映着其时博物馆的特点，应彻底抛弃。新中国的博物馆要服务于社会主义事业的建立和巩固，要为人民大众服务。不同的工作目的，要求建立新型的组织机构，建立新的工作制度。

当时，建立社会主义博物馆体制可说是大势所趋，势在必行。但对于如何建立新的社会主义博物馆，中国博物馆工作者尚缺乏经验。对此，只有两个办法，一是“反其道而行之”，凡是旧中国博物馆的组织体制、工作制度一概清除，不留痕迹；二是向前苏联学习，借鉴前苏联博物馆的工作经验。在向前苏联学习时，人们注意到，由于博物馆规模、藏品门类、工作人员素质的不同，前苏联博物馆的组织体制也不完全一致，有一些以藏品门类为部门划分的基础，如艾尔米塔什博物馆；也有一些是按博物馆工作职能来确定组织体制，如地志博物馆。前苏联地志博物馆多建在地方、基层，其主要任务是宣传列宁主义思想和前苏联社会主义革命与建设的成果，在传播社会主义思想和巩固社会主义制度上发挥了重要作用。前苏联地志博物馆引起了中国博物馆工作者的极大兴趣，在如何使博物馆成为社会主义文化事业的有机组成部分，如何发挥博物馆的宣传教育作用，为社会主义革命和建设事业服务等问题上，前苏联地志博物馆提供了直接的经验。于是，中国博物馆工作者将注意力集中于前苏联地志博物馆上，对此类博物馆进行了深入细致的考察，并发表了多篇考察报告。前苏联有关方面也将地志博物馆作为社会主义博物馆的模式介绍给中国。1951 年前苏联编译局将地志博物馆的工作条例译为中文。我国博物馆工作者也将前苏联地志博物馆视为是与旧中国博物馆截然不同的新型博物馆，是社会主义的博物馆。1951 年 10 月，中央人民政府文化部《对地方博物馆的方针、任务、性质及发展方向的意见》中要求各省、市博物馆应建成地志博物馆。之后又集中全国的专家，在山东省博物馆开始中国地志博物馆的试点工作。1956 年山东省地志博物馆建成，并作为成功的典范向全国推广。在当时特定的社会环境和历史条件下，以及有意识地学习和推广前苏联地志博物馆模式，遂使得“三部制”成为我国博物馆业务部门的主导模式。

在讨论“三部制”的形成时，不仅要注意博物馆的外界环境条件，还应注意博物馆自身发展阶段的影响，特别应注意世界博物馆发展阶段的影响。世界博物馆事业在 19 世纪末和 20 世纪初有显著的发展。随着资本主义生产的发展，资本主义制度的确立及在世界范围的扩张，博物馆作为资本主义文化代表的特点为世人所认识，博物馆的社会教育作用为世人所重视。此外，博物馆藏品的数量、门类在这一时期迅速增加，不同主题和不同形式的博物馆如雨后春笋般涌现，世界博物馆呈现出多样化，各类博物馆的工作方式和工作内容也有了差别。博物馆工作日见复杂，各项工作要求有精通专门知识的人员负责，再像以前那样仅由少数人管理和开展工作，已不能适应博物馆事业发展的要求。博物馆专业分工出现了，对专业人才的要求提出了，博物馆工作由“手工作坊”向“专业化分工”转变。但此时博物馆工作机制、组织体制的变化，还主要是为了完善博物馆内部工作机制，以应对博物馆规模急剧扩张的迫切要求。因此，博物馆组织体制的改变，主要是根据博物馆内部工作的特点，按照工作性质、内容进行分工，是“内向型”的，以使博物馆工作规范化、系统化和更加完善。另外，20世纪前期的两次世界大战，沉重打击了博物馆事业，藏品被毁坏，馆舍被夷为平地。但是，战争的破坏也为新事物的出现，为新体制的建立扫除了障碍。战后，重建博物馆时，新的设想得以付诸实施，新的组织体制和工作方式得以贯彻，为改革博物馆内部工作体制提供了好时机。“专业化分工”遂成为当时博物馆事业发展的主要特征。

我国博物馆“三部制”的形成，并成为主体模式，还在于我国博物馆事业自身所具有的一些特点。首先，新中国博物馆事业创业初期，工作目的明确、单一，将博物馆纳入宣传教育系统，重视社会宣传教育作用，注重博物馆在传播社会主义思想和建设成就上的作用，注重博物馆在配合党和国家的中心任务和重大政治运动上的宣教作用。其次，博物馆的类型比较单一，多为历史和纪念类博物馆。藏品门类较为单纯，多为历史文物。藏品管理和利用方式比较单纯，各馆的工作模式、内容大致相同，因此可以采用同一的组织体制。再次，我国博物馆由国家行政管理部门统一管理，为适应行政管理对口、规范的要求，也要有比较统一的组织机构。此外，我国博物馆的经费由上级行政部门统一划拨，经济来源有一定的保障，从而保证专业人员可专注于本职工作。另外，新中国的社会主义大协作观念、我国人事管理制度等因素都在一定程度上对“三部制”的形成和确立发挥了深刻影响。

考虑到“三部制”产生和形成的社会环境及历史条件，以及我国博物馆事业的特定条件，可以说“三部制”是适应新中国博物馆事业初创时期的外部环境与内部条件而形成的。“三部制”具有什么特点呢？

《中国博物馆学概论》认为“三部制”是“按照博物馆的主要业务分工和博物馆的基本特点”建立的，这提出了“三部制”分工的两个基本条件，其一是“博物馆的主要业务分工”，其二是“博物馆的基本特点”，并将这两项标准综合考虑。那么，什么是博物馆的主要业务分工呢？是指博物馆工作中那些与某一特定工作对象（如藏品、档案、图书资料）有关的工作；或是指从事博物馆工作所需要的专门学科知识，以及以之为基础的相类似的工作，如藏品管理、陈列设计、藏品保存等；或是指某些在时间、空间关系上较为密切的工作，如与藏品管理有关的工作，或与陈列设计及布置有关的工作；抑或是指为体现、实现我国对博物馆性质和任务的某些规定而进行的工作，如学术研究、收藏、宣传教育。当然，也可以是上述这些单项标准的综合，即工作对象、专业学科、时空关系和工作目标的综合体现。那么，“博物馆的基本特点”又如何理解呢？是指博物馆作为社会文化事业的本质特征，即它的社会性质、社会目的和基本职能呢？或是指博物馆区别于其他社会文化事业（如文物事业、休闲娱乐业、教育事业、科研事业等）的独具特点呢？或是指博物馆所应具备的客观外在的特征，如收藏、馆舍、工作人员、工作内容？或是指博物馆工作的特定内容、方式和程序呢？这些问题的答案是什么呢？笔者不揣冒昧，试着对此做个解读，“博物馆的基本特点”应是《中国博物馆学概论》中论述的博物馆工作特征，即“实物性、直观性和科学性”，“博物馆的主要业务分工”应是具体体现和实现博物馆工作特征的“搜集保管、陈列展览和宣传教育工作”。

需要注意的是，“三部制”的分工原则是将博物馆的特点、博物馆的工作目的以及为实现博物馆工作目的而进行的具体业务工作联系起来，并加以综合考虑的。这种观点强调博物馆的社会责任和社会目的，注重博物馆的宣传教育作用，认为博物馆的业务分工应是实现中国博物馆所承担的社会责任的组织保障，并注重博物馆的工作目标，要求博物馆尽全力去实现这些目标。

根据这种理论认识，结合博物馆的工作实践，注意到“三部制”有这样一些特点：

首先，“三部制”是“内向”的职能型分工。具体而言，“保管部”与“陈列部”是根据工作的对象、内容、方式、程序，以及专业学科的不同而划分的。保管部的工作对象是博物馆的藏品，工作内容包括征集、鉴选、入藏、保管、编目、研究、提供利用等，主要工作是藏品管理和资料管理。工作人员需要掌握藏品知识、库房管理和档案管理等专业知识；陈列部的主要工作对象是陈列展览，陈列品中除博物馆藏品外，还有大量的图表、说明、仿复制品和模型，以及各种各样的展具和灯光设施；其主要工作包括陈列内容设计、形式设计、陈列制作、陈列布置等。主要工作是运用多种陈列方式以反映陈列的主旨，并发挥陈列的宣传教育作用。工作人员需要掌握历史、艺术、科技等专门学科的知识，同时还要掌握并熟练运用造型、灯光、色彩、陈列设计、建筑及社会学、心理学和教育学等方面的知识。考察保管部和陈列部工作，可以发现它们的工作差别是明显的，有各自的专业范畴，在时间和空间上也是错开的，可以画出界线，区别开来。据此，我们了解到将这两项专业化工作区分开，是有着实在的实践基础的。

将保管与陈列视为博物馆组织的内部职能，也是博物馆藏品保管与使用的具体体现，是博物馆制作其“产品”的基本过程。博物馆为社会提供的主要“产品”是展览，社会公众利用博物馆的主要方式是参观博物馆的陈列。陈列又是博物馆与社会交往的主要途径，是展示和检验博物馆各项工作成果的基本方式，尽管它并不是唯一的方式。如果我们将陈列视作博物馆的基本产品，可以看到，保管部在于发现“原料”——博物馆藏品，对其进行检验、分析，确定是否符合一定标准，再进行整理、存放，并提供给“产品”制作部门——陈列部。陈列部则进行设计，到保管部选取适用的“原材料”，经过加工，最后制成“成品”——陈列。这个比喻可能并不能完全反映保管部与陈列部的具体工作和相互间关系，但却可以帮助我们理解这两个部门的工作是构成博物馆“产品”流水线上的两个前后相继的基本环节。

“群工部”（或称“社会教育部”）的业务取向与保管部和陈列部有所不同，“群工部”的工作是要充分展现和发挥博物馆的社会教育作用，负责向社会介绍博物馆的工作成果，让公众清楚了解和理解博物馆陈列和教育活动的内容及其目的，实现宣传、教化的作用。另外，需要注意“群工部”的出现是在50年代，当时博物馆非常重视发挥社会宣传、教育的作用，注意到当时的公众文化水平比较低，“群工部”更多地借鉴了学校教育的理论和方法，观众被视为“受教育者”，博物馆工作人员是“施教者”。加之当时我国博物馆组织的展览多为传播历史唯物主义和辩证唯物主义思想，宣传共产党和人民政府的重大政策，配合社会的重要运动，这使得博物馆展览成为正确路线和思想的代表。为此，博物馆“群工部”的工作注重教化，将正确的理论思想、党和政府的政策告诉广大人民。“群工部”的工作注重正确理解和准确表述上级精神，注重怎样才能使广大群众了解和掌握这些精神，从而成为“上情下达”的主要途径。我国博物馆的“群工部”是体现和实现中国博物馆作为“宣传教育机构”的主要职能部门。

其次，“三部制”是依“专业分工”原则建立的组织体制。在实现博物馆总目标的工作中，“三部”的关系是“链式”的和“协作制”的。所谓“链式”，即“三部”基本上是按从“保管”到“陈列”，再到“群工”的业务发展关系，前一部门的工作成果常作为后一部门的工作输入，是后一部门开展工作的基础和前提。三部门在接触藏品和对藏品的利用上，有时间上的前后、早晚之别，形象地说，这三个部门组成了一条博物馆工作的“流水线”。所谓“协作制”，是指尽管工作时间上有先后之别，但在实现博物馆总任务的工作中，要求“三部”通力协作，在妥善完成本职工作的同时，无私地为其他部门的工作提供方便。如果某一个部门不适当地强调本部门的利益，不愿无私地奉献本部门的工作成果，就会直接影响下一个环节的工作效果，从而直接影响博物馆整体目标的实现。

再次，“三部制”使各部成为独立的“环”，在一定程度上使博物馆业务工作出现了“裂隙”，使博物馆业务流分别为几个可独立存在的“区段”。虽然这是“专业分工”合乎逻辑的必然结果，但在实践工作中，由于“三部制”在管理层次上是同位次、同级别的部门，其权利相当，在组织关系上是并行且互不隶属的。这种安排从组织上确认了“三部”在博物馆全局工作中是同等重要的，但这种组织形式上的“并列关系”与业务活动中的“连续关系”是不相符的，由此而埋下了各部发生矛盾冲突的伏笔。同时，各部的专业要求，即专业知识、工作程序、工作方法和部门目标的不同也加强了各部门的独立性和与其他部门相脱离的倾向。

最后，“三部制”要求有强有力的统一领导。鉴于“三部制”各部的独立性较强，分离倾向时刻存在，如不能密切协作，将直接影响博物馆的总体工作；再加上“三部”处于同一管理层次，相互之间没有领导和隶属关系。因此，协调“三部”关系的任务就只能由上一级的领导部门来负责，通常是由博物馆馆长来负责。

“三部制”是分工细致、职责权限明确、可以充分发挥专业人员才能和适于统一领导的“官僚制”管理体制。由于博物馆工作的分工较细，各项工作的专业性较强，要求掌握了相应专业知识的工作人员从事某项具体业务，所以在博物馆中聚集了大批学术基础不同、研究方法和工作方法也不尽相同的来自各个专业领域的工作人员。此外，博物馆各项工作还面临着发展和深化的问题，为保证使博物馆各项工作能够顺应社会需求、现代科技的进步而发展，也要求博物馆的专业化分工要相对稳定，以保证专业人员能够就本职业务进行长期的科研，完善和提高本专业的工作水平。为充分发挥这些人员的智慧和才干，并使他们各自的工作能凝聚成为博物馆的工作，保证实现博物馆的总体目标，就需要有统一的领导，以便在充分施展专业人员才干的同时，注意协调各项工作的关系。

“三部制”在组织方面的特点，是由我国博物馆工作特点规定的，受到我国博物馆工作人员对博物馆事业的认识的影响，即如何认识中国博物馆事业在某一特定历史阶段所承担的社会责任和实现这些责任的方式，另外也无可规避地受到我国社会和政治体制的影响。

“三部制”的产生和确立，是为满足社会主义的新中国对博物馆事业的要求，为满足开始起步的的新中国博物馆事业的工作要求。“三部制”反映了中国博物馆在特定历史时期的工作状况和所承担的社会责任，是实施其社会职责、社会任务的组织保障。它吸取了当时博物馆工作成就的主要经验，有利于发挥和凝聚专业人员的智慧，使博物馆各项工作得以顺利进行，充分发挥和体现了新中国博物馆的社会职责和作用。“三部制”曾极大地促进了中国博物馆事业的形成和发展，为新中国博物馆社会地位的确立提供了组织保障。

四、“三部制”的误区

“三部制”的确曾在新中国博物馆事业的初创时期发挥了重要作用，但我们必须认识到，其优势的实现，是有着特定的历史条件和社会环境的，是与当时博物馆工作人员的素质（思想认识和专业水平）紧密关联的。当外部社会环境、历史条件发生变化，博物馆事业的社会任务、工作目标发生变化，博物馆工作人员的素质和要求发生变化时，“三部制”能否适应这些新变化和新形势，适应博物馆事业发展的新要求，这是对“三部制”的考验。人们对“三部制”的议论主要集中于如下一些问题：

（1）人为割裂博物馆业务工作的系统性。“三部”各自独立，自成系统。有些部门可独立存在，独力完成本部门的工作目标，由于对其他部门的依赖很小，为此他们可以不配合其他部门的工作。有一些部门对其他部门的依赖性则较强；

（2）强调本部门的单位利益，忽视博物馆的整体利益，造成部门间的利益冲突和摩擦；

（3）某些业务工作的重复，造成不必要的资源浪费，如藏品资料的搜集编目；

（4）由于部门业务成果不能共享，导致一些部门的工作目标或转移，或削弱。如保管部从事陈列设计，组织展览，陈列部只能负责陈列的形式设计和展览的布置，群工部则“讲解、清扫、看展厅”；

（5）专业分工细化，工作内容单调，不利于人的发展，易触发从业人员的“逆反”心态；

（6）影响藏品的深入研究和开发利用。保管部疲于藏品的搬运、库房整理、建账编目，很难保证对藏品充分的研究，且由于不了解陈列的需求和观众的需要，多陷于

“古器物”的比较、鉴定研究。陈列部不了解馆藏情况，对藏品不熟悉，从而影响藏品的利用，不能多层次、多侧面地展示藏品的丰富内涵；

（7）责权不符，缺少必要的人事管理和经济管理权；

（8）自我调控能力不足。“三部”平等、平行，不愿屈居人后，“为他人作嫁衣裳”；

（9）各部门工作目标与博物馆的社会目标相冲突。虽然各部门的工作任务与责任是明确的，但缺少使各部门成为博物馆总体中的一个有机部分的组织保障。

造成上述问题的根本原因是什么呢？前人从“三部制”的部门划分、部门职责等方面进行了探讨。其实，这些仅是表面的现象，还有更深层的原因。对此，我们需要深入审视“三部制”的基本理论构想，进而澄清一些认识上的“误区”。

误区之一：将博物馆具体业务工作与博物馆的工作目的相混淆，以博物馆具体业务的完成来代替博物馆工作目的和博物馆组织职能的实现，即将博物馆某一部门的工作成果视为博物馆实现了其所承担的部分社会目标。这种“以局部代替全局”的认识降低了博物馆的工作标准，将博物馆的社会作用归结、降低到低一层次的内部工作部门的等级，同时也刺激了各业务部门的“优越感”和“独立感”。

博物馆的具体业务能否与博物馆的工作目的画等号？是否可以认为，既然博物馆是“收藏机构”、“科学研究机构”和“社会宣传教育机构”，那么只要建立从事相应工作的机构，具体负责相关的工作，就足以体现博物馆的特点和完成博物馆应担负的社会责任了？这种认识是将博物馆工作“简单化”了。博物馆具体业务是博物馆内部局部性群体运作的机制和方式，是根据博物馆的社会责任和工作目的，根据博物馆的物质条件和工作人员的素质条件，以及为实现博物馆全局目标的系统工作而确定的，可进行专业分工，由专人负责进行，有具体的工作内容，遵循规定的工作程序，取得可供查验的工作结果。这些具体业务是局部的，有特定的工作目标，只要做好规定的工作，就可以说完成了任务。

博物馆工作目的则是博物馆事业，即作为一个独立的社会组织所承担的特定的社会责任和必须满足的特定社会要求，是博物馆事业的大政方针，规定着博物馆具体业务的工作内容和形式，必须贯彻于博物馆各个具体业务部门和行政部门的工作之中。博物馆工作目的的实现只能是在博物馆各个具体业务部门工作圆满完成的基础之上。

博物馆具体业务与博物馆工作目的是不同层级、不同内涵的两个概念。博物馆工作目的的实现，是博物馆在更广阔社会领域中发挥其作用的基础和保障。

误区之二：人为地将博物馆藏品的保护与利用区别开，并体现在业务部门的机构设置上。具体地讲，“保管部”侧重于藏品的研究和管理，“陈列部”和“群工部”则侧重藏品的陈列和藏品社会作用的实现。

这种认识上的误区忽略了博物馆工作对象——博物馆藏品——的特殊性，低估了博物馆组织机构对博物馆工作的反作用，简单地将理论中的博物馆工作程序移植到博物馆组织机构上。

博物馆藏品是一柄“双刃剑”，它融保护与利用于一体，是保管和利用工作的同一对象，其社会作用的发挥综合体现在保管与利用的工作之中。博物馆藏品是博物馆各项工作的物质基础，是博物馆各项工作的交汇点和联结点。博物馆藏品的保护和利用贯穿于博物馆各项工作之中，不能简单地规定某些部门负责藏品的保护，而另一些部门则负责藏品的利用。藏品的保护和利用不能绝对地区别开，在博物馆具体工作中这一特点更为突出，某一项工作可以同时体现对藏品的保护和利用。例如，对珍贵物品的“保藏”其实就是利用，以保证这些物品的实体和蕴涵的信息不致因该物品的蜕化变质而消亡，从而保存了历史的信息，使后人得以了解前人的生产、生活和创造才能，这是对全人类的贡献。又如摄影、分析、修复和复制等项工作，既是对藏品的利用，同时也是对藏品的保护。藏品利用的主要方式应属陈列了，但陈列同样充盈着对藏品的保护，且不用说陈列设计和陈列布置中采用的控制温度和相对湿度、防止有害光线、防虫，以及防盗、防火、防意外灾害的各种措施。陈列唤起了观众对展品的珍惜之情，激发了人们保护文化遗产的责任感。陈列还将博物馆藏品的实物信息和非实物信息传达给观众，使这些信息保存在社会公众的头脑之中。这难道不是对文化财富的最大的保护吗？由此可见，“保护”与“利用”是博物馆工作的基本内容，这两项貌似对立、矛盾的工作最终“神合”于博物馆藏品之中。

博物馆学理论将与博物馆藏品有关的工作区分为保管和利用，即“搜集、保护、研究、陈列和传播”等项职能，为的是要更清楚地理解和把握博物馆工作特点，注重掌握从事这些工作所需要的特定的学识和技能，从而使博物馆工作更加专业化。

在博物馆实践中，各项工作的工作基础是同一的，即都是博物馆藏品，同时，围绕着发挥藏品社会作用而开展的各项工作构成了一个完整的系统，各项工作在这个系统中是相互关联、互为因果和紧密依赖的。博物馆组织体制应能体现博物馆工作对象——博物馆藏品——的特点，体现博物馆各项工作相互依赖和配合的关系。

博物馆具体工作要求具有专业知识、特定的工作方式、工作技能和工作目标，并据此区别为不同的专业岗位，进一步组合为相对独立的工作部门，这是使博物馆工作得以顺利开展、妥善运营的基本条件之一。但是，如果部门的相互关系没有准确体现全局工作的运作程序，即如果各部门的平行、隶属、承继、协作的关系没有得到明确，缺乏必要的组织管理法规，缺乏权威性的协调机构，将会使各部门将部门利益凌驾于全局利益和其他部门的利益之上，由此而影响到博物馆工作。

博物馆工作的基本内容是为了社会的需要而妥善地管理和利用博物馆藏品，保证博物馆做好这一工作的基本前提是确保博物馆藏品管理和利用工作的统一、集中领导，即对藏品管理和利用的全过程中的各项工作实施统一的计划、协调、监督和检查。换句话说，这项工作只能有一个“总管”。这个“总管”不应是“只扫自家门前雪”的“铁路警察”，而应是“纵观全局”的“调度”。

误区之三：将博物馆基本职能与具体工作部门相等同，认为博物馆业务部门是博物馆职能的具体体现，博物馆有那些职能，就应设立相应的工作部门。如博物馆具有搜集、陈列、传播等职能，博物馆组织中就应有征集、保管、陈列、社教等部门。

这种看法有一定道理，它从人员、业务和管理上保证了博物馆职能的实施和实现。但如将其简单化和绝对化，就会影响和干扰博物馆的基本职能的实现。

博物馆职能是实现博物馆社会目的的手段，是博物馆这一社会文化事业机构得以存在、运行和发挥效能的基本方式，是由博物馆承担的社会责任，以及博物馆工作特定对象——博物馆藏品——的特性所规定的。在考虑设置业务部门时，首先应考虑博物馆的工作目的和注意博物馆藏品的特点。

理论的博物馆职能概念是相对稳定的，但体现这些职能的具体业务却是不断改变着的，其工作内容和工作方式也在不断地发展和丰富着。如藏品保护工作，过去多是凭借人的感官来检验藏品的保存状况，对藏品的保护也多是清洗和修补。时至今日，藏品保存工作使用了当代最先进的科技设备，工作内容包括成分分析、年代测定、环境调控、保存机理研究、修复材料研究、检验及去除有害因素、修补复原、复制仿制等，涉及藏品研究、藏品保管、藏品保存和安全保卫等多个部门。博物馆的这项职能已不是一个部门所能完成的，而是需要几个专业部门的协作，需要博物馆其他部门的配合。

注意到博物馆职能的上述特点，可以认为博物馆基本职能必须体现、贯彻在各工作部门的具体业务之中，但如要简单地将某一项基本职能与某一工作部门之间直接画等号则是不切合实际的。博物馆基本职能可以保持相对的稳定，如国际博物馆协会1974年“博物馆”定义中申明的“征集、保护、研究、传播、展出”等五项职能至今仍未改变，但在实际工作中，博物馆具体业务部门则会根据形势和工作的要求对自身的业务范畴和内容做一些调整。

五、“三部制”的完善与发展展望

经过几十年的发展，“三部制”体制显示出适应我国博物馆事业管理体制，适应我国现行政治制度和人事管理制度，基本适应我国博物馆工作人员素质等特点。同时，积几十年之经验，人们对“三部制”的组织特点有了比较清楚的了解，对“三部制”存在的问题及其原因进行了深入分析，提出了改进或减少其影响的措施。另外，“三部制”体制虽有行政管理的痕迹，但基本是依照博物馆的工作实践和主要业务分工为基础的，在一定程度上反映了当时对博物馆工作的认识和博物馆工作的基本状况。

“三部制”体制曾为新中国博物馆事业的确立提供了组织保障，其功不可没。另外，注意到我国博物馆工作人员已适应了在“三部制”的框架中工作，再考虑到我国博物馆的工作内容、工作条件基本上没有重大的改变，所以，“三部制”仍可满足我国博物馆工作的要求。

考虑到组织形式的相对稳定可为博物馆工作提供相对平稳的工作环境，考虑到组织体制的滞后和承继的现象，同时参考西方博物馆管理体制发展演变的情况，可否预见，“三部制”仍将在我国博物馆组织中长期存在，尽管各部的职责、工作内容、工作目标，以及各部间的关系会有或大或小的变化。

“三部制”必须变革的趋向同样也是明显的。组织机构的形式必须服从组织的目标和组织的运作方式。当组织的外部环境发生变化，组织的工作目标即外部环境对组织的需求发生变化，实现组织运作的工作人员的素质发生变化，就会提出改变组织形式和结构的要求。这种改变，是组织自我完善的表现，也是组织得以继续存在和得以发展的基本保证。20 世纪 50 年代，我国博物馆工作者不沿袭旧中国博物馆的组织体制，也没有照搬前苏联博物馆的组织体制，而是根据国情和新中国博物馆的现实条件，创立了“三部制”。“三部制”的确立是组织形式必须服从组织目标的最好说明，“三部制”的改革也同样反映了这一点。

“三部制”不是一成不变的，它必须随着博物馆外部和内部条件的变化而变化。影响“三部制”变化的主要因素有哪些呢?

博物馆事业的外部环境有了明显的变化。摘要言之，如现代科学技术的发展，必将对社会组织、社会关系和社会观念产生相当大的影响。信息社会初露端倪，博物馆必须为在即将到来的信息社会中站稳脚跟做好准备，必须考虑调整工作方针和采取与之相适应的工作方法；旅游业的发展，反映了人们生活水平的提高和改善自身文化素质的要求，博物馆必须注意既要满足旅游者的特定需求，以吸引更多的人参观博物馆，同时又要保持博物馆自身的特色，不能为娱乐而娱乐；保护文化财产的事业更为世人所瞩目，高速发展的社会一方面会对自然环境和文化遗产造成更大范围的威胁，一种物品或一种文化现象存世的时间大为缩短，很快就被新的物品或文化现象所代替，这推动了文化财产的数量显著增加和人们保护文化财产意识的增强。此外，政治环境和经济环境的改变，也会直接影响博物馆的工作目标和工作方式。

在变化发展的环境中，博物馆事业必然要发生变革。近年来，伴随着我国经济、政治体制的变革，博物馆事业出现了一些重大的变革趋向。如组织管理方面从“行政管理”到“自主经营”，各个博物馆可以根据本馆的历史、人文、自然、地理等条件，决定本馆的工作方针和发展规划，建立有特色的博物馆。在经济资源上，尽管博物馆是社会公益事业，政府主管部门会提供基本的经济保障，但由于我国国情所决定，这种支持的数额是会很有限的，只能使博物馆在维持生存的低水平上运营。为满足日益增长的社会需要，为增强博物馆的自身活力，博物馆必须从事一些有助于实现博物馆社会职责的开发经营性业务，如开办博物馆商店和为观众服务的餐饮业，组织融文化与旅游于一体的陈列展览等。业务上从“宣传教化”向“社会文化财富托管人”转化，早期新中国博物馆事业注重“宣传教化”是由当时的历史条件和社会环境所规定的，这无可厚非，而且成为博物馆服务于社会发展的范例。近年来，博物馆作为“社会文化财富托管人”的作用逐渐突出，博物馆作为独立的社会文化事业机构的身分将更为确定，博物馆必须开展具有自身特点的活动，充分利用博物馆的藏品，使人们更清楚地了解人类历史继承、延续和发展的过程，了解人与自然的关系，成为社会公众学习、欣赏和休闲的场所。在如何看待博物馆观众的问题上，从“普渡众生”到“热诚服务”，从将博物馆观众作为“施教对象”到将观众看作是博物馆的“上帝”。博物馆观众不再是博物馆工作的“对立面”，而成为博物馆工作的有机组成部分之一，只有博物馆工作人员与博物馆观众结合起来，才能真正实现博物馆的工作目标。当博物馆观众感到他们不是到博物馆来“受教育”、来“作客”时，博物馆的社会教育作用就可真正实现了。为此，博物馆不再是“循循善诱”的“导师”，而是为博物馆的真正“主人”——博物馆观众——热诚服务的“服务员”。近来，我国博物馆开始注重博物馆观众的需求，考虑观众的“口味”，组织一些为社会公众感兴趣、所关注的展览，同时注意创造舒适、优雅的参观氛围，加强观众服务项目等。这些工作都透露出“为观众服务”的发展动向。

中国博物馆事业是国际博物馆事业的重要组成部分，是全球性保护人类文化财产工作的主要成员，中国博物馆事业必然会受到国际博物馆事业发展趋向的影响。当前国际博物馆事业正处于转变的“十字路口”，要从“以藏品为中心”到“以社会为中心”，从“藏品导向”到“博物馆职能导向”，这表明国际博物馆事业在完善内部工作机制的基础上，越来越重视满足社会的需求，重视发挥博物馆的社会作用。中国博物馆现在尚处于从“依赖”向“自主”的转化过程中，当着中国博物馆事业确立了在满足社会需求的基础上，争取并依靠社会支持的运营机制时，是否也会循国际博物馆事业发展的轨迹前行呢？答案应该是肯定的。

在博物馆外部环境变化的同时，博物馆内部工作因素也在变化，即人的因素和工具的因素都会随着社会的发展而改变。人的因素的改变主要反映在人员素质的提高和个人发展要求的变化。20世纪80年代以来，各级博物馆行政管理部门非常重视博物馆工作人员的业务培训，通过多种途径培养人才，使我国博物馆工作人员的专业人才构成和业务水平有显著的提高。同时，制定了博物馆工作规范和有关制度，使博物馆业务工作逐渐系统、科学和规范，博物馆工作人员从业能力明显增强。人员素质的提高，特别是专业水平的提高，为提高博物馆整体水平奠定了坚实的基础，但同时也使工作人员提出了新的个人发展要求，例如要求有较多的时间从事专业研究，要求相应的物质生活待遇，将个人的研究成果或设想付诸实现等。这些要求应该说在一定程度上是合情合理的，但我国博物馆事业发展现状还无法全部满足这些要求。另外，经过几十年的发展，目前我国博物馆事业处于相对稳定的“守成”阶段，与早期创业时期相比，缺少了那种使人奋进、创新、献身的环境氛围，更多的是“按部就班”、“循规蹈矩”的平淡和寂静，这种环境氛围对工作热情的影响是不容忽视的。

“工具”的因素也不容忽视，现代科学技术强烈影响和冲击着博物馆工作。现代科技的发展全面影响着博物馆的藏品管理、研究和利用等项工作的内容和方式。例如，现代科技的进步会拓展博物馆藏品的范围，使博物馆藏品从“实物”到“信息”，会深化对博物馆藏品的研究，从“宏观”到“微观”，从“定性”到“量化”，会使博物馆藏品的管理工作从“实物管理”到“信息（有形信息和无形信息）管理”，会在展览中使用先进的光、声、像等现代传播器材，更准确生动地再现历史和异域文化场景。这些高技术手段的使用，对工作人员的专业学识、专门技能提出了新的要求，同时也对博物馆工作岗位和工作部门的设置提出了新的要求。当然，现代高技术的普遍运用还将对人们的思想观念、管理程序和决策方式产生不可低估的影响。

博物馆的外部环境和内部条件都在随着社会的发展而变化，为适应这些变化，博物馆必须调整工作目标、政策和组织机构。在调整组织机构时，需要考虑和注意这样一些因素：

(1) 注意博物馆外部环境的改变及发展趋向，特别注意政治经济、科技、文化的发展对博物馆事业的影响，以及社会公众对博物馆事业的要求；

(2) 明确博物馆的近期和长期工作目标；

(3) 考虑本馆工作人员的业务水平、工作能力、个人素质和对组织调整的心理承受能力；

(4) 考虑本馆的设施状况及计划采用的高科技对机构设置的影响；

(5) 创造使工作人员心情舒畅、安心工作、充分发挥聪明才智，使个人能力充分施展的工作环境和工作氛围，改变将人视为是实现组织目标工具的陈旧观念；

(6) 注意把握变革的力度，不突然地、剧烈地改变人们已适应的工作关系和工作环境，从而保证日常工作的延续和开展。

在这样的组织条件下，“三部制”将发生怎样的变化呢？鉴于博物馆工作性质是为社会和社会发展服务，工作对象是博物馆藏品，以及工作内容是“搜集、保护、研究、陈列和传播”等基本条件的相对稳定，博物馆业务工作的基本格局将不会有剧烈的变动。但仍须依据内、外部条件的变化和具体工作目标而适时、适量地进行调整，使之更适合博物馆工作特点，有力地促进和保证博物馆事业的生存与发展。根据我国博物馆的现实状况，参考国际博物馆界的经验，下面一些发展动向应该予以注意：

(1) 博物馆藏品管理与利用权利的集中和统一。今后，博物馆藏品的利用会更为频繁，利用范围会逐渐扩大到文化教育以外的其他社会领域，博物馆藏品的知名度也随之大大提高。藏品利用的增加，将增加藏品损坏的可能性，这将对藏品管理、藏品保存和藏品安全提出更高的要求。目前这种将藏品管理与利用“分而治之”的组织体制将无法适应未来博物馆藏品管理与利用工作的要求。新的藏品管理体制应保证对藏品管理和利用的所有相关工作以有效的管理、协调和监督，即对“全过程”进行管理。这需要将管理、协调和监督的权利适当集中，要求藏品管理人既要负责藏品的安全，又要负责发挥藏品的效用。这样，会使藏品管理人全面权衡“安全”与“效用”的关系，避免因注重一点而不顾其他，避免出现损害其他工作的情况。当然，这种权利的集中，并不是大包大揽，事必躬亲，而是要求对全局、原则和关键环节进行管理。鉴于藏品管理人所负责的工作范围大为扩展，他不可能、也无法参与每一项具体工作，其主要职责只能是原则指导、协调具体业务部门的工作，主要工作是从事藏品研究，准确和全面地揭示藏品的文化内涵，为更充分、有效地利用藏品奠定基础。一些辅助性的专业工作只能由具体业务部门负责实施。具体的形式似可参考西方博物馆藏品管理人（Curator）负责制的经验。上海博物馆近年来在体制改革工作中取得的经验也值得重视。

（2）专业分工更为明确。前述藏品管理与利用权的集中统一，其基础必须是专业分工和组建具体业务部门。随着博物馆事业的发展和完善，博物馆各项工作的专业化倾向日渐明显，每一项工作都有其特定的专业工作理论、工作程序、工作方法、专业技能和专用设施。如藏品接收、登录、库房管理、藏品保存、陈列设计、教育、出版、公众关系等项业务。这些工作的专业范围日益明确，专业分工势在必行，这是博物馆事业逐渐完善和深化的标志，是博物馆工作成为独立的社会文化事业的基础，是博物馆工作为社会所承认的必要条件。当然，在专业分工发展的同时，也要求有权威的、可切实协调各专业部门工作与相互关系的集中领导机构。

（3）稳定的专职部门与灵活的部门间短期合作。博物馆组织机构必须反映并成为实现博物馆整体目标的保证，必须建立相对稳定的专职部门，这些部门可以保证博物馆日常工作的正常开展。但专业分工使得博物馆的重大业务的完成要涉及多个专职部门，考虑到今后博物馆需要组织不同形式的教育、欣赏活动，也要求有专人负责实施这些工作项目。为此，博物馆可组织临时性的专门工作组，作为专职部门的必要补充，可根据具体工作需要，集中各个部门的工作人员，明确各自的具体工作，“事有人管，各负其责”，保质保量地完成任务。

（4）上下级之间、部门之间信息的沟通和交流。这是消除误解、相互配合、协调一致的基本保障，是使博物馆工作人员心情舒畅、专心工作的基本条件。上下级之间、部门之间的信息沟通，不仅仅是指管理信息，即下达任务和汇报工作情况，还应注意学术研究、工作成果，特别是有关博物馆藏品管理与利用的信息的交流。既要让其他人了解自己在做什么，也要了解其他人在做什么，以求得相互间的理解、支持、帮助和配合。应注意创造适宜的条件和氛围，使工作人员以正式和非正式的方式交流和沟通信息。

（5）提高工作人员素质。博物馆工作目标的高质量的实现，必须有高质量的工作人员。应从专业知识、工作能力和职业道德规范等方面入手，加强对工作人员的培训，培训应包括博物馆馆长到一般工作人员的全体博物馆工作人员。由于目前“专业分工”的倾向较明显，需要注意不要将某一“专业”的界域限定得过于狭窄，否则会出现专业人员的工作范围过于狭小、工作内容单调，从而引发专业人员的“逆反”心理；同时也会由于工作部门过多过细，增大管理跨度和增加管理人员，导致管理工作的困难；还应注意不能让“专业”目标替代博物馆工作目标，防止某些专业人员囿于专业领域，只注重专业研究成果，而忽视博物馆整体利益和博物馆的社会责任。

当代博物馆馆长的职责与任职条件

20 世纪 80 年代以来，博物馆的社会环境和内部条件发生了显著变化，博物馆工作的目标、内容、机制和方法随之变化，博物馆馆长在博物馆工作中的位置、作用和职责也随之而动。这从博物馆馆长的英文称谓中也可见一斑，自近现代公共博物馆产生以来，博物馆馆长的英文头衔是 Curator，其意为博物馆藏品的看护人。近年来，博物馆馆长的英文头衔多为 Director，其意为博物馆事务的主持者和管理者。

博物馆馆长工作职责的变化有着深刻的历史和社会背景，是博物馆外部环境和内部条件变化的必然结果。其外部环境包括社会、经济、技术和政治等因素，社会经济发展使广大公众生活水平提高，消费结构从日用品项文化消费转变，社会观念则随着殖民主义的没落和民主意识的加强，更为关注社会平等和文化特性。社会教育观念也从精英教育向提高社会人力资源素质转变。现代科技发展更从多方面影响着人们的生活方式和行为方式，信息科技拓展了人们的认知范围，丰富了人们的知识结构，缩短了知识更新的周期，也使得继续教育和终身教育成为永恒的话题。公共管理体制和机制的变革，也给博物馆以深刻影响，政府管理机构规模缩小，政府角色从公共福利提供者转变为公共事务的管理者，将原由政府兴办的公共事业向社会开放，允许私人和非营利组织从事特定领域的公共事业。公共管理体制变革极大改变了公立、私立及非营利部门间的关系，三者之间由泾渭分明转变为交叉渗透。

博物馆事业在近 30 年间经历了急速的发展，博物馆数量激增，工作领域扩展，观众数量增加，博物馆承担着更多的社会发展责任。博物馆事业规模的急剧扩张，反映了社会对博物馆的需求和对博物馆投入的同步增长，社会需求不仅影响到博物馆的数量，也影响到博物馆内部体制和运行机制。这主要反映在两个方面：一是使博物馆面临更严重的内外竞争，一是推进博物馆各项工作的专业化。竞争迫使博物馆关注资源保障、工作效益、市场份额和用户评价，迫使博物馆更多地采用营利性组织的管理理论和方法；工作专业化则促进内部分工，使得内部协调更显重要。博物馆馆长在博物馆的位置和作用随之发生了历史性的变化。以前，博物馆馆长多由与馆藏品相关学术领域的专家出任，这样的馆长代表的是博物馆中学术专家的利益和研究要求，他更多关心的是创造更好的研究条件，专家和学术研究成为博物馆工作的中心，其他工作人员则多作为研究人员的助手，协助研究人员做好实物与文字资料的管理和研究成果的展示工作。近年来，博物馆馆长已不能再简单地反映研究人员的需求，而是要代表和协调博物馆中不同专业工作人员的利益和要求，要考虑博物馆的生存和发展。博物馆馆长不再是决策机构与博物馆学术专家之间的沟通渠道，而成为决策机构制定决策的辅助者和决策执行者，是统筹管理协调博物馆各部门、各专业工作的管理者。

在博物馆工作环境和内部条件发生显著变化的背景下，博物馆馆长成为博物馆变革发展的冲浪人，馆长的社会角色由学术专家转化为同时扮演多种角色的管理者。此外，在日渐激烈的竞争环境中，博物馆馆长被赋予了更大的管理自主权，这是由于在竞争条件下，需要对一些突发事件迅速准确地做出反应。为此，博物馆决策机构授权馆长在博物馆发展战略的框架中，对一些即时性、日常性事务做出决定。鉴于当代博物馆与社会和社会发展有较高的关联度，博物馆馆长也被赋予了更多的社会活动家色彩，成为兼具对内管理和对外沟通的管理者。当代博物馆馆长具有专家学者、管理者、决策者、组织法律代表、组织形象代表和公众关系专家的多重身份。我们还注意到博物馆馆长在某种意义上成为组织文化和组织发展的标志，当组织发展战略和组织文化需要变化时，常常要更换馆长。换句话说，馆长要为博物馆工作的困境、失误和变革承担责任。

为了解当代市场经济条件下博物馆馆长的职责和任职条件，笔者查阅了近年来美、英、加等国博物馆招聘馆长的数十份资料，并从中选择内容详尽的招聘资料，按相关因素出现的前后顺序和次数进行了量化统计，希望借此管窥美、英等国博物馆馆长的主要职责、知识结构和能力素质。

美英等国博物馆馆长的主要工作，依笔者的统计方法，按其重要性顺序如下：①博物馆日常性事务管理；②筹款；③执行决策；④组织吸引观众和可增加观众数量的新活动，如展览、社教活动等；⑤制定供决策机构参考的决策预案；⑥博物馆人力资源管理；⑦编制财务预算；⑧公共关系；⑨博物馆营销；⑩制定博物馆工作制度和工作标准；⑪博物馆建筑和设施的管理；⑫主持编写博物馆宣传材料；⑬财务管理；⑭作为博物馆的组织代表与政府部门、社会团体和公众组织等获益团体沟通联系。

从上述这些工作内容中，可以看到有这样一些值得注意的地方：①博物馆馆长的主导身份是管理者，是博物馆发展战略的积极执行者，在决策机构批准的战略规划的框架中开展工作；②博物馆馆长的主要工作集中于日常管理、保障博物馆工作经费、开发吸引观众的新项目和与获益团体保持良好的关系；③博物馆馆长工作范畴广泛，这对馆长的知识结构、个人素质、工作能力和工作经验提出了更高的要求。

美英等国博物馆对馆长的知识结构和能力素质又有哪些要求呢?

一些美国博物馆在聘用馆长时，要求馆长具备如下知识和能力：①管理；②筹款；③沟通：与理事会、主管部门、同事和公众组织的沟通能力；④领导；⑤财务管理；⑥工作项目的组织；⑦战略规划制定；⑧观众；⑨团队工作；⑩发展：开发新的工作项目，吸引更多的观众和工作资源；⑪博物馆营销。

英国博物馆认为理想的博物馆馆长应具备如下能力：①沟通；②领导；③管理；④筹款；⑤团队工作；⑥增加博物馆藏品；⑦战略规划制定；⑧财务管理；⑨工作项目的管理。

综合美英两国对博物馆馆长知识和能力的要求，我们注意到：要求博物馆馆长具备较强的日常管理、筹集经费和领导博物馆发展的能力，即更为注重馆长对日常性、经常性事务的掌控和领导能力；在管理能力上更关注管理学“人际关系”学派的理论和实践，强调沟通和团队合作能力；馆长应具有战略思维和战略管理能力。作为博物馆战略发展规划的执行者，馆长应具备战略思维的能力，参与制定战略规划，贯彻执行已批准的战略规划；馆长应了解吸引更多观众对博物馆发展的重要意义，要了解观众的特点，明确目标观众群体，并根据博物馆发展和目标观众群体特点组织新的展览和社教活动；因各国博物馆的工作环境不同，各国对博物馆馆长能力的要求也各有侧重。如美国博物馆十分看重馆长的筹款能力，英国博物馆则更为关注馆长的领导能力，并特别强调馆长的沟通能力。这可能与美国博物馆多依靠社会资助，而英国博物馆的工作经费多来自公共财政有关。这一现象提示我们必须充分考虑博物馆发展环境对博物馆工作的影响。

美英等国博物馆在招聘馆长时，常使用创造性、领导者、精力充沛等有关个人品格的词语，这反映出博物馆希望馆长即可“守成”，妥善处理千头万绪的日常事务，更能“创新”，敏锐地抓住发展机遇，领导博物馆在保持特色的基础上拓展广阔的发展空间。

博物馆馆长还应具有良好的心理素质和心理调适能力。近年来，一些西方博物馆的馆长出现了“过劳”现象，他们感觉当馆长很累，一旦辞职，如释重负，再也不想当博物馆馆长了。据美国研究机构调查，近年来美国西部博物馆馆长的任职期限是3～5年，将近一半的离任馆长宣称再也不当馆长了。研究人员认为产生这一现象的主要原因是这些馆长缺乏管理理论和实践的培训，缺乏管理非营利组织的经验，此外也缺乏调整心理和释放压力的能力。

美英等国博物馆对馆长的学习和从业经历也有一些要求，择其要者，学历多要求具有与博物馆藏品相关的专业学术领域的学位，要具有博物馆学学位；工作经历多要求在博物馆或类似文化教育、社会公益，或非营利组织中工作过若干年。管理经验则根据博物馆规模大小，要求应聘者从事过相当级别的管理工作。如博物馆规模较大，工作经费数额较大，还会要求应聘者具有管理和使用类似数额经费的经验。

加强技能培训，建设高效创新的博物馆工作队伍

一、加强技能培训，适应组织发展

面临已发生显著变化的博物馆内外部工作条件，博物馆从业人员需要更新认识，优化知识结构，掌握新的工作技能，提高工作效率，为社会提供优质适用的服务和产品。

技能是完成具体任务、实现产出时运用的技巧和方法，是实现构想、完成产出的实际操作和运作过程，是构想、经验、技术、操作能力、工具掌控能力和对优质标准认同的综合体现。技能是操作者智力、体能和创造力的结合，是人与工具、原料的结合，是知识积淀、经验与即时创造的结合。技能是原料（资源）转换为产品（产出）的重要条件，在资源设定的条件下，高技能可带来更多的效益。在产出规模设定的条件下，高技能能降低投入，降低原料消耗和人工成本。

博物馆是投入制约型的社会公益事业。社会只能拿出有限的财富投入博物馆事务，且这些投入不是仅仅维持博物馆的存在和生存，将博物馆作为“花瓶”和“标志”，而是要博物馆做出相应的回报，即要有具体的工作成果。博物馆活动包括保护历史遗物，管理科研资料，提供社会教育，与其他社会组织合作，促进社会的发展。社会根据其对特定社会活动重要性的认识和该活动对社会发展的贡献率决定对该社会活动的投入水平，分配社会资源。当社会注意到博物馆收藏大量珍贵的历史遗物和艺术珍品，认识到长久保存这些物品是社会的责任，会为此分配一定数量的资源支持博物馆活动。但社会不会只为单纯的保护提供更多的资源，当对博物馆藏品的价值和作用的认识没有改变时，其对博物馆活动的资助将不会额外增加。面对这一客观的制约条件，博物馆需要开源节流。所谓开源，一方面提高社会对博物馆及博物馆收藏价值及重要性的认识，加大博物馆收藏和博物馆工作对社会发展的贡献，从而使社会增加对博物馆的投入；所谓节流，博物馆要提高资源使用效率，降低工作成本，使有限的资源作更多的事情。提高博物馆从业人员的工作技能，不失为开源节流的积极措施。

技能培训能优化博物馆工作队伍，适应变化的博物馆工作条件和工作任务，抓住发展机遇，推进博物馆发展。近年来，全球化进程使博物馆工作视野更为开阔，信息技术使博物馆与世界各地协作伙伴的联系更为快捷，更迅速地获取文保、科研、展览、管理等方面的信息，文化旅游为博物馆带来大量的观众，文化消费帮助博物馆开辟了新的融资渠道。同样不容置疑的是全球化也对博物馆造成了强烈的冲击，如通俗文化对博物馆

社会教育职能的冲击；如旅游者要求看到可在短时间内看完的、集中馆藏精品的、具有强烈视觉吸引力和激发购物欲望的的快餐型展览，这将冲击博物馆传统陈列观念和方式；信息技术也强烈冲击博物馆传统的工作模式，信息技术的高投入将改变博物馆的经费机构和使用重点，这可能导致工作重心的转移。高额的信息设备前期投入和日常维护费用，增加了博物馆的财务负担。信息技术还影响博物馆从业人员的知识结构和工作技能，一些工作人员因不能熟练使用特定信息设施，将可能影响其在博物馆工作体系中的地位和作用。

博物馆在地的社会、经济、政治、文化、人口、产业结构、消费结构、发展规划、法律环境、文化遗产保护观念和体制等因素通过各种方式影响博物馆的工作目的、工作任务、工作流程和工作技术，影响博物馆工作队伍的结构和素质。在社会主义市场经济体制下，要建设小型、高效、管理和服务的政府，政府职能侧重于宏观调控和提供公共服务。对博物馆，将改变过去政府“建、办、养”的管理模式，给予博物馆更多的自主管理权，博物馆在人事、财务、日常事务和发展领域有更大的自主权。与此同时，政府要求博物馆加强管理和发展能力，在法律法规的框架内，自主管理，自律作为，自主发展。尽管博物馆作为社会公益性机构，在资金上仍会得到公共财政的支持，但公共财政的支持将从“养人”转向支持发展，且博物馆必须确保这些资金的使用能够得到切实的效益。博物馆不能再满足于“做了些什么”，而是要“做到些什么”。在这种宏观管理体制条件下，博物馆馆长的角色从“执行者”转变为决策者和管理者，他会向博物馆中层和基层管理人员分权，博物馆工作人员的权责发生变化，工作内容也发生变化。此外，博物馆为适应变化，会增加一些新的工作岗位，如规划、发展、公关、营销、物业管理、经营管理、计算机技术等，这些岗位将改变博物馆工作队伍结构，传统工作岗位从业人员比重将会降低。如果博物馆工作队伍总量不变，这意味着传统工作岗位从业人员将减少。工作队伍结构的变化，也意味着传统工作岗位从业人员需要在新的工作环境和工作关系中工作，要与具有新的观念、知识、技能、技术的工作人员打交道，要与之协调，要调整原有的工作模式和工作方法。

对从业人员进行技能培训，可帮助从业人员适应变化的组织外部环境和内部条件，改善员工的知识结构和技能，学习先进的工作模式，了解专业发展方向，掌握新的工作手段，提高工作效率和质量，加强员工的创新能力。对组织来说，高素质的工作队伍可提高组织的竞争力，突出组织特色，加强组织内部的协调性，减少冲突带来的负面影响。对员工个人来说，技能培训有助于完成本职工作，还有助于与其他工作的协调，加强团队合作。技能培训还为员工提供了晋升的准备条件，有助于强化自我激励。

二、观念、知识、技能是技能培训的主要内容

我国博物馆历来重视对从业人员的培训，通过馆校合作、委托培养、在职学习、学术讲座、学术研讨和短期培训等方式对从业人员进行培训。但是，过去的培训是在计划

体制、行政管理、注重学术和手工操作的环境中进行的，以期达到管理、控制和使用的目的。培训内容侧重于工作任务、工作程序和工作规范，呈现出学术、理论、学历、共性和分散的特点。培训多从组织的需要考虑，或从博物馆学理论体系出发，忽略工作岗位的特点和发展需要，多系统讲授与博物馆藏品相关的考古、历史、文物研究、地方史的知识，受培训者多关注培训能否获得学位证书或同等学力证明。培训工作多由各个博物馆分散组织，缺乏对特定工作领域普遍性问题的关注，很少组织多所博物馆中相同工作岗位从业人员的集中培训和经验交流，这使得优秀工作经验很难得到相关人员的关注和理解。

技能培训可以弥补偏重学术培训的缺憾。技能培训是基于岗位、产出和员工发展，根据员工的个性条件，加强对从业人员工作技能的培养，是以工作技能和工作质量为评价标准的人员培训，是对受培训人员从业意愿、职业道德、工作能力、技能的综合培训，而不是仅在技术层面的操作技巧和熟练程度。从业意愿是从业人员对从事工作的投入程度和对其工作完成质量的判断，影响着从业人员对工作投入的体力、智力和注意力，影响从业人员的创造力和自我激励状态。从业意愿包括对工作重要性的认识，对该项工作发展和前景的预期，个人的喜爱程度，完成工作时自我激励的作用。影响从业意愿的因素有对工作的理解、完成工作任务的方法和技术的掌握、对工作成果的评价和个人对工作的态度等。其中一些因素是由从业者个人的人生观、价值观、生活观、兴趣、品格、经历等个人条件决定的，但也有一些因素可以通过培训加以影响和改变。

职业道德是从业人员必须遵守的行为规范和处理本行业工作所涉及特殊问题的基本原则，是行业内部以及行业与其他社会组织交往时应遵循的规则。职业道德是维护从业人员职业形象和社会形象，维护社会利益、行业利益和从业者个人利益的重要保障，遵守职业道德有助于从业人员强化职业意识，增强职业自豪感。

技能培训的主要内容包括观念、理论和最优工作法，或说是观念、知识和技能，三者缺一不可。观念主要是从业人员的视野、视角和思想品质，即对社会发展、公益事业、优质服务、终身学习、团队合作、创新发展的认识。博物馆从业人员要了解世界、中国和社区社会发展状况和发展热点问题，要关注经济、政治、人口、文化、教育、消费等领域的发展状况，以及本国、本地区在世界和全国中的发展位置等。了解这些情况，有助于从业人员将本职工作与社会发展结合起来，了解社会发展对博物馆工作的影响，博物馆应如何适应变化发展的社会需求，把握发展机遇和提供满足社会需求的产品和服务。

公益事业观念主要是对博物馆事业（行业）的本质特点和发展状况的正确认识。在不同的外部条件下，各个博物馆的工作重点和工作任务会各有侧重，但博物馆一定要坚持公益性社会文化机构的本质特点，坚持保护管理作为社会文化财富的历史文化遗产的基本使命，坚持可持续发展的基本原则，坚持为社会和社会发展服务的工作目的，使博物馆成为当代和后代可持续发展的社会资源。

博物馆从业人员要有强烈的用户、服务和质量意识。用户是博物馆工作成果、产出和服务的使用者。作为非营利性机构，博物馆与用户不是商品交易关系，用户不是为博物馆支付账单的人。博物馆与用户是平等互惠的关系，博物馆通过影响用户的观念和行为发挥社会教化作用，实现博物馆的社会职责和社会效益，用户则通过提供资助、时间、智力和美誉来支持博物馆。用户是博物馆工作成果的体现者，也是实现博物馆组织目标的支持者和合作者。为扩大用户的范畴和数量，博物馆要开发适合不同用户群体需求的服务项目，用高质量的服务稳定老用户，吸引新用户。

终身学习要求人们根据自我生活和工作条件的变化主动的学习，要有学习意识，掌握学习方法，以服务社会、改善生活和充实人生为目的。学习也是人与社会联系、沟通和互动的主要手段。社会不断发展变化，“适者生存”，为生存，也为更充分实现个人的社会价值，必须不懈地自觉学习。世纪之交，我国博物馆事业进入新的快速发展期，并呈现出许多新的发展特点，如办馆主体多元化、博物馆规模大、更多采用高新科技技术等，这将影响博物馆内部结构和管理体制，博物馆从业人员将面临新的工作体制和工作要求，能否适应新的工作环境和工作条件，能否胜任新的工作任务，首要的是学习，并在实践中不断发现新的学习方向。

团队合作是开展创造性工作的主要组织形式，不是以个人为中心，而是以工作目标、工作效率和效益、发挥团队成员的能力为目标。团队根据任务的性质、内容和要求，由各具特长的人员组成，在组织建制上多是临时性的，成员以工作目标为中心组合在一起。由于各具特长，每个人都是重要的，同时又存在一定的片面性，发挥个人的特长，同时又鼓励他人发挥特长，合作互补是非常重要的。团队鼓励每个成员关心工作成果，关心其他成员的工作状态，主动提出个人的建设性意见，倾听他人对完成任务的构想，通过协商寻求最佳工作方案。团队工作形式适合当代博物馆项目多、人员紧缺的状况，既可充分发挥现有人力资源的效率，也为工作人员提供了多样化工作项目，丰富了工作内容，提高工作人员工作兴趣和增强应对各种挑战的信心。

创新发展是为有效提高工作效率和质量而对旧体制、方法和技术的积极突破和改变。博物馆从业人员要有创新发展意识，主动发现现行体制、程序、方法、技术和标准中不适应发展要求的问题，主动寻求和试验能解决这些问题，并能获得更好结果的措施。创新发展是系统的、有目的的，并对今后工作产生积极影响。只是简单地采用一些高新技术和工具，简单地照搬其他组织的做法，简单地改变现行工作体制的做法并不是创新。具有创新发展意识的博物馆从业人员将会积极关注行业和专业的发展动向，与同事交流和探讨工作经验，认真研究工作中的障碍和困难，在有利于博物馆发展和专业发展、改善岗位工作条件、提高工作质量的前提下，积极稳妥地组织新工作法的试验。

技能培训要注意对博物馆从业人员理论能力的培养，提高理论素养、理论知识、研究能力和对专业领域理论研究热点的敏感。过去的培训工作注重让受培训人员学习和掌握与岗位工作有关的学术理论和专业知识，注重对理论观念、概念、法则和逻辑的讲授，忽视对工作人员理论能力的提高。要真正使理论发挥指导实践的作用，就必须提高博物馆从业人员的理论能力，理解理论与实践的关系，掌握理论研究的一般方法，了解理论构成的一般模式，培养从具体、孤立的事件中发现联系的意识和能力。理论素养是理论研究意识、学术态度和理论积淀的体现。研究意识是理论学习和研究的自觉、理论研究目的的明确认识和理论思维习惯的养成。理论研究需要科学严谨的学术态度，要有追求真理和捍卫真理的信念，要有批判和抵制谬误的斗争精神，还要有开放、包容、平等讨论的民主精神。理论积淀是知识的积累和研究能力的提高。

理论知识是与工作岗位、博物馆事业发展和有关研究领域的知识，又可大致分为基础性理论知识、专业理论知识和相关领域的知识。基础性知识包括社会、人文和自然科学的主要知识领域，如史学、考古学、艺术史、美学、教育学和管理学等。此外还应掌握有关的法律法规和政策规定。专业理论知识主要是博物馆学、与博物馆藏品有关的专业学术知识和岗位工作涉及的专业知识。相关领域知识是与完成岗位工作和提高工作效率、效益有关的知识，如博物馆教育工作就涉及教育学、学习学、发展心理学、社会学、传播学、市场学、观众行为、服务规范和评估，以及国家和地区颁布的义务教育教学大纲等方面的知识。

理论研究能力包括规划、研究、写作和学习能力。规划是对研究项目的通盘考虑和准备，涉及选择研究方向、确定研究课题、拟定研究题目、组织研究队伍、筹集研究经费、安排研究日程、撰写研究项目书等事务；研究则要求具备搜集资料、整理分析、明确问题、适用理论、提炼观点、充分论证等能力。对初涉研究的人员来说，遵循研究工作的一般模式有助于掌握研究方法，培养研究能力。写作能力也很重要，论文要学术背景清晰、概念准确、观点鲜明、分析清楚、论证严谨、结论有新意。论文格式要合乎规范。

技能培训的另一项主要内容是最优工作法。最优工作法是在同等工作条件下更高效、更优质、更节省地完成任务的工作模式。工作法不仅仅只是操作方法和技巧，它是由规则、工具、技能、适用条件和经验构成的系统。博物馆的每一个工作岗位都是在博物馆系统中运作，每一种产出的实现都是一个过程。规则是生产过程的程序、程序先后次序、每一程序的内容、质量要求和阶段产出结果以及产出的评价标准。博物馆各项工作会涉及各种各样的工具，从简单的手工工具到较复杂的机械工具，到现代的电子信息设备。熟练使用工具可有效帮助博物馆工作人员保质保量地完成预定任务。博物馆工作人员应积极学习掌握新的工具，现代科技发展为博物馆采用新工具和新技术优化工作、提高效率和拓展工作范畴提供了有利条件。工作技能是工作人员操作能力的体现，涉及工作方法、操作能力、熟练程度和安全状况。工作熟练除了掌握作业要求和工具外，还需要一定时间的练习，以形成运动记忆和肌肉记忆，即操作是否到位，力度是否合适。这要求操作者在练习时认真体会动作、力量、工具和特定工作内容的相互作用与结果。最优工作法中也包括降低不安全系数，工作安全是时刻不能忽视的，要注意保护操作人员、工作环境、产品和使用者的安全。在从事一些具有危险性的工作，可能存在安全问题，风险（即不可预测的不安全因素）系数较高，但风险不是冒险，要采取必要措施规避危险或化解风险。

在学习和借鉴最优工作法时，一定要注意该工作法的适用条件。最优工作法是在特定条件下，为高效完成具体工作任务，并经过长时间的实践和调整而逐渐形成的。其中变数最大的是操作人员，影响最大的因素是操作人员的自身素质，即不可转让的素质和能力，如价值观、工作意愿、自我激励、社会条件、智能和体能、熟练程度等。在学习或推广最优工作法时，一定要注意选择与本工作岗位条件相近的工作法，或根据本岗位条件，将该工作法中适用的成分提取出来，用于改进和完善本岗位现在采用的工作法。学习最优工作法，不是批评或摈弃现行工作法，更重要的是坚持开放、发展和创新的态度，通过学习更全面了解本领域工作观念、知识、技术、技能的发展状况，通过比较明确发展方向和起步点，以使本岗位工作与事业发展同步，与社会发展同步。

三、技能培训要统筹安排，重在实效

博物馆行业主管部门、博物馆学学会（协会）和博物馆管理者应切实承担指导和组织培训的责任。政府行政主管部门主要负责宏观指导和协调，技能培训的前提之一是确定行业岗位和制定岗位从业人员技能标准，了解对全行业从业队伍的整体素质和人力资源状况。为推动博物馆技能培训，可采取制定政策和发布有约束力的行政规章，编制发展规划，安排项目和资金，组织行政督查等措施。行政主管部门还应组织跨部门、跨行业、跨系统的工作研讨，推动有关方面关注博物馆从业人员培训事务，共同研讨博物馆工作队伍建设中的问题，制定适合博物馆实际情况的业务规范和培训方案。如与旅游部门协同制定博物馆旅游服务接待标准，与信息科学组织协同编制博物馆信息管理标准，与管理组织协作制定博物馆项目管理办法等。

各级博物馆学会（协会）要发挥桥梁和沟通作用，向行政主管部门及时反映博物馆面临的新问题和博物馆工作者普遍关心的问题；发挥组织作用，组织多种形式的培训和研讨活动，协助博物馆从业人员与专家学者和同事建立广泛直接的联系，了解理论研究的最新成果，交流工作经验；发挥服务作用，提供培训信息，如提供关于培训项目的信息，提高有关领域专家的联系办法。组织编写和汇编培训用资料，如工作手册、资料汇编和特定领域论著索引等。总结推广行业内及相关领域的先进工作法，组织对各类培训活动效果的评估。

博物馆要切实组织人员技能培训活动，根据本馆的任务、特点、人员、资源情况，安排专人负责培训工作的规划、组织、实施和评估。制定具体的培训计划，制定培训工作制度，保证培训所需资金和时间。

大学和相关教学机构也应积极参与博物馆从业人员技能培训事务。近年来，博物馆工作队伍的结构发生重大变化，许多义务工作者参与博物馆工作，一些社会组织和个人也以各种方式参与博物馆工作，如新闻媒体、美术设计、展陈、咨询、物业管理、保洁、保安公司等。大学和相关教学机构要关注博物馆工作队伍变化和发展趋向，关注博物馆工作人员培养的新需求和新问题，为提高博物馆工作队伍素质做贡献。博物馆要与大学和相关教学机构建立密切的合作关系，利用大学和教学资源和智力资源，组织多层次、多样化的培训活动。

博物馆组织技能培训要目的明确、内容适用、形式多样、注重实效。要根据受培训人员的身份、素质、岗位、产出、技术、用户等条件，组织帮助受培训者有效提高工作效率、提高产出质量和增强工作意愿和自信心的培训活动。受培训者除在职工作人员外，还应包括义务工作者、兼职工作者、合同工作者和相关协作组织成员。人员素质主要考虑受培训者的学习经历、工作经验、身体条件和学习习惯，考虑从业时间和个人条件的不同，要组织不同程度的培训活动，如岗前培训、资质培训和提高性培训等。培训内容要系统、适用和实用。从整体上要涵盖素质养成、事业发展背景、学术研讨、专业技能和经验交流等知识性内容，也要注意安排实际操作、模拟演练等操作性内容。培训方式要灵活多样，时间、地点和形式上要多样化。如时间上有以月计的离岗学习，以周计的短期培训，以天计的学术讲座、研讨交流活动。培训地点可在馆内不同工作部门和工作场所，也可到其他博物馆、高校、其他教学组织和户外地点。培训方式则除传统的系统讲授、专题研讨、实践操作、实地观摩等外，还可利用现代信息技术组织电化教学、远程教学和异地研讨活动。

推动博物馆从业人员技能培训工作，当前面临的紧迫问题是相关基础工作薄弱和基础信息缺乏，如我国博物馆目前没有岗位分类和岗位技能标准，对博物馆工作队伍构成和人员素质、博物馆培训组织和培训项目现状等方面的情况缺乏全面了解，这对制定培训规划、编写培训资料、设计培训项目和编制培训预算造成一些影响。对此，首要的应调研博物馆工作岗位现状和发展，据此确定岗位，编制岗位技能标准。岗位技能标准要明确博物馆主要工作领域的目的、结构、过程、程序、产出、要求、所涉及的工具和技术、与其他工作领域的关系及交流方式，明确完成岗位工作任务所需要的知识和技能。还要考虑工作复杂程度、产出规模和质量、技术运用水平、涉及知识范围、全局掌控要求、管理协调关系等因素，据以区分同一类岗位的不同技能水平。岗位技能标准的主要作用是培训的指导和参考，因技能培训涉及范围广泛，有些内容的变化是频繁的，如观念、知识和技术的变化等。岗位技能标准要保持相对的稳定，但更要及时修订，以适应博物馆工作的变化发展，切实发挥指导培训和推动工作队伍建设的作用。

参 考 文 献

[1]〔英〕帕特里克· 博伊兰，宋向光编译：《博物馆管理变革与博物馆从业人员培训》。
[2] 国际博物馆协会，宋向光译：《国际博协博物馆工作人员培训课程纲要》。
[3]〔荷兰〕彼得· 冯· 门施，宋向光译：《范式· 竞争· 就业——荷兰的博物馆学教育》。

附录　国际博物馆协会博物馆职业道德

导　言

本《国际博物馆协会博物馆职业道德》文本经过6年的修订。在2001年文本的基础上，根据当代博物馆实践，对“国际博物馆协会职业道德”进行了全面修订，形成了本修订文本。正如前一文本所展望的，此次修订对文本格式做了全面调整，基于专业实践的关键原则，详尽阐明基本的道德准则，使之更具有博物馆的专业形式和感受。本“职业道德”文本已在协会会员中经过三次全面咨询，并于2004年在汉城举行的国际博物馆协会第21次全体大会上以鼓掌的方式通过。

这一文件的基本精神仍然是继续坚持服务于社会、社区、公众和各方面赞助者，以及博物馆从业人员的专业性。但本文本也有一个重要的变化，这就是文本格式的改变，突出了关键点，运用短的段落和短句，这都是全新的。这一新特点可在2.11和第3、5、6部分的原则部分看到。

《博物馆职业道德》为博物馆从业人员提供了在公共领域中的自我规范的标准，各国在公共领域方面的法规是不一样的，而且也是不一致的。本“职业道德”明确了最基本的行为和工作标准，这是世界各国博物馆从业人员有理由追求的，并且是博物馆从业人员对公众合理期望的声明。

国际博物馆协会在1970年发布了“征集伦理”，并在1986年发布了全面的“博物馆专业工作人员职业道德”，于2001年发布本文本的草案，应该说，本文本的起草应归功于此前的多个职业道德规范。但是，本文本的修订和文本结构的重新调整，仍要归功于职业道德专业委员会全体成员在各次会议上——成员会议和网络会议——的奉献，以及他们对达成目标和按期完成的决心。我们对此深表谢意。职业道德专业委员会成员的名单附在文后。

与前几个职业道德规范一样，本《博物馆职业道德》提供了世界性的最低标准，基于这些标准，各国的和各专业的团体可以制定满足其特定要求的职业道德。国际博物馆协会鼓励制定各国和各专业的博物馆职业道德，以满足其特定需要。国际博物馆协会很高兴能够收到这些职业道德的文本。这些文本可寄给国际博物馆协会秘书长。

地址：Maison de I' UNESCO, 1 rue Miollis, 75732 Paris Cedex 15, France.

电子信箱：secretariat@ icom. museum.

杰弗里· 李维斯（Geoffrey Lewis）

国际博物馆协会职业道德专业委员会主席

国际博物馆协会职业道德专业委员会成员名单（2001～2004）：

主席：Geoffrey Lewis（英国）

成员：Gary Edson（美国）；Per Kåks（瑞典）；Byung-mo Kim（韩国）；Pascal Makambila（刚果，2002年起）；Jean-Yves Marin（法国）；Bernice Murphy（澳大利亚，2002年止）；Tereza Scheiner（巴西）；Shaje'a Tshiluila（刚果民主共和国）；Michel Van-Praët（法国）。

前　言

《博物馆职业道德》的地位

本《博物馆职业道德》由国际博物馆协会制定。它是关于博物馆职业道德的声明，这些博物馆是符合国际博物馆协会章程规定的。本职业道德所表述的是被国际博物馆界普遍接受的原则。具有国际博物馆协会会员资格和每年缴纳会费是本“职业道德”的基本前提。

博物馆最低标准

本“职业道德”规定了博物馆应遵循的最低标准。它阐明了由理想的职业行为准则所支持的一系列原则规定。在一些国家，特定最低标准以法律或政府规章的方式规定。在另外一些国家，有关最低职业标准的指导和评价可能以“认证”、“登记”或其他评估方式加以规定。在还没有制定此类最低标准的地方，可以通过国际博物馆协会秘书长、国际博物馆协会国家委员会、国际博物馆协会相关专业委员会获取有关文件。此外，希望各国和与博物馆有关的各专业团体能以本“职业道德”为基础，制定相关标准。

《博物馆职业道德》的翻译

国际博物馆协会的《博物馆职业道德》以三种语言文字出版，即英文、法文和西班牙文。国际博物馆协会欢迎以其他语言翻译本《博物馆职业道德》。但是，如果该翻译文本要想成为正式文本，则应被该国国家级委员会承认，所用语言应为该国的首要语言。如果该语言在多个国家中使用，则应向相关国家的国家级委员会征询意见。在进行正式文本的翻译工作中，不仅要注意语言方面的问题，也要注意专业方面的问题。翻译工作所依据的文本，以及参与翻译工作的委员会的名称，应在翻译完成的文本中予以说明。上述规定并不限制因教育或研究的需要而对本“职业道德”的全文或部分的翻译。

目　录

2. 博物馆为社会及社会发展利益，承担信托管理保护收藏品的责任
    征集藏品
    注销藏品
    藏品保存
3. 博物馆掌握着用于建立和拓展知识的原始证据
    原始证据
    博物馆的征集与研究
4. 博物馆提供鉴识、欣赏、理解和管理自然及文化遗产的机会
    展览和陈列
    其他资源
5. 博物馆资源为其他公共机构和公共利益提供机会
    鉴定服务
6. 博物馆工作应与其藏品出处地的社区，以及与其所服务的社区密切协作
    藏品来源地
    尊重所服务的社区
7. 博物馆合法运营
    法律框架
8. 博物馆职业化运营
    工作职业化
    利益冲突

词　汇　表

鉴定：对物品或标本的鉴定和估价。在一些国家，鉴定一词是指对未获得税负优惠而准备捐赠的物品进行的独立评价。

兴趣冲突：在工作环境中，存在着可能与原则发生冲突的个人兴趣，从而影响或可能影响决策的客观性。

交易：为个人或机构获利而收购或出售物品。

考证：在采取行动之前，尽各种努力以确定相关事实。特指在准备征集一件物品之前对其来源和历史的确认。

文保工作者-修复工作者：有能力从事技术性检验、保护、保存和修复文化财产的博物馆专业工作人员或独立工作者。更详尽信息可参看国际博物馆协会通讯 39（1），5～6页（1986）。

文化遗产：任何具有美学、历史、科学和精神意义的物或概念。

管理机构：制定博物馆规章，并对博物馆存续、战略发展和经费负责的个人或组织。

创收活动：为机构利益而获取财务收益或利润的活动。

所有权：国家关于财产所有关系的法定权利。在一些国家，这种权利可能是可商议的或非充足的权利，以满足从事考证研究的需要。

最低标准：有理由希望所有博物馆和博物馆专业工作人员都追求的标准。一些国家已制定了本国的最低标准。

自然遗产：任何被认为具有科学重要性或精神现象的自然物、现象或概念。

博物馆①：博物馆是为社会和社会发展服务的非营利的常设机构，对公众开放，为研究、教育和欣赏的目的，收藏、保护、研究、传播和陈列关于人类及人类环境的实物或非实物证据。

博物馆专业工作人员②：博物馆专业工作人员包括博物馆或符合国际博物馆协会章程第一条第2、3款规定机构的工作人员（付薪或非付薪），他们接受过关于博物馆管理和运营的专门培训，或掌握同等的实践经验；以及遵守国际博物馆协会“博物馆职业道德”，并为博物馆及前述有关机构工作的自由职业者。但推销或交易博物馆所需商品、设施及博物馆所需服务的人员除外。

非营利组织：依法成立的法人的或非法人的团体，该团体的收入（包括所有盈余或利润）全部用于该团体的利益和其业务。“不以营利为目的”具有同样的意思。

出处：一件物品从其被发现或制作完成之日起到当前的全部的历史和所有权，确定其真确性和所有权。

有效权利：财产所有权的无可置疑的权利，并得到该物品从被发现或被制作完成之日起到当前的出处的清楚证明。

1. 博物馆保护、解释和推广人类的自然和文化遗产

原则：博物馆应对实物的或非实物的自然和文化遗产负责。管理机构及其对博物馆战略方向和监督的人员应承担保护和推广上述遗产，以及保证实现这一目标所需人力、物资和经济资源的责任。

机构身份

1.1. 授权文件

管理机构应保证博物馆有书面和公开出版的符合国家法律的章程或其他正式文件，这些文件要明确申明博馆的法律身份、使命、永久性和非营利性质。

1.2. 申明使命、目标和政策

管理机构应准备并公开申明关于博物馆使命、目标和政策，以及管理机构任务和构成情况，并以其为指导。

物资资源

①② 须注意，关于“博物馆”和“博物馆专业工作人员”的定义是暂时的解释，是为《国际博物馆协会博物馆道德》之需。在《国际博物馆协会章程》修改完成之前，该章程对“博物馆”和“博物馆专业工作人员”的定义仍然有效。

1. 3. 馆舍

管理机构应保证博物馆具备在适宜环境中的馆舍，以完成由其使命规定的基本功能。

1. 4. 开放

管理机构应保证博物馆及其藏品定期的和合理开放时间中向所有人开放。特别要关注那些有特殊需要的人们。

1. 5. 健康与安全

管理机构应保证制定并实施有关博物馆专业工作人员及观众的健康、安全和进出便利的机构标准。

1. 6. 预防灾害

管理机构应制定并贯彻保护观众、工作人员、藏品及其他资源的政策，以预防自然和人为灾害。

1. 7. 安全保证

管理机构应保证适宜的安全保卫措施，保护藏品，防止其在展览、陈列、工作区、库房和运输中发生偷盗或破坏。

1. 8. 保险与理赔

当为藏品办理商业保险时，管理机构应保证保险是适宜的，并包括运输中、借用中的物品，以及博物馆承担保护责任的物品。当进行理赔时，必须确保包括那些博物馆没有所有权的物品。

经济资源

1. 9. 资助

管理机构应保证有足够的资金，以开展和发展博物馆业务。所有资金必须以专业方式管理。

1. 10. 创收政策

管理机构应制定书面的有关以自行创收或外部资源的收入来源的政策。不管来自何种资金渠道，博物馆必须保证对其工作项目、陈列和活动的内容及完整性的控制，创收活动不得有损于博物馆标准，不得有损于博物馆观众。

人员

1. 11. 人员招聘政策

管理机构应保证所有关于人员招聘的活动都必须符合博物馆政策，并遵循规范和合法程序。

1. 12. 聘用馆长或主要领导

馆长或主要领导是博物馆关键岗位。当聘用馆长时，管理机构应考虑胜任这一岗位需具备的知识和技能，这些条件包括适宜的学术能力和专业知识，以及高度的职业道德标准。

1.13. 与管理机构的沟通

博物馆馆长或主要领导应对相关管理机构负责，并可与其直接沟通。

1.14. 博物馆专业工作人员资质

招聘的博物馆专业工作人员必须具有完成其职责所需的经验（参看 2.18；2.24；8.12）。

1.15. 人员培训

为保持高效率的工作队伍，应提供全体博物馆专业工作人员接受适宜继续教育和专业培训的机会。

1.16. 道德冲突

管理机构永远不应要求博馆工作人员从事被认为可能与本职业道德或其他国家法律和专业职业道德冲突的活动。

1.17. 博物馆专业工作人员和义务工作者

管理机构应制定书面的有关义务工作者的政策，促进义务工作者与博物馆专业工作人员的积极关系。

1.18. 义务工作者与职业道德

管理机构应保证义务工作者在从事博物馆工作及个人事务时，要严格遵循《国际博物馆协会职业道德》及其他适用的规范和法律。

2. 博物馆为社会及社会发展利益，承担信托管理保护收藏品的责任

原则：作为安全保护自然、文化和科学遗产的贡献，博物馆承担着征集、保护和推广其藏品的责任。博物馆藏品是重要的公共遗产，具有特殊的法律地位，受到国际法的保护。公共信托的核心观念是管理和服务，包括合法所有权、长久保藏、档案记录、提供利用和负责任的处理。

征集藏品

2.1. 征集政策

每一所博物馆的管理机构应制定和公示书面的藏品征集政策。该政策应重点关注藏品的征集、保护和使用，还应明确规定未经登记、保护和陈列的物品的地位（参看 2.7；2.8）。

2.2. 有效权利

在博物馆完全证明其有效权利前，任何物品或标本不应以购买、赠送、借用、遗赠或交换的方式进行征集。一个国家关于合法所有权的证据并不是必要的有效权利。

2.3. 出处和考证

在确定以购买、赠送、借用、遗赠或交换的方式征集物品和标本之前，必须以各种方式保证其不是从其原物主国或任何该物品可能会被合法拥有（包括博物馆所在国）的中间国非法取得或非法进口的。基于上述原因，考证工作应准确了解该物品从发现或制作完成后的全部历史。

2.4. 源于非法或非科学田野工作的物品或标本

博物馆不能征集有充分理由证明其涉及非法、非科学或蓄意拆解、破坏纪念物、考古或地质地点、生物和自然栖息地的物品和标本。同样，当不能准确说明该物品和标本与其原物主、土地占有者、合法权利机构、政府机构的关系时，也不应对其进行征集。

2.5. 敏感的文化物品

对人类遗骸及宗教圣物，应只在其能得到安全存放和有尊严对待的前提下才能进行征集。这项工作必须符合职业标准，并符合该物品产自的或来自地区的社区、族群或宗教群体的利益和信仰（参看3.7；4.3）。

2.6. 受保护的生物或地质标本

博物馆不能征集与保护野生动物或自然保护区的当地、国家、地区或国际法或公约规定冲突的处于被收藏、出售或转让中的生物或地质标本。

2.7. 活的收藏

当收藏包括活的植物和动物标本时，应特别关注取得这些标本的地区的自然和社会环境，以及有关保护野生动物或自然保护区的当地、国家、地区或国际法律或公约。

2.8. 业务用收藏

藏品政策可包括对特定业务所需收藏的专门规定，这些业务注重对文化、科学或技术过程的保护而不是物品本身；以及用于定期触摸和教学目的而收集的物品或标本。

2.9. 藏品政策规定外的征集

对藏品政策规定外的物品或标本的征集只能是在例外的条件下。管理机构必须考虑与之有关的专家意见，以及与之有关的各个团体的看法。考虑因素应包括：该物品或标本的重要性，其在文化或自然遗产中的位置和关联条件，以及其他收藏此类藏品的博物馆的特别兴趣。总之，即使上述条件都满足了，没有有效权利的物品也不应被征集（参看3.4）。

2.10. 管理机构成员和博物馆专业工作人员的征集

必须对管理机构成员、博物馆专业工作人员、其家庭成员或密切相关人员的出售、捐赠、为减免税而捐赠物品的行为特别关注。

2.11. 作为最后手段的存放所

本职业道德的任何规定将不禁止博物馆作为合法的存放所保存那些来自其应被合法保护区域的出处不清、非法收藏或非法取得的标本和物品。

注销藏品

2.12. 处理藏品的法律权利和其他权利

当博物馆具有允许处理藏品的合法权利，或当征集的物品具备被处理的条件，处理藏品必须严格遵守法律或其他规定，并严格遵循工作程序。当征集时该物品具有委托管理的规定，或具有其他限制条件时，这些条件必须被遵守，除非能够明确证明这些附加条件是不可能的或对机构造成实质性损害。如果这些证明是恰当的，应通过法律程序获得撤销附加条件的批准。

2.13. 注销博物馆藏品

从博物馆收藏中注销一件藏品或标本，必须在彻底了解该物品的意义、特点（可更新或不可更新）、法律身份以及此行为可能造成对公共信托的任何损害的前提下。

2.14. 对注销应负的责任

决定注销是管理机构的责任，并得到博物馆馆长和相关藏品研究管理人员的合作。对业务用收藏的注销可另作专门安排。

2.15. 注销物品的处理

每一所博物馆都应制定永久性注销藏品的合法方式，包括捐赠、移交、交换、出售、返还或销毁，并允许接受这些物品的机构获得无限制的权利。有关注销决定、注销物品和处理方式的全部记录都必须妥善保存。注销工作的必要先置条件是注销物品应首先转让给其他博物馆。

2.16. 注销藏品的收入

博物馆收藏是置于其公共信托管理之下的物品，不应被视同为普通物品。从博物馆藏品或标本的注销或处理中得到的货币或补偿应全部用于藏品的利益，通常用于藏品的征集。

2.17. 购买注销物品

博物馆专业工作人员、管理机构成员或其家庭成员及关系密切人员不被允许购买由其服务的博物馆注销的物品。

藏品保存

2.18. 藏品的永续保存

博物馆应制定切实可行的政策，基于现有知识和资源，保证其收藏品（永久的和临时的）及相关信息得到妥善记录，要满足当代使用要求，并能以完好、安全和可利用的状态传之后世。

2.19. 藏品管理责任的授权

保护藏品的专职责任应授权给掌握适宜知识和技能，或胜任管理责任的人。

2.20. 藏品记录

博物馆藏品应根据可采纳的专业标准进行记录，藏品记录应包括每件物品的全部识别信息和状态描述、附件、出处、保存状况、处理措施和现在存放位置。这些信息应存放在安全环境中，并得到信息检索系统的支持，以方便博物馆专业工作人员和其他合法使用者查询使用。

2.21. 预防灾害

应认真制定防灾政策，在武装冲突和人为或自然灾害中保护藏品的安全。

2.22. 藏品及其信息的安全保卫

博物馆应采取控制措施，防止因公众使用藏品信息而造成泄露敏感的个人信息及相关信息以及其他保密事项。

2.23. 预防性藏品保存

预防性藏品保存是博物馆政策和藏品保护的重要内容。这是博物馆专业工作人员的基本职责，创造和保持受其保护的藏品的保护性环境，不论是在库房、展厅还是运输途中。

2.24. 藏品保存和修复

博物馆必须认真检测藏品的保存状况，以决定一件物品或标本何时需要进行藏品保存和修复处理，并得到有资质的保存技术人员或修复人员的处理，其基本目标是使物品或标本处于稳定状态。所有保存业务程序应被记录在案，并尽可能是可逆的。所有的改变都应与物品或标本原物有明显区别。

2.25. 活的动物的福利

保有活的动物的博物馆应承担责任，使动物健康和具有良好的生存状态。应制定和贯彻安全规定，保护博物馆专业工作人员和观众，同时也要保护动物。这一安全规定要得到兽医专家的批准。遗传改变应有明确标识。

2.26. 个人使用博物馆藏品

博物馆专业工作人员、管理机构、其家庭成员、关系密切人士，以及其他人不应被允许为任何个人目的而将博物馆藏品据为己有，哪怕只是暂时的。

3. 博物馆掌握着用于建立和拓展知识的原始证据

原则：博物馆承担着为公众保护、提供利用和解释基于其藏品的原始证据的特殊责任。

原始证据

3.1. 藏品是原始证据

博物馆收藏政策应明确指出藏品是原始证据的特点。收藏政策应申明这一特点不受当代研究趋势和博物馆使用的影响。

3.2. 藏品的使用

博物馆负有以尽可能免费的方式提供使用藏品及所有相关信息的责任，除非因保密和安全原因的限制。

博物馆的征集与研究

3.3. 田野征集

开展田野征集工作的博物馆应制定符合专业学术标准和遵循国家及国际法律、公约规定的工作政策。田野征集必须尊重和考虑当地社区的意见、当地居民的环境资源和文化活动，同时应致力于增加其文化和自然遗产。

3.4. 原始证据的例外征集

在极例外的案例中，即该物品出处不明，但却具有对知识的重要贡献，博物馆对其有根据公共利益而进行保护的责任。博物馆征集此类物品必须由相关领域的学术专家决定，并不得不利于国家和国际社会。

3.5. 研究

博物馆专业工作人员的研究工作应与博物馆使命和任务有关，并符合法律、职业道德和学术规范。

3.6. 有损分析

当采取有损分析技术时，应全面记录所分析的材料、分析结果和研究结果，这些记录，包括出版物，应作为物品永久记录的一部分。

3.7. 人类遗骸和宗教圣物

对人类遗骸和宗教圣物的研究，必须符合专业标准，并考虑已知的物品出处地的社区、族群或宗教群体的利益和信仰。

3.8. 研究材料的留置权

当博物馆专业工作人员准备演示材料或记录田野调查情况，必须得到领导并已取得该项工作全部权利的博物馆的明确同意。

3.9. 分享专业知识

博物馆专业工作人员负有与同事、相关领域学者和学生分享知识和经验的责任，他们应尊重并感谢所获取知识的人，并应将这些可能有利于他人的先进技术和经验传授给他人。

3.10. 博物馆与其他机构的合作

博物馆专业工作人员应认识并承认需要在具有相同利益和征集活动的机构间进行合作和咨询。特别是与高等教育和特定公共项目的机构合作，因其研究工作可能会产生重要的收藏品，但其却不能长期安全保存它们。

4. 博物馆提供欣赏、理解和推广自然和文化遗产的机会

原则：博物馆负有重要责任，加强其教育职能，吸引更广泛的来自社区、当地或服务群体的观众。与主导社区合作推广其遗产是博物馆教育职能的有机内容。

陈列与展览

4.1. 陈列、展览与特别活动

实物的或电子化的陈列与临时展览都必须符合博物馆公示的使命、政策和目的，不能对藏品质量及藏品的妥善保护和保存造成损害。

4.2. 陈列的解释

博物馆应保证陈列与展览中呈现的信息必须是完善的、准确的，并充分考虑这些信息涉及的人群或信仰。

4.3. 敏感材料的展陈

人类遗骸和宗教圣物的展陈必须符合专业标准，必须符合其已知出处地的社区、族群或宗教群体的利益和信仰。其展陈方式必须是得体的，且尊重所有人认同的人类尊严。

4.4. 从公开展陈中移除

该物品出处地社区提出的从公开展陈中移除人类遗骸或宗教圣物的要求，必须以尊重和敏感的态度迅速考虑，对返还此类物品的要求也应以同样态度对待。博物馆政策必须明确规定回应此类要求的程序。

4.5. 无出处物品的陈列

博物馆应避免陈列或使用出处不清或出处不明的物品，博物馆应认识到对此类物品的陈列或使用是宽容和纵容文化财产的非法交易。

其他资源

4.6. 出版

博物馆出版的信息，不论是何种形式，都应是完善和准确的，并对学术研究、社会或所表达的信仰负责任。博物馆出版物不能损害博物馆标准。

4.7. 复制品

博物馆在制作藏品的仿制品、复制品或副本时，要尊重原物品的完整性。所有复制品都必须有标明其为复制品的永久性标识。

5. 博物馆资源为其他公共机构和公共利益提供服务

原则：博物馆运用广泛的不同的专业知识、技能和实物资源，这些资源的使用可远超出博物馆范围，这可导致博物馆作为可分享资源，或扩大博物馆服务范围，开展这些活动不应有损于博物馆公示的使命。

鉴定服务

5.1. 对非法或违禁取得物品的鉴定

当博物馆提供鉴定服务时，不应采取被认为可直接或间接从中获利的方式。在鉴定被相信或有嫌疑涉及违法或违禁取得、转让、进口或出口的物品时，应注意保密，直到告知有关政府机构。

5.2. 鉴定和估值（估价）

估值可用于对博物馆藏品进行保险的目的。对其他物品进行估值，只能是应其他博物馆、法律赔偿、政府或其他主管公共权利组织的正式要求。此外，当博物馆可能获益时，对一件物品或标本的估价必须由独立人士进行。

6. 博物馆工作应与其藏品出处地的社区以及与其所服务的社区密切协作

原则：博物馆藏品反映着这些物品得以产生的社区的文化和自然遗产。正因为此，藏品与普通物品不同，可能与国家的、地区的、地方的、族群的、宗教的或政治的特征有密切关系，为此，博物馆政策中注意这些特点是非常重要的。

藏品来源地

6.1. 协作

博物馆应推动与藏品来源地国家和社区的博物馆及文化组织间分享知识、藏品信息和藏品。应探讨与其遗产重要部分已丧失的国家或地区的博物馆建立协作关系的可能。

6.2. 文化财产返还

博物馆应准备启动与文化财产来源地的国家或人民关于返还文化财产的对话。文化财产返还应基于科学、专业和人权准则，依据当前适用的地方、国家和国际法规，以公平的方式进行，最好是在政府或政治层面进行。

6.3. 文化财产归还

当藏品来源地的国家或人民要求归还藏品或标本，当能够证明该藏品或标本是在违反国际和国家法规的情况下被出口或转让，并能证明是该国家或人民的文化或自然遗产的一部分，如果法律允许，该博物馆必须考虑采取迅速和负责任的行动协助归还该物品或标本。

6.4. 来自被占领国家的文化物品

博物馆应不购买、不征集来自被占领土的文化物品，应全面遵守有关出口、进口和转让文化或自然物品的所有法律和公约。

尊重所服务的社区

6.5. 当代社区

当博物馆工作涉及一个当代社区或其遗产时，征集必须基于告知和双方同意，不能非法剥削物品所有者或告知者。尊重相关社区的愿望是首要的。

6.6. 社区设施的资助

当寻求资助以开展涉及当代社区的活动时，社区利益不得被侵害（参看1.10）。

6.7. 使用来自当代社区的藏品

博物馆在使用来自当代社区的藏品时，应尊重人的尊严、传统及使用这些物品的文化。此类藏品的应用以提倡多元社会、多元文化和多元语言的表达方式，增进人的福利、社会发展、宽容和尊重。

6.8. 社区中的支持组织

博物馆应营造争取社区支持（如博物馆之友或其他支持团体）的良好环境，感谢他们的贡献，并推动建立社区与博物馆专业工作人员间的和谐关系。

7. 博物馆合法运营

原则：博物馆必须全面遵守国际、地区、国家和地方的法律和公约规定。此外，博物馆管理机构应遵守与博物馆、藏品及运营有关的信托管理的法律和规定。

法律框架

7.1. 国家和地方法规

博物馆应遵守国家和地方的所有法律，并尊重影响到博物馆活动的其他国家的法律。

7.2. 国际法律

博物馆政策应认识到下列国际法被《国际博物馆协会博物馆职业道德》视为标准：

联合国教科文组织关于武装冲突情况下保护文化财产公约（海牙公约。第一备忘录，1954；第二备忘录，1999）；

联合国教科文组织关于禁止和防止非法进出口文化财产和非法转让其所有权的办法的公约（1970）；

濒危野生动植物国际贸易公约（1973）；

联合国生物多样性公约（1992）；

国际私法协会关于被盗和非法出口文化物品公约（1995）；

联合国教科文组织保护水下文化遗产公约（2001）；

联合国教科文组织保护非物质文化遗产公约（2003）。

8. 博物馆职业化运营

原则：博物馆专业工作人员应遵守认同的标准和法律，坚持职业的尊严和忠诚。他们必须保护公共利益，反对非法或不道德的职业行为，每一个机会都应被用来宣传或教育公众有关博物馆的目标、目的和抱负，要使公众更好地理解博物馆对社会作出的贡献。

工作职业化

8.1. 熟悉相关法规

每一位工作人员都应熟悉与其职业有关的国际、国家和地方性法律，他们应避免被认为是不适宜的行为。

8.2. 职业责任

博物馆专业工作人员负有遵守其受雇机构的政策和程序的责任。但是，他们可以完全拒绝从事被认为有损于博物馆职业或职业道德的活动。

8.3. 职业行为

忠诚于同事和受雇博物馆是重要的职业责任，这必须基于对职业基本道德规定的忠诚。博物馆专业工作人员应遵守国际博物馆协会职业道德的各项规定，并注意遵守与博物馆工作有关的职业道德或规范。

8.4. 学术和科学责任

博物馆专业工作人员应推动研究、保护和利用藏品中的信息。但是，他们应制止任何可能导致学术和科学信息的丧失的行为或境况。

8.5. 违法市场

博物馆专业工作人员应直接或间接的不支持自然和文化财产的违法运输和市场。

8.6. 保密

博物馆专业工作人员必须保守其在工作中获得的秘密信息的秘密。此外，送到博物馆进行鉴定的物品的信息也应保密，未获得物主的特别授权，不得公开发布或泄露给其他机构或个人。

8.7. 博物馆与藏品的安全

关于博物馆安全保卫系统，以及因公存放在博物馆中的私人收藏及存放地点的信息是高度机密，博物馆专业工作人员要严格保密。

8.8. 保守秘密的例外

保密规定不妨碍配合警方或有关政府部门对可能的被盗、违法取得或非法转让财产的调查。

8.9. 个人的独立性

当某一职业的工作人员被允许独立工作时，他们必须认识到个人事务或职业利益是不能与其受雇博物馆完全分开的。

8.10. 工作人员的关系

博物馆专业工作人员与其受雇博物馆内外的许多人形成工作关系，他们被要求提供有效率和高标准的专业服务。

8.11. 专业咨询

当博物馆缺乏制定决策所需的专业经验时，为博物馆内外的同事提供咨询是博物馆专业工作人员的责任。

利益冲突

8.12. 礼品、纪念品、借用物，或其他个人好处

博物馆雇员必须拒绝接受因其承担的博物馆工作而被赠送的礼品、纪念品、借用物或其他个人好处。有时，出于职业的友好交往，可能会赠送或接受礼品，但必须永远以机构的名义。

8.13. 在雇用或事务利益之外

博物馆专业工作人员，尽管被赋予个人独立的权利，但必须认识到没有任何个人事务或职业利益可以与其受雇机构完全分开，他们不应接受其他付薪职务，或承担与博物馆利益冲突，或可被认为产生冲突的委托。

8.14. 涉及自然或文化遗产的交易活动

博物馆专业工作人员不应直接或间接参与自然或文化遗产的交易（为营利而收购或出售）。

8.15. 与交易商交往

博物馆专业工作人员不应收受交易商或其他人为了购买或处理博物馆物品，或为实施或终止官方行为而作为诱惑赠送的任何礼物、好处，或任何其他形式的报偿。此外，博物馆专业工作人员不应向公众推荐特定的交易商、拍卖商或鉴定估价人士。

8.16. 个人收藏

博物馆专业工作人员不应在藏品征集或其他个人收藏行为上与博物馆竞争。博物馆管理机构和博物馆专业工作人员应签署有关任何私人收藏的协议，并严格执行。

8.17. 使用国际博物馆协会的名称与标识

国际博物馆协会会员不应将“国际博物馆协会”、“ICOM”或其组织标识用于推广或推介任何营利性活动或产品。

8.18. 其他利益冲突

当个人与博物馆建发生任何其他利益冲突时，博物馆利益应置于首要地位。

（国际博物馆协会2004年第21次全体大会（韩国汉城）通过。宋向光据国际博物馆协会官方网站发布的英文文本翻译）

中国当代私立博物馆宏观管理研究

20 世纪 90 年代出现在中国内陆地区的私立博物馆如同一条黑鱼，使静寂的博物馆池塘泛起了涟漪，博物馆生态发生了明显变化。这主要体现在博物馆举办主体的多元化上，由于不同举办主体有各自的追求和目标，他们在对博物馆事业社会责任取得共识的过程中发生的碰撞，让人们更深刻地思考博物馆的任务；多种社会力量通过私立博物馆的途径参与到文物保护和社会教育中来，也对传统的博物馆管理思路和体制提出了新的挑战，让人们更客观更全面地思考如何在保护公众和社会参与公共事务的积极性的同时保护珍贵的社会资源，发挥社会资源效益的问题。当代中国博物馆管理体制的对象、方向、条件、环境和目标的改变，呼唤新的管理观念和方法。

一、我国私立博物馆管理研究

新中国成立前，由于中国博物馆尚处于初创时期，虽然国人最早举办的博物馆——南通博物苑——就是一所私立博物馆，但当时博物馆学的主要任务是将西方博物馆学的理论和方法介绍到中国来，在西方博物馆学的理论框架下开展博物馆业务，故此没有特别注意到私立博物馆对博物馆事业管理的问题。

新中国成立后，受当时社会和历史条件的制约，政府主管部门将博物馆作为保护文物的重要机构，由于国家是文物保护的主要力量，兴建和管理博物馆也就顺理成章的成为政府的主要责任。其时，我国博物馆学界的任务是明确社会主义博物馆的性质、任务、特点和工作模式，为中国社会主义博物馆实践奠定理论基础和提供理论指导。由于当时我国博物馆都是全民所有制，由各级文物文化行政管理部门直接管理，没有私立博物馆的存在空间和社会条件，所以在中国博物馆学理论体系中没有涉及私立博物馆，也没有对因博物馆所有制、博物馆举办者身份的不同而对博物馆宏观管理带来的影响进行研究。

20 世纪 80 年代后期和 90 年代初期，随着民间收藏的发展，一些民间收藏人士萌发了举办私人博物馆的想法，上海等地出现了一些小型家庭收藏馆，一些家庭收藏馆被冠以“私人博物馆”的称号。其时，文博事业管理部门也在考虑，如何在社会主义商品经济条件下，打破博物馆公有制一统天下的传统局面，让社会力量参与到文物保护事务中来。对这些新出现的私人收藏馆，博物馆工作者给予了极大的热情，以此为契机，关注私立博物馆的产生和发展问题。由于私立博物馆尚处于萌芽时期，希望举办私立博物馆的社会组织和公民个人，以及文物管理部门，对私立博物馆的认识都比较模糊，对私立博物馆的性质、地位、作用的理解多基于自身的需求。民间收藏人士希望通过举办博物馆实现广交藏友、扩大社会知名度和与民分享的愿望，文物管理部门则希望通过某种合法合理的方式来规范和约束民间收藏活动。

当时的社会环境为私立博物馆的出现提供了认识的背景，改革开放后，社会经济领域出现了多种所有制的经济实体，文物保护法也认同文物的多种所有制形式，因此，国有文物管理机构以外的其他社会组织和个人，是否也可以举办博物馆？20 世纪 90 年代，文物管理工作领域出现了一些值得注意的事件，如开设旧货市场，开设监管文物市场，允许以拍卖的方式转让文物，博物馆界提出博物馆社会化的工作思路，那么，博物馆领域是否也可以允许非公有制机构进入？这些非公有制机构以怎样的方式进入博物馆领域？上海等地民间收藏馆的出现，引起博物馆工作者的注意①。博物馆工作者撰文对这些民间藏馆进行介绍，并注意到民间藏馆对民间文物收藏的推动和促进，以及对文物保护的作用②。

90 年代中期，随着民间收藏馆数量的增多，以及一些民间收藏家积极主动地与有关管理部门接触，探讨建立私人博物馆的可行性。此时对私立博物馆的研究较多集中于宏观管理层面，讨论私立博物馆的身份、名称、要件和管理原则、管理方法，主要考虑如何将私立博物馆纳入当时的博物馆管理体制。由于社会环境的变化，一些地区的政府文物管理部门对民间收藏的态度发生变化，改变过去“管、堵、罚”的工作思路，尝试新的管理办法，对民间文物收藏采取疏导的方法，将处于地下游击状态的民间文物收藏活动引导到规范的流转场地中来。对于民间收藏人士举办私人博物馆的要求，有关部门认为这是对民间收藏活动进行规范管理的一种手段。为此，从行业管理的角度对私立博物馆的性质和特点，其在博物馆事业中的地位和作用，私立博物馆的要件和业务范围，以及相关政策和管理措施等问题进行研讨。此时，有关人士已认识到举办私立博物馆的重要性和可行性，认为私立博物馆是博物馆走向社会化的重要标志和体现，是公民的合理诉求，有利于对民间收藏的正确引导，有利于对民间收藏文物的管理和保护。1996 年，北京市文物局率先批准登记四家私人博物馆。上海博物馆事业管理部门认为对私人博物馆要积极引导，政策上要归口领导，业务上要加强辅导，“成熟一个就扶植一个，把私人博物馆引入到上海博物馆事业发展的正常轨道。”③ 由于当时私立博物馆数量少，规模小，举办者主要依靠个人的热情和财力支撑博物馆的运营，对政策的依赖度较低，这也使得当时对私立博物馆的关注更多侧重于引导民间收藏健康发展，减弱民间收藏对现行文物管理体制的冲击。

90 年代后期，更多的学者加入到对私立博物馆的研究中，研究的重点转向博物馆

① 宋明明：《上海的私人博物馆》，《中国博物馆》，1989 年 2 期。

② 赵志刚：《私人博物馆与民间收藏》，《中国博物馆》，1995 年 1 期。

③ 王仁波、周丽中：《上海市博物馆事业的历史、现状和发展趋势》，《中国博物馆》，1997 年 4 期。

学，一些学者从博物馆学角度对私立博物馆的概念、定名、历史、性质、特点、对博物馆事业发展的影响、运行机制等问题进行讨论，一些学者从博物馆事业管理角度探讨了私立博物馆的身份、制度建设、管理办法等问题，一些学者则更多关注于私立博物馆发展中面临的资金、藏品管理、人员素质等问题。苏东海先生认为私立博物馆的出现是我国博物馆事业改革深化的体现，顺应了我国经济体制改革走向的趋势。他指出，如果我国博物馆事业能从单一的经营主体转向多种经营主体，从单一的政府办馆转向政府与社会多渠道办馆，并将这一趋势推向前进，中国博物馆事业将会出现战略性的变化①。甄朔南先生指出多种社会力量参与博物馆建设，将使政府投入不足的状况发生明显的变化，有利于推动我国博物馆的发展②。李文昌认为私立博物馆除在所有权上与国立博物馆有所区别外，在博物馆功能上应该是一致的，为此私立博物馆也应具备博物馆的必备属性，即“独立的、固定的展馆，有一定水平的基本陈列，有一定数量、一定价值的藏品，并对外开放接待能力”。他提出私立博物馆的管理要严格审批制度，加强对陈列展览和藏品的管理③。刘超英根据北京市文物局对民办博物馆的管理实践，认为民办博物馆必将成为我国博物馆事业的重要组成部分，它一方面为我国博物馆事业开辟了新的发展途径，另一方面也会对公立中小型博物馆带来压力。她提出对私立博物馆要切实加强管理，要积极扶持、慎重审批，在管理上要与公立博物馆有所区别，在社会开放的条件和开放时间等方面可适当放宽，但对博物馆基本要件和基本业务上要严格管理，以确保民办博物馆坚持正确的办馆方向，健康地向前发展④。吕济民先生认为私立博物馆首先要符合我国博物馆界对博物馆性质、任务、职能的认识，私立博物馆要在名称、法人、藏品鉴选、非营利目的、向公众开放、为社会服务、管理规范、检验标准登记方面加强规范⑤。2002 年，辛泸江在回顾了近期私立博物馆面临的经费匮乏、藏品来源匮乏和观众稀少等问题后，指出“对于成立后的民间博物馆，如何规范其行为，并采取何种积极的优惠政策和措施，对其进行扶持、保障，促进其发展，不仅理论上探讨甚少，而且实践中也少有尝试。”有关部门应加强从管理制度和机制上探讨适合国情的私立博物馆发展道路⑥。

近年来，博物馆学界对私立博物馆相关理论问题的研究呈现弱化。究其原因，可能是人们对私立博物馆存在的必要性已取得了共识，对私立博物馆在我国博物馆事业中的地位和作用等问题也取得了基本一致的认识，既然生存已没有问题，余下的主要问题就

① 苏东海：《试论我国博物馆经营体制的改革》，《中国博物馆》，1998 年 2 期。

② 甄朔南：《私人企业博物馆一些问题的思考》，《中国博物馆》，1998 年 4 期。

③ 李文昌：《关于私人建立博物馆的几点思考》，《中国博物馆通讯》，1997 年 3 期。

④ 刘超英：《关于北京市民办博物馆申办成立的经过及相关问题的思考》，《中国博物馆通讯》，1997 年 10 期。

⑤ 吕济民：《民间博物馆的发展与规范》，《北京博物馆学会第二届学术会议论文集》，经济日报出版社，1998 年 7 月。

⑥ 辛泸江：《关于加强民间博物馆管理的思考》，《中国文物报》，2002 年 3 月 15 日。

在于相关政策和管理办法的出台。有关私立博物馆的研究从质性的研讨转向实践问题，北京、浙江、四川、上海等地的政府管理部门和社会组织对私立博物馆的现状进行调研。2005 年浙江省文化局对民间收藏进行调研，认为浙江地区民间收藏的主流是健康的，引导和扶持民间文物收藏和创办民营博物馆、艺术馆，是在社会主义市场经济条件下，整合和利用民间文物资源和社会资金，努力构建公共文化服务体系的重要补充①。民革北京市委文教委员会对北京私立博物馆发展进行调研，并撰写了“北京私立博物馆面临的问题与对策”的调研报告。报告作者肯定了文物管理部门近年来对私立博物馆的支持，也指出工商、税务等相关政府部门应重视和支持私立博物馆的发展②。

与此同时，社会新闻媒体对私立博物馆的关注逐步升温。有关私立博物馆的报道时常见诸报端，除有关私立博物馆新馆建设、对外开放等新闻性报道外，更多地关注于私立博物馆的生存和发展问题。私立博物馆尽管出现的时间不长，但因多种原因，一些私立博物馆成立之初虽引起了较大的社会反响，但很快就陷入惨淡经营的状态，有些甚至在短短的一两年后就退出了舞台，引起媒体广泛关注的如云南昆明翰荣轩、西安金泉钱币博物馆、上海尔冬强民间艺术博物馆和成都上河美术馆等私立博物馆，它们都是“轰轰烈烈开场，冷冷清清谢幕”。媒体对私立博物馆的生存条件和发展环境进行了多方探讨，并就私立博物馆的政策法规、藏品资源、办馆条件、管理体制、资金来源、从业队伍状况等问题进行深入探讨。此外，还可以注意到一个有趣的现象，对私立博物馆的深入报道多见于一些涉及商界的媒体，如中国商报、深圳商报、中国企业家、光彩等报刊，这可能从一个侧面反映出当代私立博物馆举办者的身份多为事业有成的私人企业家的现象③。

近年来有关私立博物馆的研究呈现如下一些特点：

（1）研究目的主要是将私立博物馆纳入我国现行的文物和博物馆管理体制，将私人博物馆导入行政管理体系，加强对民间收藏的调控和引导，减少对现行文物保护体制的冲击；

（2）研究理论主要基于博物馆学理论框架，根据博物馆的定义、目的、要件和基本业务，衡量和评估私立博物馆的条件，规范私立博物馆的业务范畴和运作模式；

（3）研究主要采用历史、比较、实证、描述的方法。通过历史和中外比较的方法，追述历史表明私立博物馆是历史的延续，中外比较说明私立博物馆存在的必要；通过实

① 陈官忠：《浙江省民间文物收藏的现状和对策》，中国文物信息网，2006 年 1 月 4 日。

② 民革北京市委文教委员会：《北京私立博物馆面临的问题与对策（未刊）》。

③ 赵兴旺、李晓珊：《走进私人博物馆》，《光彩》，2004 年 8 期；侯燕俐：《私立博物馆：从私藏走向共享》，《中国企业家》，2005 年 8 期；任烨、陈小雅：《私立博物馆：生机和活力》，《三月风》，2002 年 2 期；佚名：《浙江民间博物馆生存现状调查：绝响之后的沉寂》，浙江省民间组织信息网；佚名：《南京天地集团董事长杨休：半日书生半日商》，《中国商人》，2006 年 2 期；陈念：《民营博物馆令人担忧的兴盛》，《中国商报 · 收藏拍卖导报》，2006 年 6 月 29 日；李琳：《私人博物馆：爱你不容易》，《中外文化交流》，第 8 期（总第 100 期）。

证和描述的方法，申明私立博物馆是不以人的意志为转移的客观现象，总结私立博物馆的积极因素和作用，说明私立博物馆的特点；

（4）研究对象主要将私立博物馆视为研究主体，关注私立博物馆的存在方式、条件和状态。通常是将私立博物馆分离出来，将私立博物馆作为一个整体，甚至只是一个概念或符号；

（5）一些研究者常会有一些先置的概念，通常认定私立博物馆是一种积极的博物馆形态，是冲击计划经济条件下形成的博物馆管理体制的生力军，现行博物馆管理体制不利于私立博物馆的生存和发展。在这些先置认识的影响下，研究者常常在将私立博物馆与公立博物馆分离的基础上，讨论私立与公立的区别，讨论传统博物馆工作模式（或说经验博物馆学）对私立博物馆的束缚，谈论应该给予私立博物馆更多的发展空间和优惠措施；

（6）研究人员多元化，博物馆管理部门、博物馆学者、博物馆从业者、私立博物馆工作人员、新闻媒体，甚至一些个人通过“博客”发表自己的见解。由于研究者的背景、兴趣点、知识结构、表达方式的差异，增加了研究的视角，拓展了研究的范畴，有助于人们更客观、更全面地认识私立博物馆现象。

二、私立博物馆宏观管理观念

管理是目的性很强的活动，是要通过对各种资源和行为的整合以实现特定的目的。对于博物馆事业的宏观管理来说，是要整合博物馆的组织资源和要素资源，构建使博物馆主体主动积极发挥职能的环境，有效实现博物馆社会责任。私立博物馆作为博物馆事业中的一员，虽然从目标和社会责任来说，其与公立博物馆是一致的，但私立博物馆的资源性质、举办者身份、隶属关系及组织性质却有着明显的区别，对私立博物馆的宏观管理要注意到它的特点。

私立博物馆的主要特点是私与公的混合体，当然也可以说是公与私的混合体，这在其藏品、组织性质、管理体制、组织行为等方面都体现出来。从藏品上讲，私立博物馆的收藏已不再完全是其收藏者的个人财产，而成为由法人管理的社会公共财富，私立博物馆的管理者成为承担了为社会利益管理这些财富的托管人。由于藏品身份的改变，原收藏者亦不能再根据个人的意愿处置这些藏品，特别不能通过藏品的处置为个人谋取经济利益。对藏品的利用也应满足社会的意愿，要符合社会管理机构和行业自律组织制定的相应规范。从组织性质上讲，私立博物馆在承诺承担社会公益责任、享受社会给予公益性组织的优惠、以社会公益组织身份开展符合组织宗旨和实现组织目标的活动时，私立博物馆已成为非营利性的社会公益组织。从管理体制上讲，私立博物馆的依托或隶属组织可能还是民营营利性组织，但私立博物馆的管理方式和组织机构应有其特点，与其依托或隶属组织不同，这主要是由于私立博物馆的组织目标、基本业务、业务流程和产出内容的不同，私立博物馆要根据公共博物馆基本业务的要求，设立相应的业务部门，开展相应的社会服务活动，为此要根据这些特点选择从业人员，获取工作资源，形成组织产出，获取工作效益。从组织行为上讲，私立博物馆开展的是社会服务活动，是不以营利为目的的活动，由于私立博物馆的资源多为举办者提供，即由私人提供，这使私立博物馆的活动具有一定的慈善色彩，将个人资产用于社会公益活动，提供社会所需的公共品。除上述特点外，作为特定类型的博物馆，私立博物馆还具有多样化的特点，博物馆举办者身份、组织形式、管理体制、藏品状况、资源保障、业务重点等方面，都存在明显的差别。如举办者就可能是个人、企业家、合伙人、社会团体等，其管理体制可能是举办者个人操办、理事会管理、聘请专职管理人员等，其藏品可能是可纳入文物范畴的物品，也可能是个人兴趣化收藏的当代日常用品或特定门类的工艺品，博物馆经费则或是个人积蓄、博物馆相关经营所得、个人艺术创作所得、企业经营收益等。私立博物馆的公私兼备、多样化、与政府管理部门无直接行政隶属关系的特点，决定了对私立博物馆的管理不能完全依据对公办博物馆的管理办法，不能将私立博物馆纳入公立博物馆管理的管理体系中，更不能将私立博物馆视为是民营企业从而按照管理民营经济活动的思路和办法来管理。

私立博物馆的业务主管部门，要认识到当代私立博物馆的作用，给私立博物馆清楚的定位，并根据私立博物馆的特点和发展模式，明确管理原则和措施。随着我国社会富足程度的提高和民营经济实力的增强，社会力量将越来越多地参与社会文化事务，将成为博物馆事业发展的重要力量。近年来，私立博物馆的发展速度要高于公办博物馆，特别是文博管理部门举办的博物馆。有关管理部门应认识到这一发展趋势和动向，认识到我国博物馆事业的多元化构成特点，并据此制订相应的发展思路和发展战略。过去，有关部门认为私立博物馆只是公办博物馆的补充，这一认识在私立博物馆初起阶段还是可以接受的，但当私立博物馆发展趋势日渐明朗，且其藏品等级和博物馆规模明显提升的时候，应将私立博物馆视为我国博物馆事业的重要力量，公办博物馆与私立博物馆共同推动了我国博物馆的发展，政府、社会组织、个人在这一过程中发挥着各自的力量和智慧。

政府主管博物馆事务的部门在管理私立博物馆时，应将发展放在首位，在发展中规范，在发展中提高其生存和抗意外的能力，在发展中实现稳定和长治久安。管理部门要支持私立博物馆的发展，根据社会发展方向和资源状况，以政策、行政管理、税收、土地使用等方面的优惠措施，帮助社会组织和个人解决举办私立博物馆时面临的困难。管理部门对私立博物馆要积极辅导，在举办之前要告知其责任和义务，更要告知举办私立博物馆的风险，要让举办者全面系统地了解博物馆学和博物馆业务的知识，了解与举办博物馆有关的管理手续。在私立博物馆存续期间，管理部门要坚持服务和规范的管理思路，以服务促其发展，提升其提供社会服务的能力和水平；以规范提高其社会产品和社会服务的质量，提高其内部管理和专业技能的水平。

管理部门对私立博物馆的管理更多的表现为宏观管理、间接管理和协同管理的形式。按照现行的管理模式，管理部门与私立博物馆没有直接的行政隶属关系，对其决策过程、资金使用、人力资源状况不能直接干预，对此，管理部门更多的是采用宏观管理手段来调控和监管私立博物馆的行为和产出。宏观管理主要通过法规和制度建设、编制发展规划、政策引导、行政管理程序、经济政策和资金补助、提供信息和技术支持、从业人员资质和提供学习机会等方式，构建私立博物馆的发展环境，引导私立博物馆关注社会需求，防止和处置损害社会利益的行为。为提高管理效率，管理部门要加强沟通，就私立博物馆的发展和管理问题，特别是当前紧迫的问题，在充分调研的基础上，制定切实可行的政策和管理措施，降低私立博物馆的发展成本，也提高管理部门的管理效率，融洽管理部门与私立博物馆的关系。政府行业主管部门要积极协调有关政府部门，就私立博物馆的筹办和日常管理制定规章制度。私立博物馆在筹办和存续期间，要与多个政府管理部门打交道，要履行各部门提出的要求和规范，如果各部门之间缺乏沟通，不仅会造成政出多门，削弱管理部门权威和效率，也会增加公益事业的成本，同时也不利于对可能发生的违规行为的纠正和处置。

对私立博物馆要“分类指导”。在坚持博物馆基本条件和工作要求的前提下，根据私立博物馆的举办者状况、藏品性质和规模等条件，有的放矢地制定指导方法。例如，私立博物馆的藏品有些可列为文物，有些可列为民俗和民间艺术品，有些是举办者个人的艺术作品，有些则是个人或委托制作的仿复制品。又如私立博物馆的规模，展厅面积从几十平方米到数万平方米，其投入规模从个人收入的一部分到企业经营收入的数亿元，藏品数量从数百件到数十万件。再如其管理模式，有些是举办者个人管理，有些是上属单位代管，有些是合伙人共同管理，有些则是社团性的理事会管理。对不同类型的私立博物馆要根据其特点和突出问题，重点指导和辅导。如对家庭收藏馆类的私立博物馆，要侧重于办馆后续资源的保障状况；对背景雄厚的民营企业举办的私立博物馆，则要加强对其长治久安措施的指导；对珍贵文物和专题收藏的私立博物馆，则要加强对其藏品管理、保护和研究的指导，使其更好实现藏品的文物价值和研究价值。

对私立博物馆的管理要坚持公益、自主，鼓励创新和可持续的原则。坚持公益优先的原则，这是保护社会资源和公众利益的基本要求，也是保护私立博物馆的重要措施。坚持公益优先，需要要求和辅导私立博物馆建立以社会利益为导向的发展战略和工作目标，建立以托管社会财富为责任的管理体制，建立严格的避免和防止利用博物馆资产为个人谋利的机制。管理部门也要从社会发展和公众利益出发，制定鼓励私立博物馆发展的政策，制定保护私立博物馆举办者合法权益的制度，同时也要从保护公共利益和博物馆用户权益的角度，监管私立博物馆的行为和产出。坚持自主管理的原则，管理部门要鼓励私立博物馆举办者和管理者自主管理、自律规范和自主发展，在法律框架和制度安排中，根据博物馆工作特点和发展要求，自主决策和管理日常性事务。坚持鼓励创新的原则，注意到私立博物馆的多样化特点，考虑到私立博物馆尚处于初期发展阶段，注意到私立博物馆发展面临的挑战，管理部门在对私立博物馆的管理上要营造较宽松的政策环境，鼓励私立博物馆在资金筹措、管理体制、制度建设、业务活动、经营发展、人员管理、社会宣传等方面进行适合本馆特点和发展要求的探索和创新，也要鼓励私立博物馆在构建博物馆管理体制、与管理部门建立适宜的关系、与其他所有制形式的各类博物馆建立密切协作关系等宏观管理方面创造积极的经验。对私立博物馆的辅导、指导和管理要坚持可持续的原则，要使私立博物馆存续较长的时间，特别对一些藏品有特色、反映地域文化和具有较大的社会知名度的私立博物馆，管理部门要辅导和指导该馆建立较稳定的制度化管理体制，建立能够抵御较大风险的资源保障体制，防止因人员原因和突发风险造成博物馆停业或严重影响正常业务。管理部门要建立相应的法规，从制度上要求私立博物馆建立基本的可以抵御一定风险的管理体制和机制，从制度上保障私立博物馆组织的延续性，保障私立博物馆重要藏品（或藏品组合）的完整性和延续性。例如，可规定私立博物馆停业时其藏品的处置办法、途径、优先顺序和程序，可制定对私立博物馆的救济办法，如经费补助、低息贷款、项目资助、购买服务等，可制定私立博物馆转化为公立博物馆的奖励办法等。

三、建设支持私立博物馆发展的宏观管理体制

私立博物馆是在从计划经济向市场经济转换过程中萌生发展的，其自身的柔弱，环境的变动，都让私立博物馆的发展增添了许多变数。因新生才有旺盛的生命力，因变数才提供了发展的机遇。私立博物馆管理者和政府管理部门要共同小心呵护这些新的发展因素，不因其弱小而忽视，不因其缺陷而鄙视。只要各方都从博物馆事业的发展前景出发，都从维护公共利益和促进社会发展的目标出发，私立博物馆的发展前景就会是光明的。

我国私立博物馆在并不长的发展历程中，经历了特点显著的几个阶段：20 世纪 80 年代从家庭收藏起步，主要依托收藏者个人的资源和热情，到 90 年代民营企业家加盟，以企业经营收益来支持博物馆的业务，进入新世纪后，一些实力雄厚的民营企业将私立博物馆作为进军和参与文化产业的桥头堡，作为企业发展的前哨和先锋，博物馆藏品等级和博物馆规模显著提升。从整体状况来讲，私立博物馆已逐步脱离个人行为的阶段，进入理性发展和规模效应的阶段。

私立博物馆的出现对我国博物馆事业管理体制的完善和革新起到了积极作用。当其出现之初，有关部门将其视为让文博部门适应社会主义商品经济条件的“触媒”和点缀，是推动博物馆社会化改革的力量；当私立博物馆初具规模之后，在将其纳入已有管理体制的过程中，管理部门更为关注如何运用法律、政策和社会监管等宏观手段对各类博物馆进行管理。近年来，随着政府管理观念的转变，以浙江省为代表的管理部门以强化服务来管理，以促进私立博物馆的发展为目标，运用法律、政策、经济、税收等综合措施构建私立博物馆自主发展、规范自律的有利环境。私立博物馆推动了我国文物博物馆事业政府管理从部门管理、行业管理到社会管理的转变。

我国私立博物馆面临的具体问题包括：私立博物馆与公办博物馆的不平等，在藏品获取、资源取得、税费负担、社会管理、社会地位等方面都存在差异，即使是国家文物

局的政策也将私立博物馆视为是国家举办博物馆的补充，处于附属的位置，被边缘化，私立博物馆不得不处于“自生自灭”的境遇；管理部门对私立博物馆的管理因循对政府办博物馆的管理思路和管理要求，缺乏对包括公办和私立博物馆的整体博物馆事业长期发展的管理思路；私立博物馆的社会身份和相应的责权利并不明确，私立博物馆运营的基本要素的获取方式缺乏明确的规定和制度保障；私立博物馆缺乏稳定的资源，特别是资金的保障，在从事博物馆基础建设和维护时，缺少适宜的筹资和融资渠道；私立博物馆工作队伍的专业性建设有待完善，其业务的专业水平有待提高；此外，随着私立博物馆发展历史的延续，私立博物馆的常设性问题已被提上日程，建立使私立博物馆长期稳定运营的组织体制和运营机制是私立博物馆健康发展的重要保障条件。

对当前私立博物馆面临的问题，有关部门要明确责任，协调处理，既不要大包大揽，也不要相互推诿。各级文化（文物）行政主管部门要发挥主导作用，协调各方关系，简化管理程序，提高管理效率。私立博物馆管理涉及多个政府行政管理部门，为协调管理，应制定有关博物馆事务的法律法规，可采取相关部门联合发文的方式，就博物馆社会身份取得、资源取得、经营范围、管理办法、督导机构、违规处分、结业清算等事项制定制度，明确各职能部门的责任，加强各部门之间的联系，实现行政管理的无缝覆盖，避免制度缺失和执法缺失对博物馆发展的影响。

对私立博物馆的最关心的问题，如“准入”、用地、资金、藏品、人员素质、经营等，有些问题需要私立博物馆自己负责的，如人员培训、藏品维护等，政府管理部门应督导私立博物馆尽快完善；有些问题则需要管理部门在充分沟通和深入调研的基础上，尽快制定相应的法规、政策、制度和规范，为私立博物馆构建依法运营的环境。

构建与中国私立博物馆未来发展相适应的管理体制可从以下几方面入手：

管理机构要认识到私立博物馆是重要的社会发展资源，其藏品和展陈、教育活动构成了社会文化资源，私立博物馆举办者和资助者的经济投入是社会经济资源，私立博物馆举办者和支持者的办馆热情和办馆实践体现了公众参与公益事业的积极性，是重要的社会发展资源，私立博物馆在运作中的成功、失误和创新则是宝贵的博物馆工作资源。管理机构不能竭泽而渔，要保护好这些宝贵的资源，使之不仅有用于当代博物馆工作和社会发展，也成为后代子孙发展的宝贵资源。

管理机构要将私立博物馆纳入社会公益事业，纳入社会文化事业和博物馆事业，要同等对待国立、公立、非政府办博物馆和私立博物馆，要认识到尽管所有制不同，办馆主体不同，但这些博物馆在提供社会所需公共品的结果上是一样的，它们承担的社会责任和任务是相同的。这样讲并不是要搞“大锅饭”，不是要将不同所有制博物馆的收藏纳入同一体制，而是要强调责任与权利的相等，承担同样的责任，就应有同样的权利。此外，既然管理机构已准许私立博物馆以博物馆名义开展业务，就要注意私立博物馆的衰败也是对博物馆事业的打击，是对社会公众支持博物馆事业意愿的打击。

管理机构在管理私立博物馆时，可以将管理目标设定在公共品的质量与数量上，并以社会公众的反映作为评价私立博物馆效益的重要依据。管理机构在推动私立博物馆发展时，不是扶危解困，也不是雪中送炭，而是要从宏观考虑，营造适合和促进私立博物馆发展的环境条件，“水到渠成”，将个馆发展进程与社会发展进程有机结合起来。

我国博物馆现行管理体制是国家文物局及各省市文化局、文物局代表国家行使对博物馆事业的管理职能，随着政府职能向公共管理和提供公共服务转变，各级管理部门将从举办博物馆、营运博物馆转变为依法管理博物馆。政府为了社会发展和公共利益，鼓励和扶持社会力量举办和支持博物馆事业，对私立博物馆的管理应着眼于博物馆事业的发展全局，并将博物馆作为反映社会发展和代表先进文化发展方向的力量。贯彻积极扶持、规范管理、促进发展的原则，运用国家行政职能制定适宜的政策，协调相关政府部门的关系，构建有利于博物馆事业发展的法律、政策和制度环境，实行培育发展与监督管理并举的机制，保证公共资源的效益发挥，保障社会公平和效率，引导私立博物馆健康有序的发展。

博物馆管理部门要从部门管理、行政管理转变为行业管理，有意识地引导、支持、管理和监督私立博物馆事业发展。对私立博物馆业务上的管理主要在信息支持、技术支持、人员支持等方面发挥行业主管的优势，通过支持性和扶持性措施和完善服务增强主管部门的凝聚力，使私立博物馆主动遵循相关的法律法规，自觉执行博物馆工作规范，使各项管理要求成为私立博物馆的自觉行为。

管理机构主要通过构建适宜的环境条件促进私立博物馆的发展。环境条件主要包括法规、政策、财政、税收、教育、舆论、信息等。在管理私立博物馆时，要特别抓住私立博物馆的资源和产出两个重点，协助解决资金、藏品、人员、场地等要素市场的问题，通过开源节流协助私立博物馆解决资金问题。所谓开源，制定鼓励捐赠的法规和政策，对博物馆的经营活动和管理活动给予税收优惠；所谓节流，减少私立博物馆的经济负担，如以优惠价向私立博物馆出租公共房产和公共土地，减免行政性收费和公共性收费，如邮费、电话和网络使用可享受优惠费率，鼓励社会人士志愿到私立博物馆从事无偿公益活动。管理机构应加强对私立博物馆工作人员的教育培训，使他们尽快转变私人收藏观念和行为模式，尽快熟悉博物馆工作规范，自觉遵守博物馆职业道德，加强他们与其他博物馆工作人员的交流能力。

由于私立博物馆与其业务主管部门之间并无直接的行政隶属关系，政府博物馆事业管理机构需要采取“灰箱”管理方法，即对私立博物馆与外部环境的关系、行为和产出进行管理，并通过外部环境力量对其内部结构和运营施加影响。在社会主义市场经济条件下，私立博物馆的举办者是独立的具有民事权利的行为主体，他们要对自己的行为负责，政府管理部门不能对他们指手画脚，也不应该将私立博物馆纳入公办博物馆的管理体制和模式中。为此，制定必要的需要共同遵守的规则是十分必要的，这就是要构建完善的法制环境。

首先，要建立博物馆准入制度，即确定博物馆的性质、任务、构成要件、职能、产出和规范，并据此明确成为管理部门承认的博物馆举办主体应具备的条件，明确举办主体的责任、权利和义务。确定标准不是要限制社会参与博物馆事业的发展，其目的是保障博物馆事业的健康发展，保障博物馆社会目标的实现，保障社会公共资源的安全和效益。此外，制定这一标准，也有利于博物馆的规范化，有利于保证博物馆的社会形象，保持博物馆的社会公信力，保证博物馆提供的社会服务具有同一性。

其次，要明确资格认定制度和获得程序。准入标准如同是一个公示，广而告之，让那些有意举办私立博物馆的社会组织或个人能够理性地理解博物馆，认识到举办博物馆是一项社会公益事业，而不是向社会索取的筹码，要做好奉献和回馈社会的准备，并为筹办私立博物馆指出方向。资格认定则是对筹办结果的评估，确认筹办结果能否以博物馆名义开展活动，能否提供符合博物馆标准的社会服务，能否加强或扩大博物馆的社会基础和影响。资格认定主要是评估“今后”的状况，而不仅仅是对已取得结果的认定。资格认定在一定程度上也是对民间收藏者和公众利益的保护，因私立博物馆的维持和运营主要依靠举办者的投入，且每年的运营费用也是不少的，如果因为举办私立博物馆而影响到个人生活，影响到对收藏品的保护，那也是一件得不偿失的事情。所以，博物馆业务主管部门要本着对博物馆事业、对社会公众和对举办者负责的态度，认真评估，实事求是，不要勉为其难。资格认定制度主要考虑使博物馆长期存在和运作所需的条件，以及认定的方式和程序，以及认定结果的有效和合法。

再次，要制定明确的和切实可行的对私立博物馆的优惠措施。由于我国现行法律体系和管理体制的制约，公立与私立博物馆还不能站到同一起跑线上。这主要表现在藏品获取途径和经费获取途径，这两点是显性的，隐性的还有人才获得。藏品获取对私立博物馆还是有一定局限的，如出土文物、不可移动文物、古代文化遗址等，通常都由国家文物部门管理；经费获取上，公立博物馆可以获得公共财政拨款，而私立博物馆通常只能靠自营和捐赠；人才获得上，由于私立博物馆人员管理未纳入国家人事管理系统，人员的职称和工作资历都不被人事部门承认，也无法获得国家承认的专业职称，在当前的社会环境中，这一状况影响了学历教育毕业生对在私立博物馆中工作的热情。当然，政府还是应该对私立博物馆在力所能及的范围内给予尽可能的优惠措施，这些措施实际上是对社会资源的有效利用，降低社会公益事业的成本，从而可以给社会公众提供更多和更易利用的公共产品和社会福利。优惠措施可包括：

（1）优先提供建馆用地；

（2）以很低的或象征性的价格转让政府房产、土地使用权；

（3）免交申办费用；

（4）营业税和所得税的优惠，如门票免交营业税、纳入博物馆收藏的文物或艺术品免交所得税；

（5）企业举办博物馆的投入作为社会捐赠计入税收优惠基数；

（6）私立博物馆可借用公立博物馆藏品举办展览和教育活动；

（7）私立博物馆可享受优惠的公共品价格，如用水、用电、互联网、通讯、邮电等，或适当增加其使用公共资源的额度；

（8）私立博物馆可少交或免交政府事业性收费；

(9) 私立博物馆可以藏品担保，向指定银行低息或无息贷款；如贷款逾期无法归还，国家可收缴担保藏品，并转交指定国有博物馆收存；

(10) 私立博物馆可参加政府给予全额或部分补助的人员培训活动；

(11) 私立博物馆可及时了解政府有关博物馆管理和发展的政策，获得有关信息；

(12) 私立博物馆工作人员可参加权威部门组织的专业资格考试，考试获得的专业资格可为行业组织承认；

(13) 鼓励私立博物馆建立学术指导委员会，聘请公立博物馆退休专业人员作为指导委员会成员，允许私立博物馆返聘公立博物馆退休人员参与业务活动，允许国家文博工作人员在登记注册的私立博物馆兼职，以帮助私立博物馆解决其专业人员短缺问题等。

业务主管部门可考虑运用经济手段扶持、引导和规范私立博物馆的行为和发展方向。可设立专项经费，对私立博物馆的特定业务活动进行资助。此类专项经费可设置一些条件，如只有在政府管理部门登记的私立博物馆才可申请资助；这些资助也可用于特定业务活动，如按照有关规范编制藏品档案，并将重要藏品档案交业务主管部门备案；又如在双方签订协议的前提下，资助私立博物馆改善其藏品保管条件，提供藏品保存技术设施，但该藏品应永远保存在私立博物馆中，如日后该馆停业，则国家有权优先获得其藏品；再如国家可采取发放业务补助的措施，如用于藏品保护、登录、组织展陈和社会教育活动等，国家的资助只占全部经费的一定比例，如最多不超过预算的49%。

博物馆业务主管部门要切实重视博物馆行业规范的制定。行业规范是博物馆自律和他律的基础，是博物馆自我规范和社会监督的标准。法律更多地规范作为权利主体的博物馆在社会环境中的行为和结果，博物馆规范更多地反映了博物馆专业水平的程度。博物馆规范主要包括：

(1) 行为规范：包括了职业道德、职业操守和职业能力方面的要求，此类规范规定了博物馆从业者对博物馆和从事职业的态度、价值观、认识和对工作目标的认识，以及对同行的关系、对公众的态度和对个人责任的正确认识。

(2) 技术规范：主要涉及职业工作的程序、技术、技能和有关设施的标准，如博物馆建筑规范、藏品保存条件规范、藏品修复规范、藏品管理规范、展陈工作规范、服务规范、财务管理制度等。

(3) 质量规范：对博物馆各项产出的质量要求，或者说是博物馆主要业务活动结果的评价。如博物馆藏品管理评价、展陈效果评价、教育活动评价、观众满意度评价、物业管理评价等。

(4) 公共安全规范：关注博物馆藏品、工作人员、观众、公共服务设施的安全，保证财产、人员的安全和重大活动顺利进行。诸如安全防范、消防、防恐、重大公共安全事件预案等。

博物馆业务主管部门依法对私立博物馆提供公共品和社会公益的行为进行监督，如藏品的安全性和真实性、博物馆开放时间、观众服务工作量质量等与公众利益直接有关的事项，以保证公众权益的实现，保证博物馆社会效益的实现，保证私立博物馆功能的发挥。管理部门要运用法律赋予的权力，运用行政管理手段保证博物馆事业的健康发展，保障公众、博物馆事业和私立博物馆的权益的实现，避免干预私立博物馆的日常性管理事务。管理要综合运用法律、经济、教育、行政、舆论等手段，促进私立博物馆的规范化，促进私立博物馆的自主性和主动性，鼓励私立博物馆在法律、制度框架中积极创新，保护私立博物馆举办者的积极性。

管理机构要加强对私立博物馆的督导，其指导思想是维护公共利益，维护公众的合法权益。要提高私立博物馆的业务水平，完善公共服务设施，防止利用优惠条件为己谋利，防止不正当竞争行为。管理机构要依法管理，要根据私立博物馆的发展状况对现行法规进行解释或修订，对一些现行法规尚不能覆盖的问题要考虑制定新的法规（或政策）。在坚持私立博物馆自主管理和自我约束原则的前提下，可要求私立博物馆编制并公布年报，管理机构可依法调阅私立博物馆理事会会议记录，可依法要求私立博物馆就新增藏品、藏品注销、展陈、经营等重大行为做出解释并提供相应文件。管理机构还可就重大事项约请私立博物馆馆长谈话，对一些非法、违规行为可通过谈话、告诫、通报等方式进行批评，严重违法行为则应依法实行行政处罚，严重者可追究刑事责任。

私立博物馆年检报告是私立博物馆自我管理和自我革新的重要手段，在年检报告中，博物馆要检讨工作目标、总结工作成果、规划发展战略、评价资源保障和资源使用情况。博物馆业务主管部门可通过年检报告了解私立博物馆现状、存在困难和发展构想，对普遍性问题可通过宏观调控措施加以解决，对具体的、个别馆的问题可提供针对性帮助。

关注社会舆论对私立博物馆的反映，关注大众媒体对博物馆状况和问题的报道和分析，借助社会的力量弥补行政管理的不足，推动私立博物馆的自律和规范发展。

要加强博物馆行业协会的作用，使其在学术交流、人员培训、信息传达等方面更好地发挥桥梁和纽带作用，并能将地方的私立博物馆组织起来共同活动。鼓励私立博物馆建立联谊性组织，如私立博物馆馆长联谊会、私立博物馆专业委员会等，互通信息，整合资源，讨论共同关心的问题，达成共识，发挥私立博物馆的整体优势。这些专业性团体还可开展政策公关，影响政策制定，争取社会对私立博物馆的支持。

当代私立博物馆如同一座里程碑，标志着我国博物馆事业进入一个新的发展阶段，标志着我国博物馆管理体制进入新的转折期，博物馆宏观管理的观念、方针、原则、政策、体制均要根据新的条件、环境、任务适当调整，要建立依法管理的体制，整体博物馆的观念，保护和激发管理部门、博物馆举办者、管理者、从业人员、博物馆专业团体和社会公众的积极性和创造性，探索建立一个具有多元管理主体和多元办馆主体的管理体制，以传承民族优秀文化，沟通世界各族文化，构建具有中国特色的社会主义新文化。

博物馆营销：提升博物馆管理效率的新工具

“Museum Marketing”，中文翻译为博物馆营销，或博物馆行销，或博物馆推广。这个词汇对我们来说已经不陌生了，但对很多人来说，对它的内涵却有不同的理解。有人视之为拯救博物馆脱离经费短缺困境的灵丹妙药，有人视之为将博物馆导向商业泥潭的洪水猛兽。尽管认识不同，但人们已不能漠视博物馆营销对博物馆管理和发展的影响。盲从与排斥都不是好办法，我们应该正视“营销”的存在事实，认真并切实地探讨其在博物馆发展中能够发挥的积极作用，趋利避害，使之成为有利于实现博物馆发展目标的有力工具。

博物馆营销是一个组合性的词汇，词汇的组合虽然反映了“博物馆”与“营销”的联系，但却不是两者的嫁接，不是将营销毫发不改地引进博物馆。美国营销学大师科特勒虽然早在20世纪60年代末就提出要扩展“市场营销”的外延，以容纳非营利组织，但他也注意到博物馆等非营利组织的特点，指出这些组织的营销应不同于营利性组织。1998年，他与其兄弟尼尔合著了《博物馆战略与市场营销》[①] 一书，在讨论了博物馆的特点后，指出博物馆可以运用战略管理和市场营销的方法，来实现组织目标，帮助博物馆在现实社会条件下保障工作资源。

博物馆营销是一个专用词汇，它的内涵应反映这一词汇所指称的人类活动，或反映人们对特定社会行为的认识，反映定义者对这一活动的本质、特点、任务和主要活动的认识。在博物馆营销发展初期，人们对博物馆营销的认识多受一般市场营销学的影响，通常采用营销学或专业团体的定义，如科特勒对市场营销的定义，“市场营销是社会过程和管理过程，个人和团体通过制造、提供和与他人交换有价值的产品满足他们的必需和需要”[②]；又如英国市场营销学会的定义，“市场营销是管理职能，涉及确定、预期和满足顾客的需求，以获得利润”[③]。随着博物馆营销活动的开展，研究人员和博物馆工作者对其特点的认识越来越清晰和深入，在此基础上，对博物馆营销的认识，也逐渐贴近博物馆组织和博物馆业务活动的特性。英国利维斯（Lewis. P）认为“市场营销是管理过程，它确定博物馆或美术馆的宗旨，并进一步高效地确定、预期和满足其用

①② 尼尔·科特勒、菲利普·科特勒著，潘守永等译：《博物馆战略与市场营销》，北京燕山出版社，2006年。

③ Shashi Misiura, *Heritage Marketing*. USA, Butterworth-Hernemeann, Elsevier, 2006.

户"①。《营销博物馆》一书的作者费奥娜· 麦克琳（Fiona McLean）认为这一定义最适合博物馆工作的特点，只是该定义中"用户"的外延应扩展到包括博物馆的"利益共享者和其他赞助者"②。

博物馆营销是管理过程和管理工具，这看来已成为博物馆界的共识。博物馆营销要体现博物馆组织和博物馆发展的特点，这看来也是博物馆工作者，甚至市场营销专家在讨论相关问题时的基本前提。所以，从词汇和定义上，我们可以消除开展博物馆营销就是将博物馆市场化、商业化的担心。当前，更为重要的是要明确博物馆营销的环境条件，明确博物馆营销的目标和方法，特别是博物馆管理者和从业人员在运用博物馆营销这一工具时如何趋利避害。

作为管理工具，博物馆营销主要在博物馆的产出环节发挥作用，换句话说，营销在联结组织和社会需求上发挥重要作用。如果从博物馆业务的空间关系上说，博物馆营销通常是在博物馆外部性业务领域发挥作用；如果从博物馆业务的时间关系上讲，营销通常在产出链的后段发挥作用（图一）。博物馆营销具有局部、从属和协同的特点，它必须服从和服务于博物馆的组织宗旨、发展愿景和工作任务，不能喧宾夺主。

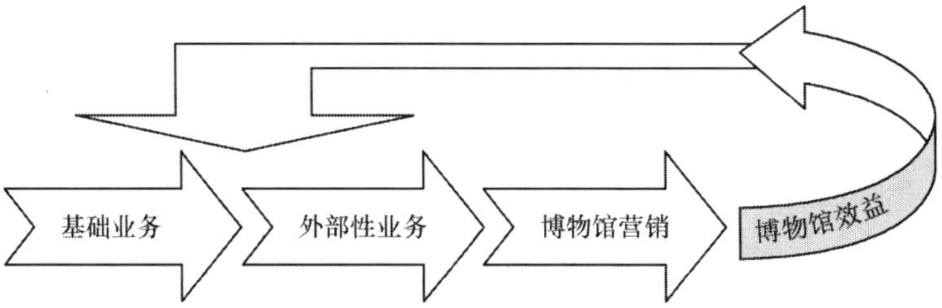

图一　博物馆营销业务链示意图

作为管理过程，博物馆营销必须在博物馆组织框架中发挥作用，必须适应博物馆的工作特点和产出特点。当前，博物馆与社会的关系在广度和深度方向都有显著的加强，且其动力是双向的和多元的。博物馆要充分体现和发挥它的组织职能，实现其作为文化遗产社会托管人的责任，不仅要保护好馆藏品，更要发挥这些文化遗产促进社会发展的现实作用，深入揭示文化遗产的多层面内容，构建当代社会与历史的关系，运用现代传播技术，让更多的人利用文化遗产；社会和公众也认识到文化遗产对保持和弘扬民族和文化特性的重要作用，认识到博物馆对社会发展的多元积极作用，要求博物馆制作和提供满足社会及公众多元需求的产出，同时，也要博物馆善用社会资源，在逐步争取更多社会资源的同时，提高资源使用的效率和效益。面对这些新的社会需求，博物馆需要加强自身的科学管理水平，特别要加强社会服务和资源管理的能力，传统博物馆学中缺乏

① Lewis, P. *The Role of Marketing: Its Fundamental Planning Function: devising a strategy*. In T. Ambrose & S. Runyard (eds): *Forward Planning*. London; Museums and Galleries Commission and Routledge. 1991.

② Fiona McLean, *Marketing the Museum*. Routledge, 1997.

有关这些事务的理论和工作方法，而“市场营销”为博物馆提供了可以参照应用的理论模型和工作模式。为应对发展机遇和挑战，博物馆从相关社会科学中将发展理论和营销理论整合过来，并构建了博物馆营销理论。

与营利性组织的营销比较，博物馆营销对组织生存和发展的影响要弱一些，这是由这两类组织的生存模式决定的。作为非营利性组织，博物馆更多地依赖于资源投入，其组织目标和任务受资源投入方的意愿和要求的影响较大，资源投入方对博物馆的要求多是产出的内容、品种和数量，而不是经济上的盈亏和回报。换句话说，博物馆并不是完全依赖于市场，或主要通过市场来获得其生存和发展的资源，市场不是博物馆资源的唯一配置手段。在市场经济条件下，博物馆可以通过市场获取部分资源，且这部分资源可能是靠传统方式无法获得的，但博物馆不能完全依靠市场获取资源。

由于博物馆营销的基本理论模式和方法体系是从营利性组织的市场营销借鉴而来，一定要注意市场营销的潜在消极影响。对博物馆来说，其消极影响主要反映在两个方面，其一是以利润导向的产品销售，其二是组织与用户目的的分离性。利润导向使能否盈利成为指导和评价营销活动的终极标杆，组织与用户目的的分离则使两者处于竞争和对立的状态，联系两者的纽带是满足双方需求的产品，双方各自关心的常常是满足自我需求的那部分东西，而不会关心对方的需求和目标，组织对用户的关心更多的是作为获取更多利润的手段。

博物馆的组织性质、服务对象、工作任务、工作流程及产出等方面都与营利性组织存在着显著的差异，这决定了博物馆营销的目的、方法的特点。博物馆营销的主要特点是其对象是广泛的，其用户是多元的，其产出是分层的，其产出内容多为教育性的，其重点是建立与用户的密切联系。

博物馆营销的对象是广泛的社会公众和社会组织，这是由博物馆的组织性质和社会职责决定的。营利性组织市场营销的对象是特定的消费群体，组织的产品是根据这一特定群体的需求、偏好、消费能力而设计生产的，也可以说是一对一的营销。博物馆营销则是广泛的，除了那些喜爱博物馆的公众，也要让那些因各种原因无法来博物馆的人对博物馆保持积极的态度，要让他们了解博物馆的价值和利用方式，同时要创造条件，让那些因经济、交通、体质等妨碍无法来博物馆的人，有机会利用博物馆。在进行营销调研时，市场营销多注意销售的可能性，而博物馆营销多注意妨碍参观博物馆的因素，也就是说，市场营销多注意机会的把握，而博物馆营销多注意明确妨碍原因和排除办法。近现代博物馆的观念基础是“科学”与“民主”，民主的具体表现就是要消除可能由性别、种族、社会-经济地位和教育等造成的妨碍，让广大民众进入博物馆，接触和利用博物馆中的文化遗产和文化财富。文化不再是贵族和精英的专属，文化遗产不再是某些社会群体的独享。由于历史和博物馆自身的原因，造成相当大数量的民众对博物馆存在偏见，认为博物馆只属于历史，只属于文化精英，这阻碍他们进入博物馆，放弃了使用博物馆的权利，失去了通过博物馆增强个人发展能力的机会。博物馆营销为我们提供了一个接触这些人的途径，提供了一个让他们表达个人意愿及认真思考对博物馆作用的认识的机会。

博物馆营销面对的用户是全方位的、多元的。概括说来，博物馆营销的对象包括了公众、政府有关部门、社会公益团体、学校管理者和师生、博物馆的受益人、博物馆赞助人等。在公众中，又可大致划分为博物馆爱好者、博物馆利用者和怀有偏见不愿走进博物馆的人。在博物馆观众中，又包含了不同年龄、性别、国籍、职业、社会-经济背景、教育状况等因素的人群。由于这些组织和个人与博物馆的关系不同，各自的需求不同，对博物馆的要求不同，对博物馆各项产出的需求也存在差异。如博物馆陈列，专家学者关注的是内容的科学性和展品的真实性，新闻媒体关注的是有那些新闻热点，观众关注的则是展品的珍稀性、观赏性以及内容的知识性和趣味性。要取得他们的支持和好评，博物馆营销就要根据对象的特殊需求，制定相应的营销策略和营销方案，提供不同的产出，运用不同的推广方法（表一）。

表一　博物馆用户分类

	示例	需求举例
政府管理部门	行政主管部门、财政、宣传、劳动、税务、工商、公安、消防、城市管理等	学术咨询、社会政策、文化活动、文化交流、礼仪庆典、技术规范等
社会团体	社会公益、文化、收藏	博物馆社会教育活动等
学校	中小学、幼儿团	陈列、教学设施、教学标本等
博物馆赞助人	国内外企业、社会组织、个人	赞助项目：经费、文物、标本、设备、广告、运输等
相关利益人	学者、学术组织、工商业者	学术资源、学术研讨、科研项目、博物馆工程项目等
博物馆利用者	观众、网络用户、资源利用者、旅游者	陈列、学习项目、服务项目、纪念品、休闲设施、文化环境等
不来博物馆的人		

博物馆产出具有多元化和多层次的特点，这也是由博物馆的组织和用户特点决定的。博物馆产出的多元化表现为：按性质分，博物馆产出可区分为专业性产出（内部性）、公共性产出（外向性）、服务性产出（经营性）等（表二）；按与博物馆基础业务的关系分，又可区分为主导性产出和衍生性产出。由于博物馆承担着收藏、保存、研究、陈列和传播实物文化遗产的社会职能，这几项职能实践活动的结果就构成了博物馆的主要产出。又由于这些实践活动不是线性的因果关系，而是并列和交错的关系，所以各项业务又有其特定的产出。这些产出有些是对藏品实物状态的改变，如藏品科学保存工作对藏品的介入性处理和修复等；有些则是对藏品存在情态的转换，如藏品登记工作对藏品身份的确认，对藏品基础信息的采集和登记等；有些则是以藏品和相关信息为基础开展的活动，如博物馆咨询、博物馆陈列、藏品图录、博物馆网站等；特别是一些博物馆基础性业务，其工作结果并不一定就直接成为后续工作的前提和输入，如藏品的收

集和管理、藏品科学保存和藏品的研究，其工作结果有些可能会为陈列、社会教育、纪念品开发提供素材，但更多的是要实现博物馆为当代和后代保存文化遗产的组织目标，这些工作的结果也是博物馆的产出，只是其效能可能要到几十年甚至几百年后才能充分显现。

表二　博物馆产出类别

	产出类别	示例
博物馆产出	专业性产出	藏品收集、整理、保护和研究等
	（内向性产出）	博物馆学研究等
	公共性产出	咨询，学术研究成果提供等
	（外部性产出）	陈列，巡回展览，导览，社会教育活动等
	服务性产出	服务性：休闲场所，会员服务等
		经营性：纪念品，餐饮等

博物馆产出的多元化还体现为特定产出的多种效用和功用，以及可能获得的多种效益。这在博物馆陈列上体现的更为突出，专家学者从中发现研究的资料和课题，鉴赏家从中体味出文物鉴定的要诀，教师从中找到辅助课程教学的实物材料，父母从中找到与子女交流的话题，艺术家从中发现创作的灵感，恋人则从中找到展示自我的机会。博物馆陈列面对着各种各样的人，人们参观博物馆陈列时也会有各种各样的期望、目的、心情和日程安排，这都影响到人们与陈列接触时的感受，影响到参观陈列的行为，从而影响他们对陈列效用的判断。博物馆工作人员力图让陈列能够满足尽可能多的观众的需求，让他们获得积极的参观体验，这就需要博物馆了解大多数观众（或说构成大多数观众的主要群体）的需求和心理、行为特点，并在陈列及辅助活动中安排能够满足这些观众群体需求的产出。

博物馆产出是多层次的，要适合多种相关利益人的需求，要将他们对产出的内容、功效和价值判断综合起来，让这些相关利益人在特定产出中都能找到自己需要的东西，都能得到最大限度的满足。特别是一些复合型群体，如亲子群体、家庭群体和旅游群体等，他们常常是由不同背景和不同需求的个人或亚群体组合而成，群体成员常常会表现出不同的参观兴趣，对博物馆陈列也会出现不同的反映。博物馆对提供给这些复合型群体的产出，就要考虑各个亚群体的特殊需求，以及亚群体成员间交流的需求。此外，对同一类别的产出，博物馆还应该考虑不同群体的需求、偏好和购买能力，提供不同档次、不同风格、不同价格的产品或服务。如餐饮服务，国外一些博物馆提供饮水处、成品包装食品、自助餐、咖啡厅、中高档餐厅等不同档次的服务项目。

博物馆营销的主要内容是博物馆组织的宗旨、工作目标和社会服务项目，这也反映了博物馆非营利性组织的性质。有人可能会担心，将博物馆宗旨作为营销内容，这会不会使博物馆宗旨成为商品，或使博物馆宗旨受到利益、利润的影响。但是，当我们坚持博物馆营销是管理过程和管理工具的基本认识，就可以在很大程度上避免这一偏差。当代博物馆营销是加强博物馆与用户之间紧密联系的工具，通过科学周密的博物馆营销活动，让公众和社会组织对博物馆有更准确的了解，消除偏见，激发利用博物馆社会服务的兴趣和加强支持博物馆发展的意愿。作为管理工具，博物馆营销应该服务于实现博物馆宗旨和发展愿景，其研究的结果可以作为博物馆管理决策的参考，可以作为制定近期和中期发展规划的科学依据。如果说博物馆营销是一种交换，那么，通过满足用户对特定博物馆产出的需求，博物馆得到的是用户对博物馆性质、价值、宗旨和愿景的认同和支持。博物馆营销要将博物馆的价值、宗旨和愿景融会到具体的产出中，要采取特定营销对象理解和偏好的方式和语言进行推介。

博物馆营销推介的产出项目多为服务性产出。博物馆产出多在藏品的基础上进行再加工和再创作，用户通常不能得到藏品实体，甚至不能触及藏品。过去，一些博物馆从业人员认为博物馆提供的是藏品的增值产品，是藏品的利用价值，如研究、信息、欣赏等，这一认识仍将人们的视线引向藏品，引向藏品的固有价值，其结果是使广大博物馆用户只关注博物馆藏品的珍稀程度，而对博物馆服务较少关注。当人们只关注藏品的珍稀时，会忽略与藏品有关的智力活动和情感投入。博物馆要有有价值的收藏，但更应该有高质量的服务。从博物馆实践来看，博物馆外部性产出多为服务性活动，如陈列是为观众提供接触、了解和认知藏品的服务，为他们通过观察藏品和获取有关信息达到知识学习和意义构建提供服务。只看到或触摸藏品并不是观众参观展览的主要目的，通过参观满足个人的特定愿望、需求和欲望才是目的。人们来博物馆，不是为占有藏品或藏品的某种使用价值，而是通过博物馆提供的服务来满足自己的多元化需求。当代博物馆营销的重点应放在博物馆社会服务能够给用户带来的好处和利益上，不应片面地强调藏品。

博物馆营销多采取关系营销的策略，即博物馆多通过与用户建立紧密的联系，通过关注用户的需求和提供让用户获得积极体验的方法，来加强与基本用户的联系，并通过这些基本用户的口碑，在更广泛的人群中传播博物馆的积极信息，带动更多的人来利用博物馆。由于博物馆工作的特点，博物馆很难采用价格策略、广告宣传和送货上门等方式吸引用户，很难用这些手段去竞争公众的注意力和参与冲动。博物馆只能在突出自身特色的前提下，努力搞好服务。只有价值连城的文物和标本是不够的，只推出轰动性展览也是不够的，正如人们已注意到的，如果轰动性展览只关注展品的珍稀程度，公众的兴趣将会“水涨船高”，会出现“珍品疲劳”，以后的珍贵文物展也会落入人气低迷的窘境。此外，博物馆的服务项目多在博物馆领地中提供，公众常常只有来到博物馆，在与博物馆发生人际联系后，才能享受到相关的服务。在某种意义上，博物馆工作人员与公众共同协作来实现博物馆的组织目标。博物馆与公众的关系不是对立性的，不是建立在为自我获取最大经济利益上的，而是一种伙伴关系。

当代博物馆营销的目的是通过营销的方法，与博物馆的获益者和赞助者建立密切的伙伴关系，以实现各自及共同的发展需求。博物馆营销应该以实现博物馆社会效益最大化为主要目标，在这一前提下，提高用户的满意度，增加博物馆的经济效益。博物馆社会效益是多方面的，包括藏品质量和数量的增长，博物馆藏品保护、管理和研究能力的增强，博物馆对在地社会发展的贡献，博物馆社会教育能力和水平的提高，公众对博物馆美誉度的提升，博物馆观众数量的增长和观众构成的多元化，博物馆对相关产业的拉动程度等。上述这些事务，有一些是专业人员从事的，有一些则要吸引社会组织和公众的参与，有一些则主要依赖社会组织和公众的力量。博物馆营销要加强社会组织和公众对相关活动的关注度、参与度和美誉度，这可以通过组织相关的社会服务活动，让参与者在满足个性化需求的同时，也了解博物馆的贡献。例如，对于一些传统上的博物馆内部性工作，如藏品的管理和修复、藏品研究、陈列筹展工作等，对公众来说，了解这些业务活动，不仅可以满足他们对这些工作的神秘感，也可以增加他们对博物馆社会职能的了解。博物馆可以组织博物馆开放日、库房开放日、文物保护实验室开放日、专家对话日等活动，这些活动还让观众有机会接触博物馆工作人员，通过人际交流加强亲近和信任。博物馆还可以将一些幕后工作安排到前台来，让观众看到博物馆工作者是如何工作的，如可以将文物标本修复室设置在相关展厅中，或将博物馆网站编辑室设计成开放式的，让观众看到网站信息的制作和发布过程，还可以制作记录轰动性展览全部过程的纪录片，制作特定文物标本的发现、研究、修复、利用的资料片，使公众了解博物馆在准备社会服务项目时付出的努力，了解博物馆工作者的专业素质，增强公众对博物馆实现其组织目标能力的信心。

作为管理工具，博物馆营销的局限也不容忽视，防止因运用不当对博物馆社会形象造成的消极影响。博物馆营销的局限主要反映在其作用领域是有限的，通常是与博物馆外部性业务有关，与博物馆的公共性产出有关。在决策方面，营销只是提供决策参考的研究数据，博物馆组织目标通常不受营销业务目标的影响，反之，博物馆营销要服从博物馆发展的战略目标。其次，博物馆营销受到资源的限制，经费投入规模在一定程度上限制了博物馆营销的结果。在我国，博物馆工作资源多来自公共财政，博物馆没有增加门票或其他经营性收入的压力，对营销结果的关注多为观众数量的增长，而不是由此带来的经济增收，这样，对营销活动的投入相对较少，而把经费主要用于博物馆相关业务，如陈列、展品征集和维护等方面。再次，博物馆营销的方法也有一定的局限。博物馆活动推广的主要途径是用户的口碑，即亲朋好友间的推介是激发人们参观博物馆的主要动力。另外，由于博物馆营销投入较少，博物馆很难开展大规模的社会推介，通常采取在馆的营销活动，或在博物馆之友等与博物馆有密切联系的社会群体中进行推介。

博物馆营销还处于发展和完善的过程中，其局限性也是明显的，但越来越多的博物馆已开始自发地关注其理论和方法，并将之运用于具体业务活动中。可以预见，博物馆营销将对提升博物馆社会形象和社会教育活动效益发挥积极的作用，将会更广泛地进入博物馆管理过程，成为博物馆业务的常态化环节。为此，我们应该自觉地将博物馆营销纳入博物馆管理过程，并切实注意这一变化对博物馆管理的影响。

博物馆营销对博物馆管理影响是多方面的。首先，博物馆管理观念中加强了对社会需求和公众需求的关注，我们常说博物馆工作要“以人为导向”，但对人的认识常常是泛化的，是根据传统博物馆学对观众的论述而来的，而现实中的公众对博物馆有怎样的需求？现实中的观众在参观博物馆是有怎样的感受？却缺乏系统科学准确的了解。博物馆营销有助于我们了解现实观众的需求，有助于把“以人为导向”真正落到实处；其次，博物馆营销会影响博物馆管理决策过程，有助于管理者的科学决策。营销调研获得的数据和结果，可以使管理者有的放矢的安排业务活动，有计划有步骤地扩大博物馆在公众中的营象和形象，巩固博物馆的基本观众，密切博物馆与社区的关系；再次，博物馆营销会影响博物馆业务的组织体制和运作机制，特别是那些公共性产出的策划、设计、制作、提供和服务业务。一些博物馆项目要事先进行营销调研，在制作和筹备过程中要根据营销调研数据和用户反馈进行适当调整，这需要建立新的协商和协调机制；第四，博物馆营销会影响博物馆业务的评价机制。采用博物馆营销以后，一些博物馆业务将可以根据用户的使用情况和满意程度来进行评价，即根据“做的结果”来评价，而不是根据“做了什么”和完成状况来评价；最后，博物馆营销会影响博物馆工作队伍的构成和人员素质，在一些大中型馆，可以安排博物馆营销专业人员或设置专业部门，在一些小型馆中，可以安排兼职的博物馆营销工作人员。尽管有专人负责，其他工作人员也应该了解和掌握博物馆营销的理论和方法，掌握解读博物馆营销调研数据并据以调整本职工作的能力，加强与博物馆营销人员沟通交流的能力。重要的是通过博物馆营销这一途径，真正将社会需求和用户需求放在首位，坚定为社会和社会发展服务的信念，提供满足社会发展和公众需求的优质服务。

博物馆门票的功用与设计

现在，博物馆门票不再只是一张证明观众已交费且可以入馆参观的凭证，博物馆工作者注意到它可以发挥更大的作用，尝试着赋予它更多的功能。于是，门票的设计日渐复杂，制作越发精巧，承载的信息越来越多。随着博物馆票务管理系统的现代化和多元化发展，出现了自助购票、机打出票、自动验票等多种售验门票的方式，技术与工作程序的变化也在一定程度上影响了门票的设计和使用。

1. 门票的功用

广义上说，博物馆门票是表明持票人可以在与博物馆约定的时间和方式下进入博物馆开放区活动的凭证，广义的门票包括赠票、限次票（如通票）或限时票（如年票）等；狭义上讲，门票是参观者在参观之前取得的参观凭证，取得的条件或者是交纳了有关部门规定的博物馆参观费用，或者是出示了有关方面要求的个人身份证件，通常是观众进入博物馆之前付费取得的入馆凭证。一些免费开放的博物馆向参观者发放门票，其用意更多的是在观众管理。博物馆门票不是契约，不是表明观众已取得了享有博物馆特定服务权利的证明，不是表明博物馆已为此承担规定责任和义务的合约。

博物馆门票的基本作用是博物馆内部管理的手段，是不同工作岗位的博物馆工作人员传递特定信息的工具，即博物馆参观收费人员告知检票人员该观众已履行了交费手续，可以入馆参观了。作为社会公益性文化事业机构，博物馆观众也承担着支持社会公益事业的责任和义务，按照有关社会管理机构规定的额度交纳博物馆门票款项是他们履行责任的标识。

博物馆门票还可发挥多样化的观众服务作用。首先，让观众更多地了解博物馆，了解博物馆社会服务项目，是当代我国博物馆门票发挥的重要作用。作为社会服务机构，博物馆有责任营造使观众实现学习要求和学习目标的环境，提供帮助观众实现其学习需求的条件。此外，让更多的人进入博物馆，让更多的人更多次的进入博物馆，这也是博物馆的责任。博物馆要充分发挥与观众交流互动的各种方式的作用，激发观众的参观意愿，巩固博物馆与观众的良性关系。当观众最初与博物馆直接接触时，得到的是博物馆门票，可以说，观众也拿到了博物馆的“名片”。观众从门票中，不仅仅只是获得文字和图像传达的信息，更重要的是从门票的设计中获得有关博物馆的价值、审美意趣、自我感觉、追求、对观众的态度等情感性信息，这些信息通过门票的材质、尺度、样式、色彩、图案、构图、排版等设计要素反映出来。门票还可发挥导览服务的作用，在门票的适当位置，用文字或图示介绍博物馆参观路线、展厅位置、主要陈列内容、镇馆之宝以及观众服务设施等。一些博物馆将门票作为宣传媒介，在门票上介绍博物馆的历史、特点和发展目标，希望借此让更多的公众了解博物馆。还有些博物馆利用门票发布广告，以作为对赞助企业的回报，或作为创收的途径。笔者认为，在门票可以实现或发挥的多种作用中，博物馆管理作用是第一位的，其次是宣示及纪念作用，再次是导览、服务和宣传作用，最后是创收作用。因门票尺度有限，其信息容量有限，很难全面、详尽地介绍博物馆导览信息，特别是一些较大规模的博物馆，应印制专门的导览材料，供观众免费索取。且博物馆的活动项目会经常变化，如将这些信息印制到门票上，可能会出现或者信息不准确，或者要经常变更门票的设计或印制的问题。利用门票发布商业广告，其他影响且不论，这可能会影响门票的纪念和收藏作用的实现，观众会因票面上的商业广告，降低对门票文化价值的认可。

2. 门票设计原则

设计和制作博物馆门票，首先要明确门票的作用，将门票作为博物馆组织形象和博物馆服务工作系统的重要组成部分，为实现博物馆组织目标服务。门票的设计要体现博物馆组织的愿景、目标和追求，要体现博物馆的类型、收藏、活动、地域和文化特点。另外，要明确博物馆观众的特点、需求和审美情趣，让门票成为博物馆与观众沟通的桥梁，成为观众记忆和回忆博物馆美好经历的载体。

博物馆门票设计制作要坚持系统、标识、艺术、适用、经济和环保的原则。系统性原则主要是从组织形象和博物馆品牌建设出发，门票的内容和艺术形式要体现博物馆的性质、任务和定位，门票的色彩、文字字体和视觉表达方式要与博物馆的视觉识别体系相一致。由于组织视觉识别体系是组织文化的有机构成部分，门票也是博物馆组织文化的一部分，是博物馆组织文化的体现。此外，博物馆门票的表现样式也反映了博物馆工作者对博物馆的认识，是工作人员自身博物馆意识的反映。

标识性强调门票的易辨识和标志性。博物馆工作人员要快速地进行验票和检票，验票是确认门票的有效性，检票则通过撕副券、打孔、消磁等方法快速消除门票被再次使用的可能，验票检票要快速准确，以减少观众的等待，并体现博物馆工作的高效率。为此，博物馆工作人员要快速地检验门票和确认门票上的相应部位，如副券和打孔位置，这要求这些区位要易于辨识和方便取得。对观众来说，门票的标识性有助于出示和保管门票，当需要时可以很快地找到门票。国外一些博物馆将门票做成可折叠的金属片，可以卡在衣领或衣襟上，既方便博物馆查验，也让观众产生一种群体归属感。门票的标识性也会激发观众对门票的收藏和再利用的意愿。

所谓艺术性，简单说就是要好看，要耐看。票面设计要符合版面设计的基本规则，图案、文字构图合理，色彩配合和谐，要在有限的空间中体现艺术创意。门票的艺术性主要通过票面设计体现出来，还可在门票的样式上有所创新，如异型票、书签票等。

适用性是门票一定要适合博物馆的票务工作条件和规程。门票的功能区位要设置合理，这些区位包括主票面、副券、存根、剪票区等，各区位的面积、位置关系要合理，要便于博物馆工作人员的操作，也要方便观众的拿持和出示。门票材质要满足门票主要功能的使用要求，如希望门票能为观众收藏或再利用，其材质就应较为坚实；如门票在检票处即被收回，其材质就可考虑采用易留下使用痕迹的材料，避免门票被重复使用。另外，门票的设计制作要符合观众对博物馆价值的预期，要与博物馆门票价格相适应，门票价格高，门票的制作一定要精良，要让观众从门票上就感觉到“物有所值”。

经济性原则要求博物馆门票的设计制作要经济实用。根据博物馆确定的门票功用设计内容和选择材质，不盲目追求高档印刷和豪华制作，不在门票上附加许多不实用的成分，一般不要使用贵金属。参观博物馆不是奢侈消费，门票要体现为广大民众服务的理念，要将博物馆资源更多地用在为观众提供的服务项目上。

环保原则要求博物馆门票要根据适用、经济原则，够用就好，不要浪费资源；所用材料要环保安全，不要对环境造成污染，也不会对使用者造成人身伤害。对那些希望被公众收藏或再利用的门票，其制作和印制材料一定要环保，不要有异味或掉色；门票设计要方便观众在参观期间的存放，防止随意丢弃门票，破坏博物馆参观环境。

3. 门票信息要素

博物馆通常要利用门票来传播博物馆信息，以期达到塑造博物馆形象、影响观众参观期望的作用。现在，我国博物馆门票上的信息多为博物馆现状信息，通常以博物馆建筑和“镇馆之宝”为代表，此外还有博物馆基础信息、开放信息、博物馆地理位置、博物馆历史及特点、博物馆环境、博物馆陈列及服务项目、参观注意事项、服务设施和票价、票务事项等信息。从信息的表现形式看，又包括了文字、照片、线绘、地图和纹饰等。诸多的信息，诸多的信息传播方式，为博物馆门票的设计提供了更多的可能，当然，也提出了这些信息中孰重孰轻、孰先孰后的问题，提出了如何综合运用信息表现形式以传达重要信息的问题。

一般来说，博物馆馆名、票价、报销凭证、副券、验票程序等信息是基本信息，其次是博物馆类型和性质、博物馆愿景等信息，再次是开放信息、参观注意事项、导览信息、博物馆地理位置等，再其次是博物馆陈列及服务项目、服务设施等，最后是博物馆发展历史等信息。这些信息的排列顺序，主要是要满足观众对门票的直接需求，其次是影响观众参观博物馆及对博物馆认知的信息，另外也考虑到这些信息的稳定性和持久性。基本信息是满足观众购买门票时最直接的需求，即是否可以顺利进入自己预定参观的博物馆，这些信息也是实现博物馆管理职能的必备信息。博物馆名称使观众确认此门票用于自己要参观的博物馆或展览，而不是其他的博物馆或展览；副券则是观众能否顺利通过验票的基本条件；票价帮助观众确认自己交纳的钱款与票面价格是一致的，以免出错。另外，基本信息通常是长期稳定不变的。次要信息多为提示性和事实性信息，以帮助观众顺利愉快地参观博物馆，提示性信息是对观众参观提出一些行为要求和行为约束，具有相对的稳定性，可以在相对长的时间里保持稳定，如参观注意事项、开放信息等。事实性信息通常是对博物馆事实的表述，如博物馆发展史、博物馆类型和特点、博物馆陈列内容等。次要信息看起来似乎对参观没有直接的作用，但它们有助于观众建立对博物馆的认同和亲近感，密切观众与博物馆的联系，这为观众与博物馆建立长期的友好关系奠定了信念基础。明确门票信息的层次和作用，有助于我们在有限的版面中优先安排基本信息，再根据博物馆的特点，有选择地安排其他相关信息。有重点、有层次、有针对性地选择和安排信息，有利于观众迅速获取最重要的信息，不致因信息不足、信息冗杂或信息过量而导致信息焦虑，从而影响参观的心情。

博物馆门票的信息表达方式主要有文字、实物图片、绘制图片和纹饰图案。这几种表达方式各有其特点，文字清晰明了，只要能阅读，通常不会产生歧义。实物图片让人们看到具体的形象，因为是实物拍照，信息的实证度较高，但比较多的传达给人们的是事实性信息，而且实物图片中的冗余信息很多，可能会影响观众对主要信息的把握；绘制图片多有选择地表达特定信息，由于与实物或实地情景存在差距，人们常常只能从中得到指示性或方向性的信息，在具体使用时还要对绘制图片与实地情景进行比对加工。此外，绘制图片常常给观看者以艺术创作的感受，人们常常更为关注它的艺术效果；纹饰图案常常作为票面背景或主要票面信息区的分界标志，它更多地传达特定的文化信息，营造特定的地域、民族或历史文化的氛围，与主题图案配合，可以起到烘托或增强主题图案特定信息的作用。门票设计时可以充分利用上述表达方式的特点，如对要求观众准确理解、不能产生歧义的信息，应尽可能采用文字来表达；对那些希望引起观众在思想、态度、情感上的共鸣，或希望观众产生联想的信息，则可以采用图像或艺术创作的方式。

4. 门票设计

门票设计是对门票上的多种信息及其表达形式进行科学、合理的安排，运用构图、文字、色彩等视觉传达设计方法，达到让观众获取票面主要信息、增加参观的欲求、感知博物馆特质和追求、感受审美体验的效果。门票设计要强调对观众的影响，强调博物馆与观众的互动，不能只是自我表现和自我展示，好像是在自言自语，全然不顾观众的感受和反应。门票设计要从其基本功用定位出发，以满足观众期望门票带来的效益为目标，以影响观众的态度和情感体验为重点，以信息传播为主要内容，以适宜的视觉效果为载体。门票的基本功用是管理作用，这必须保证实现，其他诸如宣示、导览、纪念、收藏等功用都是衍生的，各博物馆可根据本馆具体情况和售验票技术及程序选择确定。当门票功用确定之后，门票各项构成成分及设计技巧都应服从和服务于这些功用的实现，并根据功用顺序安排相关信息。基本信息和重要信息应安排在票面的视觉焦点和心理重点区域，如票面的中间区域、右上区域和右下区域。提示性信息可安排在票面的上部，如开放时间、参观注意事项等，事实性信息可安排在票面的下部或底部，如地理位置、联系办法等。文字信息要将易读性放在首位，文字内容要一目了然，同时又要具有美感，让观众感受到博物馆对观众的关爱，感受到博物馆对细节的关注，增加对博物馆的信任感和亲近感。要切实注意文字的字体、字号、字距、行距、颜色以及背景的设计，文字要选择宋体、黑体、楷体等易读的字体，尽可能不用美术体。但是，在一些名人故居博物馆，如能采用名人手书字体，将极大增加故居博物馆的文化特色，在现代计算机技术的协助下，这已成为现实。文字的字距、行距要适度，不要因为空间的局限，使字距、行距过疏或过密，从而影响文字的阅读和视觉美感。文字的色彩也是影响易读性的重要因素，一般来说，文字自身的颜色要深一些，如黑色、深棕、深蓝等，要避免选择会影响文字辨识的文字颜色与背景颜色的搭配。一般不采用“反白”的方法，即背景色为深色而文字为白色，如字体较大可能还不影响阅读，如字体较小则肯定会影响阅读。

门票设计还要考虑材质、尺寸和便携性，考虑再利用的方式和用途。在选择门票材质时，主要根据售验票的技术手段和工作程序，也要考虑门票的再利用方式和用途。如希望门票被收藏或被再利用，门票的材质应考虑选择中性纸，纸张应给人以自然、朴实、坚实的感觉，让人们感觉它可以存在较长的时间。博物馆门票的便携性是设计应关注的重要因素，要根据博物馆确定的门票功用设计门票的尺寸、样式和便携性。我们现在的博物馆门票多为狭长的横向型设计，这种设计有利于表现博物馆建筑的整体面貌，也方便验票，方便收藏，但却不大容易被再利用。窄长的门票很难被妥善地放置，博物馆参观结束了，门票也被折叠揉搓得面目全非，观众很难再有收藏或再利用的兴致了。对那些希望发挥导览作用的门票，其设计要考虑取用和存放方便的问题，如是否放置在观众的上衣口袋中，或放置在腰包或手包中，或悬于胸前，或系于腕间，或卷曲握于掌中，不同的部位会有不同的设计要求。又如那些需要多次使用的门票，如年票、季票、记次票等，设计时要考虑既方便存放，又要方便寻找，可否做成如信用卡般、便于放在钱夹中的卡片，或如贺卡般、易于置于案头的折叠式卡片。对那些希望能被再利用的门票，设计时要多费一些心思。当门票被再利用时，其性质和主要功用发生了根本性的变化，它只是一个具有门票外观的物品，是一件具有纪念意义的用于特定用途的物品。门票再利用的用途，可以根据利用者的个人爱好和创意来确定，也可以由门票的设计来提示。博物馆希望门票的再利用可以丰富使用者的生活，可以体现使用者的人生追求，当然也希望使用者将门票作为联系博物馆的情感纽带，作为回忆博物馆美好体验的触发器。设计再利用的门票时，设计人员可通过材质、信息内容、图案、样式和装饰等手段，向观众传达再利用的可能性和可能的用途，并采用一些鼓励观众自己亲手制作的技巧，让观众将博物馆门票制作成一件再利用物品，这件物品不仅承载了观众对博物馆的美好记忆，也记录了观众与博物馆的互动，体现了观众自己的创造能力。例如，书签可能是博物馆门票再利用的主要用途，可否将门票设计成联体书签票，可否将门票的主体图案周边设计剪裁线，可否在验票时将验票打孔设计为书签的系带孔。再如，随着自助机打门票技术的发展，博物馆可否让观众自主制作个性化门票，如选择票面图案，或将自己的形象印制到门票上。

5. 余论

博物馆工作者对待门票的态度和门票处理方法，给观众提供了认知门票价值和功用的暗示，是影响门票多元功用实现的重要因素。博物馆工作者对门票的尊重和重视，会影响到观众对门票的重视，引发观众对门票的纪念、再利用作用的兴趣。博物馆应提高全体工作人员的认识，要认识门票是博物馆整体形象的代表，是博物馆文化的体现，是影响观众参观体验的因素，也是博物馆与观众的联系纽带。

博物馆门票功用多样化的未来发展会是什么样呢？门票的设计制作是不是会越来越复杂呢？笔者认为，随着博物馆服务的完善和细化，当代博物馆门票的诸多功用将被更为专业、完善和丰富的博物馆服务项目所取代，标识将成为门票的主要功用，门票只是观众身份的标识，是其作为博物馆服务对象的身份标志。到那时，博物馆门票的主要作用将只是管理、观众身份标识和纪念收藏了，门票设计也将更倾向于标识设计了。门票功用及设计制作由简到繁、再由繁入简的过程，是博物馆服务深化和优化过程的体现，也是博物馆大众化、平民化过程的结果。在我们的共同努力下，这一天一定会早日到来。

后　记

看完书稿的最后一个字，鼠标在屏幕上不停地闪烁，眼前渐渐地幻化出一朵跳动的烛火。那是我很喜爱的一幅梵高作品中的烛火，围坐在简陋餐桌前的一家人，桌上摆着煮熟的土豆，屋里悬挂着一盏小小的油灯，灯芯跳动着活泼的光亮，给周围抹上一层温暖。最让人心动的是众人眼眸中的那一点光，那是烛火的光影，这一点光让人们的眼中充满了信念和希望，饱含着生命的奋争。

退出文档，查看一下“物与识”文件的大小，只有区区的2.8兆。忽发奇想，将这些文字放到人的头脑里，应该也只占微不足道的一点点地方。恍然大悟，古人说的集腋成裘应该就是这样的道理，个人的努力和坚持是构筑博物馆学大厦的基本前提。

这本书得以出版，要感谢很多的人。首先感谢北京大学和北京大学考古文博学院。北京大学科学民主的传统，考古文博学院诸位先生的睿智包容，使我得以在博物馆学的园地中耕耘至今。

我要感谢我所认识和给我帮助的中外博物馆的同事们。他们把我领进了博物馆，领进了博物馆学研究的学术领域。他们对博物馆事业的热诚，他们在博物馆实践中的创造，他们在工作中的快乐和苦恼，这些都是我坚持博物馆学研究的动力。我要感谢参加我所讲授的博物馆学课程的同学们，他们对博物馆的喜爱，让我深深认识到博物馆是面向未来的事业。他们在课堂上发表的真知灼见，激励我不懈的探索新的研究领域。

我更要感谢我的父母，他们教导我要正直，自强，淡泊名利，做对社会有用的人，这些教诲将贯穿我的一生。我对我的家人充满歉意，当研究进入到分析和阐释的时候，当各种可能的解释在脑海中相互争辩的时候，当在学术迷雾中寻求方向和明确个人观点的时候，也正是自己较劲的时候，急躁、焦虑、抗争，总会在有意无意中影响到他们。我感谢家人对我的理解、宽容和关怀。

最后，我要感谢本书的责任编辑李茜女士，她的细心和专业精神，为本书增色很多。

我希望这本书能对各位读者的研究和实践有所帮助。我感谢你们对博物馆的热爱。

2009年3月